燕巖 朴趾源의 理想과 그 文學

연암 박지원의 이상과 그 문학

金智勇 著

明文堂

▲ **연암 박지원**(燕巖 朴趾源)
1737(영조 13) ~1805(순조 5)

연암집(燕巖集) ▶
1932년간 박영철(朴榮喆) 편
국립중앙도서관 장본

연암집(燕巖集) ▶
1900년간 김택영(金澤榮) 편
서울대학교 규장각 도서관 장본

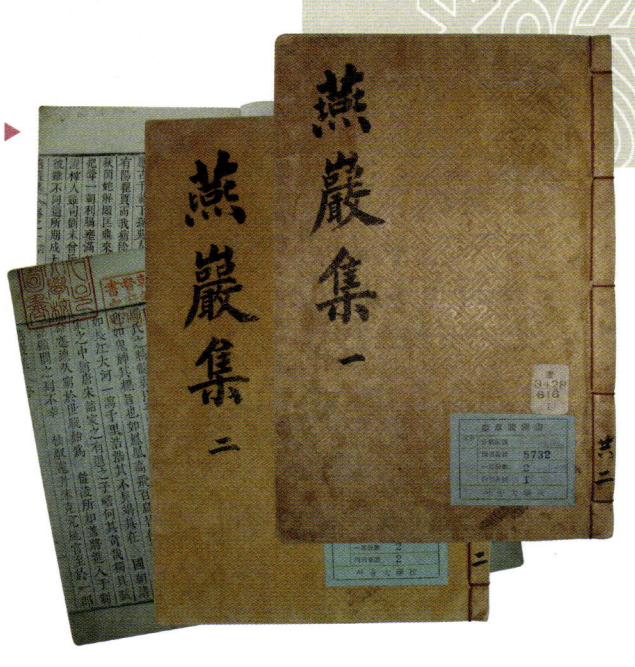

▲ 연암의 친필 글씨

▲ 과정록(過庭錄)
박종채(朴宗采) 편저
1826년 완성
서울대학교 규장각 도서관 장본

연암 박지원선생(燕巖 朴趾源) 사적비 ▶
경남 함양군 안의면 안의 초등학교

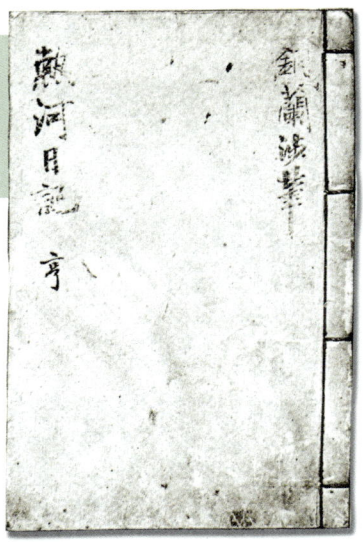

◀ **열하일기**(熱河日記)
권 15〈동란섭필〉표지와 원문

중국판 열하일기 ▼
중화민국 45년(1956년)
중국 중앙도서관 소장 최초 초고로
대만 대북 국립중앙도서관 간행

서 문

　연암(燕岩) 박지원(朴趾源 : 1737~1805)은 한 시대를 개명시킨 선각적 엘리트였다.
　한 시대는 현재와 과거와 미래가 공존하면서 서서히 또는 비약적으로 발전하고 변화하여 가는 것이 정칙이었다.
　그것은 마치 파초의 새 잎이 이어 나듯이, 기운차게 피어난 새 잎은 그 속에 이미 다음에 솟을 새 순을 잉태하였고, 조만간 새 잎은 떡잎이 되어가는 것이 자연의 섭리이듯 사회는 연속하여 전진하여 왔던 것이다.
　사회전진은 물 흐르듯 정해진 곳을 향하여 법칙대로 변화하게 마련이다. 순리대로 서서히 흐르다가도 흐름에 저항을 받으면 고였다가 터져 나와 급류와 폭포를 일으키게 된다.
　한 사회에서 개혁이 일어나고 혁명이 폭발하고 전쟁이 터지는 것이 모두 이러한 물 흐르는 자연법칙과 같은 것이었다.
　예부터 동양에서는 '물 흐르는 자연의 순리대로 사회질서를 유지' 하고자 「法」자를 창안하되 '물이 가는 대로' 라는 질서를 생각하였다.
　그런데 이 지구촌에서 유독 이러한 섭리와 법칙을 어기고 암흑과 비극으로 수 세기를 울고 산 사회가 있었으니 그것이 바로 조선왕조 5백년이다.
　18세기, 아직 어둡고, 가난했던 조선 후기 사회가 그 층층 12계급의 차별을 허물고, 지배층의 허상을 벗기며, 상층계에게는 맹종하여야 한다는 억울한 규범에서 벗어나 자아를 각성하고, 생업으로 자신의 삶을 찾으려는 기운이 감돌면서 근대화되어 오는 데는 당시의 엘리트들이 이 시대의 의식세계를 개혁한 힘이 가장 컸음을 간과할 수 없다.

그 때의 엘리트들이란, 실사구시(實事求是) 이념으로 사회를 바로 잡으려는 실학자들을 말하며, 그 중에서도 이용후생(利用厚生)에 주력한 연암 박지원과 경세제민(經世濟民)에 주안점을 둔 다산 정약용과 고증적 합리주의에 철저했던 완당 김정희 등이 그러한 선각적 인물들이다.

경세제민을 주창했던 성호 이익이나 정다산이 주로 정치와 경제적 분야의 개혁에서부터 사회변혁을 경륜하였고, 완당 등은 학문연구 방법에서 기성세대의 주자학적 공리공담을 뿌리치고, 실증적 합리주의 방법을 취하였다면, 연암 박지원과 북학파들은 과학적 방법으로 생업을 기계화하며, 계급을 타파하여 평등사회를 이루고, 상업을 권장하여 유통구조의 원활을 꾀하면서 민생문제를 윤택하게 할 뿐만 아니라 국가의 부를 도모하자는 이른바, 이용후생의 실학자들이었다.

그 중에서도 연암 박지원은 담헌 홍대용과 함께 우주과학에 견식이 깊고, 우주공간의 수많은 다른 별에도 생물이 있다는 가설을 내어 놓아 중국학자들을 놀라게 했으며, 또한 농기구를 기계화하여 노동의 편리를 도모하는 경륜은 선진적 이론이었던 탁월한 것이었다.

연암이 시대적으로 가장 크게 공헌한 일은 자아 각성과 근대화에 대한 사회적 몽롱한 의식세계에 불을 질러 정신분야에 환하게 밝은 빛을 비추어 계몽시켰다는 점이다〈열하일기〉.

한편 임진·병자 두 전란 이후 임금이나 상층계급은 무력한 존재요, 허수아비로 전락한 허상이었다는 사실이 들어났고, 적을 물리친 힘의 주체가 민중이었다는 사실도 알고는 있지만 오랜 세월을 두고 위에서 눌러왔던 중압감과 사대부에게는 무조건 복종하는 것이 숙명이라는 맹신적 타성은 좀처럼 개변되어지지 못한 조선 후기 사회에, 자아각성과 근대화의 횃불을 밝혀 준 엘리트들이 실학자이고 연암은 더욱 구체적으로 양반은 무력한 존재로 돈만 있으면 살수도 있다는 사실을 풍자적으로 민중에게 이야기해 주었고(〈양반전〉), 장사하는 방법과 위정자들의 허세를 힐난하는 소설을 해학적으로 써서 사대부들에게는 경종을 울리고, 민중들에게는 자활의 길을 암시하였으며 (〈허생전, 광문전〉), 직업에는 귀천이 없으며 신용과 부지런히 가장 존경 받아야 할 사람들이라는 이야기를 전기체로 써서 하층계급에게 용기와 희망을 주었으며(〈예덕선생전·광문전〉), 거짓 학문으로 백성을 속이는 위학자군의 비리·음란을 드러내어 사회적으로 징벌하는 소설을 썼고(〈호질, 봉산학자전, 역학대도전〉), 과부의 수절이 어려우니 재가함이 합리적임을 암시하여 여성의 지위에 선진적 견해를 설화했었다(〈열녀함양 박씨전〉).

이와 같은 개혁적이요, 미래지향적인 소설들은 연암의 약관 전후 한시기에 저작되었으니 조선조 후기인 1750년대가 된다. 따라서 사대부들의 놀라움과 빈축을 함께 받고 문장시비가 일어났던 것이 당시로서는 당연했다.

만일 연암의 집안이 대대로 벼슬한 명문대가요, 부마의 가문이 아니었더라면 살아남지 못했을 것이다.

연암의 〈열하일기〉가 당시의 몽롱하던 의식세계에 던져준 폭발력은 정신적 개명에 원자탄보다도 더 큰 위력이 있었다고 생각된다. 왜냐하면 원자탄은 대량 학살의 무기는 될지 모르나 정신을 바꾸어 놓을 수는 없는 흉기일 따름이지만 〈열하일기〉는 정신과 문명과 사회제도를 함께 바꾸어 놓으면서 새로운 세상을 열게 하였기 때문이다.

우리는 사회발전이 소수의 선각적 엘리트에 의하여 견인되면서 앞으로 전진되고 있다는 사실을 연암 박지원의 저술과 사상에서 다시 한 번 배우게 된다.

그래서 연암 박지원의 문학을 필자는 1959년부터 연구하기 시작하여 1990년대에 단행본으로 소설과 일기와 서문 등을 모아서 엮었고 이번에는 연암의 시까지 합쳐 소설[傳], 일기문[열하일기선], 서(序), 기(記), 선간문, 묘지명(墓誌銘) 등 산문중 중요한 문장을 골라서 큰 한권으로 엮어 내는 바이다.

2005년 여름.

차 례

서 문
I. 조선 근대화의 기수 박지원
1. 연암 그는 누구인가? · 13
2. 연암의 생각과 꿈 · 20
3. 연암의 문체 · 32
4. 박연암의 사상 · 42
5. 연암은 무엇을 남겼는가? · 55

II. 박연암의 시
〈박연암은 시도 썼던가?〉· 59
　① 연암시는 희귀하다.　② 연암시의 오묘한 품격
　③ 연암의 시와 두보의 시　④ 연암시의 낙구들

1. 총석정에서 해돋이를 보다　叢石亭觀日出 · 72
2. 좌소산인에게　贈左蘇山人 · 77
3. 한 해오리　一鷺 一作道中乍晴 · 83
4. 농가　田家 · 83
5. 산해도에서 그림 찾는 노래　搜山海圖歌 · 84
6. 해인사를 보고　海印寺 · 89
7. 갓의 연구　笠聯句 · 100
8. 담원팔경을 읊다　澹園八詠 · 111
9. 설날 거울을 보고　元朝對鏡 · 113

10. 새벽 길 曉行 · 114
11. 모진 추위 極寒 · 114
12. 산중에서 동지날에 이생에게 써서 보이다 山中至日書示李生 · 115
13. 산길을 가다 山行 一作山耕 · 118
14. 옮겨 살다 移居 · 118
15. 노군교 勞軍橋 · 119
16. 필운대 꽃구경 弼雲臺賞花 · 120
17. 강촌에 살다 江居 · 121
18. 필운대에서 살구꽃 구경하다 弼雲臺看杏花 · 121
19. 압록강을 건너 용만성을 돌아보며 渡鴨綠江回望龍灣城 · 122
20. 구련성에서 노숙하다 露宿九連城 · 123
21. 통원보에서 비에 막혀 묵었다 滯雨通遠堡 · 124
22. 요동벌의 새벽길 遼野曉行 · 125
23. 동관에서 묵으며 留宿潼關 · 125
24. 열하도중시 熱河途中詩 一作吟得一絶 · 126
25. 말 위에서 지어 부르다 馬上口號 一作馬上吟 · 127
26. 절구 네수 絶句四首 · 128
27. 강촌에 살면서 江居謾吟 · 131
28. 연암 산중에서 돌아가신 형님을 생각하며 燕岩山中憶先兄 · 131
29. 홍태화의 비성아집에 차운하다 次洪太和秘省雅集韻 · 132
30. 재실살이(제능 수령) 齋居一名齊陵令 · 134
31. 조그만 잔치 小酌 · 135
32. 구월구일 맹원에 올라가 두보의 시에 차운하다 九日登孟園次杜韻 · 136
33. 담헌 홍덕보의 뇌 湛軒洪德保誄 · 137
34. 누님 정부인 박씨의 명사 伯妹贈貞夫人朴氏墓誌 銘詞 · 138
35. 정종대왕 진향문 定宗大王 進香文 · 139

Ⅲ. 박연암의 소설

1. 프롤로그(自序) · 148
2. 거간꾼들의 배꼽 빼던 이야기〈馬駔傳〉· 151
3. 엄행수가 환경 미화하던 이야기〈穢德先生傳〉· 161
4. 민영감이 도통했던 이야기〈閔翁傳〉· 169
5. 양반을 사고 팔던 이야기〈兩班傳〉· 184
6. 신선되려고 벽곡했다는 이야기〈金神仙傳〉· 192
7. 거지가 출세하여 거부되던 이야기〈廣文傳〉· 201
8. 우상이 일본을 구경한 이야기〈虞裳傳〉· 213
9. 허생이 천명의 도적을 잠재웠다〈許生傳〉· 234
10. 범에게 꾸중 듣던 이야기〈虎叱〉· 255
11. 열녀의 고독과 고뇌〈烈女咸陽朴氏傳〉· 270

Ⅳ. 〈열하일기〉

1. 압록강을 건너서〈渡江錄〉· 283
2. 옛 요동땅을 바라보며〈舊遼東記〉· 409
   요동의 백탑을 보고〈遼東白塔記〉· 417
   관제묘를 구경하며〈關帝廟記〉· 419
   광우사를 구경하고〈廣祐寺記〉· 421
3. 성경[瀋陽]의 이모저모〈盛京雜識〉· 427
4. 골동품점 속재에서 필담한 이야기〈粟齋筆談〉· 451
5. 상점 건물에서 필담하던 이야기〈商樓筆談〉· 477
6. 열하의 태학관에 머물면서〈太學留館錄〉· 500
7. 곡정과 필담한 이야기〈鵠汀筆談〉· 602

V. 박연암의 산문

〈서문과 발문〉

1. 홍대용의「회우록」서문 會友錄 序 · 707
2. 박제가의「초정집」서문 楚亭集 序 · 711
3. 「홍범우익」의 서문 洪範羽翼 序 · 716
4. 해인사 창수시 서 海印寺唱酬詩 序 · 722
5. 「공작관문고」자서 孔雀館文庫 自序 · 725
6. 「자소집」의 서 自笑集 序 · 728
7. 「종북소선」자서 鍾北小選 自序 · 733
8. 「낭환집」서문 蜋丸集 序 · 736
9. 「능양시집」서문 菱洋詩集 序 · 740
10. 「북학의」서문 北學議 序 · 743
11. 「유씨도서보」서문 柳氏圖書譜 序 · 748
12. 「영처고」서문 嬰處稿 序 · 751
13. 「형언도필첩」서문 炯言挑筆帖 序 · 755
14. 「녹천관집」서문 綠天館集 序 · 757
15. 「냉재집」서문 冷齋集 序 · 761
16. 「순패」서문 旬稗 序 · 763
17. 「소단적치」에 씀 騷壇赤幟 引 · 766
18. 「위학지방도」의 발문 爲學之方圖 跋 · 771

〈기문〉

1. 장중거의 이존당의 기문 以存堂記 · 776
2. 백척오동각의 기문 百尺梧桐閣記 · 781
3. 공작관의 기문 孔雀館記 · 784
4. 하풍죽로당의 기문 荷風竹露堂記 · 788
5. 독락재의 기문 獨樂齋記 · 792

6. 함양군학사루의 기문 咸陽郡學士樓記 · 796
7. 함양군흥학재의 기문 咸陽郡興學齋記 · 800
8. 발승암의 기문 髮僧菴記 · 808
9. 여름밤 놀며 노래하던 기문 夏夜讌記 · 816
10. 소완정이 여름밤에 친구를 찾아서에 대답하는 기문
    酬素玩亭夏夜訪友記 · 818
11. 불이당의 기문 不移堂記 · 823
12. 소완정의 기문 素玩亭記 · 828
13. 금학동 빌린 별장에서 작은 잔치하던 기문
    琴鶴洞別墅小集記 · 832
14. 만휴당의 기문 晚休堂記 · 837
15. 염재의 기문 念齋記 · 840
16. 선귤당의 기문 蟬橘堂記 · 843
17. 말머리에서 무지개 섰던 기문 馬首虹飛記 · 849

〈서간문〉
18. 유사경에게 보낸 답장 答俞士京書 · 851
19. 홍덕보에게 보낸 답장 ⑴ 答洪德保書 (一) · 854
20. 홍덕보에게 보낸 답장 ⑵ 答洪德保書 (二) · 858
21. 경지에게 보낸 답장 ⑶ 答京之 (三) · 862
22. 중일에게 보낸 편지 ⑶ 與中一 (三) · 863
23. 창애에게 보낸 답장 ⑴ 答蒼厓 (一) · 864
24. 창애에게 보낸 답장 ⑵ 答蒼厓 (二) · 866

〈묘지명〉
25. 맏누님 묘지명 伯姊贈貞夫人朴氏墓誌銘 · 868
26. 맏형수님 묘지명 伯嫂恭人李氏墓誌銘 · 870

Ⅰ. 조선 근대화의 기수 박지원

1. 연암 그는 누구인가?

　연암(燕岩) 박지원(朴趾源=1737~1805)은 영조 13년 2월 5일에 한양의 반송방(盤松坊) 야동(지금의 새문안)에서 반남(潘南) 박씨(朴氏) 사유(師愈)의 2남 2녀 중에서 막내로 출생하였다. 그의 자는 중미(仲美)요, 호는 연암이고 또 별호를 미재(美齋)니 총계(叢桂)니 계산(桂山)으로도 썼다. 그리고 연암이 죽은 뒤 정경대부(政卿大夫)에 추증되었다.
　대개 조선조 중류 이상의 집안 자제에게는 이름과 자가 있으니 이는 어른들이 지어 준다. 자(字)는 남자 15, 16세 전후해서 관례(冠禮)를 치루는데 지금의 성년식이 된다(여자는 14세 전후해서 계례(笄禮)를 치루는데 머리에 비녀를 꽂는 것을 말한다). 남자의 관례 때 지어 부르는 이름이 자이고, 성장하여 호를 쓰는데 자기가 짓기도 하고 남이 지어 부르기도 한다. 별호는 자기가 지어 쓰되 특히 글 쓰는 사람이 필명처럼 쓸 때가 많다. 시호(諡號)는 죽은 뒤 그 인물의 덕행과 업적을 보아 임금이 내려 주신 칭호이다. 이 칭호가 내려지면 향교나 서원이나 사재에 다 모시고 제사를 지낸다. 죽은 뒤의 이름은 휘(諱)라고 한다.
　연암의 집안은 대대로 벼슬이 높던 명문대가로 선대의 충익공(忠翼公) 박동량(朴東亮=1569~1635)은 벼슬이 도승지 판의금부사까지 오르고 나라에 공로가 커서 금계군(錦溪君)까지 봉해진 인물이요, 그 뒤 선조들도 대대로 대사헌, 판서, 참판 등의 관직을 지냈다. 그의 조부 박필균(朴弼均=1685~1760)은 관찰사, 대사간, 지동녕부사까지 오른 인물로 시호가 장간공(章簡公)이며 연암을 직접 임지로 데리고 다니면서 가르치신 인자한 조부였다.

연암의 선친인 박사유(朴師愈 : 1703~1767?)에 대하여는 뜻밖에도 기록이 희미하다. 박연암의 연보는 「연암집」의 선간본[1] 연보항과 연암의 차남[2] 박종채(朴宗采)가 엮은 「과정록」(過庭錄 : 1826에 필사 탈고)에서 찾아볼 수밖에 없는데 그 두 기록에 박연암의 부모에 대한 기록이 없고 행여 비문이나 제문이라도 있음직 한데 안 보인다.

연암은 어려서 부모와 떨어져서 15년 연상인 큰 형 박희원(朴喜源;1722~1767) 내외 밑에서 자랐으며 5세부터는 할아버지가 경기도 관찰사로 부임해가자 따라 다니면서 훈도와 초학 공부를 하였다. 연암은 어려서부터 약질인데다가 잡병이 많아, 자애로운 할아버지는 불쌍히 여겨 많은 시간을 종들과 같이 밖에 나가 놀게 하였다. 그래서 연암 전기에 보면 이 시절 실학(失學)했다고 적어 놓았다. 그러나 이때 하층 계급의 아희들이나 할범들에게서 듣고 본 이야기들은 감수성이 예민하던 연암 소년기에 장차 「광

---

1) 「연암집」(燕岩集) 선간본이란, 1900년 김택영(金澤榮)이 연암 유고를 추리고 선택하여 2권으로 간행하고 1901년에 다시 더 1권을 더하여 총 3권으로 간행한 「연암집」을 말하며, 1931년에 박영철(朴榮喆)이 전 유작을 모아 간행한 「연암집」을 연암 연구가들은 전간본이라 말한다.

2) 박종채(朴宗采 : 1780~1835)는 박연암의 차남이지만 장남인 박종의(朴宗儀 : 一名 宗侃)는 백부인 박희원(朴喜源, 즉 연암의 先兄)에게 양자로 들어갔으므로 실제로는 종채가 맏아들이 되었다.

문자전」 등을 짓는데 영향을 주었다.

　16세 때 유안재(遺安齋), 이보천(李輔天)의 따님과 결혼하고 처음은 장인에게서 맹자를 강의받았다. 이보천은 학문이 깊었으나 벼슬에 나가지 않고 유안처사(遺安處士)라는 이름으로 오직 농사에 힘썼다.

　이어서 연암은 처삼촌인 영목당(榮木堂) 이양천(李亮天)에게서 수학하되 주로 실학을 공부했다. 이양천은 홍문관 교리 등 벼슬을 지내다가 상소문 사건으로 유배되었던 학자요, 문인인데 "문장은 한퇴지의 뼈를 깎고, 시는 두보의 살을 깎았다"고 하는 실학사상이 농후했던 학자이다. 연암은 이양천에게서 사기를 배우면서 특히 〈신능군전〉(信凌君傳)도 배웠다. 이것은 연암이 소설을 쓰는 데 큰 영향을 주었다. 이 때에 〈이충무공전〉을 지었다.

　1755년 연암이 19세 때 처삼촌이 귀양에서 풀려난 후 바로 사망하자 그의 정식적 방황이 시작되었다.

　18세 되던 1754년 〈광문전〉(廣文傳)을 지어 여러 선배들에게 돌려가며 보여서 칭찬을 받았다. 이것이 소설을 더욱 잘 쓰게 된 동기가 되었다.

　19세 되던 1755년에 그는 〈마장전〉(馬駔傳)과 〈예덕선생전〉(穢德先生傳)을 지었다.

　20세 때 봉원사에 들어가 독서하면서 허생의 이야기를 들었고, 그것은 장차 〈허생전〉을 쓰게 된 모티브가 되었다.

　21세인 1757년에는 〈민옹전〉(閔翁傳)을 지었고,

　22세인 1758년에 〈대은암창수시〉(大隱岩唱酬詩)의 서문을 썼다.

　23세 때 득녀하니 장녀다.

　24세인 1760년에 조부 필균이 76세로 돌아가시자 연암의 곤궁한 삶이 시작되었다.

25세인 1761년에 북한산에 들어가 독서를 하면서 김이소(金履素=1735~1798, 조선 문신으로 영의정, 정조사 등을 지냄) 판서 황승원(黃昇源=1732~1807) 등 10여명과 만나 공부하는 한편 단릉처사(丹陵處士) 이윤영(李胤永=1714~1759)에게서 〈주역〉을 공부했다. 이 해에 홍대용(洪大容=1731~1783)을 만났다.

28세 되던 1764년에는 〈양반전〉, 〈광문전〉 후서를 썼다.

29세 때 금강산을 유람하고 시 〈총석정관일출〉(叢石亭觀日出)을 처음 썼으며 평소에 듣던 김홍기(金弘基)의 이야기로 〈김신선전〉(金神仙傳)을 썼다. 이 해에 장남인 종간(宗侃)이 출생했다.

30세인 1766년에 홍대용의 〈회우록〉(會友錄) 서문을 쓰고, 이 해에 〈역학대도전〉(易學大盜傳)과 〈봉산학자전〉(鳳山學者傳)을 지었다(그러나 이 두 편은 불살라 버렸다).

31세 때(1767년)는 집이 몹시 가난해서 삼청동 백련봉 셋집으로 이사했고 이때에 이덕무(李德懋), 이서구(李書九), 유득공(柳得恭), 박제가(朴齊家) 등과 만나서 사제로 교우했다.

박종채의 「과정록」(過庭錄)에서는 이 해에 "할아버지의 상을 당했다"(丁亥遭王老喪)(권1, 18장) 했는데 연암의 부친에 대해서는 논의된 바가 거의 없었다.[3]

32세 되던 1768년에는 박제가(박제가는 승지 박평(朴坪)의 서자이다)가 제자로 입문하면서 여기서 북학파(北學派)가 형성

---

3) "정해년에 할아버지의 상을 당했다"(丁亥遭王老喪)을 「과정록」(過庭錄)을 번역한 金允朝교수는 왕로(王老)를 박종채의 할아버지 즉 연암의 부친으로 번역하고 박사유의 생존연대를 1703~1767로 잡았는 결과 연암의 부친이 64세에 작고한 계산이 나오니 박연암의 유년시기의 기록은 더욱 이상하다.

되어 갔다.

33세 때(1769년)는 이서구가 제자로 입문했다. 실사구시(實事求是) 학파가 형성 되어가는 과정이었고 '신문장 4가'가 탄생 되는 계기가 되었다.

34세 때에 감시(監試)에 응시하여 초, 종장에서 모두 장원했다.(그러나 이 감시는 관직과는 관계가 없었다.)

36세 때 선산을 이장하려고 두루 답사하다가 황해도 금천(金川)의 연암 골짜기를 발견하고 장차 목장을 하면서 여생을 지낼 곳이라 생각했다.

이 해에 처자를 모두 광릉 석마향(石馬鄕)에 있는 처가로 보내고 혼자 살면서 여러 사람과 교우하였다.

37세 되던 1773년에 경기 북부와 평안도 묘향산과 강원도 설악산 등지 및 남쪽으로 지리산, 가야산 일대를 여행하였다.

41세(1777년) 때 당시의 세력자 홍국영(洪國榮)에게 밉보여 그의 박해로 미리 보아 둔 금천의 연암 골짜기로 피난 가서 숨어 살았다.

이때부터 연암이란 호를 쓰기 시작한 것 같다. 홍국영은 이때 도승지가 되어 득세하였고 연암과는 사이가 나빴다.

42세(1778년) 때 친우 유언호(兪彦鎬)가 개성 유수(留守)로 부임해 있으면서 살림을 돌보아 주었고, 한때는 개성의 양호맹(梁浩盟)의 별장에서 지내기도 하였다. 유인호는 연암을 돕기 위해 자원해서 개성유수로 왔었다.

43세(1779년)에 북학파이던 이덕무, 유득공, 박제가와 서이수(徐理修=서얼)가 규장각의 검서관이 되어 '4검서관'의 명성을 들었다.

44세 때인 1780년 2월 홍국영이 실각 후 4월에 사약을 받아 죽게 되자 연암은 다행히 서울로 돌아와 처남 집에서 기거하였다.

이 해 5월 25일에 8촌(삼종)형인 금성도위(錦城都尉) 박명원(朴明源=1725~1790)이 청나라 고종의 70수 천추절 사은겸진하정사(謝恩兼進賀正使)로 연경(燕京)으로 사신 갈 때 따라 갔다가 이 해 10월 27일에 귀국하였다. 돌아온 즉시, 처남 집과 연암 골짜기를 내왕하면서 〈열하일기〉를 쓰기 시작하였다. 이 해에 차남 종채(宗采)가 출생했다.

이 때 박제가는 〈북학의〉를 썼고 연암은 그 서문을 썼다.

47세(1783년)에 그는 〈도강록〉(渡江錄) 서문을 쓰면서 〈열하일기〉(熱河日記) 24편을 완성하였다. 이 해에 홍대용이 별세하니 박연암은 일체의 음악을 끊었다.

50세(1786년) 때인 7월에 친구인 유언호가 천거하여 선공감 감역(繕工監 監役)으로 임명되었으니 50세에 처음 얻은 벼슬이었다.

연암은 과거를 보지 않았기 때문에 벼슬을 주지 않다가, 그 글재주와 이용후생(利用厚生)에 견식이 넓어서 음관(蔭官)으로 받은 벼슬이었다. 음관은 본래 선대의 관직 덕분으로 얻는 벼슬이다. 그러나 연암은 본인의 글재주가 많이 작용되었다.

51세(1787년) 때인 1월 부인이 51세로 별세하고 그 뒤 연암은 부인의 부덕을 기리며 독신으로 여생을 보낸다. 맏아들 종간(宗侃)은 큰 아버지 양자로 들어갔다. 7월에는 형님인 희원(喜源)이 58세로 별세했다.(종간(宗侃)의 이름은 종의(宗儀)라고도 했다).

52세(1788년) 때에 전 가족이 전염병으로 고통을 당하고 종간은 부인을 잃었다.

연암은 종제인 박수원(朴守源)이 선산 부사로 나가게 되어 계산동(桂山洞)에 있는 종제의 집으로 거처를 옮겼다.

12월에 공선감역의 임기가 끝났다.

53세(1789년) 때인 6월에 평시서(平市署)의 주부로 승진하였고 12월에 초청받아 가서 서유대(徐有大=1732~1802, 훈련대장)와 처음만나 교분이 두터워졌다. 그러나 연암은 달가워하지 않았다.

55세(1791년)에 한성 판관으로 전보되어 곡물 유통에 대한 정책적 탁견을 폈다. 이 해 12월에는 안의현감(安義縣監)으로 임명되어 56세부터 60세까지 안의현을 다스리면서 천주교에 대한 선정을 베풀었다. 또한 부역을 고르게 하고 송사를 공평히 하며, 노비들이 내는 공포(貢布)의 폐습을 없앴다.

연행(燕行) 때 본 것처럼 벽돌을 구워서 전각의 담을 쌓았다. 또 여자의 순절(殉節)을 비판하였다. 이 무렵 〈열녀함양박씨전〉(烈女咸陽朴氏傳)을 썼다.

58세(1794년)에 상경 입시(入侍)하여 정조께 농촌 사정을 사실대로 자세히 상주하였다.

이 무렵 아들 종간은 성균시에 응시하려 했는데 그 때 친구 이서구가 성균관장인 이유로 도리어 응시 못하게 막았다. 행여 친구의 덕으로 아들이 과거에 붙었다는 오해가 있을까 염려했기 때문이었다.

60세(1796년) 때인 3월에 안의현감 임기가 만료되어 서울에 와서 문필 생활을 하려고 계산동에 땅을 사서 중국 제도를 모방하여 벽돌로 집을 짓고 이를 총계서숙(叢桂書塾)이라 했다. 이것이 바로 경세제민(經世濟民)의 대사를 논했던 계산초당(桂山

草堂)인데 이 집은 그 뒤 그의 아들 종채가 계속 살았다.
　61세(1797년) 7월에 충청도 면천 군수로 임명되었다. 면천군에 천주교 신자가 많다 해서 갔지만 이 때 천주교 신자들을 처벌보다 간곡한 회유로 개종한 군민이 많아 신유사옥 때 면천군은 무사했다.
　63세(1799년) 3월에 정조의 명찬이던 〈과농소초〉(課農小抄)가 완성되어 바쳤다. 부록처럼 된 〈한민명전의〉(限民名田議)도 함께 지어 바쳤다.
　64세(1800년) 때인 8월에 양양(襄陽) 부사로 승진되어 부임하였다.
　66세(1802년) 때인 봄에 벼슬을 그만 두고 이광현(李光鉉=1732~?)과 함께 연암 골짜기로 들어가 정자를 짓고 수개월 지내다가 서울집으로 돌아왔다.
　69세 때인 1805년 10월 20일 서울 가회방(嘉會坊) 재동 자택에서 별세했다. 묘는 경기도 장단 송서면(松西面) 대세현(大世峴)의 선산에 부인 이씨와 합장되었다.

2. 연암의 생각과 꿈

　18세기를 전후하여 조선 후기 사회는 극심한 갈등으로 번민하면서 소리없이 요동하며 절규하고 있었다. 임진왜란과 병자호란을 겪으면서 잃은 것은 삶과 삶에 대한 윤리, 그리고 행복이었고, 얻은 것은 비참과 자아 각성이었다.
　하늘같이 우러러 모시던 상감마마께서는 왜군이 쳐들어 온다

는 소문을 듣고 압록강 쪽으로 줄행랑을 치는데 백성들이 길가에 나와 엎드려 통곡하면서,

"상감마마! 저희를 버리고 어디로 가시나이까?" 하는 통곡소리를 들은 척도 않고 도망갔고, 그 뒤를 좇아 삼공육경 등 절대권력자들이 백성이야 죽건 살건 알 바 없다하며 함께 도망쳤다. 결국 짓눌려 지배받던 백성들이 임진왜란 7년간 전쟁을 겪으면서 행주산성에서, 평양성 안에서, 진주 남강에서 왜장과 왜병을 무찔러 격퇴시키고 나라를 지켜내고 보니 백성들 머릿속에는 새로운 의식이 싹터나지 않을 수가 없었다.

마치 허수아비에게 눌려 산 기분이 몽롱하게 떠오르고, 왜병의 발달한 무기(대포와 장총, 소총 등)와 군사 규율 등에 몽매했던 눈들이 번쩍 뜨이지 않을 수 없었다. 그러나 그런 생각들은 아득할 뿐 어떻게 하면 그런 일들이 바로 잡힐지 백성들로서는 알 길이 없었다.

병자호란 때 임금은 남한산성 밑에 내려와 적장 앞에 꿇어 앉아 이마를 땅에다 부딪치며 다시없는 굴욕을 당하고 있었다. 그러나 이를 막을 만한 힘 하나 없으면서 백성은 붙잡아다 물볼기 치는 권력자들이 임금과 더불어 허수아비인줄 느끼고 또 백성들은 삼정의 폐단에도 시달려야만 했다.

삼정(三政)의 폐(弊)란 무엇인가?

하나는 '토지정책'[田政]으로서 일부 부호들과 지배층이 토지를 겸병 독점하고 경작자들로부터 조세를 과징하는 폐단이요. 둘은 '군사정책'[軍政]으로 국방을 빙자하여 백성들에게서 세금[軍布]을 거두어 횡령하는 폐단이니 지금의 무기 허위 도입 사

건이나 비슷한 폐단이요. 셋은 '대부미정책'[還穀]이니 그 이자가 너무 과해서 폐단이 컸던 것인데 이를 시정할 방법을 찾지 못하여 고통스러운 사회현상이 되어 있었던 것을 말한다. 무엇인가 알쏭달쏭하고, 어쩌면 묘한 방법도 있을 것 같은 사회적 분위기여서, 마치 누가 불을 점화만 하면 금방 불길이 번질 것만 같은 18세기였다.

 이 무렵 실학파 학자들은 그 해결 방법을 생각했고, 불을 지르려고 고심하였다. 자세히 살펴보면 실학파들은 세 가지 방향에서 연구하며 실천하고 있었다.

 그 한 가지는 경세치용(經世致用)의 방법 즉 토지 제도를 개혁하고 행정기구와 그 방식을 고치며, 여러 가지 모순된 제도들을 바로 잡아서 백성이 주인되고 백성을 위한 경세제민의 정치를 해야 한다는 주장인데 이러한 학자로는 성호(星湖) 이익(李瀷)이 시작의 으뜸이요, 다산(茶山) 정약용(丁若鏞)이 마무리의 으뜸이었다.

 또 하나는 연암(燕巖) 박지원(朴趾源)을 대표로 하는 이용후생(利用厚生) 학파인데, 이 학파의 주장인즉 계급 차별을 없애고 만민이 평등토록 하자는 것이요, 상업과 공업을 경멸하지 말고 진흥시켜서 경제적으로 나라를 부강케 하고, 농기구를 제작하여 편리하게 농사를 지으며, 기술을 배워 익혀서 건축, 관개, 목축, 운수 등 제반 생활을 문명이기화(文明利器化) 하려는 것이었다.

 그 셋째로는 완당(阮堂) 김정희(金正喜)를 대표라고 할 수 있는 실사구시(實事求是) 학파로서 학문적인 방법으로 종래의 공리공론적 방법을 바꾸어 고증학을 주로 하자는 것이었다.

여기서 우리가 관심을 기울여야 할 점은 이용후생의 학파를 대표하는 연암 박지원이 그 시대를 어떻게 보았고, 어떤 생각을 했으며 세계화 윤리 규범으로는 '양반은 하늘이 내렸고, 노비는 숙명적으로 대대손손 종으로 살아야 한다'는 사회적 절대 규범을 연암은 그렇게만 볼 수는 없었고 '그것은 아니다' 라고 생각을 하고 있었다.

연암은 벌써 18세에 거지 광문(廣文)을 주인공으로 하는 〈광문전〉을 지었고 다시 28세 때 광문의 뒷이야기인 〈서광문전후〉(書廣文傳後)를 썼는데, 그 핵심인즉 거지 신분인 광문이 차츰 사회적으로 진출하여 거부가 되며 사대부들과 교분을 맺고 '너' '나' 하고 술 마시며 노래하며 살고 있는 모습을 묘사했다. 특히 사회 민심이 사대부나 궁중 비빈들의 패물이나 부동산 저당은 안 잡아도 광문의 말이면 거만금을 담보 없이 빌려주는 장면이나, 운심이라는 장안의 명기가 사대부집 귀공자는 마다하고 광문과는 가무를 즐기는 모습을 형상화 한 일들은 당시의 층층 12계급이나 되던 그 벽을 허물어 버리자는 연암의 너무도 엄청났던 생각이었던 것이다.

연암의 성장 과정에서 그 집 하인들과는 가장 친밀한 벗이었고 성장하여 벗을 사귀는 일에 있어서도 서얼 출신이 많았다는 것도 계급 타파의 생각에서 유래된 것이라 생각되지만 연암이 학문적으로나 마음속으로 가장 가까웠던 박제가나 서이수도 서얼이니 그들은 연암이 죽자 행방을 감추거나 스스로 죽어버렸다.

연암이 〈양반전〉에서 양반을 팔고 사는 장면을 그렸다는 것은 당시 양반을 크게 해학적으로 모멸하는 일로서 양반인 그로서 감히 쓰기 어려운 소설이었다. 더구나 '양반은 개도 안 먹는다'는 식으로 양반을 사려던 상민이 손을 내저으며 '양반이고 무엇이고 모두 싫다'고 도망가는 장면은 이미 양반 계급이 무너진 상태를 말하는 것이다.

 허울 좋은 양반들이 호통하면서 나라를 다스린다고 '죽을 쓰고 있던' 당시의 환경 속에서는 연암은 과거를 일체 보지 않았다. 과거를 보아야 벼슬길에 나갈 수 있는데 연암에게는 과거가 메스꺼운 장난으로 보였다. 한때 권에 못이겨 과장에 나간 일이 있으나 연암은 답안지에 늙은 소나무와 고목 따위를 그려 놓고 나왔다. 그러니 과거에 붙을 리가 없었다.

 그 당시 과거의 질서는 이루 말할 수 없을 정도로 문란해져 있었다. 사대부 자제들이 공부는 안하고 술집으로 모여 다니며 소위 폭력배를 사서 술을 사주고 그들로 하여금 과장에서 답안지를 모으는 심부름 역할을 시키는 악습이 한창 저질러지고 있었으니 이는 사대부의 철없는 자제들을 과거에 붙이기 위하여 뒤에서 부형되는 벼슬아치들이 그렇게 꾸며놓은 농간이었다. 이 자들은 답안지 걷는 통(이를 첨간(簽竿)이라 함)을 들고 정작 수재들은 못 넣게 하거나 바꿔치기 해서 권력자들의 자제만 붙도록 억지 행위를 했다(정다산의 과거지학〈科擧之學〉). 참으로 예나 지금이 다를 바 없지만, 이러한 과거에 박연암이 나갈 리가 없었다.

 그래서 벼슬을 안하고 있다가 50세 때 '선공감 감역'(繕工監監役)을 맡게 되는데 이는 연암의 이용후생의 이념과 직접 관계되는 직책이었다. 조선조에서 과거를 거치지 않고 직책을 맡는 일은 극히 드물다. 간혹 부조(父祖)의 벼슬이 높았던 덕분으로 벼슬하는 음관(蔭官) 또는 음직(蔭職)이 있었으나 연암은 자기의 학문과 식견으로도 벼슬을 하고도 남았다. 이 무렵 조정에서는 수원성도 쌓았고 한강에 주교(舟橋)도 설치했다.
 연암은 만민이 평등함으로 직업에도 귀천이 없다고 생각했다. 그가 약관에 지은 〈예덕선생전〉은 서울 장안의 똥을 퍼서 나르는 엄행수(嚴行首)를 주인공으로 엮은 작품이다. 엄행수는 설날도 쉬지 않고 인분을 퍼가는 말하자면 환경미화원이다. 그가 만일 쉰다면 장안은 온통 오물 투성일 것이니 엄행수의 덕스러운 일은 칭찬해 마땅하다고 연암은 생각한 것이다. 인분을 퍼서 성문 밖의 논밭을 기름지게 만드니 농사도 잘되고 돈도 벌고, 그야말로 일석삼조인 것이니 연암이 누구보다 덕행이 있다 하여 예덕선생이라 했던 것이다.
 〈열하일기〉의 〈태학유관록〉에서는 청나라 사람들이 말을 잘 기르는 장면을 보고 감탄하면서 우리나라 목축을 관장하는 벼슬아치들이 말 기르는 법을 모른다고 개탄하고 있다. 그들은 목축을 궂는 일이라고 여기고 말의 종마, 품성, 효용에 대하여 전혀 알고자 안한다고 질책하고 있다. 연암이 연암골짜기를 잡아 두었던 것은 장차 목장을 하려고 했다. 이처럼 연암은 직업에 귀천이 없고 잘 살려면 허드렛 일이라도 가리지 말고 관료나 백성 할 것 없이 해야 한다고 주장했다.
 연암은 우리나라가 잘 사는 부강한 나라가 되려면 장사에 눈을 떠야 하겠다고 생각했다. 당시 사농공상(士農工商)에서 가장 멸시 받는 직업이 공장, 장사치라고 했지만 우리 사회가 근대화 하려면 공업과 상업을 발전시켜야 하겠다고 그는 벌써 생각했다.
 연암은 〈허생전〉을 지으면서 허생더러 물자의 집산과 그 유통 원리에 대하여 자세히 설명시키고 있다. 허생이 몇 년 사이에 수만금을 벌었다는 이야기는 지나친 과장이 아니라 장사의 원리를 말하려는 것으로 이 작품에서 허생은 곧 연암 자신임을 알게 된다.

　연암이 사신을 따라 청나라에 갔을 때 성경(盛京), 즉 심양(瀋陽)거리의 점포에 골고루 들려 때로는 상루에서 상인들과 필담하면서 그 산뜻하고도 요령있게 장사하는 모습을 보고 감탄하면서 〈열하일기〉에 자세히 소개하고 있다. 많은 사신들과 그 수행원 수천 명이 연경에 다녀와도 모두 '송아지 우물 보고 온 식'으로 못 본 세계를 연암이나 실학파들은 보았고, 그 장면은 낱낱이 소개하여 우리나라의 어둡던 의식 세계에 불을 밝혀 근대화를 촉진시켰던 것이다.

　연암이 청나라에 가서 특히 눈여겨 본 것은 발달한 기구들이다. 농업의 기계화, 토목 공사의 기계화는 연암이 가장 촉각을 곤두세우고 본 부문이었다. 문인으로서는 참으로 뜻밖의 일이라 하겠으나 이것이 이용후생의 그 근본 정신임을 알게 해주는 것이다.

　그 견문의 결과는 그의 〈과농소초〉에서 농기구 약 30종을 들어 개량해야 한다고 했고, 수리의 방식과 기재 등을 상술했으며, 파종, 쟁기 고치는 야쟁이 일, 소의 번식과 양우와 치병에 이르기까지 논술했다. 연암은 청나라 기술에 놀랐고, 특히 수레 만드는 법과 벽돌을 만들어 집을 짓는 제도에 흥미를 가졌다. 그래서 그가 안의현감으로 있을 때에 헌 창고를 정리하고 그 자리에다 벽돌로 집을 짓거나 '백척오동각(百尺梧桐閣)'이니 '공작관(孔雀罐)'이니 하는 관공서 전각을 세울 때 중국의 벽돌 제도를 써서 벽돌을 손수 굽고 쌓고 하였다는 것이다.

　연암은 청나라를 보고 배우는데만 열중한 것은 아니다. 무엇보다 중요한 점은 그가 주체 의식이 철저하였다는 것이다. 떠날 때부터 청(淸)은 '오랑케 나라'라는 정신은 강하게 표현되고 있다. 처음부터 끝까지 그들(학자나 관료나 서민에 이르기까지)을 익살과 풍자로 비웃고 비방하면서 때로 술도 마시며 때로 필담도 하였다. 정사 일행이 허례허식으로 차리는 절차와 의식이 많았으나 연암은 거기에 참례하는 일이 거의 없이 혼자 돌아다니며 구경하고 교우했다.

요즘 말로하면 단체 생활 이탈생이었다. 정사 박명원은 8촌 형이며 연암을 대단히 사랑하는 처지라 별로 말이 없었고 부사와 서장관은 늘 핀잔을 주었지만 연암은 아랑곳 하지 않고 제멋대로 돌아다니며 정사 일행의 의례를 '저게 무슨 짓들' 하고 코웃음 쳤다. 일행과는 함께 밥 먹고 자는 일이 거의 없이 골동품상과 사귀고, 학자들과 밤을 새웠다. 그러면서 중국 고대 역사를 비웃고 우리나라 홍대용이나 김석문의 자연 과학의 이론과 지동설을 들고 나와 그곳 대학자인 곡정(鵠汀) 왕민호(王民皥) 등을 놀려 주고 있는데 이는 떠나가면서 말 위에 앉아 줄곧 생각했던 '골탕 먹이려는 생각'이었다고 했다.

이는 물론 연암 자신이 무기 화학이나 물리학을 위시한 자연 과학적 지식이나 지동설을 비롯한 우주 과학의 깊은 소신이 없이는 안될 토론이었다. 그리고 당시 중국학자들도 서양 문물을 우리보다 더 먼저 더 깊이 접하고 있었지만 지동설 같은 것은 이념상 아직 수용되지 못한 것을 안 연암은 신나게 그러면서도 겸허한 태도로 그곳 학자들을 골려주고 있었으니, 조그만 나라의 박지원은 위세가 당당했다(「열하일기」의 〈곡정필담〉).

곡정 왕민호는 당시 청나라의 선진적 대학자요, 천주교나 불교에 관해 일가견이 있던 거물이었는데 연암이 그들을 압도하는 이론을 폈던 것은 어떤 것이었는가? 연암은 말하되,

"… 우리들 티끌 세계의 사람으로서 저 달 세계를 상상한다면 역시 어떤 물질이 쌓이고 모이어서 한 덩어리 물체가 이루어졌으니 마치 이 큰 땅덩어리가 한점 미미한 먼지가 모여서 형성된 것과 마찬가지다. 이 미진과 미진이 서로 의지하여 엉키되, 티끌이 응결된 것은 흙이 되고, 티끌이 모아진 것은 모래가 되고, 티끌이 흐르면 물이 되고, 티끌이 더우면 불이 되고, 티끌이 맺혀지면 쇠가 되고, 티끌이 피어나 번성해지면 나무가 되고, 티끌이 움직이는 것은 바람이 되고, 티끌이 김이 올라 기운이 울창하면 곧 변해서 벌레(생물)가 됩니다."

라고 하여 모든 생물의 원초적 형성 요인과 그 최소 단위를 말하는가 하면, 달에서 보면 지구가 달처럼 보이고 지구도 하나의 별이요, 우주 속의 다른 별에도 생물이 있다고 하는 말하자면 우주인이 있다고 역설하였던 것이다.

그러나 연암은 어떻게 이러한 우주 과학의 지식을 알고 있었던가? 더구나 그는 문학가로서 자연 과학과는 길이 달랐을 것인데 이러한 엄청난 상상력을 어떻게 발휘하였을까?

연암의 말에 의하면 우리나라 영조 때 김석문(金錫文)이란 역학(易學)에 조예가 깊었던 사람이 있었는데 호는 대곡(大谷)으로 벼슬은 통천(通川)군수를 지냈고 〈역학도해〉(易學圖解)를 저술했다. 그는 〈삼대환부공지설〉(三大丸浮空之說=세 개의 큰 둥근 것(해와 지구와 달)이 공중에 떠 있다는 이론)이 있고, 또 친구인 담헌(湛軒) 홍대용이 처음으로 〈지전지론〉(地轉之論)을 제창했다고 중국에 소개하고 있다. 그러므로 연암은 이러한 우주과학의 책들을 읽었고, 그 이론들은 지금의 지구의 자전·공전의

이론과 같으며, 양력과 음력의 이치를 모두 알고 있었다.

연암의 〈회우록〉(會友錄) 서문은 유명한 글인데 홍대용이 쓴 〈회우록〉에 서문으로 쓴 글로서 홍대용이 중국 항주(杭州)에 가서 세 사람의 학자와 만나 벗을 삼고 이야기한 내용을 세 권 책으로 엮는데다가 서문을 쓴 것이다.

" '자네가 서문을 쓰게' 하고 홍대용이 말하기에, 한 번 쭉 읽고 나서 탄식하기를 ' 툭 티었구나. '홍군이 벗을 삼는 것이야말로, 나도 벗 삼는 묘리를 알았노라, 그가 벗을 사귀는 바를 보고 나도 벗을 사귀리라.''
하였다.

이로써 홍대용과 연암이 얼마나 친밀한 막역지우인가를 알 수 있는데 이 때 홍대용은 서양문물을 공부하고 천문학에 조예가 깊었고 '음양오행설'을 부정하고 '지구자전설'을 주장하고 있었다. 미래 세계를 공상해 보거나 우주를 상상해 보는 것은 과학도보다 문학가에 의해서 이루어진다는 논리를 연암에게서 찾아 볼 수 있다.

연암은 첫째 계급의 격차가 없는, 만민이 평등한 사회가 되어야 한다고 갈망했다. 그는 20세 전후하여 열 두 편의 소설을 썼는데(두 편은 전하지 않음) 거의가 이 같은 정신이 저변에 깔려 있거나 풍자적 수법으로 노골화하고 있다.

〈허생전〉에서는 이완(李浣)더러

"네가 어영대장이니 상감께 말씀드려 종실의 딸들을, 지금은 떠돌이가 되어 조선에 와 있는 명나라 장병들과 이들과 혼인시킬 수 있겠느냐?"
라고 까지 말하고 있다. 당시로서는 참으로 기절할 발상이 아닐 수 없었지만 사회는 장차 그러한 방향으로 흘러가고 있었던 것이다. 이러한 계급 타파의 사회관은 정다산에 이르러서는 백성이 나라의 주인이요, 임금도 백성이 선출해야 한다는 이론까지 나오게 되는 것이다.

둘째로 연암은 관료주의 사회를 개혁하여 백성을 위하여 일하는 공직자가 되어야 한다고 생각했다. 당시 삼정의 폐단으로 백성은 죽을 지경이었는데, 이는 모두 탐관오리가 자행하는 폐단이었다. 연암은 〈민옹전〉에서 민영감의 입을 빌어 이런 자들을 황충(송충)이라고 부르며 미워하고 있다, 연암은 중국 연행 때 그곳 관리들이 정직하고 부지런하며 친절하되 이치에 어긋나지 않는 면면을 상세하게 소개하고 있다.

시에서도 〈갓의 연구〉(笠聯句)는 그러한 시적 모티브가 깔려 있다.

셋째로 연암은 산업 사회의 건설을 꿈꾸고 있었다. 사대부나 관리나 백성, 천민 할 것 없이 일을 해야 하며 특히 공직자는 맡은 분야에 대한 공부와 깊은 연구가 있어야 하겠다고 생각했다. 목장을 맡은 관리가 말의 번식이나 그 품성, 질병 등에 대한 지식 없이 어떻게 좋은 말을 구하겠는가? 그것은 관리들이 궂은일을 기피하는 까닭이라 하였다.

연암은 장사를 익혀서 산뜻하고 규모 있는 상업을 하도록 권장했다. 그가 심양에 갔을 때 그 술집에서 차려 놓고 장사하는 모양을 그림처럼 묘사하면서 '이러고서야 잘 살 수 있을 것'이라고 감탄하면서 몇 번이고 다시 들러보았다. 그리고 〈열하일기〉의

〈성경잡지〉에다 자세히 소개하고 있다. 산업 사회로 가는 길은 또 물자의 집산과 유통에 대한 원리를 알아야 하며(〈허생전〉 및 〈열하일기〉) 그 신속한 운반을 위하여 수레, 다리, 배를 개량해야 하며 점포를 잘 꾸며야 한다고 하였다(〈열하일기〉의 〈일신수필〉). 또 중국과 공식적으로나 뒷거래 방식으로 무역을 권장하되 무엇보다 은(銀) 관리를 잘해야 한다고 하였다. 지금으로 말하면 외환 관리의 이론이다.

산업 사회가 되려면 무엇보다 공업을 진흥시켜 각종 이용에 편리토록 기기를 만들어 내야하며 농기구를 개발해야 하며 후생을 위하여 주거의 개량이 시급하다는 것이었다. 연암은 벽돌에 대하여 관심이 컸는데 중국에 갔을 때 집 짓는 공사 현장에 직접 가서 벽돌을 바라보면서 재어보고 만져보고, 굽는 방법을 묻고는 〈열하일기〉에 자세히 소개하고 있다. 중국의 점포와 주거용 주택을 소개한 장면은 마치 독자들이 그 집에 들어가서 앉아 있는 듯한 느낌이 들 정도로 실감나게 묘사하고 있다. '과연 이래서 세상은 살맛이 나는구나!' 하는 기분과 환상에 잠기도록 쓰고 있으니 연암의 사실주의적 필치의 위력도 합쳐진 작품이라 하겠다.

연암은 주자학을 반대하고 신선 사상도 믿지 않았다. 주자의 성리학은 조선 전시대의 정신세계를 휩쓸던 학문이며 이론이요, 규범이었는데 조선후기 실학파들의 경우처럼 연암도 본래의 공자, 맹자의 사상과 윤리관은 존중하였지만 주희의 윤리관은 본래의 정신을 왜곡시켰으며, 그의 성리학은 공연히 공리공담(空理空談)을 일삼는다고 비난했다. 이러한 내용은 〈열하일기〉의 〈곡정필담〉에 더욱 상세하다.

연암이 신선을 믿지 않는 이야기는 〈김신선전〉에서 이야기되고 있다. 김홍기(金弘基)란 사람이 벽곡(辟穀)을 하면서 신선이 된다고 했지만 금강산까지 가서 알아보았는데 그는 일개 보통 사람이었다.

연암이 가장 아까워한 인물은 우상(虞裳) 이상조(李湘藻)이다. 우상은 역관으로 일본으로 가는 사신을 따라 갔다가 일본에 우리의 시문으로 명성을 떨치고 온 사람이요, 일본의 예악과 학문이 천박하다고 힐난하고 온 인물인데 요절했다. 그래서 〈우상전〉을 지었다.

3. 연암의 문체

연암 박지원은 먼 조상때부터 시와 문장의 대가였으며 대대로 명문 귀족이었던 박씨 가문의 후예로 태어났으나 그의 문장은 선대의 양반가의 규범적 문체를 본받지 않고, 전통적인 글투를 초탈한 문체를 써서 상황을 구체적으로 묘사하는 소설의 문장이며, 사물을 있는 그대로 묘사하는 사실주의적 문장이며, 한 시대와 계급을 풍자하는 상징적이고, 풍자적인 문장을 써서 연암체 문장이란 특성을 이루었다.

연암이 이러한 문장을 쓰게 된 연유와 목적은 양반계급으로서 남다른 체험과 사회발전을 예감한 선각적 예지에서 형성되었다.

연암은 어려서 부모를 잃고? 조부인 지돈녕부사 박필균(朴弼均)의 슬하에서 자라며 임지로 데리고 다니며 키워졌는데 더구나 병약했던 어린 연암에게 조부는 애처롭게 생각하여 책을 주지 않고, 밖에 나가 아전의 아희들, 노비의 어린 자식들과 함께 놀게 하였다. 이때에 세속적인 아이들과 노비나 아전들에게서 들은 언어나 이야기들은 감수성이 예민했던 16세까지의 소년시절의 연암에게 깊은 영향을 주었다.

이때에 서민들과 어울려 놀면서 배웠고, 배우면서 자라난 연암의 체험은 연암의 문체에도 지대한 영향을 주었다.

이때에 듣고 배웠던 세속적인 실생활의 체험에 대하여 연암은 다음과 같이 말하고 있다.

"집안 사람들이 예사로 하는 이야기가 오히려 학교 교수용어에 들어가고, 어린아이들의 노래나 마을의 속담말이 또한 경서의 사전에 들게 된다. 그러므로 글이 절묘하지 못한 것은 글자의 죄가 아니다. 저 글자나 글귀가 아취가 있느냐 세속적이냐를 평하고, 글의 편과 장의 높낮이나 평하는 자들은 모두 문장 변용의 합변(合變)과 손자병법의 허실인 제승(制勝)을 모르는 자들이다."(이재성의 「소단적치」 서문(引) 중에서)

학교에서 가르치는 옛 성현의 말이나 중국의 사물이나 말을 풀이한 「이아」를 양반자제들은 배우고 모방하는데 그러한 교본도 결국, 별다른 것이 아니라 일상생활의 언어나 경험들이 반영되어 있는 것이니 글을 쓴다는 것은 옛법이나 답습하는 것이 아니라 현실생활에서 일어나는 상황들을 사실대로 쓰면 된다는 생각을 소년시절부터 품고 있었다.

그는 소년시절의 귀천없이 같이 놀던 교우경험이 일생의 벗 사귀는 신조로 되고, 그의 작품에서도 만민평등의 일념으로 하층계급을 주저없이 주인공으로 등장시켰던 것이다.

그의 편벽 없는 교우정신은 그의 산문인 서(序), 기(記), 발

(跋), 전(傳), 서(書). 일기(日記) 등 여러 작품에서 볼 수 있으나, 특히 홍대용(洪大容)의 「회우록」(會友綠) 서문에서는 다음과 같이 쓰고 있다.

"옛날에 이르던 사·농·공·상이 아니언만 지금에 차별되는 등급이 네 층이며, 오직 각자의 소견이 다를 뿐인데 격렬한 대립은 적대하는 두 나라의 형세요, 오직 서로의 처지가 틀릴 뿐인데 엄격한 구별은 문명인이 야만인 대하듯 한다. 피차에 이름을 들으면서도 남의 혐의를 꺼리어 서로 찾아다니지 못하고, 피차 어울려 다니면서도 신분에 구애되어 감히 벗으로 사귀지 못한다. 사는 동네가 같고 종족이 같고 언어나 의복도 틀리는 것은 조금도 없다. 그러나 이미 찾아다니지 않거니 피차에 혼인인들 할 수 있는가? 감히 벗으로 사귀지 못하거니 피차에 동지로 될 수 있는가?… 그 풍속이 어찌 이다지도 좁단 말인가?"

이러한 평등관은 그의 소설에서는 더욱 구체적으로 묘사되어 있지만, 그의 교우관은 16세 이전에 실생활에서 보고, 듣고, 느꼈던 것이요, 그것이 연암 사상의 기저가 되었다고 할 것이다.

연암은 16세 때 전주 이씨와 혼인하면서 처숙부인 교리 이양천(李亮天)에게서 비로소 수학하면서 학문다운 공부를 하게 되었는데, 그때 이양천의 실학사상의 영향을 받으면서 중국 「사기」(史記)를 배우고 특히 「신릉군전」(信凌君傳)을 처숙이 토달아 주어 삽시간에 읽었다. 그러면서 이에 대한 논설 수백언을 지어서 이교리를 크게 놀라게 하였고, 문학에 대한 천재적 재질을 돌보였다.

이때 그는 「이충무공전」을 썼고, 「사기」나 「신릉군전」은 연암이 소설을 쓰는데 크게 영향을 주었다.

만학에 눈을 뜨고, 뜻을 세운 연암은 그로부터 3년간 발분역학하면서 두문불출로 백가서를 두루 섭렵하였는데 주로 이용후생(利用厚生)의 학문에 치중하였다.

그는 경제, 병법, 농사, 화폐, 양곡 등 일체의 경세적(經世的) 실제분야의 문헌에 대하여 섭렵·강구하면서 천문·지리에도 깊은 관심을 기울였다.

그러나 그는 양반의 전업인 과거에 나아가 관료가 되는 일은 전적으로 거부하였다. 당시 사대부로서 "과거의 업을 마다함"(擧子之業不肯)은 양반가에서 큰 반역이었으나 연암은 서슴치 않고 오히려 비웃었다.

이는 연암의 예리한 시각으로 당시에 벌써 양반계급의 붕괴를 직시하고 있었기 때문이다.

이러한 신념과 관조는 그의 소설 「양반전」 등 전반에 걸쳐서 표출되고 있거니와 객관적 기록인 연암의 둘째아들 박종채(朴宗采)의 「과정록」에서도 볼 수 있으니

"선친이 늘 탄식하여 말하기를 내가 중년 들어 이래로 벼슬길에 욕심이 없고 점차로 익살스러워지는 것에 이름을 감추려하고, 세속일에 물결따라 도도히 흐르면서 늘 사람과 만날 때는 문득 웃기는 말로써 세상을 풍자하여 난처한 장면을 타개하며 미봉하는 일이었다."(〈과정록〉 권1, 37장)

라고 하였으니 이것은 연암 생애의 일 단면이었다.

그리하여 연암은 벌써 18세 때에 〈광문전〉을 지어 사대부들이 돌려가며 보고, 놀라며, 감탄하였으며, 19세에는 〈마장전〉, 〈예덕선생전〉을 지었고, 21세에 〈민옹전〉, 29세에 〈김신선전〉, 30세에 〈역학대도전〉, 〈봉산학자전〉 등을 지었는데, 이러한 과정에서 '연암의 문체'는 차츰 자리잡혔고, '연암의 문장관'은 형성되어 갔었다.

그러면 연암의 문체는 실제로 어떠한 문장양식이며 소위 정통적 문체와 어떻게 달랐는가?

문체란 문장의 기능과 형태에 따라 의미와 분류도 여러 가지로 달라지지만, 여기서 박연암의 문체라 할 때는 그 중에서 "글은 곧 사람이다."(文卽人)라는 의미요, 구라파의 "The style is the man himself"(프랑스)와 같은 Style론으로 인식하고 그의 문체를 연암의 문장론을 근거로 논해야 할 것이다.
그러나 조선조 정조 대왕이 "박연암의 글 투가 그게 뭐냐? 못쓰겠다"하고 비판할 때의 '문체'는 또 개념이 다르다. 그것은 저 중국의 한나라 문장, 당·송의 시를 모방하지 않고, 따라서 과문체(科文體)가 아니라 문장이 패관소설류요, 그 묘사가 점잖빼지 않고 너무 세속적이요, 일상생활을 사실적으로 표현한 글이라 하여 문체 반정을 주창했던 것이다. 여기서는 연암의 문장론이 들어있는 작품들을 예거하면서 연암 문체의 특색을 엿볼 수 있도록 하며 특히 뒤에 수록한 연암의 시문선을 통하여 연암 문체의 실체도 감상토록 하겠다.

첫째, 특징은 구체적 묘사의 소설체 문장양식이다. 당대까지도 패관소설이니 패사소품(稗史小品)이니 하는 소설류가 있었고, 명나라 청나라에서 건너온 소품류가 있었으나, 이러한 글에는 '글이 곧 사람'이라는 작가의식이나 작가의 사상이 드러나지 않는, 다만 흥미와 향락적이요, 파적거리의 이야기들이었다. 그러나 연암의 소설을 비롯한 산문들은 작가의 개성이 드러나면서 사회발전의 단면을 이야기하는 주제, 자아각성의 양상이 보이는 무대(Setting)와 행위(Action)가 전개되는 독창적인 문장이였다. 그래서 연암체라는 이름이 생겼다.

또 당시 사대부들은 "글이라 하면 저 전후 한나라 문장을 따를 것이요, 시라고 하면 당나라 때 시를 배울 것이다"라는 식의 고대 중국 모방의 문학만 숭상했다. 이것이 문학의 정로요, 옛 법에 위배되지 않는 길이라 했다. 당시 과거 시험의 과장에 나가서 시험을 보아야 벼슬길에 오르고, 그 시험문제는 으례 경서나 당·송시문이 출제되니 사대부들은 옛법을 배우는 것이 정도요, 수칙일 수밖에 없었다.

그러나 연암은 그러한 이기적이고 맹목적인 무리와는 달랐다. 그는 이서구(李書九)의 「녹천관집」(綠天館集) 서문에서

"옛 것을 본떠서 쓴 글은 마치 거울에다 제 모습을 비추는 것과 같아서 비슷하게 된다고 할 수 있겠는가? 좌우가 서로 반대이니 어찌 비슷하게 된단 말인가. 물이 모습을 비추는 것과 같아서 비슷하게 된다고 할 수 있겠는가? 본말이 거꾸로 나타나니 어찌 비슷하게 된단 말인가. 그림자가 모습을 따르는 것과 같아서 비슷하게 된다고 할 수 있겠는가? 한낮에는 난장이나 얘기기둥이 되었다가 해가 기울 무렵에는 키다리나 바람막이 키가 되니 어찌 비슷하게 된단 말인가. 모습을 그림으로 그린 것과 같아서 비슷하게 된다고 할 수 있겠는가? 걸어가던 자가 움직이지 않고, 말하던 자가 소리가 없으니 어찌 비슷하게 된단 말인가? 그러면 마침내 같게 될 수는 없지 않은가? 도대체 무엇 때문에 같은 것을 구하는가? 같은 것을 구하는 짓이야말로 진실이 아니다."

라고 한 것을 비롯하여 그의 산문 곳곳에 이러한 정신이 표출되어 있다.

또 이덕무(李德懋)의 「영처고」(嬰處稿) 서문에서는

"산천과 풍토·기후의 지리가 중국과 다르고 언어, 민요, 습속의 시대가 한나라 당나라가 아니다. 만약 중국의 수법을 본뜨고 한·당의 문

체를 답습하려고 한다면, 우리는 수법이 고상할수록 뜻이 실제로 비속하게 되고, 문체가 한·당과 비슷할수록 말은 더욱 거짓이 되는 결과를 볼 뿐이다. … 우리나라의 방언을 문자로 옮기고, 우리나라의 민요를 운율에 맞추기만 하면 자연히 문장이 이루어지고, 진실한 경지가 발현된다. 답습을 일삼지 않고, 남의 것을 빌어 오지 않고, 현재 있는 그대로를 가지고 온갖 것들을 표현해 낼 수 있다."
라고 자아의 정신과 주체적 문체관을 역설하고 있는가 하면 '좌소산인(左蘇山人)에게 주는 시에서는

"눈 앞에 보이는 일과 진실이 거기 있거늘
어찌하여 먼 옛날만 치켜드는가
한나라 당나라가 지금 세상 아니요
우리의 가요가 중국과 다르다네
「한서」 쓴 반고(班固)나 「사기」의 사마천(司馬遷)이
다시 살아 온다해도 결단코 안배우리
반고와 사마천은 지금과 다르다네
새로운 글자는 만들기 어렵지만
내가 품은 생각은 모두 써 내거늘
어찌하여 옛법에만 얽매여 살면서
억겁을 두고 그렇게 살자는가?"

라고 하여, 문장이라 하면 중국 한대를 잘 모방하고, 시라고 하면 중국 당과 송대의 시를 흉내내야 잘된 글이라 칭찬받던 당시의 사대부 풍조를 정면으로 공박하며 거부하고 나섰다.

그리하여 "나는 문장에 있어서 다른 장점은 없고 다만 사실을 기술하고 물태(物態)를 형상화하는 재주는 다른 사람보다 낫다. 지금 사람들이 지은 비문이나 지명(誌銘)같은 작품은 대개가 판에 박은 전래 투식이 많아서 한 사람의 작품을 다른 사람 누구

에게나 옮겨쓸 수가 있으니 바로 그 사람만의 개성적인 정신과 전형성을 무엇으로 떠올려 볼 수 있겠는가?

이것이 바로 김삼연옹(金三淵翁)이 말하는 "우리 동인의 문집은 곡비(哭婢)의 울음소리 같다."(所謂東人文集 如人家哭婢聲者是也)(過庭錄 권4, 6장)는 것이다.

둘째로는 사실주의(Realism)적인 문장이었다.

사실주의가 사실을 있는 그대로 충실히 묘사하는 것을 사명으로 하는 현실주의 문학이지만 연암은 한 걸음 더 나아가서 문자에다 색채나 음향, 동작까지 부여하면서 사물을 묘사하고 있다.

그는 사실적인 묘사에 대하여 「공작관문고」(孔雀館文稿) 자서에서

"글이란 뜻을 그려내면 그만일 뿐이다. 말은 반드시 큰 것이라야 하는 것은 아니다. 한 푼, 한 리(釐), 한 호(毫)만한 일도 다 말할만한 것이다. 기왓장이나 자갈돌이라 해서 어찌 내버리랴! 그러므로 도올이란 나쁜 짐승의 이름이지만 초나라 역사에서 그 이름을 취했고 사람을 죽이고 무덤을 파헤치는 흉악한 도적에 대해서도 사마천이나 반고같은 사람들이 서술했던 것이다."

라고 논하고 있는데, 마치 사실주의 작가 도스토예프스키의 「죄와 벌」을 상기시키는 문학이론이다.

한걸음 더 나아가서 연암의 「종북소선」(鍾北小選) 자서에서는

"아아! 복희씨가 죽은 뒤 문장이 흩어진지 오래다. 그러나 벌레의 수염, 꽃잎 속의 꽃술, 돌에 붙은 푸른이끼, 새깃의 비취색 등에서는 무늬의 본색이 달라진 것이 없다. 세발 솥의 다리, 단지의 볼록한 허리, 해무리, 반달의 휘인 선 등에는 글자 모습이 오히려 그대로 완연하다. … 그렇다면 글에 소리가 있는가? … 글에 빛깔이 생기는가? … 글에 사연이란 어떤 것인가? …"

라고 설문하면서 글에는 소리와 빛깔과 사연 등 환경이 있음을 설론하였다.

셋째로 연암의 문장은 풍자의 극치를 보여주는 문장이다.
풍자는 인간생활, 사회의 악폐, 악덕 등을 비꼬아 조소하는 문예양식인데, 그것이 고급스러울수록 지적하여 공격하는 내용이 눈에 보이지 않게 은유되어 독자에게 웃음을 주면서 주제를 전달하게 된다.
연암에게서 풍자의 작품을 거론하는 일은 연암문학을 특징짓는 일이 된다. 그것은 연암문학 연구의 중요 과제이다. 〈양반전〉이나 〈허생전〉, 〈호질〉 등은 너무도 알려진 풍자의 극치이지만, 그의 '서'(序)에서도 풍자의 기교에 어리둥절해진다. 그는
"자무(子務)와 자혜(子惠)가 밖에 나갔다가 장님이 비단 옷을 입은 것을 보고 자혜가 길게 한숨을 지으면서 말하기를 '아아! 제 몸에 입은 것도 제 눈으로 보지 못하는구나! 하니 자무가 말하기를 '저 수 놓은 옷을 입고 밤길을 걷는 사람과 비교한다면 어떻게 될꼬?' 드디어 그들은 청허(聽虛) 선생에게 가서 판단을 청하였다. 선생은 손을 내저으며 '나는 모른다 나는 모른다' 하더란다."(「낭환집」(蜋丸集) 서문)
이 이야기는 더 계속하여 황희(黃喜) 정승이 공무에서 돌아오니 딸이 묻기를, 사람 몸의 이가 옷에서 생기느냐? 하고 묻기에 그렇다고 한즉, 며느리가 항변하면서 이가 살에서 생기지 않느냐? 기에 또 그렇다고 한즉 부인이 노발대발하며, 사람들이 대감보고 판결이 밝다고 하던데 이래도 응! 저래도 응! 하니 그게 무어냐고 항변하니, 딸과 며느리를 불러 모두 옳다는 설명을 하느라고 진땀을 빼던 이야기와, 임백호(林白湖)가 술에 취해 짚

신과 갖신을 짝짝이로 양발에 각각 신고 말을 탔는데 마부가 짝짝이라고 하니 임백호가 꾸짖기를 '길 오른 편에서 보는 사람은 짚신을 신었다 할 것이요, 왼편 사람은 갖신을 신었다 할 것인즉 무엇이 어떻단 말이냐? 하였다는 말로 이 시집 이름이 말똥굴이(蜋丸)라는 것으로 서문을 쓰고 있다.

당시의 사대부들의 빛 좋은 개살구요, 눈먼 족속이었음을 풍자하면서 당파싸움에 있어서 한 쪽 밖에 못 보는 군상들을 풍자한 글이었다.

연암문학의 풍자에 대한 심도있는 사례들은 「열하일기」의 곳곳에서 볼 수 있으니 이용후생(利用厚生)과 조선조 양반관료의 무사안일과 이권남용(利權濫用)이라는 어려운 과제들을 눈에 띠지 않게 요절할 지경으로 묘사 풍자하여 넘기는 장면 등은 참으로 연암의 문학의 진경을 보여준다 하겠으니 일례를 들면,

6월 28일 오도하(五渡河)로 가면서 정진사(鄭進士 ; 상방비장)와 말을 타고 함께 먼 요양벌판을 지나면서 연암은 중국의 벽돌제도의 잇점을 건축학적으로나 경제적 또는 이용후생의 국민생활의 여러 측면에서 이롭다는 것을 십여조목을 들어가며 역설했는데, 정진사를 말 위에서 쳐다보니 "방금 말등에서 꼬부라져 거의 떨어질 것 같다. 그는 잠든지 오래된 모양이다. 내가 부채로 그의 옆구리를 쿡 찌르며 「어른이 말씀하시는데 웬 잠을 자면서 듣지 않아?」 하고 큰 소리로 꾸짖으니 정진사는 웃으며 「내가 벌써 다 들었네! 벽돌은 돌만 못하고 돌은 잠만 못하느니!」 한다. 나는 하도 부아가 나서 때리는 시늉을 하였다."

라고 기술하고 있다. 독자들은 아마 한참 생각해 보아야 그 해학의 깊이와 조선조 관리들의 무사안일의 심도를 생각해 낼 수 있을 것이다. 이것이 연암의 리얼리즘의 풍자문학이요, 문체이다.

4. 연암의 사상

박연암의 인품은 이응익(李應翼)의 말대로 그 용모는 괴이하고 의기는 활달하고 뇌략하여 천하사를 봄에 있어 이루지 못할 일이 없다고 하였다. 그러나 호락호락하게 과거의 문장 따위로 관계에 관여하지 않고 또한 과거의 업을 싫어하였다.

술이 얼근하면 그때의 사대부나 위학자들을 기롱 배척하여 조금도 용납치 않았다.

"선생은 큰 얼굴 모습에 의기는 넓고 활달하고, 작은 일에 구애받지 않았으며 천하사를 봄에 있어서 이루지 못할 길이 없다고 할 것이나 그러나 호락호락하게 과거보는 문장 따위로 벼슬길에 관여하려 하지 않았다.

술이 얼근하면 혹은 농담 반 진담 반 조로 당시 벼슬길에서 날뛰는 귀인 층과 곡학아세하는 위학의 무리들을 풍자하며 배척하였다.(「연암집」 이응익 서문)

이것은 연암의 인품과 사상의 단면이라고 할 것이나, 그러나 그의 사상은 거기에서 그치는 것은 아니다. 따지고 보면 그는 실사구시(實事求是)의 사상가요, 선각자이며 반봉건적인 동시에 비판적이고 풍자적이며 그리고 이상주의적인 문학가였다. 그것은 그의 소설작품과 산문 등에서 주장한 많은 이론과 그리고 그의 일생의 실생활에서 구체적으로 표출되어 있는 것이다.

그 하나하나 작품이나 논설을 들어 말하기 전에 먼저 그 생애를 통하여 그의 사상의 형성과정을 먼저 엿보기로 한다면 필자는 대체로 그의 생애에서 본 사상의 형성과정을 3기로 나누어서 생각할 수 있다.

그 제1기는 준비기라 할 시기로 대개 16세로부터 30세에 이르는 사이며 이때는 앞으로 선구적인 사상을 이룰 수 있는 준비단계로 학문에 열중하는 한편 또한 자유분망한 생활의 시기였으니, 그가 3년간을 두문불출로 제자백가를 통독하고 또 청년기 때 여러 벗과 같이 풍악(楓岳), 묘향(妙香), 대관(大關), 가야(伽倻) 등 명승에 노닐고 할 때이다.

그러나 그의 유소년기도 연암사상이 형성되는데 근본적인 영향이 있었으니 그것은 양반가의 자제로서 서민층과 어울려 놀며 보고 들으며 성장한 일이었다.

제2기는 회의기라고 볼 수 있는 그의 30대로부터 대략 43세에 이르는 사이인 시기인데, 이때는 정계의 분위기를 보고 체험하면서 양반이나 세도가들에게 회의를 품고 비판적인 태도로 나오기 시작한 때이요, 몸소 세력 다툼의 틈바구니 속에서 연암 협(峽)에 가서 숨어 살지 않으면 안될 쓰라린 경험을 가지던 때이고,

제3기는 선진학문과 사상에 눈뜨는 때이니 곧 그의 44세 중국 연경에 가서 그곳의 선진적 문물제도와 구라파의 사조에 자극받던 때이다.

이상을 구체적으로 상술하여 보면 연암은 비록 만학이었다 하더라도 천재적 재질로서 이미 20세를 전후하여「사기」와「신릉군전」으로 부터 시작하여 제자백가의 저술을 섭렵하여 사상을 담을 수 있는 학문적 기초를 닦았으니, 이것을 제1기라고 볼 수 있다.

이때 수학하던 상황에 대하여 연암은「홍범우익」서(洪範羽翼序)에서 다음과 같이 말하고 있다.

"내가 약관 때 동네 학숙에서「서경」을 배우는데 〈홍범편〉(洪範篇)이

이해하기 어려워서 학숙 선생에게 물었더니 스승은 이렇게 말했다.

이게 그렇게 이해하기 어려운 글이 아니다. 이해하기 어렵게 된 데는 까닭이 있으니 세상 유학자들이 어지럽혀 버려서 그렇다.

대체 오행(五行)이란 하늘에서 만들어 내고, 땅 위에 저축되어 있고, 사람들이 사용하는 것이니, 하우씨(夏禹氏)가 차례를 매기고 무왕(武王)과 기자(箕子)가 서로 문답한 그것이다. 그 내용인 즉 정덕(正德)·이용(利用)·후생(厚生)의 도구에 불과하고, 그 효용(效用)인 즉 천지가 조화되고 만물이 길러지는 공능(功能)에서 벗어나지 않는 것일 뿐이다.

그런데 한나라 유생들이 길흉의 미신을 굳게 믿어 어떤 일에나 반드시 거기에 상응하는 이치가 있다고 해서 모든 데에 오행을 분배하고 부연해서 즐겨 허황한 소리를 붙여 놓았다. … 그런데 오행상생설에 이르러는 그 허황함이 극도에 이르렀다."

라고 학사의 선생의 말을 빌어 오행상생설을 부정하고 있다.

이것은 장차 연암의 자연관이 확립되는데 중요한 기저가 되는 것이다.

그러다가 연암은 당시 득세하고 있던 재상 홍낙성(洪樂性)의 애호를 받으면서부터 어지러운 정치와 사회현실에 섭쓸리게 되었고, 그런 여파로 곤욕을 치루게 되었다.

그가 홍낙성에게 신망을 얻었을 때는 벌써 중앙집권적 봉건사회가 부패하여 기울어지고 있던 때요, 따라서 사색당쟁은 끝 가는 데를 모르고, 위로 궁중에서는 훈척들간의 횡포와 알력(軋轢), 세도정치의 난리요, 밑으로는 아부와 매관매직 등 하염없이 어지러운 속에서 그 또한 홍국영(洪國榮)의 세도바람에 화를 당할 위기일발에 금천(金川) 연암협(燕巖峽)에 숨어 살게 된 쓰라린 체험이 그에게 있었던 시기였다.

그러나 그의 고초는 이에서 그치지 않았다.

연암협에서의 수년간의 생활은 참으로 비참을 극한 것으로 그의 기문에도

"6월 어느날 밤 낙서(洛瑞:李書九의 字)가 나를 찾아 왔다가 돌아가서 글을 썼는데 그 글에서 말하기를 '내가 연암 어른을 뵈러 갔더니 그 어른께서 음식을 자시지 못한 지가 벌써 사흘 아침이요, 망건도 벗은 채 신발을 신지도 않은 채 두 다리를 들창에 높이 걸고 누어서 행랑채에 살고 있는 하정배들과 함께 무엇을 문답하고 계시더라.' 하였더니 그 이른바 연암이란 나의 살고 있는 산협으로서 나의 호를 삼은 것이다. 이때 나의 식구는 광주에 있었다.

나는 본디 몸이 비둔하여 더위를 몹씨 싫어하고 깊은 숲속의 습기와 여름밤의 모기, 파리, 개구리들이 모두 괴로우므로 여름이 되면 늘 서울집으로 피서를 가곤 한다. … 혹 친구가 술을 보내면 문득 혼연히 잔을 들고 취한 뒤에 스스로 자찬하여 말하되 '나의 위아(爲我) 주의는 양씨(楊氏)와 같고 겸애(兼愛) 사상은 묵씨(墨氏)와 같고 집이 가난함은 안씨(顔氏)와 같고 하염없이 앉은 것은 노씨(老氏)와 같고 세상을 달관함은 장씨(莊氏)와 같고 참선함은 석씨(釋氏)와 같고 불공경함은 유하혜(柳下惠)와 같고 술마심은 유령(劉伶)과 같고 밥을 부쳐 먹음은 한신(韓信)과 같고 졸기 잘하기는 진박(陳博)과 같고 거문고 뜯기는 자유호(子柔戶)와 같고 저서는 양웅(揚雄)과 같고 스스로 높이는 것은 제갈공명(諸葛孔明)과 같으니 아마 나는 거의 성인이 될찌로다. 그러나 나의 몸 길이는 조교(曹交)만 못하고 청렴함이 어릉중자(於陵仲子)를 따를 수 없으니 부끄러운 일이로다.' 하고는 홀로 껄껄 웃었다."(수 소완정 하야방우기(酬素玩亭 夏夜訪友記)

라고 술회하고 있는데 이러한 과정을 거치면서 이것이 연암 사상이 형성되는 제2기요, 사회 현실에 불만과 부정적 사상이 싹트는 시기였다.

아울러 이 때는 담헌(湛軒), 홍대용(洪大容)과 교유하면서 '지

전설'(地轉說)을 수용, 확신하여 우주관이 싹트고, 오행설(五行說)에 대한 새로운 견해를 반 주자학(朱子學)적 입장을 제창하면서 자연관이 돋보이기 시작한 때이었다.

연암의 자연에 대한 인식중 주목되는 문제는 물질의 질, 량을 구성하는 공통적인 최소단위가 있음을 알았다는 사실인데 그것을 진(塵) 즉 먼지라는 개념으로 표현하되 인류가 진화적 존재임을 중국에 가서도 이야기하고 있다.

그의 「열하일기」 중 곡정필담(鵠汀筆談)에서는

"지금의 대지(지구)라는 것은 한점의 미세한 먼지가 쌓이고 쌓여 이루워진 것이다.

먼지와 먼지가 서로 모여 붙어서 먼지가 응고하면 흙이 되고, 먼지가 거칠게 모이면 모래가 되고, 먼지가 굳어지면 돌이 되며, 먼지가 진액이 되면 물이요, 먼지가 더워지면 불이요, 먼지가 맺혀지면 쇠가 되고, 먼지가 피어나면 나무요, 먼지가 움직이면 바람이요, 먼지가 김이되어 그 기운이 쌓여서 곧 여러 가지 벌레가 되는데 지금 우리네 사람도 바로 여러 벌레중의 한 족속이다."

라고 하였으니 이는 청나라 연경에 가기 전에 이미 알고 있었던 우주와 자연에 대한 연암의 인식이었다.

"이 때에 나는 과연 먹지 못한지가 사흘 아침이었다."라고 그 당시의 생활상을 술회한 것이 있지만 이때에 그는 뜻밖에도 정치적 세력다툼의 사이에 끼어서 고통을 당하게 되면서 양반 계급의 위선적 위학적인 모습을 보았고 자기도 양반의 후예이면서 양반계급을 증오하기 시작했던 것이니 이것이 그의 사상의 형성 과정에 있어서 제2기라고 볼 수 있는 시기였다.

그러다가 연암은 천재일우의 기회를 얻어 청나라 연경을 다녀옴으로써 원하던 청나라 문화에 직접 견문할 수 있었으니, 그는 열하의 태학관과 청나라 연경에 머물면서 중국의 조광련(趙光連), 윤가전(尹嘉銓), 왕민호(王民皡) 등 석학·명사와 접촉하고 청의 문물제도 특히 경제(經濟), 병사(兵事), 천문(天文), 문학(文學)의 새 지식과 학설에 접할 수 있었다.

그가 처음 재 종형인 박명원(朴明源)을 따라 벼슬없는 학자로서 북경으로 향할 때,

"한 노병의 모습으로 벼슬없는 서생이 연경에 갔다가 다시 열하로 향하여 말을 달리니 백수 선비가 자못 큰 공명을 바라는 것 같다."는 기백과 각오로 열하로 간 그였기 때문에 그가 가서 보고 듣고 논한 것은 참으로 광범하였고 또 항상 우리나라로서 배워야 할 새로운 것들이 많았다.

그리하여 그것을 기록한 것이 「열하일기」로서 이 일기는 당시의 청나라의 새 문물제도를 그의 예리한 안목과 선진적인 지성으로 쾌도로써 난마를 끊는 듯 구구절절이 우국의 언어요. 세속을 개탄하는 문장이었다.

이때의 실용주의적 사상이나 근대화에 큰 각성제가 되는 선각적인 정신은 그의 작품(시·소설·일기·서·기) 등 전반에 걸쳐 나타나 있지만 여기서는 연암의 산문인 '원사'(原士) 한 귀절을 인용하여 전모를 보이고자 한다.

"강학(講學)에서 소중하게 여겨야 할 것은 그 실용(實用)이다. 만약 또 다시 성명(性命)에 대해서 담론을 하고, 이기(理氣)를 완전히 나누면서 각자의 견해를 세워 한쪽으로만 끌어 붙이려고 한다면, 담론하여 분별하면 혈기(血氣)는 용(用)이 되고, 이기(理氣)를 나누자면 성(性)과 정(情)이 먼저 어긋난다. 이러한 강학은 실용을 해친다."(「연암집」 권 10, 잡저 중 원사)

연암은 성과 정을 이와 기로 나누고, 호기(浩氣)와 혈기(血氣)

를 체(體)와 용(用)으로 나누면서, 각자의 견해를 내세우지만 사실은 정이나 혈기를 버리고 성이나 호기에 귀착해야 한다고 하는 성리학의 고담준론을 배격했다. 그러면서 성과 정이 하나의 마음이고, 호기와 혈기가 하나의 기라고 하는데서 사상의 전환을 마련했다. 하나의 마음으로 움직이는 기는 미리 설정된 도덕적 당위에 구애되지 않고 현실과 직접적인 관계를 맺을 수 있고, 인습적인 가치관을 벗어나서 사회 개조에 참여할 수 있게 된다. 실용이라는 것은 이렇게 해서 인정되고 긍정된다.

문학의 사명은 실용적인 가치를 지닌 것을 찾아서 인습을 혁파하는데 있으므로, 문학은 시대마다 달라져야 한다고 했다.

그러면서 그는 우주의 삼라만상은 정지하는 것은 없고, 항상 움직이는 동적 상태며 그래서 늘 새로워진다고 보고 있었다.

"천지는 아무리 오래 되었다 해도, 끊임없이 새롭게 생성된다. 일월은 아무리 오래 되었다 해도, 그 빛은 날마다 새롭다. 문헌은 아무리 방대하다 해도, 그 뜻은 각기 다르다. 그러므로 날아다니고, 물에서 살고, 달리고, 뛰는 동물들 중에는 아직도 이름 짓지 못한 것이 있으며, 산천초목에는 아직도 신비스러운 데가 있다. 썩은 흙에서 연꽃이 자라고, 썩은 풀더미에서 반딧불이 생겨난다. 예에도 논쟁이 있고, 음악에도 의논이 있으며, 책은 말을 다 쓰지 못했고, 그림은 뜻을 다 그리지 않았다."(「초정집」(楚亭集) 서문)

「대학」의 도에 '신민'(親民)이 있어 '날로 새롭고 또 새롭다'(日新又日新)라고 했지만 연암은 우주만상을 항상 움직이는 상태요, 그러므로 나날이 새로워진다는 우주관인 동시에 문체 변용의 문체관(文體觀)이기도 하다.

연암의 실사구시적인 사상은 곧 사실주의 문학관과 일맥 상통하며 혹은 혼연일치 된다고도 할 것이다.

이것이 연암의 사상이 완숙된 사상형성의 제3기라고 볼 수 있는 것인데, 이와 같은 사상들은 다음과 같이 체계화되어 그의 작품이나 논설 등에 반영되고 있다.

첫째, 반봉건적인 사상인데 그의 반양반, 반체계적 사상은 정면충돌이나 노골적인 반론은 못되지만 풍자, 은유, 기롱 등으로 나타나는 것이었다. 그것은 봉건일색에 젖어있던 당시라 시대적 혹은 사회적인 제약과 압력하에서 어쩔 수 없는 일이었으리라.

그의 소설 〈허생전〉에서 허생이 당시의 전승 이완(李浣)더러,

"명나라 장사들이 조선에 옛날 은혜가 있다고 해서 그 자손들이 지금 동쪽으로 유리해 다니면서 홀애비로 있는 사람이 많으니 당신은 조정에 청해서 종실의 딸들을 그리로 시집가게 해 가지고 훈척귀문의 세력을 빼앗게 하시요."

라고 한 것은 확실히 중앙집권적인 봉건제도를 부인하고 귀족제도에 대한 계급타파의 사상이 아닐 수 없다.

비록 시대의 비위를 조심하여 윤영(尹暎)이란 사람이 한 이야기라 하였기는 하지만 이 작품의 허생의 사상은 곧 연암의 사상을 대변하는 것으로 당시의 보통사람들이 상상치도 못할 일대 혁명적인 사상이 아닐 수 없다. 또 「양반전」에서 양반이 부자에게 자기의 양반의 권리를 파는 광경이라든지 또는 양반을 샀던 그 부자가 "'손에 돈을 잡지 않고'(手毋執錢), '쌀값을 묻지 않는다'(不問穀價)하는 양반, 더구나 이웃사람들이 말을 잘 안 들으면 잡아다가 코에 잿물을 붓고 상투를 잡아매서 가진 형벌을 다 한다해도 아무런 원망을 못하는 법이다."라는 양반에 그만 질겁을 하여 양반이란 알고보니 도둑놈이라 하며 도망가 버리는

이야기들은 귀족제도를 신랄하게 비판하면서 그들을 도둑놈으로 몰아버리는 반봉건사상의 표현이 아닐 수 없다.

또 〈예덕선생전〉(穢德先生傳)에 선귤자(蟬橘子)라는 고사의 입을 통하여 비록 엄행수(嚴行首)와 같은 똥 푸는 것을 업으로 삼는 당시의 천민중의 천한 천민을 그 사람됨이 옳다하여 추켜올리고 벗을 삼는 연암의 사상은 이미 반봉건주의에서 평민위주의 사상까지 옮아간 것이다.

엄행수가 비록 천한 업을 가지고는 있지만 근는,

"밥을 먹되 듬북 먹고, 그 행동은 조심스럽고 착하고, 웃음은 아무 거짓없이 깔깔대고, 코를 쿨쿨 골면서 자되 토굴과 같은 오막살이 속에서 두꺼비처럼 꼬부리고 자며, 아침 일찍부터 똥통을 메고 장안에 들어서는 똥을 푸며 … 손에 침을 뱉고 괭이를 휘둘러 땅을 파고 문장에 대한 욕심이나 명예나 호화에 대한 뜻을 전혀 갖지 않는다."

라고 쓰고 있는데 이러한 인간군을 당시의 사회와 국가를 위해 등장시켜야 하겠다는 것이 연암의 반봉건사상이다. 그의 이와 같은 반봉건사상은 평민 특히 천민위주사상에까지 진전되면서 양반이 못되면 사람으로 여기지도 않던 당시에 있어서 장래의 주인공들은 귀족들이 아니고 평민이요 천민이라고 부르짖고 있는 것이다. 그의 소설 〈광문자전〉(廣文者傳)에서 거지의 패장이던 광문이가 전전해 가면서 차츰 자리를 잡게 되자 그의 인품이나 신용이 인구에 회자(膾炙)되고 운심(雲心)이라는 장안 명기는 부마나 귀족계급들이 여러 가지로 유혹해도 응하지 않다가 으리으리한 귀족들의 연석에서 홀연히 광문이 한테로 가는 장면들은 평민위주사상을 여실히 그려낸 것이라 하겠다.

그의 소설에 등장되는 긍정적인 주인공들은 모두가 평민과 천민들이다.

〈허생전〉의 허생은 평민출신의 학자면서 상인이고 〈양반전〉의 부자는 상민이요 〈광문자전〉의 광문이는 거지(乞人)요 〈예덕선생전〉의 엄행수는 똥 푸는 천민이요, 〈김신선전〉(金神仙傳)의 김홍기(金弘基), 〈우상전〉(虞裳傳)의 이언진(李彥瑱), 〈민옹전〉(閔翁傳)의 민옹(閔翁) 등은 모두가 평민 출신들인 것이다.

둘째로 그는 동시에 근대적인 사상과 자본주의적 세계관을 가진 선각자이다.

그가 일찍이 구라파의 지동설을 받아들여 동방에서는 처음 지구가 한 바퀴 돌면 하루라도 새로운 학설을 폈다는 것이다.

그의 〈곡정필담〉에 보면 중국의 곡정(鵠汀)과 지정(志亭)과 같이 필담한 가운데 구라파의 지동설에 미치자 연암은

"나의 어리석은 생각으로는 지구가 한번 굴러서 돌면 하루요, 달이 지구의 한 둘레를 돌면 한달이요, 해가 지구의 한 바퀴를 돌면 일년이라 …"

라 하고, 또 말하기를

"우리나라 근세의 선배인 김석문(金錫文)이 있어 삼대환(지구, 달, 태양)으로 하여 부공지설(浮空之說)을 말하고[4] 나의 친구인 홍대용(洪大容)은 또 처음 지전지론(地轉之論)을 창도[5]했다."

라 하여, 그의 지동설을 피력하고 있다.

---

4) 김석문(金錫文) 조선조 영조 때 학자요, 군수. 자는 병여(炳如), 호는 대곡(大谷), 역학에 조예 깊고 저술에 「역학도해」(易學圖解)가 있으며, 그 가운데 "삼대환부공지설"(三大丸浮空之說)이 있음.

5) 홍대용(洪大容 ; 1731~1783) 조선조 실학자, 자는 덕보(德保) 호는 담헌(湛軒), 연암의 학우요, 선배. 벼슬은 현감이고 저술에 「음양오행설」, 「지구자전설」 등이 있다. 유저에 「담헌설총」, 「의산문답」 등이 있다.

이와 같은 사상은 점성적 주역과 공리공담의 유학에 젖어있던 당시로서는 일대 혁신적인 근대사상이라 하겠다.

그는 또한 서학인 천주교리에 대해서도 내면 관심이 컸던 것이다.

겉으로는 천주교에 인도한 이가환(李家煥)을 치는 척 했지만 사실은 서학을 받으려고 무척 애썼던 것이다.

그의 〈답순사서〉(答巡使書)에서

"야승(野乘)에 구라파의 나라에 도가 있어 방언으로 기리단이라 하는데 하늘을 섬기는 것이라 그 송가가 12장 있는데 허균(許筠)이 처음 중국에서 얻어다가 퍼트린 것으로 서학이 동래한 것이 이게 처음이라 허균이 처음 창시하고 지금의 서학을 믿는 자들도 허균의 여당들인데 그 언론과 습상이 한 줄기로 들어와 그 사교의 말은 대단히 좋고 사람으로 하여금 현혹케 한다."

라고 하고 또 이어서

"그 敎가 男女混處하고 上下無別하고 생을 가벼이, 죽음을 즐겁게 생각하는데 … 一人敎가 十人이요, 十人敎가 百人, 百人敎는 千, 千人敎는 萬徒 黨之衆이니 그 이르는 데가 幾萬萬이런가."(「연암집」 권2 서(書) 중)

이라 하여, 서학이 이미 만연되어 고관대작에게까지 뻗쳐 있음을 알리고 이가환을 공격한 것인데, 그러나 그의 〈곡정필담〉에 보면

" … 내가 만리의 길을 떠나 상국(청)에 관광을 왔는데 우리나라는 극동에 있고 구라파는 태서에 있는지라 극동에 있는 나로서 구라파에 사는 그들을 한번 만나기 원이러니 이제 열하까지 이르러서도 천주당을 구경치 못하였소." 하고 대단히 한스러워 하면서 곡정더러 서학을 소해 개 달라 하였다.

이처럼 연암은 천주교에도 관심이 많았고, 알고자 애를 쓰고 있었다.

셋째로 그는 위대한 사실주의 문학사상가이다. 그는 당시의 운명론과 팔자관이 지배적이요, 공리·공론적인 시대에서 일약 현실을 주시하고 삶을 개척하는 적극적인 생활지도자인 동시에 새로운 현실을 그대로 선지선각하여 그려내고 부패한 양반사회의 위학적인 유가들을 그대로 폭로한 사실주의적인 작가인 것이다.

또한 그는 주체적이요, 자아를 중시하는 민족적 사실주의 작가이다. 그가 이덕무의 「영처고」 서문에서 쓴 글을 보면,

"지금 무관(懋官 : 李德懋)은 조선 사람이다.

산천과 풍토 기후로는 지리가 중국과 다르고, 언어 풍속으로는 시대가 한나라 당나라가 아니다. 만약 중국의 문장법을 본받고, 한·당의 문체를 답습한다면 우리는 한갓 문장법이 고상하면 할수록 뜻은 기실 비루하게 되고, 문체가 한·당과 근사하면 할수록 말은 더욱 거짓이 되는 허상만 볼 뿐이다.

우리나라가 비록 치우쳐 있기는 하나 나라가 그래도 천승국이고, 신라·고려가 비록 검박하기는 하나 민간에는 좋은 풍속이 많다.

그런즉 국어를 문자화하고, 그 민요를 운율로 하면 자연스럽게 문장이 이루어지고 진실이 발현될 것이다."(「영천고」 서문 일부)

라고 주체적 사실성을 중시하는가 하면, 그 사실주의적인 관조에 있어서는

"그대가 사마천(司馬遷)의 사기를 읽으면서 그 글만 읽고 그 마음은 읽지 못합니다. 왜 그런가요? …

어린 아이가 나비를 잡는 광경을 보면 사마천의 마음을 알아낼 수 있습니다. 앞다리는 반쯤 꿇고 뒷다리는 비스듬히 뻗치면서 두 손가락으

로 집게를 삼고 살살 들어 가다가 잡을까 말까 할 때 나비는 벌써 날아 갔습니다. 사면을 돌아보나 사람이 없으니까 씩 한번 웃고 나서 부끄러운 듯도 하고 속이 상하는 듯도 합니다. 이것이 사마천이 글을 짓고 앉아 있는 때입니다."(연암의 서간문「답경지」(答京之) 三(「연암집」 권5, 尺牘)

이러한 상황 묘사는 조선조 유학자 문장가들은 엄두도 못내는 문장 묘사법이요, 사실주의 극치라고 할 것이다.

넷째로 그는 풍자적인 작가요, 사회 비판적 사상가였다.
유머어 문학이란 왕왕 그 시대의 정치적 세력의 압력이 정론을 허락하지 않을 때 인생관조에 있어서 모순 및 착오 등을 예민하게 관찰하여 폭로, 야유, 비판하여 웃음을 효과있게 하는 것인데, 연암은 당시의 양반계급과 위학의 무리나 세상을 기만하는 무리를 그대로는 볼 수 없어 칼 대신 붓을 들어 내리 찍으려 하였으나 정치와 유학의 오랜 인습의 권력에 눌려 부득이 풍자하는 수법을 쓸 수밖에 없었다.
울분과 고독의 시대에서 사회와 사대부들에 대한 울분과 분노를 유머 문학으로 승화시킨 것이다.
그의 소설 〈호질〉(虎叱)에서 그러한 거짓 학자의 무리들을 북곽선생군(北郭先生群)으로 표현하여 그 거짓과 위선의 면면을 폭로하는 동시에 그래도 시원치 않아 똥통에다 쳐박아 넣어서 온통 오물투성이로 만들어 버렸다.
연암의 시에 있어서는 이러한 정신이 더욱 구체적으로 묘사되고 있으니 시「증좌소산인」에서는 거짓 문장으로 남의 넋으로 살아가는 허울 멀쩡한 양반들을 신랄하게 나무랐고, '갓연구'(笠聯句)에서는 갓 그늘에서 거미가 하루살이를 얽는다는 양반의 감투를 읊는가 하면 「전가」(田家)에서는 농토의 현장에서 추수에 분주한 생민들의 모습을 정중동(靜中動)이며 사실적 수법으로 그려내고 있다.

결론적으로 박연암은 시대적으로는 선각자로서 조선조 후기를 근대화시킨 기수였고, 문학적으로는 사실주의요, 풍자문학의 대가이며, 사상적으로는 실사구시의 대가였다.

5. 연암은 무엇을 남겼는가?

연암 박지원이 평생 동안 저술한 글은 박영철이 편집 발간한 〈연암집〉(燕岩集) 17권 6책속에 거의 모두 수록되어 있다.

(연암집은 처음 박연암의 후손인 박영범(朴泳範:大田거주)이 보관하던 필사본을 원본으로 1901년 김택영(金澤榮)이 두번에 걸쳐 3권으로 선별하여 인간하였고, 다시 1931년에 연암 후손인 박영범(朴泳範)의 보관 필사본 원고로 박영철(朴榮喆)이 17권 6책으로 발행하였다).

이 연암집 17권 중 4권분만 시이고, 1에서 7권까지는 각종 산문이며 다만 1권 말미에 전(傳) 1편이 있는데 이것이 〈열녀함양박씨전〉으로 여성이 순장하는 악습을 없애고 그들의 수절하는 괴로움이 얼마나 비참한가를 역설한 연암의 소설이다. 또 그의 산문 중 특히 서(序)에서는 〈북학의〉나 〈초정집〉의 서문으로 북학을 알 수 있는 글과 홍대용의 〈회우록〉 서문 등은 당쟁을 개탄하는 명문장이다.

8권은 별집으로 〈방경각외전〉(放瓊閣外傳)이란 이름으로 이 속에 그의 소설 대부분이 수록되어 있다. 즉 자서(自序)에 이어 〈마장전〉(馬駔傳), 〈예덕선생전〉(穢德先生傳), 〈민옹전〉(閔翁傳), 〈양반전〉(兩班傳), 〈김신선전〉(金神仙傳), 〈광문전〉(廣文傳), 〈우상전〉(虞裳傳)과 그리고 불살라 없어졌다는 〈역학대도전〉(易學大盜傳)과 〈봉산학자전〉(鳳山學者傳)이 목차만 실려 있다. 저자는 자서에서 이들 작품을 쓰게 된 동기를 간명하면서도 주제 파악이 잘 되도록 쓰고 있다.

그리고 연암의 걸작품인 〈호질〉(虎叱)은 〈열하일기〉의 '관내정사'(關內程史)에, 〈허생전〉(許生傳)은 〈열하일기〉(熱河日記)의 '옥갑야화'(玉匣夜話)에 각각 수록되어 있다. 이 '옥갑야화'는 옥갑에 도착해 자면서 여러 비장들과 이야기를 나누던 것을 기록한 내용인데 여기서 가장 중요한 대목은 〈허생전〉을 말하기 직전에,

"변승업이라는 부자가 병이 들었을 때 돈을 얼마나 벌었는지 알고 싶어 서기들을 모아 장부를 조사했더니 은으로 50만냥이나 되었으므로 아들은 '이제 그만 깔려 놓은 돈을 걷어 모으자'고 했더니 변승업은 '만호 장안에서 명맥이나 다름없는 이 돈을 걷어 들이면 어쩌느냐'고 질책을 했다."

는 이야기인데 작자는 그 때 벌써 금융질서를 생각하고 있었다.

「연암집」권9는 별집으로 '고반당비장'(考槃堂秘藏)이란 편명이며, 권10은 역시 별집으로 '엄화계수일'(罨畵溪蒐逸)이란 편명인데 이 두 권 속에는 연암의 서문과 기문과 각종의 제문, 비문 행장들을 수록했다.

연암의 최고 걸작인 「열하일기」는 〈연암집〉의 11권에서 15권까지에 총 24편 185 소절목으로 수록되어 있다. 이 글은 어두웠

던 18세기말과 19세기 초엽에 있어서 개화의 훤한 등불이요 심야의 횃불이 되었다.

16~17권은 정조 명찬으로 된 농서로서 〈과농소초〉와 〈한민명전의〉이다.

연암은 시보다 소설을 잘 쓴 문장가로 학계에서는 평론되고 있으나 시도 당시의 문장사대가들은 "많이 짓지는 않지만 지었다 하면 삼천년에 한번 핀다는 우담화처럼 고귀한 작품"이라고 평했다.

이상 박연암의 저작을 「연암집」에 수록된 작품 전부를 일람표로 모아 보면 다음과 같다.

시(詩) 32편(4권)※, 서(序) 28편, 기(記) 35편, 인(引) 1편(이상 1권~3권 및 7권~10권), 전(傳;소설) 10편(8권 외), 설(說) 1편, 장(狀) 5편, 서(書) 50편, 척독(尺牘) 60편(5권, 6권), 소(疏) 1편, 제・발(題 跋) 10편, 장계(狀啓) 2편, 대책(對策) 1편, 제문(祭文) 3편, 묘지명(墓誌銘) 5편, 묘갈명(墓碣銘) 9편, 진향문(進香文) 2편, 애사(哀辭) 2편, 비탑묘표(碑塔墓表) 3편(이상 9권, 10권 중), 일기[熱河日記] 5권 24편 185절목(11권~15권), 과농소초(課農小抄) 부 한민명전의(限民名田議) 2권(16권~17권)

※ 시 (詩)는 '영대정잡영'(映帶亭雜咏)에 수록되어 있는데 연암의 맏아들 종간(宗侃)은 그 발문에서 42수라고 했지만 실제 수록된 작품은 32편 밖에 안된다.

이상은 연암이 저술한 문필의 대략을 말했으나 중요한 것은 저작들이 당시나 또는 후대에 끼친 영향이다. 그리고 박연암이 살아가면서 남긴 정신과 업적이다. 연암은 그의 〈호질〉이라는 작품의 결말에서 '동쪽 하늘이 밝아 온다(東天明矣)'고 외쳤다.

그 작품에서나 시대적으로 어둡던 하늘은 점점 밝아오고, 암울했던 구시대는 차츰 각성, 개화되어 갔으니 이러한 각성제가 되는 요인들은 여러 가지가 있겠으나 연암 소설의 간접적 영향과 〈열하일기〉를 통한 직접적 계몽이 컸던 것이 사실이다.

　연암은 문하생으로 박제가 등을 두고 영향을 끼쳤는데 박제가로 하여금 〈북학의〉를 짓게끔 하였고 그래서 북학파가 형성되는 것이다. 북학이 19세기 조선 사회에 이용후생 면에서 공헌한 바가 컸던 것은 두 말할 나위가 없는 것이다.

　문장에 있어서도 연암은 사실주의적 문체를 써서 모든 사물을 사실적으로 묘사, 표현하였는데 이러한 문체 때문에 기성학자들로부터 비난과 공박도 많이 받았지만 결국 한문신파의 문장가들이 배출되었으니 세상에서 칭송하는 이서구, 이덕문, 박제가, 유득공 등 한시문 4대가니 여기에도 연암의 힘과 업적이 컸던 것이다.

　이상의 연암 시문들을 Ⅱ장에서는 '연암의 시'를 전하는 대로 전부 완역하여 보였고, Ⅲ장에서는 '연암의 소설(傳)' 10편을 번역하여 보였고, Ⅳ장에서는 '열하일기' 선집으로 동강록과 필담 몇편으로 '열하일기'를 대표할 글을 번역하여 보였으며, Ⅴ장에서는 '연암의 문장론'이 되는 서(序)의 산문과 또한 '연암의 실사구시론'이 되는 기문(記文) 등 산문을 추려서 번역하여 한권의 '연암시문'을 이루었다.

II. 박연암의 시
박연암 시론 서(朴燕岩 詩論 序)

〈박연암은 시도 썼던가?〉

1. 연암시는 희귀하다.

박연암의 산문과 소설(傳)에 대하여는 현대에 들어서 그 관심과 연구가 커져 온 중에도 광복이후 남과 북에서 학자들은 박연암의 문학 연구로 10 전(傳)을 중심한 소설 문학과, 서(序), 기(記), 서간(書), 지(誌) 등의 산문 문학 및 「열하일기」의 근대화의 횃불된 큰 저작들의 연구가 대단히 활발했다.

민병수(閔丙秀;서울大)교수는 1978년대까지의 「朴趾源 文學의 研究史的 檢討」를 발표[1]한바 있을 정도로 그 연구 활동은 눈부신바 있었고 그 뒤에도 이어져 왔었다.

그러나 박연암의 시에 대하여는 연구가 아주 미미했으니 따라서 연암이 시는 잘 안짓거나, 못짓는 줄만알기가 쉬었다.

실제로 박연암의 시 작품은 많이 전하지가 못한다. 그 이유에 대하여 연암의 아들 박종간(朴宗侃)은 「영대정잡영」(映帶亭雜咏)을 엮고 나서 다음과 같이 후기(後記)했다.

---

1) 「韓國學報」 13 一志社 1978.
「燕岩研究」 車溶柱 편 계명대학출판부 1984.

"시는 고체(古體)와 금체(今體) 모두 42수 인데 부군(부친)은 시적 아름다운 생각이 떠 올라도 시를 짓지는 않았고, 스스로 먼저 남과 시를 주고 받으며 부르자고 하는 일은 아주 드물었다.

평소에 권유에 따라 지은 시도 서류 상자에 담아서 남기지 않았으므로 시의 편목은 아주 적다.

따라서 사람들에게 읊어서 전하는 경우가 많았으나 그것도 대부분 끊어지고 없어져서 그 소재를 모르는 대로 삼가 추적해 찾고 평소 모실 때에 뵈옵던 시의 뜻을 글로 엮어서 문집 끝에 옛날에 있던 '영대잡영' (映帶雜咏)이라고 편제하여 지금 이렇게 만들었다.

아들 종간(宗侃) 삼가 쓰다."[2]

라고 했는데 이 「영대정잡영」에는 42수가 아니라 32수 밖에 수록돼 있지 않는다. 그 32수도 여기 저기서 산구(散句)를 수습한 흔적이 역력하다.

연암의 작은 아들 박종채(朴宗采)는 연암의 전기인 「과정록」 (過庭錄)을 엮었는데 그 속에서

"선군의 시고는 심히 적어서 고금체 모두 50수 뿐인데 고체시는 오로지 한창려를 배웠는데 기이하고 아슬아슬하기는 이에서 더하고 그 정경은 호탕하고 필력은 끝없이 이어졌다.

율시와 절구 등의 시는 항상 중국 음운·평측에 구애되어 마음속에서 말하고자 하는 바를 그려내지 못했다. 그래서 가끔 한 두 구절만 이루고는 그만 둔 것이 많다."(先君詩藁甚寡 古今體共五十首 古體則專學昌黎 而奇嶮過之 情境逼造 而筆力不窮 至於律絶諸體 常病其拘束於聲律之間 不可直寫胸中所欲言 故往往就一二句而止者 多矣)[3]

라고 수집된 시작품이 모두 50수라고 하였지만 「영대정잡영」에

---

2) 「연암집」 권4, 映帶亭雜咏 발기.
3) 박종채 저 「過庭錄」 권4, 84항.

수록된 작품은 32수이다.

한편으로 짐작하여 보면 50수란 근거가 「과정록」에는 이덕무의 「청비록」(淸脾錄)[4]에 실려 있는 낙구 한수와 박제가의 「정유집」(貞蕤集)[5]에 실려 있는 평시 한수, 그리고 「연암집」의 명사(銘詞)와 뇌(誄), 진향문 3편에다 아들 박종채가 여기 저기에서 모은 연암의 시 구절을 소위 산구(散句)라 하여 13구를 모아 실었으니[6] 이렇게 셈해 보면 「영대정잡영」분 32수, 뇌와 명사와 진향문이 3수, 「청비록」에 1구, 「정유집」에 1수와 산구 13구를 합치면 50수가 되기는 하니 아마 「과정록」에서는 그렇게 헤아린 듯도 하나 어디까지나 필자의 억지소리이다.[7]

2. 연암시의 오묘한 품격

박연암의 시에 대한 관심은 월북 학자 홍기문 선생이 1960년에 「연암 박지원 선집」과 「열하일기」를 펴내면서[8] 연암의 시

---

4) 이덕무 저 「청장관전서」 중 〈청비록〉(淸脾錄) 권3 '燕岩' 조항.
5) 박제가 저 「정유집」 권2 '賀燕岩作律詩' 조항.
6) 산구 13구 「과정록」 권4, 84항.
7) 50수 중 「영대정잡영」의 32수와 뇌(誄), 명사(銘詞), 진향문(進香文)등 35편은 본고에서 번역 하였고 산구등 15구는 서론의 말미에 번역 수록하여 연암의 시 음(詩吟)에 참고케 한다.
8) 홍기문은 북한 '사회과학원'에서 1960년 4월에 「박지원 작품선집」(1)을 펴냈고 연차적으로 「박지원 작품선」(2) (열하일기) 동 (3) (열하일기)를 시리즈로 출간했다.
이 「박지원 작품선집」(1) 홍기문 저는, 서울서 2004년 11월에 「나는 껄껄선생이라오」라는 이름을 바꿔 '보리' 출판사에서 간행된 일이 있다.

13수를 번역함으로써 「연암집」 간행 뒤에 처음으로 관심을 갖게 되었다.

필자는 1959년에 "「實事求是」 思想과 朴燕岩의 文學"이라는 논문을 발표9) 하면서 필자 딴으로는 처음으로 박연암의 시를 논설했다. 그때 연암의 시는 사실주의에 입각한 민중의 삶을 구가한 생동적인 시라고 다음과 같이 썼다.

"연암의 시는 모두가 한시로 그의 문집에 '영대정잡영'이라 하여 총 42편(실제는 32편)이 수록되어 있다. 한시에 대한 식견이 짧은 필자로서는 그의 시정이나 수법을 다 캐어 낼 수는 없지만 한마디로 말해서 연암의 시는 그 수법에 있어서 사실적(寫實的)이고 그 사상은 자연이나 추상적 개념이 아니라 인간의 실생활이요 구체적인 것이었다.

비록 그 형식이 중국의 운율적인 절구에서 벗어나지는 못했다 하지만 그 속에 담은 내용이나 관조는 그가 말하듯이 고래의 詩發含珠의 겉만의 미사여구가 아니라 실생활이요, 인간의 활동을 담은- 다시 말하면 정적인 것이 아니라 동적인 인간의 생생한 활동을 내용으로 하는 시들인 것이다."10)

라고 쓰면서 연암의 시 '전가'(田家), '일로'(一鷺), '산경'(山耕), '효행'(曉行) 등을 예시 설명한 바 있다.

그 뒤 연암의 시에 대하여는 잠잠했다. 다만 1980년대 송재소교수가 "燕岩의 詩에 대하여"라는 소론을 발표한 바11)가 있을 뿐이다.

그러나 연암의 시에 대한 조선 문인이나 학자들의 평가는 보

---

9) 청대 논문집 제3집 청주대학 1959년 1월간에 발표.
10) 위 논문 중 Ⅲ 박연암의 문학 중 2의 C 詩 항목.
11) 송재소 '燕岩의 詩에 대하여'「燕岩研究」車溶柱편 계명대학교 출판부 1984년 간.

통 수준의 시작품으로 여기지 않았다.

조선조 '시문사대가'의 한사람인 박제가는

"예부터 문장에 귤씨와 전어 가시 한이더니
연암의 시 본 사람이 그 몇이나 되더냐
우담화 한번 피듯 포룡도 웃음 보듯
선생의 시구 이룰 때가 바로 이때 라네"[12]

(賀燕岩作律詩
從古文章恨橘鱘　幾人看見燕岩詩
曇花一現龍圖笑　正是先生覓句時)

　참고 ; 여기 우담화(원문의 曇花)는 삼천년에 한 번 핀다는 부처세계의
　　　신비로운 꽃이요, 포룡도(원문의 龍圖)는 중국 송나라 때 대제 벼
　　　슬을 지낸 무섭고 엄격한 성품의 인물로 좀처럼 웃지 않아 그가
　　　웃으면 황하물이 맑아지겠다는 말이 있었다 함.

라고 하리만치 연암은 좀처럼 시를 짓지 않았지만 한 번 지었다 하면 그 작품은 우담화요 포룡도 웃음처럼 귀하고 값지다는 것이었다.

같은 시문 사대가로 이덕무는,

"연암은 고문사(古文詞)에 있어서 재사(才思)가 넘치고 고금에 대한 사실에도 가로 세로 통달했다. 평원(平遠)한 산수에 깊은 감회를 소산(疎散)시키는 듯한 그의 시는 저 송나라 대시인 미불(米芾)의 수준에 들 수 있고, 마음이 내킬 때 쓴 그의 행서(行書)와 해서(楷書)는 뛰어난 자태가 넘치며 너무 기기괴괴 하여 어떤 물건과도 비할 수가 없다. 일찍이 읊은 시에,

---

12) 박제가(朴齊家) 저 「정유집」(貞蕤集) 권2 '하 연암 작율시'(賀燕岩作律詩) 항목.

"푸른 물 밝은 모래 외로운 섬에
푸른 해오라비 맑은 몸에 티 하나 없구나"
(水碧沙明島嶼孤 鷥鶒身世一塵無)

라고 하였으니 이것만으로도 그의 시의 품격이 오묘한 경지에 도달했음을 알 수 있으나 다만 그는 긍신(矜愼)하여 잘 지어 내어 놓지를 않으므로 마치 황하수가 맑아지겠다고 비유한 포룡도의 웃음과 같아서 많이 얻어 볼 수가 없으니 동인(同人)들이 못내 아쉬워 하는 바이다. 일찍이 나에게 오언으로 된 고시론(古詩論)을 기증하였는데 폭 넓은 문장 내용이 볼 만 하였다."[13]

연암의 시가 귀하고도 품격이 오묘하고 높았다는 이상 제가의 시평과 아울러 또하나의 방증은 박종채의「과정록」에서

"태호(太湖) 홍원섭(洪元燮)이 연암과는 자주 문주(文酒)의 모임을 가진 사이인데 그가 충주 원으로 있을 때 관사에 불이 나서 급한 중에 몸만 빠져 나와 가지고 갔던 문서를 모두 태웠지만…「그 가운데 가장 애석한 것은 연암의 시 한 수입니다. 이것은 쉽게 지닐 수 없는 보배이지만 이제 그것도 다시는 볼 수 없게 되었습니다」하고 그의 친구인 성대중(成大中) 현감에게 편지 했다는데 그 시도 어떤 작품인지 모르겠다."고 하였다.[14]

이처럼 연암이 시는 좀처럼 짓지 않아 귀하고 지었다 하면 우담화 처럼 값진 작품이었던 모양이다.

---

13) 이덕무(李德懋) 저「청장관전서」(靑莊館全書) 중 '청비록'(淸脾錄) 권3, '燕岩' 항목
14) 박종채(朴宗采) 저「과정록」(過庭錄) 권4, 84항.

3. 연암의 시와 두보의 시

　필자는 이번에 또다시 박연암의 사실적이고 은유와 풍유에 넘치는 시를 훑어보면서 마침 저 두자미(杜子美)에 차운한 시 한수를 더욱 유심히 살펴보고 비교하여 보고 저으기 놀라지 않을 수 없었다.
　감히 그 우열을 말할 수야 없겠지만 그 관조의 세계와 표현 기교와 수법 그리고 그 박력은 견주어 볼 만 했다.
　연암의 시에「구일등맹원차두운」(九日登孟園次杜韻)이라는 작품이 있는데 필자는 "구월구일 맹원에 올라 가 두보시에 차운하다"라는 시제로 번역하여 놓았다. 하지만 두보의 시와 비교하기 위하여 다시 역문만 옮겨 적으면,

"귀밑 머리 허연데 나는듯 빨리 걸어
삼청의 구름과 숲 바라보니 멀고 아득
얼큰히 취한 김에 단풍이 어떠냐고
늦은 철에 그 마치 국화 천지 같더라네.

송동의 중양절 떡 옛 일을 읊음이요,
맹원의 풍모(風帽)는 가을 빛에 아름답다.
몸은 휘청대도 금년 또한 건전하니
천길 언덕 머리에서 옷을 훨훨 털어 본다."

　이때 차운했다는 두보의 시는 시제가「구일 남정 최씨장」(九日藍田崔氏莊) 즉 "구월구일 남정 최씨의 별장에서"임이 분명한 것인데 그 시는

老去悲秋强自寬　늙어가니 가을이 슬퍼 억지로 스스로를 재촉하여
興來今日盡君歡　흥이 나서 오늘은 그대가 환대하네
羞將短髮還吹帽　머리 짧아 창피한데 더구나 바람에 모자 날려
笑倩傍人爲整冠　웃음 띠며 옆사람께 의관정제 부탁하네

藍水*遠從千澗落　난수 물은 멀리서 일천 개울 물로 떨어졌고
玉山*高竝兩峰*寒　옥산은 높이 솟아 두 봉은 써늘쿠나
明年此會知誰健　내년의 이 모임 그 누가 건전함을 알리오
醉把茱萸*子細看　취하여 수유씨를 쥐고서 자상히 살펴 본다.[15]

※ 藍水 ; 최씨 별장 있는 藍田의 후수, 물이 北流하여 溪谷 물과 합류하여 난수를 이룬다 함.
※ 玉山 ; 藍田이 玉山을 낳는다 함.
※ 兩峰 ; 泰山과 華山을 이름.
※ 茱萸 ; 수유는 산수유씨, 중양절에 머리에 꽂으면 마귀를 쫓는다 함. 약재로도 쓴다.

위의 두보의 시와 연암의 시를 비교해 보면(연암은 두보의 이 작품을 모델로 하여 읊되)

(1) 시의 양식이 같은 7언 율시로 차운하고,
(2) 시의 무대 설정에 있어서 두보는 藍田에 있는 최씨 별장이고 연암은 三淸洞에 있는 孟園(?)이었다.
(3) 두보는 늙어서 가을이 슬퍼 스스로 억지로 일으켰다는 것이요 연암은 '수염이 허애도 걸음을 날듯이 뽑냈다.' 는 것이니 애수와 자만이 비교되고,
(4) 두보는 '머리털이 짧아 창피한데 바람에 갓까지 날라가서 남에게 아첨하여 바로잡아 주기를 부탁했다' 하니 겸손과 수오지정이 넘치고, 연암은 이 대목에서 '단풍이 어떠냐고 묻기에 얼큰히 취한 김에 왼

---

15) 두시(杜詩) 권4, 칠언율시(七言律詩) 중.

통 국화꽃 철'이라고 술기운을 끌어댔으니 오만과 반항이 엿보인다.
(5) 무엇보다 중요한 대목은 두보는
'내년 모임 그 누가 건강을 보장하랴'고 우수로워 했는데 연암은
'몸은 휘청거려도 또한 건전하다'고 굳은 의지를 보이는가 하면,
(6) 두보는 '잔 잡고 수유알을 자세히 본다'하여 그 여생이 얼마 남지 않았음을 상징적으로 결구로 삼아 독자와 함께 인생 무상을 느끼게 했지만 연암은 '천길 언덕 머리에서 옷을 훨훨 털어 본다'로 맺음으로써 "나 아직 죽지 않았어!"하는 패기와 함께 그의 평소 신념인 오기를 표출하고 있다.

감히 우열을 논할 수 없는 두 편의 작품이다.

4. 연암시의 낙구(落句)들

「과정록」에서 연암의 작은 아들 박종채는,
"선군은 지은 시를 하나 하나 수록해 두지 않아서 그때 그때의 작품을 혹 남들이 외워 전해 주어서 얻었고 흩어져서 얻지 못한 것이 또 몇 편이나 되는지 알지 못한다.
남들이 외워 전한 것도 한 두 구절의 산구(散句)에 불과하다"며 다음 13구[16]에 이덕무가 말한 연암의 시 두 구를 들었다.[17]
이 낙구로 전하는 산구(散句)도 연암의 시적 정감이 깃들어진 작품의 단편임으로 이번의「연암 박지원의 문학사상」의 시 항목 서론에 짜넣어서 길이 남도록 하려는 것이다.
그 13구는 다음과 같다.

---

16)「과정록」(過庭錄) 권4, 84항.
17) 전게 이덕무의 '청비록' 연암 항목, 원문은 주 13에 있음.

산구 13구

五夜思朋千里駕	한밤중 친구 생각 천 리 길 달리는데,
萬人如海一牀書	만사람들 생각이 한 책상 위 책에 들어 있네.
常願風飄萬里舟	바라노니 바람결에 만 리 길 배를 달려,
遍登天下有名樓	천하의 유명 누각 두루 올라 보고파.
廚冷飯留三物白	찬 부엌에 밥이라곤 남은 것은 흰 것 세 가지,[1]
樓虛雲送數峯靑	누각은 비고 구름은 몇 개 푸른 봉우리를 보내네.
處世不妨程衛尉	나가지 않으면 정위위[2] 되는 것 괜찮고,
出門應是信陵君	문을 나서면 응당 신릉군[3]이 되리라.
殘雪柴門三四尺	봄눈은 서너 자 사립문에 쌓였는데,
細君提瓮汲晨泉	아내는 동이 들고 새벽 샘물 긷는다.
雪裏巢熊應舐掌	눈속이라 둥지 곰은 발바닥만 핥을 게고,
夜深幽鳥自呼名	밤 깊자 골짝 새[4]는 제 이름만 부르네.
高低排字詩難就	높고 낮은 글자 배열[5] 시 이루기 어렵고,

---

1) 삼백(三白) ; 흰밥, 무, 백비탕(맹탕물탕).
2) 정위위(程衛尉) ; 중국 삼국시대 위(魏)나라 사람 정욱(程昱). 위나라 문제(文帝) 때 위위 벼슬, 안향후(安鄕侯)에 봉해졌다.
3) 신릉군(信陵君) ; 전국시대 위나라 소왕(昭王)의 아들. 진(秦)의 장군이 위를 쳐들어오자 조(趙)에서 위로 돌아와 오국(五國)의 연합군을 거느리고 진나라 군사를 패퇴 시켰다. 그러나 위왕은 신릉군을 중용하지 않아서 음주 생활로 죽었다.
4) 골짝새 ; 소쩍새. 제 이름 부르는 밤새는 '소쩍당' 새.
5) 높고 낮은 글자 배열 ; 원문의 「高低排字」는 한시 지을 때 쓰는 평측(平仄)과 압운(押韻) 법칙.

輾轉思鄕夢未成　　전전반측 고향 생각에 잠못 이룬다.

修禊暮春今癸丑　　늦은 봄에 동인계 모이니 지금 마침 계축년,
流觴曲水又蘭亭　　흐르는 잔 굽은 물, 그 또한 난정(蘭亭)이네.[6]

尺童能牧千頭牸　　한 자 키 어린이도 일천 두 소를 치니,
四面都無一點山　　사면에 도무지 한 점 산이라곤 없네.

晩店行人塵渺渺　　저문 주막에 나그네 먼지길 아득하고,
春田饁婦路斜斜　　봄밭에 아낙네는 밥 이고 가는 굽은 길.

榴花烘日扶頭醉　　석류꽃은 해를 이고 머리 대고 취하고,
匏葉翻風抱膝吟　　박 잎은 펄럭이는 바람에 무릎 안고 읊조린다.

自此深閨空拜月　　깊은 규방 속절없이 달을 바라 볼 것이니,
肯敎夫婿學從軍　　어느 누가 남편더러 종군(從軍)을 하라 했나.

盡日惟黃鳥　　　　온종일 오직 꾀꼬리만 울어대니,
開窓對碧松　　　　창을 열고 푸른 솔과 마주 앉았네.

---

6) 난정(蘭亭)은 안의 현감 때 여러 벗들과 모여서 잔치 하던 때 지은 이름.

연암의 시 목차

'영대정잡영'(映帶亭雜咏)에서

1. 총석정에서 해돋이를 보다　　叢石亭觀日出
2. 좌소산인에게　　贈左蘇山人
3. 한 해오리　　一鷺 一作道中乍晴
4. 농가　　田家
5. 산해도에서 그림 찾는 노래　　搜山海圖歌
6. 해인사를 보고　　海印寺
7. 갓의 연구　　笠聯句
8. 담원팔경을 읊다　　澹園八咏
9. 설날 거울을 보고　　元朝對鏡
10. 새벽 길　　曉行
11. 모진 추위　　極寒
12. 산중에서 동지날에 이생에게 보이다　山中至日書示李生
13. 산길을 가다　　山行 一作山耕
14. 옮겨 살다　　移居
15. 노군교　　勞軍橋
16. 필운대 꽃구경　　弼雲臺賞花
17. 강촌에 살다　　江居
18. 필운대에서 살구꽃 구경하다　　弼雲臺看杏花
19. 압록강을 건너 용만성을 돌아보며　渡鴨綠江回望龍灣城

20. 구련성에서 노숙하다　　　　　　露宿九連城
21. 통원보에서 비에 막혀 묵었다　　滯雨通遠堡
22. 요동벌의 새벽길　　　　　　　　遼野曉行
23. 동관에서 묵으며　　　　　　　　留宿潼關
24. 열하도중시　　　　　　　　　　熱河途中詩 一作吟得一絕
25. 말 위에서 지어 부르다　　　　　馬上口號 一作馬上吟
26. 절구 네수　　　　　　　　　　　絕句四首
27. 강촌에 살면서　　　　　　　　　江居謾吟
28. 연암 산중에서 돌아가신 형님을 생각하며
　　　　　　　　　　　　　　　　　燕岩山中憶先兄
29. 홍태화의 비성아집에 차운하다　　次洪太和秘省雅集韻
30. 재실살이(제능 수령)　　　　　　齋居 一名齊陵令
31. 조고만 잔치　　　　　　　　　　小酌
32. 구월구일 맹원에 올라가 두보의 시에 차운하다
　　　　　　　　　　　　　　　　　九日登孟園次杜韻
33. 담헌 홍덕보의 뇌　　　　　　　湛軒洪德保 誄
34. 누님 정부인 박씨의 명사　　　　伯姊贈貞夫人朴氏墓誌 銘詞
35. 정종대왕 진향문　　　　　　　　定宗大王 進香文

1. 叢石亭觀日出 총석정에서 해돋이를 보다[1]

行旅夜半相叫譍	한 밤중에 나그네들 서로 부르며
遠鷄其鳴鳴未應	먼데서 첫 닭이 울었는가 못들었는가,
遠鷄先鳴是何處	먼 곳에서 울었다는 닭울음 그 소리가,
只在意中微如蠅	마음 속에 들려지는 가느다란 파리 소리던가.
邨裏一犬吠仍靜	마을 속 개 한 마리 짖다 그쳐 고요하니
靜極寒生心兢兢	적막하여 가슴 오싹 찬기운 이는 중에
是時有聲若耳鳴	바로 이때 귀에 쨍쨍 울려오는 소리는
纔欲審聽簷鷄仍	처마 밑에 홰치며 닭우는 새벽소리[2]
此去叢石只十里	여기서 총석정은 고작 십리길
正臨滄溟觀日昇	넓푸른 바다위로 해돋이를 마주 보려 하니
天水頊洞無兆眹	하늘인지 바다인지 맞닿아 분간없고
洪濤打岸霹靂興	큰 파도가 산언덕을 우뢰일듯 부딪친다.
常疑黑風倒海來	검은 바람 바다위로 몰려들어 덮친다면
連根拔山萬石崩	메뿌리채 뽑혀서 온갖 돌이 무너질라,
無怪鯨鯤鬪出陸	고래와 큰물고기[3] 싸우다 튕겨나와

---

1) 연암이 29세 때의 기행시이다. 이때 작자는 북으로는 묘향산, 강원도는 금강산과 철령등지와 중부는 지리산, 남쪽은 가야산 등지를 유람했다. 그때의 시로 남은 작품이 아것과 「해인사」가 있다.
2) 위의 두 수는 해돋이 시간을 놓칠세라 여인숙에서 서로들 일깨우며 잠 안자고 기다리는 초초를 읊었다.
3) 고래와 큰 물고기 ; 원문의 경(鯨)은 고래, 곤(鯤)은 바다속의 큰 고기 이름(大魚名)이라 했는데 "곤의 크기는 몇 천리인지 모른다. 북쪽 바다에 있다"「장자」의 〈소요유〉)라 하고 출렁이는 넓은 바다 큰 물결의 형용이라 했다.

不虞海運值搏鵬　밀린 파도 대붕새를 덮치면 어찌하누.[4]
但愁此夜久未曙　다만 걱정은 이 밤이 영영 밝지 않아서
從今混沌誰復徵　이 혼돈 세계를 누가 다시 고증 못할까,
無乃玄冥劇用武　혹시나 해신이 무력을 써 가면서
九幽早閉虞淵氷　땅밑의 햇님을 얼음으로 안 덮을까.

恐是乾軸旋斡久　또는 하늘을 꿰고 도는 지축이 오래 되어서
遂傾西北隳環紐　서북쪽에 기울며 해돋이 줄 끊지 않을까,
三足之烏太迅飛　세발의 금까마귀[5] 너무 빨리 날기에
誰呪一足繫之繩　그 누가 저주하여 한쪽 발을 안 묶을까.

海若衣帶玄滴滴　해신의 옷에서는 검은 물방울이 뚝뚝 떨어지고
水妃鬟鬟寒凌凌　여신의 쪽진 머리는 추위에 싸늘쿠나,[6]
巨魚放蕩行如馬　큰 물짐승은[7] 제멋대로 말처럼 날뛰는데
紅鬐翠鬣何鬅鬙　붉은 갈기 푸른 머리털은 어찌 그리
　　　　　　　　 텁수룩한가.

天造草昧誰叅看　천지가 개벽될 때 본 사람 누구던가,
大叫發狂欲點燈　미친듯 소리치며 등불을 밝히려니
欃槍擁彗火垂角　꼬리 별은 혜성을 가리고[8] 화성은 드리워져
禿樹啼鶹尤可憎　잎진 나무에서 올빼미 우니 더욱 밉고나.[9]

---

4) 위의 두 수는 첫 새벽 동해바다 출렁이는 검은 파도의 모습.
5) 세발 금까마귀(三足烏)는 태양속에 있다는 세발 가진 금오(金烏)이니 태양의 정기를 말함. 태양의 이명.(금오전설)
6) 위의 두 수는 일출 직전의 여명 때 바다 풍경, 그 장관이니 찰나의 자연현상이라서 놓치기 쉬운 순간들.
7) 큰 물짐승 ; 원문의 거어(巨魚)는 큰 물짐승으로 번역함.
8) 꼬리별과 혜성 ; 원문의 '참창'(欃槍)은 혜성의 일종으로 꼬리별. 새벽에 보임.

斯須水面若小癤　　잠시동안 수면은 부스럼일듯 꺼칠터니
誤觸龍爪毒可疼　　아플사 용의 발톱 건드려 독통 상처 났는 듯,
其色漸大通萬里　　그 빛은 점점 퍼져 만리 밖에 이르고
波上遂暈如雉膺　　물결위 해무리 빛 꿩 털처럼 아롱졌다.[10]

天地茫茫始有界　　아득하던 하늘땅은 비로서 경계가 들어나니
以朱劃一爲二層　　붉은 빛으로 두 층이 갈라지누나,
梅澁新惺大染局　　어리우고 또렷한 큰 세계 물들이면서
千純濕色縠與綾　　천가지 빛 비단과 능단이 반짝인다.[11]

作炭誰伐珊瑚樹　　그 누가 붉은 숯불로 산호수를 만들었나,
繼以扶桑盆爞蒸　　부상의 찌는 기운 더욱 더 이글거려
炎帝呵噓口應喎　　염제[12]는 불 부느라 입 삐뚤어질까 걱정이고
祝融揮扇疲右肱　　축융[13]은 부채질에 오른 손의 힘 빠지리.

鰕鬚最長最易爇　　새우 수염 길다 해도 제 먼저 그슬겠고
蠣房逾固逾自烝　　굴 껍질 두꺼워도 제 벌써 익었겠다,
寸雲片霧盡東輳　　조각 구름 비낀 안개 동쪽에 모두 몰려

---

9) 올빼미 ; 원문의 '류'(鶹)는 효(梟) 즉 올빼미로 제 어미를 잡아 먹는다 해서 못된 새로 인식 되고 있다.
10) 위의 두 수는 해가 해면 위로 솟으려고 일렁이는 장면인데 천지개벽의 순간을 연상시킨다.
11) 위의 두 수는 해 솟자 천지가 판명되는 순간이며 그 감격을 빛에 집중시키고 있다.
12) '염제'(炎帝)는 중국 고대 전설의 불의 신인 신농씨(神農氏)를 말한다. 또 더위의 신이기도 하다.
13) '축융'(祝融)은 여름의 신. 불을 맡은 신. 일설 불조심의 신. 중국 고대 전욱(顓頊)의 후손.
14) 위의 두 수는 해가 뜨면서 이글거리는 모습과 그 느낌을 뜨거운 열과 빛으로 그렸다.

呈祥獻瑞各效能	상서로운 재주들을 마음껏 뽐 내누나.[14]
紫宸未朝方委裘	이제 곧 조회 받으려 임금 옷 걸어 놓고[15]
陳扆設黼仍虛凭	수평풍 오색 곤포 뿐 용상은 비었구나,
纖月猶賓太白前	샛별[16]이 돋은 앞에 초승달[17]이 떠가는데
頗能爭長辪與滕	서로가 높거니 빠르거니 다투어 자랑하듯
赤氣漸淡方五色	붉은 기운 맑아지며 오색이 들어나니
遠處波頭先自澄	먼 곳의 물결들은 제 먼저 또렷하다,
海上百怪皆遁藏	바다위 온갖 괴물 모두 숨어 안 보이고
獨留羲和將驂乘	해의 신[18]만 홀로 남아 큰 수레를 몰고 있네.[19]
圓來六萬四千年	태양 둥근지가 6만 4천년인데
今朝改規或四楞	이 아침에 보니까 네모라고 해야겠네
萬丈海深誰汲引	만길 깊은 바닷물을 누가 길어 들이어
始信天有階可陞	하늘의 그 층계를 오를 수가 있었을까.
鄧林秋實丹一顆	등림[20]에 붉게 익은 가을 과일 한 알인가,
東公綵毬蹴半登	동공[21]이 발로 차는 오색 공이 반쯤 떴나,

---

15) 임금 옷 걸어 놓고 ; 원문의 '위구'(委裘)이니 '돌아가신 임금의 옷을 걸어 놓고 새 임금이 즉위할 때까지 그 앞에서 섬기는 일' 인데 이는 해가 물 위로 떨어져 나오는 순간의 붉은 빛 공간을 말한다.
16) 샛별은 원문의 '태백'(太白)이니 새벽에 동쪽 하늘에 보였다가 사라진다.
17) 초승달은 원문의 '섬월'(纖月)이니 가는달 이라는 뜻으로 초승달이다.
18) 해의 신은 원문의 '희화'(羲和)이니 곧 중국고대의 희씨(羲氏)와 화씨(和氏)로 태양의 수레를 몰고 다니는 신. 또는 역법(曆法)을 맡은 사람.
19) 위의 두 수는 태양이 물 위에 둥그렇게 떠 오른 모습과 그 감상이다.
20) '등림'(鄧林) ; 과보(夸父)가 던진 지팡이가 변해서 생겼다는 유자의 수풀, 혹은 도림(桃林).
21) '동공'(東公) ; 봄을 맡은 신, 혹은 동궁.

夸父殿來喘不定　　과보[22]는 뒤따르다 숨이차서 기침 날라
六龍前道頗誇矜　　육룡은 앞길을 인도한다 으시대네.[23]

天際黯慘忽顰蹙　　하늘 가는 갑자기 캄캄하고 찌프리더니
努力推轂氣欲增　　바퀴하나 치밀어 떠 올리며 힘주네,
圓未如輪長如甕　　둥근 것이 이즈러져 길죽하여 독 같다가
出沒若聞聲硁硁　　수면으로 들락 날락 꽝하고 떨어지네.

萬物咸覩如昨日　　만물들이 보는 태양 어제와 같건만은
有誰雙擎一躍騰　　그 누가 두손 받들어 대번에 올렸는가,[24]

---

22) '과보'(夸父) ; 괴짐승의 이름, 또는 상고시대 신의 이름. "과보는 자기의 힘을 헤아리지 못하고 태양과 경주하다가 드디어 갈증나서 죽었다(夸父迫日影…列子「湯問」)는 고사가 있다.
23) 위의 두 수는 태양이 물과 떨어질 때 타원형으로 되다가 드디어 툭 떨어져 솟아 둥글어지는 순간들의 그 모습과 감동이다.
24) 해돋는 순간의 모습과 감동을 되풀이 하였다.

2. 贈左蘇山人 좌소산인[1]에게

我見世人之	나는 보았어라 세상 사람들이
譽人文章者	남이 지은 글을 보고 가려서 말하되
文必擬兩漢	문장은 반드시 양한[2] 시대와 비교하고
詩則盛唐也	시는 곧 성당[3]의 작품에 맞대었다.
日似已非眞	비슷하다 말하니 벌써 진짜 아니요,
漢唐豈有且	한나라 당대가 어찌 또 있을건가,
東俗喜例套	우리네 속된 버릇, 전례, 옛투 좋아해
無怪其言野	저쪽 풍속[4] 비속해도 이상하게 안 여겨
聽者都不覺	듣는 자는 도대체 느낌이 없어[5]
無人顔發赭	얼굴을 붉히는[6] 사람 하나 없구나,
騃骨喜湧頰	어리석고 야윈꼴에 그래도 기쁜 얼굴
涎垂噱而哆	입 벌리고 얼굴에 침을 질질 흘리네.

---

1) 좌소산인(左蘇山人)은 서유본(徐有本:1762~1822)으로 자는 혼원(混源)인 연암을 따라 공부한 후학이다. 작품 배열 순서로 보아 작자 29세 때 지은 작품으로 짐작된다.
2) 양한(兩漢) ; 전한(前漢)과 후한(後漢) 즉 중국에서 산문문화가 가장 발달했던 왕조.
3) 성당(盛唐) ; 중국에 있어서 시는 당(唐)나라 때가 가장 흥성했는데 이를 초당, 성당, 중당, 만당의 4기로 나누고 그 중에서도 성당 때가 가장 극성한 시대였다.
4) 저쪽 풍속 ; 중국 한나라, 당나라 풍속. 원문의 기언(其言)임.
5) 느낌 없어 ; 원문의 불각(不覺)으로 민족적 자각이 없음을 말함.
6) 얼굴을 붉히는 ; 원문의 발자(發赭)로 자면(赭面) 즉 얼굴을 붉히는 것. 곧 부끄러움을 아는 일. 연암의 시어에는 낯선 단어나 조어(造語)가 많으니 세속의 말을 한자로 쓴 듯함으로 번역에 있어서도 세속 말로 주제에 맞췄다.

黠皮乍撝謙	겉 약아[7] 제 딴으론 겸손한 척 하면서
逡巡若避舍	우물 쭈물[8] 결단 없어 피신하는 듯[9]
餒髥驚目瞠	수염은 굵어서 더부룩[10] 눈은 퀭하고
不熱汗如瀉	덥지도 않은데 진땀은 물흐르 듯
懦肉健慕羨	나약한 미런둥이[11] 건장한 몸 부럽다고
聞名若蘭若	절이란[12] 말 이름만 들어도
忮肚公然怒	밸이 꼬여 공연히 노발 대발
輒思奮拳打	별안간 주먹 쥐고 치려고 덤벼드네.
我亦聞此譽	나 또한 이런 칭찬 들은 바 있었다네,
初聞面欲刷	첫 번에 들을 때는 얼굴을 저미는 듯
再聞還絶倒	두 번 다시 들을 때는 웃음나서 요절 할 듯
數日酸腰髁	며칠 두고 엉덩이뼈 시려서 못참았네.
盛傳益無味	소문이 퍼질수록 더욱더 그 맛 없어

---

7) 겉 약아 ; 원문의 힐피(黠皮)로 힐은 교활한 꾀 피는 가면의 겉.
8) 우물 쭈물 ; 원문의 준순(逡巡) 곧 과단성 없이 멈칫 거리는 모양.
9) 피신 ; 원문의 피사(避舍) 곧 피해서 머물다.
10) 수염…더부룩 ; 원문의 뇌염(餒髥)이니 뇌는 굵는 것이고 염은 구렛나룻 곧 구레나룻 털.
11) 나약한 미런둥이 ; 원문의 나육(懦肉)이니 나는 약함이고 육은 고깃덩어리, 즉 연약한 몸 덩어리. 이것도 세속 말을 시어로 써서 제 정신 없는 양반 계급을 힐난한 듯 하다.
12) 절이란 ; 원문의 난야(蘭若)이니 불교의 사찰을 의미. 범어의 아란야(阿蘭若)의 줄인말. 「염암집」(朴榮喆 간행본)에는 이 대목이 '형약'(蘅若)으로 되어 있어 일부 번역에서는 형약의 의미인 '향기풀'로 풀이 했으나 시의 주제에도 맞지 않을 뿐더러 의미가 전혀 통하지 않으므로 필자는 '아란야'의 난야(蘭若)로 수정 번역한다. 추측컨대 「연암집」 편집 과정에서 '蘭若'의 말뜻을 미처 몰랐거나 아니면 일부러 피했는지도 모를 일이다.

還似蠟札餌	도리어 그 맛이 밀초를 씹는 듯
因冒誠不可	그 말대로 따른다면 참으로 잘못이니
久若病風傻	오래되면 병이 되고 등신[13]이 돼버리네.
回語忮克兒	시기에 찬 너에게 도리켜 이르노니
伎倆且姑舍	재주 기량 다 그만 버리고 나서
靜聽我所言	조용히 내말을 들어서 안다면
爾腹應坦繷	너의 배에 탄탄하고 너그러움[14] 생기리라.
摸擬安足妒	모방하는 그 꼴을 어찌 그것 시샘하랴
不見羞自惹	안보아도 제 스스로 부끄러움 일 것인데
學步還匍匐	걸음걸이 흉내 낸다[15] 기어다닌 꼴 우습고
效嚬徒醜齭	미인 얼굴 닮는다고 찡그린 꼴[16] 더 추하다.[17]
始知畵桂樹	비로서 알겠네! 그림 속 계수가
不如生梧櫃	마당의 산오동 가래나무 그만 못함을
抵掌驚楚國	손벽을 치면서 초나라를 놀래어도
乃是衣冠假	그 옷과 쓴 갓은 모두다 가짜[18]
靑靑陵陂麥	푸르고 푸르른 언덕 밭 저 보리 알

---

13) 등신 ; 원문의 풍사(風傻)이니 사(傻 혹은 儍)는 백치. 미련한 것, 즉 등신.
14) 너그러움 ; 원문의 탄차(坦繷)는 평탄하고 너글 너글하다는 뜻.
15) 걸음 걸이 흉내 ; 한단(邯鄲)의 걸음 걸이를 배우다가 제 걸음 마저 잊었다는 중국 연(燕)나라 소년의 '학보한단'(學步邯鄲)의 고사.
16) 찡그린 꼴 ; 미인 서시(西施)를 흉내내던 동시(東施)의 고사.
17) 추하다 ; 원문의 추사(醜齭)는 밉다, 추하다. 사는 齭 또는 齚로 추한 모습.
18) 모두다 가짜 ; 이 대목은 중국 초(楚)나라 명신 손숙오(孫叔敖)가 죽은 뒤 배우 우맹(優孟)이 손숙오의 의관을 차리고 그가 하던 대로 손벽을 쳐가며 말하니 모두가 손숙오가 되살아 왔다고 놀랐다는 고사.(「사기」〈滑稽傳〉)

口珠暗批搽	입안엔 구슬보다 모름지기 났구나,[19]
不思腸肚俗	심중[20]의 제 습속 생각지도 않고는
强覓筆硯雅	억지로 시경만 찾아서 헤매네.
點竄六經字	육경의 자구를 고치고 바꿔서
譬如鼠依社	그 마치 제단의 쥐새끼 모습으로
掇拾訓詁語	훈고의 학문[21]을 이리 저리 짜자니
陋儒口盡啞	썩은 선비 입은 모두 벙어리 모양
太常列飣餖	종묘제에 괴여놓은 질펀한 차림에도[22]
臭餕雜鮑鮓	상한음식 절인생선 젓갈이 섞이는데
夏畦忘踈曷	여름날 논밭길의 제 초라함 잊었는지
倉卒飾綏銙	창졸간에 관리들의 돈전대[23] 흉내 내나
卽事有眞趣	지금에 당한 일에 진리는 있는 법
何必遠古抯	하필이면 먼 데서 찾으려하나,
漢唐非今世	한나라 당나라가 지금 세상 될수 없고
風謠異諸夏	하의 풍요 좋다해도 우리노래 될수 없네.
班馬若再起	반고와 사마천[24]이 되살아난다 해도

---

19) 모름지기 났구나 ; 원문의 암비차(暗批搽)의 번역이니 차(搽)는 째다, 찌르다. 보리밥의 가시가 찌르다의 뜻으로 풀이함.
20) 심중 ; 원문의 장두(腸肚)이니 뱃속 곧 마음속. 본래의 마음.
21) 훈고의 학문 ; 훈고학(訓詁學)이니 옛 경서(經書)의 자구를 주석하는 학문.
22) 질펀한 차림 ; 원문의 정두(飣餖)로 보기 좋게 음식을 많이 차려 놓음. 즉 보기 좋은 허례 허식을 의미. 공연한 글을 늘어 놓음을 비유함.
23) 돈전대 ; 원문의 유과(綏銙)이니 과는 관리들이 허리에 띠던 엽전을 박은 전대. 즉 띠돈. 따라서 유과는 관리가 띠돈을 차고 다닌다는 뜻.
24) 반고와 사마천 ; 반고(班固)는 중국 후한 때의 역사가로「한서」(漢書)의 저자. 사마천(司馬遷)은 중국 한나라 때의 사학가로「사기」(史記)를 저술한 사람. 두사람 다 존경받는 대학자요, 사학자.

決不學班馬　　반고나 사마천을 배우진 않을게고
新字雖難剏　　새로운 글자[25]를 못 만든다 하드라도
我臆宜盡寫　　내 뜻은 마땅히 모조리 베껴낸다.

奈何拘古法　　어떻게 옛날의 낡음 법 껴안고
劜劜類係把　　천만년 영원토록 그걸로 잡고 살랴
莫謂今時近　　지금이 가깝다고 떠들지 말아라,
應高千載下　　천년 뒤 이르면 아득한 예날 되네.

孫吳人皆讀　　손무와 오기 병법[26] 사람들이 다 읽지만
背水知者寡　　배수의 진법일랑 아는 사람 적으니
趣人所不居　　남이 안가는곳 거게 가야 산다는 것[27]
獨有陽翟賈　　양적의 장사꾼[28]이 그 혼자 알았던가.

而我病陰虛　　내 본래 허약하여 병석에 오랜 중에
四年疼跗踝　　발등과 복사뼈로 아픈지 4년인데
逢君寂寞濱　　쓸쓸하던 물가에서 그대를 만났으니
靜若秋閨姹　　고요한 정 흡사히 가을 처녀 같더구나.

---

25) 새로운 글자 ; 여기 새 글자란 새로운 체제의 한자(漢字)를 말하며 연암은 중국식 문법체제의 문장을 바꿔야 한다고 주장하며 조선어에 알맞은 문장을 주장했다. 그러나 국문자는 일체 쓰지 않았으니 옥의 티였다.
26) 손무와 오기 병법 ; 손무(孫武)와 오기(吳起)는 중국 춘추전국시대 병서(兵書) 저술가.
27) 남이 안가는 곳…산다는 것 ; 옛날 중국의 한신(韓信)장군이 배수(背水)의 진을 치고 이겼을 때 "사지에 가야 산다"는 말을 인용.
28) 양적의 장사꾼 ; 중국 전국시대 한(韓)나라 서울이 양적(陽翟)인데 처음은 양적에서 장사를 해서 출신하고 뒤에 진(秦)나라 집정관이 됐다는 여불위(呂不韋)의 고사가 있다.

解頤匡鼎來	시의 얘기 들려줄 땐 광정[29] 온듯 원을 풀어
幾夜剪燈灺	몇밤 두고 등심지를 돋우워 밝혔던가,
論文若執契	문장을 평론할 땐 서로가 글 맞춘듯
雙眸炯把斝	두눈은 번쩍하고 옥술잔을 잡았었네.
一朝利膈壅	목에 가득 막힌 것을 하루아침에
滿口嚼薑餕	생강즙을 한 입 물고 뚫어 놓은 듯,
平生數掬淚	평생에 고여 둔 몇 바가지 눈물을
裹向秋天灑	가을 하늘 속에서 씻어버리네.
梓人雖司斲	목수가 제 비록 나무는 잘 깎아도
未曾斥鐵冶	쇠다루는 야장장이 물리치진 못하며
巧者自操鏝	쇠흙 손을 잘 놀리면 스스로 기술자요,
蓋匠自治瓦	기와를 잘 다루면 제절로 기사되네.
彼雖不同道	그들이 하는 일은 제각각 다르지만
所期成大廈	큰 집을 짓는데는 모두가 한 목적
悻悻人不附	발끈 발끈 하는 성미 사람 안 붙고
潔潔難受嘏	지나치게 맑은 성격 복받기 어렵네.
願君守玄牝	원컨대 그대여! 다소곳이[30] 지내지고
願君服氣姐	원컨대 그대여! 객기를 버리소서,
願君努壯年	원컨대 그대여! 젊은 시절 노력하여
專門正東問	오로지 이 나라 문을 크고 바르게 여소서.

---

29) 광정(匡鼎) ; 중국 전한(前漢) 때 태자소부(太子少傅)요, 시를 잘한 사람. 자가 정(鼎)으로 시를 이야기 할 때는 재미나서 웃지 않는 사람이 없다고 전함.

30) 다소곳이 ; 원문의 현빈(玄牝)이니 현은 그 작용이 오묘하고 심원한 것이고, 빈은 암컷이 새끼를 낳듯이 만물을 내는 도를 말하니 즉 만물을 생성하는 오묘한 도를 말함.

3. 一鷺   한 해오리[1]

一作 道中乍晴　길가는데 비 잠깐 개다

一鷺踏柳根	한 해오리는 뿌리 위에 서 있고
一鷺立水中	한 해오리는 물 가운데 서 있고나,
山腹深靑天黑色	산 허리는 짙푸른 빛 하늘은 검고
無數白鷺飛翻空	무수한 백로들은 공중에서 날며 돈다,
頑童騎牛亂溪水	장난스런 목동은 소타고 물 휘젓는데
隔溪飛上美人虹	물건너에서는 해오리 날아올라 예쁜 무지개 그린다.

4. 田家   농가

翁老守雀坐南陂	늙은 이는 남쪽 밭언덕에서 참새를 모는데
粟拖狗尾黃雀垂	개꼬리 같은 조이삭엔 참새가 대롱 대롱
長男中男皆出田	큰아들 둘째아들 모두 나와 밭일 하고
田家盡日晝掩扉	농가는 종일토록 삽작문이 닫혀있네.
鳶蹴鷄兒攫不得	솔개는 병아리를 채가려다 못움키고
群鷄亂啼匏花籬	뭇 닭들은 박넝쿨 담밑에서 시크럽게 우네,
小婦戴棬疑渡溪	새댁은 소쿠리 이고 개울을 건느려는데
赤子黃犬相追隨	어린 것과 황삽살이 앞서거니 뒤서거니 그뒤를 따라가네.[1]

---

1) 해오리 ; 해오라기. 노(鷺)는 해오라기의 준말인 해오리로 번역하고 백로도 같은 말이나 작자가 백로(白鷺)라고 표기 했을 때만 백로라고 했다.
　이 작품은 열하(熱河)로 가는 도중 요하를 지나면서 지은 작품으로 추정된다.
1) 농가의 가을 풍경인데 연암의 대표적 실사구시적 사실주의 관조의 시이다.
　시 속에 정중동(靜中動)과 동중정이 교차되면서 농민생활의 실상이 활화처럼 전개되는 작품이다.

5. 搜山海圖歌　산해도에서 그림 찾는 노래

- 여름 날 형님을 모시고 사촌동생 이중과 약속하여 덕보 홍대용, 무관 이덕무와 함께 현원 동산에서 놀 적에 각자 애장품 하나씩 내어 놓고 겨누어 보았는데 그때 이 그림을 사방으로 펼치어 땅위에 늘여 놓고 일행이 돌아 가면서 이를 감상하였다. -

- 夏日奉伯氏 及從弟履仲約德保 懋官 遊玄園 各出一翫 以較之 此軸 延袤幾竟一帿地張之 園中群行而翫之 -

豢龍服不誰其司	환룡[1]은 그 관부의 누구에게 매었던가,
四荒之野多詭奇	사방 거친 들판에는 괴상한 것 많기도 해
北斗星斜拜老狐	북두성 기우는데 늙은 여우 절을 하고
華表柱下啼黃貍	망주석[2] 밑에서는 누런 이리 울부짖네.
南山大玃盜媚妾	남산의 큰 원숭이 예쁜 첩을 훔쳐다가
與處岩穴强之私	암굴에 거처하며 강제로 겁탈하고
山魑白日下山來	대낮에 산도깨비 산에서 내려와서
借人竈突燒蟛蜞	남의 집 부엌에서 방게를 구워먹네.
揶揄鬱累迷伯益	야유장낭에 불끈한 맏놈은 더욱 갈팡질팡
菹澤叢林恣飽饎	풀우거진 수풀에서 마음대로 포식하네,
關王變相領神兵	관우[3]는 변신하여 신병을 거느리고
白面乃無一莖髭	흰 얼굴에 한가락도 흰수염이 없구나

---

1) 환룡(豢龍) ; 중국 요순시대 말을 기르던 관직 이름.
2) 망주석(望柱石) ; 원문의 화표주(華表柱)로 묘앞에 세운 표석, 또는 수신기(搜神記).
3) 관우(關羽) ; 원문의 관왕(關王)이며 관우 운장을 말함.

玄冠赤舃黃羅袍　　검은 갓에 붉은 신발 누런 비단 도포에
三尺胡床委皐比　　석자 높이 등받이 걸상에는 범가죽 걸어두고
左手垂膝右顧視　　왼손은 무릎위에 오른편 돌아보는
怒而微笑竪其眉　　노 한듯 미소짓는 그 눈썹은 빳빳하다.

奉刀劍者右其柄　　칼 받든 검객은 오른편을 호위하고
小童執彈親身隨　　어린동자 탄원서 잡고서 몸 곁에 따르네,
綠衣老吏執白策　　푸른옷 늙은 관리 백책서를 잡고 있고
鞠躬將趨頻先窺　　몸을 굽힌 장수는 앞 달리며 살피네.

或佩櫜鞬或秉鉞　　혹은 화살통 차고 혹은 큰 도끼 잡고
肅敬伊誰敢嘁嘻　　엄숙하여 누가 감히 소리내랴,
鳳扇鶴傘立簇簇　　봉황부채 학의 일산 빽빽히 세워졌고
紅旆半遮風旖旎　　붉은 용 깃발은 바람에 펄럭인다.

伏地聽令挐雲去　　엎드려 영듣는 대답소리 구름가듯 들어지고
盡是黑漢與醜厮　　모두 다 검은 놈 마부의 추한 모습
綠者其面如入藍　　푸른자는 그 얼굴 절에 드는 중과 같고
黃者其腳如塗梔　　누런자는 그 정갱이가 물들인 치자[4] 같네.

有如鷄者喙尖尖　　닭같이 생긴 자는 부리가 날카롭고
有如兕者角鬡鬡　　외뿔소 같은 자는 그 뿌리 뾰쪽뾰쪽
生不梳頭髮鬅鬙　　태어나 빗질 한번 안했는지 머리는 더부룩
人言鬼憎吾今知　　귀신이 밉다는 말 나는 이제 알겠구나.

脇上有口吁可恠　　겨드랑에 입 있으니 괴상함에 놀라겠고

---

4) 물들인 치자는 원문의 도치(塗梔)이니 허울 좋고 실속 없음을 비유하는 말.

其口遇劍如含匙	그 입에 칼 지르니 숟가락 문 것 같네,
耳穿銅環臂挑脫	구리 귀고리는 어깨를 벗어났고
腳繫毛偪不履綦	정갱이엔 털각반 신발끈은 없구나.

或不執兵但執石	어떤 자는 무기없이 돌만을 쥐었으며
拔木去枝仍倒持	나무 뽑아 가지 치고 거꾸로 들고 서서
萬丈鐵索係毒龍	만길 철책으로 독룡을 막으려고
一聲許邪拔澤陂	한바탕 고함치면 연못이 뽑힐 듯

索絕二鬼顚傷尻	철책끊겨 두 귀신은 꽁무니 부상하고
一鬼張臂大笑之	한 귀신은 이를 보고 어깨 으쓱 큰웃음,
龍也搖頭不能落	용⁵⁾은 그 머리를 이리저리 흔들면서 굴하지 않아
纍纍縣其鱗之而	겹겹 쌓인 그 비늘을 매어 놓았네.

無怪驚濤黑如此	큰 파도가 당연함은 흑룡강⁶⁾이 이러한 것
應洗鬼腳和龍鰲	으레히 귀신 다리를 화룡 태⁷⁾에 씻누나,
有捕蛇者蛇畋頸	잡은 것은 뱀인데 뱀은 칭칭 목을 감아
目湧面赤鑯其頤	눈은 솟고 낯은 붉어 그 턱이 키질하네.

揮劍直前復小郤	검을 들어 목 베려는 일보 직전인데
實憚如炎舌有歧	꺼리는듯 불길 같은 혀를 빼어 갈래갈래
噪且走者衣紫衣	부리는 도망가고 옷은 자색 빛
尾豐似是雄綏綏	꼬리는 풍만하여 그 힘이 느러졌다.

| 一妻箭中兩臂伸 | 한 처는 활 쏘는 문안에서 양어깨 펴고 |

---

5) 여기 독룡 또는 용은 물에 사는 공룡인듯 하다.
6) 여기의 흑(黑)은 흑룡강으로 번역한다. 북만주에 있음.
7) 화룡(和龍)과 태(鰲)는 지명으로 지금의 만주 길림성. 이곳에 태도 있음.

一妻鷹攫右眉敧	한 처는 보라매를 잡고 서서 오른 눈썹 기우리네,
一妻抱兒奉髻走	한 처는 애기 안고 상투 따라 달려가니
兒猶吮乳嗔其兒	애기는 젖을 빨고 어미는 꾸짖누나.

猴王被打骨到軟	원숭이 우두머리 맞아서 뼈대가 욱신욱신
頭垂過臍委四肢	머리 쳐져 배꼽 지나 사지에 던져두고
兩女扶腋跟蹡行	두 계집의 부축 받아 총총 걸음 따라가며
手忙觸落烏接羅	손으론 연신 가마귀 떨어져 병 옮길라 털고 있네.

欲全焦揚一塊肉	고기는 한덩어리씩 치켜들어 구우려 하고
侍婢泣以錦褓詩	시비는 울면서 비단 포대기 생각한다,
縛虎四蹄貫以木	범을 잡아 사지를 묶어 나무에 꿰메고는
離披有如裘掛椸	가죽 벗겨 횃대에 옷처럼 걸었네.

| 植棒地上畎赤帶 | 나무대를 세워서 매다니 땅위에 음문피가 낭자하고 |

手執其尾引如飴	손으로 그 꼬리를 만지기를 엿 주무르듯
兩指穿挽水牛鼻	두 손가락 넣어 당기되 물소코 꿰듯
索綯不得項繫縻	고삐 줄 있으나 목에는 못 걸었네.(못 매었네)

飛上鹿定摧角下	사슴 머리에 올라 타 뿌리 밑에서 깎되
太尖只合磨爲觿	굵은 대 가는 대 합쳐서 송곳뿔 가네,
負龜龜以爪爬腿	거북을 지고서 거북 허벅지 후비고
抱鯨鯨以鼻嗅髭	고래를 안고서 고래 수염 냄새 맡는 격

| 曳鼇提蟾挾擁劍 | 자라를 끌고 두꺼비 안고 검을 차고 |

肩豕揮狼佩肥遺	돼지를 메고 승냥이를 휘몰아 살쩌 넉넉하네,
大小鬼凡九十八	크고 작은 귀신이 무릇 아흔 여덟
又一鬼王不在斯	또 하나 우두머리 귀신은 여기에 없구나.
贏毛之醜二十一	털 짧은 짐승이 스물 하나요,
一十有六之魔姬	열 여섯의 마고 어미에다가
龍魚鼈鼇蛇十八	용귀신, 물고기, 큰자라, 자라,
	뱀이 열 여덟이고
犬一鷹一復一龜	개 하나 매 하나에 다시 거북 하나였네.
借問何人作此畫	묻노니 이 그림 누가 그렸는가,
王迪起矦之所爲	왕적, 기후[8]의 소행인가,
諸客聚觀爭讚歎	여러 손님 모여 보고 다투어 감탄하며
相戒勿污寒具脂	서로가 경계하길 깨끗하게 건사하자네.
我亦歸家眼森森	나 역시 집에 와도 눈에 삼삼하여
宵不成寐念在玆	밤잠 안 와 이를 생각하고
聊復捻筆記其數	다시한번 붓을 들어 그 수를 기록하여
時時披閱以自怡	때때로 펴서 보며 스스로 기뻐하리.

---

8) 왕적(王迪), 기후(起矦) ; 누구인지 미상이다. 고대 화가이나 미상고.

6. 海印寺　　해인사를 보고[1]

陜川海印寺	합천의 유명한 절 그 이름 해인사
壯麗稱八路	크고 화려하다 팔도에 소문났네,
肩輿初入洞	가마타고 어귀부터 골짜기 들자하니
幽事漸相聚	그윽한 정취들이 점차로 들어난다.
湫深若貯汞	늪은 깊고 희여 수은이 담겼는듯
窈窕萬象具	만 가지 고운 현상 이곳에 갖춰졌다,
樹影錯脛肘	수풀의 그림자는 팔다리에 어른대고
山光寫肺腑	산 빛은 밝아서 오장육부 씻겨진다.
愛羽鳥頻窺	깃을 사랑하는 새는 자주 숲을 엿보고
恃毛獺能泝	털을 의지하는 수달은 제법 물을 거슬른다,
剔幽類夢魘	그윽한 곳 헤쳐드니 꿈속에 놀라는 듯
叫奇競淸酗	감탄하여 소리치니 술먹고 취했는 듯
齱䴤頰藏栗	다람쥐는 입에 가득 밤을 물어 저장하고
蝟載背刺芋	고슴도치 등에 끼어 토란을 업어가네,
俄頃轉謠詭	벼란간 사방경개 황홀히 바뀌지니
生踈甚疑懼	낯설어 그 더욱 겁이 화락 나는 구나.
照爛忽衣錦	비단 옷 만산 풍경 비치어 현란하고
十里擁丹樹	십리로 이어진 산에는 단목나무[2]를 품었네,

---

1) 이 해인사도 작자 29세 때 '가야산'(伽倻山)을 유람한 일이 있는데 그 때 지은 작품이다.
2) 단목(丹木) ; 원문의 단수(丹樹)로 나무이름이니 '잎이 둥글고 줄기가 붉고 누런 꽃에 붉은 열매, 열매는 못 먹는다고' 그러나 여기서는 단풍나무인듯 하다.

飛霆謳高峽	천둥소리 요란하게 높은 골짝 울려오니
百泉湧傾注	백 줄기 물기둥이 솟구쳐 쏟아 붓네.
搏囓驚相合	부딪쳐 물고 돌다 갑자기 어울리고
觸鬪郤還赴	맞물려 싸우다간 다시 잠깐 돌아오네,
水性本柔順	물이란 그 성질이 본래가 유순한데
犖确石與遇	험상한 돌 만난다면 들소처럼 사납다네.
不肯一頭讓	한 마리 소라도 양보는 못하는 법
遂成千古怒	드디어 천만년 세월 분노가 생겨나서
餘湍伏沙鳴	그 아직 남은 물결 모래 속에 스며울며
幽咽向人訴	그윽히 목메어서 사람보고 호소한듯
不知水於石	물과 돌사이에 그 관계 모르겠네,
有何相嫉妒	그 어찌 서로가 시샘이 있겠는가,
使水不相激	물로써 돌에 대해 부딪치지 않는다면
石應無怨忤	돌도 으레 물에게 원망함이 없을게다.
願言石小遜	조금만 겸손하소 돌에게 바라거니
水亦流平鋪	물 또한 평탄하게 제 흘러 갈것이라,
奈何力排爭	그 무슨 까닭 있어 힘 다해 싸우면서
日夜事喧噂	밤낮으로 사사건건 떠들썩 시끄럽네.
歷險賴輂僧	가마꾼 중덕으로 험한 길은 지났으나
替擔纔數步	몇 걸음 채 못가서 바꿔 메는 가마꾼
肩騂憐凹筧	가엾게도 그 어깨엔 옴폭한 홈통 자국
巓赭恐破瓠	벗겨진 그 이마는 깨질듯 바가지네.

捧腰喘方短   허리는 하도 받혀 헐떡이다 짧아지고
透背汗因冱   등뼈는 땀에 배어 나중엔 말랐구나,
問爾何所聊   묻노라 너희들은 무엇이 할 일 없어
辛苦萬山住   첩첩 산속에서 고생하며 살고 있나.

雜役供官紙   잡역으론 종이 떠서 관청에 납품하고
餘力織私屨   여력으로 짚신 삼아 살림에 보탠다면
猶將畏過客   오히려 두려운건 지나가는 손님이라,
犇趨似赴募   분주히 다니면서 가마꾼을 찾을게다.

見此心悱惻   이런 일 알고 나니 마음이 슬퍼져서
不忍無控飫   모른 체 앉았기가 차마 못할 일이라,
換屨覓短笻   짚신을 바꿔 신고 지팡이 찾아 짚어
仄逕任顚仆   자빠지건 엎어지건 비탈 길을 기어가자.

畫史入秋山   화가들은 가을 산에 들어가서는
意匠在遠暮   그 먼저 저믄 빛에 뜻이 담겨져
霜林饒丹靑   서리친 붉은 숲엔 단청에 진해지지,
冷陽替絹素   싸늘해진 볕에는 흰 비단도 자료삼네.

洞門忽廣垞   갑자기 앞이 널찍 동구문 열리면서
百車可並驅   수레가 백대라도 넉넉히 달릴 공간
疊樹遠掩映   첩첩이 우거진 나무들에 가려 뵈는
層閣半呈露   층층이 솟은 누각 절반쯤 들어가네.

老僧候蘿逕   노승은 마중나와 풀길에서 인사하며
巾衲詭制度   쓴 건과 입은 옷이 세속과 다르구나,
慇懃勞遠途   은근히 먼길 왔다 수고로움 아뢰는데

合掌成禮數　　　합장하는 예를 갖춰 여러번 인사하네.

引我入寺門　　　나를 인도하여 절문으로 들어가니
眩轉勞眄顧　　　여기 저기 둘러 보랴 눈이 핑핑 돌아가네,
巨靈屹當前　　　몸집 큰 사천왕[3]이 앞에 우뚝 서 있는데
手脚實危怖　　　손과 발은 참으로 괴상도 하네.

張口裂至目　　　입은 크고 째져서 눈에 까지 닿아 있고
突睛黃金鍍　　　튀어 나온 눈알은 황금으로 도금했네,
耳中拔雙蛇　　　귀에선 뱀 두 마리 뽑혀져 나와서
蜿蜒若射霧　　　꿈틀 꿈틀 안개를 뿜어대는 듯

汗漫擁琵琶　　　비파를 끼고 섰는 여유로운 사천왕은
落莫執劍韀　　　잡은 칼끈은 떨어지지 않았으나
努力蹋鬼腹　　　귀신의 배위를 밟고 올라서서
鬼目舌並吐　　　귀신의 눈과 혀가 함께 빠져나갔네.[4]

楓魖腕鑿落　　　단풍 귀신은 팔뚝이 울퉁 불퉁
竹魈爪回互　　　대나무 도깨비는 손톱이 칭칭감겨
覆肩薜蘿襟　　　어깨에는 쑥넝쿨 덮어 윗옷 삼고
掩肚虎皮袴　　　아랫도리는 범가죽으로 치마 둘렀네.

乖龍及旱魃　　　괴상한 용과 가물게 하는 귀신과
尻角相依附　　　궁둥이와 뿔이 서로가 맞 붙었고

---

3) 절의 문간에서 부처님을 수호하는 신장. 원문에는 거령(巨靈)이라 했다.
4) 이상 두 수는 사천왕의 각각 모습인데 사천왕은 동쪽에 지국천왕(持國天王), 남쪽의 증장천왕(增長天王), 서쪽의 광목천왕(廣目天王), 북쪽의 다문천왕(多聞天王) 등인데 본래는 수미산(須彌山) 중턱에서 지키던 수호신이다.

| 雷公與飛廉 | 우레의 신과 바람 불게 하는 신은 |
| 嘴額獨天賦 | 부리와 이마가 유달리 기이하네. |

| 顚倒竄韈底 | 엎어지고 자빠지며 신발 밑으로 기어 들고 |
| 爬空匝臂股 | 팔다리가 허공에서 허우적 거린다.[5] |

佛殿寒洞天	대웅전 안은 텅 비고 써늘 해
甍桷纔容煦	들보나 서까래엔 햇볕이 잠시 들고
金碧閃相奪	금빛과 푸른 빛이 서로 비치어
視陽自昏瞀	햇빛을 본다면 오히려 눈부실 것.

雕窓成菡萏	창문엔 연꽃 가득 새겨져 있고
翩翩浴鷖鷺	백로가 펄펄 날아 그 속에 몸 씻네,
連理幷紫蔕	밑 줄기 붉은 꼭지풀은 줄지어 맞물리고
比翼結翠嗉	목덜미 파란 물새는 나래펴서 맞대었네.

妖童弄驪珠	요괴스런 아희 놈은 여의주를 갖고 놀고
豔女調鳳筱	아릿 다운 계집 아희 봉의 새장 다스린다,
星官從羽衛	천문 보는 성관은 의장병을 거느리고
步雲集瓊圃	구름 위를 걸어서 구슬 밭에 모인다.

玲瓏罷周覽	찬란한 모습들[6]을 모두 살펴 보고나니
悵然使心斁	서글픈 생각들어 마음에 싫증난다,
還如夢中景	도리어 그 모습들 꿈속에서 만나 본듯
沉沉常雨雨	세상이 침침하고 비는 줄창 내리는 듯

---

[5] 이상 두 수는 사천왕이 퇴치하고 있는 악귀의 군상들을 묘사했다.
[6] 찬란한 모습 ; 원문의 영롱(玲瓏)이니 위의 두 수는 대웅전 벽에 그린 탱화 그림인 부처세계의 전설그림.

又似愁裏饍   또 흡사 근심중에 요리상을 받은 느낌
滿眼不飽饇   눈으로는 푸짐하나 배불러 지지 않네,
始知詭異觀   비로서 알겠구나 이상스런 구경거리
樂極還無趣   즐거움 다하면 도리어 재미 없어

我聞牟尼佛   내 일찍 들은 바 석가무니 부처는
鼻眼本醜惡   코와 입이 본래가 못생겨 보기 싫어
或恐後世人   혹시나 후세 사람 밉게 생긴 인상 보고
嘔穢不愛慕   애모하지 않으면 어찌하나 두려웠다.

輕儇齊梁兒   경박한 제나라 양나라 아이 놈들이
私意傅繪塑   제멋대로 꾸며내 새기고 그렸다네,
幺麽或如豆   어떤 것은 요마스럽기가 콩알만한 것들을
前生若可悟   전생의 지내온 길 그 마치 깨달은 양

塊然丈六身   어떤 것은 크기가 열여섯자 키로
一肢可專輅   팔다리 하나로 큰 수레 채 만들만 해
箇箇指連坎   낱낱의 손가락이 골지어 이어지고
巨細悉嫩嫷   크고 가는 것을 모두다 곱고 착하게

於佛更何有   부처야 또다시 무엇이 있었으랴,
此計儘錯誤   이 계책이 괜스럽게 착오였으니
所以奠之者   높이 떠 받들어 위한다 하는 일이
還自極訕謏   오히려 스스로가 비방한 꼴 되었구나.

紛紛姸蚩間   예쁘다건 추하다건 그 말이 분분하나
慧心應如故   자비로운 그 마음은 본래가 같았던 것

回廊八十間	굽이 굽이 마루방 팔십간 큰 집은
蕩蕩藏經庫	방대한 팔만대장경 간직한 곳집
髹板明如鏡	옻칠한 판목은 밝기가 거울 같고
烹鹽備蟫蠹	소금 물에 쪄서 말려 좀벌레를 방비했네,
委積若凌陰	길길이 쌓였으니 어름 창고 비슷하고
失目驚瞿瞿	눈길을 잃으니[7] 놀라서 눈이 휘둥글
譬如列錦肆	비유컨대 줄지은 비단 점포들의
(缺)	(한 구가 빠져있음)
織織比盾干	필필이 방패대 나란히 세운것 같고
簀簀挿菌籚	곧은 대를 골라서 삿자리에 채곡 채곡 꽂았네
徘徊試抽看	이리 저리 서성이다 한 판목 뽑아 보니
茫然失箋註	망연하여 정신없어 전주[8]를 잃었었네,
光怪時迸發	그 빛은 이상스레 힘차게 퍼져가고
五金入鎔鑄	오금[9]이 녹여져 용광로에 들어가네.
誰能說乘法	그 누가 부처님 법 설법해 오는 건가,
無人(缺)廬渡	아무도 절과 바다 길[10] 말한 이 없구나[11]
步庭不敢唾	절 뜰을 걷자 하니 침 함부로 못 뱉겠네,

---

7) 눈길을 잃다 ; 아주 길고 멀 때 눈길이 모지란다고 하니 여기 원문에서 실목(失目)은 실명 즉 눈을 잃음이나 시의 뜻은 대장경판이 길게 쌓임을 말함.
8) 전주(箋註) ; 본문의 뜻을 주석하여 풀이 하는 일. 전석(箋釋)이라고도 함.
9) 오금(五金) ; 다섯가지 금속, 즉 금(金), 은(銀), 동(銅), 철(鐵), 석(錫)을 말함.
10) 절과 바다 길 ; 원문의 '려'(廬)와 '도'(渡)를 불교 전래의 노정을 말하는 듯 짐작되어 오막집인 절, 바다 길인 나루로 번역한다.
11) 이 시구의 제3자가 문집에서 빠져있어 이 한 구절은 유츄하여 번역한다.

粒墜堪拾哺　　떨어진 밥 낱알도 주어서 먹을레라.
除級無封蟻　　층대는 쌓았지만 개미굴 있지 않고
瓦縫絶棲羽　　기와 틈엔 깃들인 새 한마리 없구나.

不掃自無塵　　비 질을 않았어도 먼지 하나 있지 않고
淨若沐新澍　　온 뜰안 깨끗함이 비에 씻겨 새 맑은 듯
寒風(缺)瑟然　　찬 바람이 (온 절안을 감돌아)[12] 쓸쓸하니
百神陰呵護　　그윽한 속[13] 제신들은[14] 부처님 호위한다,

問誰刱此寺　　묻노니 어느 누가 이 절을 세우느라,
傾國致財賂　　나라를 기울여 재물을 들였을까.

宿昔穿胷僧　　오랜 옛날 천흉나라[15] 중 하나가
浮海常來寓　　바다를 건너 와서 이곳에 살았다네,
厥像黑如烏　　그 모습은 까마귀 처럼 새까맣고
崎嶇若老嫗　　외롭고 곤하기가 늙은 할미 같았다.

緬言刻經初　　그 옛적 맨처음 불경 새긴 말인즉
荒怪難討(缺)　　황당하고 괴이하여 (상고하기)[16] 어렵구나,
李氏名居仁　　이씨성 가진 사람 이름은 거인인데

---

12) (　) 부분은 원문이 탈락된 곳. 이하 같음.
13) 그윽한 속 ; 불교의 세계는 유현심수(幽玄深邃) 즉 그윽히 깊고 까마득 하다고 표현한다. 그래서 원문에서는 음(陰)자를 썼다.
14) 제신들 ; 원문에서는 백신(百神)이라 했는데 곧 부처님을 보호하는 여러 신령을 말한다.
15) 천흉나라 ; 천흉(穿胷)은 옛날의 나라 이름인데 서남방에서 동남방 해외에 있고 거기 사람들은 가슴에 구멍이 뚫렸다고 했다.
16) (　)속은 원문에 빠진 글자. 토(討) 다음 글자가 빠져있으니 토심(討尋)일듯 하다.

媚佛求嘏祚　　부처님께 아양 떨며 큰 복을 구했었다.

家産三眼狗　　집에서 세눈 박힌 강아지 낳았으니
愛養如養孺　　어린 애기처럼 귀엽게 길렀는데
狗去不知處　　그 개가 어디든지 가버리고 나니
忽若忘嚅呴　　좋은데 갔으려니 잊어 버렸다네.

及死到黃泉　　그러다가 죽어서 황천엘 가니
乃與神人遌　　한 신인과 만나서 깜짝 놀래어
三目亦如狗　　자세 보니 세눈 박힌 그 개였는데
驚喜潛囑喻　　놀라며 기뻐하며 슬며시 말했다고

實感主人恩　　주인의 은혜를 실감하여서
冥祐行(缺)寤　　죽음의 명부에서 (되살아) 깨나는데
願刻八萬偈　　부처님 말씀인 팔만게[17]를 새겨서
佛事廣傳布　　불교를 널리 전파해 달라 더란다.

汗發若夢寐　　온 몸에 땀이 흠뻑 깨고 보니 꿈이었다,
洒然去沉痼　　깊던 중병은 씻은듯 없어져 낫았고
親戚謀棺斂　　친척은 모여서 관과 수의 걱정하며
鄕隣致賻賵　　이웃은 찾아와 부의금 내더라네.

感激神所言　　귀신의 그말 듣고 모두들 감격하여
全經剞劂付　　불경을 있는대로 목판으로 새겼단다,
此事誠荒唐　　이 일이 참으로 황당하기 한 없으나
邃古非可遡　　까마득 옛 일이라 상고할일 아니구나.

---

17) 팔만게 ; 팔만대장경을 말함. 게(偈)는 불교의 노래나 찬송의 한 장을 말한다.

且令眞有是	또 설령 이것이 사실이라 하단들
儒者所不措	유가들이 이야기 할 바가 못되는 것이니
所歎十三經	내 탄식하는 바는 유교의 십삼경[18]도
遠購燕市鶩	멀리 연경가서 수레로 사오는데

| 彼能一人力 | 저 대장경은 한사람의 힘으로써 |
| 刻板千載固 | 목판에 새겨서 천년토록 굳혔구나. |

朝上學士臺	아침에 일어나 학사대[19] 올라 가니
文昌如可晤	문창후[20]를 만나서 이야기 하는 듯
此子喜神仙	이 분은 그 전에 신선을 좋아해서
終身不再娶	종신토록 재취를 아니하고 살았지.

| 得道忽飛昇 | 드디어 도를 닦아 하늘로 날아 올라 |
| 雙履遺林步 | 한 쌍의 신발만을 숲속에 남겼다니 |

---

18) 십삼경(十三經) ; 유교 전적 13가지 즉 주역(周易), 상서(尙書), 모시(毛詩), 주례(周禮), 의례(儀禮), 예기(禮記), 춘추좌씨전(春秋左氏傳), 춘추공양전(春秋公羊傳), 춘추곡량전(春秋穀梁傳), 논어(論語), 맹자(孟子), 효경(孝經), 이아(爾雅)를 말함.

19) 학사대(學士臺) ; 해인사에 있는 누대로 옛날 신라 때 고운(孤雲) 최치원(崔致遠 ; 857~?)이 와서 구경하며 놀았다는 곳임을 기념한 정자 이름.

20) 문창후 ; 문창후(文昌侯)는 최치원의 추봉(追封) 작호이다. 최치원이 '가야산에 붙여' 지은 시가 있으니 참고로 적어둔다.
　　　미친듯 달리며 겹겹쌓인 돌들은 굴러서 깊은 산에 울부짖어
　　　지척에 있는 사람 말 한마디 분간 못하겠네
　　　내 항상 두려운 건 세상 시비 귀에 들릴세라
　　　그래서 물은 흘러 농산에서 다함에 배운다네
　　　(題伽倻山 ; 狂犇疊石吼重巒　人語難分咫尺間
　　　　　　常恐是非聲到耳　故敎流水盡籠山)

軒轅雖騎龍	저 옛날 헌원[21]황제 비록 용을 타고 가도
喬山尙有墓	교산엔 아직도 그의 묘가 있다는데.
暝宿倚禪榻	어둡자 자리펴고 절간 침상 기대이니
初月(缺)蟾兎	초생달엔 (의연히) 두꺼비와 토끼 모습
金塔鳴風鐸	금탑에선 풍경소리 울리어 오고
玉燈貫虹炷	옥등잔엔 무지개 심지꽂고 불꽃이 너울너울
淸梵搖魚(缺)	맑은 불경 흔드는 (목탁소리)
虛籟發釣護	실상 없는 울림[22]에 조어[23]는 일어난다.

---

21) 헌원(軒轅) ; 중국 고대 전설상의 제왕으로 일명 황제라 함. 그 묘가 중국 하남성 신정현의 교산(喬山)에 있다 함.
22) 실상 없는 울림은 원문의 허뢰(虛籟)의 뜻인데, 이는 초목에 바람 울리는 소리 등 눈에 보이지 않는 울림 소리를 뜻하는데 불교 전파는 실상(實相) 없는 울림인 이심전심의 교화이다. 그러나 당나라 시인 두보(杜甫)도,
 "응달진 골짝에서 실상없는 울림이 일어나고
 달 비친 수풀에선 맑은 그림자 흩어진다"
 (陰壑生虛籟 月林散淸影 '遊龍門奉先寺' 詩)
라고 읊었다.
23) 이 두구절도 탈락자가 있어 글 뜻이 분명치 않으나 '어'(魚)는 목어(木魚) 즉 목탁으로 연결시켜 보고 그래서 대구에서도 어에 연결하여 '조'(釣)가 된 것으로 짐작하고 뜻이 연결되도록 조어(釣語) 즉 학자의 의심을 끄집어 낸다는 색어(索語)와 같은 의미로 견강부회 하여 번역 했다.

7. 笠聯句   갓의 연구[1]
   (곧 감투에 대하여 이어 짓는 시)

- 봄밤에 연상각에 모여 갓을 주제로 읊을 때 미(未)자 운으로써 나이 순서로 지었는데 내가 정사생(丁巳生;1737)이요, 청장관(靑莊館;곧 李德懋)이 신유생(辛酉生;1741)이고, 냉재(冷齋;곧 柳得恭)가 무진생(戊辰生;1748)으로 내가 가장 위임으로 먼저 지어 불렀으니 다음과 같다 -

- 春夜集烟湘閣賦笠 得未字 以齒次 自第一字余丁巳 靑莊辛酉 冷齋戊辰 余遂先倡曰 -

---

1) 갓 곧 머리에 쓰는 의관을 주제로 돌려가며 짓는 시인데
   ① 이 연구(聯句) 양식은 모인 사람들이 한 구(句)씩 지어서 한편의 시 작품을 만드는 것으로 그 역사는 중국 전한(前漢) 때부터 있어 온 것으로, 연구를 먼저 읊는 사람은 한 구절씩 짓거나 많아야 한련구 즉 4구씩 지어서 먼저 수련(首聯)을 이루고 다음 사람이 함련(頷聯), 그 다음 사람이 경련(頸聯), 다음이 미련(尾聯)으로 이어지는데 여기 박연암의 갓 연구는 혼자서 먼저 18련 74구나 읊고 있다.
   ② 갓(笠)이란 단순히 머리에 쓰는 고깔, 사갓, 모자, 굴건과 의관 등 여러 가지가 있으나 여기서 연암이 말하고자 하는 갓은 곧 감투의 개념이다. 감투란 머리에 쓰는 한 낱 복식일 뿐만 아니라 벼슬을 의미하는 것이 우리 민족의 전통적 정서이다. 관직을 하는 집안을 잠영지족(簪纓之族)이라 함도 그래서 부르는 이름이지만 문제는 옛날부터 동양의 청빈낙도 정신은 이 감투를 부정적으로 보고 질시해 왔다. 박연암도 잠영지문에서 났지만 감투에 대한 비웃음이 이 작품에서도 고조되고 있다.
   ③ 소위 양반에 대한 풍자 폄하가 박연암 문학의 장점인데다가 이 시에서는 그 은유 골계가 흔적없이 하느라고 고사(故事) 전고(典故)를 끌어 옴이 극도에 이르고 있다. 그래서 이 '갓 연구' 시 한편은 난해 중 난해의 작품이다. 전고가 많고 은유의 흔적을 감추어 표현했기 때문에 번역에 있어서도 시형(詩型)은 유지하느라 주석이 자연히 많아졌다. 따라서 시의 뜻을 파악하려면 매 구절마다 주를 달아야 했다.

布弁周製歟	베 고깔은 주나라 때 이미 지은 것이요[2]
竹冠漢儀未	대나무 관은 한나라 의장에는 아직 없었다,[3]
金華輸雅致	금화는 수입한 아름다운 장식이고[4]
靑篛饒風味	푸른 대로 엮은 갓[5]은 풍미가 넉넉 했다.
白方畿吏愁	흰 방립은 경기지방 아전이 근심한 벙거지요,[6]
骨多麗朝貴	소골관[7]은 고려조엔 드물고 귀하였다,
旁圓佛放光	모서리 둥근 고깔은 부처의 빛이 퍼짐을 뜻하고[8]

2) 변(弁)은 고깔인데 다산 정약용의 「아언각비」(雅言覺非)에서는 "변은 주의 관이다"(弁者周冠也)라고 했다.
3) 대나무관 즉 죽관(竹冠)은 대나무를 가늘게 쪼개어 짠 관인데 「명화록」(名畵錄)이란 책에는 촉나라 강도은(姜道隱)의 말을 인용하여 "늘 대갓(竹笠)을 이고 다녔다"고 하였는데 죽립은 죽관 이전의 갓이다.
4) 금화(金華)는 곧 금화(金花)로 관의 황금 장식인데, 지봉 이수광의 「지봉유설」(芝峰類說, 下, 服用部)에서는 "이백이 악부 고구려사에서 말하기를 '금화절풍모'(金花折風帽)라 하고 또 '편편 넓은 소매춤'(翩翩舞廣袖)이라고 한 것이 이것"이라고 했다.
5) 이는 원문의 청약(靑篛)이니 대나무 껍질로 엮은 시원스런 갓.
6) 흰방립은 원문의 백방(白方)으로 「고려사」(高麗史志 권26 興服)에서는 신우(辛禑) 원년 12월에 "각사 서리에게 백방립(百方笠)을 씌우라 명령"했고 그 뒤 8년에는 헌부에서 상소하여 "우리나라 본성이 의복 빛에 황, 백, 적색을 좋아하지 않는다 하였고, 그 뒤 조선조에 들어와서는 경기도의 서리들은 백방립을 쓰지 말라고 하였다.
7) 소골관(蘇骨冠)은 「삼국사기」(三國史記, 雜志色服)에서는 고구려의 "귀인의 관은 '소골'이라 하는데 그것은 많은 경우 자주 비단으로 만들고 금과 은으로 장식했다"(貴者其冠曰蘇骨 多用紫羅爲之 飾以金銀)라고 했는데 여기 원문에는 '골다'(骨多)라 했으니 꼭 소골인지는 미심하다.
8) 원문에 방원(旁圓)이라 했는데 이는 「아언각비」에 "중들은 창립을 쓴다"(禪家著欌笠)하고 그 주에 "연 잎을 머리에 이었다 함은 역시 하립의 이름"(戴荷葉者 亦名荷笠)이라 했으니 아마 이방원의 갓은 중이 썼던 둘레가 둥글게 퍼진 갓인듯 하다.

中凸醫畫胃	가운데가 뾰족한 고깔은 의원 후손의 표시였다.[9]
結盟越人自	의관 끈 맺는 방식은 월나라 사람이 시작했고[10]
止門箕邦謂	얼굴 가리개는 기자 땅에서 소문 냈다,[11]
以規不以矩	규범이란 잣대로 시작한 것이 아니요[12]
有經復有緯	베짜는데 날이 있고 또 씨가 있게 마련이다.[13]
蔽陽或異件	패랭이 갓은 혹 진종도 있거니와[14]
折風是常彙	절풍은 이를 고슴도치 털로 만들었다[15]
雨冒紙類蓑	비에 쓰는 모자는 종이 종류의 도롱이고[16]
塵刷毛肖蝟	쇄건(刷巾)은 고슴도치의 가는 털로 만들었다.[17]

---

9) 원문의 화위(畫胃)는 화주(華冑)가 맞고 의화주는 의원의 전통 표시란 뜻.
10) 원문의 결맹(結盟)은 본래 국가 간에 동물의 피를 입에 바르고(먹으며) 굳게 다짐하는 약속을 맺는 일이나 작자는 여기서 갓끈을 맺는 일과 연관 시킨듯 하다.
11) 원문의 지문(止門)은 얼굴 가리개로 풀이한다. 문은 눈과 귀 즉 얼굴을 뜻할 경우도 있고 따라서 나올이나 아얌 종류는 내외하는 얼굴 가리개로 즉 동방 예의지국의 유품으로 간주했다.
12) 원문의 '이규불의구'란 인류 문화의 규범은 처음부터 구(矩) 즉 자나 법칙이 있어서 정해진 것이 아니고 오랜 생활 체험에 의해서 형성, 발전되어 가는 원리를 말함.
13) 날과 씨 ; 날은 세로로 늘어 편 실이요, 씨는 가로로 왔다 갔다 짜여지는 실이니 날이 있기에 씨가 있는 우주 자연의 법칙을 말했다.
14) 패랭이는 해를 가리는 폐양갓(蔽陽笠)이니 천인이 쓰는 것으로 여러 종류가 있다고 했다.(「아언각비」)
15) 절풍(折風)은 고깔과 같은 것으로「삼국사기」'잡지'에서는「후한서」'고구려전'을 인용하여 "그 소가(小加 ; 官名)는 절풍을 쓰는데 모양이 고깔(弁)과 같다"하고 또 "동인(東人)도 스스로 고깔과 같다" 했고「남제서」'동이전'은 "속관절풍"이라 했다.
16) 우모(雨冒)는 농군의 삿갓, 도롱의 우장과는 다른 우모인 듯. 갓 위에 우모로 쓰는 관모(冠帽)도 종이로 만들었다.
17) 진쇄(塵刷)는 뜻으로 보아 '먼지털이'로 해석되나 복식에 있어서는 비슷한 구실을 하는 것으로 쇄건(刷巾)이 있다.

成虧眞凡楚　　잘되고 망하던 역사는 초나라 8대의 일이요,[18]
精粗或涇渭　　자세하고 거친 청탁의 분간은 경수와 위수의 갈림[19]
爵頰左縮瑚　　대부의 제관은 왼쪽에 산호 장식 달리고[20]
儒頷雙綾絹　　유생의 파리한 턱엔 명주실 쌍줄 갓끈이네.[21]

燥髹乘雨靈　　갓의 검은 옻칠 말릴 때는 습기 낀날에 은건하고[22]
緻膠藉火煟　　아교 붙여 단단하고 불에 쪼여 빛 좋은 갓[23]
獨整儼華蓋　　임금님 화개 밑엔 스스로 엄정한 갓[24]
離立峙象魏　　대궐문 출입할 땐 몸낮추며 예의바른 갓[25]

---

18) 여기 범초(凡楚)는 초나라 전체를 말하며 천하에서 엎치락 뒤치락한 나라가 많지만 그중에서도 중국 전국시대 초나라가 대표적이다. 중국 문헌인「문헌통고」'봉건고'의 "西漢同姓皇子諸侯王…凡二十四國"에서는 "초범팔전 135년"(楚凡八傳 一百三十五年)이라고 매듭지었다.

19) 경수와 위수 ; 경수(涇水)는 중국 감숙성 경계의 강인데 흐린 물이란 대명사요, 위수(渭水)는 고릉현에서 경수와 합쳐지는 강인데 맑은 물이라는 대명사로 '경위정조'(涇渭精粗)란 이 두 물의 맑고 탁한 구분을 말함.「시경」'곡풍'에서는 "경이위탁"(涇以渭濁)이라고 했다.

20) 원문의 작협(爵頰)은 작변(爵弁)의 뺨에 드리운 갓끈으로 해석되고 작변은「아언각비」에 "지금 제관으로 소용된다"(今所用祭冠)이라 하고 주에는 "종묘 제관의 쓰는 관"이라 했다.

21) 원문의 유함(儒頷)이란 유생의 턱이란 뜻이지만 함(頷)의 뜻에는 '턱'과 아울러 '파리한 얼굴'이란 의미도 있어 선비의 갓끈에 함축하고 이미지를 다양하게 은유하고 있다.

22) 갓의 자료는 베나 말총을 많이 썼지만 그 위에 검은 칠은 고급 옻칠을 하게 되는데 그 건조는 습기 낀 날씨가 좋다는 것이다.

23) 갓을 만들 때는 꼭 아교로 밀착시켜야 튼튼하다.

24) 원문의 화개(華蓋)는 임금의 꽃장식 비단 일산.

25) 원문의 이립(離立)은「예기」'곡례상'에 어른들 앞에서는 "두사람이 앉았거나 섰거나 할 때는 가서 끼어 앉지 말며, 두사람이 서 있는 중간을 뚫고 가지 않는다"(離坐離立 毋往參焉 離立者 不出中間)라고 했다.

康莊動相觸　　번잡한 거리에선 오가며 서로 갓이 닿고[26]
黎黔鬧若沸　　검은 머리 백성들은 그 갓 쓰고 떠들썩 들끓는다,[27]
仄影看卷荷　　측영 부채에서는 말린 하립을 보는 듯하고[28]
疏陰悅棠芾　　무성한 팔배나무에는 놀랍게도 그늘이 짙구나.[29]

共食礙堪嫌　　함께 식사할땐 꺼리어 장애되고[30]
如厠免何誹　　뒤깐에 가고 올 때 두 마음 어찌 비방 면하리,[31]
王圻畵殊失　　명나라 왕기는 그 말년에 갓을 잃었고[32]
倭奴刻浪費　　왜놈은 갓을 새기다가 시간만 낭비 했었네.[33]

　(世傳集 一倭人 見笠好之 以爲刻也 國之巧工刻之 終不成云)

---

26) 원문의 강장(康莊)은 번화한 거리 즉 사통팔팔 거리.
27) 원문의 여검(黎黔)은 머리 검은 백성, 곧 시정의 대중 즉 시중 백성들은 갓의 예절을 잘 모른다.
28) 측영(仄影)은 부채 이름인데 주나라 소왕(昭王) 때 도수국(塗修國)에 바친 단작(丹鵲)의 깃으로 만든 부채. 곧 소왕의 선정을 기리는 선물. 여기 권하(卷荷)는 둘례가 돌돌 말린 하립(荷笠)인듯 하다.
29) 무성한 팔배나무 ;「시경」'국풍' 의 〈감당〉에 "무성한 팔배나무 자르지도 베어 버리지도 말아라. 소백님이 멈추셨던 곳이란다"(蔽芾甘棠 勿翦勿伐 召伯所憩)라고 하였다.
30) 함께 식사할 때 [共食] 갓이 서로간 부딪치는 수가 있으니 하는 말이니 갓이 불편 할 때가 있다는 것.
31) 뒤깐에 가고 올 때 ; 우리 속담에 '여측이심'(如厠二心)이란 말이 있는데 뒤깐에 갈 때와 일보고 올 때 그 급한 마음이 다르다는 뜻이니 이와 관련하여 갈때에 갓 벗어 아무렇게나 놓고 갔다가 올 때는 그 그릇됨을 비방한다는 뜻.
32) 왕기(王圻)는 명나라 상해 사람인데 그 말년에 도화원(桃花源) 서실을 차려 놓고 오직 저술만 전념했는데 유명한 일화는 80, 90이 넘도록 "불우리(뻬치카)에 의지하고 등불 장막으로 삼았다"(猗篝燈帳中)는 것이다
33) 왜놈은 갓을 새기다가… 이 구절 밑에 할주하기를 "세전집"에 한 왜인이 갓을 보고 이를 좋아하여 이를 새기려고 나라의 공장이에게 새기게 했는데 끝끝내 이루지 못했다고 했다"(원문은 원시에 있음)

可加飯顆甫　보씨 가문은 시조 때 보다 한단계 높아지고[34]
寧資椎髻尉　위씨 성은 그 상투가 한 녹봉을 더 해졌다.[35]
帽妥仕堪詫　박두 감투가 적당 안전하면 그 벼슬 자랑할 만하고[36]
簪支老難慰　갓 밑의 비녀는 머리털에 끼우니 늙은이는 난감하다.[37]

襯壁倚不便　벽이라 속옷 벗어 걸어도 의지할 곳 못되고[38]
過楣觸可畏　인중방엔 갓 걸으면 부딧쳐 상할레라.[39]
比邱圓覆盂　비구들은 둥근 밥 뚜껑 박두를 엎어 쓰고[40]

---

34) 보씨(甫氏)는「만성통보」란 문헌에 말하기를 "송대공의 아들을 황보라 하고 진나라에 와서 황보로 바꾸고 드디어 보로 그 성씨로 하였다"(宋戴公之子曰 皇父至秦 改爲皇甫 遂以甫爲氏) 라고 했다.
35) 위씨(尉氏) ; 분명치 않다. 아마 한나라 위타(尉佗)인 듯. 위타는 처음 진시황 때 조타(趙佗)로서 남해 용천령(龍川令)이었다가 2세 때 타(佗)가 위(尉)의 일을 맡음으로써 위타라고 불렀다 함.(「사기」〈전한서〉)
36) 박두(幞頭)는 머리에 쓰는 감투의 한가지로「삼국사기」에서는 신라 진골 대등(고관)은 박두를 쓴다 했고, 여기서는 박두가 초점이 아니고 그 감투가 정당, 편안해야 벼슬도 뽐낼만 하다는 뜻.
37) 원문의 잠(簪)이란 잠영(簪纓) 즉 벼슬을 뜻하며 그래서 잠은 단순한 비녀가 아니므로 갓과 연결시켜 늙은이는 벼슬하기가 마음 괴롭다는 것.
38) 원문의 친벽(襯壁)은 내의를 벽의 횃대에 거는 것인데 옛말에 "담장에 기대면 담장이 무너지고, 벽에 기대면 벽이 무너진다"(倚牆牆崩 倚壁壁倒)라는 말이 있는데 믿을 곳이 없다는 '의불편'(倚不便)이다.
39) 원문의 미(楣)는 문설주 위에 가로 지른 대들보인 인중방 또는 인방 혹은 중방인데 우리네 생활 풍속에 여기에다 못을 박고 갓을 걸기가 일쑤인데 그것은 갓을 부딛쳐 상하는 일이 많다는 것.
40) 원문의 비구는 '比邱'가 아니고 '比丘'가 옳을 것인데 편집자의 오식인지 작자의 고의(故意)인지 모르겠다.
　이 작품 '갓 연구'에서 일부러 둘려서 문자를 동음이자(同音異字)로 써서 풍유한 경우가 가끔 있었다.
　비구(比丘)는 출가(出家)한 중이다. 다음 구와 대가 된다.

優婆踈結蔚　재가 승녀들은 엉성한 새그물 같은것을
　　　　　　머리에 얽었네.[41]

參座圍岌嶪　과거 시험관 큰 갓은 그 둘레가 높고 웅장하고[42]
觀場簇蓊蔚　과거 수험생 무리 갓들은 대숲처럼 빽빽하네,[43]
半挫俠故喜　절반쯤 꺾인 갓으로도 협기심에 너털 웃음[44]
太博矮所諱　큰 박학자도 난쟁이 갓은 안쓰려 하네.[45]

達官儼朱線　고위 현관은 붉은 선 갓끈에 신경써 엄격하고[46]
新壻姣黃卉　새 신랑 갓 끈은 연노랑색 애띤 모양[47]
不稱士冠鷸　선비들은 물총새 갓을 좋다 안하고[48]
寧屑女髢狒　여인들은 달비 머리를 번거로워 한다네.[49]

---

41) 재가승녀(在家僧女)는 원문의 '우파'(優婆)인데 이는 불교의 우파이(優婆夷 ; upasika) 곧 출가하지 않은 불제자 여자를 말한다 하였는데 그 머리에는 그믈 같은 모자를 썼던 모양이다.
42) 과거시험관은 원문의 참좌(參座)이니 곧 과시(科試)의 장주(場主)이며, 그 관이 엄청 넓고 높았던 모양이다.
43) 원문의 관장(觀場)은 과거시험을 본다는 의미로 과거수험생이니 만장한 수험생 갓이 총총하게 초목 우거지듯 했던 모양이다.
44) 원문의 '반좌'(半挫)는 반좌절 즉 과거시험에서 낙방했을 때의 기분을 말하려 한 것. 작자 박연암은 과장에서 노송을 그리는 등 관심없이 치뤘다고 했는데 다른 수험생도 '그까짓' 정도로 툭툭 털고 일어섰던 모양이다.
45) 원문의 '태박'(太博)도 작자 특유의 조어(造語)이니 큰 박학다식을 의미하는 듯. 이 한 수는 과거와 갓을 읊고 있다.
46) 원문의 '주선'(朱線)은 미상이나 조선시대의 무관들 경계색인듯 하다.
47) 원문의 '황훼'(黃卉)는 누런 모시옷을 말하는듯 하나 여기서는 갓끈을 나타냈다.
48) '휼관'(鷸冠) 곧 물총새 깃으로 만든 관은 본래 천문을 보는 일관의 갓이다.
49) 여인들이 달비 머리로 두발을 구름같이 풍성하게 하는 것은 선정적이라 했다.

達可鬚而鞾　달가는 높은 상투에 가죽신을 신었고[50]
窮可氈而屝　궁가는 털 모자에 집신을 신었다네,[51]
耽羅薄於蜩　제주에서는 매미 갓끈을 예절없이 박대했고[52]
高麗染如翡　고려의 고깔끈은 푸른 비취 색이었다네.[53]

纖彩旭滿眶　갓끈의 번쩍이는 장식 빛에 만사람 눈자위
　　　　　　휘둥글고[54]
圓影午壓腓　달같이 둥그런 갓 밑에서 소인들은 오금을
　　　　　　못썼구나,[55]
夕簷蒙蟟蛛　저녁에 갓처마에선 거미가 하루살이를 얽었고[56]
秋場戴跳蜚　늙은 갓위에선 메뚜기가 얹혀서 날 뛰누나.[57]

---

50) '달가'(達可)는 달씨 성인데 중국 역사에 달가 성이 많으므로 상고치 못했다. 아마 북방계인듯 하다.
51) '궁가'(窮可)도 누구인지 모르겠다. 「중국인명대사전」(1974, 景印文化社 刊)에는 궁씨란 없다.
52) 매미 갓끈을 박대했다는 곧 '예의범절이 없었다'는 뜻으로 「예기」〈내칙〉에 형이 죽었는데 최복을 입지 않은 성읍사람을 조롱해서 하는 말에
　"누에는 실을 뽑고, 게는 광주리를 갖고 있으며, 벌은 관이 있고, 매미는 늘어진 갓끈이 있는데 그 무슨 사람이 제 형이 죽었는데 게우 비웃는 자고를 위해서 최복을 입는구나" 하였다는 고사에서 온 말이다.
53) 「고려사」〈지〉에 삼친과 삼사, 부사들은 흑립(黑笠)에 청옥정자(靑玉頂子)를 쓰고 악관들은 녹색비단 두건(綠羅頭巾)을 쓴다고 하였다.
54) 관료들의 현란한 갓 장식과 그 권세를 풍자함.
55) 갓의 둥글고 큰 양태 밑에서 그 권세에 서민들의 기가 죽는다는 풍유.
56) 큰갓 쓴 고관 그늘에서 수많은 하루살이 같은 인생들이 올가미에 씌어져 죽어가는 모습.
57) 원문의 '추장(秋場)은 가을 져자라는 의미와 아울러 만년에 귀전(歸田)한다는 뜻도 있는데 이런 두가지 의미의 갓 위에서는 가을 곡식 훔쳐 먹는 메뚜기도 있고, 협잡꾼 메뚜기도 날뛴다는 것이다.

平頂天穿補	서리들의 평정립은 천천절 때 전병 같고[58]
玄規月蝕旣	제례 때의 검은 굴건 월식뒤 달처럼 오글며[59]
金雀加優旃	황금 작형 관식은 진나라 배우 우전에게 내려준 것[60]
玉鷺賜樂毅	융복차림 옥로 입식은 연나라 명장 악의에게 준 것이다.[61]

額穹竹彎體	이마가 들어난 갓은 대나무가 휘어진 활 모양이요,[62]
髻鬱紵泄氣	상투밑이 묵으면 갑갑하니 모시 제품으로 설기를 뺀다,[63]
面覆睡暫悅	귀가리개 사모는 잠깐 졸릴 때 제격이요,[64]

---

58) 일반 서리들은 평정립(平頂笠)을 쓰는데 그 앞 이마의 모양이 전병과 같다는 것. 원문의 천천보(天穿補)는 「견호집」(堅瓠集)이란 중국 문헌에 "송나라 이전에는 정월 23일을 천천절이라고 전하는데 여와씨(女媧氏)가 이날 보천(補天)하였는데 전병(煎餅)을 옥상에 놓고 제사 지냈기 때문에 이름을 '보천전'이라고 했다"는 것이다. 따라서 서리들이 쓰는 평정관 또는 평정립의 모양은 요새도 즐겨 먹는 전병(과자) 모양이었다.

59) 원문의 '현규'(玄規)는 분명치 않으나 「예기」〈관의〉에서는 현관현단(玄冠玄端)으로 임금 앞에 폐백으로 바치는 예를 올린다" 하여 일종의 제관으로 풀이했으나 「논어」〈향당〉에서는 "고구현관(羔裘玄冠)으로는 조상하지 않는다고는 했다.

60) 황금작형은 금작(金雀)형 관식이요, 우전(優旃)은 진(秦)나라 때 배우로 만담을 잘 했다고 전한다.(「사기」126)

61) '옥로'(玉鷺)는 「대전회통」〈의장〉에서 "시임대신, 원임대신, 장신(將臣)은 융복(戎服)과 군복에 옥로입식(玉鷺笠飾)을 착용한다"고 하였다.
'악의'(樂毅)는 중국 상고시대 연(燕)나라 명장 이름.(「사기」80)

62) 원문의 '액궁'(額穹)은 이마가 하늘 높이 들어난 모습인데 갓을 뒤로 젖혀쓰면 이마가 번쩍거린다.

63) 상투 밑은 자주 감지 않으면 쉰 냄새가 나고 갑갑하기 마련인데 이때 쓰는 망건 등은 베로 만든 모시 제품이 좋다는 것.

64) 귀가리개 사모(紗帽)는 얼굴을 가리므로[面覆] 눈 감고 자도 남이 모른다는 것.

腋挾超詎欹　　액정관원 벙거지는 뜀 뛰기에 알맞구나.[65]
墨塗慰服禪　　검은 먹칠 총립은 선가 위한 복식이고[66]
銀飾賀祿檦　　은화 장식 백제관은 관리들의 녹봉표시[67]
迅馳細嘯颸　　잔 휘바람 불어가며 말달리는 대부의 갓[68]
閃睨潤縟霼　　사람들은 흘겨보며 구름인가 어지럽다.[69]

恐濕撑繩糾　　습기 들라 염려되어 항상 바로 받쳐 놓고[70]
惜汗套匣衣　　수고를 들여 가며 갓 집에 보관하네,[71]
岸腦則近蕩　　친한 사이 끼리는 맨머리로 만나고[72]

---

65) 원문의 '액협'(腋挾)은 역시 작자의 조어로서 액정(掖庭)을 의미하는 은유인 것 같다. 궁궐 뜰에서 뛰는 관직들의 벙거지는 뛰어 다니기에 편리하게 되었다는 것.
66) 원문의 '묵도'(墨塗)는 흑립(黑笠)으로 해석되며 「고려사」〈지 26〉에 "승복은 흑건대관"(僧服黑巾大冠)이라 했고, 또 「아언각비」에는 "선가는 흑립(禪家黑笠)이라고 했다.
67) '은식'(銀飾)은 「삼국사기」〈잡지, 색복〉에서는 「북사」(北史)를 인용하여 "백제의 의복은 고구려와 대개 비슷한데… 관의 장식은 은화(冠飾銀花)라 했고 「대전회통」〈의장, 관〉에서는 "일품(一品)의 상복(常服)에는 입식(笠飾)에 은을 사용한다"고 했다.
68) 원문의 '신치'(迅馳)는 「예기」의 '질풍신뢰'(疾風迅雷)이거나 「논어」의 '신뢰풍렬'(迅雷風烈)을 연상시키는 듯 하나 다음 구절과 맞지 않으니 대부의 갓으로 번역한다.
69) 원문의 '섬예'(閃睨)는 눈 흘겨본다는 뜻으로 바로 보지 않는다 함이요, '기'(霼)도 조어로 눈부신 구름 모습을 말하려는 듯 하다.
70) 원문의 '승규'(繩糾)는 척도요, 법규를 말한다. 이 구절은 우리의 예절에서 갓에 대한 존엄성을 읊었다.
71) 원문의 '석한'(惜汗)도 작자의 독창어로서 땀을 아낀다는 '수고를 무릅쓰고'로 번역한다.
72) 원문의 '안뇌'(岸腦)는 '안건'(岸巾) 또는 '안책'(岸幘)이라는 '갓을 벗은 맨이마' 라는 말과 같은 뜻으로 변형시켜 썼다.
　우리나라 예의범절에 갓을 벗지 않는 법이지만 잘 때와 친한 사이에서는 가끔 맨 머리로 만난다.

貼額者若愲　　이마 가림 아얌쓰면 화난 모습 같다나.[73]
頭顱苟不異　　앞이마 뼈 드러나면 늙음이 된 증거니[74]
朋友可相乞　　친구끼린 갓 장만 할 것 없이 서로 빌려 쓸만하다.[75]

---

73) 원문의 '첩액'(貼額)도 '액엄'(額掩) 즉 당산관이나 당하관이 쓰는 이엄(耳掩)을 말하며 이를 잘 못 사용하면 화난 모습으로 오해하기 쉽다는 말.
74) 원문의 '두려'(頭顱)는 늙으면 이마 뼈가 드러난다는 뜻이나 아울러 "늙어서 이미 앞에 바라 볼 것이 없다는 두려이판(頭顱已判)의 의미가 있어 새로 갓을 장만할 필요가 없다는 것.
75) 그래서 굳이 갓 장만 말고 빌려 쓰자는 박연암의 실용주의적 생각이다.

8. 澹園八詠   담원 팔경[1]을 읊다

紅蕉綠石出東墻   붉은 파초 푸른 바위는 담 너머로 솟아났고
一樹梧桐窈窕堂   한 그루 오동나무 깊숙한 집에 간직했네,
傲骨平生迎送嬾   평생에 오만한 몸 손님 접대 게을러서
丈人惟拜暮山光   어른님 하시는 일 저믄산에 절만 하네,
　　右來靑閣   이는 내청각(來靑閣)을 읊다.

南陀竟日影婆娑   남쪽 비탈 그림자는 진종일 너울 너울
耐可呼吾亦喚他   그림자 물에 지자 그 누가 나 부르나,
乍綴微風鳧鷺去   산들바람 잠간 불고 해오라기 헤엄치니
不禁撩亂百東坡   요란한 물결 위에 백동파[2]가 요란하네,
　　右鑑影池   이는 감영지(鑑影池)를 읊다.

已觀微白鼻端依   코끝이 희끗하며 보기는 하였건만
欲辨臟神掩兩扉   무엇이고 맡으려니 콧구멍이 닫혔구나,
獨有暗香侵夢冷   오직 홀로 암향 있어 꿈에 들어 싸늘하니
羅浮明月弄輝輝   나부산[3] 밝은 달에 매화 가지 밝구나,
　　右素心居   이는 소심거(素心居)를 읊은 것.

松覆深深卍字欄   卍자 새긴 난간 위에 울창한 솔 덮여 있고
垂蘿欹石翠相攢   기운 바위 넝쿨 달려 푸른 빛이 어울렸네,

---

1) 「열하일기」중 〈피서록〉에서는 중국 산서(山西)에 사는 곽집환(郭執桓) 자는 봉규(封圭)를 위하여 그곳 명소인 담원(澹園)의 팔경을 읊은 '담원팔경'을 지어 주었다고 하며 전문을 기록하고 있다. 그 팔경은 각 편마다 소개된다.
2) 백동파(百東坡) ; 소식(蘇軾)의 미파(渼陂) 고사에서 따옴.
3) 나부산(羅浮山) ; 매화가 많이나는 곳.

一任畵舫風吹去　　그림 배에 바람불어 가는대로 맡겨두고
盡夜寒聲瀉作灘　　밤새도록 들려오는 찬 여울 물소리
　右松陰亭　　　　이는 송음정(松陰亭)을 읊다.

噀輕堪醒醉魂花　　가볍게 뿜는 물은 취한 넋을 깨우는 듯
天褱行空翠鬖髿　　하늘 말이 높이 달려 푸른 갈기 너울 너울
採藥將尋劉阮去　　약캐러 나갔던 유완신선⁴⁾ 찾으려니
路迷廉閃赤城霞　　적성의 아침 놀에 길마저 아득하네,
　右飛霞樓　　　　이는 비하루(飛霞樓)를 읊다.

花似將歸强挽賓　　꽃은 하도 은근하여 가는 임을 붙잡는 듯
囑他風雨反逢嗔　　비바람 어찌하여 도리어 몰아치나,
自從洞裏修甁史　　골짝꽃 꺾어다가 화병에 꽂아두니
三百六旬都是春　　일년 삼백 육십일 그 모두 봄이구나,
　右留春洞　　　　이는 유춘동(留春洞)을 읊다.

玉塵淸宵獨上臺　　서리끼어 맑은 저녁 높은 대에 올라가니
杞棚霜落鴈流哀　　갯버들 울타리에 서리 오고 기러기 슬피운다,
一聲劃裂秋雲盡　　찢어질듯 한 소리에 가을 구름 흩어지고
萬里瑤空皓月來　　유리알 저하늘에 흰달이 떠오르네,
　右嘯月臺　　　　이는 소월대(嘯月臺)를 읊다.

花蘂夫人初入宮　　꽃다운 화예부인⁵⁾ 이 궁에 들어올제
含羞將語臉先紅　　수줍은 채 말하자니 뺨이 먼저 붉었다네,

---

4) 유완신선；유완(劉阮)은 신선이름. 선계인 적성에 약캐러 갔다 함.
5) 화예부인(花蘂夫人)；중국 오대 때 촉나라왕 맹창(孟昶)의 부인으로 절세미인에 문장가.

鸚哥舍利元非妙　　앵가⁶⁾의 사리쯤이 그 무엇이 묘하던고
誰識阿難悟道功　　아란⁷⁾의 깨달은 도를 그 누가 알아주랴,
　右語花軒　　　　이는 어화헌(語花軒)을 읊다.

9. 元朝對鏡　　설날 거울을 보고

忽然添得數莖鬚　　갑자기 몇 줄기 수염이 더해졌으니
全不加長六尺軀　　고작해야 여섯자 키 몸둥이 뿐인데
鏡裡容顔隨歲異　　거울속 얼굴은 세월따라 달라지는데
穉心猶自去年吾　　마음은 어리기가 작년의 나 일세.¹⁾

---

6) 앵가(鸚哥); 앵무새.
7) 아란; '阿難'은 '阿蘭若'로 절 또는 중을 뜻함.
1) 세월이 빨라 자신의 모습이 어느새 달라졌다는 것이다.

10. 曉行　　새벽 길[1]

一鵲孤宿薥黍柄	까치 한 마리 옥수수 대궁에서 혼자 자고
月明露白田水鳴	달은 밝고 이슬 희며 논에서는 물소리
樹下小屋圓如石	나무 밑에 오두막 둥글어 바위 같고
屋頭匏花明如星	지붕 위 박꽃은 별 같이 반짝이네.

11. 極寒　　모진 추위

北岳高戍削	북악산이 높고 서북쪽은 깎은 듯[1]
南山松黑色	남산의 소나무는 검고 짙은 빛
隼過林木肅	새 매가 지나 가면[2] 숲 속은 살벌하고
鶴鳴昊天碧	학이 울면[3] 하늘이 시퍼렇다.

---

1) 사신따라 연경(燕京)으로 갈 때 요동(遼東)평야나 산해관(山海關)을 지날 때 보고, 듣고, 느낀 풍경을 읊은 시이다. 역시 사실적인 묘사가 돋보인다.

1) 원문의 술삭(戍削)은 술의 방향이 서북이므로 북악산의 서북쪽에 그 암벽이 깎아 세운듯 함으로 이처럼 번역하나 술삭(戍削)에 대해서는 「사기」에 "胅閻易以戍削" 注에 "言如刻畵作之" 또는 注에 "戍은 善也, 削은 衣刻除貌也"라 함.(司馬相如傳)

2) 새매가 지나가다 ; 새매, 즉 준(隼)은 참새를 잡아 먹는 날짐승이지만 여기서는 준인(隼人) 곧 상고시대 궁성 문직이 또는 임금 행차의 경비원, 조선조의 감찰관을 말함.

3) 학이 운다 ; 원문의 학명(鶴鳴)은 어진 사람이 등용되지 못하고 산야에 파묻힌 것을 비유함. 이 '모진 추위' 라는 시제는 당시 조선조의 살벌한 사회상을 추위에 빗대어 지은 시이다.

12. 山中至日書示李生
산중에서 동지 날에 이생[1]에게 써 보이다

築室燕岩下	연암 아랫 골에 집을 지으니
乃在華藏東	여기가 화장사[2] 동쪽이었다,
倚杖臨水石	지팡이 짚고는 물과 돌에 나가고
携鎌剪灌叢	낫을 차고는 물가 풀을 베었었네.
奇巖翠滴屛	기암 괴석 밑은 낙수물 떨어지는 그윽한 곳
幽湍響操宮	소용돌이 물 소리는 방안에 들린다,
庭中何所植	마당 어느 곳에 심어 두면 좋을까,
桃竹與松楓	복숭아 대나무와 소나무 단풍나무를
磵畔飮蒼鹿	개울가에서 푸른 사슴 물 마시고
階除啄華蟲	마당 층계에선 꽃벌레를 새가 쫀다,
簷茅工鏤月	처마에 달빛은 정교롭게 아름답고[3]
楹磬自戞風	기둥에서 풍경은 제혼자 잘랑댄다.
盡日不見人	종일토록 사람 한 번 보지 못해서
寂寞守窓櫳	들창문만 쳐다보며 고요하고 적적했네
還如僧入定	중이 도 닦으러 든 곳[4] 흡사했고

---

1) 이생은 연암을 따라 연암골에 와서 공부하던 금학동(琴鶴洞) 출신의 이현겸(李賢謙) 서생이다.
2) 화장사 ; 여기의 화장사(華藏寺)는 황해도 풍천(豊川) 도호부에 있는 절일 것이다.
3) 정교롭게 아름답고 ; 원문의 공누월(工鏤月)은 누월재운(鏤月裁雲)으로 교묘하고 아름다운 세공예(細工藝)를 말한다.
4) 도 닦으러 든 곳 ; 원문의 입정(入定)은 무념무상의 경지로 든다는 뜻으로 결국 사멸을 뜻하는 입적(入寂)을 말한다.

復似佛逃空	또는 부처가 도망가서 빈 것도 같았네.
誰謂冬日短	그 누가 겨울 날이 짧다고 했나,
午睡時矇矓	낮잠을 자고 나니 때때로 몽롱한데
相隨有李生	이생이 옆에 있어 서로 따르며
古書携滿籠	고서를 상자 가득 가지고 왔네.
山田秋不熟	산골 밭이라 가을에도 익지 못하고
蔬菽苦未充	채소와 콩 종류는 날씨 궂어 속이 빈다,
猶然勤誦讀	그러나 태연하게 부지런히 책을 읽어
伊吾嗑喉嚨	나에게 겸손하게 중요한 곳 물어본다.
感君警衰惰	군에게 감화되어 내 겨으름 일깨우며
媿我蔑磨礱	스스로 줄어듦을[5] 부끄러워 하였더라,
是日值陽至	이날은 마침 볕 좋은 동지날
君讀曾傳終	군은 마침 경전[6]을 다 읽었다.
問君何所得	나는 군에게 어떤 것을 얻었는가 물었더니
一理本相通	한 이치의 근본은 하나로 통해 있고
消長各有漸	발전과 쇠망따라 각각 다른 것이 있었으니
累積乃無窮	쌓이고 거듭되면 한없이 변하더라고
及冬雖貞固	겨울이 되면 바르고 정성되어 정도를 걷다가도
至春得發融	봄이 되면 피어 나서 퍼지는 것들이

---

5) 줄어 듦 ; 원문의 마롱(磨礱)은 마롱지려(磨礱砥礪)니 즉 숫돌에 갈듯이 부지불식간에 갈아 줄어서 물건이 작아져 가는 것을 말한다. 나이 먹어 모든 것이 줄어든다는 뜻.

6) 경전 ; 원문에는 전(傳)이라고 했는데 일반적으로 경전(經傳) 즉 「춘추좌씨전」이나 「상서대전」 등을 말한다.

不疾亦不舒	빠르지도 아니하고 느리지도 않아서
來往非忽忽	오고 가는 것들이 총총하지 않더라나.
一事雖得專	한 가지 일을 비록 잘한다고 해도
四時不自功	항상 그것으로 이바지 못하니
譬如鷄伏卵	알을 품은 암탉에 비유한다면
默化窅冥中	잠잠하기가 고요하고 캄캄한 속에
微陽僅如線	한 줄기 햇빛이 실 같이 비치고
初月又似弓	초생달은 떠 올라 활 같을 때
雖有離婁明	비록 이루의 밝은 눈[7] 있다 하더라도
復使師曠聰	또한 넓고 밝은 슬기의 스승이라도
其幾難聞覩	그때 그 빛의 의미는 보고 듣기 어렵고
判別肇鴻濛	천지 개벽 때의 갈라짐 같으리라,
寧容智力私	설령 지혜와 능력을 기우림은 개인적 일이요,
乃見運化公	이를 보고 운용하는 것은 공적인 것이다.
窓曷代曆日	창문은 해시계 대신 밤낮을 알리니
何用驗漏筒	어찌 물시계 통[8]이 필요하리요,
願君崇明德	바라건대 군은 밝은 덕을 숭상하여
漸看日新工	점차로 날로 새로워지는 기교를 보기 바란다.

※ 이 작품은 연암이 42세 때 연암협에서 쓴 시이다.

---

7) 이루의 밝은 눈 ; 이루(離婁)는 이주(離朱)라고도 하는 중국 상고시대 인물로 백보 밖에서 털끝을 본다는 눈 밝은 사람. 이루지명(離婁之明)은 밝은 눈이라는 뜻.

8) 물시계통 ; 원문의 누통(漏筒)은 물시계(漏刻)의 물을 담는 통.

13. 山行　산길을 가다[1]

　　一作　山耕　　일작 산에서 밭가는 모습

叱牛聲出白雲邊　　밭 갈이 소모는 소리가 흰구름가에서 들리니
危嶂鱗塍翠揷天　　비늘같은 산밭 이랑 공중에 퍼렇게 꽂혔네,
牛女何須烏鵲渡　　견우 직녀 어찌하여 오작교로만 건너랬던가,
銀河西畔月如船　　은하수 서쪽가엔 달이 배 같은데

14. 移居　옮겨 살다

移家官道下　　관도[1] 아래에 집을 옮기니
盡日看行人　　진종일 만나느니 오가는 행인
去者逢來者　　가는 사람은 오는 사람 만나고
前塵接後塵　　앞 마을[2]서 접한 사람 뒷 마을서 본다.

由玆千里適　　이런 식으로 천리에 만나도
老彼百年身　　늙은 그와는 백년 처신되리라,
　　(缺)　　　　(한 구절 빠짐)
還嗟異所循　　서글플 손! 돌고 도는 타향 떠돌이.

※ 이는 서민의 세상살이를 읊은 시이다.

---

1) 열하로 갈 때 요동평야와 그 산길을 지나면서 지은 작품인 듯 하다. 연암이 보고 듣는 모든 소재는 거의다가 생활인의 산림경제와 직결되어 있음을 볼 수 있다.

1) 관도 ; 관도(官道)는 지금의 국도(國道)인데 여기서는 "뱀과 벌레 대낮에 관도를 막다"(虫蛇白晝攔官道, 白居易) 또는 "팽성의 옛 관도 대낮에 열 말이 달린다"(彭城古官道 日中十馬馳, 文天祥)의 뜻으로 쓴 듯 하다.

2) 앞 마을 ; 원문의 전진(前塵)은 서민의 앞 터전. 또는 앞 점포의 뜻이나 여기서는 앞 마을로 번역한다.

15. 勞軍橋　　노군교[1]

漁歌樵唱幾英雄	어부노래 목동가에 영웅호걸 몇이더냐,
戰伐飛騰伯氣終	전승하고 개선하던 으뜸기세[2] 끝났구나,
昔日御溝流水盡	옛날의 궁궐 개울 물이 마르고
勞軍橋在麥田中	노군교도 지금은 보리밭 속에 있네.

---

1) 노군교(勞軍橋) ; 개선 군대를 위로하고 기념하는 일종의 개선문 성격의 다리.
2) 으뜸기세 ; 원문의 백기(伯氣)이니 이는 고려 때 강감찬(姜邯贊 ; 948~1031) 상원수(上元帥)가 20만 대군을 이끌고 거란(契丹)이 내침하는 대군을 격파하고 개선할 때 영파역(迎波驛 즉 개성과 황해도 평산에 속한 땅)까지 당시 임금이 마중나온 일이 있었다. 따라서 백기는 당시 강감찬의 '상원수로서 기세' 인 듯 하고 이 시의 시제도 노군교로 강감찬 장군의 개선을 기리는 실재한 다리인듯 하나 그 고증은 아직 미흡하다.

16. 弼雲臺賞花   필운대[1] 꽃구경

戱蝶何須罵劇顚	나비가 넘실댄다고 어찌 몹시 꾸짖던가,
人還隨蝶趂芳綠	사람이 오히려 나비 따라 향기 찾네,
春靑晝白遊絲外	푸른 봄 개인 대낮 버들 숲에 놀아나고
井哄烟喧紫陌前	거리 밖에 아침 저녁 떠들썩 벅적이네.
各各禽啼容汝意	새들은 제 각각 그 뜻있어 우는데
頭頭花發任他天	여자는 머리마다 남의 풍속 꽃 꽂았네.[2]
(缺)	(이하 두 구는 빠짐)

※ 박종채의 「과정록」에서는 송원(松園) 김이도(金履度)와 함께 꽃구경 했다고 적었는데 때는 없다.

---

1) 필운대 ; 지금의 종로구 필운동에 있었음.
2) 남의 풍속 꽃 꽂았네 ; 원문의 '두두화발(頭頭花發)은 여자들이 답청놀이나 화전놀이 때 머리에 꽃을 꽂는 풍속 즉 삽두화(揷頭花)인데 이는 일본의 여속이다.(「和名抄」에 보임) 그러므로 '임타천'(任他天)은 남의 나라 풍속이라고 번역된다.

17. 江居　　강촌에 살다

鳴鳩乳鵲綠陰垂　　뻐꾹새[1] 어미 까치 녹음 속에 드리웠고
亂颿墻頭漕上時　　강풍에 밀려온 배 담장 밖에 정박할 때
江閣罷眠無一事　　강가의 정자에서 잠 깨고 할 일 없어
紫荊花下錄唐詩　　박태기 나무[2] 밑 서 당시를 베낀다네.

18. 弼雲臺看杏花　필운대[1]에서 살구꽃 구경하다

斜陽倏斂魂　　넘어가는 해 하루 빛을 걷울 때
上明下幽靜　　윗가지 아직 밝고 아래쪽은 어둡고[2] 고요해
花下千萬人　　꽃 밑에서 천 만 인파들은
衣鬢各自境　　옷과 머리털도 가지 각색이어라.

---

1) 뻐꾹새 ; 원문의 명구(鳴鳩)는 뻐꾸기. 산 비둘기는 잘못.
2) 박태기 나무 ; 원문의 '자형'(紫荊)으로 콩과에 딸린 낙엽교목. 관상용. 봄에 보랏빛 꽃이 잎 먼저 피고 열매가 있음.

1) 필운대 ; 지금의 종로구 필운동에 있던 정자.
2) 석양에 비추이는 살구꽃 나무의 위와 아래 쪽의 명암인데 단순관조이면서도 사실적인 시각이 보인다. 전출 16번 '弼雲臺賞花'와 시상이 같다.

19. 渡鴨綠江回望龍灣城
압록강을 건너 용만성[1]을 되돌아 보며

孤城如掌雨紛紛	외로운 성 손바닥만한데 비는 흩날리고
蘆荻茫茫塞日曛	갯벌은 아득하고 변경의 해 어둡는다.
征馬嘶連雙吹角	쌍나발 불어대니 말은 가자고 울부짖고
鄕山渲入萬重雲	만겹 쌓인 구름 속에 고향 산천 희미하네.
龍灣軍吏沙頭返	용만 물가서 군졸 관리는 되돌아 가고
鴨綠禽魚水際分	압록강물서 새와 고기는 갈라 지누나,
家國音書從此斷	나라 안 소식은 여기서 끊어지니
不堪回首入無垠	돌아 보느라 차마 지경[2] 못 드네.

※ 연행 길에 압록강을 건너면서 고국이 멀어질 때의 착잡한 심정을 노래함. 「열하일기」〈도강록〉에서는 6월 24일 압록강을 건너 30리를 더 가니 구련성(九連城)이요, 이곳에서 노숙하며 용만성을 바라보고 마음이 착잡 했다고 썼다.

---

1) 용만성(龍灣城) ; 평안북도 의주(義州)의 압록강변에 있음.
2) 지경 ; 원문의 '은'(垠)으로 언덕 또는 경계, 지경을 뜻함. 운(韻)을 맞추느라 은자를 썼음.

20. 露宿九連城　　구련성에서 노숙하다

臥念遼陽萬里中	만리의 요양 벌판 누워서 생각하니
山河今古幾英雄	산하 고금에 영웅이 몇이였나,
樹連李勣曾開府	이적[1]이 세운 고을 수목만 줄지었고
雲壓東明舊住宮	동명왕[2]의 옛 궁터는 구름에 쌓였구나.
戰伐飛騰流水盡	싸움 한창 세 높을 땐 강물도 말랐거든[3]
漁樵問答夕陽空	어부 목동 가락 속에 저녁 해도 쓸쓸하다,
醉歌出塞歌還笑	취해서 노래하며 국경을 넘자하니
頭白書生且櫛風	서생의 흰 머리가 바람에 날리누나.

※ 위의 시에서 6월 24일의 일기라 했다. 구련성은 압록강 건너 국내성(國內城)에 있다. 옛 고구려 땅이다.

---

1) 이적(李勣) ; 당나라 때 장수로 고구려를 침탈했고 한때 요양의 고구려 땅에다 안동부(安東府)를 세웠다.
2) 동명왕(東明王) ; 고구려의 시조왕. 연암은 「열하일기」에서 고구려 옛 땅이 요동인 것을 강조하면서 중국에 내어 준 것을 통분히 생각하고 있다.
3) 강물도 말랐다 ; 원문의 유수진(流水盡)은 고구려 영양왕 때 수양제의 대군을 살수(薩水 ; 淸川江)에서 대파한 일을 말하는 듯 하다.

21. 滯雨通遠堡　통원보에서 비에 막혀 묵었다

塞雨淋淋未肯休	변경 땅에 비내려서 스산하게 개지않아
皇華使者滯行輈	연경사신 행차길에 가는 수레 막혀섰네,
遊談從古羞牛後	예부터 속담에 소꼬리 보다 닭 머리랬는데
眷屬還憐恃馬頭	마두[1]를 의지하는 일행 식구 오히려 가엽구나.
醉裏相看非故國	취해서 마주 본들 고국 땅은 아니건만
人間何世又新秋	이 어떤 세상인데 또 첫가을 맞는구나,
前河報道闕舟楫	앞은 큰강 뱃길 없다 알려오니
長日無聊那可由	긴긴 해를 심심해서 무엇으로 지내리.[2]

---

1) 마두(馬頭) ; 여기서 마두는 마부꾼들의 우두머리이니 「열하일기」의 '도강록'에서는 이 행차의 마두는 상판사(上判使) 용득(龍得)이며 상판사란 임시로 붙여 준 명칭이요, 용득은 본래 천민 출신인데 북경 사신 길을 여러번 다녀온 경험이 있어 청나라 말도 잘하고, 일행의 해결사 구실도 잘해서 모두들 그를 의지하는 바가 컸다고 했다. 그러나 길이 익다고 너무 좌지우지 함으로 연암은 못 마땅하여 그러한 표현이 일기 중에도 간간이 보인다.

2) 「열하일기」 '도강록'에서는 6월 29일 삼가하(三家河)를 배로 넘어 50리를 더 가서 통원보(通遠堡) 일명 진이보(鎭夷堡)에서 묶었는데 다음날 아침부터 비가 내려 7월 4일까지 갇혀 있으면서 사신 일행이 하도 심심하여 술내기 화투놀이 하던 이야기를 쓰고 있다.

22. 遼野曉行　요동벌의 새벽길

遼野何時盡　　요동 벌판 넓어서 언제 끝날까,
一旬不見山　　열흘을 가도 가도 산을 못보네,
曉星飛馬首　　새벽 별은 말머리를 스치어 날아가고
朝日出田間　　아침 해는 밭 사이서 솟아 오르네.[1]

23. 留宿潼關　동관[1]에서 묵으며

前溪水漲又停車　　앞 강에 물이 불어 행차 수레 또 멈추니
只得憑欄喚奈何　　난간에 막혀서서 어쩌느냐 고함친다,
自幼讀書中國事　　어릴 때에 중국 일은 책에서 보았노라,
從玆觀俗大方家　　대가들의 경관과 풍속의 저술들을

雨今雲古纔經夏　　지금의 비오고 구름 가는 여름 날씨
暮四朝三幾渡河　　아침 저녁 달라지니 언제 강을 건널꼬,
　　(缺)　　　　　(이하 빠짐)

---

1) 광활한 요동평야를 지날 때 보고 느낀 시이다.

1) 동관(潼關) ; 일기 7월 1일

24. 熱河途中詩   열하[1]도중시
   (吟得一絶)   (문득 한 절구를 짓다)

書生頭白入皇京	머리 흰 서생이 연경으로 가노라니
服着依然一老兵	옷 입은 꼴이라곤 별수 없는 노병 모습
又向熱河騎馬去	또 다시 열하로 말 타고 가자 하니
眞如貧士就功名	제마치 공명 탐나 분주하는 선비같네.

※ 이 시의 다른 제목은 '음득일절'로 연행 도중에 문득 느낀바 있어 짓는다고 하였다.

---

1) 열하 ; 열하(熱河)는 중국 연경(燕京) 즉 지금의 북경(北京)에서 북방의 하북성(河北省)에 있는 피서지. 당시 청나라 고종(高宗)의 칠순 하례사로 연암도 따라 갔는데 고종이 연경에서 열하로 피서 갔다기에 사신 일행은 다시 열하까지 말머리를 돌렸는데 연암은 이것이 몹시도 못 마땅했다. 이 시에는 그런 심정이 풍자적으로 묘사되고 있다.

25. 馬上口號(馬上吟)　　말 위에서 지어 부르다

翠翎銀頂武夫如	푸른 깃에 은빛 모자 무사의 행색 같고
千里遼陽逐使車	천리의 요양 길을 사신 행차 따라 갔네,
一入中州三變號	중국 땅 들어서자 별명 바꿔 세 번이니[1]
鯫生從古學蟲魚	본래부터 못난 이 몸 밴댕이[2]에게 배우누나.

---

1) 별명 바꿔 세 번 ;「열하일기」'피서록'에서는 사신따라 놀겸 수행하는 사람을 '반당'(伴當)이라 별칭했는데 반당은 반당(盤當)과도 음이 같고 또 〈盤當〉은 소어(蘇魚)를 말하니 소어는 '밴댕이' 물고기라 하고, 중국땅에 들어서니 자기들을 '가오리'(罟吾里 즉 고구려)가 온다고 하더라는 것이니 가오리는 우리말에 홍어(洪魚)라고 풀이하면서 작자는 말타고 가면서 즉흥적으로 구호(口號)로 별명이 세 번이나 바뀐다고 읊는다고 했다.
2) 밴댕이 ; 원문에서는 충어(蟲魚)라고 했는데 충어란 하찮은 하등 물고기 즉 추생(鯫生)인 못난 인생이란 뜻으로 썼다.

26. 絶句四首, 無題   절구 네수[1] (제목없음)

征裙換盡越羅裳	먼길 나그네 옷[2]은 모두다 월나라 옷[3]으로 바꾸고
江右文蘭滿店香	중국 강서[4]의 문화는 난만하여 점포 가득 향기롭다,
唯有東韓編艶史	오직 동한[5]에는 애틋한 노래 역사[6]뿐이요,
城寒榛子帶斜陽	빈 성에는 개암나무 숲[7]에도 석양이 비쳤다네.

---

1) 박연암의 시를 수집하여 '영대정잡영'(映帶亭雜咏) 편을 엮은 연암의 아들 박종간(朴宗侃)은 절구 4수를 엮으면서 주서하기를 "이는 무제이니 연경으로 가는 사신을 보내는 시 같기도 하고 혹은 연암이 연경으로 갈 때에 읊은 것 같기도 하다"고 하였는데, 필자는 「열하일기」를 읽어 본 내용으로 미루어 볼 때 이 네 작품은 모두 연암 자신이 연행길에서 보고 느낀 것을 읊은 시가 분명하다.

2) 먼길 나그네 옷 ; 원문의 정군(征裙)이니 곧 먼길 나그네의 치마옷이며 곧 옷차림을 말한다. 전출 '열하도중시'에서는 "의복입은 모습이 노병같다"(服着依然一老兵)고 했다.

3) 월나라 옷 ; 원문의 월나상(越羅裳) 곧 월나라 비단 치마이니 중국 옷이란 뜻. 군(裙)과 상(裳)은 모두 치마이지만 옷이란 뜻으로 같은 글자 중복을 피한 것.

4) 중국 강서 ; 원문의 강우(江右)이니 장강 중류의 남쪽지대 즉 강서성(江西省) 중심 지방, 강좌(江左) 즉 강소성(江蘇省) 일대와 강동(江東) 즉 양자강 하류 남쪽지방과 구별해 말한다.

5) 동한 ; 여기 동한(東韓)은 중국 하북성(河北省)에 옛날 있었던 나라로 「좌씨전」(左氏傳)에는 전국시대 하동(河東)에 있었고 무왕(武王) 자손의 나라라 했다. 그래서 동한이라고 한 것 같다.

6) 애틋한 노래 역사 ; 원문의 편염사(編艶史)로 이는 "염사를 짜서 폈다"가 아니라 "자잘구레한 남녀 애정의 역사"로 편(編)은 가느다랗다로 풀이해야 마땅하다.

7) 개암나무 숲 ; 원문의 진자(榛子)로 「시경」〈대아의 旱麓〉에 '진호제제'(榛楛濟濟)라 한 말을 인용한 것이니 개암나무나 호나무는 무성하여 임금님 성덕이 넘침을 상징한다. 이 시에서는 그러한 나무에도 사양이 비쳤다는 것.

金屋鷄聲似柳長　　황금집[8]엔 닭울음이 버들처럼 늘어지고
陪臣牙頰至今香　　중신들의 입과 얼굴 지금도 향기롭다,
蘆溝曉月涓涓在　　노구의 새벽 달빛[9] 물흐르듯 비추는데
誰識瀋王萬卷堂　　그 누가 심왕[10]의 만권당을 알리오.

六王纔畢一椎來　　육왕[11]시절 차츰 끝나 부처설법[12] 사회오고
山鬼無聲白璧哀　　굴원 구가[13]는 소리없이 백벽 흠집[14] 슬퍼하네,
蔗尾閒談推第一　　자경의 문장경지 전입가경[15] 고개지가 제일이니

---

8) 황금집 ; 원문의 금옥(金屋)으로 중국 한(漢)나라 무제(武帝)의 금옥저교(金屋貯嬌) 즉 한무제가 아교(阿嬌)라는 미녀를 얻어 이를 황금집을 지어 그곳에 숨겨두고 사랑했다는 고사가 있다.
9) 노구의 새벽 달 빛 ; 원문의 노구효월(蘆溝曉月)이니 노구는 연경의 다리 이름으로 특히 노구의 새벽달은 연경팔경의 하나이다. '노구'(蘆溝)는 '盧溝' 로 흔히 쓴다.
10) 심왕 ; 명나라 태조 21자손인 주모(朱摸) 시호는 간(簡) 봉호가 심왕(瀋王)이다. 여기 만권당(萬卷堂)은 명의 주목설(朱睦楔)의 서실명과 혼동한 듯. 주모에게는 만권당이 없다.
11) 육왕 ; 육왕(六王)은 중국 ① 주(周)나라에 문왕, 무왕, 성왕, 여왕, 선왕, 유왕 등 육왕이 있고, ② 하(夏), 은(殷), 주(周)대의 육왕이 있고, ③ 춘추시대 6국의 육왕이 있는데 이는 모두 고대 문화를 상징한다.
12) 부처설법 ; 원문의 일추(一椎)는 일추편성(一椎便成) 즉 한마디의 말로 마음이 열려서 깨닫는 불교의 어휘이다.
13) 굴원 구가 ; 원문의 산귀(山鬼)이니 이는 굴원(屈原)의 초사(楚辭)인 구가(九歌)를 말하며 구가중에 산귀(山鬼)가 있다.
14) 백벽흠집 ; 백벽(白璧)은 깨끗한 구슬인데 가다가 "옥에 티가 있듯" 백벽미하(白璧微瑕) 가 있어 슬프다는 말.
15) 자경의 문장경지 전입가경 ; 원문의 자미(蔗尾)는 사탕수수의 꼬랑지란 말로 중국 진(晋)나라 고개지(顧愷之)의 고사이며 문장의 재미있는 경지인 자경(蔗境)을 말한다. 그 고사는 고개지가 늘 사탕수수의 꼬리부터 먹기 시작하여 머리부분까지 맛있게 먹기에 사람들이 이상히 여겨서 물으니 고개지는 "전입가경"이라고 말했다는 것. 즉 점점 맛있다는 뜻.

幾人中土似袁枚	중국땅에 그 몇 사람 원매[16]같은 이 있을까.
灤水沙晴島嶼孤	난수[17]의 모래 밝은 섬하나 외로운데
鷁鶄身世一塵無	등푸른 해오라비 먼지 한 점 없는 몸이
夷齊祠下悄然立	백이 숙제 사당 밑에 고요히 서 있는데
欲寫徐熙沒骨圖	서희[18]더러 그 모양을 그려 내게 하고 싶다.

---

16) 원매 ; 청나라 시인 원자재(袁子才 ; 1656~1737) 호는 간재(簡齋) 또는 수원(隨園)이요, 자가 매(枚)이다.
  ※ 이 절구는 중국 고대문화인 육왕 즉 주나라 무왕이 BC 1122→ 석가모니가 BC 565→ 초나라 굴원이 BC 343→ 동진(東晋) 때 고개지가 AD 334→ 청나라 원매가 AD 1716→의 연대순으로 그 추위를 엮으면서 읊고 있다. 그런데 전고(典故)가 너무 심하고 비약하고 있다.
17) 난수 ; 난수(灤水)는 난하라고도 하며 옛날의 난수(溧水)로 하북성 즉 만주와 내몽고 사이에 있었다 함.
18) 서희 ; 서희(徐熙)는 중국 남당(南唐) 때 강남 사람으로 꽃과 새를 잘 그렸다는 몰골파(沒骨派) 화가이다.

27. 江居謾吟 강촌에 살면서

我家門外卽湖頭	내 집은 문밖인즉 호수가 있으니
米�鹽喧幾處舟	쌀 사려! 소금 판다! 떠들썩 배 닿는 곳
霜鴈一聲齊擧矴	서리오니 기러기는 물가에서 날으고
滿江明月下金州	강에 가득 밝은 달은 금빛 물에 내린다.[1]

28. 燕岩山中憶先兄
연암 산중에서 돌아가신 형님을 생각하며[1]

我兄顏髮曾誰似	우리 형님 얼굴 모습 누구를 닮았던가,
每憶先君看我兄	아버지 생각 날땐 형님을 뵈었었지,
今日思兄何處見	오늘 형님 보고픈데 어디 가서 찾아볼꼬,
自將巾袂映溪行	옷과 갓을 떨쳐 입고 맑은 내에 비춰보네.[2]

---

1) 연암은 44세 때 상경하여 평계(平溪)에 우거(寓居)했다고 하였다.
1) 연암의 형님 박희원(朴喜源;1722~1787)은 박연암이 50세 때 7월에 연암협에서 작고했다. 무후 했으므로 박연암의 큰 아들 종의(宗儀; 1766~1815)가 양자로 들어갔다.
2) 연암과 그의 형님의 모습이 몹시 닮았다고 하니 이 구절에서도 확인된다.

29. 次洪太和秘省雅集韻
홍태화[1]의 비성아집에 차운하다

新秋淸讌灑蘭薰	새가을 맑은 잔치는 덕망 향기 모임이라[2] 산뜻하고
會飯群公晶毳分	밥상 앞 선비들은 찬 없이도 깨끗하네,[3]
老樹蒸芝藏舊雨	노목에 찌든 버섯 장마비에 젖어있고[4]
遙樓學蜃擁頹雲	누대 올라 신기루를 무너지는 구름 보듯[5]
詩魔邂逅從他笑	시에 미쳐 어쩌다 만나도 사람을 웃기고[6]
龍角崢嶸倚半醺	용의 그림 그려준 건 반은 숨김이였네,[7]

---

1) 홍태화 ; 홍원섭(洪元燮:1744~1807)의 자가 태화(太和)요, 호는 태호(太湖) 문집은 태호집, 연암과 "자주 문주의 모임을 가졌던 사이"(朴宗采의 「過庭錄」)에서
2) 덕망향기 모임 ; 원문의 난훈(蘭薰)이니 즉 난훈계복(蘭薰桂馥) 곧 덕을 쌓아 향기로운 풀 향훈이 풍기는 선비를 말한다.
3) 찬 없이도 깨끗한 ; 원문의 효취(晶毳)이니 즉 효반취반(晶飯毳飯)은 한톨의 소금, 한접시의 채소, 한그릇의 밥을 주고 받았던 소식(蘇軾)과 유공보(劉貢父)의 고사이며, 청빈한 요리를 의미한다.
4) 장마비에 젖어있다 ; 원주에 장구우(藏舊雨)는 또한 함적우(含積雨)라고도 한다고 했다.
5) 이 구절의 요루학순(遙樓學蜃)은 누각 위에서 멀리 신기루(蜃氣樓)를 바라본다 함인데 신기루 곧 아지랑이는 사물이 거꾸로 보이며 퇴운(頹雲)은 구름이 무너져 내려가는 모습 즉 사회의 붕괴 현상을 상징한다.
6) 이 구절은 작자의 원주에서 "차수는 나보고 시에 말하기를 어쩔수 없이 어쩌다 만나서 시에 미쳤다 함은 무엇인가 하니 모인 사람 모두가 웃었다"라는 작자의 말이 있다.
7) 이 구절도 작자 원주가 있으니 용의 그림은 원주에 용각쟁영(龍角崢嶸)의 원문 밑에 묵화창망(墨畵蒼茫)이라 주했고, 또 의반훈(倚半醺) 아래에는 "태화(太和)가 종이를 펴 놓고 나에게 용의 그림을 굳이 그려 달라기에 나는 대략 용의 비늘과 뿔을 그리되 먹물을 뿌려서 이루었다"고 하였다.

霜鬢由來優入社　　귀밑머리 하얗서 물외경에 들자하니[8]
北山應不便移文　　북산에서 이 문을 마다하지 않으리.[9]

---

8) 물외경에 들다 ; 원문의 입사(入社)는 사의 일원으로 새로 든다 함인데 여기 사(社)란 강중(講中)에 든다는 것이니 「전등여화」(剪燈餘話)의 〈무평영괴록〉(武平靈怪錄)에 "雜尋物外逃禪侶 罕遇橋邊入社翁"이라 했다.

9) 이 절구는 고사를 모르면 이해가 어려울 것이니 '북산이문'(北山移文)의 고사와 그 근본 뜻은 이러하다. 즉 중국 고대 남재(南齋)사람 주옹(周顒)은 회계(會稽)의 북쪽에 있는 종산(鍾山)에서 숨어 살았는데 종산은 회계의 북쪽산이라서 북산(北山)이라 불렀다. 뒷날 그가 나라에서 벼슬을 주어서 절강성(浙江省) 해염현(海塩縣)의 현령(縣令)이 되어 부임하려고 이 북산을 지나가려고 했다. 이때 회계현에 사는 공치규(孔稚珪)가 이 말을 듣고 주옹의 변절을 야유하는 글을 지어 산령(山靈)의 뜻을 빌려서 주옹이 다시 북산을 못 오도록 만들었다는 고사인데 이때 이문(移文)은 후세에 이첩(移牒)한다는 뜻이고 그리하여 '북산이문'은 공치규가 지은 일종의 문장 이름으로 후세에 전한다. 글은 문선(文選) 권 43에 있다.

30. 齋居(齊陵令)　　재실살이(제능수령)[1]

淺酌村醪獨自寬	시골 탁주[2] 조금씩 마시곤 제 혼자 위로한다,
蕭蕭霜髮不勝冠	쓸쓸한 흰 머리엔 갓 조차 안 쓰고
千年樹下蒼凉屋	천년 묵은 노송 밑엔 처량한 재실집
一字啣中冗長官	일자로 잠근 문[3]에 하찮은 능령직관[4]
都付鼠肝閒計小	딸린 식구 물건해야[5] 쥐 간처럼 미미하니
猶將鷄肋快抛難	먹을게 없는 닭갈비라 버리기도 난처하네,
逢人盡說前冬苦	사람 보면 입 닳도록 지난 겨울 고생한 일
最是齋居却忘寒	그것이 오히려 재실살이 추위 잊는 법.

---

1) 제능수령 ; 제능령(齊陵令), 제능은 이태조비 신의(神懿) 왕후의 능으로 경기도 개풍군에 있으며 박연암은 50세 때 두 번이나 제능령을 제수받아 봉직한 일이 있는데 연암의 아들 박종채(朴宗采)의 「과정록」(過庭錄)에서는 그 당시 임금이 과거시험(柑製)을 보이라는 분부가 있어서 이를 피하기 위하여 능령을 받았다고 하였다.
2) 시골 탁주 ; 원문의 촌요(村醪)이니 요란 거르지 아니한 걸쭉한 술. 혹은 술 찌꺼기를 말한다.
3) 일자로 잠근 문 ; 원문의 일자함중(一字啣中)이니 '함'(啣)은 '銜' 이 바른 표기로 자갈을 말하나 여기서는 능의 재실 건물 대문에 일자 모양의 빗장으로 잠겨진 상태를 말한다. 재실살이 자체가 말에 자갈 물리듯한 빗장 속의 생활을 상징적으로 표현한 것이다.
4) 하찮은 능령직관 ; 원문의 용장관(冗長官)이니 '용'(冗)은 '冘' 이 바른 표기로 용관(冘官) 즉 한산한 관리요, 장관은 능령이니 장관이라고 했다. 박연암은 제능령을 마지못해 수락하고 있었다.
5) 딸린 식구 물건해야 ; 원문의 '도부(都付)…한계소(閒計小)' 이니 제능에 소속된 인원이나 기명들이 보잘 것 없다는 뜻으로 썼다. 그래서 쥐의 간 즉 서간(鼠肝)이니 닭갈비 즉 계륵(鷄肋)이라는 표현을 하고 있다.

31. 小酌　　조그만 잔치

禽聲當戶緩	새 소리는 문에 더디게 와서 들리고
花影上階遲	꽃 그림자는 층계로 늦게 오른다,
酒重添丁日	술은 정일[1]에 빚어야 풍요롭고
身輕解紱時	몸은 갓끈 푸는 때[2]가 가볍더라.
三毛贏舊飯	삼모작 하니 묵은 밥은 남은 것이요,[3]
雙鬢耀新絲	양 귀밑머리 새로 나오니 빛이 반짝인다.[4]
靜裡還尋事	주위가 고요하니 도리어 일을 찾게 되고
爲人寫輓詩	손님 위해 만사시를 베껴서 파적 삼는다.

---

1) 정일 ; 10간(干) 중 정(丁)자가 든 날. 정일(丁日)은 젊고 활발함을 상징한다 해서 정일에 술을 빚는다 했다.
2) 갓끈 푸는 때 ; 원문의 해발시(解紱時)로서 발(紱)은 갓끈 곧 벼슬을 말하며 그러므로 해발은 관직에서 풀려남 또는 사임을 말한다.
3) 묵은 밥은 남다 ; 일년에 세 번 갈이 함으로 재산이 남는다는 뜻.
4) 이 구절은 귀밑에 새털이 나와서 곧 흰머리가 나와서 은빛으로 반짝인다는 뜻, 즉 은발 인생.

32. 九日登孟園次杜韻
구월구일 맹원[1]에 올라가 두보시에 차운하다

霜鬢爭誇步屧飛	귀밑머리 허연데 나는 듯 빨리 걸어
三淸雲木望中微	삼청[2]의 구름과 숲 바라보니 멀고 아득
半酣爲問楓何似	얼큰히 취한 김에 단풍이 어떠냐고
晩節眞堪菊與歸	늦은 철에 그 마치 국화 천지 같더라네.
宋洞花餻吟古事	송동[3]의 중양절 떡[4] 옛일을 읊음이요,
孟園風帽媚秋暉	맹원의 풍모[5]는 가을 빛에 아름답다,
婆娑又得今年健	몸은 휘청대도[6] 금년 또한 건전하니
千仞岡頭試振衣	천길 언덕 머리에서 옷을 훨훨 털어[7] 본다.

---

1) 맹원 ; 삼청동 뒷산인듯 하다. 그러나 '孟園'은 미상이고, 여기 9일은 음력 9월 9일 중양절을 말하며 당나라 시인 두보(杜甫)가 7언 율시로 중양절을 소재로 한 '등고'(登高)와 '구일'(九日)과 '구일남전최씨장(九日藍田崔氏莊)' 등이 있으나 이 시에서 차운한 작품은 셋째번 최씨장에서 읊은 시와 관련이 있다.

2) 삼청 ; 삼청(三淸)은 도교에서 말하는 삼신(三神) 세계인 옥청(玉淸), 상청(上淸), 태청(太淸)이 있고 신선이 사는 삼선계의 삼청도 있으나 여기서는 서울 뒷산의 삼청공원 산인 듯 하다. 이 무렵 연암은 계곡에 살았다.(桂山草堂 60세 이후)

3) 송동 ; 작자 박연암이 살았던 동네. 원주에서는 송동에서 중양절에 떡을 쪄가지고 등산하기로 약속했는데 이루어지지 못했다고 하였다.

4) 중양절 떡 ; 중양절에 먹는 증편떡 특히 대추나 밤을 증편에 얹어 박아서 먹는 풍속이 있었다. 원문의 화고(花餻)는 花糕로 써야 옳다.

5) 풍모 ; 원문의 풍모(風帽)는 겨울에 추위를 막는 모자 같은 용품을 말한다.

6) 휘청대다 ; 원문의 파사(婆娑)이니 곧 몸이 가냘픈 모양을 말한다.

7) 옷을 훨훨 털어 ; 원문의 진의(振衣)이니 곧 ① 먼지 묻은 옷을 털다. ② 속세의 먼지를 털다. ③ 옷을 털고 벼슬에 나갈 뜻을 둔다는 뜻이 함께 포함되어 있다.

※ "선군의 시는 고체와 금체시 모두 50수 뿐이다"라고 했으나 「연암집」의 「영대정잡영」(映帶亭雜咏)에는 "시 고금체 공 42수…"라 해놓고 실제 수록한 시 작품은 절구, 율시, 배율 등 장, 단구 합쳐 32편 뿐이다. 「연암집」 일부 필사본에서는 이 '소작' 시의 주에서 "때 병진(1796) 봄 안의 현감에서 풀려 돌아온 때에…"라고 했다.

33. 湛軒洪德保 誄   담헌 홍덕보[1]의 뇌[2]

宜笑舞歌呼	웃으며 춤추며 노래 부르며
魂去不須愉	혼 되어 갔으니 아니 기쁘랴,[3]
相逢西子湖	서자호에서 서로 만나니
知君不羞吾	그대 앎을 나는 안 부끄러워라,
口中不含珠	입안에 구슬도 안물고 가며[4]
空悲詠麥儒	부질없이 보리를 읊은 선비를 슬퍼하리.[5]

---

1) 담헌(湛軒) 홍덕보(洪德保)는 홍대용(洪大容 ; 1731~1783)의 호와 자이다. 연암과는 둘도 없는 허물없는 벗이요, 실학의 선배로 연암의 '홍덕보 묘지명'에 의하면 1783년 10월 23일에 불기(不起)하니 득년이 53이라 했다.
2) 뇌(誄)는 만장의 글. 죽은이를 슬퍼하고 업적을 찬양하는 글인데 사(詞)의 일종이다.
3) 첫구와 둘째구 두 구는 「과정록」(박종채 저)에는 없고 '홍덕보 묘지명' 말미에서는 '명(銘)은 원고를 잃었다'고 했는데 다만 이동환(李東歡)교수 논문에 있으므로 기록했으나 역시 첫머리 두 구는 없는 것이 제격에 맞는다.
4) 담헌은 평소 연암에게 상례·때 '반함'(飯含 ; 시신의 입에 밥이나 쌀을 물리는 염의 절차)은 행할 필요가 없다고 주장하였다 해서 하는 말.
5) 담헌이 말년에 영천(榮川 ; 경북 영주) 산골에서 소 두 마리와 농기구 다섯가지 줄친 공책 20권으로 산다고 했고 그 곳에서 "매양 덕조(德操 ; 司馬徽)가 조밥(黍)을 재촉하듯" 한 생활을 했다고 해서 "보리를 읊는다" 했다.

34. 伯姉贈貞夫人朴氏墓誌 銘詞
누님[1] 정부인 박씨의 명사

去者丁寧留後期	떠나는 이는 아련히도 뒷날 만나자 하지만
猶令送者淚沾衣	보내는 사람 오히려 눈물이 옷을 적시네,
扁舟從此何時返	일엽편주 인제가면 언제 다시 돌아오리오,
送者徒然岸上歸	보내고서 넋나간 채 강뚝으로 돌아오네.[2]

---

1) 누님의 이때 장례 행렬은 배로 떠났다고 하였다. 「연암집」권2 '묘지명'에는 "백자 증정부인 박씨 묘지명"(伯姉贈貞夫人朴氏墓誌銘)과 함께 명사(銘詞)가 수록되어 있다.

2) 청장관(靑莊館) 이덕무(李德懋)는 이 시를 읽고 "우애의 정이 드러난 시어(詩語)가 사람으로 하여금 저도 모르게 눈물을 흐르게 하니 진실되고 간절하다 할 만하다. 나는 공의 시를 읽고 눈물을 흘린 것이 두 번이었으니 배로 떠나는 자씨(姉氏)의 상례 행렬을 전송하면서 읊은 〈이 시와 공이 선형(先兄)을 조상한 시〉 시인데 눈물이 절로 줄줄 흘러내림을 금할 수 없었다"고 하였다.

35. 正宗大王 進香文(代撰) 정종대왕 진향문[1] (대신 짓다)

「연암집 권9 '진향문'(進香文)에서」

千載一聖   천년에 으뜸가는 성인,
誕膺東方   동방의 천명받아 임금되셨네.[2]
箕範再叙   기자(箕子)의 홍범(洪範) 다시 펴시고,
奎運重昌   문운(文運)은 거듭 번창하였다.

孔思周情   공자의 생각과 주공(周公)의 뜻을,
祖述憲章   처음 짓고 법을 밝혔고,
宏規鴻猷   큰 틀과 넓은 계책은,
狹陋漢唐   한·당(漢唐)을 좁고 비루하게 여기셨네.

二紀光御   이기동안[3] 빛나는 재위 기간에,
一德乾剛   한결같이 하늘의 법도로 덕을 삼으셨고,
號正宮園   혜경궁(惠慶宮)·현륭원(顯隆園)을 바로 세우고,
慕深羹牆   어버이 사모하는 마음 언제나[4] 깊으셨네.

※ 이 '진향문' 번역은 「역주 과정록」(박종채 저 김윤조 역주)에서도 보이고 있다. 이 번역을 4구씩 묶은 것은 번역자의 자의에 의한 것이다.

1) 진향문(進香文) ; 문체의 일종으로 애조(哀吊)의 시이다. 주로 임금과 왕비나 동궁 등 승하했을 때 향을 올리는 운문인데「연암집」에는 진향문 항목에 이 글과 함께 '문효세자(文孝世子) 진향문'과 두편이 실려 있다.
2) 탄응(誕膺)은 천명(天命)을 받는다는 뜻으로「서경」에 '탄응천명'이라 했다.〈제5장 무성(武成;武王)〉
3) 이기(二紀) : 일기는 12년을 말하고 정종대왕은 24년간 재위하셨다.
4) 원문의 '갱장'(羹牆)은 어버이를 우러러 사모하는 일. 요(堯)가 죽은 뒤 순(舜)은 그를 3년간 사모하여 앉으면 담(牆) 밑에서, 음식을 먹으면서 국(羹)에서 요 임금을 그렸다는데서 온 말.『후한서』「李固傳」.

璁萼折萌　　옥처럼 꽃 같으신 싹 꺾이셨을 때,
憲冀鋤强　　기세 강한 자들을 제거하셨고,[5]
大義昭揭　　밝게 내건 큰 의리는,
卓冠百王　　모든 임금에 우뚝하셨네.

秩叙命討　　질서있게 공훈주고 천명따라 징벌함은[6]
雨露雪霜　　비와 이슬같고 서리와 눈발이셨으니
孰敢疑眩　　어느 누가 감히 의심하고 현혹되며,
孰敢譸張　　누구라 감히 속이고 과장하리?

向背之際　　찬성하고 등지는 일에 있어서,
斯判陰陽　　음과 양의 원리가 분명히 나뉘었으며,[7]
彼萬三千　　저 많은 형벌받을 무리들이,[8]
云胡颺狂　　어쩌자고 그다지도 미친 듯 날뛰었나.

要脅以衆　　많은 무리로 오르고 위협하며,
悖我典常　　나라의 바른 윤리 거스렸으니,
末俗昏衢　　말세 풍속 거리에 어두워서,
醉顚汗僵　　술 취해 자빠진 듯 땀 흘려 엎어진 듯.

---

5) 앞구는 사도세자의 죽음을 뜻하는 말이고, 뒷구는 정조 즉위 후 사도세자 죽음에 관련된 홍인한(洪麟漢)·홍계희(洪啓禧) 등 여러 사람을 제거한 일을 가리킨다.
6) 질서(秩叙)는 순서있게 봉록이나 공훈을 주어 문란하지 않음이고 명토(命討)는 "하늘이 치심은 죄가 있기 때문이니 다섯가지 형벌로 다스린다" 하였다.「서경」〈고요모〉에서
7) 이 대목은 「주역」의 〈계사전 下〉의 '음양합덕'(陰陽合德)에서 따온 말이다.
8) 이 대목은 사도세자를 폐위하고 뒤주에 가둘 때 가담한 무리들의 죄상을 말한다.

豈不異臭	어쩐지 그 냄새가 다르지 않댔는데,
奈此同腸	알고보니 서로가 그 부류 한패였네.[9]
利害禍福	이해득실과 화복이 갈릴때면,
所以披猖	못난 사람 미쳐서 날뛰더구나.
究厥所原	그 원인을 따져 캐어보면,
妄度爲將	허망한 생각이 주장되는 탓.
滔滔狂瀾	넘쳐 흐르듯 미친 물결을,
誰能力鄣	그 뉘가 힘으로 막아지키랴,
理無鉅細	그 이치란 크고 작은 차이가 없었고,
析在毫芒	지프라기 가는 털 그 이해 때문.
嚴此義者	이 의리에 엄정한 사람들은,
迺吉迺祥	그는 곧 길상이요 복이 되고,
北是理者	이 의리를 저버리는 자들은,
爲梟爲狼	올빼미 되고 이리 되었네.
皇王盛節	거룩했던 옛 제왕의 훌륭한 정치,
孰此大防	이 큰 방축을 누가 있어 지키랴,
會極歸極	위급의 끝에서 영광의 극으로[10] 돌아가니,

---

9) 같은 부류 : 지난 사도세자 사건 때 상소문 등에서 같은 무리들이라고 싸잡아 비난할 때 "異身同腸"이라는 표현이 흔히 쓰였다 함.

10) 위급의 끝에서 영광의 극으로 : 정조대왕은 1762년 11세 때 아버지 사도세자가 세자 자리를 빼앗기고 뒤주에 갇혀서 죽을 때 그 운명이 백척간두의 생사 지경에 있었으나 그 뒤 세손이 되고 영조 다음의 임금이 되었으니 극에서 극으로 돌아왔다는 것. 「서경」에서는 "王道正直 會其有極 歸其有極"(洪範)이라 했다.

與道偕臧　　천도와 함께 영원토록 간직되리라.

嗚呼至德　　아하! 지극하신 그 덕을,
俾也可忘　　누구라서 잊게 할 수 있을까.
龍圖建閣　　웅대하신 계획으로 규장각(奎章閣) 세우시고,
天策設廂　　탁월하신 책략으로 장용영(壯勇營)을[11] 창설하셨네.

允文允武　　진실로 문을 떨치고 무[12]를 높였으니,
謨烈思皇　　그 계책과 환한 빛을 아름다워 못잊고,
百度惟貞　　온갖 제도가 오직 곧고 바르게 된 것은,
昉此對揚　　임금님 뜻을 받들어 천하에 알리느라 비롯된 것이었네[13]

欽刑重農　　형벌은 신중하고, 농사를 중히 하시고,
一念如傷　　한결같은 마음은 마치 몸을 상하신듯.
恩䌷浹髓　　은혜로운 처분 골수에 젖고,
寶綸煌煌　　보배로운 말씀은 빛나고 환하셨네.

祈寒盛暑　　모진 추위 심한 더위에도,
必躬烝嘗　　반드시 증제·상제 몸소 종묘제 지내시고,
尤重上辛　　더더욱 상신일(上辛日)[14]을 중히 여기시니,
明德馨香　　밝으신 그 덕 향기로우셨네.

---

11) 장용영(壯勇營) ; 1791년에 설치한 정조의 친위 군대 조직. 정조 사후 곧 해체되었다.
12) 문과 무는 규장각(奎章閣) 설치(1776)와 장용영(壯勇營) 설치(1791)를 말함.
13) 이 두 구절의 '백도유정'(百度惟貞)은 「서경」〈여오(旅獒)〉에서 '대양'(對揚)은 「서경」〈군아(君牙)〉의 "對揚文武之光命"의 구절에서 따온 말로 표현했다.
14) 상신일(上辛日) ; 매월 첫 번째 신일(辛日). 이 구절은 정조(正祖)가 농사를 중요시했음을 말하고 있다.

御製百卷　손수 지으신 저술 일백 권,[15]
聖謨洋洋　거룩한 계획 넓고 많으시고,
學宗程朱　학문은 정자(程子)와 주자(朱子)를 으뜸으로 삼으시고,
統接羲黃　이념은 복희씨 황제에 이으셨네.

地負海涵　땅만큼 바다만큼 많고 큰 학문으로,
吾道其東　그 도통을 동방으로 옮기시니,
黜覇正揻　거짓 권위 내치고 그릇됨을 바로잡고,
剔鐵簸糠　쇠를 깎고 겨를 키질해 찌꺼기는 내치셨네.[16]

列聖家法　역대 성왕께서 물려주신 전통을,
式遵尊攘　삼가 지키며 존중히 물려주며,
一部陽秋　춘추대의를 시종일관으로,
手提天綱　몸소 하늘의 윤강으로 지켜오셨네.

赤子龍蛇　어진 사람 어린 백성들에게,[17]
示我周行　큰 정치를 베푸셨으니,
今之西學　지금의 서학(西學)이란 것도,
甚於墨楊　양묵(楊墨)보다 해로운 사교였던 것.[18]

---

15) 손수 지으신 저술일백 권 ;「홍제전서」(弘齋全書)를 가리킨다. 순조 원년(180)에 100책(冊)으로 정리되었다.
16) 쇠를 깎아내고 겨를 키질해 내치셨네 ;『시경』대아(大雅)「生民」에, "혹은 찧고 혹은 빻고 혹은 키로 까불고 혹은 발로 밟아서…"(或舂或揄, 或簸或蹂)라는 말에서 인용했다.
17) 어진 사람, 어린 백성들에게 ; 원문의 '용사'(龍蛇)는 현(賢)과 불초(不肖) 두 부류의 사람을 이르는 말이다. "용사혼잡"(龍蛇混雜)이라는 말이 있다.
18) 이 구절은 우리나라 정종 때 서학이 가장 극심하게 번져갔으나 다른 때에 비해서 그 억압과 척교가 그다지 심하지 않았다. 박연암도 면천 군수로 간 것은 그 서학신자가 창궐하고 있어 이를 뿌리 뽑으라는 사명이었으나 연암은 신자들을 설득해서 그 세를 주리었던 치적도 있다.

火其邪書　그 사악한 서적을 불태우시고는,
人吾黔蒼　우리 백성을 사람으로 만드시니,
辭廓孟闢　말씀으로 설득하시기를 맹자가 (楊墨)을
　　　　　물리치듯 하시니,
功伴禹荒　그 공로 우임금의 치적과 나란히시네.

繼往開來　지난 성인 계승하여 오늘 갈 길 열어주셔,
燕詒元良　그 가르침 세자께 끼치셨으니,
九如頌騰　하늘땅의 칭송이 끓어 오르고,
四重歌長　그 진중하신 인품에 찬양노래 길었네.[19]

堯舜一花　요순은 한 뿌리에서 난 꽃이요,
銀印在床　임금 옥쇄도 한 용상에 있으니,[20]
謂千萬年　천년토록 만년토록,
永受色康　강녕(康寧) 길이 누리시리라 빌었는데.

胡寧一夕　어찌 차마 하루 저녁에,
遽遐雲鄕　갑자기 구름나라로 떠나시다니,
地坼天崩　땅이 갈라진듯 하늘이 무너진듯,
率土如喪　온 세상 그 마치 어버이를 잃은듯.

奉諱南服　남녁 시골에서 부음을 듣고,
長號北望　북녁을 바라 보고 긴 울음 통곡하며,

---

19) 이구절 원문의 '구여'(九如)는 「시경」〈소아〉의 "산같고 언덕같고 동산같고 낮은 메같고 강물같은 임금 성덕"을 인용했고 '사중'(四重)은 「법언」〈수신편〉에 "말씀이 신중하고, 행실이 신중하고, 용모를 무겁게하고, 표정을 무겁게 한다"고 했다.
20) 원문의 '은인'(銀印)은 은으로 만든 국가의 인장, 즉 임금의 옥쇄요, '한 용상'은 정조와 순조가 한 핏줄이라는 뜻.

頓顙八埏　팔방의 땅끝까지 이마를 조아리니,
宇宙茫茫　천지 사방이 아득하기도 그지없네.

山哀海哭　산은 슬퍼하고 바다도 곡을 하니,
血淚盈眶　피눈물 눈자위에 가득 고이네.
驗昔深仁　지난날의 은총이 깊었던 것을,
觀此巨創　이 큰 슬픔 당하니 이제 알겠구나.

聖母垂簾　왕대비 수렴하고 청정하시니,
熙政一堂　그 전날 희정당(熙政堂) 그곳이구나.
媲懿元祐　훌륭한 원우(元祐)의 덕에 짝이 되시고,
嗣徽周姜　주강(周姜)의 아름다움 이으셨구나.[21]

保佑聖躬　어린 왕을 지키고 도우셔서,
吉叶黃裳　아름다운 덕성 잘 화합하시리.[22]
天作華城　하늘의 뜻으로 지은 화성(華城)에는,
有菀梓桑　가래나무, 뽕나무 우거져 있네.

仙寢密邇　선침(仙寢)이 차분하게 정돈되어 있으니,
劍舃將藏　칼과 짚신을 화성에 간직하시리.

---

21) 훌륭한 원우(元祐)의 덕에 짝이 되시고, 주강(周姜)의 아름다움 이으셨구나 : 원우(元祐)는 송나라 7대 왕인 철종(哲宗)의 연호. 철종이 10세의 나이로 즉위하자 그 조모이자 5대 영종(英宗)의 후(后)인 선인태후(宣仁太后)가 원우연간(元祐年間)에 수렴청정을 하였다. 구법당(舊法黨)의 지지를 받아 '여중요순'(女中堯舜)이라는 칭호를 얻었다.
　　주강(周姜)은 주나라 태왕(太王)의 비(妃), 문왕(文王)의 조모(祖母)인 태강(太姜)의 성(姓)인 강씨(姜氏).
22) 아름다운 덕성 잘 화합하시리 : 원문의 황상(黃裳)이란 속옷의 아름다움을 형용한 것으로서 사람의 내면(內面) 덕성(德性)의 아름다움을 비유한 말. 『주역』〈곤괘(坤卦)〉에서 온 말.

신(臣)은…. ○편지로 불초 등에게 이르시기를, "천고의 시비(是非)와 사정(邪正), 음양과 흑백은 분변하기가 어려운 것이 아니고, 또한 많은 말을 할 것도 없는 일이다. 다만 의리(義理)와 이해(利害)의 사이에 있을 뿐이다. 이른바 의리란 바로 천도(天道)의 공평함으로서, 본성을 타고나는 사람으로서는 누구나 꼭 같이 얻는 것이고 본디부터 지니게 되는 것이다. 다만 세속 사람들은 이해의 사사로움에 골몰하니, 이른바 이해란 바로 화복(禍福)이다 라고 하셨는데 대행대왕(大行大王;正祖)의 지극하신 덕행과 위대한 업적을 역사에 이루 다 기록할 수가 없지만, 전례(典禮)에 엄격하고 대의(大義)를 밝게 선양하신 것 같은 일은 천지(天地)에 표준을 세우고 신명에게 질정한 것이어서, 백세(百世)가 지나더라도 모든 왕 가운데 탁월하게 으뜸이실 것이다. 학문이 올바르고 의리가 정밀한 데 대해서는 무릇 누구라 감히 의혹을 제기하고 현혹되거나 때를 묻히고 더럽히겠는가. 지금 보잘 것 없는 글재주를 빌어 30년 가슴속에 쌓인 바를 쏟아내었으니, 이전부터 의리는 이 글에서 벗어나지 않을 따름이다."[23]

---

23) "이전부터 의리는 이 글에서 벗어나지 않을 따름이다." 원문은 "自來義理, 不出此作耳."인데 연암이 평생 견지한 사도세자 사건이나 남인에 대한 정치적인 입장과 연암 골짜기까지 가서 숨어 살게 했던 세도정치가 홍국영과의 적대감이 이 작품에 모두 쏟아 놓았다는 의미로 간주하여야 할 것이다.

※ 일반적으로 시 작품으로 간주하지 않기 때문에 연암의 시를 모아놓은 「영대정잡영」(映帶亭雜咏)에는 들어 있지 않지만 「연암집」 각권의 문체 속에는 여기저기 수록되어 있고, 또 「영대정잡영」을 편집 수록한 박종간(朴宗侃)은 선친(연암)의 시 고금체(古今體) 모두 42수라고 편집 후기에 쓰면서 실제 수록한 작품은 이것저것 두루 모아서 32수 뿐이니 혹여 문집에 산재 기록된 각종 애조(哀吊)의 운문들을 통산한 것이 아닌지 미심하다.

그 중에서 가장 독자의 심금을 울릴만한 작품 3편만 추려서 연암시에 첨가하니 위의 3편이다.

臣云云 ○書敎不肖等曰 千古是非邪正 陰陽黑白 不難辨焉 亦不在多言 只在義理利害之間而已 所謂義理 乃天道之公 而秉彝之所同得 所固有者 但世俗 汨於利害之私 所謂利害 乃禍福也 大行大王 至德大業 史不勝書 而至若嚴於典禮 昭揭大義 則可謂建天地 質鬼神 俟百世 而卓冠百王 學問之正 義理之精 夫孰敢疑眩淬穢於其間哉 今借文字之末 瀉出三十載胸中所蘊積 自來義理 不出此作耳

III. 연암의 소설

1. 프롤로그(自序)

　오륜(五倫)에 있어서 벗에 대한 붕우유신이 맨 끝에 놓인 것은 그것이 하찮거나 낮아서가 아니다. 그것은 마치 오행(五行)에 있어서 토(土)가 사시(四時)의 어디에나 가서 작용하는 것과 마찬가지이다. 부자간의 친함과 군신간의 의리와 부부간의 유별함과 장유간의 차례가 모두 신의가 아니고서야 어떻게 실행되겠는가? 만약 윤리가 윤리로서 성립되지 않는다면 벗이 이것을 바로 잡아 주기 때문에 붕우유신이란 항목을 오륜의 맨 뒤에 놓아서 다른 윤리를 통괄하게 된다.

　미치광이 세 사람이 벗을 지어 가지고 세상을 도피하여 돌아다니면서, 남을 헐뜯고 남에게 아첨하는 무리들을 평론하는 것이 마치 그런 무리들의 표정과 모습을 그려내다시피 하더라. 그래서 여기에 '말 거간꾼 이야기'〈馬駔傳〉을 쓴다.
　선비가 구복(口腹) 때문에 구차하여지면 온갖 행실이 이지러지고 진수성찬을 받으며 탐욕을 억제할 줄 모르는데 저 엄행수는 제 손으로 똥을 쳐서 먹고 사니 하는 일은 더러워 보이나 제 힘으로 벌어먹으니 입은 깨끗하다. 그래서 '예덕선생 이야기'

〈穢德先生傳〉을 쓴다.
 민 노인은 사람을 환충같이 보면서 그가 배운 도는 마치 용과 같아서 헤아릴 수가 없으며, 세상을 풍자하며 희롱하는 것이 버릇없어 보이지만 그는 벽에다 경계하는 잠언 등을 써 붙여 스스로 분발하고 있으므로 자못 게으른 사람에게 교훈이 될만하여 여기에 '민옹의 이야기'〈閔翁傳〉을 쓴다.
 선비란 하늘에서 받은 직분인데 선비의 마음은 곧 의지로 된다. 글자로도 선비 사(士) 밑에 마음 심(心)을 붙이면 뜻 지(志)자가 되니 말이다. 그러면 그 의지란 무엇인가? 권세나 잇속을 꾀하지 말고 현달해져도 선비의 도리를 떠나지 말며, 곤궁하더라도 선비의 도리를 잃지 말아야 한다. 명예와 절조를 조심하여 소중히 하지 않고 한낱 문벌을 밑천으로 삼고, 선조의 덕망에만 의지하여 팔고 사고 한다면 장사치와 무엇이 다르랴. 그래서 '양반을 팔고 사던 이야기'〈兩班傳〉을 쓴다.
 김홍기는 큰 은자 같은 사람으로서 방랑 생활하며 숨어 살되 맑은 데나 흐린 데는 실수가 없다. 남을 시기하지도 않고, 무엇을 달라고 요구하지도 않는다. 그러므로 '김신선 이야기'〈金神仙傳〉을 쓴다.
 광문은 구차한 거지였는데 실제보다 명성이 더 지나치게 나서 세상 사람의 관심을 끌었다. 제가 이름 내기를 좋아 한 것도 아닌데 그 이름을 훔쳐 쓰던 사람이 형벌을 받았다. 어찌 이름을 훔치고 도적질하고 가짜를 위하여 다툼질을 할 것인가? 그러므로 '광문의 이야기'〈廣文傳〉을 쓴다.
 아름다웠다. 저 우상은 옛 문장에 힘을 썼으니 그야말로 조정에서 잃어버린 예절 문서를 시골 가서 찾은 셈이 되었다. 그의 명은 짧았으나 이름은 길이 전할 것이다. 그러므로 '우상의 이야기'〈虞裳傳〉을 쓴다.

　세상이 말세라서 그런지 유행에 따라 허위만을 숭상하다 보니 〈시경〉을 외면서 남의 시구나 도적질하면서 변변치 않은 덕성과 학문을 가지고 종남산에 와서 누어 출세의 지름길로 삼으니 옛날부터 더럽게 생각한 것이다. 그러므로 '역학대도의 이야기'〈易學大盜傳〉을 쓴다.

　집에 들어 부모에게 효도하고 밖에서는 어른들에게 공손하다면 비록 공부를 못한 사람이라도 '배운 사람'이라고 함은 지나치기는 하지만 세상에 가짜 도학군자가 많으니 이를 경계할만한 말이 된다. 증자의 제자 공명선(公明宣)이 글은 읽지 않으면서도 3년 동안 잘 배웠다고 하며, 진문공(晋文公) 때 관리로 천거된 각결(卻缺)은 들에서 밭갈이 하면서도 아내 대하기를 항상 손님같이 하였으니 눈으로 글자는 몰라도 참된 공부라고 말할 수 있을 것이다. 그러므로 '봉산학자의 이야기'〈鳳山學者傳〉을 쓴다.

방경각외전〈放璚閣外傳〉

1. 自序

　友居倫季, 匪厥疎卑, 如土於行, 寄王四時。親義別叙, 非信奚爲, 常若不常, 友廼正之, 所以居後, 廼殿統斯。三狂相友, 遯世流離, 論厥讒諂, 若見鬚眉。於是述馬駔。士累口腹, 百行餕缺, 鼎食鼎烹, 不誠饕餮。嚴自食糞, 迹穢

口潔。於是述穢德先生。閔翁蝗人, 學道猶龍, 託諷滑稽,
翫世不恭, 書壁自憤, 可警惰傭。於是述閔翁。士廼天爵,
士心爲志, 其志如何。弗謀勢利。達不離士, 窮不失士, 不
飭名節, 徒貨門地, 酷鬻世德, 商賈何異。於是述兩班。弘
基大隱, 廼隱於遊, 淸濁無失, 不忮不求。於是述金神仙。
廣文窮丐, 聲聞過情, 非好名者, 猶不免刑。矧復盜竊, 要
假以爭。於是述廣文。變彼虞裳, 力古文章, 禮失求野, 亨
短流長。於是述虞裳。世降衰季, 崇飾虛僞, 詩發含珠, 愿
賊亂紫, 逕捷終南, 從古以醜。於是述易學大盜。入孝出
悌, 未學謂學, 斯言雖過, 可警僞德, 明宜不讀, 三年善學。
農夫耕野, 賓妻相揖, 目不知書, 可謂眞學。於是述鳳山學
者。

2. 거간꾼들의 배꼽 빼던 이야기(馬駔傳)

'말 거간꾼과 집 중개인들이 한데 모여 손바닥을 치면서 옛날 중국의 관중(管仲)[1]이나 소진(蘇秦)[2]을 들먹이며 닭, 개, 말, 소 등의 피를 마시고 맹세한다' 더니 과연 그렇구나.

이별이 다가온다는 말을 엿듣자 가락지를 팽개치며, 수건을 찢어버리고는 등불을 등진 채 바람벽을 향하여 머리를 숙이고 슬픈 목소리로 훌쩍거리는 계집이야말로 믿음성 있는 첩이고,

---

1) 중국 춘추 시대 제(齊)의 정치가요, 법가(法家)인 관이오(管夷吾). 중(仲)은 그의 자.
2) 중국 전국시대의 말솜씨로 유명한 변사(辯士).

간을 토할 듯이, 쓸개를 녹일 듯이, 손목을 잡고 우정을 맹세하는 사람이야말로 믿음직한 벗이다. 그러나 콧마루에다가 부채를 가린 채 양쪽 눈을 껌뻑이는 사람은 거간꾼의 잔재주이고, 아슬아슬 위태로운 말로 호탕하게 움직여 보기도 하려니와 정다운 말로 꺼리는 바를 꼬집어 내기도 하고, 강한 놈은 위협으로, 약한 놈은 억압으로써 같은 놈은 흩어지게 하고, 다른 놈들을 합치게 하는 것은 제패자나 변사들의 늦추락 댕기락 하는 임시 응변술이다.

옛날 심장을 앓는 한 사람이 있었다. 그는 아내를 시켜 약을 달이게 하였다. 그런데 약 분량이 많았다가 적었다가 했다. 그는 화가 나서 다음엔 첩을 시켜 달였다. 첩의 약 달인 분량은 늘 일정하였다. 그는 첩의 영리함을 기특히 여기다가 창구멍을 뚫고 엿보았다. 첩은 약물이 많으면 땅에 쏟아버리고, 적으면 물을 더 타 넣곤 했다. 이것이 곧 알맞게 하는 유일한 수단이었다.

따라서 귀에 입을 대고 속삭이는 소리는 지극히 진실한 말이 아니었으며, '비밀을 누설치 말라'고 부탁하는 사람은 깊은 사귐이 아니었고, 정이 얕으니 깊으니 하여 굳이 나타내려고 애쓰는 사람은 참다운 벗이 아니었다.

송욱(宋旭)과 조탑타(趙闒拖)와 장덕홍(張德弘) 세 사람이 장안 광교 위에서 서로 벗 사귀는 방법을 이야기 하였다. 탑타는,

"내 아침나절에 바가지를 두드리면서 밥을 얻으러 가다가 어떤 점포에 들렸어. 때마침 점포 이층에 포목을 흥정하는 자가 있었는데, 그는 포목을 골라 혀로 핥고는 공중 햇빛에다 비추어 보고 그 두터운 정도를 따지더군. 그러나 그 값의 고하는 말하지 않고 서로 먼저 부르기를 미루다가 얼마 안 되어서 그들 둘은 포목에 대한 일은 잊어버렸어. 그래

서 점포 주인은 별안간 먼 산을 바라보며 노래를 부르되 소리가 구름 위에 솟고, 손님은 뒷짐을 지고 서성이며 벽 위에 걸린 그림을 보데 그려."

했다. 송욱은,

"너의 벗 사귀는 형태는 그럴 법 하나 참된 도리야말로 그런 것은 아니야."

했다. 덕홍은,

"꼭두각시를 놀릴 때 포장을 드리우니 그것은 당기는 노끈이 안 보이게 하자는 까닭이란 말일세."

했다. 송욱은 또,

"넌, 얼굴로 사귀는 것만 알았군. 그러나 그 참된 방법이란 알지 못했거든. 무릇 군자의 벗 사귐이 세 가지에 그 방법은 다섯 가지란 말이야. 그 중에서 나는 아직까지 한 가지도 능하지 못했으므로 나이가 서른이 된 오늘에도 참된 벗 하나 없지만, 난 그에 대한 참된 방법이야말로 들은 지 벌써 오래 되었네 그려. 팔이 바깥으로 굽지 않는 것은 무슨 까닭인가. 술잔을 가장 편하게 하느라고 그렇다지."

했다. 덕홍은,

"그렇고말고, 옛 시[3]에 이르기를 '저 그늘에서 학이 울 제, 그 새끼가 따라 우네. 나의 벼슬 아름다우니 너와 함께 하여 보세' 하였으니 이를 두고 이름이야."

했다. 송욱은,

"너야말로 진실로 벗을 이야기 할 수 있겠구나. 내 아까 그 중 하나를 가르쳤더니 너는 벌써 그 중 둘을 아는구나. 무릇 온 천하 사람들이

---

3) 「주역」의 〈계사(繫辭)〉(상)에서 나온 말인데 시와 비슷함으로 '시'라고 했다.

쫓아가는 것은 오로지 세도요, 서로 다투어 가면서 얻으려 하는 것은 명성과 잇속이 있을 따름이야. 그러니까, 술잔이 애당초 입과 약속한 것은 아니로되 팔이 저절로 굽어 드는 것은 자연한 형세이기 때문이요, 저 학이 소리를 맞추어 우는 것은 명성을 위해서가 아니겠는가. 무릇 아름다운 벼슬이란 역시 잇속을 말하는 거야. 그러나 쫓아오는 자가 많으면 세도가 나누어지고, 얻으려는 자가 많으면 명성과 잇속도 없는 법이란 말야. 그러므로 군자는 이 세도·명성·잇속 등의 세 가지에 대하여 말하기를 싫어한 지가 오래 되었다는 거야. 내 그러므로 짐짓 은유로써 너에게 가르쳤더니 너는 곧 이를 쉽게 알아차리는구나.

너는 남들과 사귈 적에 앞으로 더 잘할 것을 논하지 않고, 다만 지난날 잘한 것들에만 칭찬한다면 그는 아무런 아름다움을 느끼지 않을 거야. 그리고 그의 미처 생각하지 못한 점을 일깨워 주지 말 것이니, 그 이유는 그가 앞으로 그 일을 실천해서 안다면 그는 그때에 반드시 무색함을 느낄 수 있기 때문이야. 또 여러 친구들이나 많은 대중들이 모인 자리에서 어떤 한 사람을 '제일가는 인물이라'고 칭찬하지 말아야 하네. 왜냐하면 '제일'이란 말은 보다 더 위가 없음을 이름인 만큼 한 자리에 가득히 찬 사람들이 모두 서운해서 기분이 안 좋은 법이야.

벗을 사귐에 있어서 다섯 가지의 방법이 있으니 장차 그를 자랑되게 하고자 할 때면 먼저 잘못을 드러내어 책망할 것이며, 장차 기쁨을 보여 주려면 먼저 노염으로써 밝혀야 할 것이며, 장차 친절히 지내기로 한다면 먼저 내 뜻을 꼿꼿이 세우고 몸을 수줍은 듯이 가질 것이며, 남들로 하여금 나를 믿게 하려면 짐짓 의심스러운 듯이 기다려야 하는 것이니, 무릇 열사(烈士)는 슬픔이 많고, 미인은 눈물이 많으므로 영웅이 잘 우는 것은 남의 마음을 움직이려는 것이야. 무릇 이 다섯 가지의 방법은 군자의 은근한 권리요, 동시에 처세하는데 긴요하고 초탈한 방법인 것이야."

했다. 탑타는 그 말을 듣고 나서 덕홍에게,

"송군의 말이란 그 뜻이 너무나 어려워 이는 은유한 말인 만큼 나는 알지 못하겠네."

했다. 덕홍은,

"네가 어떻게 그걸 안단 말이야. 무릇 그의 잘하는 것을 일부러 반대로 소리쳐 가며 책망하다 보면 그의 명예는 이보다 더 높을 수 없을 것이며, 또 노여움은 사랑에서 나오고, 인정은 책망에서 나오는 법이었으므로 한 집안 사람 사이엔 아무리 종알거려도 싫어하지 않는 법이며, 그리고 이미 더 친할 수 없이 친하면서도 더욱 소원한 듯이 한다면 그 친함이 이보다 더할 수 없겠으며, 이미 더 믿을 수 없이 믿으면서도 오히려 의심스러운 듯이 한다면 그 믿음이 이보다 더할 수 없는 법이며, 술은 취하고 밤은 깊었는데 다른 사람들은 모두 자건만 친한 벗 두 사람만이 말없이 마주 쳐다보며 앉아서 취한 뒤의 비분강개한 빛을 띠우고 있다면 그 누가 초연히 감동하지 않는 자 있겠는가.

그러므로 벗 사귐에는 서로 그 마음을 알아주는 것보다 더 고귀한 것이 없고, 기쁨엔 서로 그 마음을 감동시키는 것보다 더 지극한 것이 없는 거야. 그리고 편협한 자의 노여움을 풀 수 있다든가, 사나운 자의 원망을 풀 수 있음에는 울음보다 더 빠른 것이 없는 거야. 나는 남과 사귈 적에 가끔 울고 싶지 않음은 아니로되 다만 울려고 해도 눈물이 나지 않는 까닭에 이때까지 온 국내를 돌아다닌 지 서른 한 해가 되었으나 아직 참된 친구 한 사람도 없네."

했다. 탑타는,

"그럼, 내가 정성껏 그대를 벗으로 사귀며, 정의로써 벗을 정한다면 어떻겠소?"

했다. 덕홍은 그 말을 듣자 곧 탑타의 얼굴에 침을 뱉으며,

"에이, 더럽구나. 네 그것을 말이라고 하느냐. 너는 잠자코 내 말을 들어봐라. 대체 가난한 사람은 무엇이고 바라는 것이 많은 까닭에 제각기 정의를 한없이 그리워해서 저 하늘을 쳐다보면서도 그는 오히려 곡식이 쏟아져 내리길 생각하며, 남의 기침 소리만 들려도 목을 석 자나 뽑는 법이다.

그러나 재산을 모으는 자는 인색하다는 말쯤이야 부끄러워하지 않는 법이니 이는 남이 나에게 무엇을 바라는 생각조차 못 갖게 하는 거야. 또 천한 사람은 아무런 아낄 것이 없으므로 그의 정성은 어떤 어려운 제 옷을 걷지 않음은 낡은 속옷을 입은 까닭이요, 수레를 타는 자가 가죽신 위에 덧버선을 신은 것은 진흙이 스며들까 두려워 그러는 것이니 저 가죽신 밑창도 오히려 아끼거늘 하물며 제 몸뚱이야 오죽하겠느냐. 그런 까닭에 '충(忠)'이니 '의(義)'니 하고 부르짖음은 가난하고 천한 자의 상투적인 구호에 지나지 않는 일이요, 저 부귀를 누리는 자에겐 논할 바 아닌 거야."

하고 소리를 높여 꾸짖었다. 그제야 탑타는 슬픈 듯 낯빛을 붉히며,

"나는 차라리 한 평생에 벗 하나를 사귀지 못할지언정 자네의 말처럼 '군자의 교우'는 할 수 없네."

하고는 그제야 세 사람이 서로 붙들고 갓과 옷을 모두 찢어버리고 때 묻은 얼굴, 대북처럼 흐트러진 머리, 그리고 새끼줄을 띠 삼아 허리통을 졸라매고 온 거리를 쏘다니며 노래를 불렀다.

익살 잘하는 골계(滑稽) 선생이 이 말을 듣고 친구 사귀는 〈우정론〉이란 글을 지었다. 그 글은 다음과 같다.

"나무쪽을 맞대어 붙이는 데에는 아교풀이 제일이요, 쇠를 녹여 붙이는 데에는 붕사가 그만이오, 사슴이나 말의 가죽을 잇대어 배접하는 데에는 찹쌀 풀보다 나은 것이 없으리라. 그러나 벗을 사귀는데 있어서는

항상 사이를 두는 '틈'이란 것이 있으니, 연(燕) 나라와 월(越) 나라가 비록 남북으로 멀다 하나 그것은 틈이 아니요, 산과 강이 그 사이가 막혔다 해도 그건 틈이 아니었고, 다만 거기에는 둘이서 무릎을 서로 대고 자리에 앉았다 해서 '서로 붙어 있다'고 할 수 없겠고, 어깨를 치며 소매를 붙잡았다 해서 '서로 합쳤다'고 할 수 없으니 그 사이엔 틈이 있기 때문이다.

옛날 위앙(衛鞅)[4]이 이야기를 장황스럽게 늘어놓으나 진효공(秦孝公)은 못 들은 채 졸고 있었고, 응후(應侯)가 아무런 노염을 겉으로 풍기지 않자 채택(蔡澤)은 벙어리처럼 말을 못했다. 그러므로 진나라 경감(景監)처럼 마음에 있는 것을 겉으로 드러내서 남을 꾸짖음도 반드시 그럴 처지가 있겠고, 진나라 범저(范雎)처럼 큰 소리를 쳐가며 남을 나무래서 그로 하여금 노엽게 함도 반드시 그럴 사람이 있어 틈이 없는 것이다.

또 옛날 조나라 공자(公子) 조승(趙勝)이 소개하듯이 성안후(成安侯)와 상산왕(常山王)도 틈 없는 사귐이었다. 그러므로 한번 틈이 나면 누구라도 그 틈은 어찌 할 수 없는 법이다.

그러므로 가히 사랑스러운 것도 틈이 아니며, 가히 경외로운 것도 틈이 아니다. 아첨이란 그의 틈을 타서 이루어지며, 헐뜯는 것도 그의 틈을 이용하여 갈라지게 하는 법이다. 따라서 남을 잘 사귀는 자는 먼저 그 틈을 잘 섬겨야 할 것이며, 남을 잘 사귀지 못하는 자는 틈을 타려고 하지 않는 법이다.

무릇 곧은 이는 지름길로 가도 굽은 길을 취하거나, 또는 뜻을 꺾어가며 무슨 일을 하려고 하지 않는 법이다. 그리하여 한 마디 말에 서로 의견이 합하지 않는 것은 남이 그를 이간시킨 것이 아니라, 제 스스로

---

4) 위앙은 곧 상앙(常鞅), 진효공(秦孝公)을 도와서 부국 강병의 방술을 행했다. 그가 처음 진효공을 만나서 국사를 논할 때 진효공은 때때로 졸고 듣지 않았다 한다. 범저(范雎)는 응후에 봉했고 채택은 진(秦)에 들어가서 자기가 진상(秦相) 범저의 자리를 대신하겠다고 선언하여 범저를 노하게 했으나 범저는 노여워하지 않았다 함.

앞길을 막는 셈이다. 속담에 이르기를 '열 번 찍어서 넘어가지 않는 나무가 없다' 하고, 또 '성주신께 잘 보이려면 부엌의 주왕신께 먼저 지성을 드리라' 하였으니 이를 두고 이름일 것이다.

아첨을 부리는 데엔 세 가지의 방법이 있으니 첫째 제 몸을 가다듬고 얼굴을 꾸민 뒤에 말씨도 얌전히 할 뿐더러 다른 사람들과 교제하기를 싫어하는 척해서 자기의 아름다움을 자랑하는 것이 으뜸 아첨이었고, 그 다음은 곧은 말을 간곡히 해서 자기의 참된 심정을 나타내되 말굽이 닳도록 자리굽이 해어지도록 자주 찾아가서 그의 입술을 쳐다보며 얼굴빛을 잘 살펴서 그가 말하면 덮어 놓고 옳다고 하며 그의 행동은 무조건 아름답게 여긴다고 하면 저편에서 처음 들을 때는 기뻐하나 오래 되면 도리어 싫어하는 법이요, 싫어하면 더럽게 여길뿐더러 그제야 '그가 자기를 놀리는 것이나 아닌가' 하고 의심하는 법이니 이는 가장 서툰 아첨이다.

무릇 관중은 아홉 번이나 제후(諸侯)를 규합했고, 소진은 나뉘어졌던 육국(六國)을 연합시켰으니 그야말로 '천하에 가장 커다란 사교'라고 이를 수 있겠다. 그러나 송욱과 탑타는 길에서 빌어먹고 덕홍은 저자에서 미친 노래를 부를지언정 말 거간꾼의 나쁜 수법을 쓰지 않았으니 하물며 글 읽는 군자로서 어찌 그런 짓을 할까보냐."

2. 馬駔傳

馬駔, 舍僧, 擊掌擬指, 管仲, 蘇秦, 鷄狗馬牛之血信矣. 微聞別離, 抛彄裂帨, 回燈向壁, 垂頭呑聲, 信妾矣. 吐肝瀝膽, 握手證心, 信友矣. 然, 而界準(音截)隔扇, 左右瞬目, 駔僧之術也, 動蕩危辭, 餂情投忌, 脅强制弱, 散同合異, 覇者說士, 捭闔之權也. 昔者, 有病心, 而使妻煎藥多寡不適, 怒而使妾, 多寡恒適. 甚宜其妾, 穴牖窺之, 多則損地, 寡則添水, 此其所以取適之道也. 故附耳低聲, 非至言也. 戒囑勿洩, 非深交也, 訟情淺深, 非盛友也. 宋旭, 趙闒拖, 張德弘, 相與論交於, 廣通橋上. 闒拖曰, 吾朝日鼓瓢行丐, 入于布廛, 有登樓而貿布者. 擇布而舐之, 睽空而視之, 價則在口, 讓其先呼, 旣而兩相忘布. 布人忽然望遠山, 謠其出雲. 其人負手逍遙, 壁上觀畵. 宋旭曰, 汝得交態, 而於道則未也. 德弘曰, 傀儡垂帷, 爲引繩也. 宋旭曰, 汝得交面, 而於道則未也. 夫君子之交三, 所以處之者五, 而吾未能一焉, 故行年三十, 無一友焉. 雖然, 其道則, 吾昔者竊聞之矣, 臂不外信, 把酒盃也. 德弘曰, 然詩固有之, 鳴鶴在陰, 其子和之, 我有好爵, 吾與爾麋之, 其斯之謂歟. 宋旭曰, 爾可與言友矣. 吾向者, 告其一, 爾知其二者矣. 天下之所趨者, 勢也, 所共謀者, 名與利也, 盃不與口謀, 而臂自屈者, 應至之勢也. 相和以鳴非名乎. 夫好爵利也, 然而, 趨之者, 多則勢分. 謀之者, 衆則名利無功. 故君子諱言, 此三者久矣, 吾故隱而告汝, 汝則知之. 汝與人交, 無譽其善, 譽其成善, 倦然不靈矣. 毋醒其所未及, 將行而及之, 憮然失矣. 稠人廣衆無稱人第一, 第一則無上, 一座索然沮矣. 故處交有術, 將欲譽之, 莫如顯責, 將欲示歡, 怒而明之, 將欲親之, 注意若植回身若羞, 使人欲吾信也, 設疑而待之. 夫烈士多悲, 美人多淚, 故英雄善泣者, 所以動人. 夫此五術者, 君子之微權, 而處世之達道也. 闒拖問於德弘曰, 夫宋子之言, 陳義鷔牙廋辭也, 吾不知也. 德弘曰, 汝奚足以知之. 夫聲其善而責之, 譽莫揚焉。夫怒生於愛。情出於譴, 家人不厭, 時嚆嚆也。夫已親, 而逾疎親孰踰之, 已信而尙疑, 信孰密焉。酒闌夜深, 衆人皆睡, 默然相視, 倚其餘醉, 動其悲思, 未有不悽然, 而感者矣。故交莫貴乎相知, 樂莫極乎相感。狷者解其慍, 伎者乎其怨, 莫疾乎泣。吾與人交, 未嘗不欲泣, 泣而淚不下, 故行于國中, 三十有一年矣, 未有友焉。闞拖曰, 然則忠而處交, 義而得友, 何如。德弘唾面, 而罵之曰, 鄙鄙哉, 爾之言之也, 此亦言乎哉。汝聽之。夫貧者, 多所望, 故慕義無窮。何則, 視天莫莫, 猶思其雨粟, 聞人咳聲, 延頸三尺。夫積財者, 不恥其吝名, 所以絶人之望我也。夫賤者, 無所惜故, 忠不辭難。何則。水涉不褰, 衣褻袴也。乘車者, 靴加坌套, 猶恐沾泥。履底尙愛, 而況於身乎, 故忠義者, 貧賤者之常事, 而非所論於富貴耳。闞拖愀然變乎色曰, 吾寧無友於世, 不能爲君子之交。於是, 相與毁冠裂衣垢面蓬髮, 帶索而歌於市。

滑稽先生, 友情論曰, 續木吾知其膠魚肺也, 接鐵吾知其鎔鵬砂也, 附鹿馬之皮, 莫緻乎糊粳飯。至於交也介然有閒, 燕越之遠也, 非閒也。山川閒之非閒也。促膝聯席非接也, 拍肩摻袂非合也, 有閒於其閒。衛鞅張皇, 孝公時睡。應侯不怒, 蔡澤嚌喑。故, 出而讓之, 必有其人也, 宣言怒之, 必有其人也, 趙勝公子爲之佋介。

夫成安侯常山王其交無閒, 故一有閒焉, 莫能爲之閒焉。故可愛非閒, 可畏非閒, 諂由閒合讒由閒離。故, 善交人者, 先事其閒, 不善交人者, 無所事閒。夫直則逕矣, 不委曲而就之, 不宛轉, 而爲之一言而不合, 非人離之, 己自阻也。故, 鄙諺有之曰, 伐樹十斫無蹶。與其媚於奧, 寧媚於 竈, 其此之謂歟。故導諛有術, 飭躬修容發言愷悌, 澹泊名 利, 無意交遊以自獻媚, 此上諂也。其次讜言, 款款以顯其 情, 善事其間, 以通其意, 此中諂也。穿馬蹄, 弊薦席, 仰 脣吻, 俟顏色, 所言則善之, 所行則美之, 初聞則喜, 久則, 反厭, 厭則, 鄙之, 乃疑其玩已也, 此下諂也。夫管仲九合 諸侯, 蘇秦從約六國, 可謂天下之大交矣。然而, 宋旭, 闒 拖乞食於道, 德弘狂歌於市, 猶不爲馬駔之術, 而況君子, 而讀書者乎。

3. 엄행수가 환경 미화하던 이야기(穢德先生傳)

선귤자(蟬橘子)[1] 벗에 '예덕선생(穢德先生)'[2]이란 사람이 있었다. 그는 서울 종본탑(宗本塔) 동편에 살고 있었다. 그는 날마다 동네를 돌아다니면서 똥을 져 나르는 것으로 업을 삼았다. 그러므로 동네 사람들은 그를 '엄행수(嚴行首)'라고 불렀다. 무릇 '행수(行首)'란 일꾼 중에서도 늙은이를 일컫는 말이고, '엄(嚴)'은 그의 성이었다.

어느 날 '자목(子牧)'[3]이란 제자가 선귤자에게 여쭈되,

"전에 제가 선생님께 듣자온즉 '벗이란 동거하지 않는 아내요, 혈육

---

1) 매미는 말똥구리의 화신이요, 귤은 신선이 그 속에서 바둑을 두는 선과(仙果)이므로 이에 둘을 따서 인격화(人格化)하였음. 또는 이덕무의 별호.
2) 더러운 똥에서 참다운 덕이 있음을 말함.
3) 마소 먹이는 사람을 뜻함.

아닌 아우이다' 하였사오니 '벗'이란 이다지 중대한 것이 아니오니까. 요즘 온 나라 사대부들이 선생님의 뒤를 쫓아 그 밑에서 놀기를 원하는 이가 많건마는 선생님께서는 아무도 받아들이지 않았습니다. 그런데 '엄행수'란 자는 이 마을의 천한 늙은이로서 역부(役夫)와 같이 하류 계층에 속해 누추하고 욕된 일을 행함에도 불구하고 선생님께서는 그의 덕을 칭찬하며 '선생'이라 부르고 장차 벗으로 청하시려 하오니 제자의 한 사람인 저로서는 이를 몹시 부끄럽게 생각하여 이제부터 전 선생님 문하를 떠나려 하옵니다."

하고 항의를 했다. 선귤자는 웃으며,

"좀 있거라. 내 너에게 '벗'에 대한 이야기를 해보겠다. 우리의 속담에도 있지 않던가. '의사가 제 병 못 고치고, 무당이 제 춤 못 춘다'는 격으로, 사람마다 제 자신은 잘하는 일이 있으나 남들이 알아주지 못하고 남들은 딱하게도 그의 허물만 찾아내려고 하니 벗이 없고, 그렇다고 부질없이 그를 칭찬만 하면 이는 아첨에 가까우니 그래서 벗이 없는지라.

오로지 벗의 단점만 파내어 그릇됨을 말한다면 인정이 아니고 결국에는 자신의 아름답지 못한 인품이 널리 알려져서 벗의 마음에 깊이 스며들지 못하는 법이지. 그러다 보면 비록 벗을 크게 책망하더라도 그는 결코 노여워하지 않을 것이야. 왜냐하면 이는 아직까지 그의 가장 꺼리는 곳을 꼬집지 않은 까닭이야. 그러다가 그의 우연히 좋아하는 것을 발견하되 마치 어떤 물건을 점쳐서 알아낸 듯이 마음에서의 느낌이 마치 가려운 곳을 긁는 듯이 마음으로 감탄하는 거야. 그리고 가려운 곳을 긁는 것도 방법이 있는 거야. 단적으로 말한다면 등을 어루만지되 그 겨드랑이에까지는 이르지 말 것이며, 가슴팍을 만지더라도 그의 목덜미까지는 침범하지 말 것이야. 중요치 않은 곳에 이야기가 미친다면 그 모든 아름다움은 저절로 내게 돌아올 것이니 그는 기뻐서 내게 이르기를 '참 나를 아는 벗이여' 할 것이야. '벗' 이란 그렇게 사귀면 되는 거지."

하고는 껄껄댔다. 이 말을 들은 자목은 귀를 막고 뒷걸음치며,

"이것이야말로 선생님께서 저에게 저 시정배나 머슴 놈들의 행세를 가르치시는 것뿐이에요."

했다. 선귤자는,

"그래, 자네가 부끄러워하는 바는 바로 이런 것에 있으니, 다른 것에 있음은 아니로세. 시정배의 사귐은 잇속으로 하고, 얼굴로서의 교우는 아첨으로 하는 법이야. 그러므로 아무리 좋은 사이일지라도 세 번만 거듭 달라는 요구가 있다면 멀어지지 않는 이가 없겠고, 또 아무리 오래된 원한이 있더라도 세 번만 거듭 베풀어 준다면 친해지지 않는 이가 없을 것이다. 따라서 이해로 사귀는 것은 오래가기가 어렵고, 아첨으로 사귀는 우정도 오래가지 못하는 법이야. 대체로 진실한 사귐은 얼굴빛에 있지 않고, 지극히 가까운 벗은 지나친 친절을 요하지 않는 법이야. 오로지 마음으로 사귀며, 덕으로 벗할지니 이것이 곧 이른바 '도의의 사귐' 일 것이야. 그리하여 위로는 천고의 사람과 벗하더라도 멀지 않을 것이며, 만 리의 머나먼 거리에 있더라도 소원하지 않는 법이야.

그런데 저 '엄행수' 란 이는 일찍이 나에게 알고 지내기를 구하지 않았으나 나는 늘 그를 칭찬하고 싶은 마음이 간절하여 싫지 않았네. 그가 밥을 먹을 때는 꿀떡꿀떡하고, 걸음걸이는 어정어정, 잠잘 때는 곯아떨어지고, 웃음은 껄껄대고, 가만히 앉아 있을 때는 멍하니 바보 같고, 집은 흙으로 쌓고 풀로 지붕 이고 구멍문을 내어 놓고 들어갈 때엔 새우 등이요, 잠잘 때는 개주둥이처럼 틀어박고 자지. 그리고 아침엔 환한 낯빛으로 일어나서 인분지게를 지고 동네에 들어가서 뒷간을 퍼 나르고, 구월에 비, 서리가 내리고, 시월에 엷은 얼음이 얼게 되면 뒷간의 남은 찌꺼기와 말똥, 쇠똥, 또는 홰대 밑의 닭 똥과 개, 거위 따위의

똥을 치우는 거야. 또 입희령(笠豨笭)⁴⁾ 좌반룡(左盤龍)⁵⁾ 완월사(琓月砂)⁶⁾ 백정향(白丁香)⁷⁾ 따위를 취하되 마치 주옥처럼 귀중히 여겼으니 이는 그의 청렴한 인격엔 아무런 허물이 없을 뿐더러 홀로 그 이익을 차지했으나 정의에도 해로울 것 없으며, 아무리 탐내어 많이 얻기 힘쓴다 하더라도 남들은 그에게 '사양할 줄 모른다'고 책하지 않는 거야. 그리하여 그는 때때로 손바닥에 침을 바르며 똥가래를 휘두르는데 그 경쇠처럼 굽은 허리야말로 마치 날새의 부리처럼 생겼다데 그려.

그는 비록 문장의 찬란한 것이라도 뜻에 맞지 않을 것이며, 아무리 아름다운 것이라도 돌보지 않데 그려. 무릇 부귀란 사람마다 원하는 바이건만 그리워해서 얻을 것은 아니었으므로 그는 부러워하지도 않는 거야. 그리하여 그는 남들이 자기를 칭찬해 주어도 더 영광스럽게 여기지 않고, 헐뜯는다 하더라도 더 욕되게 여기지도 않는 거야.

저 왕십리의 배추, 살꽂이다리⁸⁾의 무, 석교(石郊)의 가지, 외(참외), 물외(오이), 호박, 연희궁(延禧宮)⁹⁾의 고추 마늘·부추·파, 염부추, 청파(靑坡)의 물미나리, 이태인(李泰仁)¹⁰⁾의 토란 따위를 심는 밭들은 모두 그 중 상에 상을 골라잡되 그들은 모두 엄씨의 거름을 써서 기름지고, 살찌고, 걸찍하고, 풍요로워지니 해마다 육천 냥이나 되는 많은 돈을 번다는 거네.

그러나 엄행수는 언제나 아침에 밥 한 그릇 먹고도 만족한 기분을 지니고, 저녁이 되어 집에 와서 밥 한 그릇에 쓰러져 버린단 말야. 남이 그에게 고기 먹기를 권한다면 그는 '허허, 나물이나 고기나 다 마찬가

---

4) 돈분(豚糞)의 별칭
5) 인분(人糞)의 별칭
6), 7) 계분(鷄糞)의 별칭
8) 한양대학 앞다리. 옛 살꽂이 돌다리.
9) 지금 연세대학교 앞에 있었음.
10) 이태원의 옛 이름.

진데 배부르면 그만이지. 하필 값 비싸고, 맛 좋은 것만을 먹을 필요가 뭐 있소' 하고 사양하며, 또 새 옷 입기를 권한다면 그는 '저 소매 넓은 옷을 입는다면 몸이 부자유스럽고, 새 옷을 갈아입는다면 다시금 길가에 똥을 지고 다니지 못할 것이 아니요' 하고 사양한다네 그려. 해마다 정월 초하룻날이 되면 그는 비로소 아침 일찍이 일어나서 갓을 쓰고, 띠 두르고, 새 옷을 갈아입고, 새 신을 바꿔 신고는 이웃 동네 어른들에게 골고루 돌아다니며 세배를 드리고 곧 돌아와서 옛 옷을 찾아 입곤 다시금 똥지게를 지고 동네 한복판으로 들어간다네. 엄행수야말로 자기의 모든 덕행을 저 더러운 똥 속에다가 커다랗게 파묻어서 이 세상에 참된 은자의 덕을 쌓는 자가 아니겠는가.

옛글에 이르기를 '본래 부귀를 타고 난 이는 부귀를 행하고, 빈천을 타고 난 이는 빈천을 행해야 한다'[11]는 말이 있는데, 무릇 그의 이른바 '본래'란 것은 하늘이 정해 준 분수를 말함이었고,

또 「시경」〈국풍, 소성〉에서 이르기를 '아침 일찍부터 밤늦게까지 관가에 일하시니 타고난 그 운명이 그와 나는 다르다오' 하고 읊었으니 이 '명(命)'이란 곧 '분수'를 이름이야. 그러므로 하늘이 만물을 낳으실 제, 제 각기 제한된 분수가 있으니 그 누구에게 원망하리요. 세상 인정이란 대체로 새우젓을 먹을 때는 달걀이 생각나고, 굵은 갈옷을 입고 나선 자는 모시를 그리워하는 것이 인지상정이네. 그리하여 온 천하가 이로부터 크게 어지러워져서, 농민이 토지를 빼앗기면 농토가 저절로 황폐해지지 않을 수 없는 거네.

저 옛날 진나라의 진승(陳勝)·오광(吳廣)·항적(項籍)[12]의 무리로 말한다 하더라도 그의 뜻이 어찌 저 호미나 낫을 들고 농사일에만 편안히

---

11) 「논어」〈안연〉편에 "생사가 명이 있고 부귀는 하늘에 매였다"(死生有命 富貴在天)이라 했다.

12) 진의 학정을 반대하여 일어난 사람들.

있겠는가. 〈주역〉에 이르기를 '짊어진 사람이 수레를 탄다면 도적에게 빼앗길 것이다'[13] 하였으니 이를 두고 하는 말이다. 그러므로 진실로 정의가 아니라면 비록 만종(萬鐘)의 봉록일지라도 깨끗하지 않을 것이고, 힘들이지 않고서 재산을 이룩한 자도 비록 그의 부자가 저 부호로 이름 있는 소봉(素封)[14]과 어깨를 겨룬다 하더라도 그의 이름을 더럽게 여기는 이가 있는 법이네. 그러므로 사람이 죽으면 구슬과 옥을 입에 넣는 것은 그의 깨끗함을 밝히는 게 아닌가.

무릇 엄행수는 똥과 거름을 져 날라서 스스로 먹을 것을 장만하는 만큼 그를 '지극히 깨끗하지 못하다'고 이를 수 있을는지도 모르겠다. 그러나 실제에 있어서는 그의 먹을 것을 장만하는 방법은 지극히 향기로왔으며, 그의 똥 푸는 몸은 지극히 더러우나 그가 정의를 지킴은 지극히 높고, 그의 뜻을 따져 본다면 비록 만종의 녹을 준다 하더라도 아마 바꾸지 않을 거야. 이런 것으로써 살펴본다면 세상엔 '깨끗하다'는 자에 깨끗하지 못한 자가 있고 '더럽다'는 자에도 더럽지 않은 이가 있는 걸세. 나는 음식을 먹을 때마다 그 상차림이 아주 적어 참을 수 없을 때면 반드시 이 세상에서 나보다 더 못한 가난뱅이가 있음을 생각했네 그려.

그러나 이제 저 엄행수의 경지에 이른다면 무엇이라도 견디지 못할 바 없겠지. 그러므로 누구라도 그 마음에 도적질할 뜻이 없다면 엄행수의 행위를 갸륵하게 여기지 않을 이 없을 거야. 그리고 그 마음을 미루어서 확대시킨다면 성인의 경지에 이를 수도 없지 않을 거야. 무릇 선비는 그 가난한 기색이 나타난다면 이는 부끄러운 일일 것이요, 또 뜻을 얻어서 영달했다 하여 그 교만이 온 몸에 흐른다면 역시 부끄러운 일인 만큼 그들로 하여금 저 엄행수에게 견주어 본다면 부끄럽지 않을 자

---

13) 평민(平民)이 천한 일을 하여 무엇을 짊어지고서 수레를 탄다면 이는 과분(過分)하여 반드시 도적에게 물건을 빼앗김을 뜻함. 「주역」〈계사전〉상.
14) 옛날의 이름난 부호가(富豪家).

드물 거야. 그러므로 나는 엄행수에 대하여 '스승'이라 이를지언정 감히 '벗'이라 이르지 못하는 바이네. 또 나는 엄행수에 대하여 감히 이름을 부르지 못하고 그의 호를 지어 바쳐 '예덕선생'이라 하였네 그려."
하고 길게 설명해 주었다.

3. 穢德先生傳

　蟬橘子, 有友曰, 穢德先生。在宗本塔東。日負里中糞, 以爲業。里中皆稱, 嚴行首, 行首者, 役夫老者之稱也。嚴其姓也。子牧問乎, 蟬橘子, 曰昔者, 吾聞友於夫子, 曰不室而妻, 匪氣之弟, 友如此其重也。世之名士大夫, 願從足下, 遊於下風者, 多矣夫子無所取焉。夫嚴行首者, 里中之賤人役夫, 下流之處, 而恥辱之行也。夫子亟稱其德, 曰先生, 若將納交, 而請友焉。弟子甚羞之, 請辭於門。蟬橘子笑曰, 居, 吾語若友。里諺有之, 曰, 醫無自藥, 巫不己舞。人皆有, 己所自善, 而人不知, 慇然, 若求聞過。徒譽, 則近諂而無味, 專短, 則近訐而非情。於是, 泛濫乎其所未善, 逍遙, 而不中雖大責, 不怒, 不當其所忌也。偶然及其所自善, 比物而射其覆, 中心感之, 若爬癢焉。爬癢有道, 拊背無近腋, 摩膺毋侵項。成說於空, 而美自歸, 躍然曰知。如是而友, 可乎, 子牧掩耳, 卻走曰, 此夫子敎我以市井之事, 傭僕之役耳。蟬橘子曰, 然則子之所羞者, 果在此而不在彼也。夫市交以利, 面交以諂。故雖有至懽, 三求則無不踈, 雖有宿怨, 三與則無不親。故以利則難繼, 以諂則不久。夫大交不面盛友不親。但交之以心, 而友之以德,是爲道義之交。上友, 千古而不爲遙, 相居萬里, 而不爲疎。彼嚴行首者, 未嘗求知於吾, 吾常欲譽之, 而不厭也。其飯也頓頓, 其行也伈伈, 其睡也昏昏, 其笑也訶訶, 其居也若愚。築土覆藁, 而圭其竇, 入則蝦背, 眠則狗喙。朝日, 熙熙然起, 荷畚入里中, 除溷。歲九月天雨霜, 十月薄氷, 圉人餘乾, 皁馬通, 閑牛下, 塒落鷄, 狗鵝矢, 苙豨苓, 左盤龍, 翫月砂, 白丁香, 取之如珠玉, 不傷於廉, 獨專其利, 而不害於義, 貧多, 而務得, 人不謂其不讓。唾掌揮鍬, 磬腰傴傴, 若禽鳥之啄也。雖文章之觀, 非其志也, 雖鍾鼓之樂不顧也。夫富貴者, 人之所同願也, 非慕而可得, 故不羡也。譽之而不加榮, 毁之而不加辱。枉十里 蘿蔔, 箭串菁, 石郊, 茄, 菰, 水瓠, 胡瓠, 延禧宮, 苦椒, 蒜, 韭葱, 薤, 青坡水芹, 利泰仁, 土卵田用上上, 皆取嚴氏糞膏, 沃衍饒歲致錢六千。朝而一盂飯, 意氣充充然, 及日之夕, 又一盂矣。人勸之肉則辭, 曰下咽, 則蔬肉同飽矣, 奚以味爲。勸之衣則辭, 曰衣廣袖不閑於體, 衣新, 不能負塗矣。歲元日朝, 始笠帶衣履, 遍拜其隣里。還乃衣故衣, 復荷畚入里中。如嚴行首者, 豈非所謂穢其德, 而大隱於世者耶。傳曰, 素富貴行乎富貴, 素貧賤行乎貧賤。夫素也者定也。詩云, 夙夜在公, 寔命不同。命也者分也。夫天生萬民, 各有定分命之素矣, 何怨之有。食蝦, 醢思鷄子, 衣葛, 羡衣紵。天下從此大亂, 黔首地奮, 田畝荒矣。陳勝, 吳廣, 項籍之徒, 其志豈安, 於鋤耰者耶。易曰, 負且乘, 致寇至, 其此之謂也。故苟非其義, 雖萬鍾之祿, 有不潔者耳, 不力而致財, 雖埒富素封, 有臭其名矣。故人之大侄飮珠飯玉, 明其潔也。夫嚴行首, 負糞擔溷, 以自食可謂至不潔矣, 然而, 其所以取食者, 至馨香。其處身也, 至鄙汚, 而其守義也, 至抗高。推其志也, 雖萬鍾可知也。繇是觀之, 潔者有不潔, 而穢者不穢耳。故吾於口體之養, 有至不堪者, 未嘗不思, 其不如我者。至於嚴行首, 無不堪矣。苟其心, 無穿窬之志, 未嘗不思嚴行首, 推以大之, 可以至聖人矣。故夫士也窮居, 達於面目恥也, 旣得志也, 施於四體恥也。其視嚴行首, 有不忸怩者, 幾希矣。故吾於嚴行首師之云乎, 豈敢友之云乎。故吾於嚴行首, 不敢名之, 而號曰, 穢德先生。

4. 민영감이 도통했던 이야기(閔翁傳)

'민영감'은 남양에 살고 있던 사람이다. 무신년 민란[1]에 관군을 따라 토벌에 가담해서, 그 공로로 '첨사(僉使)'란 벼슬을 얻었다.

그 뒤에 시골집에 돌아와서 다시는 벼슬하지 않기로 했다.

민영감은 어릴 적부터 매우 영리하고 총명하여 말 잘하기로 유명했다. 그의 성격은 특히 옛 사람의 기이한 절개나 거룩한 역사를 그리워하여 때로는 의기에 복받쳐서 흥분하기도 했다. 그는 옛 인물의 전기를 읽을 때마다 일찍이 한숨 겨워 눈물짓지 않은 적이 없었다.

---

1) 조선시대 영조 4년(1728). 이인좌(李麟佐) 등의 거병 반란 사건.

그는 일곱 살이 되자 곧,

항탁(項橐)²⁾ 이는 이 나이에 남의 스승 노릇을 했다.

라고 커다랗게 바람벽에 썼고, 열두 살엔,

감라(甘羅)³⁾는 이 나이에 장수가 되었다.

라고 썼고, 열세 살엔,

외황아(外黃兒)⁴⁾는 이 나이에 유세했다.

라고 썼고, 열여덟 살엔,

곽거병(藿去病)⁵⁾은 이 나이에 기련(祈連)에 싸우러 나갔다.

라고 썼고, 스물네 살엔,

항적(項籍)⁶⁾이 이 나이에 오강(烏江)을 건넜다.

라고 썼다. 그럭저럭 마흔 살이 되는 해를 맞이했으나 그는 아무것도 이루지 못했다. 그러나 그는 또,

맹자는 이 나이에 마음을 움직이지 않았다.

라고 더욱 커다랗게 썼다. 그는 그 뒤에도 해가 바뀔 때마다 이런 것들을 쓰기를 게을리 하지 않았다. 그의 바람벽은 온통 먹물 빛이었다.

그는 벌써 일흔 살이 되는 해를 맞이했다. 그의 아내는,

"영감님, 올해는 까마귀를 그리지 않수."

---

2) 중국 고대 춘추시대의 사람. 그는 7세에 공자(孔子)의 스승이 되었다 함.
3) 춘추시대의 진(秦)시황 때 사람. "감라가 조왕을 설복하다"(甘羅說趙王)는 고사가 있다.
4) 중국 고대 한나라 사람 장이(張耳)의 고사.
5) 중국 한나라 때 장수. 흉노족을 평정함. 곽거병(霍去病)으로 씀.
6) 중국 삼국시대 초왕(楚王)인 항우(項羽:BC 232~BC 202)의 이름.

하고 농담까지 하였다. 민영감은 희희낙락한 얼굴로,

"그래, 당신은 재빨리 먹이나 갈아 주구려."

하고 곧,

"범증(范增)[7]이는 이 나이에 기이한 꾀를 좋아했다."

라고 더욱 커다랗게 썼다. 그의 아내는 화를 발칵 내며,

"꾀가 아무리 기이키로 장차 어느 때에 쓰려 하시오."

했다. 민영감은 태연히 웃으며 도리어 핀잔을 주었다.

"옛날 여상(呂尙)[8]은 여든 살에 장수되어 매처럼 날 샜거든. 이제 나는 여상에게 비한다면 오히려 어린 아우 밖에 안 되는 걸."

지난 계유(癸酉) 갑술년[9] 사이에 내 나이는 십칠 팔세였다. 병에 오랫동안을 시달리어 음악, 서화나 옛칼, 거문고, 골동품 등 모든 잡물을 제법 좋아했을 뿐더러 더욱이 여러 손님을 모아 놓고 익살스럽고 우스꽝스러운 옛 이야기로써 마음을 여러 모로 위안시켰으나 그 깊숙이 스며든 울적한 병세는 어떻게 할 수 없었다. 어떤 이가 말하기를,

"민영감은, 그야말로 기이한 사람이죠. 그는 노래도 잘하지만 말 잘하기로도 유명하죠. 그의 이야기야말로 참으로 명랑하고 재미나며, 걸찍걸찍하거든요. 그래서 듣는 자 치고 누구나 마음이 상쾌히 열리지 않는 이가 없다더군요."

한다. 나는 그 말을 듣고 몹시 기뻐서 그에게 '함께 놀러 오라'고 부탁했다. 그리하여 민영감은 나를 찾게 되었다. 때마침 나

---

[7] 항우를 돕던 모사였는데 뒤에 배반했다는 의심받고 팽원땅에 가서 죽었다.
[8] 주무왕(周武王)의 스승인 강태공.
[9] 조선조 영조 29년(1753).

는 친구들과 음악을 즐기고 있었다. 민영감은 인사도 서로 나누기 전에 퉁소 부는 악사를 가만히 들여다보더니 별안간 그의 뺨을 갈기며,

"에끼 이 녀석, 주인은 모처럼 즐겁게 놀자는 것인데 너는 어째서 잔뜩 성난 꼴로 앉았어!"

하고 크게 꾸짖었다. 나는 깜짝 놀라서 그에게 그 영문을 물었다. 민영감은,

"저놈의 꼴을 좀 보시오. 눈알이 잔뜩 튀어나오도록 사나운 기운을 품었지 않았어요. 그게 성낸 게 아니고 무엇이요."

했다. 나는 껄껄하고 크게 웃었다. 민영감은 또 말했다.

"비단 퉁소 부는 놈만이 아니고, 저 피리 부는 놈은 얼굴을 한쪽으로 돌리고 우는 듯한 표정이요, 장구를 치는 놈은 이마를 찌푸린 채 무슨 시름을 자아내는 듯이 하고 있지 않아요? 그러니까 온 좌석이 입을 다물고 마치 큰일이나 난 듯이 앉았고, 아이와 종놈들까지도 웃지도 못하고 말도 못하게 되었으니 무슨 음악이 이렇소. 이런 것들로써 기쁨을 살 수 있단 말이오."

했다. 나는 곧 그들을 보내고 민영감을 마주하여 앉았다. 그는 키와 몸뚱이가 작고 흰 눈썹이 눈을 덮었다. 그는,

"저의 이름은 유신(有信)이오. 나이는 일흔 세 살이오."

하고 스스로 소개했다. 그리고 그는 나에게,

"당신은 무슨 병이 들었소? 머리를 앓는 거요?"

하고 물었다. 나는,

"아니오."

하고 답했다. 그는 또,

"그러면 배앓이를 하오?"

했다. 나는 또,

"아니오."

하고 대답했다.

"그렇다면 당신은 병이 아니오."

하고는 그는 곧 문을 열고 들창을 열어 젖혔다. 바람이 우수수 하고 들어왔다. 나의 마음은 점차 시원해져서 지난날과 다름을 확실히 느꼈다. 그제야 나는 민영감더러,

"나는 특히 음식 먹기를 싫어할 뿐더러 밤이면 잠을 이루지 못하는 게 병이 되었나 봐요."

했다. 민영감은 곧 몸을 일으켜 나에게 치하했다. 나는 놀라서,

"영감님, 무엇을 치하하신단 말이오."

했다. 그는,

"당신은 집이 가난한데 다행히 음식을 싫어하신다니 그렇다면 살림살이가 늘어나지 않았소? 그리고 졸음이 없으시다니 이는 낮밤을 겸해서 나이를 곱절 사시는 게 아니오? 살림살이가 늘어나고 나이를 곱절 사신다면 그야말로 수와 부를 함께 누리는 게 아니시오."

했다.

그리고 얼마 후에 밥상이 들어왔다. 나는 금방 음식 싫은 증세가 나타나 얼굴을 찌푸리고 숟가락을 들기 전에 이것저것 골라 냄새만 맡을 뿐이었다. 민영감은 별안간 크게 노하여 일어나려고 했다. 나는 놀라서,

"영감님, 왜 노하십니까? 어디로 떠나시렵니까?"

했다. 민영감은,

"당신이 손을 청해 놓았으나 의당 먼저 손에게 음식을 권해야죠. 어째서 혼자서만 자시려고 하오. 이는 나를 대접하는 도리가 아니지 않소!"

했다. 나는 곧 그에게 사과하고 소매를 잡아 만류했다. 그리고 한편으로는 빨리 밥상을 권했다. 민영감은 사양치 않고 팔뚝을 훌훌 걷어붙였다. 숟가락과 젓가락에 오른 음식이 몹시 풍성했다. 나는 저절로 입에 침이 생기고, 마음이 시원코 코 밑이 트이는 듯 싶어서 그제야 밥이 옛날처럼 비위에 맞았다.

그러다가 밤이 되자 민영감은 눈을 감은 채 꼿꼿이 앉았기에 나는 그에게 이야기를 붙였으나 그는 짐짓 입을 굳게 다물었다. 나는 몹시 무료할 뿐이었다. 이윽고 민영감은 별안간 일어나서,

"내 일찍이 나이가 젊을 때엔 어려운 글이라도 눈으로 한 번만 스치면 곧 외더니 이제 늙었소. 당신과 약속컨대 평생에 보지 못한 책을 뽑아내서 각기 두세 번 눈으로 훑은 뒤에 외우되 만일 한 글자라도 틀린 때에는 약속대로 벌을 받기로 하는 게 어떻소."

했다. 나는 그가 늙었음을 기화로 하여 대뜸,

"그러지요."

하고는 곧 시렁 위에 꽂힌 〈주례〉(周禮)[10]를 뽑았다. 그리하여 민영감은 '고공(考工)'[11]을 뽑았고, 나는 '춘관(春官)'[12]이 돌아왔다. 얼마 후 민영감은,

"나는 벌써 외었소."

---

10) 십삼경(十三經)의 하나. 주공(周公)의 지음이라고 전함. 주(周)의 관제의 천관·지관·춘관·하관·추관·동관 등 육관(六官)을 분류 설명한 중국 최고의 책.

11), 12) 각각 〈주례〉의 편명(篇名).

하고 나에게 말했다. 나는 그 사이 미처 한 번도 내려 훑지 못했다. 깜짝 놀라서 그에게 조금 더 기다리기를 청했다. 그는 자꾸만 재촉하여 나를 곤경에 빠뜨렸다. 그럴수록 나는 점점 외우질 못했다. 그러는 차에 졸음이 퍼붓는 듯싶었다. 나는 곧 마음 놓고 자버렸다.

그 이튿날이었다. 해는 이미 떴다. 나는 그제야 민영감에게,

"어제 왼 글을 아직도 기억하시오?"

하고 물었다. 민영감은,

"나는 애초부터 외질 않았소."

하고 껄껄대기만 했다.

나는 어느 날 저녁에 민영감과 이야기를 시작했다. 민영감은 같이 앉은 손님들에게 농담도 붙이고, 높은 목소리로 꾸짖기도 했으나 그들은 아무도 어쩌지 못했다. 그 중에 있던 한 손님이 민영감의 말을 꺾어 보리라 생각하고 그에게 말을 붙였다.

"영감님은 귀신도 보았겠죠?"

"그럼, 봤고 말고."

"그러면 귀신은 어디 있죠?"

민영감은 눈을 부릅뜨고 가만히 살펴보더니, 등잔 뒤에 앉아 있는 손님을 향하여 고함쳤다.

"귀신이 저기 있지 않소."

하였다. 그 손님은 성을 내어 민영감에게 따졌다. 민영감은,

"밝으면 사람이고, 어두우면 귀신 되는 법이거든. 이제 당신은 어둔 곳에서 얼굴을 숨긴 채 밝은 곳을 살피니 어찌 귀신이 아니라고 말할 수 있소."

하자 자리에 있던 모든 사람들이 한바탕 웃었다. 손님은 또,

"영감님은 신선도 보았겠죠?"

하고 빈정거렸다. 민영감은,

"그도 보았고 말고."

"그럼, 신선이 어디 있죠?"

"별게 아니라오. 집 가난한 이가 곧 신선이지요. 부자들은 늘 속세를 그리워하는데 가난한 이는 언제나 속세를 싫어하는 법인즉 속세를 싫어하는 게 신선이 아니고 무엇이오."

"그럼 영감님은 나이를 많이 산 사람을 보셨겠구료."

"보았고 말고. 내 오늘 아침 나절에 우연히 숲 속에 들어갔더니 두꺼비하고 토끼가 서로 제 '나이가 많다'고 다투는 판이더군요. 토끼가 두꺼비더러 '내 나이는 옛날 팽조(彭祖)[13]와 동갑이니까 너야말로 후생이야' 하더군요. 그 말을 들은 두꺼비는 아무런 말도 없이 머리를 숙여 훌쩍훌쩍 울기만 합니다. 토끼는 깜짝 놀라 '너는 왜 이리 슬퍼하느냐' 하고 그 영문을 물읍디다. 두꺼비는 '나는 저 동편 이웃집 어린이와 더불어 동갑이었는데 그 아이는 다섯 살 먹었을 적에 벌써 글 읽을 줄을 알았으며, 그는 아득한 예날 천황씨(天皇氏)[14]때에 나서 인년(寅年)에서 역사를 시작하고 수많은 왕과 제왕을 거쳐서 주(周)에 이르러서 왕통이 끊어져 책력이 이루어졌고, 진(秦)에서 윤달을 들고, 한·당을 지나쳐 아침엔 송, 저녁엔 명이 되었으므로 모든 사변을 겪으며 기쁘고 놀랄 만한 일, 죽은 이를 슬퍼하고, 가는 이를 보내는 일 등 지루한 세월을 겪고서 오늘에 이른 것이야. 그러나 오히려 귀와 눈이 총명하고, 이와 털이 날로 자라난단 말야. 나이 많이 산 이로선 저 어린이에 비할 자 없으리라 생각되네 그려. 그런데 너의 팽조야 말로 겨우 칠백 살을 살고

---

13) 팽조(彭祖)는 중국 요나라 신하이고 700세를 살았다는 선인.

14) 중국 고대의 전설속에 나오는 임금.

서 일찍 사라졌다니 그는 정말 세상을 겪은 게 많지 못하고, 일을 경험한 지도 오래지 못한 만큼 나는 그를 슬퍼할 따름이지' 합디다. 토끼는 그제야 두 번, 세 번 절하고 뒷걸음치며 '너는 나에겐 할아버지뻘이다' 합디다 그려. 이로써 따진다면 글 많이 읽은 이가 가장 목숨이 긴 사람이 아니겠나!"

"그럼, 영감은 맛의 가장 아름다운 것도 보셨겠군요."

"그것도 보았고 말고. 달이 하순께 지나서 썰물이 물러나면 바닷가의 흙을 갈아서 소금밭을 만들고, 갯벌을 말려서 거친 것은 수정염(水晶鹽)을 만들고, 부드러운 것은 소금을 만들어 음식의 백 가지 맛을 내는데 누가 소금을 쓰지 않으랴. 그러니 소금이 가장 맛 좋은 음식이지."

모두들 말하기를,

"잘 하십니다. 그러나 불사약이야 결코 못 보셨겠죠?"

했다. 민영감은,

"이것이야말로 내가 아침저녁으로 늘 먹는 것인데 어째서 모르겠소. 저 골짜기에서 자라난 늙은 소나무 밑에 달콤한 이슬이 떨어져 땅속으로 스며든 지 천년 만에 복령(茯苓)[15]이 되었고, 인삼은 신라의 토산품이라 세계에 으뜸인데 그 모양은 단정하고 빛깔은 붉은데다 사지가 갖췄고, 쌍갈래 머리는 동자처럼 생겼으며, 구기자는 천년되면 사람보고 짖는다오. 그러나 그 세 가지의 약을 내 일찍이 먹고 나서 다시금 음식을 못 먹은 지 백일 만에 숨결이 가빠서 미구에 죽게 되었을 때, 이웃집 할미가 와서 보곤 '그대의 병은 굶주림에서 났음이니 옛날 신농씨가 온갖 풀을 다 맛보다가 비로소 오곡을 뿌렸으니 대체로 병을 다스리는 데는 약을 쓰고, 굶주리는 데는 밥이 으뜸인즉 이 병은 오곡이 아니고선 치료하긴 어렵네' 하고 탄식을 거듭하기에 나는 그제야 기름진 쌀로써

---

15) 복령은 소나무 뿌리에서 기생하는 버섯. 한약재.

밥을 지어 먹고는 죽기를 면했으니, 이로 보아서는 불사약 치고는 밥만 한 게 전혀 없음을 알고 나는 아침에 한 그릇, 저녁이면 또 한 그릇 먹고서 이젠 벌써 일흔 살 남짓까지 살았다오."

하고는 껄껄댔다. 민영감은 언제나 그의 말을 지루하게 늘어놓으나 종말엔 이치에 알맞지 않은 것이 없고, 게다가 속속들이 풍자를 띠었으니 그는 대체로 변사가 아닐 수 없었다. 그제야 손님들은 더 물을 말이 막혀서 다시금 말을 잇기 어려웠다. 그러면서 약이 올라서 한마디 더하기를,

"그럼, 영감님도 두려운 게 있소?"

했다. 민영감은 잠자코 한참 있다가 별안간 목소리를 높여,

"가장 두려운 게 나 자신보다 더한 것이 없소. 나의 오른쪽 눈은 사물을 바로 보자는 용이요, 왼쪽 눈은 못 볼 것을 보아서는 안 되는 범이라오. 혀 밑엔 말 잘못하면 찍는 도끼를 간직했고, 꼬부라진 팔은 잘못 쓰면 화살로 사람 다치는 활처럼 생기지 않았소. 그리하여 내 마음을 잘 가지면 어린이처럼 착할 것이고 까닥 잘못하면 오랑캐도 될 수 있으며 삼가지 못 한다면 장차 제 스스로 물고, 뜯고, 끊고, 망칠 수도 없지 않겠소? 그러므로 옛 성인의 말씀 가운데에 '자기의 사욕을 극복하고 예로 돌아가는 것이 인(仁)이다'[16]느니, 또는 '사심(邪心)을 막고 참된 마음을 갖는다'[17]느니 하였으니, 그들도 일찍이 두려움이 없는 것은 아니었소."

했다. 그리하여 민영감은 한꺼번에 여남은 가지의 질의를 받되

---

16) 〈논어〉〈안연〉(顏淵)에 "자신의 이기적 욕심을 이기고 예로 돌아가는 것이 인이다"(克己復禮爲仁)라고 했다.

17) 〈주역〉의 건(乾)에 "평범한 말을 참되게 여기고 평범한 거동을 삼가고, 간사한 꾀를 막고 성실한 마음을 지켜나간다"(庸言之信 庸行之謹 閑邪存其誠)라고 했다.

그의 답변이야말로 메아리처럼 빨라서 마침내 손님들은 어쩔 수 없었다. 민영감은 자기를 스스로 자랑하기도 하고, 자찬하기도 하며, 멋대로 곁에 앉은 손님을 조롱하기도 했다. 손님들은 모두들 우스워 허리를 잡았다. 그러나 민영감은 낯빛도 변치 않았다.

어떤 손님이 말하기를,

"해서(海西) 지방에서는 방금 황충(蝗蟲)이 생겨서 관가에서 백성을 동원하여 잡는답디다."

했다. 민영감은,

"황충이를 잡아선 무엇 한다오?"

하고 물었다. 그는,

"이놈의 벌레는 첫잠 자는 누에보다도 작은 놈이 빛은 알록달록 털이 돋았고, 그놈이 날개 달리면 며루나방이가 되고, 곡식에 붙으면 게심이란 나쁜 벌레가 되어서 우리들의 곡식을 해치되 거의 전멸시키다시피 하므로 장차 잡아서 흙에 묻어야 합니다."

했다. 민영감은 또,

"이만한 조그만 벌레야 무엇을 걱정한단 말이오. 내가 보기엔 저 종로 네 거리의 길을 메워 오가는 것들이 모두 황충이 뿐이오. 그들 키는 모두 일곱 자가 넘고, 머리는 검으며, 눈은 반들반들 빛이 나고, 입은 주먹이 드나들 만큼 큰데다가 무슨 소리를 지껄여대며, 다니는지 발굽이 서로 닿고 궁둥이가 잇달리어 농사를 해치며 곡식을 축내기야 이 무리보다 더한 것은 없을 것이니 내 그 놈들을 잡으려 하나 다만 큰 바가지가 없어서 한스럽소 그려."

했다. 모든 사람들은 그 말을 곧이 듣고 모두들 마치 참으로 이런 벌레가 생겼는가 싶어 크게 두려워했다.

어느 날 민영감이 오길래 나는 그를 바라보며 은어로,
"춘첩자 방제(春帖子 獚啼). (입춘방글씨에 큰 개가 짖는구나)"
라고 했다. 민영감은,
"춘첩자란 문에다 붙이는 문인만큼 이는 나의 성 민(閔)을 이름이요, '방(獚)'이란 늙은 개인만큼 이는 나를 욕하는 말이오. '제(啼)'는 곧 내 이빨이 빠져서 말소리가 분명치 않으니 듣기 싫다는 것이렸다. 그러나 당신이 만일 '방(獚)'이 두렵다면 '견(犬)'을 버리기만 같지 못할 것이요, 또 '제(啼)'가 듣기 싫다면 그 입구(口)를 막아 버릴 것이 아니요, 그러면 대체로 '제(啼)'란 것은 조화를 이름이요. '방(獚)'이란 대물(大物)을 이름이었소. 그리하여 '제(啼)'에다 '방(獚)'을 붙여 쓰면 그 뜻은 '크다'가 되는 동시에 그 글자는 '방(獚)'이 되지 않겠소. 그렇다면 이는 당신이 나를 모욕한 게 아니고, 도리어 나를 높여 칭찬한 것이 되겠소."
하고 웃음을 지었다. 그 다음 해에 민영감은 세상을 떠났다. '민영감은 비록 지나치게 넓고, 기이하고, 얽매이지 않고, 호탕하긴 하나 그의 성격은 개결하고, 곧고, 즐겁게 살며, 어질며, 〈주역〉에 밝으며, 〈노자〉의 글을 좋아 했으며, 글에선 대체로 엿보지 못한 것이 없다' 했다.

그의 두 아들은 모두 무과에 올랐으나 아직 벼슬하지 못했다. 올해 가을에 나의 병이 더했다. 그뿐만 아니라, 민영감도 다시금 만나볼수 없게 되었다. 드디어 나는 그와 함께 나눈 은어와 익살과 풍자의 이야기 등을 모아서 이 '민옹전'을 쓴다. 때는 곧 정축년(丁丑年)[18] 가을이다. 나는 일찍이 시를 지어서 민영감의 죽음을 슬퍼하였다.

---

18) 영조 33년(1757). 작자 21세 때.

아아, 민영감이시어
괴상하고 기이하고 놀랍고도 비범했도다.
기쁜 듯 노한 듯 또한 미워하는 듯
저 바람벽 위의 까마귀는
끝까지 새매로 되지는 못했구나
영감은 대체로 뜻 지닌 선비건만
마침내 늙어 죽어 뜻을 못 폈구나
내 이제 이 전기를 지으니
아아, 그는 오히려 죽지를 않았구나

4. 閔翁傳

閔翁者, 南陽人也。戌申軍興, 從征功授僉使。後家居, 遂不復仕。翁幼警悟聰給, 獨慕古人奇節偉跡慷慨發憤, 每讀其一傳, 未嘗不歎息泣下也。七歲大書其壁, 曰項橐爲師, 十二書甘羅爲將, 十三書外黃兒遊說, 十八益書去病出祈連, 二十四書項籍渡江, 至四十, 益無所成名, 乃大書曰, 孟子不動心。年年書益不倦, 壁盡黑。及年七十其妻嘲曰, 翁今年畵烏未。翁喜曰, 若疾磨黑。遂大書曰, 范增好奇計。其妻益恚曰, 計雖奇, 將幾時施乎。翁笑曰, 昔呂尙, 八十鷹揚, 今翁視呂尙, 猶少弱弟耳。

歲癸酉, 甲戌之間, 余年十七八, 病久困劣, 留好聲歌, 書畵古釰琴彝器, 諸雜物。益致客, 俳諧古譚, 慰心萬方, 無所開其幽鬱。有言閔翁奇士, 工歌曲善譚辯, 俶恠譎恢, 聽者人無不爽然意豁也。余聞甚喜, 請與俱至。翁來, 而余方與人樂。翁不爲禮熟視管者, 批其頰, 大罵日。主人懽, 汝何怒也。余驚問其故。翁日, 彼瞋目, 而盛氣匪怒而何。余大笑。翁日, 豈獨管者怒也。笛者反面若啼, 缶者嚬若愁, 一座默然, 若大恐僮僕忌諱笑語, 樂不可爲歡也。余遂立撤去, 延翁坐。翁殊短小, 白眉覆眼。自言名有信, 年七十三。因問余, 君何病。病頭乎, 日不。日病腹乎, 日不。日然則, 君不病也。遂闢戶揭牖, 風來飂然, 余意稍豁甚異昔者也。謂翁, 吾特厭食, 夜失睡, 是爲病也。翁起賀, 余驚日翁何賀也。日君家貧, 幸厭食, 財可羨也。不寐則兼夜, 幸倍年, 財羨而年倍, 壽且富也。須臾飯至, 余呻嚬不擧, 揀物而嗅。翁忽大怒, 欲起去。余驚問翁, 何怒去也。翁日, 君招客不爲具, 獨自先飯, 非禮也。余謝留翁, 且促爲具食。翁不辭讓, 腕肘呈袒, 匙箸磊落。余不覺口津, 心鼻開張, 乃飯如舊。夜翁闔眼端坐, 余要與語, 翁益閉口, 余殊無聊。久之, 翁忽起, 剔燭, 謂日吾年少時, 過眼輒誦, 今老矣, 與君約生平所未見書, 各默涉三再, 乃誦。若錯一字, 罰如契誓。余侮其老日諾。卽抽架上周禮, 翁拈考工余得春官。小閒翁呼日, 吾已誦。余未及下一遍, 驚止翁, 且居。翁語侵頗困, 而余益不能誦, 思睡, 乃睡。天旣明, 問翁能記宿誦乎。翁笑日, 吾未嘗誦。嘗與翁夜語翁弄罵坐 客人莫能難。有欲窮翁者 問翁見鬼乎。日見之。鬼何在。翁瞠目熟視有一客坐燈後, 遂大呼日鬼在彼。客怒詰翁。翁日夫明則爲人, 幽則爲鬼。今者處暗而視明, 匿形而伺人, 豈非鬼乎。一座皆笑。又問翁見仙乎。日見之。仙何在。日家貧者仙耳。富者常戀世, 貧者常厭世, 厭世者非仙耶。翁能見長年者乎。日見之。吾朝日入林中, 蟾與兎爭長。兎謂蟾曰吾與彭祖同年, 若乃晚生也。蟾俛首而泣。兎驚問曰若乃若悲也。蟾曰吾與東家孺子同年, 孺子五歲乃知讀書。生于木德, 肇紀攝提。迭王更帝。統絕王春, 純成一曆。乃閏于秦, 歷漢閱唐, 暮朝宋明。窮事更變, 可喜可驚, 吊死送徃, 支離于今, 然而耳目聰明, 齒髮日長。長年者, 乃莫如孺子, 而彭祖乃八百歲蚤夭, 閱世不多, 更事未久, 吾是以悲耳。兎乃再拜郤走曰, 若乃大父行也, 由是觀之, 讀書多者, 最壽耳。翁能見味之至者乎, 曰見之。月之下弦潮落。步土, 耕而爲田, 賣其斥鹵粗爲水晶, 纖爲素金。百味齊和孰爲不鹽。皆曰善, 然不死藥, 翁必不見也。翁笑曰, 此吾朝夕常餌者, 惡得而不知。大壑松盤, 甘露其零, 入地千年, 化爲茯靈, 蔘伯羅産, 形端色紅, 四體俱備, 雙紒如童, 枸杞千歲, 見人則吠。吾嘗餌之不復飮食者, 蓋百日, 喘喘然將死。鄰媼來視歎曰, 子病饑也。昔神農氏嘗百草, 始播五穀。夫效疾爲藥, 療饑爲食, 非五穀將不治。遂飯稻粱, 而餌之, 得以不死。不死藥莫如飯, 吾朝一盂, 夕一盂, 今已七十餘年矣。翁嘗支離其辭, 遷就而爲之, 莫不曲中, 內含譏諷。蓋辯士也。客索問, 無以復詰, 乃忿然曰, 翁亦見畏乎, 翁默然良久忽厲聲曰, 可畏者, 莫吾若也。吾右目爲龍, 左目爲虎, 舌下藏斧, 彎臂如弓, 念則赤子, 差爲夷戎, 不戒則, 將自噉自齧自戕自伐。是以聖人克己復禮, 閑邪存誠, 未嘗不自畏也。語數十難, 皆辯捷如響, 竟莫能窮。自贊自譽, 嘲傲旁人, 人皆絶倒, 而翁顔色不變。或言海西蝗官督民捕之。翁問捕蝗何爲, 曰是虫也, 小於眠蚕, 色班而毛。飛則爲螟, 緣則爲蟊。害我稼穡, 號爲滅穀。故將捕而瘞之耳。翁曰此小虫, 不足憂。吾見鍾樓塡道者, 皆蝗耳。長皆七尺餘頭黔目熒, 口大運拳, 咿啞偶旅, 蹠接尻連, 損稼殘穀無如是曹。我欲捕之, 恨無大匏。左右皆大恐, 若眞有是虫然。一日翁來, 余望而爲隱曰, 春帖子狵啼。翁笑曰, 春帖子榜門之文, 乃吾姓也狵老犬, 乃辱我也。啼則厭聞。吾齒豁音嵲兀也。雖然君若畏狵, 莫如去犬, 若又厭啼, 且塞其口。夫帝者造化也, 尨者大物也。著帝傳尨, 化而爲大, 其惟帝尨乎。君非能辱我也。乃反善贊我也。明年翁死, 翁雖恢奇俶蕩, 性介直樂善明於易, 好老子之言, 於書蓋無所不窺云。二子皆登武科, 未官。今年秋余又益病。而閔翁不可見。遂著其與余爲隱俳詼言談譏諷爲, 閔翁傳。歲丁丑秋也。余誄閔翁曰。

嗚呼閔翁, 可悕可奇, 可驚可愕, 可喜可怒, 而又可憎, 壁上鳥未化鷹, 翁盖有志士, 竟老死莫施, 我爲作傳, 嗚呼死未曾。

5. 양반을 사고팔던 이야기(兩班傳)

'양반' 이란 사족(士族)을 높여서 부르는 말이다. 정선 고을에 한 양반이 살고 있었다. 그는 성품이 어질고 글 읽기를 좋아하였다. 그러므로 그 고을 군수가 새로 부임 할 적마다 으레 그 집에 몸소 나아가서 경의를 표하였다.

그러나 그는 살림이 몹시 가난한 탓으로 해마다 관가에서 빌려 주는 환자를 꾸어다 먹은 지 여러 해가 쌓이다 보니 어느덧 천 섬의 빚을 지게 되었다. 어느 날 관찰사가 여러 고을을 순찰하였다. 이곳에 이르러서 관곡(官穀)의 출납을 검열하다가 이 사실을 발견하자 그는 크게 노하였다.
  "어떤 놈의 양반이 군량(軍糧)을 이다지 축냈단 말이냐."
하고 곧 명령하여 그 양반을 가두게 하였다. 그러나 군수는 혼자 마음속으로,
  "그 양반의 가난이야말로 참으로 딱하구나. 무엇으로 이를 갚는단 말인고."
하고, 차마 가두고 싶진 않았으나 그렇다고 해서 역시 아니 가둘 수도 없었다.
  그러는 한편 그 양반은 밤낮으로 울었을 뿐이요, 아무런 대책이 나지 않았다. 그 꼬락서니를 본 그의 아내는 기가 막혀서,
  "당신은 한 평생을 글 읽기만 좋아했는데, 이런 정도의 환자 갚기에도 아무런 도움이 없군요. 아이고 양반, 이런 양반이야말로 한 푼어치 값도 못 되는 양반이군요."
하였다.
  때마침 그 동네에 살고 있는 부자 하나가 이 소문을 듣고 가족끼리 은밀히 의논하되,
  "도대체 '양반'이란 아무리 가난해도 그 지체는 늘 높고도 영광스러운데 우리들이야 남부럽지 않는 부자이지만 늘 천하게만 산단 말이야. 길을 다닌 때엔 말 한번 타보지 못할뿐더러 양반만 보면 저절로 기가 죽어서 굽실거리며 기어가서 뜰 밑에서 절하고 코가 땅에 닿도록 질질 끌며 무릎으로 기다시피 하여, 우리네는 줄곧 이런 창피를 당하고 살아

왔소. 이젠 저 양반이 가난한 탓으로 환자를 갚을 길이 없어서 몹시 곤란하여 더 이상 실로 그 양반의 자리를 더 지닐 수 없을 것이야. 이 기회에 내 그것을 사서 가지는 게 어떨까."

하고 의논하고는, 곧 양반의 집을 찾아가서 그에게 의견을 말하고 대신하여 환자 갚기를 청하였다. 양반은 크게 기뻐하여 서슴지 않고 승낙하였다. 이에 부자는 그 천 섬의 환자를 실어다 관가에 바쳤다.

이를 본 군수는 크게 놀라고 기이하게 생각하며 스스로 그 양반을 찾아가서 위안의 말씀을 드린 뒤에 환자 갚은 상황을 물으려 했다. 뜻밖에 양반은 벙거지를 집어 쓰고 베잠방이를 입은 채 길 바닥에 엎드려 굽실거리며,

"소인, 소인."

하며 감히 쳐다보질 못했다. 군수는 깜짝 놀라 뛰어 내려가 그를 부축하면서,

"선생님, 어째서 이다지 스스로 욕되이 구시는가요."

했다. 양반은 더욱이 황송하여 어쩔 줄을 몰라 머리를 조아리며 엎드렸다.

"그저 황송합니다. 소인이 감히 일부러 이런 짓을 하는 것은 아닙니다. 저는 벌써 스스로 양반을 팔아서 환자를 갚았은즉 이를 사 간 이 동네의 부자가 곧 양반이 되었으니 소인이 어찌 다시금 뻔뻔스레 옛날처럼 양반 행세를 하겠습니까."

군수는 그 말을 듣자 탄식하며 말하기를,

"허허, 참 점잖구나 부자시여. 양반답구료 부자시여. 도대체 부자이되 인색하지 않음은 정의로운 인품이고, 남의 어려운 일에 돌봐 줌은 어진 인품이었고, 낮은 것을 싫어하고 높은 지체를 숭모함은 슬기 있는

일일지니 이 분이야말로 참된 양반이로고. 그렇지만 비록 이런 귀중한 일을 둘이만이 사사로이 사며 팔고도 아무런 문서가 없다면 이는 뒷날 송사꺼리가 될 테니 이제 내 직접 그대와 함께 군민을 모아 증인을 세운 뒤에 증서를 만들어 주되 군수인 내 자신이 단단히 서명하리라."

하고 군수는 곧 동헌으로 돌아와서 온 고을 사족과 농민, 공장이 장사치까지 모두들 불러 뜰에 모아 놓고 부자는 향소(鄕所)[1]의 오른편에 앉히며, 양반은 공형(公兄)[2]의 아래에 세워 두고 곧 증서를 작성하였다. 군수가 이르기를,

"건륭(乾隆)[3] 십년 구월일에 다음과 같은 문서를 밝힘은 곧 양반을 팔아서 관가 곡식을 갚은 일이 생겼는데 그 곡식은 '천섬'이다. 대저 '양반'이란 여러 가지 이름이 있다. 글만 읽은 이는 '선비'라 하고, 정치에 종사하는 이는 '대부(大夫)'라 하고, 착한 덕이 있으면 그를 '군자'라 한다. 그리고 무관들은 서쪽에 품계 순으로 벌여 세우고, 문관은 동쪽에 차례대로 자리 잡게 하니 이들을 통틀어 '양반'이라 한다.

이들 여러 가지 중에서 새 양반은 멋대로 골라잡되 다만 오늘부터는 지난날 하던 야비한 일은 깨끗이 버리고 옛 사람 아름다운 일을 본받아 뜻을 고상하게 가져야 할 것이다. 그뿐 아니라, 언제나 새벽 오경만 되면 일어나서 성냥을 그어 등불을 켜고, 정신을 가다듬어 눈으로 코끝을 슬며시 내려다보며, 두 발굽을 한데다가 모아 볼기를 괴고 앉아서 〈동래박의〉(東來博義)[4]처럼 어려운 글을 서슴지 않고 외우되 마치 얼음 위에 박 굴리듯 하고, 아무리 배고프고 춥더라도 이것을 잘 참되, 입에선 아예 '가난타'는 말일랑 내지 않는 법이다. 그리고 아래, 윗 이를 마주

---

1) 향청(鄕廳)의 좌수(座首), 별감(別監).
2) 지방 서리(胥吏)의 별칭.
3) 조선조 영조 21년(1745). 건륭은 청고종(淸高宗)의 연호.
4) 송나라 여조겸(呂祖謙)이 지은 책. 「좌씨전」 평론집.

부딪치어 딱딱 소리를 내며, 손으로 뒤통수를 툭툭치며, 가는 기침이 날 때마다 가래침을 지근지근 씹어 넘기고, 털 감투를 쓸 때면 소맷자락으로 의관을 털어서 티끌 물결을 북신 일으키고, 세수할 때엔 주먹으로 때를 문지르지 말 것이며, 양치질을 하되 소리 나게 말 것이며, 여종을 부를 때엔 긴 목소리로 '아무 게야' 하고, 걸음 걸을 때엔 느릿느릿 발굽을 옮겨 신뒤축을 딸딸 끌 것이다.

그리고 저 고문진보(古文眞寶)와 당시품휘(唐詩品彙) 같은 책들을 마치 깨알처럼 가늘게 베끼되 한 줄에 백자씩 배열할 것이오. 손에는 돈을 지니지 말 것이며, 쌀값을 묻지도 말 것이며, 아무리 날씨가 더워도 버선을 벗지 말 것이며, 밥 먹을 때엔 맨 상투 꼴로 앉지 말 것이며, 먹기가 시작되자 국을 먼저 마시지 말 것이며, 혹시 마시더라도 훌쩍훌쩍 하는 소리를 내지 말 것이며, 젓가락을 내릴 때엔 소반을 찧어 소리 내지 말 것이며, 생파를 먹어 냄새를 풍기지 말 것이며, 막걸리를 마신 뒤엔 수염을 쭉 빨지 말 것이며, 담배를 피울 적엔 볼이 오목 파이도록 연기를 빨아들이지 말 것이요, 뿐만 아니라, 아무리 화가 나더라도 아내를 치지 말 것이며, 성이 났다고 해도 그릇을 차서 깨뜨리지 말 것이며, 맨주먹으로 어린 아기들을 때리지 말 것이며, 여종 남종이 잘못이 있더라도 족쳐 죽이지 말 것이며, 마소를 꾸짖되 그 먹인 주인을 욕하지 말 것이며, 병이 들어도 무당을 들이지 말 것이며, 제사를 모실 때는 중을 시켜서 재 들이지 말 것이며, 아무리 추워도 화롯불에 손을 쬐지 말 것이며, 남과 이야기할 때 침이 튀지 않게 할 것이며, 소잡는 일을 하지 말 것이며, 돈치기 놀이도 함부로 하지 않는 법이다. 이러한 여러 가지 행위에서 부자가 한 가지라도 어김이 있을 때엔 양반은 이 증서를 가지고 관청에 와서 송사하여 바로 잡을 수 있음을 증명한다."

성주 정선 군수가 서명하고, 좌수와 별감증인 도장을 찍고, 그리고 통인(通引)이 직인을 받아서 찍었다. 그 도장 찍는 소리는 저 새벽 북치는 소리와 같았고, 그 찍어 놓은 꼴은 마치 북두

성이 세로 놓인 듯이, 삼성이 가로질린 듯이 벌려 있다. 뒤를 이어서 호장(戶長)이 증서를 한번 읽어 끝내었다. 부자는 한참 주춤거리다가 말했다.

"양반이 겨우 이것 뿐이란 말씀이오. 내가 듣기엔 '양반하면 신선이나 다름이 없다' 더니, 정말 이것 뿐이라면 너무도 억울하게 곡식만 없앴군요. 아무쪼록 좀 더 이롭게 고쳐 주시유."

군수는 그제야 부자의 요청에 의하여 증서를 고쳐서 만들기로 했다.

"무릇 하늘이 백성을 낳으실 제, 그 갈래를 넷으로 나누셨다. 이 네 갈래의 백성들 중에서 가장 존귀한 이가 선비이고, 바로 선비를 불러 '양반'이라 한다. 이 세상에서 양반보다 더 큰 이익은 없을 것이다. 그들은 제 손으로 농사도 장사도 할 것 없이 옛 글이나 역사를 대략만 알 정도라면 곧 과거를 보고 크게 되면 문과요, 작게 이루더라도 진사(進士)는 되는 것이다. 문과의 홍패(紅牌)야 말로 그 길이가 두 자도 못되어 보잘 것이 없지만 백 가지 물건이 여기에 갖추어 나오게 되니 이는 곧 돈 자루나 다름없다. 그리고 진사에 오른 선비는 나이 서른에 첫 벼슬을 하더라도 오히려 늦지 않아서 이름 높은 음관이 될 수 있고, 게다가 훌륭한 남인(南人)에게 잘 보인다면 수령 노릇을 하느라고 귀밑머리는 일산(日傘) 바람에 희뜩희뜩해지고, 배는 동헌 사령(使令)들의 '예이' 하는 소리에 살찌게 되는 법이다.

뿐만 아니라, 깊숙한 방 안에서 기생이나 놀리고, 뜰 앞에 쌓인 곡식은 학을 기르는 양식이다. 비록 그렇지 못해서 궁한 선비의 몸으로 시골에 살더라도 오히려 무단적(武斷的)인 행위를 감행할 수 있다. 이웃집 소를 몰아다가 내 밭을 먼저 갈고, 동네 농민을 잡아내어 내 밭김을 먼저 매게 하되 어느 놈이 감히 거역 하랴. 순종 않는 놈의 코엔 잿물을 부어 넣고, 상투를 쥐어틀고, 수염을 뽑더라도 원망조차 못하리라."

증서가 겨우 반쯤 되었을 때, 부자는 어이가 없어서 혀를 빼면서,

"아이고, 그만 두시유, 제발 그만 두시유. 참 맹랑합니다 그려. 당신네들이 나를 도둑놈이 되라 하시유."

하고 머리를 내저어 흔들면서 달아나 버렸다. 그리고 부자는 이 뒤로부터는 한 평생을 다시금 '양반'이란 소리를 입에도 담지 않았다.

5. 兩班傳

兩班者, 士族之尊稱也。旌善之郡, 有一兩班, 賢而好讀書, 每郡守, 新至, 必親造其廬, 而禮之。然家貧, 歲食郡糴, 積歲至千石。觀察使, 巡行郡邑, 閱糴糶, 大怒曰, 何物兩班乃乏軍興。命囚其兩班。郡守, 意哀其兩班貧無以爲償, 不忍囚之, 亦無可柰何。兩班日夜泣, 計不知所出。其妻罵曰, 生平子好讀書, 無益縣官糴, 咄, 兩班, 兩班, 不直一錢。其里之富人, 私相議曰。兩班雖貧, 常尊榮, 我雖富, 常卑賤, 不敢騎馬, 見兩班則, 跼蹐屛營。匍匐拜庭, 曳鼻膝行。我常如此其僇辱也。今兩班, 貧不能償糴, 方大窘, 其勢誠不能保其兩班, 我且買而有之。遂踵門而請償其糴, 兩班大喜, 許諾。於是, 富人立輸其糴於官。郡守大驚異之, 自徃勞其兩班, 且問償糴狀。兩班氊笠, 衣短衣, 伏塗謁, 稱小人, 不敢仰視。郡守大驚。下扶曰, 足下何自貶辱若是。兩班益恐懼, 頓首俯伏, 曰惶悚。小人非敢自辱, 已自鬻其兩班, 以償糴, 里之富人, 乃兩班也。小人, 復安敢冒其舊號, 而自尊乎。郡守歎曰, 君子哉富人也。兩班哉, 富人也。富而不吝, 義也, 急人之難, 仁也, 惡卑而慕尊, 智也, 此眞兩班。雖然私自交易, 而不立券, 訟之端也。我與汝約郡人而證之, 立券而信之, 郡守當自署之。於是, 郡守歸府, 悉召郡中之士族及農工商賈, 悉至于庭。富人坐鄕所之石, 兩班立於公兄之下。乃爲立券曰, 乾隆十年九月日, 右明文段, 屈賣兩班, 爲償官穀, 其直千斛。維厥兩班, 名謂多端, 讀書曰士, 從政爲大夫, 有德爲君子。武階列西, 文秩叙東。是爲兩班, 任爾所從。絶棄鄙事, 希古尙志, 五更常起, 點硫燃脂, 目視鼻端, 會踵支尻。東萊博議誦如氷瓢, 忍饑耐寒, 口不說貧。叩齒彈腦, 細嗽嚥津。袖刷毳冠, 拂塵生波。盥無擦拳。漱口無過。長聲喚婢。緩步曳履。古文眞寶, 唐詩品彙, 鈔寫如荏, 一行百字。手毋執錢。不問米價。暑毋跣襪。飯毋徒髻。食毋先羹。歠毋流聲。下箸毋舂。毋餌生葱。飮醪毋嘬鬚。吸煙毋輔窳。忿毋搏妻。怒毋踢器。毋拳毆兒女。毋罵死奴僕。叱牛馬毋辱罵主。病毋招巫。祭不齋僧。爐不煑手。語不齒唾。毋屠牛。毋賭錢。凡此百行, 有違兩班, 持此文記, 卞正于官。城主, 旌善郡守, 押。座首, 別監證署。於是, 通引, 搨印錯落, 聲中嚴皷, 斗縱參橫。戶長讀旣畢, 富人悵然久之曰, 兩班只此而已耶。吾聞兩班如神仙。審如是太乾沒。願改爲可利。於是乃更作券。曰, 維天生民, 其民維四。四民之中, 最貴者士。稱以兩班, 利莫大矣。不耕, 不商, 粗涉文史, 大決文科, 小成進士。文科紅牌, 不過二尺, 百物備具, 維錢之彙。進士三十, 乃筮初仕, 猶爲名蔭, 善事雄南。耳白傘風, 腹皤鈴諾, 室珥冶妓, 庭穀鳴鶴。窮士居鄕, 猶能武斷。先耕隣牛, 借耘里氓。孰敢慢我。灰灌汝鼻。暈髻汰鬢, 無敢怨咨。

富人, 中其券, 而吐舌。已已之, 已之。孟浪哉, 將使我爲盜耶。掉頭而去, 終身不復言, 兩班之事。

6. 신선되려고 벽곡했다는 이야기(金神仙傳)

김신선의 이름은 홍기(弘基)이다. 열 여섯 살 적에 장가들어 그 처와 하룻밤 같이 자서 아들 하나를 낳고는 그 아내를 더 다시 가까이하지 않았으며 벽곡(辟穀)[1]을 하면서 생식만 하며 벽면만 보고 앉아 버렸다.

그렇게 앉은 지 두어 해만에 몸이 갑자기 가벼워져서 국내의 명산을 두루 돌아다녔는데 언제나 몇 백 리를 걷고 난 다음에야 비로소 해가 어느 때쯤 되었나를 쳐다보았다. 그는 신발 한 켤레로 다섯 해를 신었으며 험준한 곳에 이르러서는 걸음이 더욱 빨라지는 것이다. 그래도 일찍이 그는 말하기를,

"옷을 걷고 건너야 할 때도 있고 배를 타고 건너야 할 때도 있으니 내 길이 더디어지는 수 밖에 없지."

라고 하였다.

음식을 일체 먹지 않으니까 누구의 집에 가서 묵어도 싫어할

---

1) 벽곡은 낟알을 안 먹는다는 뜻이나, 우리나라에서는 생식만 한다는 것으로 되어 있다.

사람은 없다. 그가 겨울에는 솜옷을 입지 않고 여름에는 부채질
하는 법이 없기 때문에 그만 '신선'이라고들 부르게 되었다.
 내가 일찍이 울화증이 있었던 것이라 신선의 도술이 그런 병
에 혹 특효가 있단 말을 듣고 그를 꼭 만나려고 하였다. 윤생(尹
生)과 신생(申生) 젊은이를 시키어 은근히 찾아보라고 했더니 열
흘 동안 온 서울 안을 찾아다니다가 결국 찾지 못하고 돌아왔
다.
 윤생이 말하기를,
 "그전 날 홍기의 집이 서학동(西學洞)에 있다는 소문을 들었는데 지
금은 거기가 아닙니다. 제 형제의 집에다가 처자를 맡겨 놓고 있습니
다. 그 아들에게 물어보니 '저의 어른은 대체로 일년에 서너 번 다녀갈
뿐'이라는 것입니다. 저의 어른의 친구가 체부동(體府洞)에 있는데 그
사람은 술을 좋아하고 노래를 잘 부르는 김봉사(金奉事)라고 하며 누각
동(樓閣洞) 김첨지(金僉知)는 바둑을 좋아하고 그 뒷집의 이만호(李萬
戶)는 거문고를 좋아하고 또 삼청동(三淸洞)의 이만호도 친구를 좋아하
고 미원동(美垣洞)의 서초관(徐哨官), 모교(毛橋) 다리의 장첨사(張僉
使), 사복천변(司僕川邊)의 지승(地承)[2]이 모두 친구도 좋아하고 술도
잘 먹으며, 이문안(里門內) 조봉사(趙奉事)도 저의 어른의 친구인데 그
집에는 이름 난 화초들이 많고 계동(桂洞) 유판관(劉判官)의 집에는 기
이한 책과 옛날 칼이 있다는 것입니다. 저의 어른이 언제나 이런 사람
들과 교유하고 있으니 꼭 만나 보려거든 이 몇 집을 돌아다녀야 한다고
합디다. 그래서 두루 다니면서 물어 보았지만 누구 집에도 없습니다."
 윤생이 해질녘에 한 집을 찾아갔더니 주인은 거문고를 뜯고
옆에 두 손이 잠자코 앉았는데 머리는 허옇고 관은 쓰지 않았

---

2) 벼슬 이름이지만 흔히 사회적 칭호로 불렀다. 봉사나 첨지처럼.

다. 윤생은 이제야 김홍기를 만났나보다 싶어서 가만히 섰다가 거문고가 끝나기를 기다려 앞으로 나가,

 "어느 분이 김 선생님이냐?"

고 물었다. 주인이 거문고를 내려놓으면서,

 "이 좌중에는 김가 성을 가진 사람이 없거니와 어째서 그대가 묻느냐."

고 말했다. 윤생은 또,

 "일부러 목욕을 하고 감히 찾아 왔으니 노인장은 아예 숨기지 마소서."

하였다. 주인은 웃으면서,

 "그대가 김홍기를 찾아 온 모양이나 홍기는 지금 오지 않았다."

고 말했다. 다시,

 "언제쯤 오느냐?"

고 물었더니 그는 대답하기를,

 "그 사람이 거처하는 곳도 일정치 않고 놀러 다니는 곳도 일정치 않고 오는 때를 예상할 수도 없고 가는 때를 예약하는 일도 없고 오려들면 하루에 두세 번 들리다가도 안 오려 들면 해를 넘긴다."

고 하는 것이었다. 또 그는 계속해서 말하기를,

 "홍기가 자주 창골(倉洞)과 회현방(會賢坊)에 가서 묵고 또 동관(董關), 배고개(梨峴), 구리재(銅峴), 자수교(慈壽橋) 다리, 사동(社洞), 장동(壯洞), 대릉(大陵), 소릉(小陵) 사이로 돌아다니면서 논다고 하나 그 주인들의 이름을 거의 다 모르고 오직 창골만 내가 알고 있으니 그리 가서 물어 보라."

는 것이었다.

그래서 그 집으로 가서 물어 보았다. 그 집에서는 대답하기를 '그 사람이 안 들어온 지 두어 달째'라고 하며 '장창교(長暢橋) 다리의 임동지(林同知)가 술을 좋아해서 날마다 홍기와 술 마시기를 한다는데 요사이 거기 있을지 모른다'고 하였다. 임동지의 집을 찾아 갔더니 그는 나이 80여 세에 가는 귀가 먹었는데,

"쳇, 어제 밤에 술을 잔뜩 먹고 아침나절 술도 채 깨지 않은 채 강릉(江陵)으로 떠났다."

고 대답하는 것이었다. 하도 서운해서 한참 우두커니 서 있다가, 윤생은,

"김씨가 그래 기이한 점이 있습니까?"

하고 물으니 그저 밥을 안 먹다 뿐이지 한 개의 보통 사람이라고 했다.

"생김이 어떠냐?"

고 물으니,

"키가 일곱 자 넘는데 좀 여위고 수염이 많고 눈동자는 옥색 빛이요, 귀는 길고도 누렇다."

고 했다.

"술은 얼마나 마십니까?"

"한 잔만 마시면 그만 취하지만 한 말을 마셔도 더 취하지는 않습니다. 언젠가 술이 취해서 길에 쓰러졌다가 순라군(巡邏軍)에게 붙잡혀 갔는데 이레를 지나도 깨어나지 않아서 그대로 내 보내 버린 일도 있습니다."

"말하는 것은 어떻습니까?"

"여러 사람이 말 할 때에는 문득 졸고 앉았으며 말을 하고 나서는 그저 자꾸 웃기만 합니다."

"몸 가지는 것은 어떻습니까?"
"조용하기가 참선하는 중과 같고 옹졸하기가 수절하는 과부 같습니다."
하였다.

나는 처음에 윤생이 성의껏 찾아보지 않은 것이나 아닌가 의심했더니 신생도 또한 수십 집을 돌아다니다가 못 찾았다고 하는데 그의 이야기도 마찬가지였다. 혹은 말하기를 홍기의 나이가 백 살이 넘었고 그의 친구들도 모두 노인들이라 말하고 혹은 말하기를 홍기가 나이 열아홉에 장가를 들어 곧 아들을 낳았는데 지금 그 아들이 겨우 삼십 내외라 그렇게 따지면 홍기의 나이는 50여 세쯤 밖에 안 되었을 것이라고 하였다. 혹은 말하기를 김신선이 지리산으로 약을 캐러 들어갔다가 벼랑에 떨어져서 돌아오지 못하는 지 벌써 수십 년째라고 하고 혹은 말하기를 그 산에는 깊숙한 바위굴이 있고 그 속에서 무엇이 있어 반짝반짝 비치고 있다고도 하고 혹은 이르기를 이것이 노인의 눈에서 번득여 나오는 빛이라고 했고 또 산골짜기에서 이따금 길게 하품하는 소리도 들을 수 있다고 하였다.

또는 이제 홍기로 말하면 술을 잘 먹다 뿐이지 다른 도술이 있는 것은 아닌데 공연히 김신선이라는 이름만 빌어가지고 다니는 것이라고 하였다. 하여튼 내가 또 '복'이라는 아이놈을 시켜서도 찾아보았건만 끝끝내 찾아내지는 못한 것이다. 그 해가 계미년(癸未年)[3]이다.

그 이듬해 가을에 내가 동해를 유람하던 중 저녁나절 단발령에 올라서 금강산을 바라보았다. 그 봉우리가 모두 일만 이천 봉이라고 하는데 그 빛이 희었다. 그러나 산에 들어간즉 거기는

---

3) 계미년(癸未年): 작자가 28세 때임.

단풍나무가 많아서 한참 벌겋게 되어 있고 벚나무, 가래나무도 서리를 맞아 누렇게 되어 있었다. 그 사이의 전나무, 노가지나무 등은 한층 더 푸르러 보였고 더욱이 동청나무도 많았다. 온갖 기이한 나무들의 잎사귀가 누르고 붉고 한 가운데를 나는 이리저리 돌아보면서 즐거워하다가 탈 가마를 메고 온 중에게 묻기를,

"이 산 속에 혹 도술을 배운 이상한 중이 있으면 내가 만나보고 싶은데 그런 중이 있느냐?"

"없습니다. 들으니 선암(船菴)에 벽곡하는 분이 와 있다고 하고 혹 그가 경상도 선비라고 하는데 알 수는 없습니다. 선암은 길이 험하여 가는 사람이 없습니다."

밤에 내가 장안사(長安寺)에 앉아서 여러 중들에게 물어 보아도 여럿의 대답이 그 중의 말과 같았다. 그들의 말이 벽곡을 한다는 그 사람은 백날을 채우고 간다고 했는데 그 때 거의 90여 일째 된다고 하였다. 나는 김신선이로구나 생각하고 몹시 기뻐서 그 밤으로 곧 쫓아가고 싶었다. 그 이튿날 아침 진주담(眞珠潭)에 앉아서 동행할 사람을 기다리면서 한참 동안이나 이리저리 살피면서 서성거리고 있었으나 모두 약속을 어기고 오지 않았다.

또 감사가 각 고을을 순행하다가 금강산에 들리어 이 절 저 절로 돌아다니니 각 고을의 원님들도 모두 모여 들었다. 시중도 들고 대접도 하기 위해서 그들이 구경을 다니는 데마다 백여 명의 중이 따라 나서야 했다. 선암까지는 길이 아주 험준하기 때문에 혼자 찾아 갈 수는 없는 것이라 영원(靈源)과 백탑(白塔) 사이만 왔다 갔다 하면서 속이 상했던 것이다. 그 뒤로는 비가

줄창 계속하여 다시 엿새 동안을 산 속에서 묵고 나서야 비로소 선암에 이르니 바로 수미봉(須彌峰)아래요, 내원통(內圓通)으로부터 20여 리나 들어가는 곳이다. 커다란 바위가 천길이나 높이 솟았고 길이 끊어질 때마다 쇠줄을 잡고 공중에 달려서 갔다. 실상 암자에 들어서니 뜰은 텅 비고 사람은 없고 새들만 울고 상 위에는 조그만 구리 부처가 놓였고 오직 신발 두 짝이 남아 있을 뿐이다. 나는 몹시 서운해서 머뭇거리면서 바라보다가 바위 석벽에 이름만을 써 놓고 돌아온 것이다. 그런데 선암에는 늘 구름 기운이 돌고 바람도 쓸쓸하였다. 혹은 말하기를 신선이란 것은 산에서 사는 사람이라고 하고 혹은 말하기를 산에 들어가면 신선이 된다고 하였다. 또 신선이란 것은 날렵하고 가볍게 동작한다는 뜻이라고 한다. 본래 벽곡을 한다고 그 사람이 반드시 신선이 되는 것이 아니라 결국 뜻을 얻어 이루지 못해서 울적해 하는 사람일 것이다.

6. 金神仙傳

　金神仙, 名弘基。年十六娶妻, 一歡而生子, 遂不復近。辟穀, 面壁坐。坐數歲, 身忽輕, 遍遊, 國內名山。常行數百里, 方視日早晏。五歲一易履。遇險則, 步益捷。嘗曰, 褰而涉, 方而越, 故遲我行也。不食故人不厭其來客。冬不絮, 夏不扇, 遂以神仙名。余嘗有, 幽憂之疾, 蓋聞神仙方技或有奇効, 益欲得之。使尹生申生陰求之, 訪漢陽中, 十日不得。尹生言, 嘗聞弘基, 家西學洞, 今非也。乃其從昆弟家。寓其妻子。問其子言, 父一歲中, 率四三來。父友在體府洞, 其人好酒, 而善歌, 金奉事云。樓閣洞, 金僉知, 好碁, 後家李萬戶, 好琴, 三淸洞, 李萬戶, 好客, 美垣洞, 徐哨官, 毛橋, 張僉使, 司僕川, 邊池丞, 俱好客, 而喜飮。里門內, 趙奉事, 亦父友也, 家蒔名花, 桂洞, 劉判官, 有奇書古釰, 父常遊居其間。君欲見, 訪此數家。遂行歷問之, 皆不在。暮至一家, 主人琴有二客, 皆靜默, 頭白, 而不冠。於是, 自意得金弘基, 立久之, 曲終, 而進。曰敢問, 誰爲金丈人。主人捨琴而對, 曰座無姓金者, 子奚問。曰小子齋戒, 而後敢來求也, 願老人無諱。主人笑曰, 子訪金弘基耶。不來耳。敢問來何時。曰是居無常主, 遊無定方, 來不預期, 去不留約。一日中, 或再三過, 不來則, 亦閱歲。聞金多在, 倉洞, 會賢之坊, 且董關, 梨峴, 銅峴, 慈壽橋, 社洞, 壯洞, 大陵, 小陵之間, 嘗徃來遊居。然皆不知其主名。獨倉洞吾知之子徃問焉。遂行訪其家, 問焉。對曰, 是不來者嘗數月。吾聞長暢橋, 林同知, 喜飮酒, 日與金角。今在林否也。遂訪其家, 林同知, 八十餘頗重聽。日咄, 夜劇飮, 朝日餘醉, 入江陵。於是, 悵然久之。問曰, 金有異歟。曰一凡人, 特未嘗飯。狀貌何如。曰身長七尺餘, 癯而髯瞳子碧, 耳長而黃。能飮幾何。曰飮一杯醉, 然一斗醉不加。嘗醉臥塗, 吏得之, 拘七日不醒, 乃釋去。言談何如。曰衆人言, 輒坐睡談已, 輒笑不止。持身何如。曰靜若參禪, 拙如守寡。余嘗疑尹生求不力, 然申生亦訪數十家, 皆不得其言, 亦然。或曰, 弘基年百餘, 所與遊皆老人。或曰, 不然, 弘基, 年十九娶, 卽有男, 今其子, 纔弱冠, 弘基年, 計今可五十餘, 或言, 金神仙, 採藥智異山, 隳崖不返, 今已數十年。或言, 巖穴窅冥, 有物熒熒, 或曰, 此老人眼光也, 山谷中時聞長欠聲。今弘基, 惟善飮酒, 非有術, 獨假其名而行云。然余又使, 童子福徃求之, 終不可得。歲癸未也。明年秋余東遊海上。夕日登斷髮嶺, 望見金剛山, 其峯萬二千云, 其色白。入山, 山多楓, 方丹赤。杻梗枏豫章皆霜黃, 杉檜益碧, 又多冬靑樹。山中諸奇木皆葉黃紅, 顧而樂之。問擧僧, 山中有異僧得道術可與遊乎。曰無有。聞船菴有辟穀者, 或言嶺南士人, 然不可知。船菴道險, 無至者。余夜坐長安寺問諸僧。衆俱對如初言, 辟穀者, 滿百日當去, 今幾九十餘日。余喜甚意者其仙人乎, 卽夜立欲徃。朝日坐眞珠潭下, 候同遊, 眄睞久之皆失期不至。又觀察使巡行, 郡邑遂入山, 流連諸寺間。守令皆來會供張廚傳, 每出遊, 從僧百餘, 船菴道絶峻險, 不可獨至。嘗自徃來靈源白塔之間, 而意悒悒。旣而天久雨留山中六日, 乃得至船菴。在須彌峯下, 從內圓通行, 二十餘里。大石削立千仞, 路絶, 輒攀鐵索懸空, 而行。旣至, 庭空無, 禽鳥啼榻上小銅佛, 唯二屨在。余悵然徘徊, 立而望之, 遂題名巖壁下, 歎息而去。常有雲氣, 風瑟然。或曰, 仙者山人也。又曰, 入山爲仙也。又僊者, 僊僊然輕擧之意也, 辟穀者, 未必仙也, 其鬱鬱不得志者也。

7. 거지가 출세하여 거부되던 이야기(廣文者傳)

'광문'이란 자는 거지였다. 그는 일찍이 종로 거리로 돌아다니며 밥을 빌어먹었다. 그러다가 길거리에 돌아다니는 거지 아이들이 모두 광문이를 두목으로 추대하여 그들이 모여 사는 소굴을 지키게 했다.

날씨가 춥고 진눈깨비가 섞여 내리던 어느 날이었다. 모든 아이들을 서로 이끌고 구걸하러 나가고 다만 한 아이만이 병에 걸려 소굴을 떠나지 못했다. 이윽고 그 아이의 오한은 점차 더하여 신음하는 소리가 유달리 구슬폈다. 광문은 매우 불쌍히 여기다가 끝내 견디지 못해서 구멍집 소굴을 나와서 밥을 구걸하다가 돌아왔다. 그 병든 아이에게 먹이려 했으나, 그 아이는 이미 죽고 말았다.

이윽고 구걸 나갔던 아이들이 다시 몰려 돌아왔다. 그들은 '광문이가 그 아이를 죽인 것이라' 의심하여 서로 모여 광문이를 두들겨 패서 소굴에서 몰아냈다. 광문은 생각다가 헌 멍석을 구하려고 밤중에 엉금엉금 기어서 동네 집으로 숨어들어갔으나 그 집 개 짖는 소리에 들키고 말았다. 개 소리에 잠을 깬 주인 영감이 밖으로 나와서 광문이를 잡아 묶었다. 광문은 울부짖기를,

"나는 원망스러운 자들을 피해 온 놈이오. 조금도 도둑질할 뜻은 없습니다. 주인 영감이 기어코 내 말을 믿지 않는다면 밝은 아침나절에 종로 거리에 나가 밝혀 드리겠습니다."

하고 외쳤다. 그의 말은 소박하고 꾸밈이 없어 보였다. 주인 영감은 마음속으로 광문이가 도적이 아님을 짐작하고 그 이튿날

새벽에 풀어 주었다.

 광문이는 고맙다고 인사한 다음 거적대기를 얻어 가지고 가 버렸다. 그 행동을 본 주인 영감은 이상하게 여겨서 몰래 그의 뒤를 밟았다. 마침 뭇 비렁뱅이가 한 시체를 이끌고 수표교에 이르러서 그 시체를 다리 아래에 던지고 가버렸다. 광문이가 다리 밑에 숨었다가 그 시체를 거적대기 속에 싸서 남몰래 지고 가서 서문 밖 무덤 사이에 묻고나서 울면서 무슨 말을 중얼거렸다.

 그것을 본 주인 영감은 광문이를 잡고 그 영문을 물었다. 광문이는 그제야 그의 앞서 한 일과 어제에 한 일들을 숨김없이 모두 말했다. 주인 영감은 마음속으로 광문이의 일을 외롭게 여겨서 그와 함께 집으로 돌아와서 옷을 갈아입히고 대우해 주었다. 그리고 주인 영감은 광문이를 어떤 약방 부자에게 추천하여 심부름꾼으로 일하도록 보증을 서 주었다.

 오랫동안 잘 일했는데 어느 날 부자가 문 밖에 나갔다가 다시 방에 들어 돈궤를 다시 보고 문 밖을 나서면서도 얼굴엔 몹시 언짢은 기색을 띠었다. 집에 돌아온 그는 다시 놀라더니 광문이를 쏘아보며 무엇을 말할 듯하다가 얼굴빛이 변한 채 그만 두곤 하였다. 그는 광문이를 의심하는 눈치였다.

 광문이는 그러는 이유조차 모르는 채 날마다 잠자코 일만 했을 뿐이고 감히 하직하고 떠나버리지도 못했다. 그런 지 며칠이 지났다. 부자의 처조카가 돈을 갖고 와서 부자에게 드리면서,

 "전일 제가 아저씨께 돈을 꾸러 왔더니 마침 아저씨께서 계시지 않으시기에 제 스스로 방에 들어가서 돈궤에서 돈을 갖고 갔습니다. 아마 아저씨께선 모르셨겠죠."

했다. 그제야 부자는 광문이에게 크게 부끄럽게 여겨 광문이더러,

"나는 소인이야. 이 일로 부질없이 점잖은 사람의 뜻을 수고롭게 하였네그려. 내 이제 무슨 낯으로 자네를 대하겠나."

하고 사과하였다. 그리고 부자는 그의 모든 친구들에게는 물론이요, 다른 부자와 큰 장사치들에게 까지,

"광문이야말로 의로운 사람이지."

하고 널리 선전하였다. 그는 또 그의 모든 종실(宗室)[1]의 손님들과 공경(公卿)[2]의 문하에 다니는 이들에게 가는 곳마다 이야기하였다. 그리하여 공경의 문하에 다니는 이들과 종실의 손님네들이 모두 이것으로 이야기 거리를 삼아서 밤이면 그들의 베개머리에서 들려주었다. 그리하여 몇 달 사이에 서울 안의 사대부(士大夫) 치고 광문이의 이름을 모르는 이가 없었다. 이때 서울 안에선 모두들,

"광문이를 우대하던 주인 영감이야말로 참 어질고도 사람을 잘 알아 보는 사람이야."

하였다. 그들은 더욱이,

"약방 부자야말로 정말 점잖은 사람이야."

하고 칭찬이 자자하였다.

이때 성 안에 돈놀이꾼이 많았다. 그들은 대체로 패물인 금·구슬·비취옥 따위나 혹은 의류·기물이나 가옥·토지·비복(婢僕) 등의 문서를 갖고 와서 값을 쳐서 저당 잡히고 돈을 빌려

---

1) 임금의 친인척·종친(宗親)·왕실(王室).
2) 삼공(三公)과 구경(九卿), 공경대부(公卿大夫).

가는 것이 일반적으로 행하여지고 있었다. 그러나 광문이는 유독 남의 돈 보증을 해주되 저당의 유무를 묻기 전에 천 냥이라도 대번에 빌려주었다.

광문이의 사람 꼴을 말한다면 그의 행색은 몹시 더럽고, 그의 말은 남의 마음을 움직이는 설득력이 없으며, 입이 특히 넓어서 두 주먹이 한꺼번에 여유 있게 드나들 만큼 컸다. 그는 또 만석(曼碩) 중놀이[3], 철괴(鐵拐) 춤[4]의 능수였다. 당시 나라의 아이들이 서로 헐뜯는 말로써,

"너의 형은 달문이지."

하는 말이 유행되었다. '달문' 이란 광문이의 또 하나의 이름이었다.

광문이는 길에서 싸움하는 사람들을 만나면 자기도 역시 옷을 훌훌 벗어젖히고는 함께 싸움에 가담하는 체한다. 그러나 그는 무슨 말을 지껄이는지 허리를 굽혀 땅바닥에 금을 그으면서 마치 그들의 옳고 그름을 판가름하는 듯 했다. 그러는 광문이의 꼴을 본 거리 사람들은 모두 웃음보를 터뜨렸다. 그러면 싸우던 사람도 역시 웃지 않을 수 없어 싸우지 않고 흩어져 버리고 마는 것이었다.

광문이는 나이가 마흔이 넘어서도 총각머리를 하였다. 남들이 장가들기를 권하면 그는 곧,

"무릇 예쁜 아가씨는 누구든지 탐내어 바라는 것이지. 그러나 이는 사내만이 그런 것이 아니요, 여자들도 역시 그런 거야. 그러므로 나처

---

3) 조선시대 유행되던 타락중 놀이. 흔히 가면극으로 했으나 못난 표정으로도 사람들을 웃겼다.

4) 곱새춤, 또는 등신춤.

럼 못생긴 놈이 어떻게 장가를 들 수 있단 말인가."

했다. 남들이 혹시 그에게 살림살이를 차려 주려 하면 그는,

"나는 부모도 안 계시고, 형제 처자마저 없으니 무엇으로 살림살이를 한단 말인가. 또한 아침나절이면 노래 부르며 거리로 들어갔다가 해가 저물면 저 부잣댁의 문하에서 쉬면 되는 거지. 서울의 집들이 8만호인데 날마다 그 처소를 옮겨 다녀도 내 장차 아무리 오래 산다 하더라도 골고루 다니진 못할 게 아니오."

하고 사양했다.

이 때 서울의 이름 높은 기생들은 모두들 아름답고, 상냥하고, 말쑥했다. 그러나 그들의 세계에서도 만일 광문이가 소리를 맞추어 불러 주지 않는다면 그들은 한 푼어치의 가치도 못 되었다.

일찍이 서울 안의 일류 한량으로 손꼽히는 우림아(羽林兒)[5]와 각전(各殿)[6]의 별감(別監)[7]들 또는 부마도위들이 행차를 호화롭게 차리고 소매를 나란히 하여 자주 기생 운심이를 찾았다. '운심'이란 이름난 기생이었다. 높은 집 방안에서는 술자리를 벌이고 비파를 뜯으며 운심의 춤을 감상하려고 했다. 그러나 운심은 일부러 시간을 끌곤했다. 그러면서 춤추기를 꺼렸다.

광문이 밤들어 운심이의 집에 가서 마당에서 왔다 갔다 하다가 성큼 방에 들어가 그들의 윗자리를 서슴치 않고 앉았다. 광문이는 비록 해어진 옷차림이지만 행동은 안하무인이었으며 그

---

[5] 궁궐 호위와 의장(儀仗)의 임무를 맡은 무예청.
[6] 왕과 왕비, 왕자의 처소.
[7] 궁중 액정서(掖庭署) 예속(隸屬)의 하나. 대전(大殿)·중궁전(中宮殿)·세자궁(世子宮)·처소(處所) 별감의 구별이 있었다.

의 뜻은 의기양양 하였다. 그러나 눈구석은 짓물러서는 곱이 끼인 채로 거짓 술 취한 듯이 트림을 지으며, 양 털처럼 생긴 곱슬머리로써 뒷꼭지에다가 뒷상투를 쫬다. 자리에 앉은 이들은 모두들 깜짝 놀랐다. 서로 눈짓해서 광문이를 두들겨 몰아내려 했다. 그러나 광문이는 더 한층 앞으로 척 다가앉아 무릎을 쳐가며 가락을 뽑아 콧노래를 장단을 맞췄다.

그제야 운심은 부랴부랴 일어나서 옷을 갈아입고 광문이를 위해서 칼춤을 췄다. 온 좌석이 모두들 흥겨웠다. 그들은 다시금 광문에게 친교를 맺고 흩어져갔다.

7. 廣文者傳

廣文者, 丐者也. 嘗行乞鍾樓市道中, 群丐兒, 推文作牌頭, 使守窠. 一日天寒雨雪, 群兒相與出丐, 一兒病不從. 旣而兒寒專纍欷, 聲甚悲. 文, 甚憐之, 身行丐得食, 將食病兒兒業已死. 群兒返, 乃疑文殺之. 相與搏逐文, 文, 夜匐匐入里中舍, 驚舍中犬, 舍主得文縛之. 文呼曰, 吾避仇, 非敢爲盜, 如翁不信, 朝日辯於市. 辭甚樸, 舍主心知廣文非盜賊, 曉縱之. 文辭謝, 請弊席而去. 舍主終已恠之, 踵其後. 望見群丐兒曳一尸至水標橋, 投尸橋下. 文匿橋中, 裹以弊席, 潛負去, 埋之西郊之墦間且哭且語. 於是, 舍主執詰文, 文於是盡, 告其前所爲及昨所以狀. 舍主心義文, 與文歸家. 矛文衣, 厚遇文. 竟薦文藥肆富人, 作傭保. 久之, 富人出門數數顧, 還復入室, 視其局, 出門而去, 意殊怏怏. 旣還, 大驚, 熟視文, 欲有所言, 色變而止.

文實不知, 曰默默, 亦不敢辭去。旣數日富人妻兒子持錢。還富人, 曰向者吾要貸於叔, 會叔不在, 自入室取去, 恐叔不知也。於是, 富人大慚廣文, 謝文曰, 吾小人也, 以傷長者之意, 吾將無以見若矣。於是, 遍譽所知諸君, 及他富人大商賈廣文義人, 而又過贊, 廣文諸宗室賓客 及公卿門下左右。公卿門下左右 及宗室賓客皆作話套, 以供寢。數月間士大夫, 盡聞廣文, 如古人。當是時, 漢陽中皆稱廣文, 前所厚遇舍主之賢能知人, 而益多藥肆富人長者也。時殖錢者, 大較典當, 首飾璣翠衣件器什宮室田僮奴之簿書, 參伍本幣, 以得當然, 文爲人保債, 不問當, 一諾千金。文爲人貌極醜, 言語不能動人, 口大, 并容兩拳。善曼碩戲爲鐵拐舞。三韓兒相皆傲, 稱爾兄達文, 達文又其名也。文行遇鬪者文亦解衣與鬪, 啞啞俯劃地, 若辯曲直狀。一市皆笑, 鬪者亦笑, 皆解去。文年四十餘, 尙編髮。人勸之妻, 則曰, 夫美色衆所嗜也, 然, 非男所獨也, 唯女亦然也, 故吾陋而不能自爲容也。人勸之家則, 辭曰, 吾無父母兄弟妻子, 何以家爲。且吾朝, 而歌呼入市中, 暮而, 宿富貴家門下。漢陽戶八萬爾, 吾逐日, 而易其處, 不能盡吾之年壽矣。漢陽名妓窈窕都雅, 然, 非廣文聲之不能直一錢。初羽林兒, 各殿別監駙馬都尉傔從垂袂過雲心, 心名姬也。堂上置酒皷瑟, 屬雲心舞, 心故遲不肯舞也。文夜徃, 彷徨堂下, 遂入座, 自坐上坐。文雖弊衣袴, 擧止無前, 意自得也。眦膿而眵陽醉噎羊髮北髻。一座愕然, 瞬文欲毆之。文益前坐, 拊膝度曲, 鼻吟高低。心卽起更衣, 爲文釖舞。一座盡歡, 更結友而去。

광문전 뒤에 붙이다. (書廣文傳後)

내 나이 18세 때 일찍이 병을 몹시 앓으면서 밤에는 언제나 우리 집의 오래된 하인들을 불러서 민간에서 돌아다니는 이야기를 물었는데 그들의 이야기가 거지탄 광문이의 일이였다. 나도 어려서 한번 그 얼굴을 본 적이 있거니와 아주 추하게 생기였다. 그때 내가 글 짓기를 공부하고 있던 참이라 이 이야기를 써서 여러 어른들께 돌려 보였다. 나는 갑자기 문장을 잘 짓는 사람으로 크게 칭찬을 받게 되였다.

그때 광문은 남쪽의 충청, 영남지방 각 고을로 돌아다니며 이르는 곳마다 명성이 있었고 서울로 다시 돌아오지 않은 지는 벌써 수십년째다. 떠돌아 다니는 거지 아이 하나가 개령(開寧:지금의 김천의 개령면) 수다사(水多寺)로 밥을 빌어 먹으러 들어갔다. 밤에 중들이 모여 앉아 광문이의 사적을 이야기하면서 모두들 사모하고 감탄하면서 그를 한번 만나보고 싶어했다. 그때 그 거지 아이는 말을 듣고 울음을 터트렸다. 여러 중들은 왜 우느냐고 물었더니 또 거기서 그 거지 아이는 목멘 소리로 제가 광문이의 아들이라고 하였다. 중들이 깜짝 놀랐다. 그 전에는 바가지 쪽에다가 밥을 담아 주더니 그가 광문이의 아들이란 말을 들은 후로는 사발을 씻고 밥을 담고 숟가락, 젓가락에 장과 나물을 갖추고 소반 받치어 대접하였다.

그 당시 경상도 지방에는 역적질을 하려고 음모하던 자가 있었다. 그 자는 거지 아이가 이런 대접을 받는 것을 알고 잘 이용해서 사람들을 속이려고 생각하였다. 그래서 몰래 그 거지 아이를 꾀기를

"네가 다니며 내가 작은 아버지라고만 부르면 좋은 수가 생길 수 있다."고 하였다.

그 자는 광문이의 아우로 행세하면서 이름도 광문이와 항렬을 맞추어 광손(廣孫)이라고 하였다. 어떤 이는 의심하기를 광문이는 제 성도 잘 모르고 평생에 형제나 처첩이 없었는데 어디서 장성한 아우와 다 큰 아들이 나왔느냐고 해서 드디어 관가에다가 고발을 하였다. 관가에서 광문이 이하 모두 잡아들이어 심문도 하고 대질도 시킨 결과는 서로 얼굴도 알지 못하는 터라 그 요망한 자는 목을 베고 그 거지 아이는 먼 시골로 귀양을 보내버렸다. 광문이가 옥에서 놓여 나오자 늙은이 젊은이 모두 보러 가는 바람에 서울 장안이 며칠동안 비었다고 하였다.

광문이는 표철주(表鐵柱)[1]를 가리키면서 말하기를

"네가 그래 사람 잘 치던 표망둥이가 아니냐? 이제는 늙어서 기운을 못 쓰겠구나!"라고 하였다.

망둥이란 것은 표철주의 별명이다. 다시 그 동안의 지내 온 일을 이야기하면서 서로 위로하던 것인데 광문이가 묻기를

"영성군(靈城君:박문수)[2], 풍원군(豊原君:조현명)[3]이 모두 무고들 한가?"

"벌써 다 세상을 떠났네."

"김경방(金擎方)[4] 이는 지금 무슨 벼슬을 하고 있나?"

---

1) 표철주(表鐵柱) : 미상이나 조선조 18세기 중기의 폭력배 두목인듯. 별명이 표 몽둥이라고 했다.
2) 박문수(朴文秀;1691~1756) 조선 문신이며 벼슬은 영남암행어사, 호조찬판, 도승지, 동지사, 세손사부, 우참찬 등
3) 조현명(趙顯命;1690~1752) 조선 문신이며 벼슬은 순무사, 부제학, 한성판윤, 좌참찬 등. 탕평책 주장.
4) 김경방(金擎方) 미상이나 광문이 때 어영대장을 지낸듯 하다.

"용호장(龍虎將)이라네."

광문이는 말하기를

"그 녀석이 아주 미남자더니. 몸이 비록 비대해도 기생을 안고 담을 훌훌 뛰어 넘고 돈을 흙덩이 같이 쓰고 있더니. 이제는 귀인이 되었구나! 만나 보지도 못하겠다. 그래, 분단(粉丹)이는 어디로 갔나?"

"벌써 죽었네."

광문이 한숨을 지으면서 말하기를

"옛날에 풍원군이 기린각(麒麟閣)에서 밤 잔치를 치르고 나서 분단이만을 붙들어 재운 일이 있었네. 새벽에 일어나서 대궐 안으로 들어가려는 관인데 분단이가 촛불을 잡고 있다가 실수로 초피 모자를 태웠네. 분단이가 황송해서 어쩔줄을 모르니 풍원군이 웃으면서 네가 부끄러우냐 하고 곧 부끄럼 풀이로 돈 5천원을 주었단 말일세. 그때 나는 너울과 여벌 옷을 싸가지고 시꺼머니 귀신처럼 난간 아래 서서 기다리고 있자니까 풍원군이 창문을 열고 침을 탁 뱉다 말고 분단이에게 몸을 기대면서 귓속 말로 저 시꺼먼데 무어냐고 물었지. 천하에 광문이를 모르는 사람도 있습니까 하고 대답한즉 풍원군은 웃으면서 네 후배(侯陪)[5]로구나 하고 나를 부르더군. 커다란 잔으로 술 한잔을 주고 자기도 홍로(紅露)[6]를 따라 일곱 잔을 연거푸 마시더니 초헌(軺軒)[7]을 타고 갔었네. 이게 옛 이야기가 되고 말았네. 지금 서울 안에 고운 계집으로서 누가 제일 유명한가?"

---

5) 후배(後陪) 관에서는 벼슬아치를 보호하며 뒤따르는 하인들을 말하며(호위꾼(護圍軍) 민간에서는 혼인 때 신랑이나 신부를 따라 가는 상객 일명 후행 또는 호위(後圍)

6) 홍로(紅露) : 18세기의 고급 술로 평양산 소주.

7) 초헌(軺軒) : 종2품 이상 관직자의 탈 것, 가운데 바퀴 한개가 있고 사람이 끌었다.

"작은 아기일세."

"그 조방군(助房軍)⁸⁾은 누군가?"

"최박만(崔撲滿)일세."

"아침 나절 상고당(尙古堂:김광수)⁹⁾에서 사람을 보내서 안부를 묻더군. 내가 들으니까 원교(圓嶠) 아래로 이사를 갔다지. 마루 앞에 벽오동나무가 섰는데 그 아래서 손수 차를 끓이고 있으면서 철돌(鐵突)을 시켜서 거문고를 탄다더군."

"철돌이 형제가 한참 들날리는 판일세."

"옳거니, 그게 김정칠(金鼎七)이외 아들이렸다. 내가 제 어른과는 자별나게 지냈단 말이야." 하고는 다시 서운한 기색으로 있다가 한참만에 계속해 말하기를

"이건 다 내가 떠난 이후의 일일세 그려."라고 하였다.

광문이의 머리털은 다 모지라졌으나마 오히려 쥐꼬리만하게 땋아 늘였는데 이가 빠지고 입이 오물어 들어서 주먹을 넣을 수는 없었다고 한다. 표철주에게 또 묻기를

"이제 자네가 늙은 몸으로 어떻게 먹고 사나?"

"살기가 어려워서 집거간 노릇을 하네."

"자네가 이제야 그나마도 오래지는 못할 것일세. 그 전에는 자나네 재산이 몇거만(累鉅萬)이라고 해서 자네를 금투구라고들 부르더니 지금 그 투구가 어디 있나?"

"이제 나도 세상 맛을 아네."

광문이 웃으면서 말하기를

---

8) 조방군(助房軍) : 기생의 선전이나 소개 등을 맡아서 하던 일종의 기생, 주옥의 소개인.

9) 김광수(金光遂;1696~?) 호 상고당(尙古堂). 벼슬은 군수에 그쳤으나 서화를 잘하고, 고서화와 골동품 등을 수집한 수집가.

"자네야말로 재주를 배우자 눈이 어두운 격일세그려."

그 이후 광문이가 어떻게 된 것은 세상에서 알지 못한다고 한다.

書廣文傳後

余年十八時嘗甚病, 常夜召門下舊傔, 徵問閭閻奇事, 其言大抵廣文事。余亦幼時見其貌極醜。余方力爲文章, 作爲, 此傳, 傳, 示, 諸公長者, 一朝以古文辭大見推詡。蓋文時已南遊湖嶺諸郡, 所至有聲, 不復至京師數十年。海上丐兒嘗乞食於開寧水多寺。夜聞寺僧閒話廣文事, 皆愛慕感嘆, 想見其爲人。於是丐兒泣, 衆怪問之。於是丐兒囁嚅, 遂自稱廣文兒, 寺僧皆大驚。時嘗子飯瓢, 及聞廣文兒, 洗盂盛飯, 具匙箸蔬醬, 每盤而進之。時嶺中妖人有潛謀不軌者, 見丐兒如此其盛待也, 冀得以惑衆。潛說丐兒曰 爾能呼我叔, 富貴可圖也。乃稱廣文弟, 自名廣孫, 以附文。或有疑廣文自不知姓, 生平獨無昆弟妻妾, 今安得忽有長弟壯兒也。遂上變, 皆得逐捕。及對質驗問各不識面。於是遂誅其妖人, 而流丐兒。廣文旣得出, 老幼皆徃觀漢陽市數日爲空。文指表鐵柱, 曰汝豈非善打人表望同耶。今老無能矣。盖望同其號也。因相與勞苦。文問靈城君豐原君無恙乎, 曰皆已下世矣。金君擎方何官, 曰爲龍虎將。文曰此兒美男子, 體雖肥, 能挾妓超墻, 用錢如糞土, 今貴人, 不可見矣。粉丹何去, 曰己死矣文嘆曰昔豐原君夜讌麒麟閣獨留粉丹宿。曉起, 將赴闕, 丹執燭, 誤爇貂帽, 惶

恐。君笑曰爾羞乎。卽與壓羞錢五千。吾時擁首帕副裙,
候闌干下, 黑而鬼立。君拓戶唾, 倚丹而耳。曰彼黑者何
物。對曰天下誰不知廣文也。君笑曰是汝後陪耶。呼與一
大鍾; 君自飮紅露七鍾, 乘軺而去。皆昔年事也。漢陽纖
兒誰最名。曰小阿其。助房誰。曰崔撲滿。曰朝日尙古堂
遺人勞我。聞移家圓嶠下, 堂前有碧梧桐樹, 常自煑茗其
下, 使鐵突鼓琴。曰鐵突昆弟方擅名。曰然, 此金鼎七兒也
吾與其父善。復悵然久之, 曰此皆吾去後事耳。文斷髮猶
辯, 如鼠尾齒豁, 口窩, 不能內拳云。語鐵柱曰汝今老矣,
何能自食。曰家貧爲舍僧。文曰, 汝今免矣, 嗟呼, 昔汝家
貲鉅萬, 時號汝黃金兜, 今兜安在。曰今而後吾知世情矣。
文笑曰汝可謂學匠而眼暗矣。文後不知所終云。

8. 우상이 일본을 구경한 이야기(虞裳傳)

일본의 관백(關白)[1]이 새로 섰다.
그래서 많은 물자를 저축해 두고 큰 집들을 수리하고 선박을
수선하고 나누어 관리하는 각 섬의 기이한 인물, 칼 쓰는 검객.
속임수 놀이쟁이. 음란스러운 재주꾼. 글씨 쓰고, 그림 그리고,
문학하는 선비들을 저희의 수도로 모아다 놓고 수년 동안 연습
을 시키어 더 숙련 시킨 뒤 감히 우리나라를 향해서 사신을 보

---

[1] 전 일본을 통치하던 기관. 막부(幕府)라고도 하여 천황 밑에서 당시 전 일본을
통솔했다.

내 달라고 청해 왔다. 마치 큰 나라의 책봉(册封)[2]을 받으려고 하는 것과 같았다.

우리나라에서는 삼품(三品) 이하의 문신 가운데서 인재를 골라서 세 사람의 정원[3]을 채웠다. 그들의 수행원으로는 모두 글이 훌륭하고 학식이 넉넉한 사람이었으며 천문, 지리, 수학, 점술가, 의술, 관상, 무술을 전문하는 사람으로부터 악기를 불거나 뜯거나 농담을 잘 하거나 우스개 소리를 잘하거나(개그맨) 노래를 부르는 가수, 술을 마시거나 바둑, 장기를 잘 두거나 말을 타고 활을 쏘거나 대체 한 가지 재주로써 국내에 이름이 있는 사람은 깡그리 따라갔다. 일본 사람들이 그 중에서도 시문과 서화를 가장 귀중히 여겨서 조선 사람의 필적을 한 자만 얻으면 여행비용 없이도 천리를 여행할 수 있었다.

조선 사신의 숙소로 정해진 집은 어디서나 푸른 구리 기와로 지붕을 이었으며 무늬 있는 돌로 뜰을 아로 새겼으며 기둥과 난간에는 붉은 칠을 하였으며 휘장에는 화제(火齊),[4] 말갈(靺鞨), 슬슬(瑟瑟) 등의 유명한 구슬로 장식하였다. 식기도 모두 금칠한 것 아니면 은칠한 것이라 화려하고 사치스러웠다. 천릿길을 가는 도중에는 때때로 기이하고 교묘한 구경거리를 차려 놓았을 뿐만 아니라 일행 중의 백정과 마부까지도 걸상에 앉아 비지통

---

[2] 작은 나라(속국)의 임금이 새로 설 때 큰 나라(종주국)의 승인을 받는 것을 말한다. 조선시대는 우리가 명나라·청나라의 승인을 받아야 했고 일본은 가끔 우리의 승인을 받은 적이 있었다.

[3] 조선시대 외국으로 사신보낼 때 정사(正使), 부사(副使), 서장관(書狀官) 세사람은 정원으로 정식으로 임명하고 수행원은 그때 그때 구성한다.

[4] 화제는 인도에서 나는 투명한 구슬 종류. 볼록렌즈형, 화주(火珠)라고도 함. 말갈은 말갈족이 사는 지방에서 나는 밤알만한 보석을 줄여서 말함. 슬슬도 구슬의 일종.

(榧子通)⁵⁾에 발을 담그게 한 다음 꽃무늬 놓은 옷을 입은 아이놈으로 하여금 때를 씻겨 주었다.

일본 사람들은 이렇게 떠들어 대면서 존경하고 사모하는 뜻을 보였음에도 불구하고 통역하는 무리들이 범가죽[虎皮], 표범가죽[豹皮], 잘(貂), 인삼과 같은 수출이 금지된 물화를 가지고 와서 몰래 구슬, 칼 등과 교역하는 통에 거간꾼들이 잇속을 노리고 재물에 눈이 뒤집히어 몰려들었다. 일본 사람들은 겉으로 여전히 공경하는 체 하면서도 내심 인격적인 점에서는 존경하지 않았다.

우상(虞裳)이 한어 역관으로 따라갔다가 그 홀로 문장으로써 일본안에 크게 이름을 떨쳤다. 일본의 유명한 중과 귀족 계층의 인물들이 모두 운아선생(雲我先生)은 둘도 없는 큰 선비라고 일컬었다.

대판(大坂)의 동쪽으로 들어서면서 절은 여관집 같고 중은 기생 같은데 시문을 청하는 것은 꼭 장기, 바둑을 두자고 하는 것과 다름이 없었다. 그림 있는 시전지(詩箋紙)나 꽃무늬 놓은 두루마리를 책상과 걸상에 가득 쌓아 놓고 강운(强韵)의 운자를 추려 내서 곤란을 보이건만 우상이 그전에 지어 둔 것을 외듯이 언제나 그 자리에서 죽죽 불렀다. 운자를 다는 것도 고르고 타당하였으며 조용히 끝을 마치기까지 어려운 빛도 보이지 않았고 맥이 빠진 말도 내놓지 않았다.

그가 지은 시 가운데 '바다 위를 유람하면서(海覽篇)'가 있으니 다음과 같다. 이르기를,

땅 위에 일 만 나라 있으니

---

5) 비자통은 비파 열매를 우려서 담은 물로 향그로움.

바둑알과 별처럼 펼쳐 있어라
월(越)나라 풍속은 주먹상투 머리요
천축(인도)의 머리는 삭발이네

제(齊)와 노(魯)는 봉액(縫腋)[6] 옷이요
호(胡)와 맥(貊)은 털로 짠 담요
어떤 나라 문명하여 두른 띠 아담하고
어떤 백성 어두워 아무것도 모르네

무리지어 흩어지고 끼리끼리 모여서
하늘 밑에 가득히 제 각기 사네
일본은 이 중에서 방국을 이루고서
파도 사이 물속 땅에 자리 잡았네

그 수풀은 우거진 뽕나무요
그 위치는 해돋이 나라[7]
여자는 붉은 옷인데 무늬 수 놓고
토질은 좋아서 귤과 유자 잘 되네

물고기 중 괴상키는 장거(章擧:문어)요
나무로 기이로운 건 소철이었다.
일본의 진산(鎭山)은 방전(蒡甸)[8]인데
여러 산은 질서 있게 별처럼 펼쳐 있다.[9]

---

6) 고대 중국의 옷. 겨드랑이와 어깨에만 걸친다.
7) 일본은 자기 나라를 부상(扶桑)이라 했다. 즉 해돋는 나라라는 뜻으로 자랑했다. 그러나 부상(扶桑)은 중국 전설에서 나온 말이다.
8) 일본의 부사산(富士山)을 말하는 듯.
9) 본문의 구진배결서(句陣配厥秩)로써 〈논어〉(위정편)의 '정치란 덕으로써 하는 것인데 비유하면 북극성이 그 자리에 움직이지 않지만 뭇 별들이 이를 향해 둘러싸고 있다' (爲政以德 譬如北辰 居其所 而象共之)에서 온 말이다.

이 땅은 길어서 남북이 봄, 가을 차이 나고
동서로는 밤낮이 서로 다르다
중앙의 지형은 엎어 놓은 항아리요
높은 산엔 흰 눈 쌓여 하야네

황소를 감출만한 큰 나무 재목
까치가 쪼았는가[10] 옥은 많고 고와라
단사(丹砂)와 금과 주석들이
이곳 산에서 가끔 난다네

대판(大阪)은 큰 도시라
산해의 온갖 보물 무진장이네
향 내음 기이하니 용연(龍涎)[11] 향이고
보석은 가득 쌓여 아골(雅骨)[12] 이란다

코끼리 입에서 뽑아 온 상아
물소의 머리서 잘라 온 서각
파사(波斯)[13] 사람 눈부시겠고
절강(浙江)[14] 시장 무색할 지경이네

온 나라가 땅과 바다 가운데 있고
그 속에서 만물은 생동하네
큰 게[15] 등에 뼈가 있어 바람 타면 돛을 펴고

---

10) 남화경(南華經)에 까치가 괴목(槐木)의 열매를 쪼으면 옥이 되어 맺히는데 이를 작옥(鵲玉)이라 한다고 했다.
11) 아라비아 지방에서 나는 향기롭고 귀한 향.
12) 검은 빛의 보석의 일종인 듯.
13) 페르시아, 즉 이란인데 보석이 많고 공예가 발달하였음.
14) 중국 동남부에 있는 성(省). 물자가 많고 교역이 번창하여 중국에서 가장 부유한 고장.
15) 원문의 '후'(鱟)는 게의 일종인데, 검푸른 빛갈. 눈은 등에 있고 입은 배 밑에 있으며 등 위에 뼈가 있어 바람을 만나면 이 뼈가 돛처럼 펴져서 잘 간다 함.

바다고래는 꼬리치면 물 뿜어 깃발이에[16]

구조개 껍질 모여 보루를 쌓은 듯
큰 거북의 세찬 기세 땅굴 같으네
갑자기 바뀌어 산호바다 보이는데
그 빛이 휘황하여 불기둥 타는 듯해

또 한번 바뀌면 쪽빛 푸른 바다
그 광경 구름 노을 온갖 빛 찬란하다
수은 바다 흰빛 되면
뭇 별들이 펼쳐져 만섬으로 뿌린 듯

또 바뀌어 물들인 장면 되면
비단 펼쳐 찬란키가 천 필이나 되는구나
또 바뀌면 큰 용광로요
오색 금빛 피어난다.

용 그린 깃발[17]은 푸른 하늘 날으고
바람결에 온갖 뇌성 일으키네
털 새우 마갑 조개는[18] 희한하기가
괴상타 못해 황홀해지네

---

16) 본문의 추(鰌)는 미꾸라지가 아니고 바다고래인데 한번 꼬리치면 물기둥이 높이 솟는다 함. 바다고래는 수컷이 암컷을 업고 다니는데 그 높이가 열발 가량 된다고 함.

17) 본문의 용자(龍子)가 난다 함은 일본 풍속에 용 또는 잉어를 천으로 만들어 장대에 매달아 바람에 펄럭이는데 이를 '잉어 오르기'(고이 노보리)라 함. 대개 벽사진경의 습속이다.

18) 본문의 발선(髮鮮)은 새우의 일종인데 바다새우라 하고 도마뱀처럼 생겼다 함. 누런 바탕에 검은 무늬인데 혹은 악어 종류인 듯. 마갑주(馬甲柱)는 조개기둥. 마갑은 장거(章擧)처럼 괴이하게 생긴 조개로, 해월(海月)이라고도 함

그 백성 벌거벗고 갓 썼는데
겉은 벌레 독이요 속은 나무좀 같네
일을 만나면 고라니처럼 펄펄 뛰고
사람과 꾀할 때는 쥐같이 간악하네

잇속을 챙길 때는 물여우 같이 해치고[19]
작은 일로도 부딪쳐 충돌한다
부녀자는 놀이, 유희 잘하고
아이들은 연장 만들기에 열중하더라

조상은 안 모시고 귀신을 섬기며
부처를 믿으면서 살상은 좋아해
글씨 못 써 새 발이요
시를 못 읽어 새 혓바닥이구나

암수가 어울릴 때 암사슴 같고
벗으로 어울림은 고기와 자라 같네
그 언어는 새가 지저귀 듯
통역하려도 도시 안 통해

초목이 많고 기괴하니
나함(羅含)은 그 저서를 불사를판
온갖 샘이 근원 많으니
역생(酈生)은 하루살이 격이네

수족의 다르고 같음이 다양하니
사급(思急)은 그의 도설(圖說)을 걱정할 것이고

---

19) 본문의 역사(蜮射)란 물여우가 모래를 입에 물었다가 사람에게 뿜어 쏘아서 해친다 함.

칼과 검에 새긴 옛글
정백(貞白)은 다시 써야 할 판이다[20]

지구에 같고 다름이 있고
섬들에는 여러 가지 종류 있으니
이태리 이마두(利馬竇)는 지도를 만들면서[21]
선으로 그어놓고 칼로 쪼갰네

재주 없는 나 또한 이 시로 엮으니
말은 서툴망정 내용은 진실이라
이웃끼리 잘 사귀어
평화롭게 지내면서 변치를 마세

 이를 보면 우상 같은 사람은 어찌 나라의 영예를 빛낸 사람이 아니겠는가.
 만력 20년 임진(壬辰=1592)년의 왜란 때 왜국의 풍신수길(豊臣秀吉)이 몰래 군대를 동원하여 우리나라를 쳐들어 왔으니 우리의 세 서울(한성, 개성, 평양)을 유린하고 우리의 어른들과 아이들을 코 베어 죽이고 겁탈하고 우리 삼한 땅에 왜철쭉과 동백을 심어 놓았다.
 우리 선조대왕(宣祖, 시호는 昭敬)이 난리를 피해서 압록강 가로 몽진했을 때 명나라 천자가 이를 듣고 크게 놀라 온 명나

---
20) 나함(羅含), 역생(酈生), 사급(思急), 정백(貞白)은 각각 본초(本草), 수경(水經), 어족(魚族), 도검(刀劍)의 감지(嵌識)의 저자요, 권이자인 듯. 다만 역생은 수경을 주석한 역도원(酈道元)이고 정백은 본초별록(本草別錄)의 저자인 도홍경(陶弘景)의 시호라 했는데, 도검의 감지자로 썼으니 미심하다.
21) 이마두(利馬竇)는 이태리 사람으로 17세기에 중국에 와 있던 선교사. 그는 세계지도를 만들었다.

라 군사를 원병으로 보낼 때 대장군은 이여송(李如松)이고, 제독은 진린(陳璘), 마귀(麻貴), 유정(劉綎), 양원(楊元)이었는데 이들은 옛 명장의 풍도가 있었으며, 어사(御使)로 온 양호(楊鎬), 만세덕(萬世德), 형개(邢玠)는 모두 문무를 겸비한 재주로써 귀신도 놀랄만한 전략가였고, 그 병사들은 모두 감숙(甘肅), 섬서(陝西), 절강(浙江), 등주(登州), 귀주(貴州), 내주(萊州)에서 말 잘 타고 활 잘 쏘는 사람과 대장군의 사병들 천명과 유주(幽州), 계주(薊州)의 칼 잘 쓰는 사람들이었으나 마침내 일본 군대와 싸울 때는 힘이 팽팽하여 왜병을 간신히 나라 경계선 밖으로 몰아냈을 따름이었다.

그 뒤 수백 년 동안 사신의 행차가 자주 일본 수도인 강호(江戶=東京)에 갔었으나 그들은 대체로 체모를 근신하고 방비를 엄격히 하는 모습이라서 진정한 그들의 풍속, 가요, 인물, 지리와 그들의 강한 점과 약한 점 등은 조금도 살피지 못하고 빈손으로 오갔을 뿐이었다.

이제 우상은 힘이 능히 부드러운 붓끝을 이기지 못하는 듯 싶지만 그의 온몸에 지녔던 정성과 글 솜씨를 발휘하여 물나라인 왜국 만리밖의 그들 수도에 가서 나무가 시들고 물이 마르게 하였으니 그야말로 그는 붓끝으로 산천을 뽑았다고 해도 옳을 것이다.

우상의 이름은 상조(湘藻)이다. 일찍이 그는 자기의 화상에 다음과 같이 썼다.

"공봉(供奉)의 백(白)과 업후(鄴侯) 필(必)에다가 철괴(鐵拐)를 합쳐서 창기(滄起)가 되었구나.

옛날의 시인 옛날의 선인 옛 산인들이 모두다 그 성이 이(李)로구

면."²²⁾

　우상의 성은 이가요, 호가 창기(滄起)였기 때문이다.
　대체로 선비란 자기를 알아주는 사람에게는 기를 펴지만, 자기를 알아주지 못하는 무리 속에서는 굴욕을 당하는 법이다.
　무늬새[교청=鵁鶄]나 비오리[계칙=鸂鶒] 따위는 새들 중에서 하찮은 날짐승이지만 오히려 스스로 제 나래와 털을 자중자애하면서 물에다 제 그림자를 비추고 서서 사방을 살핀 다음 나래 짓하여 무리들을 모여들게 하는데 하물며 사람의 문장이야말로 어찌 새의 나래와 털의 아름다움에 그치겠는가.
　옛날 경경(慶卿)이 밤들어 검술에 대하여 논할 때 합섭(蓋聶)이 노하여 눈을 부릅뜨고 노려보았는데 그 뒤에 고점리(高漸離)가 장고치고 형가(荊軻)²³⁾는 장단 맞춰 노래하다가 이윽고 서로 붓 안고 울되 마치 곁에 사람이 눈에 뜨이지 않는 듯 하였다는데 대체 기쁨이 이미 극도에 달했는데 또 울기는 왜 울었을까 마음에 감격되어 운 것으로 그 슬픔이 울음이 된 것이어서 비록 그 본인에게 묻는다 해도 그들 자신도 무슨 마음으로 그리 된지를 모를 것이다.
　그러하니 사람의 문장이 높고 낮고 한 평가야말로 어찌 칼 쓰는 검객의 기교에 구구히 비할 것이랴.
　우상은 불우한 사람이 아니었던가? 어디서 그의 말에는 슬픔

---

22) 공봉(供奉) 백(白)은 이백(李白)이요, 업후(鄴侯)는 이필(李必)인데 이백과 동시대 사람으로 벼슬을 마다하고 산림 속에 숨어 살던 사람. 철괴(鐵拐)는 이철괴로 신선이 되었다는 얼굴 추한 사람.
23) 혹은 경경(慶卿)이라고도 불렀는데, 연나라 태자 단(丹)을 위해 진시황을 죽이려던 검객이다. 그는 독서를 좋아하고 칼을 잘 썼으며 악기를 잘 뜯는 고점리(高漸離)와 잘 어울려서, 연나라 저자에서 날마다 술마셨다고 함.

이 그리도 많았던가.

   "닭의 벼슬은 갓처럼 높다랗고
   소의 늘어진 목덜미는 전대만 해도
   늘 보는 사물이라 이상할 것 없는데
   낙타의 높은 등에 놀라고 있네."

우상은 일찍부터 자신이 다른 사람과 다르다는 것을 알았기 때문에 그가 병들어 장차 죽으려 할 때 써 놓은 원고를 모두 불살라 버렸다. 그리고 말하기를,

   "누가 다시 알아 줄 것이랴."

하였으니 어찌 슬픈 일이 아니겠는가.

   공자가 말하기를,

   "재주가 쉽지 않다더니 그렇지 않은가? 관중은 그 그릇이 작구나!"

   공자 제자 자공(子貢)이 묻기를,

   "저는 무슨 그릇 쯤 되겠습니까?"

   한즉 공자는,

   "종묘 제사 때 쓰는 호련(瑚璉) 술잔쯤 될 거야!"[24]

이 말은 아름답기는 하나 그릇이 작다는 뜻이다.

그러므로 사람의 덕을 그릇에 비유한다면 재주는 그 그릇에 담을 물건으로 비유할 수 있을 것이다.

   그리하여 〈시경〉에서 말하기를,

---

24) 공자가 '관중은 그릇이 작다'는 말은 〈논어〉 팔일(八佾)에 나오는 말이고 자공(子貢)더러 '너는 그릇이지만, 호련(瑚璉) 즉 제사에 쓰는 조그맣고 아담한 옥술잔'이라 했는데 곱기는 하지만 작은 그릇이란 뜻인데, 〈논어〉의 공야장(公冶長)에 있는 말.

"저 아름다운 옥잔에는
누런 술이 가득 차 흐르네."25)

하였고 또 〈주역〉에서는

"세발 솥이 발 부러지니
그 속의 음식이 엎질러졌네."26)

하였으니 대개 덕만 있고 재주가 없으면 덕이라는 그릇은 비어 있을 것이고 재주만 있고 덕이 없으면 재주를 담을 곳이 없을 것이며 그 그릇이 얕다면 재주는 덕을 넘을 것이다. 사람이 천지와 더불어 삼재(三才)가 되어 있는데 그러므로 귀신을 재주라고 한다면 천지는 그 큰 그릇이다. 그리고 저기 지나치게 결백한 자는 복이 붙을 곳이 없으며 남의 정상과 심리를 꿰뚫어 잘 아는 사람에게는 사람이 붙지 않는 법이다.

문장이란 천하의 지극히 귀중한 보배이다. 정밀하게 쌓여 있는 것을 미묘한 속에서 표출해 내고, 깊숙이 숨어있는 것을 형태 없이 찾아내고 천지조화의 비밀을 누설했으니 귀신이 성내고 원망할 것이다.

나무가 재목으로 될만하면 사람들이 베어 가려하고, 물건이 재(才)로서 쓸 값어치가 있으면 사람들이 재물로 뺏으려 한다. 그러므로 재주를 뜻하는 재(才)라는 글자는 밖으로 비끼지 않고, 안으로 비껴 긋게 되어 있다. 즉 재(才)라는 글자 모양이 그

---

25) 슬피옥찬(瑟彼玉瓚)은 〈시경〉 한록(旱麓)에 있는 말인데 옥돌 술잔 가득히 흐르는 듯한 임금의 복록을 노래한 내용이다.
26) 정절족(鼎折足) 즉 '세발솥 다리 부러졌다'는 이야기는 〈주역〉 정(鼎)에 있는 말로서 솥 세 다리는 임금을 돕는 삼공을 말하며, 부러졌다 함은 삼공이 제대로 보좌 못해서 나라가 어렵게 된 것을 말함.

처럼 되어 있다.[27]

　우상이란 사람은 일개 통역관으로 그 명성이 국내에서는 동네 밖으로 나가지 못했고, 상층 인사들도 그의 행색과 얼굴을 알지 못했으나 하루아침에 그 명성이 만 리 밖의 해외의 나라에 떨쳐 빛났다. 그는 몸을 큰 물고기[魚昆], 고래, 용, 악어 등 온갖 무서운 동물의 집에 던져 출입하면서 손으로 해와 달을 목욕시키고 그 기개는 무지개와 신기루에 육박하여 떨쳤다.
　그러므로 〈주역〉에 이르기를,
"물건을 허술히 간직하는 것은 도적에게 훔쳐가라고 가르치는 것이다."[28]
라 하고 또 〈노자〉에서는
"물고기는 못에서 벗어나지 말아야 하며, 나라의 좋은 연장은 사람에게 보이지 말라."[29]
고 하였으니 이 어찌 경계할 말이 아니겠는가.
　그가 '승본해(勝本海)'[30]를 지날 때 지은 시가 있으니 다음과 같다.

　　맨발 벗은 되놈들 그 꼴은 도깨비요
　　오리빛 옷 등성엔 별과 달을 그렸구나
　　꽃무늬 옷 계집애는 달려서 문을 나되

---

27) 재(才)는 재(財)로 통하는데 '才' 자를 쓸 때 十밑에 안으로 비껴 내려 긋는 ノ가 밖으로 긋지 않는다는 뜻이다.
28) 〈주역〉 계사(繫辭)상에 나온 말.
29) 〈노자〉 36에 있는 말로서 '유약한 자가 강건한 자를 이긴다. 물고기도 연못을 벗어나면 죽고, 나라의 이로운 연장은 다른 사람에게 내보이면 진다.' (柔弱勝 剛强 魚不可脫於淵 國之利器 不可以示人)라고 했다.
30) 일본에 있는 바다 이름. 아마 '세도나이까이'인 듯.

머리는 벗다 만 듯 머리털 뭉쳤구나
애기 울어 목이 쉬니 그 어미 젖 먹일 제
손으로 등을 치며 그 어미 흐느끼네
이윽고 북을 치자 관가 사람 온다 하니
수 없이 모여 들어 산부처가 나온 듯

되놈 관리 업뜨려 구슬을 비치는데
산호와 큰 패물을 소반에 내었구나
손과 주인 벙어리로 마주 앉아서
눈치로 말을 하고 붓으로 혀 놀리네
되놈의 관부에는 수풀 정취 푸르고
종려와 푸른 감귤 정원 열매 널려 있네

라고 하였고,

 그는 또 배 안에서 치질을 앓으며 누워 명승인 매남노사(梅南老師)[31]의 말을 생각하며 시를 지었는데 이르기를,

공자의 높은 도와 석가의 가르침이
세상을 경륜함에 일월 같이 뚜렷하나
서양 선비 일찍부터 오천축에 가서 봐도
과거나 현재에도 부처님은 없다 하네

점잖은 유가에도 장사치는 치달으니
붓과 혀를 알랑이며 신묘한 말 만들어(사람 속이니)
털 쓰고 뿔을 이고 지옥에 떨어지네
평생에 사람속여 그 죄값 당연하리

---

31) 우상의 스승인 혜환(惠寰) 이용휴(李用休)의 별호. 그는 남인이었으므로 박지원은 좋아하지 않았다.

독한 불길 뻗치어 이 동쪽 땅에 미쳤네
　　크고 작은 절들은 시골 도시 널려 있어
　　섬나라 백성들이 길흉화복 빈다고
　　향 피우며 쌀 시주로 쉴사이 없구나

　　비유컨대 한 아들이 남의 자식 해쳐 놓고
　　들어가 받든다고 그 부모 기뻐하랴
　　여섯 경서 중천에 해처럼 밝은데
　　이 나라 백성들은 두 눈에 옻칠한 듯

　　해 뜨는 곳 지는 곳이라는 두 이치 뿐[32]
　　성인의 길 따르면 착하고 배반하면 망나니
　　우리 스승 주신 말씀 뭇 사람에 전하여
　　이 시를 지어 읊어 목탁으로 삼으리라

라고 하였는데 이 두 편의 시는 모두 전할 만한 작품이었다.
　그가 돌아오는 길에 앞서 시 지었던 곳에 이르렀을 때는 벌써 그의 시가 그 곳에서 인쇄되어 나왔더라고 한다.
　내 일찍이 우상과 생전 만나 본 일이 없지만 우상은 자주 사람을 시켜 시를 보내 왔는데 이르기를,
　"이 세상에서 오직 이 사람만이 나를 알아 줄 테지."
하였으므로 나는 농담 삼아 우상에게,
　"이건 오(吳)나라 사람들의 연약한 침(시)이야, 너무 자질구레해서 보배로울 것 없어."

---

32) 당시 일본 사람들은 '자기 나라는 해 돋는 나라이므로 흥하고 중국은 해 지는 나라이니 망하리라' 는 생각들을 하고 있었다. 〈수서〉(隋書)의 왜국전(倭國傳).

하였더니 우상은 노하여,

"이 놈이 남의 기를 죽이네."

하더니 이윽고 그는 탄식하며,

"내 어찌 이 세상에 오래 살 수 있겠는가."

하고 한숨을 쉬고 몇 줄기의 눈물을 흘렸다.

나 역시 이 말을 듣고 이를 슬퍼하였다. 그러나 이미 우상은 죽었다. 나이 27세였는데 그 집안사람의 꿈에 한 신선이 술에 취해 푸른 고래를 타고 있고, 검은 구름이 드리웠는데 우상이 머리를 풀어 드리우고 그 신선을 따라 갔는데 꿈꾼 뒤 얼마 안 있어 우상이 죽었다는 것이다.

혹자는 말하기를,

"우상은 신선이 되어 갔다오."

하였다.

아아! 슬프다. 내 일찍이 마음속으로 혼자서 그의 재주를 사랑했는데 그러나 보잘 것이 없다는 농지꺼리를 해서 그의 기를 꺾어 버렸으니 슬프지 않을 수 없다.

내 딴은 '우상의 나이가 아직 젊으니 겸허하게 문장의 도를 닦으면 장차 훌륭한 저서로써 세상에 전할 수 있으리라' 고 생각했던 것이었는데 이제 와 생각하니 '우상은 반드시 내가 자기를 글 쓸 재주가 미흡하다' 고 여겼을 것이니 안타까운 일이다.

어떤 사람이[33] 그의 만가를 지어 노래했는데,

"오색찬란하고 비범한 새가

---

[33] 이 어떤 이는 우상의 스승인 혜환(惠寰) 이용휴(李用休)인데 연암은 그가 남인이라서 이름을 밝히지 않은 듯하다.

지붕 위에 날아와 앉았다가
뭇 사람 다투어 와서 구경하니
놀라 일어나서 간 곳이 없네."

그 두 번째 노래는,

"까닭 없이 천량 돈을 얻으면
그 집에 반드시 재앙이 생기니
하물며 이 세상에 드믄 보배를
어찌 오래 빌려 두랴."

그 세 번째 노래는,

"이름 없는 한 낱 지아비도
죽어지면 세상이 빈 것 같건만……
어찌 그 시운에 관계됨이 아니랴
사람 수 많기야 빗방울 같지만."

또 노래하니,

"그 쓸개는 둥근 박덩이처럼 대담했고
그 눈빛은 둥근 달처럼 빛났으며
그 팔에는 귀신이 있어 귀재요
그 붓끝엔 혀가 있어 글잘 썼네."

또 말하기를,

"남들은 아들 있어 전하지만
우상은 아들 하나 못 전하네
혈기는 있었지만 이미 다했고
그 명성 높아서 무궁하리라."

내 일찍 우상을 만나지 못한 것을 늘 한스럽게 여긴다. 또 이미 그의 문장들을 불태워 버렸으니 세상에 남긴 것이 없어 뒷사람들이 더욱 그를 알아주지 못할 것이다. 그러므로 내 이제 책 궤 속에 오래 간직했던 것들을 털어내어 그가 전에 나에게 보냈던 시 겨우 두어 편을 찾아 이것을 모두 모아 가지고 이 우상전을 짓는 바이다.

8. 虞裳傳

日本關白, 新立。於是, 廣儲蓄繕宮館, 理舟檝, 刮屬國諸島奇材, 釼客, 詭技, 淫巧, 書畫文學之士聚之都邑, 練肄完具, 數年然後乃敢請使於我, 若待命策之爲者。朝廷極選文臣三品以下, 備三价以送之。其幕佐賓客皆宏辭博識, 自天文, 地理, 算數, 卜筮, 醫, 相武力之士, 以至吹竹, 彈絲, 諧浪, 戲笑, 歌呼, 飮酒, 博奕, 騎射, 以一藝名國者, 悉從行。而最重詞章書畫, 得朝鮮一字, 不齎糧而適千里。其所居舘, 皆翠銅甍, 除嵌文石, 而楹檻朱漆, 帷帳飾以火齊, 鞾鞜, 瑟瑟。食皆金銀鍍, 侈靡瑰麗。千里徍徍設爲奇巧。庖丁驛夫據牀而坐, 垂足於枇子桶, 使花衫蠻童洗之。其陽浮慕尊如此, 而象譯持虎豹, 貂鼠, 人蔘, 諸禁物, 潛貨璣珠寶刀。駔儈機利, 殉財賄如鶩倭外謬爲恭敬, 不復衣冠慕之。虞裳以漢語通官隨行, 獨以文章大鳴日本中, 其名釋貴人皆稱雲我先生, 國士無雙也。大坂以東, 僧如妓, 寺刹如傳舍, 責詩文如博, 進繡牋花軸, 堆床塡案, 而類爲難題强韻以窮之。虞裳每倉卒口占, 如誦宿搆, 步押平妥, 從容席散, 無罷色, 無軟詞。其海覽篇曰

坤輿內萬國,　碁置而星列,　于越之魋結,　竺乾之祝髮
齊魯之縫腋,　胡貊之氈毳,　或文明魚雅,　或兜離侏㒧
群分而類聚,　遍土皆是物,　日本之爲邦,　波壑所蕩潏
其藪則搏木,　其次則賓日,　女紅則文繡,　土宜則橙橘
魚之恠章擧,　木之奇蘇鐵,　其鎭山芳甸,　句陳配厥秩
南北春秋異,　東西晝夜別,　中央類覆敦,　嵌空龍漢雪
蔽牛之鉅材,　抵鵲之美質,　與丹砂金錫,　皆徙徙山出
大坂大都會,　環寶海藏竭,　奇香爇龍涎,　寶石堆雅骨
牙象口中脫,　角犀頭上截,　波斯胡目眩,　浙江市色奪
寰海地中海,　中涵萬象活,　鱉背帆幔張,　鰌尾旌旗綴
堆疊蠣粘房,　屭贔龜次窟,　忽變珊瑚海,　煜燿陰火烈
忽變紺碧海,　霞雲衆色設,　忽變水銀海,　星宿萬顆撤
忽變大染局,　綾羅爛千匹,　忽變大鎔鑄,　五金光迸發
龍子劈天飛,　千霆萬電戛,　髭鯶馬甲柱,　秘恠恣悅惚
其民裸而冠,　外螫中則蝎,　遇事則麋沸,　謀人則鼠黠
苟利則蠍射,　小拂則豕突,　婦女事戲謔,　童子設機括
背先而淫鬼,　嗜殺而佞佛,　書未離鳥𪄻,　詩未離鴂舌
牝牡類麀鹿,　友朋同魚鱉,　言語之鳥嚶,　象譯亦未悉
草木之瓌奇,　羅含焚其帙,　百泉之源滙,　酈生瓮底蟻
水族之弗若,　思及悶圖說,　刀釼之款識,　貞白續再筆
地毯之同異,　海島之甲乙,　西泰利瑪竇,　線織而刄割
鄙夫陳此詩,　辭俚意甚實,　善鄰有大謨,　覊縻和勿失
如虞裳者, 豈非所謂華國之譽耶。神宗萬曆壬辰, 倭秀
吉潛師襲我蹢我三都, 劓辱我髦倪, 躑躅冬柏植於三韓。
我, 昭敬大王避兵灣上, 奏, 聞, 天子, 天子大驚提天下之

兵, 東援之。大將軍李如松, 提督陳璘, 麻貴, 劉綎, 楊元有古名將之風, 御史楊鎬, 萬世德, 邢玠才兼文武, 略驚鬼神, 其兵皆奏, 鳳, 陝, 浙, 雲, 登貴, 萊驍騎射士, 大將軍家僅千人, 幽, 薊釼客。然卒與倭平, 僅能驅之出境而已。數百年之間, 使者冠盖數至江戶, 然謹體貌, 嚴使事, 其風謠, 人物, 險塞, 强弱之勢卒不得其一毫, 徒手來去。虞裳力不能勝柔毫, 然吮精嚼華, 使水國萬里之都, 木枯川渴, 雖謂之筆拔山河可也。虞裳名湘藻。嘗自題其畫象, 曰供奉白, 鄴侯泌, 合鐵拐爲滄起。古詩人, 古仙人, 古山人, 皆姓李, 李其姓也, 滄起又其號也。夫士伸於知己, 屈於不知己。鵁鶄鸂鶒禽之微者也, 然猶自愛其羽毛, 暎水而立, 翔而後集, 人之有文章, 豈羽毛之美而已哉。昔慶卿夜論釼, 盖聶怒而目之, 及高漸離擊筑, 荊軻和而歌, 已而相泣, 旁若無人者, 夫樂亦極矣, 復從而泣之何也。中心激而哀之無從也。雖問諸其人者, 亦將不自知其何心矣。人之以文章相高下, 豈區區釼士之一技哉。虞裳其不遇者耶。何其言之多悲也。雞戴勝高似幘, 牛垂胡大如袋, 家常物百不奇, 大驚恇橐駝背, 未嘗不自異也。及其疾病且死, 悉焚, 其藁, 曰誰復知者, 其志豈不悲耶。孔子曰才難, 不其然乎, 管仲之器, 小哉, 子貢曰賜何器也, 子曰汝瑚璉也。盖美而小之也。故德譬則器也, 才譬則物也。詩云, 瑟彼玉瓚, 黃流在中。易曰, 鼎折足, 覆公餗, 有德而無才, 則德爲虛器, 有才而無德, 則才無所貯, 其器淺者易溢, 人叅天地是爲三才, 故鬼神者才也, 天地其大器歟。彼潔潔者福無所寓, 善得情狀者人不附, 文章者天下之至寶也, 發精蘊於玄樞探幽隱於無形, 漏洩陰陽, 神鬼嗔怨矣。木有才, 人思伐之, 貝有才人思奪之。故才之爲字, 內撇而不外颺也, 虞裳一譯官, 居國中, 聲譽不出里閭, 衣冠不識面目, 一朝名震耀海外萬里之國, 身傾側鯤鯨龍鼉之家, 手沐日月, 氣薄虹蜃。故曰, 慢藏, 誨盜, 魚不可脫於淵, 利器不可以示人, 可不戒哉。過勝本海, 作詩曰

蠻奴赤足貌䰰䰱, 鴨色袍背繪星月, 花衫蠻女走出門, 頭梳未竟鬐其髮

小兒號嘎乳母乳 母手拍背嗚嗚咽, 須臾搖鼓官人來, 萬目圍繞如活佛, 蠻官膜拜獻厥琛, 珊瑚大貝擎盤出, 眞如啞者設賓主, 眉睫能言筆有舌, 蠻府亦耀林園趣, 栟櫚青橘配庭實

病痔舟中, 臥念梅南老師言, 乃作詩曰

宣尼之道麻尼敎, 經世出世日而月, 西士嘗至五印度, 過去現在無箇佛

儒家有此俾販徒, 篏弄筆舌神吾說, 披毛戴角墜地犴, 當受生日欺人律

毒焰亦及震旦東, 精藍大衍都鄙列, 睢盱島衆怵禍福, 炷香施米無時缺

譬如人子戕人子, 入養父母必不說, 六經中天揚文明, 此邦之人眼如漆

暘谷昧谷無二理, 順之則聖背檮杌, 吾師詔吾詔介衆, 以詩爲金口木舌

詩皆可傳也, 及旣還, 過所次, 皆已梓印云。余與虞裳生不相識, 然虞裳數使示其詩, 曰, 獨此子庶能知吾, 余戲謂

其人曰, 此吳儂細唾, 瑣瑣不足珍也。虞裳怒曰, 傖夫氣人, 久之, 歎曰吾其久於世哉。因泣數行下。余亦聞而悲之。旣而虞裳死, 年二十七。其家人夢見仙子醉騎蒼鯨, 黑雲下垂, 虞裳披髮而隨之。良久, 虞裳死。或曰虞裳仙去。嗟呼, 余嘗內獨愛其才, 然獨挫之, 以爲虞裳年少, 俛就道, 可著書垂世也。乃今思之, 虞裳必以余爲不足喜也。有輓之者, 歌曰
　五色非常鳥, 偶集屋之脊, 衆人爭來看, 驚起忽無跡
　其二曰
　無故得千金, 其家必有, 災矧此稀世寶, 焉能久假哉
　其三曰
　渺然一匹夫, 死覺人數減, 豈非關世道, 人多如雨點
　又歌曰
　其人膽如瓠, 其人眼如月, 其人腕有鬼, 其人筆有舌
　又曰
　他人以子傳, 虞裳不以子, 血氣有時盡, 聲名無窮已
　余旣不見虞裳每恨之, 且旣焚其文章, 無留者, 世益無知者, 乃發, 篋中舊藏, 得其前所示, 纔數篇, 於是悉著之, 以爲之傳虞裳。虞裳有弟, 亦能(缺)。

9. 허생이 천명의 도적을 잠재웠다(許生傳)

'허생'은 묵적동(지금의 묵정동)에 살고 있었다. 그의 집은 남산 바로 밑 우물가에 늙은 은행나무가 서 있고, 싸리문이 그

나무를 향하여 열려 있는, 초옥 두어 간이 비바람을 가리지 못한 오막살이지만, 허생은 글 읽기만 좋아하였고 아내가 남의 바느질품을 팔아 겨우 입에 풀칠하는 가난한 삶이었다.

하루는 그 아내가 몹시 굶다 못해 울면서 말하기를,

"당신은 한평생에 과거도 보지 않으니 이럴 바에야 글을 읽어서 무엇하려오."

했다. 허생은,

"난, 아직 글 읽기가 미숙한가 보오."

하고 웃었다. 아내는,

"그러면 공장(工匠)[1]이 노릇도 못 한단 말이요."

했다. 허생은,

"공장의 일이란 애초부터 배우지 못했으니 어떻게 할 수 있소."

하니 아내는,

"그럼 장사치 노릇이라도 해야죠."

라고 했다. 허생은,

"장사치 노릇인들 밑천이 없고서야 어떻게 할 수 있겠소."

했다. 그제야 아내는,

"당신은 밤낮으로 글 읽었다는 것이 겨우 '어찌 할 수 있겠소'만을 배웠소 그려. 그래, 공장이 노릇도 하지 못하고 장사치 노릇도 하지 못한다면 도적질이라도 해 보는 게 어떻소."

하고 몹시 화난 목소리로 꾸짖었다. 이에 허생은 할 수 없이 책장을 덮고는 일어서면서,

---

1) 물건을 만드는 것을 업으로 삼는 사람. 즉 공업인.

"아아, 애석하구려. 내 애초 글 읽을 때 십년을 채우렸더니 이제 겨우 칠년 밖에 되지 않는구려."

하고는 곧 문 밖을 나섰으나 한 사람도 아는 이가 없었다. 그는 곧바로 종로 네 거리에 가서 시장 사람들에게 만나는 대로,

"여보시오. 서울 안에서 누가 제일 부자요?"

하고 물었다.

때마침 변씨[2]를 일러 주는 이가 있었다. 허생은 드디어 그 집을 찾았다. 허생이 변씨를 보고서 정중히 인사하고는 다짜고짜로,

"내 집이 가난해서 무엇을 조금 시험해 볼 일이 있어 그대에게 만 냥을 빌리러 왔소."

하고 청하였다. 변씨는,

"그러시오."

하고는 곧 만 냥을 내주었다.

그러나 그는 감사하다는 말 한마디 없이 어디론지 가버렸다. 변씨의 자제와 빈객(賓客)[3]들은 허생의 꼴을 본즉 한 개의 비렁뱅이였다. 실띠는 허리에 둘렀으나 술이 다 뽑혀 버렸고, 가죽신은 신었으나 뒤꿈치가 꺾어졌으며, 망가진 갓을 쓰고 검은 그을음이 흐르는 도포를 걸쳐 입었는데 코에선 맑은 물이 흘러내리곤 했다. 그가 나가버린 뒤에 모두들 크게 놀라며,

"어르신께서 그 손님을 잘 아십니까?"

하고 물었다. 변씨는,

---

2) 부자로 전하는 변승업(卞承業)의 조부.
3) 문객. 고관집이나 부잣집 사랑에 거처하는 사람들.

"모르지!"

하고는 태연하였다.

"그러시다면 어찌 이 하루아침 잠깐 사이에 만 냥을 평소에 누군지도 모르는 사람에게 헛되이 던져 주시면서 그의 성명도 묻지 않으니 무슨 까닭이십니까?"

했다. 변씨는,

"이건 너희들이 알바가 아니야. 대체로 남에게 무엇을 요구할 때엔 반드시 취지를 과장하면서 믿게 하려고 노력하면서, 그의 얼굴빛은 부끄럽고도 비겁하며, 말을 거듭함이 일쑤이야. 그런데 이 손님은 옷과 신이 비록 떨어졌으나 말이 간단하고, 눈빛이 오만스러워 얼굴엔 부끄러운 빛이 없음을 보아서 그는 물질을 기다리기 전에 벌써 스스로 만족을 가진 사람임이 틀림없는 것이야. 아마 그의 시도하려는 방법도 적지 않거니와, 나 역시 그에게 시도함이 없지 않는 거야. 그리고 주질 않았다면 모르려니와 벌써 만 냥을 줄 바에야 성명을 물어서 무엇 하겠느냐."

하였다.

한편 허생은 이미 만냥을 얻어 가지고는 곧장 집으로 돌아가지 않고 생각하기를,

"저 안성은 경기도와 충청도의 어우름이요. 삼남(三南)[4]의 어귀렸다."

하고는 곧 이에 머물러 살았다. 그리하여 대추, 밤, 감, 배, 귤, 석류, 유자 등의 과일을 모두 두 배 값으로 사서 저장했다. 허생이 과일을 휩쓸어 사재기 하자, 온 나라 잔치나 제사를 치르지 못하게 되었다. 그런지 얼마 안 되어서 앞서 허생에게 두 배 값

---

4) 충청도, 경상도, 전라도의 총칭. 즉 호중과 영남과 호남을 말함.

을 받은 모든 상인들이 도리어 열배를 쳐주고 가져갔다. 허생은,

"어허, 겨우 만 냥으로써 온 나라의 경제를 기울였으니, 이 나라의 얕고 깊음을 짐작할 수 있구나."

하고는, 곧 칼, 호미, 명주, 솜 등을 사가지고 제주도에 들어가서 말총을 모두 거두며,

"몇 해만 있으면 온 나라 사람들이 머리에 갓을 쓰지 못할 거야."

하였다. 얼마 되지 않아서 망건 값이 과연 열배나 올라 또 엄청난 돈을 모았다. 허생은 늙은 뱃사공에게,

"영감, 혹시 해외에 사람 살 만한 빈 섬이 있는 것을 보았나?"

하고 물었다. 사공은,

"있습디다 그려. 제가 일찍이 바람에 불리어 표류하면서 서쪽으로 간 지 사흘 낮밤 만에 어떤 빈 섬에 닿았습디다 그려. 그곳은 아마 사문과 장기 사이에 있는 섬인 듯싶은데 모든 꽃과 잎이 저절로 피며, 온갖 과일과 오이가 저절로 자라서 익고, 사슴이 떼를 이루었으며, 노니는 고기들은 놀라지 않더이다."

했다. 허생은 크게 기뻤다.

"자네, 만일 나를 그곳으로 이끌어 준다면 부귀를 함께 누릴 거야."

했다. 사공은 그의 말을 쫓았다. 이에 곧 바람 편을 타서 동남쪽으로 그 섬에 들어갔다. 허생이 높은 곳에 올라 바라보며,

"땅이 천리가 채 못 되니 무엇을 하겠느냐. 그러나 토지가 기름지고 샘물이 달콤하니 다만 이곳에서 부잣집 영감 노릇쯤은 하겠구나."

하고 탄식하였다. 사공은,

"섬이 비었고 사람 하나 구경할 수 없으니, 뉘와 함께 사신단 말씀이시오?"

했다. 허생은,

"덕만 있으면 사람은 저절로 찾아 드는 거야. 나는 오히려 내 덕 없음이 걱정이지, 사람 없음이 무엇 걱정될 것인가."

하였다.

이때 마침 변산에 도적 수천 명이 떼를 짓고 있었다. 주군(州郡)에서 군졸을 징발하여 뒤를 쫓아서 잡으려 하였으나 잡지 못하였다. 그런데 도적 무리 역시 밖으로 나와서 노략질하지 못하여 굶주리고 피곤한 판이었다. 허생이 도적의 굴속으로 뛰어 들어서 그의 괴수를 달래기 시작했다.

"너희들 천명이 합쳐 돈 천 냥을 훔쳐서 서로 나누어 갖기로 한다면 각기 얼마나 되겠는고?"

하고 물었다. 그는,

"하나 몫이 한 냥 밖에 더 되나요."

했다. 허생은 또,

"그럼, 너희들의 아내는?"

하자 도적은,

"없어요."

했다.

"그럼, 너희들의 밭은 있겠지?"

이때에 도적은 웃으며,

"밭과 아내가 있다면야 어찌 괴롭게 도둑질을 일삼겠소."

했다. 허생은,

"정말 그렇다면 아내를 얻어 집을 짓고 소를 사서 농사지으며 살아가면, 도적놈이란 더러운 이름도 없을뿐더러 사람 사는데 부부의 낙이 있을 것이요, 아무리 나돌아 다닌다 하더라도 체포당할 걱정이 없이 잘 입고 먹고 살 수 있지 않겠는가."
했다. 도적들은,
"그야 정말 소원이겠지만 다만 돈이 없을 뿐이요."
했다. 허생은 웃으며,
"너희들이 도적질했다면서 돈이 그렇게 그립다면 내 너희들을 위해서 마련해 줄 수 있다. 내일 저 바닷가를 건너다보면 붉은 깃발이 바람결에 펄펄 날리는 게 모두들 돈 실은 배이니 너희들이 맘대로 가져가려므로."
했다. 허생은 이렇게 도적들에게 약속하고는 어디론지 가버렸다. 도적들은 모두 그를 미친놈으로 알고 웃었다.
그 다음날이었다. 그들은 시험 삼아 바닷가에 가 보았다. 허생은 벌써 삼십 만 냥을 싣고서 기다리고 있었다. 그들은 모두 깜짝 놀라 나란히 절하며,
"이제부터는 오직 장군님 명령대로 따르겠습니다."
했다. 허생은,
"이것을 힘껏 지고 가는게 어때."
했다. 이에 도적들이 다투어 돈을 져보려 했으나 백 냥을 채우지 못하였다. 허생은,
"너희들의 힘이 겨우 백 냥도 들지 못하면서 무슨 도적질인들 변변히 할 수 있겠느냐. 이제 너희들이 비록 평민이 되고 싶다 하더라도 이름이 도적의 명부에 올랐으니 갈 곳이 없지 않겠느냐. 그러니 내 이곳에서 너희들이 돌아오기를 기다릴 테니 각기 백 냥씩을 갖고 가서 하나의 몫에 계집 한 사람, 소 한 마리씩을 끌고 오렸다."

하였다. 도적들은,

"예."

하고 모두들 흩어져 버렸다.

허생은 몸소 이천 명이 일년 동안 먹을 식량을 장만하고 기다렸다. 도적들은 과연 기일이 되자 다 돌아오되 뒤떨어진 자가 없었다. 이에 모두들 배에 싣고 그 빈 섬으로 들어갔다. 허생이 이렇게 도적들을 끌고서 데려가니 온 나라 안이 잠잠하였다.

이에 나무를 베어 집을 세우고, 대를 엮어서 울타리를 만들었다. 땅이 기름지니 온갖 곡식이 잘 자라서 곡식은 갈지 않고 김매지 않아도 한 줄기에 아홉 이삭씩이나 달려 영글었다. 삼년 동안의 식량을 쌓아 놓고는 나머지는 모두 배에 싣고 장기도[5]에 가서 팔았다. 장기도는 일본의 속주로서 호수가 삼십 일만이나 되는데 때마침 큰 흉년이 들었는지라, 드디어 다 풀어먹이고는 은 백만 냥을 거두었다. 허생은 탄식했다.

"이제야 내 자그마한 시험이 끝났구나."

하고는 곧 남녀 이천 명을 모두 불러놓고,

"내 처음 너희들과 함께 이 섬에 들어올 때엔 먼저 잘 살게 한 연후에 따로이 문자를 만들며, 옷·갓을 지으려 하였더니 땅이 작고 덕이 엷으니 나는 이제 이곳을 떠나련다. 너희들은 어린애가 나서 숟가락을 잡을 만하거든 오른편 손으로 쥐기를 가르치고, 하루를 일찍 났어도 먼저 먹게 사양하여야 한다."

하고 명령을 내렸다. 그리고 다른 배들을 모조리 불사르고는,

"가지 않으면 또 오는 이도 없겠지."

─────────

5) 일본 규슈(九州)에 있는 현의 이름인데 여기서는 대마도를 말하는 듯하다.

하였다. 또 돈 오십만 냥을 바닷속에 던지며,

"바다가 마를 때면 이를 얻을 자 있겠지. 백만 냥이면 이 나라엔 거두어 둘 곳이 없으리니 하물며 이런 작은 섬일까보냐."

하고, 또 나중에 글을 아는 자는 불러내어 배에 싣고,

"이 섬나라에서 화근을 뽑아 버려야지."

하고는 온 나라 안을 두루 돌아다니며 가난하고 하소연할 곳마저 없는 자에게 돈을 나눠 주고도 오히려 십만 냥이 남았기에,

"이것으로써 변씨에게 빌린 것을 갚아야지."

하고는 곧 변씨를 찾아갔다.

"그대 날 기억하겠소?"

하고 물었다. 변씨는 깜짝 놀라며 말하기를,

"자네 얼굴빛이 조금도 전보다 낫지 않으니 만 냥을 잃어버린 모양이지."

했다. 허생은 껄껄 웃으며,

"재물로써 얼굴빛이 좋게 꾸미는 것은 그대들이나 할 일이요 만 냥이 아무리 중한들 어찌 도를 살찌게 한단 말이요."

하고는 곧 돈 십만 냥을 변씨에게 주며,

"내가 한 때의 굶주림을 참지 못해서 글 읽기를 끝내지 못했으니 그대의 만 냥을 부끄러워 할 뿐이요."

했다. 변씨는 크게 놀라서 일어나 절하며 사양하고는 십분지 일의 이자만을 받으려 했다. 허생은 크게 노하며,

"그대 어찌 장사치쯤으로 날 깔본단 말인가."

하고는 소매를 뿌리치고 가버렸다. 변씨는 하는 수 없이 가만히

그 뒤를 따라 밟았다. 그는 남산 밑으로 향하더니 한 오막살이 집으로 들어가 버렸다. 마침 늙은 할미가 우물가에서 빨래를 하고 있었으므로 변씨는,

"저 오막살이는 뉘 집인고?"

하고 물었다. 할미는,

"허생원 댁이랍니다. 그분이 가난하되 글 읽기를 좋아하더니 어느 날 아침 집을 떠나고는 안 돌아온 지 벌써 다섯 해가 된답니다. 그리고 다만 아내가 홀로 남아서 그가 집 떠나던 날에 제사를 드린답니다."

했다. 변씨는 그제야 그의 성이 허인 줄을 알고 탄식하며 돌아왔다. 그 이튿날 은냥을 툭 털어 갖고 가서 그에게 바쳤다. 허생은,

"내 일찍 부자이기를 바랐다면 어찌 백만 냥을 버리고 십만 냥만 취했겠는가. 나는 이제부터 그대를 믿어 밥을 먹겠으니 그대가 자주 와서 나를 돌봐 주게나. 다만 식구들 헤아려 분수에 맞게 식량을 대며, 몸을 재어서 베를 마련해 준다면 평생 동안 이렇듯이 만족할 것이니. 그 이상은 재물로써 나의 마음을 괴롭히는 일이 되네.

하고 사양했다. 변씨는 백방으로 허생을 달랬으나 끝내 막무가내였다. 변씨는 이로부터 허생의 양식과 의복이 떨어질 것이 짐작 되는대로 반드시 손수 날라다 주면 허생은 역시 기꺼이 받되 혹시 분량이 많다 싶으면 곧 기뻐하지 않는 어조로,

"그대가 어째서 내게 재앙을 끼쳐 주려 하오."

했다. 그러나 술병을 차고 가면 더욱 기뻐하여 서로 권커니 마시거니 하며 취하고야 말았다. 그러면서 몇 해를 지나고 본즉 피차에 정이 날마다 두터워졌다. 어느 날 변씨는 조용히,

"다섯 해 동안에 어떻게 백만 냥을 벌었나요?"
하고 물었다. 허생은,

"그건 가장 알기 쉬운 일일세. 우리 조선은 배가 외국과 통치 못하고 수레가 국내에 두루 다니지 못하는 까닭으로 모든 물자가 이 안에서 생겨서 곧 이 안에서 사라져 버리곤 하지 않소. 무릇 천 냥이란 적은 돈이어서 물건을 모조리 다 살 수는 없다 하더라도 이를 열로 쪼갠다면 백 냥짜리가 열이 될 것이니, 이를 가지면 작은 것으로 열 가지 물건이야 살 수 있지 않겠소. 그리고 물건의 무게가 가벼우면 돌려 빼기 쉬운 까닭으로 한 가지 물건은 비록 밑졌다 하더라도 아홉 가지 물건에서는 이익이 남는 법이니 이는 보통 이익내기의 길이요. 저 작은 장사치들의 장사하는 방법이지. 그러나 대체로 만 냥을 가지면 족히 한 가지 물건은 모조리 휩쓸어 살수 있으므로 수레에 실린 것이면 수레를 모조리 도매할 것이요. 배에 담긴 물건이라면 통째로 온통 살 수 있겠고, 한 고을에 가득 찬 것이라면 온 고을을 통틀어서 살 수 있을 것이니, 이는 마치 그물에 코가 있어서 물건을 모조리 훑어 들임과 같지 않겠소. 그리하여 육지에서 생산되는 물건 중에서 어떤 물건 하나를 슬그머니 사서 독점해 버린다든지, 물에서 나온 고기들 중에서 어떤 하나를 슬그머니 사서 독점해 버린다든지, 의약의 재료 여러 가지 중에서 어떤 하나를 슬그머니 사서 독점해 버린다면 그 한 가지의 물건이 한 곳에 갇히게 되고 그렇게 되면 모든 장사치의 상품이 다 마르는 법이니 이는 백성을 못 살게 하는 방법이야. 뒷세상의 나라 일을 맡은 이들로서 행여 나의 이 방법을 쓰는 자가 있다면 반드시 그 나라를 병들게 하고 말 것이요."

했다. 변씨는,

"애당초 당신은 무엇으로써 내가 만 냥을 내어 줄 것을 짐작하고 찾아와서 빌리려고 했던 거요."

했다. 허생은,

"이는 반드시 당신만이 내게 줄 것이 아니요. 만 냥을 지닌 사람치고는 주지 않을 사람이 없겠지. 내 재주가 족히 백만 냥을 벌 수도 있겠지만 운명은 저 하늘에 달려 있는 만큼 내 어찌 미리 예측할 수 있었겠소. 그러므로 나를 능히 쓰는 자는 복이 있는 자이어서 그는 반드시 부자로서 더 큰 돈벌이를 하게 될 터이니, 이는 곧 하늘이 명하는 바라, 그가 어찌 아니 줄 수 있겠소. 이미 만 냥을 얻은 뒤에는 그의 복을 빙자하여 행한 까닭에 움직이면 문득 성공하는 것이니 만일 내가 사사로이 혼자서 일을 시작했다면 그 성패는 역시 알 수 없었겠지요."

했다. 변씨는,

"방금 사대부들이 앞서 병자호란 때 남한산성 아래서 항복을 한 치욕을 씻고자 하는데 이야말로 슬기 있는 선비의 수완을 뽐내고, 슬기를 펼 때인 만큼 당신과 같은 재주로써 어찌 괴롭게 어둠을 잠겨서 이 세상을 마치려 하시오."

했다. 허생은,

"어허, 예로부터 어둠에 잠긴 사람이 얼마나 많았겠소. 저 조성기(趙聖期)[6]는 적국의 사신으로 보낼 만 하건마는 베잠방이로 늙어 죽었고, 유형원(柳馨遠)[7]은 넉넉히 군량을 나를 만하였으나 저 해곡(海曲)[8]에서 허송세월 하고 있지 않았던가. 그러고 보니 지금의 나라 일을 보살피는 사람들을 가히 알 것이 아니겠소. 나로 말한다면 장사를 잘하는 자인만큼 내 돈이 넉넉히 아홉 나라 임금의 머리를 살 수 없는 것은 아니로되 연전에 저 바닷속에 오십만 냥을 던지고 온 것을 유익하게 쓸 곳이 없을 것을 알았기 때문이오."

---

6) 조성기(1638~1689). 조선. 학자. 호는 졸수재(拙修齋). 독서로 평생을 지냄.
7) 유형원(1632~1673). 조선. 학자. 호는 반계(磻溪). 실학파의 대학자로 저서에 「반계수록」이 있음.
8) 전북의 부안(扶安) 땅.

했다. 변씨는 긴 한숨을 쉬며 일어서 가버렸다.

　변씨는 애초부터 이정승(李政丞) 완(浣)과 친했다. 이공은 때마침 어영대장(御營大將)9)에 취임되었다. 그는 일찍이 변씨와 함께 이야기하다,

　"지금 저 거리나 보통 가정에 묻혀 사는 사람 사이에 혹시 기이한 재주가 있어서 커다란 일을 같이 할만한 자가 있던가."

하고 물었다. 변씨는 그제야 허생을 소개했다. 이공은 깜짝 놀라며,

　"기이하구나. 정말 그런 사람이 있단 말인가, 그의 이름은 무엇이라 하던가."

했다. 변씨는,

　"소인이 그와 사귀며 지낸 지 삼년이나 되었습니다만 아직껏 그 이름은 몰랐소."

했다. 이공은 또,

　"그이가 곧 보통 사람은 아니야. 자네와 함께 찾아가 보세."

하고는, 밤들어 이공은 수행 군들을 다 물리치고 다만 변씨만을 데리고 걸어서 허생의 집을 찾았다. 변씨는 이공을 그 문 밖에 세우고는 혼자서 먼저 들어가 허생을 보고 이공이 찾아 온 사연을 자세히 말했다. 허생은 들은 체 만 체 그저 하는 말이,

　"자네가 차고 온 술병이나 빨리 내놓게."

했다. 그리하여 서로 더불어 즐겁게 마셨다. 변씨는 이공이 오랫동안 밖에 서 있음을 딱하게 여겨서 자주 말하였으나 허생은 아

---

　9) 어영청(御營廳)의 주장(主將). 종이품 벼슬. 이완(李浣;1602~1674)은 조선조 무신 호는 매죽헌(梅竹軒). 어영대장, 한성부윤, 포도대장 등을 지냄.

랑곳하지 않았다. 어느덧 밤은 이미 깊었다. 허생은 그제서야,

"손님 좀 불러 볼까."

했다. 이공이 들어왔다. 허생은 굳이 앉아서 일어서지 않았다. 이공은 그 몸뚱이를 둘 곳이 없을 만큼 불안했다. 황급히 국가에서 어진 이를 구하는 뜻을 진술했다. 허생은 손을 내어 저으며,

"밤은 짧고 말은 기니 듣기에 몹시 지루하네. 도대체 지금 당신의 벼슬은 무엇인가?"

했다. 이공은,

"예 대장이옵니다."

했다. 허생은,

"그렇다면 당신이야말로 나라의 믿음직한 신하로군. 내 곧 와룡선생(臥龍先生)[10]을 천거할 테니 자네가 임금께 여쭈어서 삼고초려(三顧草廬)[11]를 하시게 할 수 있겠느냐?"

했다. 이공은 머리를 숙이고 한참 있다가,

"이건 어렵사오니 그 다음의 것을 얻어 듣고자 하옵니다."

했다. 허생은,

"나는 아직까지 제이의(第二義)[12]란 배우질 못했거든."

했다. 이공은 다시 물었다. 허생은

"명나라의 장병들은 '자기네들이 일찍이 조선에 예부터 은덕을 베풀고 있다' 하여 그의 자손들이 많이 탈출하여 동으로 오지 않았는가. 그

---

10) 촉한(蜀漢)의 명신(名臣)인 제갈량의 호. 일명 제갈공명.
11) 유비가 제갈량의 오막살이를 세번이나 찾아가 간청하여 드디어 제갈량의 군사를 맞아들인 일. 인재를 맞아들이기 위해서 임금이 여러 번 찾아가서 예를 다하는 일을 이름.
12) 다음 가는 일.

리하여 그들은 모두 떠돌이 생활에 고독한 홀아비로 고생하고 있다니 네 능히 조정에 말씀 드려 종실(宗室)¹³⁾의 딸들을 내어 골고루 시집보내고, 저 김류(金瑬), 장유(張維)¹⁴⁾ 따위의 집들을 징발해서 살림살이를 차려 줄 수 있느냐?"

했다. 이공은 또 고개를 숙이고 한참 있다가,

"그것도 쉽지 않소이다."

했다. 허생은,

"이것도 못하고 저것도 어렵다 하니 그리고서 무엇을 할 수 있단 말이야. 가장 쉬운 일 하나 있으니 자네가 할 수 있겠느냐?"

했다. 이공은,

"듣고자 원하옵니다."

한다. 허생은,

"도대체 큰 뜻을 온 천하에 떨치고자 한다면 그 첫째로서 천하의 호걸을 먼저 사귀어 맺어야 할 것이요. 남의 나라를 치고자 한다면 먼저 간첩을 쓰지 않고서는 이룩하지 못하는 법인데, 지금 청나라가 갑자기 천하를 점거하고 제 아직 '중국 사람과는 친하지 못했다'고 생각하는 판이고 보니, 그럴 즈음 조선이 다른 사람보다 앞질러서 항복하였은즉 저편에서 가장 우리를 믿어 줄 만한 사정이 아닌가. 이제 곧 그들에게 청하기를 '우리 자제들은 귀국에 보내어 학문도 배우려니와 벼슬도 하여 옛날 당(唐), 원(元)¹⁵⁾의 옛 일을 본받고, 나아가 장사치들의 출입도 금치 말아 달라' 하면 그들은 반드시 우리의 친절을 달콤하게 여겨서 환영할 테니 그제야 국내의 자제를 가려 뽑아서 머리를 깎이고 되놈의 옷

---

13) 임금의 한 집안 · 인척.
14) 세도 쓰던 종실의 훈척(勳戚)들.
15) 당 · 원때에는 빈공과(賓貢科)를 설치하여 우리나라 유학생을 받았었다.

을 입혀서 지식층은 가서 빈공과(賓貢科)에 응시하고, 평민들은 멀리 강남에 장사꾼으로 들어가서 그들의 모든 허실을 엿보며, 그들의 호걸과 친교하고 나서 그제야 천하의 일을 꾀하면 지난날의 치욕을 씻을 수 있지 않겠는가. 그리고는 그 나라 임금을 세우되, 만약 주씨(朱氏)[16]를 물색해도 주씨가 나서지 않는다면 천하의 제후들을 모아 가지고 어진 사람을 천자에게 추천한다면, 우리나라는 잘 되면 대국의 스승 노릇을 할 것이요. 그렇지 못할지라도 백구(伯舅)[17]의 나라는 무난할 게 아닌가."
했다. 이공은 크게 낙심하며,

"요즘 사대부들은 모두들 삼가 예법을 지키는 판이어서 누가 과감히 머리를 깎고 되놈의 옷을 입겠습니까."
했다. 허생은 큰 소리로 꾸짖되,

"소위 '사대부'란 도대체 어떤 놈들이야. 이(彛)·맥(貊)[18]의 땅에 태어나서 제멋대로 '사대부' 하고 뽐내니 어찌 어리석지 않느냐. 바지 저고리를 온통 희게만 하니 이는 실로 상복의 차림이요, 머리털을 한데 묶어서 송곳처럼 짜는 것은 곧 남만(南蠻)의 방망이 상투에 불과한데 무엇이 예법이니 아니니 하고 뽐낼 게 있으랴. 옛날 번어기(樊於期)[19]는 사사로운 원망을 갚기 위하여 그 머리 잘리기를 아끼지 않았고, 무령왕(武靈王)[20]은 자기의 나라를 강하게 만들려고 호복(胡服)입기를 부끄럽게 여기지 않았거늘 이제 너희들은 대명(大明)을 위해서 원수를 갚고자 하면서 오히려 그까짓 상투 하나를 아끼며, 또 앞으로 군인은 말 달리

---

16) 명의 황족의 성. 명의 시조는 주원장(朱元璋).
17) 제후(諸侯) 중에 가장 큰 나라. 또는 황제의 맏 외숙의 나라.
18) 이(夷)와 같은 뜻. 즉 오랑캐라는 뜻.
19) 번어기가 자살하여 그의 머리로써 형가(荊軻)에게 주어 진(秦)의 원수를 갚게 했다는 고사가 있다.
20) 중국 고대 전국시대 조(趙) 나라의 임금.

기, 칼 쓰기, 창 찌르기, 활쏘기, 돌 던지기 등에 종사하여야 함에도 불구하고 그 넓은 소매를 고치지 않고서 제 딴은 이게 예법이라 하고 있구나. 내가 평생 처음으로 세 가지의 꾀를 가르쳤으되 자네는 그중 한 가지도 하지 못하면서 스스로 '신임 받는 신하'라 하니, 소위 신임 받는 신하가 겨우 이렇단 말이냐. 이런 놈은 베어 버려야 하겠군."

하고는 좌우를 돌아보며 칼을 찾아서 찌르려 했다. 이공은 깜짝 놀라 일어나 뒤 들창을 뛰어나와 도망쳐서 집으로 돌아왔다. 그 이튿날 다시 찾아갔으나 허생은 벌써 집을 비우고 어디론지 떠나버렸다.

9. 許生傳

許生居, 墨積洞, 直抵南山下, 井上有古杏樹, 柴扉向樹而開, 草屋數間, 不蔽風雨, 然, 許生, 好讀書, 妻, 爲人縫刺, 以糊口. 一日妻甚饑, 泣曰, 子平生, 不赴擧, 讀書何爲. 許生笑曰, 吾讀書未熟. 妻曰不有工乎. 生曰, 工未素學奈何. 妻曰, 不有商乎. 生曰, 商無本錢奈何. 其妻恚且罵曰, 晝夜讀書, 只學奈何, 不工不商, 何不盜賊. 許生掩卷起曰, 惜乎吾讀書本期十年, 今七年矣. 出門而去, 無相識者, 直之雲從街, 問市中人曰, 漢陽中誰最富, 有道卞氏者, 遂訪其家. 許生長揖曰, 吾家貧, 欲有所小試, 願從君借萬金. 卞氏曰, 諾, 立與萬金, 客竟不謝而去. 子弟賓客, 視許生, 丐者也. 絲條穗拔, 革履跟顚, 笠挫袍煤, 鼻流淸涕. 客旣去, 皆大驚曰, 大人知客乎, 曰不知也, 今一朝, 浪空擲萬金於生平所不知何人, 而不問其姓名何也.

卞氏曰, 此非爾所知, 凡有求於人者, 必廣張志意, 先耀信義, 然, 顏色愧屈, 言辭重複, 彼客, 衣屨雖弊, 辭簡而視傲, 容無怍色, 不待物而自足者也, 彼其所試術, 不小, 吾亦有所試於客, 不與則已, 旣與之萬金, 問姓名何爲.

於是許生旣得萬金, 不復還家, 以爲, 安城, 畿湖之交, 三南之綰口. 遂止居焉, 棗, 栗, 柿, 梨, 柑, 榴, 橘, 柚之屬, 皆以倍直居之. 許生榷菓, 而國中, 無以讌祀. 居頃之, 諸賈之獲倍直於許生者, 反輸十倍, 許生喟然嘆曰, 以萬金傾之, 知國淺深矣. 以刀鏄布帛綿, 入濟州, 悉收馬鬣鬣曰, 居數年, 國人不裹頭矣. 居頃之網巾價至十倍. 許生, 問老篙師曰, 海外豈有空島可以居者乎, 篙師曰, 有之, 常漂風, 直西行三日夜, 泊一空島, 計在沙門長崎之間, 花木自開, 菓蓏自熟, 麋鹿成群, 游魚不驚. 許生, 大喜曰, 爾能導我, 富貴共之. 篙師從之, 遂御風, 東南入其島. 許生, 登高而望, 悵然曰, 地不滿千里, 惡能有爲, 土肥泉甘, 只可作富家翁. 篙師曰, 島空無人, 尙誰與居. 許生曰, 德者, 人所歸也, 尙恐不德, 何患無人.

是時邊山群盜數千, 州郡發卒逐捕, 不能得, 然, 群盜亦不敢出剽掠, 方饑困. 許生, 入賊中, 說其魁師曰, 千人掠千金, 所分幾何. 曰人一兩耳. 許生曰, 爾有妻乎. 群盜曰, 無. 曰爾有田乎. 群盜笑曰, 有田有妻, 何苦爲盜. 許生曰, 審若是也, 何不娶妻樹屋, 買牛耕田, 生無盜賊之名, 而居有妻室之樂, 行無逐捕之患, 而長享衣食之饒乎. 群盜曰, 豈不願如此, 但無錢耳. 許生笑曰, 爾爲盜, 何患無錢, 吾能爲汝辯之, 明日視海上風旗紅者, 皆錢船也, 恣汝取去, 許生約群盜, 旣去群盜皆笑其狂, 及明日, 至海上, 許生載錢三十萬, 皆大驚, 羅拜曰, 唯將軍令。許生曰, 惟力負去。於是, 群盜爭負錢, 人不過百金。許生曰, 爾等力不足以擧百金, 何能爲盜, 今爾等, 雖欲爲平民, 名在賊簿, 無可徃矣。吾在此俟汝, 各持百金而去, 人一婦一牛來, 群盜曰, 諾皆散去。許生, 自具二千人一歲之食, 以待之, 及群盜至, 無後者, 遂俱載入其空島。許生權盜而, 國中無警矣。於是, 伐樹爲屋, 編竹爲籬, 地氣旣全, 百種碩茂, 不菑不畬, 一莖九穗, 留三年之儲, 餘悉舟載, 徃糶長崎島, 長崎者, 日本屬州, 戶三十一萬, 方大饑, 遂賑之, 獲銀百萬。許生歎曰, 今吾已小試矣。於是悉召男女二千人, 令之曰, 吾始與汝等, 入此島, 先富之, 然後別造文字, 刱製衣冠, 地小德薄, 吾今去矣, 兒生執匙, 敎以右手, 一日之長, 讓之先食, 悉焚他船曰, 莫徃則莫來, 投銀五十萬於海中曰, 海枯有得者, 百萬無所容於國中, 況小島乎, 有知書者載與俱出曰, 爲絶禍於此島。

　於是, 遍行國中, 賑施與貧無告者, 銀尙餘十萬, 曰此可以報卞氏, 徃見卞氏曰, 君記我乎, 卞氏驚曰, 子之容色, 不少瘳, 得無敗萬金乎。許生笑曰, 以財粹面君輩事耳, 萬金何肥於道哉。於是, 以銀十萬, 付卞氏曰, 吾不耐一朝之饑, 未竟讀書, 慙君萬金。卞氏大驚, 起拜辭謝, 願受什一之利, 許生大怒曰, 君何以賈竪視我也, 拂衣而去。卞氏潛踵之, 望見客向南山下, 入小屋, 有老嫗井上澣。卞氏問曰, 彼小屋誰家, 嫗曰, 許生員宅, 貧而好讀書, 一朝出門不返者, 已五年, 獨有妻在祭其去日。卞氏始知, 客乃姓許, 歎息而歸。明日悉持其銀, 徃遺之, 許生辭曰, 我欲富也, 棄百萬, 而取十萬乎, 吾從今, 得君而活矣, 君數視我, 計口送糧, 度身授布。一生如此足矣, 孰肯以財勞神。卞氏說, 許生百端, 竟不可奈何。卞氏自是, 度許生匱乏, 輒身自徃遺之, 許生欣然受之, 或有加則, 不悅曰, 君奈何遺我災也, 以酒徃則, 益大喜, 相與酌至醉。旣數歲, 情好日篤, 嘗從容言, 五歲中, 何以致百萬, 許生曰, 此易知耳, 朝鮮舟不通外國, 車不行域中, 故百物生于其中, 消于其中, 夫千金小財也。未足以盡物, 然, 析而十之, 百金十, 亦足以致十物, 物輕則易轉, 故一貨雖絀, 九貨伸之, 此常利之道, 小人之賈也。夫萬金, 足以盡物, 故在車專車, 在船專船, 在邑專邑, 如網之有罟, 括物而數之, 陸之産萬, 潛停其一, 水之族萬, 潛停其一, 醫之材萬, 潛停其一, 一貨潛藏, 百賈皆涸, 此賊民之道也, 後世有司者, 如有用我道, 必病其國。卞氏曰, 初子何以知吾出萬金, 而來吾求也。許生曰, 不必君與我也。能有萬金者, 莫不與也, 吾自料吾才, 足以致百萬, 然, 命則在天, 吾何能知之。故, 能用我者, 有福者也, 必富益富, 天所命也, 安得不與。旣得萬金, 憑其福而行, 故, 動輒有成, 若吾私自與, 則成敗, 亦未可知也。

卞氏曰, 方今士大夫, 欲雪南漢之恥, 此志士扼脆奮智之秋也, 以子之才, 何自苦沉冥, 以沒世耶。許生曰, 古來沉冥者, 何限。趙聖期(拙修齊)可使敵國, 而老死布褐, 柳馨遠(磻溪居士)足繼軍食, 而逍遙海曲, 今之謀國政者, 可知已。吾, 善賈者也, 其銀, 足以市九王之頭, 然, 投之海中而來者, 無所可用故耳。卞氏, 喟然太息而去。卞氏, 本與李政丞浣, 善, 李公, 時爲御營大將, 嘗與言, 委巷閭閻之中, 亦有奇才, 可與共大事者乎。卞氏爲言許生, 李公, 大驚曰, 奇哉, 眞有是否, 其名云何, 卞氏曰, 小人與居三年, 竟不識其名, 李公曰, 此異人, 與君俱往, 夜, 公, 屛騶徒, 獨與卞氏俱, 步至許生, 卞氏止公立門外, 獨先入見許生, 具道李公所以來者, 許生, 若不聞者曰, 輒解君所佩壺, 相與歡飮, 卞氏悶公久露立數言之, 許生不應。旣夜深, 許生曰, 可召客。李公入, 許生, 安坐不起, 李公無所措躬, 乃叙述國家所以求賢之意, 許生揮手曰, 夜短語長, 聽之太遲。汝今何官, 曰大將。許生曰, 然則, 汝乃國之信臣, 我當薦臥龍先生, 汝能請于朝, 三顧草廬乎。公, 低頭良久曰, 難矣, 願得其次。許生曰, 我未學第二義。固問之, 許生曰, 明將士, 以朝鮮有舊恩, 其子孫, 多脫身東來, 流離惸鰥, 汝能請于朝, 出宗室女, 遍嫁之, 奪勳戚權貴家, 以處之乎。公, 低頭良久曰, 難矣。許生曰, 此亦難, 彼亦難, 何事可能, 有最易者, 汝能之乎。李公曰, 願聞之。許生曰, 夫欲聲大義於天下, 而不先交結天下之豪傑者, 未之有也, 欲伐人之國, 而不先用諜, 未有能成者也, 今滿洲, 遽而主天下, 自以不親於中國, 而朝鮮, 率先他國而服, 彼所信也, 誠能請遺子弟, 入學遊宦, 如唐元故事, 商賈出入不禁, 彼必喜其見親而許之, 妙選國中之子弟, 薙髮胡服, 其君子, 往赴賓擧, 其小人, 遠商江南, 覘其虛實, 結其豪傑, 天下可圖, 而國恥可雪, 若求朱氏而不得, 率天下諸侯, 薦人於天, 進可爲大國師, 退不失伯舅之國矣。李公, 憮然曰, 士大夫, 皆謹守禮法, 誰肯薙髮胡服乎。許生, 大叱曰, 所謂士大夫, 是何等也, 産於彛貊之地, 自稱曰, 士大夫, 豈非駴乎, 衣袴純素, 是有喪之服, 會撮如錐, 是南蠻之椎結也, 何謂禮法. 樊於期, 欲報私怨, 而不惜其頭, 武靈王, 欲强其國, 而不恥胡服, 乃今欲爲大明復讎, 而猶惜其一髮, 乃今將馳馬擊釖刺鎗弝弓飛石, 而不變其廣袖, 自以爲禮法乎, 吾始三言, 汝無一可得而能者, 自謂信臣, 信臣固如是乎, 是可斬也. 左右顧, 索釖欲刺之, 公大驚, 而起躍出後牖疾走歸. 明日復徃, 已空室而去矣.

10. 범에게 꾸중 듣던 이야기(虎叱)

범은 착하며 성스럽고, 문채로우면서 싸움 잘 하고, 인자롭고도 효성스럽고, 슬기롭고도 어질고, 영웅스러우며 날래고, 세차고도 사납기가 그야말로 천하에 대적할 자 없다.

그러나 비위(拂胃)[1]는 범을 잡아먹고 죽우(竹牛)[2]도 범을 잡아먹고, 박(駮)[3]도 범을 잡아먹고, 오색사자(五色獅子)[4]는 범을 큰 나무 꼭대기에 앉았다가 잡아먹고, 자백(玆白)[5]도 범을 잡아먹고, 표견(酌犬)[6]도 날며 범과 표범을 잡아먹고, 황요(黃

---

1) 원숭이과에 속하는 비비(拂拂)의 일종.
2) 야우(野牛)로서, 몸집이 거대하고 뿔이 크고 둥근 짐승.
3) 말 같은 짐승. 몸은 희고 꼬리는 검으며 외뿔에 범처럼 생긴 어금니 발톱을 가졌고 호표를 먹는다 함.
4) 누런 털에 오색이 찬란하고 꼴은 사자와 같은 짐승.
5) 꼴이 말 같으며 톱니가 날카로와서 호표를 먹는다는 짐승.
6) 거수국(渠搜國)에 있는 개. 일명 노견(露犬), 날아서 호표를 먹음.

要)⁷⁾는 범과 표범의 염통을 꺼내어 먹고, 활(猾)⁸⁾은 범과 표범에게 일부러 삼키었다가 그 뱃속에서 간을 뜯어 먹고, 추이(酋耳)⁹⁾는 범을 만나기만 하면 곧 찢어서 먹고, 범이 맹용(猛㺎)¹⁰⁾을 만나면 눈을 감은 채로 감히 뜨질 못하는 법이다. 그런데 사람은 맹용(猛㺎)을 두려워하지 않고 범은 무서워 하니 이는 범이 위풍이 있고 엄한 까닭이 아니겠는가.

범이 개를 먹으면 취하고, 사람을 먹으면 신령스럽게 된다. 그리고 범이 한 번 사람을 먹으면 그 창귀(倀鬼)¹¹⁾가 굴각(屈閣)이 되어 범의 겨드랑이에 붙어살면서 범을 남의 집 부엌으로 이끌어 들여서 솥을 핥으면 그 집 주인이 갑자기 배고픈 생각이 나서 밤중이라도 아내더러 밥을 지으라 하게 되며, 두 번째 사람을 먹으면 그 창귀는 이올(彝兀)¹²⁾이 되어 범의 광대뼈에 붙어살면서 높은데 올라가 사냥꾼의 행동을 살피다가 만일 깊은 골짜기에 함정이나 묻힌 화살이 있다면 먼저 가서 그 틀을 벗겨 놓으며, 범이 세 번째 사람을 먹으면 그 창귀는 육혼(鬻渾)¹³⁾이 되어 범의 턱에 붙어살되 그가 평소에 알던 친구들 이름을 자꾸만 불러댄다.

하루는 범이 창귀들을 모아 놓고 분부를 내리되,

"오늘도 벌써 해가 저무는데 어디서 먹을 것을 취한단 말이냐."

했다. 굴각이,

---

7) 개의 일종. 표범과 비슷하고 허리 이상은 누르고 이하는 검음. 작은 놈은 '청요(靑要)'라 함. 요(要)는 요(腰)와 같음.
8) 연암의 '자주(自注)에 무골(無骨). 범의 입에 들어가도 범이 물지 못한다. 그러면 범의 뱃속에서부터 먹어 나옴.
9) 범의 일종. 크고 꼬리가 긴 짐승으로 다른 생물은 안 먹어도 범을 잡아 먹음.
10) 들소의 일종. 몸집이 큰 하우(물소).
11)~13)의 창귀와 굴각, 이올, 육혼은 모두 사람이 호랑이에게 잡혀 먹으면 범에게 붙어다닌다는 귀신.

"제가 옛적에 점쳐 보았더니 뿔도 없고 날개도 없이 검은 머리 한 것이 있는데 눈 속에 발자국이 비틀비틀 자축 걸음이었고, 뒤통수에 꼬리 있어 꽁무니를 못 감춘 그런 놈입니다."

했고, 이올은,

"저 동문에 먹을 것이 있사오니 그 이름은 '의사'라 한답니다. 그는 입에 온갖 풀을 머금어서 살과 고기가 향기롭고, 또 서문에도 먹을 것이 있사오니 그 이름은 '무당'이라 한답니다. 그는 온갖 귀신에게 아양 부려 날마다 목욕재계하여 고기가 깨끗하온즉 이 두 가지 중에서 마음대로 골라 잡수시죠."

했다. 범은 수염을 곤두세우고 낯빛을 붉히며,

"저, '의(醫)'란 것은 '의(疑)'인 만큼 자기도 의심스러운 자로서, 모든 사람들에게 시험해보느라고 해마다 남의 목숨을 끊은 것이 몇 만 명이요, '무(巫)'란 '무(誣)'인 만큼 귀신을 속이고 백성들을 유혹하여 해마다 남의 목숨을 끊은 것이 몇 만 명이니 그래서 뭇 사람의 노여움이 뼛속까지 스며들어 변하여 금잠(金蠶)¹⁴⁾으로 여기니 독이 있어 먹을 수 없는 거야."

했다. 이에 육혼은 또,

"어떤 고기가 저 숲속에 있사온데 그는 인자한 염통과 의기로운 슬기에 충성스런 마음을 지니고, 순결한 지조를 품었으며, 음악은 머리위에 이다시피 하고, 예의는 신발처럼 신고 다닌답니다. 뿐만 아니라 그는 입으로 백가(百家)의 말들을 외며, 마음속으로 만물의 이치를 통했으니 그의 이름은 '석덕지유(碩德之儒)'¹⁵⁾라 하옵니다. 등살이 오붓하고 몸집이 기름져서 오미(五味)를 갖추어 지녔답니다."

---

14) 남방(南方) 사람이 금잠을 기르되 촉금(蜀錦)으로써 먹이고 그 똥을 음식 속에 넣으면 독이 있음.
15) 큰 덕망을 지닌 유학자.

했다. 범이 그제야 눈썹을 치켜세우고 침을 흘리며, 하늘을 쳐다보고 씽긋 웃으면서,

"짐(朕)이 이를 좀 상세히 듣고자 하니 어떠냐."

했다. 모든 창귀들이 서로 다투어 가며 범에게 천거하기를,

"일음(一陰)과 일양(一陽)을 '도(道)'라 하옵는데, 저 유학자들이 이를 꿰뚫으며, 오행(五行)[16]이 서로 낳으며 육기(六氣)[17]가 서로 이끌어 펼쳐 주는데 저 유가들이 이를 조화시키니 먹어서 이보다 더 맛 좋은 것이 없으리라."

범이 이 말을 듣자 근심스럽게 낯빛을 고치고 얼굴을 바꾸면서,

"아는가, 저 '음' '양'이란 것은 한 기운에서 나와 죽고 사는 것에 불과하거늘 그들이 둘로 나누고 있으니 그 고기도 잡될 것이요, 오행은 각기 제 바탕이 있어서 애당초 서로 낳는 것은 아니거늘 이제 그들은 억지로 자(子), 모(母)로 갈라서 짜고 신 맛으로 나누어 놓았으니 그 맛이 순수하지 못할 것이요, 육기는 제 각기 행하는 것이어서 남이 이끌어 펴 줌을 기다릴 것이 없거늘 이제 그들은 망녕되니 '재성(財成)' '보상(輔相)'[18]이라 일컬어서 사사로이 제 공을 세우려 하니, 그것을 막는다면 어찌 딱딱하여 가슴에 체하거나 목구멍에서 역겹지 않는단 말이냐."

하였다.

그 무렵 정(鄭)이라는 고을에 벼슬을 좋아하지 않는 체하는 선비 하나가 살고 있으니 그의 호는 북곽선생(北郭先生)이었다. 그는 나이 마흔에 손수 저작 교정한 책이 일만 권이요, 또 구경

---

16) 화(火)·수(水)·목(木)·금(金)·토(土)의 다섯가지 이치.
17) 음(陰)·양(陽)·풍(風)·우(雨)·회(晦)·명(明)의 여섯 기운(「좌전」).
18) 원문은 재상(財相)인데 천지의 도를 마련해 이룩하며 천지의 의(宜)를 도와준다는 의미.

(九經)[19]의 뜻을 부연해서 새로 책을 엮은 것이 일만 오천권이나 되어서 천자(天子)가 그의 학덕을 가상히 여기고, 제후들은 그의 이름을 사모하였다.

그리고 그때에 그 고을 동쪽엔 '동리자(東里子)'라는 얼굴 예쁜 청춘과부 하나가 있었다. 천자가 그의 절개를 갸륵히 여기고 제후들은 그의 어짐을 연모하여 그 고을 사방 몇 리의 땅을 하사하여 '동리과부지려(東里寡婦之閭)'라고, 당호까지 내려 주었다. 동리자는 이렇게 수절 잘하는 과부로 알려졌으나 실은 아들 다섯을 낳았는데, 각기 다른 성을 가지고 있었다. 어느 날 밤 그 아들 다섯이 서로 노래처럼 하는 말로써,

강 북쪽엔 닭 울음소리
강 남쪽엔 별이 밝은데[20]
방 안에 목소리 자자하니
어찌 꼭 북곽선생 닮았을까

하고는 배 다른 형제 다섯이 번갈아서 문틈으로 들여다보았다.

그 때 동리자와 북곽선생이 마주 앉아서 연정을 나누는데,

---

19) ① 사서오경 ② 〈역경〉·〈서경〉·〈시경〉·〈춘추좌전〉·〈예기〉·〈주례〉·〈효경〉·〈논어〉·〈맹자〉 등 여러가지 열거방법이 있음.
20) '닭이 울고 별이 반짝인다'는 말은 〈시경〉의 정풍(鄭風) 중 여왈계명(女曰鷄鳴) 조항에서 따온 말이다.
    계집은 닭이 우니 날이 샛다 말하네(女曰鷄鳴)
    사내는 아직 아침 아니니 더 품자고 말하네(主曰昧旦)
    일어나서 하늘을 보아요(子興視夜)
    별이 반짝이지 않아요(明星有爛)
으로 시작하는 노래로서 '남녀가 이불 속에서 하는 음담이다. 중국의 정(鄭)나라는 그 풍속이 대단히 음란했고 따라서 노래도 음곡이라 했다. 작자가 이 대목에서 정나라를 택한 것도 그 때문이다.

"오랫동안 선생님의 덕을 연모하였답니다. 오늘 밤엔 선생님의 글을 읽으시는 음성을 듣고자 하옵니다."

하고 동리자가 말했다. 북곽선생은 옷깃을 바로잡고 꿇어앉아서 시 한 수를 읊되,

병풍에는 원앙새요
반짝이는 반딧불이라
도끼자루와 솥가마는
무얼 본 떠 만들었나
흥(興)이로구나[21]

그 꼴을 본 다섯 아들은 서로 다음과 같이 말한다.

"〈예기〉에 이르기를 '과부의 문엔 함부로 들지 못한다' 하였는데, 북곽선생은 어진이라서 그런 일 없을 거야."

---

21) 술과 도끼자루 노래는 시경의 회풍(檜風)편 중 비풍(匪風)장과, 빈풍(豳風)편의 파부(破斧) 및 벌가(伐柯)의 장으로 모두가 음담패설로 이끌어 대고 있다. '누가 능히 고기를 삶기 위해 솥을 부시겠는가(誰能亨魚 漑之釜鬵)' 했는데. 여기 점(鬵)이라는 솥은 세 발 달리고 배는 부르고 입은 좁은 모양이다. 또 '내 도끼 이미 깨지고 자루 빠졌네(旣破我斧 又缺我斨)' '주공은 동쪽 정벌하여 천하를 바로 잡았네(周公東征 四國是皇)'라 했다. 또 벌가(伐柯)로 이어지면서.

　　도끼자루 찍자면 도끼 아님 안 되지(伐柯如何 匪斧不克)
　　색시를 얻자면은 중매 아님 안 되지(取妻如何 匪媒不得)
　　도끼자루 찍자면 칫수를 맞추어야지(伐柯伐柯 其側不遠)
　　그 사람 만난다면 성찬을 차려야지(我覯之子 籩豆有踐)

위에서 파부(破斧)는 주공의 동쪽 정벌 이야기이지만 북곽선생이 동쪽의 동리자를 만나는 장면을 상징하고 있겠고, 벌가(伐柯)의 대목은 남녀상봉을 상징하는 음담이다. 이 노래가 우리나라에서는 미묘한 뜻으로 유전되고 있다. 원효대사가 요석공주와 합방할 때 원효대사는 '누가 도끼자루 빠진 사람 있으면 내가 맞추어 큰 기둥 내리라' 하고 외치니, 태종이 그 뜻을 알고 결혼시켜 설총을 낳았다고 하였다.

"나는 듣자하니 '이 고을의 성문이 헐어서 여우가 구멍을 내었다' 하더군."

"나는 들은즉 여우가 천 년을 묵으면 변신하여 능히 사람의 모습으로 둔갑한다는 데 그놈이 필시 북곽선생으로 변신한 것 아닐까."

하고 다시금 서로 의논하며 일을 꾸미기를,

"나는 듣건대 '여우의 갓을 얻은 자는 천금의 부자가 되었고, 여우의 신을 얻은 자는 대낮에도 그림자를 감출 수 있고, 여우의 꼬리를 얻은 자는 남에게 예쁘게 보여 누구라도 그를 기뻐한다' 하니 우리 저 여우를 잡아 죽여서 나눠 가지는 게 어떨까."

하고 이에 다섯 아들이 함께 어미의 방을 에워싸고 들이닥쳤다. 북곽선생이 혼이 나서 뺑소니를 치는데, 남들이 행여 제 얼굴을 알아볼까 해서 한 다리를 비틀어서 목덜미에 얹고 도깨비춤을 추고 귀신처럼 웃으며 문밖을 나와 도망쳐 뛰어가 벌판 거름구덩이에 빠졌다. 그 속에는 똥이 가득 차 있었다. 간신히 허우적거리며 기어올라서 목을 내밀고 바라본즉 범이 어흥하며 길을 바로 가로 막았다.

범이 이맛살을 찌푸리며 구역질하고, 코를 막으며 머리를 왼편으로 돌리며,

"에끼, 그 선비 놈! 구리구나."

했다. 북곽선생이 머리를 조아리며 앞으로 엉금엉금 기어 나와 세 번 절하고 꿇어앉아서 고개를 쳐들고 여쭈되,

"호랑이님의 덕이야말로 참 지극하십니다. 어진 사람은 그 변화를 본받고, 임금은 그 걸음을 배우며, 남의 아들 된 사람은 그 효성을 본받으며, 장수는 그 위엄을 취하며, 그 거룩하신 이름은 신령스러운 용과 짝이 되어서 한 분은 바람을 짓고, 한 분은 구름 일으키시니 저 같은 땅바

닥의 천한 신하 감히 그 위풍 밑에 꿇어앉았습니다."
했다. 범은 이 말을 듣자 화내어 꾸짖었다.

"이놈, 내 앞에 가까이 오지 말아라!, 더럽구나! 내 들은즉 유학자 '유(儒)'란 것은 아첨할 '유(諛)'와 통한다 하더니 과연 그렇구나. 네 평소엔 온 천하의 모든 나쁜 이름을 모아서 망녕되이 내게 덮어 씌우더니 이제 다급하니까 낯 간지럽게 아첨하는 것을 그 뉘라서 곧이 듣겠느냐. 무릇 천하의 이치야말로 하나인만큼 범의 성품이 나쁘다 하면 사람의 성품도 역시 나쁠 것이요, 사람의 성품이 착해진다면, 범의 성품도 역시 착해질 것이니 너희들의 천만 가지의 말이 모두 다섯 가지 인륜 도덕인 오상(五常)[22]을 떠나지 않으며, 경계하고 권장하는 일이 언제나 네 가지 강령인 사강(四綱)[23]에 있긴 하나 저 서울이나 거리 중에는 코 베이고,[24] 발 잘리우고, 얼굴에 문신을 맞은 채 다니는 것들은 모두 오륜을 순종치 않았다는 죄인들이란 말이야. 그럼에도 불구하고 포도청 놈들은 밧줄이며, 먹바늘이며, 도끼며, 톱 따위를 날마다 만들어대기에 겨를이 없으니 그 나쁜 짓들은 막을 길이 없건마는, 범의 집에는 본시 이러한 악독한 형벌이 없으니 이로써 본다면 범의 성품이 사람보다 어질지 아니하냐. 그리고 범은 나무를 씹지 않고, 벌레나 물고기를 먹지 않으며, 술 마시고 난동을 부리는 좋지 못한 짓을 즐기지 않고, 알이나 새끼같은 자질구레한 것도 차마 먹지 못하는 거야. 그리고는 산에 들면 노루나 사슴을 사냥하고, 들에 나면 말이나 소를 사냥하되 아직 먹을 것으로 누를 입거나, 음식의 송사를 일으키는 일은 없으니 범의 도야말로 어찌 광명정대하지 않느냐. 범이 노루나 사슴을 먹으면 너희들 사람은 범을 미워하지 않다가도 범이 만일 마소를 먹는다면 사람들은 원수

---

22) 부의(父義) · 모자(母慈) · 형우(兄友) · 제공(弟恭) · 자효(子孝)의 다섯 가지.
23) 예(禮) · 의(義) · 염(廉) · 치(恥)의 사단(四端).
24) 고대 중국의 오형(五刑)의 한 가지.

라고 떠들어대니 이것은 아마 노루와 사슴은 사람에게 은혜로움이 없지만, 저 마소는 너희들에게 공이 있어서 그런 것이 아니냐. 그러나 너희들은 저 마소가 태워주고 일 해주는 공로도 모르며, 따르고 충성스러운 생각도 다 저버리고 날마다 푸줏간이 미어지도록 이들을 죽이고 심지어는 그 뿔과 갈기까지 남겨두지 않고도 다시금 우리들의 먹거리인 노루와 사슴을 침탈하여 우리들로 하여금 산에서 먹을 것이 없고, 들에서도 끼니를 굶게 하니 하늘로 하여금 이를 공평되게 다스리게 한다면 지금 내가 너를 잡아먹어야 하겠는가, 놓아 주어야 하겠는가.

  무릇 제 것 아닌 것을 가져가는 것을 도둑이라 하고, 남을 못 살게 굴고 그 생명을 빼앗는 것을 흉적이라 하나니, 너희들이 밤낮을 헤아리지 않고 팔을 걷어부치고 성을 내며 팔을 움켜잡고 싸우며 함부로 남의 것을 빼앗고 훔쳐도 부끄러운 줄을 모르며, 심지어는 돈을 형이라 부르고,[25] 장수가 되기 위해서 그 아내를 죽이는 일[26]까지도 있은즉 이러고도 인륜의 도리를 논할 수 있을 것인가. 그 뿐만 아니라 메뚜기에게서 그 밥을 빼앗고, 누에한테서 옷을 빼앗으며, 벌에게서 꿀을 긁어 먹고 심한 자는 개미 알을 젖 담아서 그 조상께 제사하니 그 잔인하고도 박절한 행위가 너희들보다 더할 자 있겠는가. 너희들은 성리학에서 이(理)를 말하며, 성(性)을 논하되 곧잘 하늘을 들먹이나 하늘의 명(命)한 바로써 본다면 범이나 사람이 다 한 가지의 동물이요, 하늘과 땅이 만물을 낳아서 기르는 인(仁)으로써 논한다면 범과 메뚜기·누에·벌·개미와 사람이 모두 함께 길러지는 것으로 서로 해롭게 할 수 없는 것이요, 또 그 선과 악으로써 따진다면 아무 거리낌 없이 벌·개미의 집을 노략질하고 긁어가는 놈이야말로 천하의 큰 도둑이 아니겠는가. 함부로 메뚜기·누

---

25) 옛날 돈의 구멍이 모났으므로 '공방형(孔方兄)'이라 하였고 또는 가형(家兄)이라 하였음.
26) 춘추전국 때 오기(吳起)의 옛 일.

에의 살림을 빼앗고 훔쳐가는 놈이야말로 인(仁)과 의(義)에 있어서 큰 흉적이 아니겠는가.

그리고 범이 아직 표범을 먹지 않음은 차마 제 겨레를 해칠 수 없는 까닭이다. 그런데 범이 노루나 사슴을 먹는 것을 헤아려 보아도 사람이 노루와 사슴을 먹는 만큼 많지 못할 것이며, 범이 마소를 먹는 것을 헤아려 보아도 사람이 마소 먹는 만큼 많지 못할 것이며, 범이 사람을 먹는 것을 헤아려 보아도 사람이 저희들끼리 서로 잡아먹는 만큼 많지 못할 것이다. 지난 해 관중(關中)지방이 크게 가물었을 때 인민이 사람을 잡아먹은 자 수 만 명이요, 그 앞서 산동(山東)지방에 홍수가 났을 때 인민들이 서로 잡아먹은 자 역시 만 명이었다. 그러나 서로 잡아먹음이 많기야 어찌 저 춘추(春秋)시대[27]만 하였을까. 원수를 갚느라고 싸움이 서른 번이었는데 그들의 피는 천리를 물들였고, 그들의 시체는 백만이나 되었다.

그러나 범의 세상에서는 홍수나 가뭄의 걱정을 모르므로 하늘을 원망할 것 없고, 원수와 은혜를 모두 잊고 지내므로 다른 동물에게 미움을 입지 않고, 하늘이 내린 천명(天命)을 알고 그에 순응하므로 무당과 의원의 간교함에 미혹되지 않고 타고난 본성 그대로 살다가 천명을 다하므로 세속의 이해에 병들지 아니하니 이로써 범이 착하고도 성스러운 것을 알겠으며, 그 뿐만 아니라 몸의 검고 누런 무늬만 엿보더라도 넉넉히 그 문화를 온 천하에 보일 수 있겠고, 한자 한 치의 무기도 지니지 아니하고 다만 발톱·이빨의 날카로운 것만을 쓰는 것은 이로써 무용(武勇)을 천하에 빛내는 것이었고, 범과 원숭이를 그린 것[28]은 효도를 천하에 펼치는 것이었으며, 하루에 한 번 사냥하면 까마귀·솔개·땅강

---

27) 중국 주(周)의 후반기(8~5BC) 평왕(平王) 이후 약 300년 동안. 주나라가 도읍을 동쪽으로 옮긴 뒤 지배력이 약해져 제후가 독립되어 서로 싸운 이야기.
28) 중국 고대의 그릇에 그린 범과 원숭이의 그림.

아지·불개미 따위와 함께 그 먹이를 나눠 먹으니 그 어진 것이야말로 이루 다 베풀 수 없겠으나, 특별히 고자질하는 자는 먹지 않으며, 병으로 죽은 자도 먹지 않으며, 상복을 입은 자도 먹지 않으니 그 의로운 것이야말로 너무 많아 이루 다 베풀 수 없지 않겠느냐.

그런데 너희들이 먹고 사는 것이야말로 어질지 못하기가 짝이 없구나. 너희들은 덫과 함정으로도 오히려 모자라서 새 그물이랑, 노루 그물이랑, 작은 물고기 그물이랑, 그리고 큰 물고기 그물이랑, 수레 그물이랑, 삼태그물이랑, 그 따위들을 만들었으니, 이는 애당초 그물을 뜬 자야말로 특별히 천하에 화를 끼쳤구나. 게다가 큰 바늘이니, 살창이니, 날 없는 창이니, 도끼니, 세모진 창이니, 한 길 여덟 자 창이니, 뾰족 창이니, 작은 칼이니, 긴 칼이니 하는 것들이 생기고, 또 화포란 것이 있어서 터뜨린다면 소리가 화산(華山)을 무너뜨릴 듯, 그 불기운은 하늘땅을 혼란케 하여 그 무서움이 우레보다 더한데 이것 역시 모자라서 못 된 꾀를 마음껏 부리는구나. 또 다시 보드라운 털을 빨아서 아교를 녹여 붙여 날을 만들되 끝이 대추씨처럼 뾰족하고, 길이는 한 치도 못 되게 하여 오징어 거품에다 담갔다가 가로 세로 멋대로 치고 찌르되 그 굽음은 세모 창 같고, 날카로움은 작은 칼 같고, 예리함은 칼날 같고, 갈라짐은 가짓 창 같고, 곧음은 살 같고, 팽팽하기는 활 같아서 이 병장기가 한 번 번뜩이면 모든 귀신들이 밤중에 곡할 지경이라니, 그 서로 잡아먹기로도 가혹함이 뉘라서 너희들보다 더할 자 있겠느냐."

했다. 북곽선생이 자리에서 일어나 절하며 한참 동안 엎드렸다가 다시 두 번 절하고 머리를 거듭 조아리며,

"〈맹자〉에 이르기를 '비록·아무리 악한 사람일지라도 목욕재계를 한다면 상제라도 섬길 수 있다.'[29] 하였사오니 이 땅바닥에 살고 있는 천

---

29) 〈맹자〉의 이루편(離婁篇) 서자몽불결(西子蒙不潔)장에 나오는 월(越) 나라 서시(西施)의 이야기.

한 신하가 감히 용서를 내려 주옵소서 하고 빕니다."

하고는 숨을 죽이고 가만히 들어보니 오래도록 아무런 분부가 없으므로 실로 황송하기도 하고, 참으로 두렵기도 해서 손을 맞잡고 머리를 조아리며 쳐다본즉 동녘이 밝아왔으며 범은 벌써 어디론지 가버리고 없었다.

때마침 아침에 밭 갈러 가는 농부가,

"선생님, 무슨 일로 이렇게 일찍이 벌판에서 절하시옵니까?"

하고 묻는 것이었다. 북곽선생은,

"내 일찍 들으니 '하늘이 높다 하여도 몸을 어찌 안 굽히며, 땅이 비록 두텁다한들 어찌 몸을 움추리고 조심해서 걷지 않을소냐.'[30] 하였다네."

하고는 말끝을 흐려버렸다.

10. 虎叱

虎, 睿聖文武, 慈孝智仁, 雄勇壯猛, 天下無敵。然, 狒胃食虎, 竹牛食虎, 駁食虎, 五色獅子食虎於巨木之岜, 玆白食虎, 齠犬飛食虎豹, 黃要取虎豹心而食之獝(無骨), 爲虎豹所吞內食虎豹之肝, 酋耳遇虎則裂而啖之虎, 遇猛㺄則閉目而不敢視。人, 不畏猛㺄, 而畏虎, 虎之威, 其嚴乎。虎食狗則醉, 食人則神, 虎一食人, 其倀, 爲屈閣, 在虎之腋, 導虎入廚, 舐其鼎耳, 主人思饑, 命妻夜炊, 虎再食人, 其倀, 爲彛兀, 在虎之輔, 升高視虞, 若谷穽弩, 先

---

30) 〈시경〉 소아(小雅)편 정월 조에서 나온 글귀.(謂天蓋高 不敢不局 謂地蓋厚 不敢不蹐)

行釋機, 虎三食人, 其悵, 爲鬻渾, 在虎之頤, 多贊其所識朋友之名。虎詔俍曰, 日之將夕, 于何取食。屈閣曰, 我昔占之, 匪角匪羽, 黔首之物, 雪中有跡, 彳亍踈武, 瞻尾在腦, 莫掩其尻。彛兀曰, 東門有食, 其名曰, 醫, 口含百草, 肌肉馨香, 西門有食, 其名曰, 巫, 求媚百神, 日沐齊潔, 請爲擇肉於此二者。虎, 奮髥作色曰, 醫者疑也, 以其所疑, 而試諸人, 歲所殺, 常數萬。巫者誣也, 誣神以惑民, 歲所殺, 常數萬, 衆怒入骨, 化爲金蚕, 毒不可食。鬻渾曰, 有肉在林, 仁肝義膽, 抱忠懷潔, 戴樂履禮, 口誦百家之言, 心通萬物之理, 名曰碩德之儒, 背盎體胖, 五味俱存。虎, 軒眉垂涎, 仰天而笑曰, 朕聞如何。俍, 交薦虎曰, 一陰一陽之謂道, 儒貫之, 五行相生, 六氣相宣, 儒導之, 食之美者, 無大於此。虎愀然變色易容, 而不悅曰, 陰陽者, 一氣之消息也, 而兩之, 其肉雜也, 五行定位, 未始相生, 乃今强爲子母, 分配醎酸, 其味未純也。六氣自行, 不待宣導, 乃今妄稱財相, 私顯已功, 其爲食也, 無其硬强滯逆, 而不順化乎。

　鄭之邑, 有不屑宦之士, 曰北郭先生, 行年四十, 手自校書者, 萬卷, 敷衍九經之義, 更著書一萬五千卷, 天子嘉其義, 諸侯慕其名。邑之東, 有美而早寡者, 曰東里子, 天子嘉其節, 諸侯慕其賢, 環其邑數里而封之曰, 東里寡婦之閭。東里子善守寡, 然, 有子五人, 各有其姓。五子相謂曰, 水北鷄鳴, 水南明星, 室中有聲, 何其甚似北郭先生也。兄弟五人迭窺戶隙, 東里子, 請於北郭先生曰, 久慕先生之德, 今夜, 願聞先生讀書之聲。北郭先生整襟危坐, 而爲詩曰, 鴛鴦在屛, 耿耿流螢。維鬻維錡, 云誰之型, 興也。五子相謂曰, 禮不入寡婦之門, 北郭先生賢者也。吾聞, 鄭之城門, 壞而狐穴焉, 吾聞, 狐老千年, 能幻而像人, 是其像北郭先生乎。相與謀曰, 吾聞得狐之冠者, 家致千金之富, 得狐之履者, 能匿影於白日, 得狐之尾者, 善媚而人悅之, 何不殺是狐而分之。於是五子, 共圍而擊之, 北郭先生, 大驚遁逃, 恐人之識己也, 以股加頸, 鬼舞鬼笑, 出門而跑, 乃陷野窖, 穢滿其中, 攀援出首而望, 有虎當徑。虎, 顰蹙嘔哇, 掩鼻左首而噫曰, 儒(句)臭矣。北郭先生, 頓首匍匐而前, 三拜以跪, 仰首而言曰, 虎之德其至矣乎。大人效其變, 帝王學其步, 人子法其孝, 將師取其威, 名並神龍, 一風一雲, 下土賤臣, 敢在下風。虎叱曰, 毋近前, 曩也, 吾聞之, 儒者諛也, 果然。汝平居, 集天下之惡名, 妄加諸我, 今也, 急而面諛, 將誰信之耶。夫天下之理一也, 虎誠惡也, 人性亦惡也, 人性善則, 虎之性亦善也。汝千語萬言, 不離五常, 戒之勸之, 恒在四綱, 然, 都邑之間, 無鼻無趾, 文面而行者, 皆不遜五品之人也。然, 而徽墨斧鉅, 日不暇給, 莫能止其惡焉, 而虎之家, 自無是刑, 由是觀之, 虎之性, 不亦賢於人乎, 虎, 不食草木, 不食虫魚, 不嗜麴蘖悖亂之物, 不忍字伏細瑣之物, 入山獵麕鹿, 在野畋馬牛, 未嘗爲口腹之累, 飮食之訟, 虎之道, 豈不光明正大矣乎, 虎之食麕鹿而汝不疾虎, 虎之食馬牛, 而人謂之讐焉, 豈非麕鹿之無恩於人, 而馬牛之有功於汝乎。然而不有其乘服之勞, 戀效之誠, 日充庖厨, 角鬣不遺, 而乃復侵我之麕鹿, 使我乏食於山, 缺餉於野, 使天而平, 其政汝在所食乎。所捨乎。夫非其有而取之, 謂之盜, 殘生而害物者, 謂之賊, 汝之所以日夜遑遑, 揚臂努目, 挐攫而不恥, 甚者呼錢爲兄, 求將殺妻, 則不可復論於倫常之道矣, 乃復攘食於蝗, 奪衣於蚕, 禦蜂而剽甘, 甚者醢蟻之子, 以羞其祖考, 其殘忍薄行, 孰甚於汝乎, 汝談理論性, 動輒稱天, 自天所命而視之, 則虎與人, 乃物之一也。自天地生物之仁而論之, 則虎與蝗蠶蜂蟻, 與人並畜, 而不可相悖也, 自其善惡而辯之, 則公行剽刼於蜂蟻之室者, 獨不爲天地之巨盜乎。肆然攘竊於蝗蠶之資者, 獨不爲仁義之大賊乎, 虎未嘗食豹者, 誠爲不忍於其類也, 然而計虎之食麕鹿, 不若人之食麕鹿之多也, 計虎之食馬牛, 不若人之食馬牛之多也, 計虎之食人, 不若人之相食之多也。去年關中大旱, 民之相食者, 數萬, 徃歲山東大水, 民之相食者, 數萬。雖然, 其相食之多, 又何如春秋之世也, 春秋之世, 樹德之兵十七, 報仇之兵三十, 流血千里, 伏屍百萬, 而虎之家, 水旱不識, 故無怨乎天, 讐德兩忘, 故無忤於物, 知命而處順, 故不惑於巫醫之姦, 踐形而盡性, 故不疚乎世俗之利, 此虎之所以睿聖也。窺其一班, 足以示文於天下也, 不籍尺寸之兵, 而獨任爪牙之利。所以耀武於天下也, 彛卣蜼尊, 所以廣孝於天下也, 一日一擧, 而烏鳶螻螘, 共分其餕, 仁不可勝用也, 讒人不食, 廢疾者不食, 衰服者不食, 義不可勝用也。不仁哉, 汝之爲食也。機穽之不足, 而爲罿也, 罦也, 罠也, 罾也, 罩也, 罬也, 始結網罟者, 哀然首禍於天下矣, 有鈹者, 戣者, 殳者, 斨者, 釪者, 鍋者, 鍜者, 鉾者, 矜者, 有礮發焉, 聲隤華嶽, 火洩陰陽, 暴於震霆, 是猶不足以逞其虐焉, 則乃吮柔毫, 合膠爲鋒, 體如棗心, 長不盈寸, 淬以烏賊之沫, 縱橫擊刺, 曲者如矛, 銛者如刀, 銳者如釖, 歧者如戟, 直者如矢, 殼者如弓, 此兵一動, 百鬼夜哭, 其相食之酷, 孰甚於汝乎。北郭先生, 離席俯伏, 逡巡再拜, 頓首頓首曰, 傳有之, 雖有惡人, 齋戒沐浴, 則可以事上帝, 下土賤臣, 敢在下風。屛息潛聽, 久無所命, 誠惶誠恐, 拜手稽首, 仰而視之, 東方明矣, 虎則已去。

　農夫有朝, 萏者問, 先生何早敬於野。北郭先生曰, 吾聞之, 謂天蓋高, 不敢不局, 謂地蓋厚, 不敢不蹐。

11. 열녀의 고독과 고뇌(烈女咸陽朴氏傳)

　일찍이 제(齊)나라 사람[1]이 말하기를 '열녀(烈女)는 남편을 갈지 않는다'고 하니 〈시경〉의 백주장(栢舟章)[2]도 바로 그런 뜻이다. 그런데 우리나라 법전[3]에서 후살이 가서 낳은 자손을 떳떳한 벼슬에는 등용하지 않는다고 하였지만 이 어찌 보통 사람을 표준해서 규정한 것이겠는가? 우리나라가 400년 이래로 오랜 교화풍속으로 인해서 여자는 귀하고 천한 구별도 없고 그 집안

---

1) 제의 왕촉(王蠋)을 말하며 그는 연(燕)나라 군대가 쳐들어 왔을 때 귀순하기를 강요하니 '충신은 불사이군(不事二君) 하고 열녀는 불사이부(不事二夫) 한다'며 자결했다.
2)「시경」〈용풍(鄘風)편〉의 '백주장'에 나오는 공강(共姜)의 이야기.
3) 〈경국대전〉(經國大典)과 〈대전통편〉(大典通篇)을 말하는 것으로 이 율법에 의하면 개가한 여자의 자손은 정상적 벼슬을 주지 않기로 되어 있다.

이 높고 낮은 차이도 없이 과부되면 으레 수절하는 것으로 그만 풍속을 이루고 있다. 옛날의 열녀는 오늘의 과부가 된다. 시골 구석의 젊은 아내나 행길 거리의 새파란 홀어미들이 저의 부모로부터 이해 없는 강제를 당하는 것도 아니요, 자손들로 하여금 벼슬에 등용되지 못한 부끄러움을 가지게 하는 것이 아니건만 수절하는 것만으로도 오히려 절개다운 일이 못된다 하여 이 세상을 등지고 남편을 따라 저승으로 가려 하여 물에 빠지고 불에 뛰어 들고 독약을 마시고 목을 매는 것을 마치 즐겁게 간주하였다. 열렬하기는 열렬하지만 이 어찌 지나친 일이 아니겠는가!

옛적에 형제 두 사람이 모두 이름난 관리로 있었는데 하루는 그 어머니 앞에서 어떤 사람의 벼슬길을 막자고 의논하고 있었다.

어머니가 묻기를,

"무슨 허물이 있기에 막자고 하는 게냐?"

대답하기를,

"그 선대에 과부가 있었는데 행실이 좋지 못했답니다."

어머니가 갑자기 놀라면서,

"남의 집 안방에서 일어났을 일을 어떻게 알았느냐?"

"풍문에 그렇습니다."

어머니가 또 말하기를,

"바람이란 것이 소리만 있지 정체는 없는 것이라 눈으로 볼 수도 없고 손으로 잡을 수도 없다. 공중에서 일어나서 모든 물건을 뒤흔들고 있다. 어쩌자고 형체 없는 일을 끄집어내서 뒤흔드는 속에다가 남을 몰아 집어넣는다는 말이냐! 더구나 너희가 바로 과부의 아들이다. 과부의 아들이 그래 과부를 비평한다는 말이냐! 거기들 앉아라. 내 너희에게 보여줄 것이 있다."

하더니 품 안에서 구리돈 한 푼을 꺼내면서 말하기를,

"이 돈에 둥그런 둘레가 있느냐?"
"없습니다."
"이 돈에 글자가 있느냐?"
"없습니다."

어머니가 눈물을 흘리면서 말하기를,

"이것이 네 어미를 죽지 않게 한 부작이다. 십년이나 손으로 만지고 만져서 다 닳아버렸다.

대게 사람의 혈기란 것은 음양에서 나오고 정욕이란 것은 혈기로 인해서 작용하는 것이며 생각이란 것은 고독한 데서 생기고 슬픔이란 것은 생각으로 인해서 일어나는 것이구나! 과부야말로 고독한 신세요, 슬픔이 극도에 이른 사람이다. 혈기가 때로 왕성해지면 과부라고 해서 어찌 다른 마음이 없겠느냐.

깜빡이는 등불 아래 그림자만 바라보고 앉아 밤이 새기까지 참으로 암담하다. 더구나 비 떨어지는 소리가 처마 끝에서 뚝뚝 나거나, 허연 달빛이 창을 들이 비치거나 뜰에서 나뭇잎이 뒹굴고, 하늘가에 외기러기가 울고 지날 적에 먼마을의 닭의 소리는 들리지 않고 어린 종년의 코고는 소리만 요란한데 눈이 반들반들해서 잠은 오지 않으니, 이 괴로운 심정을 누구에게 하소연할 데가 있겠느냐.

내가 이 돈을 굴리면서 온 방안을 돌았다. 둥근 것이 잘 구르다가도 어느 모서리에만 부딪치면 그만 죽어 버리는데 내가 주워서 다시 굴리었다. 하룻밤에 언제나 대여섯 번 굴리고 나면 날이 밝는 것이다. 십년 동안에 해마다 그 횟수가 줄어졌으며 십년 이후로는 혹 닷새에 한 번도 굴리고 혹 열흘에 한 번도 굴리고 아주 쇠하면서부터는 다시 굴리지를 않는 것이다. 그러나 그 후 20여 년을 내가 싸고 싸서 간직하고 있는 것은 그 공로를 잊지 않자는 것이요, 또 내 스스로 경계하자는 것이다."
라고 하였다.

그래서 모자가 서로 붙들고 울었다. 점잖은 사람이 이 이야기를 듣고 말하기를,

"그야말로 열녀라고 할 만하구나!"
고 하였다.

아! 그의 어려운 절개와 깨끗한 행실이 이와 같건만 그 당시에 나타나지 않아서 이름이 전하지 못하게 된 것은 무슨 까닭인가? 과부의 수절이 전국의 일반적인 양상이 된 까닭에 목숨을 끊지 않고서는 과부의 절개를 표시할 수 없게 된 형편이다.

내가 안의(安義)의 원으로 온 이듬해 계축년 ×월 ×일 날이 샐녘에 나는 잠이 어렴풋이 깨었는데 마루 앞에서 두어 사람의 수군수군 지껄이는 소리가 들리고 또 마음이 아파서 한숨짓는 소리도 났다. 대개 급한 일이 생겼으나 내 잠을 깰까봐 염려하는 것이었다. 그래서 내가 큰 소리로 묻기를,

"닭이 울었느냐?"
고 했더니 아랫사람들이 대답하기를,

"벌써 서너 홰째나 울었습니다."
"밖에 무슨 일이 있느냐?"

또 대답하기를,

"통인(通引) 박상효(朴相孝) 형의 딸이 함양으로 시집갔다가 홀로 되었었는데 삼년 거상을 마친 다음 독약을 먹어서 죽게 되었답니다. 급보로 부르러 왔으나 상효가 지금 번을 들고 있는 까닭에 황공하와 감히 제 마음대로 가지 못하고 있습니다."

하기에 내가 빨리 가보라고 일렀다. 저녁나절에 이르러 함양 과부가 살아났느냐고 물은즉 아랫사람들의 말이 벌써 죽었노라고 하였다. 내가 길게 탄식하면서 말하기를,

"열렬하구나, 이 여자야말로."

다시 여러 아전들을 불러다가 묻기를,

"함양에서 난 열녀가 사실은 안의 태생이다. 그 여자의 나이는 지금 몇 살이며, 함양 누구에게로 시집을 갔고, 어려서부터 그의 마음씨와 행실이 어떠하였는지를 너희 중에 아는 사람이 있느냐?"

고 하였더니 여러 아전이 한숨을 지으면서 나와서 말하기를,

"박녀(朴女)의 집은 대대로 아전입니다. 그 아비 상일(相一)이 일찍 죽고 이 딸 하나뿐인데 어미마저 일찍 죽었습니다. 그래서 할아비, 할미 손에서 크면서 자손된 도리를 잘 하다가 나이 열아홉에 함양 임술증(林述曾)의 처가 되었습니다. 그 역시 아전의 집안입니다. 술증이 본래 몸이 허약해서 한 번 초례(醮禮)를 치르고 돌아간 다음 반년도 못 되어 죽었습니다. 박녀는 예절에 따라서 남편의 거상을 입고 며느리의 도리를 다해서 시부모를 섬기니 두 고을의 친척과 이웃들이 모두 무던하다고 칭찬을 했습니다. 이제 보니 과연 그렇습니다."

하며 그 중의 늙은 아전 하나가 개연히 나서서 말하기를,

"그 집 처녀가 시집가기 두어 달 전에 어떤 사람이 와서 술증은 병이 골수에 사무쳐 사람 노릇을 할 가망이 전혀 없으니 네 혼사를 물려 놓고 보지 않겠느냐고 일러 주더랍니다. 그 할아비, 할미가 은근히 손녀딸에게 그럴 의사를 보였건만 그 처녀는 잠자코 대답을 하지 않더랍니다. 혼인 날짜가 임박해서 그 처녀의 집에서는 사람을 시켜 슬그머니 술증을 가서 보고 오라고 했더니 술증이 비록 생김새는 곱상스러우나 중병에 걸려서 기침을 콜록거리는 것이 버섯 같은 몸으로 그림자만 다니더

랍니다. 그 계집의 집에서 겁이 더럭 나서 다른 데로 혼인을 정하려고 했더랍니다. 그 계집은 정색을 하고 말하기를 '저번 지어 놓은 옷이 뉘 몸에 맞추어 지은 것이며 뉘 옷이라고 말하던 것입니까?' 하면서 그 전에 정한대로 할 것을 소원하더랍니다. 집안사람들이 그 뜻을 알고 정한대로 사위를 맞았으나 말로만 혼인을 지냈다 뿐이지 허수아비와 같이 잔셈이나 마찬가지랍니다."
라고 하였다.

  얼마 후 함양 군수 윤광석(尹光碩)이 밤에 이상한 꿈을 꾸고 나서 감동된 바 있어 열녀전을 지었는데 산청현감(山淸縣監)[4] 이면재(李勉齋)가 또한 전(傳)을 썼다. 거창 사는 신돈항(愼敦恒)은 일정한 주견을 가진 선비인데 그도 박씨를 위해서 그 절개를 서술하였다.

  박씨의 심경을 처음부터 끝까지 추측해 본다면 나이 어린 과부로서 오래 세상에 머물러서 두고두고 공연히 이웃 간의 뒷 공론을 받게 되는 것보다는 얼른 이 몸이 없어져 버리는 것이 낫다고 생각한 것이 아니겠는가! 아하! 성복(成服) 날 죽지 않은 것은 소상(小祥)이 남아 있기 때문이었고 소상을 지내고도 죽지 않은 것은 대상(大祥)이 있기 때문이었고 이미 대상이 지나고 보면 삼년상도 마지막이다. 처음에 마음먹었던 대로 남편과 한 날 한 시의 순절(殉節)을 이룬 것이다. 이 어찌 열렬치 않는가!

---

  4) 현감(縣監)은 조선조의 지방 목민관인데 목사(牧使), 부사(府使), 현령(縣令) 중 가장 낮은 직급이다.

11. 烈女咸陽朴氏傳

齊人, 有言曰, 烈女不更二夫, 如詩之柏舟是也。然, 而國典, 改嫁子孫勿叙正職, 此豈爲庶姓黎甿而設哉。乃國朝四百年來, 百姓旣沐久道之化則, 女無貴賤, 族無微顯, 莫不守寡遂以成俗。古之所稱烈女, 今之所在寡婦也。至若田舍少婦, 委巷靑孀, 非有父母不諒之逼, 非有子孫勿叙之恥, 而守寡不足以爲節, 則往往自滅。晝燭, 祈殉夜臺, 水火鴆纓, 如蹈樂地。烈則烈矣, 豈非過歟。

昔有昆弟名宦, 將枳人淸路, 議于母前。母問, 奚累而枳。對曰, 其先有寡婦, 外議頗喧。母愕然曰, 事在閨房, 安從而知之。對曰, 風聞也。母曰, 風者有聲而, 無形也, 目視之而無覩也。手執之而無獲也, 從空而起, 能使萬物浮動。奈何以無形之事, 論人於浮動之中乎。且若乃寡婦之子, 寡婦子尙能論寡婦耶。居, 吾有以示若, 出懷中銅錢一枚, 曰此有輪郭乎。曰無矣。此有文字乎。曰無矣。母垂淚曰, 此汝母忍死符也。十年手摸, 磨之盡矣。大抵人之血氣根於陰陽, 情欲鍾於血氣, 思想生於幽獨, 傷悲因於思想。寡婦者幽獨之處, 而傷悲之至也, 血氣有時而旺, 則寧或寡婦而無情哉。

殘燈吊影, 獨夜難曉, 若復簷雨淋鈴, 窓月流素, 一葉飄庭, 隻鴈叫天, 遠鷄無響, 穉婢牢鼾, 耿耿不寐, 訴誰苦衷。

吾出此錢而轉之, 遍摸室中, 圓者善走, 遇域則止。吾索而復轉, 夜常五六轉, 天亦曙矣。十年之間, 歲減其數。十年以後, 則或五夜一轉, 或十夜一轉。血氣旣衰, 而吾不復轉此錢矣。然吾猶十襲而藏之者, 二十餘年所以不忘其功。而時有所自警也。遂子母相持而泣。君子聞之曰, 是可謂烈女矣。噫, 其苦節淸修若此也, 無以表見於當世, 名堙沒而不傳, 何也。寡婦之守義乃通國之常經, 故微一死, 無以見殊節於寡婦之門。

余視事安義之越明年, 癸丑月日夜將曉, 余睡微醒。聞廳事前有數人, 隱喉密語, 復有慘怛, 歎息之聲, 蓋有警急而恐擾余寢也。余遂高聲問, 鷄鳴未。左右對曰, 已三四號矣。外有何事。對曰, 通引朴相孝之兄之子, 之嫁咸陽而早寡者, 畢其三年之喪, 飮藥將殊, 急報來救, 而相孝方守番, 惶恐不敢私去。余命之疾去。及晚, 爲問咸陽寡婦得甦否, 左右言, 聞已死矣。余喟然長歎曰烈哉, 斯人, 乃招群吏而詢之, 曰, 咸陽有烈女, 其本安義出也。女年方幾何。嫁咸陽誰家。自幼志行如何。若曺有知者乎。群吏歔欷而進, 曰朴女家世縣吏也其父名相一, 早歿獨有此女, 而母亦早歿, 則幼養於其大父母, 盡子道。及年十九, 嫁爲咸陽林述曾妻, 亦家世郡吏也。述曾素羸弱一與之醮, 歸未半歲而歿。朴女執夫喪, 盡其禮。事舅姑, 盡婦道。兩邑之親戚鄰里, 莫不稱其賢。今而後果驗之矣。有老吏感慨, 曰女未嫁時, 隔數月, 有言述曾病入髓, 萬無人道之望, 盍退期。其大父母密諷其女, 女默不應。迫期, 女家使人覸述曾, 述曾雖美姿貌, 病勞且咳, 菌立而影行也。家大懼, 擬招他媒。女斂容, 曰⋯曩所裁縫爲誰稱體。又號誰衣也。女願守初製。家知其志, 遂如期迎壻。雖名合巹, 其實意守空衣云。旣而咸陽郡守尹矦光碩, 夜得異夢, 感而作烈婦傳。而山淸縣監李矦勉齋亦爲之立傳。居昌愼敦恒, 立言士也, 爲朴氏撰次其節義始終。其心豈不曰, 弱齡嫠婦之久留於世, 長爲親戚之所嗟憐, 未免隣里之所妄忖, 不如遄無此身也。噫, 成服而忍死者, 爲有窆窆也, 旣葬而忍死者, 爲有小祥也, 小祥而忍死者, 爲有大祥也。旣大祥則喪期盡, 而同日同時之殉, 意遂其初志。豈非烈也。

Ⅳ. 「열하일기」(熱河日記) 선

조선근대화를 이끈 횃불이요, 나아가 근대문명의 도화선이 된 박연암의 「열하일기」는;

1780년 (정조4) 작자 44세 때 청나라 고종의 칠순연 사은겸 진하사 정사(正使)로 연경으로 갔던 박명원(朴明原;1725~1790, 금성도위요, 연암의 재종형)을 따라 약 4개월간 여행한 일기체 견문기이다.

「열하일기」가 쓰여질 때까지 청나라 서울인 연경(燕京)에 다녀와 쓴 연행록이나 연행일기 종류는 10여건이나 되지만 이 「열하일기」만큼 당시 청나라가 보여준 선진문화를 철두철미 국리민복의 안목으로 사실적이며 과학적으로 관찰하면서 예리한 이용후생의 안목으로 분석하여 기술한 견문기는 드물었다.

저자는 떠나기 전부터 마음먹고 준비하여 미리 정보를 듣고 가서 당시 발전된 문물제도 중에서도 경제, 제도, 풍속, 군사, 천문, 지리, 역사, 문학 등 광범위한 실상을 보고 들을 뿐만 아니라 여러 학자들과 토론하며 한편 오랑캐 풍속을 비꼬는 등 민족 주체성을 해학적으로 청나라 학자들과 필담하고 그 내용을 소설처럼 기술하고 있다.

여행 전체과정을 통하여 연암의 골수에 사무쳐 있던 것은 병자호란 때 조선 임금(인조)이 오랑캐왕(청나라 태종)에게 치욕의 항복례를 맞었던 울분이었는데 그 뒤 150년이 지나도록 우리나라 조야의 뜻있는 인사들은 절대 금기되었던 명나라 연호를 습관처럼 썼었고(항복조약 제2조에 조선은 명의 연호를 폐지하고… 로 되어 있었다) 연암도 청나라 학자들과 만나서 필담하면서 익살스럽게 중화인이 청의 시대라고 오랑캐 풍속대로 머리를 삭발한 것을 조롱하는가 하면 왜 명나라 연호를 쓰지 않느냐고 빈정대는 장면들은 실로 가관인데 소위 상국(上國)에 가서 어느 안전이라고 감히 이런 익살을 농할수 있을까 하고 식은땀이 날 지경이지만 연암의 능숙한 풍자적 문체와 박학다식 앞에 한다 하는 중화의 대학자 곡정 왕민호도 압도당하고 있었다.(곡정필담)

또 한가지 연암의 뇌리에서 시종 떠나지 않았던 점은 청나라의 이용후생적이요, 합리적인 생활구조 및 그 방법이었다.

주택, 도로, 성곽, 수레, 술주전자 등 생활용품, 건축자재인 벽돌, 목재, 쇠붙이 등 미세한 부분에 이르기까지, 그리고 말과 소, 양의 목축방법이나 그 이용 등 연암의 눈에는 온통 생활인의 실상이 띠일 뿐이고 이런 이용후생의 방법을 우리나라 서민에게 빨리 보급시킬 계책뿐이었다.

그러자니 자연히 그곳 주점의 주방까지 살피게 되고 여인숙의 구들장 속까지 들여다보아 그 구조를 살피고 길을 가다가 농가의 마구간과 두엄까지 눈여겨보고 다녔다.

당시 조선사회는 캄캄한 반 지옥이었다. 사(士), 농(農), 공(工), 상(商)의 네 계급이라 했지만 일을 해서는 안된다는 사족 양반층이 2할이요 8할은 평민이요, 천민 취급받던 농, 공, 상인이었는데 그 삶이란 죽지 못해 사는 가련한 생명들이었다. 이를 가장 연민히 여기는 박연암은 이미 그의 소설[傳]에서 풍자적으로 썼지만 그렇다고 문제가 해결된 것은 아니었다. 어찌하면 불쌍한 이 백성들에게 살길을 열어 줄까? 임금님도 아니요, 삼공 육경의 고관도 아닌 일개 문학도로서 박연암이지만 자나 깨나 나라 걱정과 서민들의 사는 일 걱정으로 그의 시선은 잠시도 다른 것을 볼 겨를이 없었던 터라 그의 연행길은 '잘 사는 청나라 백성'의 실상이 모두가 좋은 교과서가 되었다.

　박연암의「열하일기」는 이런 내용을 피눈물 나게 보고, 듣고, 토론한 기록이기에 그 영향을 받아 차츰 개명한 1800년대 조선사회는 이 일기를 횃불로, 혹은 도화선처럼 생각해왔던 것이다. 그러나 연암은 독자의 흥미유발을 위하여 그 어렵고 따분한 문제들을 딱딱하게만 쓰지 않고 그의 특유한 고도의 풍자성을 발휘하여 천년을 두고 만 리에 울려 퍼지는 여운이 남도록 문장 수사법을 써가면서 잠자고 있는 양반 관료 사회를 매도하고 있다.

　참고로 그 일례만 들어 보이면,

　연경 길에 요양 벌판을 지나면서 일행 중 정진사(양반관료)에게 중국의 흙벽돌(우리의 지금 쓰는 붉은 벽돌) 문화를 보고 그 유용하고 실리적인 건축재요 일용에 편리한 제도임을 강조하고 우리도 성을 쌓는데도 돌보다 벽돌이 더 유익한 점을 7, 8가지나 들어 입에 침이 마르도록 역설했는데 쳐다보니 정진사는 말안장 위에서 꼬부라져 떨어질 지경으로 자고 있으므로 속이 터지는 연암은 부채를 접어 정진사 옆구리를 쿡 찌르니 정진사 하는 말이 "듣고 있어! 암만 들어도 벽돌보다 돌이 낫고 돌보다도 자는 게 좋아!" 함으로 이번에는 한대 후려갈기려다 시늉만 하고 그만 두었다고 하였다.

　당시 벽돌사용은 우리나라가 아직 캄캄하게 모르고 있던 일이요, 연암은 이 벽돌문화를 배우자며 손수 만들어 '백척오동관' 등을 직접 짓기도 하였거니와 그러나 그때 조선조의 지배층 관료들은 무사안일로 "편리고, 민생이고, 아랑곳 없이 편안히 잠이나 자자!"는 식이었음을 그의 일기에서도 간간이 기술하고 있다.

　이런 점을 염두에 두고「열하일기」를 읽었으면 더욱 흥미롭겠고 이해가 될 것이다.
「열하일기」는
① '도강록'(渡江錄)이라 하여 1780년 음6월 24일 압록강을 건너 요양(遼陽)에 이르는 15일간의 견문과
② '성경잡지'(盛京雜識)라 하여 7월 10일 십리하(十里河)에서 소흑산(小黑山)에 이르는 5일간의 견문과
③ '일신수필'(馹迅隨筆)이란 제하에 7월 15일 신광(新廣)을 떠나 산해관(山海關)까지 가는 9일간의 견문
④ '관내정사'(關內程史)로 7월 24일 산해관을 떠나 황경(皇京 즉 燕京)까지 11일간의 견문
⑤ '막북행정록'(漠北行程錄)에서는 사신일행이 연경에 도착하고 보니 청나라 고종이 여름 피서차로 열하(熱河;이곳은 연경에서 동북방 420리 거리)에 가 있다 함으로 정사(正使) 일행은 당황하여 다시 발길을 돌려 주야로 5일간을 가서 열하에 도착했다하니 가관이었다는 것
⑥ '태학유관록'(太學留館錄)은 8월 9일 열하에 도착하여 태학관에 머물던 6일간의 견문과 학자들과의 필담한 내용의 기록.
⑦ '환연도중록'(還燕道中錄)은 8월 15일부터 20일까지 연경으로 되돌아오며 보고 들은 기록이며

그 뒤는 '경개록'(傾盖錄), '황교문답'(黃敎問答), '반선시말'(班禪始末), '곡정필담'(鵠汀筆談) 등 무려 5권으로 편성된 방대한 저술이다.

여기서는 ① '도강록', ② '구요동기', ③ '요동백탑기', ④ '관제묘기', ⑤ '광우사기', ⑥ '성경잡지', ⑦ '속재필담', ⑧ '상루필담', ⑨ '태학유관록', ⑩ '곡정필담' 의 열편만 골라서 번역하고 원문을 싣는다.

1. 압록강을 건너서(渡江錄)

–신미에 시작하여 을유까지 압록강으로부터 요양(遼陽)까지 15일간–
 (起辛未止乙酉 自鴨綠江至遼陽 十五日)

- 이 도강록에서는 저자가 사신 일행과 함께 의주를 떠나 압록강을 건너 요양까지 이르는 여정과 견문을 중심으로 자기 지식과 견해까지 기술한 기행문이다. 일기체로 서술하면서도 연도의 도시와 고적에 관한 흥미있는 사화와 함께 중국의 선진 문화를 과학적 입장에서 또는 이용후생의 촉각으로 예리하게 평가 분석하여 소개하였고, 특히 봉황성을 지나면서 고구려에 대한 강역을 고증하는 명쾌한 주장이 본편의 이채로 되어 있다. 다만 여기서는 그 글 모두를 옮기지 못해 유감이다. -

- 머리말 -

어찌해서 후삼경자(後三庚子)[1]라고 했는가? 여행의 여정과 일기의 흐리고 맑음과 개인 상황을 기록하면서 해를 표준삼아 달 수와 날짜를 헤아리기 위함이다. 그러면 후(後)는 무슨 뜻인가? 숭정(崇禎)[2] 기원 '후'란 말이다. 삼경자란 무슨 말인가? 숭정 기원 후 세 번째 경자년이란 말이다. 어찌하여 숭정 연호를 쓰

---
1) 경자년은 1780년. 작자 44세 때.
2) 숭정(崇禎)은 중국 명나라 연호. 청나라 때 명나라 연호를 쓴 것은 숭명(崇明)의 관념이다.

지 않았는가? 압록강을 건널 터이고 보니 이를 피한 것이다. 무엇 때문에 이를 피하였던가? 강을 건너면 청인들이 산다. 세상이 다 청나라의 연호를 쓰고 있는데 구태여 숭정이라고 부를 수는 없었던 것이다. 어째서 드러내 놓지는 못하면서도 숭정이라고 부를까? 명나라는 중국이다. 우리나라가 처음으로 승인을 얻은 형제 국가이기 때문이다.

숭정 17년 의종열황제(毅宗烈皇帝)[3]가 나라를 위하여 죽은 후 명나라가 망한 지도 벌서 130여년이 지났는데 무엇 때문에 이 날까지도 숭정이라 부르는가? 청인들이 중국 땅에 들어가 차지한 뒤로 옛날의 문물제도는 오랑캐로 변해 버렸으나 다만 동쪽 우리나라 몇 천리는 강을 경계로 나라를 보존하며 홀로 옛날 문화를 지키면서 빛을 내고 있다. 명나라의 문화는 오히려 압록강 동쪽에서 부지되고 있는 셈이다. 비록 힘이 모자라서 오랑캐를 몰아내고 중원 땅을 한번 숙청하여 옛날 모습으로 바로 잡지는 못할망정 사람마다 모두가 '숭정'이란 연호라도 떠받들어서 중국을 부지해 보고자 함이다.

숭정 156년 계묘(癸卯)
열상외사(洌上外史)[4]가 쓰다.

---

3) 중국 명나라 최후 황제이다. 1635년 이자성(李自成)의 반란으로 북경이 점령되면서 궁중에서 자살 한 후, 청군의 북경 점령과 함께 명나라는 멸망되었으나 조선은 과거 명나라와의 친선 관계를 잊지 못하여 명나라 최후 황제의 연호인 숭정 기원을 계속 사용하여 왔다.

4) 저자의 다른 별호다.

1. 渡江錄
　　(起辛未止乙酉　自鴨綠江至遼陽　十五日)

　　曷爲後三庚子, 記行程陰晴, 將年以係月日也。曷稱後, 崇禎紀元後也。曷三庚子, 崇禎紀元後三周庚子也。曷不稱崇禎將渡江故, 諱之也。曷諱之, 江以外淸人也。天下皆奉淸正朔故不敢稱崇禎也, 曷私稱崇禎皇明中華也。吾初受命之上國也。崇禎十七年, 毅宗烈皇帝, 殉社稷明室亡, 于今百三十餘年, 曷至今稱之。淸人入主中國, 而先王之制度, 變而爲胡, 環東土數千里, 畫江而爲國, 獨守先王之制度。是明, 明室猶存於鴨水以東也。雖力不足以攘除戎狄, 肅淸中原, 以光復先王之舊, 然皆能尊崇禎, 以存中國也。

　　崇禎百五十六年, 癸卯, 洌上外史題。

후삼경자 우리나라 성상(聖上)[5] 4년[6] (청나라 건륭 45년) 6월 24일 신미. 아침에 비가 좀 내리다.

　온종일 비는 오락가락 오후에 압록강을 건너 30리 더 가 구련성(九連城)에서 노숙하다. 밤에 큰 비가 내리다가 곧 개다.

　처음에 용만(龍灣)[7]에서 묵고 있던 중 열흘 째 되던 날 방물

---
5) 정조 임금을 말함.
6) 중국 청나라 연호인 건륭(乾隆) 45=원주라고 했다.
7) 의주 관(館)이다=원주. 용만은 의주의 옛 이름이요, 관은 외국인의 상주지다.

(方物)⁸⁾은 이미 도착되었고 길 떠날 날짜가 매우 촉박하던 판에 뜻밖에 비가 많이 와서 두 강물이 홍수가 되어 넘쳤다.

  그 새 날씨는 활짝 개어 나흘이나 지났으나 홍수는 점점 더 심하여 나무고 돌이고 한 덩어리로 굴러 내려 흙탕물은 하늘과 맞닿았다. 그도 그럴 것이 압록강은 그 근원이 엄청나게 먼 까닭이다.

  〈당서〉(唐書)⁹⁾에 보면

  "고려의 마자수(馬訾水)는 그 근원이 말갈(靺鞨)의 백산(白山)으로부터 출발했으니 그 물빛이 오리머리빛처럼 푸르다 하여 압록강이라고 부른다."

고 했다.

  이른바 백산은 장백산(長白山)을 가리킨 것으로 〈산해경〉(山海經)¹⁰⁾에는 불함산(不咸山)이라 불렀고 우리나라에서는 백두산이라 부르고 있다. 백두산은 여러 강들의 발원지로서 그 서남쪽으로 흐르는 물이 압록강이다.

  〈황여고〉(皇與考)에는,

  "천하에 큰 강 셋이 있는데 황하(黃河), 장강(長江), 압록강이다."

라고 씌어 있고, 〈양산묵담〉(兩山墨談)¹¹⁾에는,

  "회수(淮水) 이북으로부터는 북쪽 지류가 되어 모든 강물은 대하물을 조종으로 삼고 있으므로 강으로서 이름 붙인 물이 없으나 다만 북쪽의 고려에 있어서는 압록강이라고 이름을 지었다."

---

  8) 선물용 지방 물산.
  9) 중국 후진(後晉) 때 유후(劉昫)가 지은 당나라 역사책.
  10) 산천과 동식물에 관한 해설로 18권으로 된 중국 고서.
  11) 진정(陣霆)의 저작=원주.

고 씌어 있으니 곧 이 강을 말한 것이다. 이같이 큰 강들은 그 상류가 가문지 장마인지 천리 밖에 일을 짐작할 길이 없으나 오늘 이 강물의 불어 넘친 형세로 미루어 보아서는 백두산 일대가 장마임을 짐작할 수 있다. 더구나 이곳은 작은 나루터가 아니냐! 이제 큰물이 지고 보니 나루터에는 배 댈 자리가 없어지고 중류의 사초(砂礁)들은 분간할 길이 없어 배 젓는 자가 조금만 실수를 한다면 사람의 힘으로써는 돌려 잡을 수 없는 형편이다. 일행 중 역원(譯員)[12]들은 전에 당한 경험을 상기시키면서 떠날 날짜를 늦출 것을 완강히 청해왔다. 의주 부윤(府尹)[13]도 역시 부하 비장(裨將)[14]을 보내어 며칠만 출발을 만류해 왔으나 정사(正使)[15]는 꼭 이날을 도강할 날짜로 정하고 장계(狀啓)[16]에도 아주 날짜를 메워 버렸다.

아침에 일찍 일어나 창을 열고 보니 구름은 자욱이 끼었고 산 모양마저 금방이라도 비를 뿌릴 듯하다. 세수를 마친 후 소지품을 정돈하고 집으로 보내는 편지, 여러 곳으로 부칠 회답 편지들을 파발(把撥)[17]편에 부치고 나서 간식으로 죽 한 그릇을 먹는 둥 마는 둥 하고 어슬렁어슬렁 관소(館所)[18]로 나갔다. 여러 비장들은 벌써 군복 전립(戰笠)[19]을 차렸다. 벙거지 정수리

---

12) 통역하는 관원.
13) 고을 장관 이재학(李在學)이다=원주.
14) 지방 장관의 막료인 관리.
15) 수석 사신. 정사 박명원(朴明源:저자의 삼종형), 부사, 서장관 셋이 정원이다.
16) 임금에게 올리는 보고서.
17) 공문을 급히 전달하는 직무.
18) 고관들이 공무 여행시 숙소로 하는 장소.
19) 벙거지 모자.

에는 은화운월(銀花雲月)[20]이 솟았고 공작 깃털이 달렸으며 허리에는 남방사주전대(藍方紗紬纏帶)[21]에 환도를 차고 손에는 채찍을 잡았다. 서로들 마주 쳐다보고 웃으면서,

"자 차림이 어떤가?"

노참봉(蘆參奉)[22]은 첩리(帖裏)[23]를 입었을 적보다 훨씬 위엄 있어 보였다(첩리는 방언으로는 천익(天翼)이라 하는데 비장이 국경 안에서는 첩리를 입다가도 강을 건너면 소매 좁은 옷으로 갈아입는다=원주). 정진사(鄭進士)[24]가 반겨 맞으면서,

"오늘은 정말 강을 건널 수 있겠지요?"

할 때에 노참봉이 곁에서 덩달아,

"지금 곧 도강을 할 것이오."

라고 했다. 나는 그들에게 한 마디로,

"하고 말고."

라고 대답했다.

아닌 게 아니라 열흘이나 여관에서 묵고 보니 지루한 생각이 복받쳐 오르고 금방이라도 훨훨 날고만 싶었다. 그나마 장마에 불은 강물에 막혀 잔뜩 마음이 설레이던 터에 막상 떠날 시각이 앞에 닥치고 보니 이제야 강을 건너고 싶지 않다 손치더라도 어쩔 수 없을 만큼 되었다.

멀리 앞길을 헤아려 볼 때 무더위가 사람을 찌르는 듯하겠고

---

20) 모자의 장식.
21) 남색 비단으로 만든 띠.
22) 이름은 이점(以漸), 상방(上房) 비장=원주. 상방은 정사의 좌처를 가리킴.
23) 무관 정복의 일종.
24) 이름은 요(瑤), 상방 비장이다=원주. 진사는 국가시험에 합격한 자격 칭호.

돌이켜 고향을 생각할 때는 구름과 산이 막히어 아득한지라, 사람의 정감도 이럴 때에는 느닷없이 떠오르는 가벼운 후회 없지 않을 것이므로 소위 평생에 한 번인 장유(壯遊)라고 하여 툭하면 말하기를,

"꼭 한 번은 구경을 해야지."

하던 말도 실상은 다음이요, 아까 노참봉이나 정진사가 오늘은 강을 건너겠다는 말도 실상은 상쾌하게 신이 나서 하는 말이 아니라 어딘가,

"이제는 안 건너랴 해도 할 수 없구나."

하는 뜻이 없지 않았다.

역관 김진하(金震夏)[25]는 늙고 병이 중하여 뒤에 떨어지게 되었다. 그의 정중한 작별 인사에는 서글픈 정을 금할 수 없었다.

조반을 마친 후 나는 혼자 말을 타고 나섰다. 내가 탄 말은 자주 빛에 정수리 이마는 희고 다리는 날씬하고 굽은 높고 머리는 갸름하고 허리는 짤막하고 두 귀는 쫑긋한 품이 참으로 단걸음에 만 리라도 뛸성 싶었다. 창대(昌大)[26]는 앞에 서고 장복(張福)[27]은 뒤에 붙어 안장에 걸린 양쪽 주머니에 왼쪽은 벼루, 오른쪽은 거울, 붓 두 자루에 먹 한 장, 공책 네 권에 이정록(里程錄) 한 축을 넣어 행장이 이렇듯 간편하니, 국경의 수검(搜檢)[28]이 엄중하다 하더라도 염려 없었다.

---

25) 2품 당상(堂上)이다=원주. 국가 대우 품계를 18품으로 나누어 정(正) 3품 통정대부(通政大夫) 이상을 당상관이라고 한다.
26) 작자의 마부 이름.
27) 작자의 하인 이름.
28) 세관의 검사.

성문에도 미처 닿지 못했는데 한줄기 소낙비가 동쪽으로부터 몰려왔다. 채찍으로 말을 빨리 몰아 성문 안으로 들어서 말에서 내려 문루(門樓)에 올라가 밑을 내려다보니 창대는 말고삐를 잡고 섰는데 장복이가 보이지 않았다. 잠시 후에 장복이가 삿갓을 비껴들어 비를 가리운 채 손에는 작은 오지병을 들고 아래위로 두리번거리면서 길가에 있는 소각문(小角門)으로부터 나와 이편으로 사뿐사뿐 걸어 왔다. 알고 보니 우리나라 돈을 국외로 지니고 가지 못하는 금법이 있으므로 이자들이 지녔던 돈을 길에 내버리기는 아까우니까 서로 주머니를 털어서 돈 스물여섯 냥을 모아 술을 사왔다고 했다. 나는,

"너희들은 술을 몇 잔씩이나 먹느냐?"

고 물었다. 이들은 술은 입에도 대지 못한다고 했다. 나는 소리를 버럭 질러,

"예끼 쫄보 녀석들, 술을 못 먹다니."

하고는 한편으로 생각하니 이것도 먼 길을 떠나는데 미상불 위로가 될법하여 나는 시름없이 술 한 잔을 들었다.

동으로 멀리 바라보니 의주 철산(鐵山)의 영봉들이 모두 아득한 구름 속에 묻혔다. 술 한 잔을 가득 부어 먼저 첫째 기둥에 뿌려 이 몸이 무사히 강을 건널 것을 빌고, 또 한 잔을 가득 부어 둘째 기둥에 뿌려 창대와 장복을 위하여 빌었다. 술병을 흔들어 보니 아직도 몇 잔이 남았기에 창대를 시켜 술 한 잔을 따라 내가 탄 말을 위하여 땅에 뿌렸다.

문루의 담장에 비껴 서 동쪽을 바라보니 여름 구름이 뭉게뭉게 피어오르는 데 백마산성(白馬山城) 서쪽에 새파란 봉우리가 반이나 내민 것이 흡사히 내가 살던 연암서당(燕岩書堂)[29]에서

불일산(佛日山) 뒷봉우리를 바라보는 것만 같았다.

붉은 단청 다락에서 막수(莫愁)³⁰⁾를 이별하고
가을바람 말굽소리 변방을 달리누나.
화선(畵船)에서 들려오던 피리 소리 끊어질 제
청남(淸南)³¹⁾의 제일 고을 이내 간장 끊누나.
(紅紛樓中別莫愁 秋風數騎出邊頭
畵船簫鼓無消息, 斷腸淸南第一州)

이 시는 유혜풍(柳惠風)³²⁾이 심양(瀋陽)으로 들어 갈 때 지은 시다. 나는 이 시를 몇 차례 읊고 나서 혼자 한바탕 웃었다. 이것은 고국을 떠나 국경을 넘는 사람의 호젓한 감정에서 무심코 터져 나오는 심심풀이 소리다. 화선(畵船)이나 피리, 장고가 있을 것이 무엇인고.

옛날에 형가(荊軻)³³⁾가 역수(易水)를 건널 때 한동안 지나도 떠나지 않아서 연나라 태자는 그의 결심이 풀어졌는가 의심하여 먼저 진무양(秦舞陽)³⁴⁾을 보내기로 청했더니 형가는 성을 버럭 내면서 꾸짖기를,

"내가 여기 머무는 까닭은 내 친구를 기다려 같이 가려는 것이다."
고 했다.

---

29) 연암은 황해도 금천(金川) 땅에 있는 산골 이름으로 작자가 당시 피신 겸 두류하던 곳으로, 서당은 자기 서재를 말함.
30) 중국 당나라 때 성을 지키던 여인인데 노래를 잘했다.
31) 청천강의 남쪽 평양을 지목함.
32) 작자의 영향을 받아서 작자와 사상을 같이한 친구 유득공의 자이다.
33) 중국 전국 시대 제나라 자객으로 연나라 태자 단(丹)의 부탁을 받아 진시황을 찔러 죽이러 갔다가 실패한 인물.
34) 형가가 데리고 가던 인물.

이 말은 역시 형가로서는 누구를 마음에 두고 하는 말이 아니라 무심결에 나온 군소리에 불과했을 것이다. 이 당시 형가의 결심을 의심한다는 것은 참말 형가를 못 알아주는 야속한 일이요, 형가가 기다린다는 친구도 반드시 그 성명과 실제로 사람이 있었던 것이 아니다. 한 자루 비수를 가슴에 품고 원수의 소굴을 향하여 들어갈 바엔 진무양 한 명이라도 그만일 터인데 다른 자객이 여기 또 무슨 소용이 있을 것인가. 삭풍 찬 바람에 축(筑)[35]을 치면서 노래를 불러 최후의 흥을 풀었을 따름일 것이다.

그러나 글을 쓰는 사람은 '그 사람'[36]이 멀리 있기 때문에 못 왔다고 했다. 멀리 있다는 수작은 참말 공교롭기도 하지. 소위 '그 사람'이 있다면 천하에 둘도 없는 친구일 터이요, 이 약속으로 말하면 세상에 두 번 못할 중대한 약속일 것이다. 천하에 둘도 없을 친구로서 한 번 가면 다시 돌아올 기약이 없는 약속을 지키는 마당에서 어쩌면 공교롭게 날이 저물어 못 왔을까? 그리고 보니 '그 사람'이 산다는 곳이 반드시 오나라[37]나 초나라[38]나 삼진(三晉)[39] 같은 먼 곳도 아닐 터이요, 또 이날을 기약하여 진나라로 가자고 반드시 손을 마주 잡고 맹세한 약속도 아닐 것이다. 다만 형가의 가슴 속에는 문득 이 친구를 생각게 되고 이것을 쓰는 사람은 형가의 마음속에 있는 친구를 꾸며대다 보니 '그 사람'이라 부른 것이다. '그 사람'이란 무슨 사람인지도 모르는 바요, 무슨 사람인지도 모르는 사람을 그저 멀리 있다고만

---

35) 형가가 태자와 이별을 할 때에 유명한 역수가(易水歌)를 부르면서 치던 악기.
36) 형가가 기다리는 사람.
37) 현재의 중국. 호남, 절강성 등지.
38) 현재의 중국 호북성 지방.
39) 현재의 중국 산서 하남성 서남부.

하여 형가의 위안거리로 삼은 것이다. 또 한편으로 '그 사람'이 정말 왔다면 어찌 되었을 것인가. 정말 오지 않은 것은 형가로 보아서 오히려 다행스러운 일일 것이다.

천하에 정말 '그 사람'이 있었다면 나는 그를 보았을 것이다. '그 사람' 인즉 키가 7척 3촌이요, 눈썹과 수염은 시꺼멓고 삐죽하고 두 볼은 축 늘어진 친구라고 해둘까? 무엇으로써 그런 줄 알았던가. 나는 혜풍(惠風)의 시를 읽고는 혜풍의 속을 짐작하고 이것을 알았다.

정사의 행렬 전배(前排)⁴⁰⁾가 깃발을 펄펄 날리면서 성으로부터 나온다. 내원(來源)과 주주부(周主簿)⁴¹⁾가 두 줄로 나란히 서서 왔다.

채찍을 옆구리에 꽂고 안장 위에 솟아 앉아, 높직한 어깨, 늘씬한 목덜미가 과연 늠름해 보였다. 그러나 자리 밑은 깔개가 부풀어 너털거리고 하인들의 짚신이 안장 옆에 대롱대롱 매달려 있었고 내원이 입은 군복은 푸른 물들인 모시 베 천인데 헌 것을 자주 빨아 입어 구겨지고 버석거리는 폼이 너무 검소하다고 말할 것이다.

부사(副使)⁴²⁾가 나오기를 잠깐 기다려 말고삐를 잡고 맨 뒤에 따라 구룡정(九龍亭)에 이르니 여기가 바로 배 떠나는 곳이다. 의주 부윤이 벌써 나와 장막을 치고 기다리고 있었다. 서장관(書狀官)⁴³⁾은 이른 새벽에 먼저 나와 부윤과 함께 수검원을 합동

---

40) 깃발과 나무 막대 등속을 맨 앞에 쭉 늘여 세우므로 전배(前排)라고 한다=원주.
41) 내원은 나의 8촌 아우요, 주주부의 이름은 명신(命新)으로서 함께 상방 비장이다=원주.
42) 차석 사신. 이때 부사는 이조판서 정원시(鄭元始)였다.

하여 수검을 하는 것이 전례로 되어 있다.

　방금도 사람과 말을 검열하고 있는데 사람마다 본적, 성명, 주소, 나이, 수염과 흉터의 유무, 키의 장단, 말은 털빛까지 등록한다. 깃대를 세 개 세워 문턱을 삼고 거기서 금수품을 뒤지는데 금수품인즉 중요한 것으로는 황금, 인삼, 초피(貂皮)[44], 포(包)[45]에 들지 않은 남은(濫銀)[46]들이요, 사소한 것으로서는 옛 것이나 새 명목을 합하여 무려 수십 종으로 번잡하기 짝이 없었다. 수행하는 하인들은 옷을 벗기고 바지춤까지 끄르며 비장이나 역원들은 행장만 풀어 본다. 이불 보따리, 옷 보따리들이 강가에 풀어 흐트러지고 가죽 상자나 종이 상자들은 풀섶에 나뒹구는 것을 서로 흘깃흘깃 쳐다보면서 저마다 수습하기에 아주 야단법석이다. 일인즉 이런 수검이 없다면 불법을 막을 도리가 없고 법대로 하려니 체모가 꼴이 아니다. 그러나 실상인즉 이것도 모두가 겉치레뿐이요, 만고(灣賈)[47]들은 먼저 앞질러 남몰래 월강하는 것을 누가 막아낼 것인가.

　금수품이 첫 번째 세운 깃대에서 발각 될 때에는 범인을 곤장으로 치고 물건은 몰수하는 법이요, 둘째 번 깃대에 속하는 범인은 귀양을 보내는 법이요, 세 번째 깃대에 속하는 범인은 목을 베어 효수(梟首)[48]를 하나니 법들인즉 매우 엄중하다. 그러나

---

43) 일행의 일체 행정적 통제 책임을 맡은 직책. 이때 서장관은 장령(掌令) 조정진(趙鼎鎭)이었다.
44) 수달피 가죽.
45) 국가가 공인한 국외 수출 자금의 단위.
46) 불법적인 은품.
47) 의주의 부유한 장사치로서 국가의 지정 상인.
48) 죄인의 머리를 높은 장대 끝에 달아 사람이 많이 모인 곳에 전람시키는 형벌.

실상 현재 실시되는 원포(原包)[49]는 그 절반도 못 되고 대부분이 공포(空包)[50]라 이것은 모두가 불법적인 남용하는 위법들이니 여기서 이렇고 저렇고 한댔자 무슨 소용이 있을 것인가.

초라한 다담상(茶啖床)[51]을 차려 놓았으나 앉았다 말고 곧장 돌아서니 모두가 배 타기에 바빠 젓가락을 대는 사람이 없었다.

준비된 배는 불과 다섯 척으로 한강의 나룻배 비슷하거나, 그보다는 좀 컸을 뿐이다. 먼저 방물과 인마를 건너게 하고 정사가 탄 배에는 표자문(表咨文)[52]과 수석 역관 이하 상방에 달린 권속들이 같이 타고, 부사와 서장관과 그에 달린 권속들은 다른 배에 함께 탔다.

이때야 의주의 아전붙이들과 장교들과 기생과 통인이며 평양서 배행에 온 영리(營吏)[53]와 계서(啓書)들이 뱃머리에서 저마다 작별 인사를 하였다. 상방 마두(馬頭)[54]가 아뢰는 창 소리가 끝나지도 않아 사공의 긴 삿대는 어느새 언덕을 짚어 배를 띄운다.

물길이 급하고 보니 사공들은 뱃소리를 한꺼번에 맞춰 불러 합심 협력하는 바람에 배는 쏜살같이 내닫는다. 물살에 통군정(統軍亭)의 기둥과 난관과 현판들이 팔면으로 빙빙 돌아가는 것만 같고, 멀리 바라보이는 모래사장에는 팥알처럼 조그맣게 작별 나온 사람들이 아직도 뭉쳐 서서들 있었다.

---

49) 국가에 등록된 휴대금 목록.
50) 국가에 등록되지 않은 불법적인 자금.
51) 관가에서 차려내는 음식상.
52) 나라에서 보내는 국서(國書).
53) 관찰사의 아문에 복무하는 아전.
54) 순안 사는 종으로서 이름은 시대다=원주. 마두는 마부의 우두머리 직위이니 일행에서 주요한 잡무를 맡아 본다.

나는 홍군 명복(明福)[55]에게,

"자네 길을 잘 아는가?"

고 물었다. 홍군은 얼떨떨하여,

"그 무슨 말씀인지요?"

하기에 나는,

"길을 안다는 것이 그리 어려운 일이 아닐세. 길은 저 강 언덕에 있느니."

"그러면 누구나 먼저 언덕에 올라간다는 말씀인지요?"

"그런 말이 아닐세. 이 강물은 두 나라의 경계선으로서 경계란 물이 아니면 언덕이 될 것 아닌가. 무릇 천하 백성들이 법도를 지킨다는 것은 저 강 언덕과 같은 것일세. 길을 다른 데서 찾을 것이 아니라 물과 저 언덕에서 찾아야 한다는 말이네."

"그 무슨 뜻인지요?"

"세상인심[56]은 갈수록 위태로워 도심(道心)[57]은 갈수록 미묘해질 뿐이라, 서양 사람들은 기하학(幾何學)에 있어서 한 획의 선[58]을 변증할 때도 선이라고만 해서는 그 정미(精微)한 점을 표현할 수 없다 하여 빛이 있고 없는 쯤으로 표현하였고, 불가에서 말하는 '붙지도 떨어지지도 않으므로'(不卽不離) 그 만남(際)에 잘 처할 수 있다는 바로 그 '만남'으로서, 이는 도를 아는 자라야 할 수 있는 노릇이니, 이런 사람은 정(鄭)나라 자산(子産)[59] 같은 이를 들 수 있을 것이네."

배는 어느새 맞은편 언덕에 닿았다. 갈대가 엉켜 땅바닥을 볼

---

55) 수석 역관이다=원주.
56) 유교에서 말하는 도덕 철학에서 인간의 후천적 기질.
57) 유교에서 말하는 인간의 선천적인 도덕적 품성.
58) 면(面)도 적(積)도 없는 것. 점의 연결로 길이만 있는 것.
59) 중국의 춘추 시대 정치가인 공손교(公孫僑)의 자.

수 없었다. 하인들은 다투어 가면서 뛰어 내려 갈대를 베고 배 위에 깔았던 멍석 자리를 내려 깔려고 바쁘게 서두르고 있었다. 바닥에는 뿌리가 창 날처럼 솟고 검은 진흙이 질퍽하여 정사 이하 어쩔 바를 모르고 갈대숲 속에 서 있었다. 정사가 물었다.

"먼저 건너 온 인마들은 어디 있는고?"

좌우는 모르겠다는 대답이다. 다시 물어,

"방물은 어디 있는고?"

하니 이도 잘 모르겠다 하고는, 멀리 구룡정 모래사장을 가리키면서 인마의 절반도 아직 건너오지 못한 저기 개미 떼처럼 뭉쳐 있는 것이 바로 그것이라고 대답했다.

멀리 용만을 바라보니 한 조각 외로운 성이, 한 필의 베를 펼쳐 놓은 듯, 한속에 바늘 구멍 같이 뚫어진 성문으로 새어 나오는 햇볕이 한점 새벽별처럼 반작이었다.

마침 앞 강에는 커다란 뗏목이 불어난 물을 타고 내려온다. 시대가 손을 흔들면서,

"왜-!"

라고 고함쳐 부른다. "왜-!"는 중국말로 존대해서 사람을 부르는 소리다. 뗏목 위에 한 사람이 나서서 소리쳐 중국말로 대답한다.

"당신들은 철도 아닌데 대국에 조공을 하려고 이런 더운 날씨에 고생들이시오."

시대가 나서면서,

"너희들은 살기는 어디 살며 어디서 벌목을 해 가지고 오는가?"

하고 묻는다. 그들은 모두 봉성(鳳城) 사람들인데 장백산에 가

서 벌목을 해 오는 길이라고 대답했다. 말이 미처 끝나기도 전에 뗏목은 어느새 지나가 버려 멀리 가물가물해 보인다.

두 강물이 합수되면서 강 한복판에서는 외딴 섬이 생겨 먼저 건너 온 인마들은 이 곳을 대안으로 잘못 알고 내려 버렸다. 여기서 상거는 5리쯤 되지만 도로 건너 갈 배가 없어 할 수 없이 이미 건너 온 두 배의 사공들에게 빨리 인마들을 건네 오도록 하라고 호령했으나, 배가 물을 거슬러 올라가야 될 판이라 이러자면 웬만한 시간으로는 다하지 못하게끔 되었다.

사신들은 조바심에 골이 잔뜩 나서 배 맡은 만교(灣校)[60]를 치죄하려 했으나 군뢰(軍牢)[61]가 한 명도 없었다. 군뢰들도 모두들 섬에 내린 까닭이다. 부방비장(副房裨將)[62] 이서구가 화를 참다 못해 부방마두에게 소리쳐 만교를 잡아 들였다. 잡아 엎을 만한 자리가 없어 그대로 볼기를 반쯤 벗기고 말 채찍으로 너댓번 때린 후 빨리 거행할 것을 호령했다. 만교는 한 손으로는 갓을 바로 잡아 쓰고 한 손으로는 바지춤을 잡은 채 연신 예– 예– 소리로 대답하면서 뛰어 내려갔다. 두 뱃사공이 물에 들어가 배를 끌었으나 물살은 급하여 한 치만큼 전진하면 한치 후퇴하는 격이요, 위엄이고 호령이고 통할 일이 아니었다. 이윽고 배 한 척이 강기슭을 따라서 나는 듯이 닿았다. 군뢰들이 서장관의 말과 가마를 싣고 오는 배였다. 장복이 창대를 반겨 부르면서,

"너도 왔구나."

하고 소리친다. 기뻐서 하는 말이었다.

---

60) 의주의 하급 군속.
61) 경찰과 치죄의 임무를 가진 최하급 보조 관속.
62) 부사의 비장.

이때 두 놈을 시켜 행장을 점검해 보니 모두 별 탈 없었다. 비장과 역관들이 탄 말들은 혹 오기도 했고, 혹 뒤떨어지기도 했다.
 이 때야 정사는 먼저 말 탄 군뇌 한 쌍을 길 나팔을 부르게 해 길잡이로 앞에 내세우고, 다른 한 쌍은 맨 앞에 내세워 엉클어진 갈대를 휘여 재쳐 지나갈 길을 내도록 했다. 나는 말을 탄 채 찼던 칼을 뽑아 갈대 한 가지를 베어 보았다. 껍질은 단단하고 속살이 두터워 화살 만들기에는 소용이 안 되고 붓자루로나 쓸 만하였다. 문득 사슴 한 마리가 보리밭 사이에서 새처럼 놀라 갈대를 뛰어 넘어 달아난다. 일행은 깜짝 놀라 엉거주춤을 했다.
 십리 정도 가서 삼강(三江)이란 곳에 닿았다. 강물은 맑기가 비단결 같은데 이름은 애자하(愛刺河)라고 부른다. 수원지가 어디인지는 알 수 없으나 압록강과의 상거가 불과 십리인데도 아무런 장마 흔적이 안 보이니 그 수원이 각기 다름을 알 수 있겠다. 배 두 척이 있는데 모양이 우리나라 놀잇배 비슷하나 크기는 따를 수 없었고 배는 아주 튼튼해 보였다. 사공은 모두 봉성 사람들인데 여기 와서 우리 일행을 기다린 지 나흘째라, 양식이 떨어져 굶을 지경이라고 투덜거렸다.
 본래 이 강은 양쪽 어느 나라에서든지 내왕을 할 수 없는 지점으로서 우리나라 역학(譯學)[63] 관계나 중국으로부터 이자(移咨)[64] 같은 불시에 생기는 급용의 준비로 봉성장군이 여기 배를 준비해 두었다고 한다. 배를 대 놓은 곳이 질퍽질퍽하여 발을 들여 놓을 수 없어 나는 '왜-'하고 중국인 한 명을 불렀다.

---

63) 역관(譯官)들에 관한 학문 지식 및 관계 규정책.
64) 외교 문서의 교환.

'왜-'는 바로 아까 시대한테서 배운 말이다. 중국인은 얼른 삿대를 놓고 내 앞으로 왔다. 나는 몸을 솎아 이 자의 등에 덥석 업혔다. 이 자는 '히히' 웃으면서 나를 업어 배에다 부려 놓고는 한숨을 휘- 내쉬면서,

"흑선풍(黑旋風)65) 어머니가 이토록 무거웠다면 기풍령(沂風嶺)을 오를 수 있었을랴고!"

했다. 조주부 명회(明會)가 이 말을 듣고 깔깔 웃었다. 나는,

"이 녀석이 이규(李逵)만 알았지 강혁(江革)66)은 모르는 모양이지."

했더니 조군이 말하기를,

"그 자의 말 속에 뼈가 있어도 이만저만이 아니오. 그 속뜻인즉 이규의 어머니가 이토록 무거웠다면 비록 이규같은 무서운 힘으로도 그 어머니를 업어 재를 넘기지 못했을 것이요, 또 이규의 어머니는 필경 범에게 잡아먹히었으니 말하자면 이렇게 살찐 고깃덩이를 범의 차반으로나 바쳤으면 하는 뜻이오."

했다. 나도 웃음을 참지 못하고,

"저 꼴에 어느 입에서 그런 유식한 글풀이가 나올까?"

했더니 조군의 말이,

"낫 놓고 기역자도 모른다는 말은 참말 이런 자들을 두고 하는 말이지만은, 이 나라에 유행하는 패관(稗官) 소설들이 아주 입에 젖다시피 그들의 상용어가 되었으니 소위 관화(官話)란 것이 바로 이런 것이지요."

했다.

---

65) 중국 소설 수호지에 나오는 역사(力士) 이규의 별명과 그 고사.
66) 중국 동한(東漢) 때 사람으로 어머니를 업고 피난 할 때 도적을 만나 어머니 목숨을 보전한 효자로 이름난 사람.

강물 넓이는 우리나라 임진강 크기는 되었다. 일행은 즉시로 구련성(九連城)을 향해서 떠났다.

풀숲 위에 장막들을 벌려 치고 맹수를 막는 호망(虎網)들을 둘러쳤다. 의주 창군(鎗軍)[67]들의 벌목하는 도끼 소리가 넓은 벌판 여기저기서 쨍쨍 울렸다.

높은 언덕 위에 혼자 올라서서 사방을 두루 바라보니 산수가 맑고 훤히 열린 벌판에 하늘가를 맞닿고 늘어선 수림 사이로 은은히 보이는 마을들은 개소리 닭소리들이 금방이라도 들려오는 것만 같고, 토지는 개간하기에 알맞게 기름졌다. 대동강 서쪽으로부터 압록강 동쪽에서는 이만한 데를 볼 수 없을 만치 큼직큼직한 고을이라도 자리를 잡을 만한 곳이나 두 나라가 함께 이곳을 내버려 두기 때문에 아주 공지가 되고 말았다.

어떤 사람은 말하기를,

"일찍이 고구려가 도읍했던 국내성(國內城)이 이곳이다."

했다.

명나라 시절에는 이곳에 진강부(鎭江府)를 두었는데 오늘의 청나라가 일어서면서 요양을 함락할 때에 진강 백성들은 머리 깎는 욕[68]을 보지 않고자 혹은 모문룡(毛文龍)[69]에게로 혹은 우리나라로 몰려왔다.

그 후에 우리나라로 피난 온 자들은 청인들이 다 몰아갔고 모

---

67) 창 쓰는 군사.
68) 중국 청인의 풍속은 정수리 머리를 백호를 쳐 깎는 법으로 명나라가 망하면서 청나라는 한족들에게 이 풍습을 강제로 하게 하여 중국인들은 이것을 망국과 함께 큰 치욕으로 알았다.
69) 중국 명나라 장수로 청병에게 패하여 조선 서해 초도(椒島)에 일시 주둔하였다.

문룡에게로 간 자들은 유해(劉海)[70]의 난리 통에 많이들 죽었다고 한다.

이 땅은 이후 백여 년 동안 공지로 되어 높은 산, 맑은 물, 쓸쓸한 경치로만 남아 있을 뿐이다.

여러 곳 노숙처들을 둘러보니 역관들은 혹은 세 사람이 한 장막, 혹은 다섯 사람이 한 장막씩 차지하고 역졸과 마부나 하인들은 다섯 혹은 열씩, 무리지어 냇물가 언덕을 기대고 나무를 얽어매어 자리를 잡았다.

밥 짓는 연기는 서로 잇닿았고 사람들의 떠드는 소리와 말 울음 소리는 아주 버젓하게 한 동네를 이루었다. 의주 장사패 한 떼가 따로 자리를 잡고 냇가에서 닭 수십 마리를 잡아 씻고 있는 한편으로는 그물을 던져 고기를 잡아서, 국을 끓이고 나물을 삶는다. 밥알은 번지르하게 기름져 살림이 제일 풍성해 보였다.

이윽고 부사와 서장이 차례로 도착하였다. 날은 이미 저물어 삼십여 곳이나 횃불을 피웠다. 모두 아름드리 큰 나무들을 베어 눕혀 날이 새도록 불을 밝혔다. 때로는 군뇌가 나팔을 한 번씩 불면 삼백여명 일행이 여기 맞추어 한꺼번에 고함을 치니 이것은 범이 못 오도록 하는 소위 경호(警虎)라고 하여 밤새도록 이렇게 했다.

군뇌들은 모두 의주에서 뽑아온, 모두 내로라 하는 건장한 장정들로서 아랫것들 중에서는 제일 바쁘고 또 누구보다 많이 먹는 패들이다. 그 차림이란 실로 가관이다. 남빛 운문단(雲紋緞) 속받침의 전립(氈笠) 정수리에는 운월(雲月) 다홍빛 상모를 달았고, 벙거지 이마에는 쇠붙이로 오려낸 날랠 용(勇)자를 붙였다.

---

70) 중국 명나라를 반역한 장수.

아청빛 마포, 좁은 소매 진복에 홍포 등걸이를 입고 허리에는 남방사주(藍方絲紬)의 전대를 질끈 졸라매고 어깨에는 주홍빛 면사대융(棉絲大絨)을 걸고 발에는 누구나 메투리를 신었다. 그 허우대와 사지를 보면 어엿한 장사들이다. 그러나 말 탄 꼴이란 소위 안장이 없는 반부담으로서 가랑이로 걸치는 것이 아니라 한쪽으로 걸터 앉는다.

등에는 남빛 작은 영기(令旗)를 꽂고, 한 손에는 군령판(軍令板)을 들고 한 손에는 필연(筆硯)과 총채와 팔뚝 같은 단편(短鞭)을 잡고 입으로는 나팔을 불고 앉은 자리 밑에는 붉은 칠의 곤장을 십여 개나 비스듬히 꽂았다.

각 방으로부터 무슨 호령이 내리면 만만한 것이 군뇌다. 그들은 듣고도 일부러 못 들은 척하고 있다가 연달아 십여 차례나 부르면 그제야 입속으로 무어라고 중얼대면서 부르는 소리를 처음 들은 척 긴 목청을 빼서 대답한다. 한번 말에서 뛰어내리면 허둥지둥 돼지 씩씩거리는 소리, 소 헐떡이는 시늉을 하면서 나팔이며 군려판이며 붓과 먹 등속은 어깨에 둘러메고 방망이 한 자루는 질질 끌면서 대령한다.

한 밤중이 못 되어 폭우가 쏟아져 위로는 장막이 새고 아래로는 풀섶이 축축하여 어디고 피할 곳이 없었다. 이윽고 하늘은 활짝 개어 뭇 별들은 총총 나지막하게 드리운 것이 손을 내밀면 금방이라도 만져질 것만 같았다.

後三庚子, 我, 聖上四年(淸乾隆四十五年)

六月二十四日, 辛未, 朝小雨終日乍灑乍止, 午後, 渡鴨

綠江, 行三十里, 露宿九連城。夜大雨卽止, 初留龍灣(義州
舘) 十日, 方物盡到, 行期甚促, 而一雨成霖, 兩江通漲, 中
間快晴亦已四日, 而水勢益盛, 木石俱轉, 濁浪連空, 盖鴨
綠江發源最遠故耳。按唐書, 高麗馬訾水, 出靺鞨之白山,
色若鴨頭故號鴨綠江, 所謂白山者, 卽長白山也。山海經,
稱不咸山, 我國稱白頭山。白頭山爲諸江發源之祖, 西南
流者, 爲鴨綠江, 皇輿考云, 天下有三大水, 黃河, 長江,
鴨綠江也。兩山墨談(陳霆著)云, 自淮以北, 爲北條, 凡水皆
宗大河, 未有以江名者, 而北之在高麗, 曰鴨綠江, 盖是江
也。天下之大水也。其發源之地, 方旱方潦, 難度於千里
之外也。以今漲勢觀之, 白山長霖, 可以推知, 況此非尋常
津涉之地乎。今當盛潦, 汀步艤泊, 皆失故處, 中流礁沙,
亦所難審, 操舟者少失其勢, 則有非人力所可廻旋, 一行譯
員迭援故事, 固請退期, 灣尹(李在學), 亦送親裨, 爲挽數日,
而正使堅以, 是日爲渡江之期, 狀啓, 已書塡日時矣。朝起
開牕, 濃雲密布, 雨意彌山, 盥櫛已罷, 整頓行李, 手封家
書及諸處答札, 出付撥便, 於是略啜早粥, 徐徃舘所, 諸裨
已著軍服戰笠矣。頂起銀花雲月, 懸孔雀羽, 腰繫藍方紗
細纏帶, 佩環刀, 手握短鞭, 相視而笑曰, 貌樣何如, 盧叅
奉(以漸上房裨將)視帖裏時更加豪健矣(帖裏方言天翼裨將我境則著
帖裏渡江則換着狹袖) 鄭進士(珏上房裨將)笑迎曰, 今日眞得渡江
矣。盧從傍曰, 乃今將渡江矣。余皆應曰, 唯唯, 盖一旬留
舘, 擧懷支離之意, 皆畜奮飛之氣, 加以霖雨江漲, 益生躁
鬱, 及此期日倏屆, 則雖欲無渡不可得也。遙瞻前途, 溽暑
蒸人, 回想家鄕, 雲山渺漠, 人情到此, 安得無憮然退悔。
所謂平生壯遊, 恒言曰, 不可不一觀云者, 眞屬第二義, 其

日今日渡江云者, 非快暢得意之語, 乃無可奈何之意耳. 譯官金震夏(二上堂)以年老病重, 落後而去, 辭別鄭重, 不覺悵然, 朝飯後, 余獨先一騎而出, 馬紫騮而白題, 脛瘦而蹄高, 頭銳而腰短, 竦其雙耳, 眞有萬里之想矣. 昌大前控, 張福後囑, 鞍掛雙囊, 左硯右鏡, 筆二墨一, 小空冊四卷, 程里錄一軸, 行裝至輕, 搜檢雖嚴, 可以無虞矣. 未及城門, 而驟雨一陣, 從東而至, 遂促鞭而行, 下馬城闉, 獨步上樓, 俯視城底, 獨昌大持馬而立, 不見張福, 少焉, 張福出立道傍小角門, 望上望下, 敁笠遮雨, 手提烏瓷小壺, 颯颯而來, 盖兩人者, 自檢其囊中, 得卄六文, 而東錢有禁, 不可出境, 棄之道則可惜故, 沽酒云, 問汝輩能飮幾何. 皆對不能近口. 余罵曰, 竪子惡能飮乎. 又自慰曰, 遠道一助, 於是悄然獨酌, 東望龍鐵諸山, 皆入萬重雲矣, 滿酌一盞, 酹第一柱, 自祈利涉, 又斟一杯, 酹第二柱, 爲張福昌大祈, 搖壺則猶餘數杯, 使昌大, 酹地禱馬, 倚墻東望, 蒸雲乍騰, 白馬山城西邊一峯, 忽露半面, 其色深靑, 恰似吾燕岩書堂, 望見佛日後峯矣.

紅粉樓中別莫愁, 秋風數騎出邊頭, 畵船簫鼓無消息, 斷腸淸南第一州.

此柳惠風, 入瀋陽時作也. 余浪咏數回, 獨自大笑曰, 此出疆人, 漫作無聊語爾, 安得有畵船簫鼓哉. 昔荊卿將渡易水, 頃之未發, 太子疑其改悔, 請先遺秦舞陽, 荊軻怒叱曰, 僕所以留者, 待吾客與俱, 此荊卿漫作無聊語耳. 若疑荊卿改悔, 則可謂淺之知荊卿, 而荊卿所待之客, 亦未必有姓名其人也. 夫提一匕首, 入不測之强秦, 已多一秦舞陽, 復安用他客耶, 寒風歌筑, 聊盡今日之歡而已, 然而作者曰, 其人居遠未來, 巧哉其居遠也. 其人者, 天下之至交也. 是期也, 天下之大信也. 以天下之至交, 臨一徃不返之期, 夫豈日暮而不至哉. 故, 其人所居, 未必楚吳三晋之遠, 亦未必以是日, 爲入秦之期, 而有握手丁寧之約也. 只在荆卿意中, 忽待是客, 作之者, 乃就荆卿意中之客而演之曰, 其人, 其人者, 所不知何人也. 以所不知何人而曰居遠, 爲荆卿慰之, 又恐其人之或來也. 則曰. 未來, 爲荆卿幸之耳. 誠若天下眞有其人, 吾且見之矣, 其人身長七尺二寸, 濃眉綠髥, 下豊上銳, 何以知其然也. 吾讀惠風此詩知之矣(惠風名得恭號冷齋). 正使前排, 拂拂出城(旗幟棍棒之屬排立於前故謂之前排). 來源與周主簿雙行矣(來源余三從弟周主簿名命新俱上房裨將). 鞭鞘仗脇, 聳身據鞍, 肩高項長, 非不驍勇, 而坐下衾袋太尨毧, 僕夫藁鞋, 遍掛鞍後, 來源軍服, 靑苧也. 舊件新浣, 鬅騰郭索, 可謂太崇儉矣. 稍俟副使之出城, 乃按轡徐行, 最後至九龍亭, 卽發船所也, 灣尹已設幕出待, 而書狀, 淸晨先出, 與灣尹, 眼同搜檢, 例也, 方校閱人馬, 人籍姓名居住年甲髥疤有無身材短長, 馬錄其毛色, 立三旗爲門, 搜其禁物, 大者如黃金眞珠人參貂皮, 及包外濫銀, 小者新舊名目, 不下數十種, 琑雜難悉, 廝隷則披衣摸袴, 裨譯則解視行裝, 衾袋衣褥, 披狼江岸, 皮箱紙匣, 狼藉草莽, 爭自收拾, 眲眲相顧, 大抵不檢則無以防姦, 搜之則有傷體貌, 而其實, 文具而已, 灣賈之先期潛越, 有誰禁之, 禁物之現捉於初旗者, 重棍而公屬其物, 入中旗者刑配, 入第三旗者梟首示衆, 其立法則嚴矣,今行, 原包猶未及半, 多空包者, 其濫銀奚論, 茶啖草草, 乍進旋退, 蓋急於渡江, 無人下箸, 船只五隻, 如京江之津船, 而其制稍大, 先濟方物及人馬, 正使所乘, 載表咨文, 及首譯以下上房帶率, 同船, 副使書狀, 並其帶率, 合乘一船, 於是, 龍灣吏校, 房妓通引, 及平壤陪行營吏啓書等, 皆於船頭, 次第拜辭, 上房馬頭(順安奴名時大)唱謁未了, 篙師擧槳一刺, 水勢迅疾, 棹歌齊唱, 努力奏功, 星奔電邁, 怳若隔晨, 統軍亭楹楯欄檻, 八面爭轉, 辭別者猶立沙頭, 而渺渺如荳, 余謂洪君命福(首譯)曰, 君知道乎, 洪拱曰, 惡, 是何言也, 余曰, 道不難知, 惟在彼岸, 洪曰, 所謂誕先登岸耶, 余曰, 非此之謂也, 此江, 乃彼我交界處也, 非岸則水, 凡天下民彛物則, 如水之際岸, 道不他求, 卽在其際, 洪曰, 敢問何謂也, 余曰, 人心惟危, 道心惟微, 泰西人, 辯幾何一畫, 以一線諭之, 不足以盡其微, 則曰, 有光無光之際, 乃佛氏臨之曰, 不卽不離, 故, 善處其際, 惟知道者能之, 鄭之子産, 船已泊岸, 蘆荻如織, 下不見地, 下隸輩, 爭下岸折蘆荻, 忙掇船上茵席, 欲爲鋪設, 而蘆根如戟, 黑土泥濃, 自正使以下, 茫然露立於蘆荻中矣, 問人馬先渡者何去, 左右對曰, 不知, 又問, 方物安在, 又對曰, 不知, 遙指九龍亭沙岸曰, 一行人馬太半未濟, 彼蟻屯者是也, 遙望龍灣, 一片孤城如晒匹練, 城門如針孔, 漏出天光, 如一點晨星, 有大筏乘漲而下, 時大遙呼曰, 位, 蓋呼聲也, 位者尊稱也, 有一人, 起立應聲曰, 爾們的, 不時節, 緣何朝貢入大國, 暑天裏長途辛苦, 時大又問, 爾們的那地人民, 徃何處砍木, 答曰, 俺等, 俱鳳城居住, 徃長白山砍來, 說猶未了, 筏已杳然去矣, 時, 兩江合漲, 而中間爲孤島, 人馬先濟者, 誤爲下此, 相距雖五里, 無船復渡, 遂嚴勅兩船篙工, 速濟人馬, 則對以逆漲行船非時日可及, 使臣皆躁怒, 欲治領船灣校, 而無軍牢, 軍牢亦先渡, 誤下於中島故耳, 副房裨將李瑞龜, 不勝忿憤, 叱副旁馬頭, 捽入灣校, 而無可覆之地, 於是半開其臀, 以馬鞭略扣四五, 喝令拿出, 斯速擧行, 灣校一手著笠, 一手係袴, 連聲唱喏, 驅下兩船篙工, 入水曳船, 而水勢悍急, 進寸退尺, 威令無所施, 少焉一隻船, 沿岸飛下, 軍牢, 領三房轎馬而來, 張福呼昌大曰, 汝亦來乎, 蓋幸之也, 使兩漢, 點視行裝則俱得無恙矣, 裨譯所騎, 或來或否, 於是, 正使先發, 軍牢一雙, 騎而吹角引路, 一雙步而前導, 颶颶穿蘆荻而行, 余於馬上, 拔佩刀斬蘆一竿, 皮堅肉厚, 而不堪作箭, 只合筆管矣, 一鹿驚起, 超越蘆荻, 如麥際飛鳥, 一行皆驚, 行十里, 至三江, 江淸如練, 名愛刺河, 而不知何處發源, 與鴨綠江相去, 不過十里, 而獨無潦漲之意, 其各地發源可知矣, 有兩隻船, 類我國上游船, 而長廣皆不及, 制甚堅緻, 刺船者, 皆鳳城人, 待此三日, 糧盡告飢云, 蓋此河, 彼我不得往來之地, 而我國譯學, 及大國移咨, 不時有交關之事故, 鳳城將軍, 爲置船隻云, 船泊處, 甚沮洳, 余呼一胡曰, 位, 蓋俄者纔學于時大也, 其人欣然捨槳而來, 余騰身載其背, 其人笑嘻嘻, 入船出氣長息曰, 黑旋風媽媽, 這樣沉挑時, 巴不得上了沂風嶺, 趙主簿明會大笑, 余曰, 彼鹵漢, 不知江革, 但知李逵, 趙君曰, 彼語中帶意無限, 其說, 本謂李逵母如此其重, 則雖李逵神力, 亦不得背負踰嶺, 且李逹母, 爲虎所噉故, 其意則以爲如此奴肉, 可卑餕虎, 余大笑曰, 彼安能開口, 成許多文義, 趙君曰, 所謂目不識丁, 正道此輩, 而稗官奇書, 皆其牙頰間常用例語, 所謂官話者是也, 河廣, 似我國臨津, 卽向九連城, 綠蕪列幕, 周羅虎網, 義州鎗軍, 處處伐木, 聲震原野, 獨立高阜, 擧目四望, 山明水淸, 開局平遠, 樹木連天, 隱隱有大邨落, 如聞鷄犬之聲, 土地肥沃, 可以耕墾, 浿江以西鴨綠以東, 無與此比, 合置巨鎭雄府, 彼我兩棄, 遂成閒區, 或云高句麗時, 亦嘗都此, 所謂國內城, 皇明時, 爲鎭江府, 今淸陷遼則鎭江民人, 不肯剃頭, 或投毛文龍, 或投我國, 其後投我者, 盡爲淸人所刷還, 投文龍者, 多死于劉海之亂矣, 其爲空地且將百餘年, 漠然徒見山高而水淸者, 是也, 行視諸露屯處, 譯官或三人一幕, 或五人同帳, 譯卒及刷馬驅人, 伍伍什什, 靠溪搆木, 炊烟相連, 人喧馬嘶, 儼成村閭, 灣商一隊, 自爲一屯, 臨溪洗數十鷄, 張網獵魚, 烹羹煑蔬, 飯顆明潤, 最爲豊腴, 良久, 副使書狀, 次第來到, 日旣黃昏, 設燎三十餘處, 皆鋸截連抱巨木, 達曙通明, 軍牢吹角一聲, 則三百餘人, 齊聲吶喊, 所以警虎也, 竟夜如此, 軍牢, 自灣府選待最健者, 一行皁隷中, 最多事, 而亦最多食云, 其打扮, 令人絶倒, 藍雲紋緞着裏, 氈笠髮結, 高頂雲月, 懸茜紅氉毛, 帽前縷金, 着一個勇字, 鴉靑麻布, 狹袖戰服, 木紅綿布褙子, 腰繋藍方紗袖纏帶, 肩掛朱紅綿絲大絨, 足穿多耳麻鞋, 觀其身手, 果然是一對健兒也, 但所坐馬, 所謂半駙擔, 不鞍而馱, 非騎而踞, 背揷着正藍色小令旗, 一手持軍令版, 一手執筆硯蠅拂, 及一條如腕大馬家木短鞭, 口吹吶叭, 坐下斜揷十餘塗朱木棍, 各房, 少有號令 則輒呼軍牢, 軍牢陽若未聞, 連呼十數次, 則口中剌剌的誶 責, 始乃高聲應喏, 若初聞呼聲然, 一躍下馬, 豕奔牛喘, 而吶叭及軍令版筆硯等物, 都掛一肩, 曳了一棍而去矣, 夜 未半, 大雨暴霪, 帳幕上漏, 草氣下濕, 無處可避, 少焉開 霽, 天星四垂, 若可捫也。

25일 임신(壬申). 아침은 비가 좀 오다가 한낮은 개다.

각방 역원들의 노숙하는 곳에서는 군데군데 옷가지와 이불들을 내어 널었다. 간밤 비에 젖은 까닭이다. 말 시중하는 하인들 중에는 술을 지고 온 자가 있어서 대종(戴宗)[71]이가 술 한 병을 사서 바치기에 함께 냇가에 나가서 술을 마셨다. 강을 건넌 후로는 우리나라 술은 바라지도 못했다가 이제 뜻밖에도 우리나라 술을 마시게 되니 비단 술맛만 좋을 뿐 아니라 한가한 틈을 얻어 냇가에 앉은 정취란 이루 말할 수 없었다.

마두들이 서로들 다투어 가면서 배에서 낚싯대를 던진다. 나도 취한 김에 낚싯대를 빌려 무심코 던졌더니 앉은 자리에서 작은 고기 두 마리를 낚았다. 까닭인즉 이 곳 고기들이 아직 낚시 시련을 별로 못 봤던 때문이리라.

방물들이 아직도 도착되지 않았으므로 이날도 구련성(九連城)에서 노숙했다.

---

71) 선천(宣川) 관노로서 어의(御醫) 변주부의 마두다=원주. 변주부는 변관해(卞觀海)이다.

二十五日 壬申

朝小雨午晴, 各房及譯員等諸屯, 處處出晒衣裘, 見濕於夜雨故也, 刷馬驅人中, 有負酒而來, 戴宗(宣川奴御醫下主簿馬頭), 沽獻一甁, 遂相携臨溪命酌, 渡江後, 望絕東酒, 而今忽得之, 非但酒味大佳, 暇日臨流, 趣不可勝, 馬頭輩, 爭投竿釣魚, 余醉奪一緡投之, 卽得二小魚, 蓋魚未慣釣故也, 以方物未及到, 又露宿九連城.

26일 계유(癸酉). 아침에 안개가 끼였다가 좀 늦게 개다.
구련성을 출발하여 삼십 리, 금석산(金石山) 아래 와서 점심을 먹고 다시 삼십 리를 더가 총수(蔥秀)에 와서 노숙하였다.
날이 새자 안개를 무릅쓰고 출발하였다. 상판사(上判事)[72] 마두 득용(得龍)이가 말꾼들과 더불어 강세작(康世爵)의 이야기가 한창이다. 득용은 안개 속으로 멀리 금석산을 가리키면서 저기가 바로 형주(刑州) 사람 강세작이 숨어 살던 곳이라고 했다. 이 이야기인즉 들음직하고 재미있는 이야기다.
세작의 할아버지 임(霖)은 일찍이 임진란 당시 양호(楊鎬)를 따라 우리나라를 돕고자 조선에 나왔다가 황해도 평산서 죽고 그 아버지 국태(國泰)는 벼슬이 청주(靑州) 통판(通判)으로 만력(萬曆)[73] 정사년에 일을 저지르고 요양으로 귀양살이를 왔던바 당시

---
[72] 상판사(上判事)는 사행이 있을 때 임시편제로 붙인 잡무 처리자의 직명이며 천출의 마두이다.
[73] 중국 연호인 만력(萬曆)은 1573~1619.

열여덟 살 난 세작은 아버지를 따라 요양에 와 있었다. 그 이듬해에 청인들이 무순(撫順)을 함락시키고 유격장군(遊擊將軍) 이영방(李永芳)이 항복을 하자 경약(經略) 양호는 여러 장수들을 뿔뿔히 파견하는데 총병(摠兵) 두송(杜松)은 개원(開原)으로, 총병 왕상건(王尙乾)은 무순으로, 총병 이여백(李如栢)은 청하(淸河)로, 도독(都督) 유정(劉綎)은 모령(毛嶺)으로 각각 보냈다.

이 때에 국태 부자는 유정을 따르다가 중도에서 청나라 복병을 만나 대군은 앞뒤가 서로 연락되지 못하고 유정은 진중에서 제 몸을 불에 던져 타서 죽고 국태는 날아온 화살에 맞아 넘어졌다. 세작은 날이 저문 뒤 아버지의 시체를 찾아 골짜기 속에 묻고 돌멩이를 모아 표시를 해 두었다.

당시 조선의 도원수 강홍립(姜弘立)[74]과 부원수 김경서(金景瑞)가 산 위에다 진을 치고 있었고 조선의 좌우 영장(營將)들은 산 아래 진을 쳤다. 세작은 강원수의 진에 몸을 피했는데 이튿날 청병이 조선군의 좌영(左營)을 습격하여 좌영 군사는 한 사람도 빠져 나지를 못하고 산 위에 있던 군사들이 이것을 바라다 보고 모두들 다리만 떨고 있었다고 한다. 홍립은 싸움도 못해 보고 항복을 하자 청인들은 홍립의 군사를 두어 겹이나 에워싸고 명나라 군사로서 숨어든 자들을 찾아 모조리 묶어 몰아내어다 목을 베어 죽였다.

이 때에 세작도 묶어서 큰 바위 아래 앉혀 두었는데 목 베는 자는 그만 잊어버리고 가버렸다고 한다. 세작이 조선 군사를 보고 결박을 풀어 달라고 애걸 하였으나 조선 군사들은 서로 쳐다

---

74) 조선조 광해주(光海主) 11년(1619) 조선은 명나라를 돕기 위하여 강홍립을 도원수로 김경서를 부원수로 하여 군사 2만을 출병하였다.

만 보고 감히 풀어주는 자가 없었다. 세작은 등으로 돌에 비벼 대고 묶은 줄을 끊어 풀고는 일어서 조선 군대의 죽은 시체에서 옷을 벗겨 입고 몰래 조선 군사 속에 끼여 화를 면하였다고 한다. 이 길로 세작은 요양으로 돌아왔다. 웅정필(熊廷弼)이 요양에 진을 잡자 세작을 불러 아버지의 원수를 갚으라고 했다. 이 해에 청인들은 개원, 철령 등지를 연달아 함락시켰다. 웅정필을 대신하여 설국용(薛國用)이 오자 세작은 그대로 설의 부하로 남아 있었다.

심양이 함락되면서 세작은 낮에는 숨고 밤길을 걸어서 봉황성(鳳凰城)까지 와서, 광영(廣寧) 사람 유광한(劉光漢)과 함께 요양서 흩어진 군졸들을 수습하여 봉황성을 지켰다. 얼마 못 되어 광한은 전사하고 세작도 역시 몸에 십여 군데 상처를 입고 스스로 생각하기를 '중국 본토는 이미 길이 끊어졌으니 못 갈 것이요, 동으로 빠져 조선으로 가면 저 머리를 깎고, 되복 입는 욕을 면함만 같지 못하다' 하여 드디어 도망가서 금석산에 들어가 가죽 옷을 구워서 나뭇잎에 싸서 먹어 가면서 수개월 동안 숨어 간신히 목숨을 구했다고 한다. 다시 압록강을 건너 조선으로 와서 관서(關西)의 여러 고을을 돌아다니다가 회령으로 와서 조선 여자에게 장가를 들어 두 아들을 낳고 살다가 팔십 여 세가 되어 죽었다고 한다. 그 자손들이 번창하여 지금도 백여 인이 모여 살고 있다 한다.

이 이야기를 하는 득용은 원래 가산(嘉山) 사람으로서 열네 살 때부터 북경 출입을 하기 시작하여 벌써 삼십 여회를 드나든 사람인데, 일행 중에서는 중국말을 제일 잘하여 여행 중의 크고 작은 일에 있어 득용이 아니면 임무를 감당할 수 없었다. 득용은 이미 본군과 의주 철산 각 군의 중군(中軍)[75]까지 지내고 품계도 가선(嘉善) 대부에 이르렀다. 매번 사신 행차가 있을 때에는 미리 본군에 의뢰하여 사행에 따르는 자의 차지(次知)[76]를 감금함으로써 본인의 도피를 미리 막았는바 이런 것으로도 그 위인의 재간을 알 수 있을 것이다. 세작이 당초 조선으로 도망 왔을 때에 득용의 집에 묵게 되어 득용의 조부와 친하게 되고 보니 중국말과 조선말을 서로 바꾸어 배우게 되었다고 한다. 오늘 득용의 중국어가 능통한 것도 실상은 그의 대대로의 가학(家學)[77]이라고 한다.

해가 저물어서야 총수(葱秀)에 닿았다. 여기는 꼭 우리 황해도 평산(平山) 총수와 같았다. 필시 우리나라 사람들이 붙인 이름으로, 그래서 평산 총수와 이름이 같아진 것이나 아닌가.

二十六日　癸酉

朝霧晩晴, 發九連城, 行三十里, 到金石山下, 中火, 又行三十里, 露宿葱莠, 旣曉, 冒霧發行, 上判事馬頭得龍, 與刷馬驅人輩, 談說康世爵事, 霧中遙指金石山曰, 此荊州人康世爵所隱處, 其說津津可聽, 蓋世爵祖霖, 從楊鎬東援我國, 死於平山, 父國泰, 官靑州通判, 萬曆丁巳, 坐事謫遼陽, 世爵年十八, 隨父在遼陽, 明年, 淸人陷撫順, 游擊將軍李永芳降, 經略楊鎬, 分遣諸將, 摠兵杜松, 出開

---

75) 지방 장관 막하의 수석 무관. 군영의 대장 다음 무관.
76) 본문의 차지(次知)는 가속을 말함＝원주. 즉 누설 될 염려가 있는 가족.
77) 대를 물려받은 학문.

原, 摠兵王尙乾, 出撫順, 摠兵李如栢, 出淸河, 都督劉綎, 出毛嶺, 國泰父子, 從劉綎, 淸伏兵, 從陜中出, 大軍前後不相救, 劉綎自燒死, 國泰中流矢仆, 世爵, 日暮, 得父屍埋谷中, 聚石以識之, 時朝鮮都元帥姜弘立, 副元帥金景瑞, 陣山上, 朝鮮左右營將, 陣山下, 世爵投元帥陣, 明日, 淸兵擊朝鮮左營, 無一人得脫, 山上軍, 望見皆股栗, 弘立不戰而降, 淸人圍弘立軍數匝, 搜明兵之竄入者, 反縛驅出, 皆劒斬之, 世爵被縛坐大石下, 主者忽忘而去, 世爵, 目朝鮮兵, 乞解其縛, 朝鮮兵相睥睨, 莫敢動, 世爵自以背磨之石楞, 縛繩斷, 遂起, 脫朝鮮死者衣換着之, 攛入朝鮮兵中以得免, 於是走還遼陽, 及熊廷弼, 鎭遼陽, 招世爵, 使復父讎, 是年, 淸人, 連陷開原鐵嶺, 則逮廷弼, 以薛國用代之, 世爵, 仍留薛軍中, 及瀋陽陷, 世爵, 晝伏夜行, 抵鳳凰城, 與廣寧人劉光漢, 收遼陽散卒共守之, 未幾, 光漢戰死, 世爵亦被十餘鎗, 自念中原路絕, 不如東出朝鮮, 猶得免薙髮左袵, 遂走穿塞隱金石山, 燎羊裘裏木葉以咽之, 數月得不死, 遂渡鴨綠江, 遍歷關西諸郡, 轉入會寧, 遂娶東婦, 生二子, 世爵, 年八十餘卒。子孫蕃衍, 至百餘人, 而猶同居云。得龍嘉山人也, 自十四歲, 出入燕中, 今三十餘次, 最善華語, 行中大小事例, 非得龍, 莫可當此任者, 已經本郡及龍鐵等諸府中軍, 階得嘉善, 而每使行則, 預關本郡, 囚其次知(家屬謂之次知), 以防其逃避, 其爲人之幹能可知, 方世爵初出時, 客得龍家, 與得龍祖善, 互學華東語, 得龍之善漢語, 乃其家學云, 日旣暮, 抵蔥秀, 恰似平山蔥秀, 想我國人所名, 抑平山蔥秀, 以類爲名否。

27일 갑술(甲戌). 아침에 안개가 끼었다가 늦게야 개다.

아침 일찍 떠나서 가다가 길에서 되사람 5, 6명을 만났다. 모두 자그마한 당나귀를 타고 모자와 입은 옷이 허술하고 얼굴이 파리했다. 다들 봉성 갑군(甲軍)[78]들로서 애자하(愛剌河)까지 다른 사람 대신 품팔이 수자리를 살다오는 길이라고 한다. 우리나라에는 이런 걱정이 없으나 중국의 변방 수비는 실로 허술하다고 느꼈다. 마두와 말꾼들이 그들을 보고는 말에서 내리라고 소리쳐 호통하였다. 앞에 가던 두 명은 내려서 길 옆으로 걸어가는데 뒤에 세 명은 내리지 않았다. 마두들이 소리를 질러 호령한즉 이 자들은 눈을 부릅뜨고 똑바로 쳐다보면서 하는 말이,

"당신네 어른이 내게 무슨 상관이 있는가."

했다. 한 마두가 앞으로 쫓아나가 채찍을 빼앗아서 걷어붙인 종아리를 후려 갈기면서,

"그래 우리네 어른들이 가지고 가는 물건들이 어떤 물건인지 어떤 문서인지 모르느냐. 저 누런 깃발 위에 똑똑히 만세야(萬歲爺) 황상어용(皇上御用)[79]이라고 쓰인 것을 눈이 멀어서 못 알아보는 거냐."

하니 이자들은 황급히 당나귀로부터 내려 땅바닥에 머리를 박고 죽을죄를 지었다고 하면서 한 놈은 일어나 자문마두(咨文馬頭)[80]의 허리를 움켜잡고 얼굴에는 애원하는 웃음을 띠면서,

"나으리 참으십시오. 소인들이 죽을죄를 지었습니다."

고 했다. 마두들은 깔깔 웃으면서 머리를 조아리고 사죄를 하라

---

78) 일반 병사를 말함.
79) 중국 황제의 소용품.
80) 표자문 실은 짐을 감독하는 마두.

고 호통 쳤다. 모두들 진탕 속에 꿇어 엎드렸다. 이마에는 다들 누런 진흙을 덮어 쓰고 보니 일행은 배를 쥐고 웃으면서 물러가라고 호령을 하였다.

나는 마두들을 보고,

"너희들이 중국에 드나들면서 야료와 행패를 자주 한다는 말을 내가 일찍부터 들었더니 과연 오늘 일을 눈으로 직접 보니 들은 바와 다름없구나. 이번은 그랬다 하더라도 금후로는 아예 농을 붙여 시비를 일으키지 말라."

고 타일렀다. 이 자들은 한결같이 대답하기를,

"이런 먼 길에 나서 그런 장난도 없으면 종일 심심해서 어쩝니까."

여기서 봉황산을 바라보니 전체가 돌을 땅으로부터 뽑아내어 일으켜 세운 것처럼 되었는데 연꽃 봉오리가 반쯤 피어난 듯도 하고 여름 하늘 흰 구름을 뽑아내고 깎아내고 도끼로 쪼개 놓은 것 같기도 하여 이루 형용해 말할 수 없었다. 다만 흠이 있다면 맑고 기름진 맛이 없을 뿐이다. 예로부터 이르기를 '삼각산과 도봉산이 금강산보다 낫다고' 들 말한다. 왜냐하면 금강산도 골이 깊은 산으로서 일만 이천 봉이라 하여 별난 봉우리가 깎은 듯이 서고 우람하고 깊은 맛이야 말할 것도 없다. 그러나 길짐승, 날짐승이 깃들고 신선이 오르내리고 부처가 도사려 앉아 음산하고 침침한 모양이 무슨 귀신 사는 동굴에 든 느낌이 없다고 못할 것이니 내가 일찍이 신원발(申元發)과 함께 단발령(斷髮嶺)에 올라가 금강산을 바라볼 때, 때마침 가을 하늘이 쪽빛으로 푸르고 석양이 산봉우리들을 가로 비쳤으나 산색이 어디고 뽑아낸 듯한 빛깔과 기름진 맛이 없어 미상불 금강산의 부족한 것을 두고 한번 탄식을 해본 적이 있었다.

한강 상류에서 배를 타고 두미강(頭尾江)[81] 강구로 내려 서쪽으로 바라보면 한양의 삼각 연봉이 하늘에 닿을 듯 푸르게 솟은 위에 영롱한 기운과 맑은 아지랑이가 자욱이 서리면서도 어디고 산뜻하고 아름다운 풍치는 삼각산이 아니고는 찾아 볼 수 없을 것이다. 또 나는 일찍이 남한산성 남문에 올라가 북으로 한양을 바라볼 때에 물에 비친 꽃 그림자 같기도 하고 거울에 비친 달 그림자 같기도 하여 더러는 이것을 공중에 뜬 광기(光氣)[82]라고도 한다. 이는 즉 왕기(旺氣)[83]를 말하는 것으로 왕기는 왕기(王氣)[84]라고도 할 수 있으니 우리나라 서울이 억만년 도읍지로서 움직일 수 없는 산세는 그 주산이 보통 산들과는 마땅히 다른 바 있을 것이다.

오늘 보는 이 산도 그 산세의 기준(奇峻)하고 빼어난 형상은 오히려 삼각산, 도봉산보다 더하다 할 수 있으나 앞에서 말한 삼각산이 가진 여러 가지 자랑에는 멀리 미칠 수 없을 것이다.

널따란 들 바닥이 개간은 안했으나 군데군데 나무 찍어낸 자리가 낭자하고 풀밭에는 소 발자국, 수레바퀴 자국들이 종횡으로 남아 있음을 보아 책(柵)[85] 가까이 온 것을 알 수 있었고 또 일반 백성들이 평소에 책 밖으로 나다니는 증거도 되었다. 약 7, 8리 가량 빨리 몰아서 책외(柵外)에 닿았다.

---

81) 한강의 지류.
82) 밝은 기운.
83) 운수가 뻗은 기운. 복되게 생긴 조짐.
84) 임금의 기상을 상징하는 기운.
85) 일종의 국경을 표시한 울타리로서 압록강에서 약 백리나 떨어진 봉황성 어귀에 있다. 압록강과 이 사이 땅은 양국의 완충지대로 어느 측도 이용 못하고 중국 주민들도 이 책 밖으로는 못 나오는 것이 규칙이다. 보통 '채' 라고 발음되었으나 여기서는 '책' 으로 쓴다.

양떼, 돼지떼가 산비탈에 많이 보이고 아침 짓는 연기가 동네를 푸르게 둘러쌌다. 나무를 베어 목책을 만들어 세워 경계선을 알도록 했으니 이야말로 버들가지를 꺾어 채마밭 울타리를 만든 셈이다.

책문은 이엉을 엮어 덮었고 판자문으로 단단히 채워 두었다. 책에서 떨어져 수십보 되는 지점에 삼사(三使)의 장막을 쳐 잠시 쉬도록 하였고 방물이 모두 닿았으므로 책외에 쌓아 두었다.

책안에는 청인 구경꾼들이 늘어섰는데 입에 담뱃대를 물지 않은 자가 없고 민머리에 벗겨진 대머리, 부채질을 하는 자, 혹은 흑공단을 입고 혹은 수화주(秀花紬)를 입고 혹은 생포, 생저, 혹은 삼승, 산동주 등 각인 각색의 옷으로 차리고 수놓은 주머니 서너 개씩을 너저분하게 주렁주렁 차고 있었다. 손칼은 모두 상아(象牙)집에 꽂았고 담배 쌈지는 호로병 모양 같은데 각 양, 꽃 모양, 새 모양 혹은 옛날 사람들의 글귀들을 수놓았다.

역관들과 마두들은 책밖에 늘어서서 책안의 청인들을 상대로 서로 손을 붙잡고 다정하게 인사를 한다. 서울은 언제 떠났던가, 도중에서 장마로 고생은 없었던가, 집안은 다들 태평한가, 포은(包銀)은 잘 준비되었는가, 왁자지껄 저마다 하는 소리가 한사람 입에서 나는 것 같은 말이다. 또 모두가 묻는 말은 한(韓) 상공, 안(安) 상공은 이번에 안 왔는가보다 하니, 한 상공이니 안 상공이니 불리우는 몇몇 인물들은 모두 의주 사람으로서 해마다 북경으로 출입하는 두목 가는 상인들이다. 북경 사정이라면 훤하게 아는 자들로서 소위 상공이란 것은 장사치들이 서로 존칭해서 부르는 말이다.

사행(使行)이 있을 때는 으레히 정관(正官)에게는 여덟 포(包)

를 주는 법이다. 정관이란 것은 비장 역관들을 합하여 30명이요, 여덟포란 것은 옛날에는 관급(官給)으로 정관에 한하여 인삼 몇 근씩 정해 주어 이것을 팔포라고 했는데 지금은 이것을 관급으로 하지 않고 각각 자비로 은을 준비하게 하고 나라에서는 포수만 한정해 준다.

　당상관은 포은(包銀) 삼천 냥, 당하관은 이천 냥으로 정하여 각자가 은을 차고 북경으로 가서 무역을 하도록 되었다. 그런데 이들 정관 중에도 주변성이 없어서 은을 자비로 준비할 수 없으며 자기가 얻은 포를 송도(松都), 평양, 안주 등지의 연상(燕商)[86] 들에게 팔아 은을 변통하여서 여비로 쓰게 된다. 그러나 포를 산 여러 지방 연상들은 법이 금하니 자신이 직접 북경으로 갈 수는 없고 이 포를 무역에 특권을 얻은 의주 상인들에게 부탁을 하여 물건을 사 오게 한다.

　의주 상인 중에서도 한(韓)가 임(林)가 같은 자들은 해마다 북경 나들기를 제집 문앞 나들 듯하여 북경 시장의 장사치들과는 아주 창자가 맞통하다시피 되어 물건을 사고팔고 값을 올리고 낮추는 것은 몽땅 이자들의 손아귀에 달려서 연화(燕貨)[87] 값이 자꾸만 오르는 것도 전부가 이 자들의 농간이다. 온 나라가 이 속을 모르고는 모두가 역관들의 소행인 줄만 알고 있다. 실상은 역관들도 자기들의 권리까지 항만 장사치인 만고들에게 다 빼앗기고 팔짱을 끼고 구경만 할 뿐이다.

　각지의 연상들도 이런 만고들의 농간을 잘 짐작하고 있지만 눈앞에서 본 일이 아니니 속만 태울뿐이요, 감히 입 밖에 내지

---

86) 중국 서울 북경 물건을 무역하는 상인.
87) 중국 서울 북경 상품.

는 못하니 이런 폐단은 이미 오래되었다. 오늘도 이자들이 몸을 잠시 숨겨 얼굴을 내밀지 않은 것은 필시 또 어디서 무슨 잔재주를 부리고 있음에 틀림없다.

책 밖에서 조반을 마치고 행장을 정돈한즉 짐 주머니의 왼쪽 자물쇠가 없어졌다. 풀밭을 샅샅이 뒤졌으나 끝내 찾지 못했다. 장복에게,

"네가 행장 보살피는데는 조심성이 없고 언제나 한눈을 팔다가 이제 겨우 책문도 못 들어서 이런 잃어버리는 물건이 생겼으니 속담에 사흘 길을 하루 길도 못 왔다고 앞으로도 이천리 길이 되는 북경까지 가자면 네 놈의 오장까지 다 잃어버릴까봐 걱정이다. 내가 일찍 들으니 구요동(舊遼東)이나 동악묘(東岳廟) 같은데는 악당들이 많다는 데 네가 또다시 한눈을 팔다가는 앞으로 얼마나 물건을 잃어버릴지 모르겠구나."

하고 꾸짖었다. 장복이는 민망한 듯이 머리를 긁으면서,

"소인은 이미 다 알고 있습니다. 그런데 가서 구경을 할 때는 소인은 두 손으로 눈을 막을 터이온 바 그렇게만 한다면 눈을 팔기는 고사하고 어떤 놈이 내 눈을 뽑아 가겠습니까."

라고 했다. 이렇게도 한심한 놈이 또 있을 것인가. 할 수 없어 나는 속으로 '오냐, 좋다'라고 했다. 장복이는 처음길에 나이가 어리고 성질이 아주 멍청한데다가 동행하는 마두들이 자주 농담을 붙여 놀려준즉 장복은 이것을 참말로만 알아듣고 매사를 이런 식으로만 해석하고 있다. 먼 길에 길동무가 이 꼴이니 참으로 기가 막히고 답답하구나.

책 밖에서 책 안을 바라보니 여염집들이 다들 높직하고 대개는 오량(五樑)[88] 집들이다. 지붕은 짚을 이었으나 용마루가 훤칠

---

[88] 겹 들보가 다섯인 큰 집.

하게 솟고 문호들이 번듯하며 거리는 곧고 반듯하여 먹줄을 친 듯하다. 담장은 모두 벽돌로 쌓았고 거리에는 사람 타는 수레, 짐 실은 수레가 왔다갔다 하며 빌려둔 기명들은 모두 그림 그린 꽃사기들로써 일반 풍물이 하나도 시골티가 없어 보인다.

전일 내 친구 홍덕보(洪德保)[89]로부터 '중국 문물의 규모는 크고 제도는 세밀하다'는 말을 들은 적도 있었지만 오늘에 보니 책문은 중국의 맨 동쪽 끝 벽지인데도 오히려 이만하거늘 앞으로 구경할 것을 생각하니 문득 의기가 꺾이어 그만 여기서 발길을 돌리고 싶은 생각이 치밀면서 나는 전신에 화끈한 느낌을 깨달았다.

그러나 나는 여기서 크게 반성을 하면서 혼잣말로 '이것은 시기심이구나'고 했다. 내 본성이 담박하여 일찍이 부럽다든가 질투나 시기가 없었는데 한번 국경을 넘어 타국의 경내에 발을 들여 놓았을 뿐 아직 그 만분의 일도 못 본 나로서 벌써 이런 그릇된 생각을 하는 까닭이 무엇일까.

이는 아직 본 것이 적은 탓일 것이다. 소위 시방 세계를 둘러본다는 석가여래의 밝은 눈으로 본다면 세계는 평등하지 않음이 없다. 만사가 평등이면 질투도 없을 것이 아닌가. 나는 장복에게 물었다.

"장복아 너는 죽어서 중국에 한 번 태어났으면 어떨꼬?"

장복의 대답이,

"천만예요, 소인은 싫습니다. 중국은 되땅이니까요."

했다. 마침 한 장님이 어깨에 비단 주머니를 둘러메고 손으로

---

89) 담헌 홍대용(湛軒 洪大容=1731~1783)으로 저자의 학우요, 친구이다.

월금(月琴)을 타면서 지나간다. 나는 깨달았다. '응! 저것이야말로 정말 평등한 눈이로구나.'

이윽고 책문이 활짝 열리고 봉성장군(鳳城將軍)[90]과 책문어사(柵門御史)가 점방에 나와 앉았다고 한다. 청인의 떼가 책문이 메이도록 몰려나와 다투어 가면서 방물과 사복(私卜)[91]들의 경중을 알려고 들어본다. 까닭인즉 여기서부터는 짐차를 삯을 내어 짐을 싣게 되기 때문이다. 청인 구경꾼들은 사신들이 앉아 있는 곳으로 몰려와 담뱃대를 문 채로 손가락질을 해가며 흘겨보면서 서로들 수군거린다.

"저 분이 왕자인가?"

이 자들은 종실(宗室) 출신의 정사이면 왕자라고 부른다. 그 중에서도 잘 아는 자는,

"아니야."

"저기 머리가 희끗희끗한 분이 부마(駙馬)인데 몇 해 전에도 왔었어."

다시 부사를 가리키면서,

"저기 수염나고 쌍학(雙鶴) 무늬 관복 입은 분이 을대인(乙大人)이오."

다시 서장관을 가리키면서,

"저 분은 산대인(山大人)인데 한림(翰林)[92] 출신이야."

라고 했다. 을(乙)[93]은 두 번째요, 산(山)은 셋이다. 한림 출신이

---

90) 봉황성 주둔 중국측 장군.
91) 개인이 가진 짐짝들.
92) 조선조에서는 예문관(藝文館) 검열(檢閱)에 해당한 관직으로서 문벌이 특출하고 우수한 수재들이어야만 임명되는 관직이니 이 경력이 없이는 장래 대신급으로 출세 못했다고 한다.
93) 대인을 불러 중국말로 둘째 어른, 세째 어른이란 뜻임.

란 말은 문관을 말함이다.

　냇가에서 말다툼하는 소리가 들렸다. 무엇이라고 지껄이는지 한마디도 알아들을 수가 없었다. 쫓아가서 본즉 득용이가 방금 청인들과 예단(禮單)[94]이 적으니 많으니 다투고 있는 것이다. 예단을 보낼 때는 반드시 전례에 따라 주는 법인데 봉성의 간교한 청인들은 언제나 품목과 수량을 더 청한다. 이것을 잘 처리하고 못하는 책임은 전부가 상판사 마두에게 달려 있어 그가 만일 중국말이 능숙하지 못하여 싸움을 해가면서라도 사리를 따지지 못하고 달라는 대로 준다면 금년에 잘못 준 것이 몇 년은 전례가 되는 것이다. 그러므로 반드시 싸움은 해가면서라도 이것을 바로 잡아야 한다. 사신들은 언제나 이런 사리를 모르고 책에 들기가 바빠서 무턱대고 일 맡은 역관에게 재촉을 하고 역관은 마두를 재촉하게 되어 왔으므로 이 폐단이 실로 오래 묵은 폐단이 되어 있다.

　상삼(象三)[95]이 방금 예단을 나누고 있는데 청인들이 백 여 명이나 둘러 서 있었다. 그 중에서 한 청인이 갑자기 이를 보고 고함을 쳐 욕을 퍼부었다. 득용이는 이것을 보고 눈을 부라리고 수염을 거슬려 가지고 앞으로 뛰어 나가 그놈의 멱살을 잡고 주먹을 내 두르면서 모여선 청인들 앞에서 외치기를,

　"이 버릇없는 망나니 놈이 지난해는 대담하게도 어른의 쥐털 방한모를 도적질 했고, 지난 해에는 어른이 주무시는 데 허리에 찬 칼을 뽑아

---

94) 선물 목록을 적은 명단으로서 선물을 예단이라고도 한다. 이 예단은 사신 일행이 중국 국경을 넘으면서 국경에 있는 상하 관리에게 건네주는 선물인데 이 당시는 무려 180명 분이나 되었다. 이는 괜한 선물로 낭비였다.

95) 상판사 마두=원주. 마두는 마부의 우두머리.

서 어른의 칼집 끈을 끊어갔고, 또 주머니 끈을 끊다가는 나에게 들켜 내 주먹 맛을 보고는 이놈이 나를 재생한 부모나 다름없다고 손이야 발이야 빌었던 놈인데, 이 놈이 해가 바뀌고 오래되고 보니 어른이 제놈 얼굴을 잘못 알아 볼 줄만 알고 대담스럽고도 뻔뻔스럽게 이렇게 큰소리를 치니 이런 쥐새끼 같은 놈은 용서 없이 잡아다가 봉성장군에게 압송을 해야만 되겠다."

고 하니, 모여든 청인들이 모두들 나와 말린다. 그 중에 옷을 깨끗이 입고 수염이 그럴듯이 난 자가 득용의 허리를 안으면서,

"형장이 참으시오."

한다. 득용은 웃음을 띄우고 돌아다 보면서,

"아우님의 얼굴을 안 보았다면 이 놈의 코빼기를 가루 갈겨 봉황산 밖까지 삐뚤어지도록 만들었을 것이네."

하면서 으스대는 것이 가관이었다.

조판사 달동(達東)이 마침 내 옆에 와 있기에 나는 아까 본 광경은 참으로 혼자 보기 아까웠다고 하면서 이야기를 대강 했더니 조군은 웃으면서 말하기를,

"이것이 '살위봉법(殺威棒法)' [96]이란 것이랍니다."

했다.

조군은 득용을 재촉하여 사또께서 방금 곧 책문을 듭실터인데 빨리 예단을 나누어 주라고 하니 득용은 연신 예- 예- 하면서 짐짓 황급하게 덤비는 작태를 부린다. 나는 일부러 머물러 서서 자세히 보니 예단에 실린 물건 물목들이란 조잡하기 짝이 없었다. 다음은 그 물목이다.

---

96) 중국의 무술 18기에 쓰는 한가지법. 즉 도둑의 덜미를 먼저 잡는 법.

책문수직보고(柵門守直甫古) 2명, 갑군(甲軍) 8명에게는 각각 백지 열 권, 작은 담뱃대 열 개, 화도(火刀) 열 자루, 담배 열 봉.

봉성장군 2명, 주객사(主客司) 1명, 세관(稅官) 1명, 어사(御史) 1명, 만주장경(滿洲章京) 8명, 가출장경(加出章京) 2명, 몽고장경 2명, 영송관(迎送官) 3명, 대자(帶子) 8명, 박씨(博氏) 8명, 가출박씨 1명, 세관박씨 1명, 외랑(外郞) 1명, 아역(衙譯) 2명, 필첩식(筆帖式) 2명, 보고(甫古) 17명, 가출보고 7명, 세관보고 2명, 분두(分頭) 9명, 갑군(甲軍) 50명, 가출갑군 36명, 세관갑군 16명, 이상 도합 102명[97] 분으로,

장지(壯紙) 156권, 백지 469권, 청서피(靑黍皮) 140장, 작은 갑에 넣은 담배 580갑, 봉지담배 800봉, 가는 연죽 74개, 팔모지은 대꼭지 74개, 주석 장도(錫粧刀) 37자루, 칼집 있는 소칼 284자루, 자루부채 288자루, 대구어(大口魚) 74미, 혁장니(革障泥)[98] 7벌, 환도 7자루, 은장도 7자루, 은연죽 7개, 주석 연죽 42개, 붓 40자루, 먹 40정, 화도(火刀) 262개, 청청다래(靑靑月乃)[99] 2벌, 별연죽 35개, 유단(油單) 두 벌을 나누어 주게 되었다.

그 때야 청인들은 한마디 소리도 못하고 순순히 받아갔다.

조군이 말하기를,

"득용이가 참 용하기는 용하단 말이야. 아까 득용이가 말한, 연전에 휘항이니 칼이니 주머니를 잃었단 말은 다 헛소립니다. 공연히 트집하여 한 놈을 욕질해서 꺾어 놓으면 여럿은 무슨 영문인지도 모르고 멍멍하여 서로 얼굴들만 쳐다보다가 수그러지는 법입니다. 이런 수라도 안

---

97) 108명의 오산인 듯하다.
98) 말 안장 밑으로 길게 늘이는 다래.
99) 마구. 원주에 가죽 장니라 했음.

쓴다면 사흘이 지나도 끝이 안나서 언제 성문 안으로 들어갈는지 모릅니다."
고 했다.
　군뇌가 와서 엎드려 아뢰되,
　"문상어사 봉성장군이 수세청(收稅廳)에 나와 계십니다."
한다. 이때야 삼사는 차례로 책문으로 들어갔다. 장계는 전례에 따라 여기서 의주 창군들이 돌아가는 편에 부쳤다. 이 문 안에 한 발자국 들어서면 이제는 중국 땅이니 이로부터 고국 소식은 끊어질 판국이다.
　나는 서글프게 동으로 향하여 한참 동안 섰다가 이윽고 몸을 돌려 천천히 걸어 책문 안에 들어섰다.
　길 오른편으로 초청(草廳)이 세 칸이 섰는데 거기는 어사와 장군으로부터 아래로 아역(衙譯)에 이르기까지 반을 나누어 쭉 의자에 앉았고 수역 이하 차례로 공손히 팔짱을 낀 채 늘어섰다. 사신이 이 앞까지 이르자 마두는 하인들에게 소리쳐 가마를 멈추라고 한다. 교군꾼들은 빨리 걸어오던 바람에 제자리에 멈추지 못하고, 가마를 멈추려는 듯 주춤주춤하다가 지나쳐 섰다. 부사와 서장이 탄 가마들도 앞 교군꾼의 시늉을 내는 것 같아서 보기에 우스웠다. 비장이나 역관들은 모두 말에서 내려서 걸어 지나가는데 유독 변계함(卞季涵)이 탄 말이 그대로 뛰어 지나가 버렸다. 말석에 앉았던 청인 한 명이 돌연히 조선말로 고래고래 소리를 질러,
　"무례하군! 어른들이 앉은 자리를 몰라보고 일개 외국 종관(從官)이 감히 당돌하게도 달려서 지나가다니, 사신에게 고하여 볼기를 쳐야 하겠군."

했다. 목청은 대단스러우나 혀가 굳고 목이 꺽꺽하여 젖먹이 아이의 어리광 소리 같기도 하고 주정뱅이의 혀 꼬부라진 소리 같기도 했다. 이 자는 호행통관(護行通官)[100] 쌍림(雙林)이라고 한다. 수역이 나서 대답하기를,

"그는 우리나라 태의관(太醫官)[101]인데 초행에 실정을 잘 몰랐고 또 어의는 국명을 받들어 사신을 수호(隨護)하기에 사신도 손을 못대는 것이요, 여러분들은 황제님의 넓으신 도량을 받들어 깊이 책망하지 마시고 대국의 관대한 도량을 더 한 번 보여 주심이 어떠하리까."

하니 여러 사람들이 모두 빙그레 웃으면서 고개를 끄떡이고 옳은 말이라고 했다. 유독 쌍림만은 눈을 부릅뜨고 아직도 성이 풀리지를 않았다. 수역은 눈짓으로 나를 저편으로 가라고 한다. 길에서 변군을 만났더니 변군이,

"오늘 큰 욕을 보았어."

한다. 나는,

"볼기 둔자(臀)를 생각해 볼만하지."

하고는 둘이 깔깔 웃었다.

　나는 변군과 함께 거리 구경을 하면서 저도 모르게 탄복을 했다. 책내의 인가는 불과 20·30호이나 집들이 모두 크고 깊숙한데 울창한 버들 그늘 속으로 한 가닥 푸른 주점 깃대가 섰기에 같이 들어가 보니 벌써 조선 사람들이 꽉 찼다. 벌거숭이 종아리며, 상투백이며, 앉은 놈, 기댄 놈, 부르고, 떠들고 왁자지껄 하다가 우리를 보고는 모두들 뛰어나가 버린다. 주인은 화가

---

100) 사신 일행을 호송하는 청국측 통역.
101) 임금의 전속 의사. 즉 어의.

나서 변군을 가리키면서,

"아무런 물정도 모르는 관인들이 남의 장사를 방해한다."

고 야단을 친다. 대종이가 곁에 있다가 이자의 등을 툭툭 치면서,

"이 형님아 잔소리할 것 없네. 두 분이야 한두 잔 마시고 곧 일어서실터인데 저런 망나니들이 뒹굴어서야 될 것인가. 잠깐 피했다가 돌아와서는 이미 먹은 자가 있었다면 술값을 계산해 치를 것이요, 아직 안 먹은 자는 아주 옷끈을 풀어 놓고 먹을 수 있을 것이 아닌가. 형은 안심하고 여기 술이나 넉냥치를 부어요."

한다. 주인은 그제야 웃는 낯을 지으면서,

"아우님은 지난 해에도 보지 않았소. 저 불한당들이 북새통에 술값을 내지 않고 뿔뿔이 달아난 것을… 술값을 어디서 찾겠소."

하니, 대종이가 다시,

"걱정 마우. 두 분 나으리가 곧 자시고 일어서면 내가 꼭 그 패들을 다시 몰아올 터이니 그 때야 술을 팔아도 좋을 것 아니오."

하니 주인은,

"좋소."

하면서,

"두 분에게 술을 합쳐서 넉냥치를 낼까요? 각 분 넉 냥씩 낼까요?"

하고 물으니 대종은,

"한 분 앞에 넉 냥이오."

한다. 이 말을 듣고 변군이 옆에서 나무라는 말로,

"넉냥치 술을 누가 다 먹는단 말이요?"

하니 대종이 웃으면서,

"넉 냥은 술값이 아니오라 술 중량입니다."
했다.

탁자 위에는 술병들을 늘어 놓았는데 한 냥 중들이 술통으로부터 열냥중들이 통에 이르기까지 각각 크기가 달라 모두 주석, 납으로 만들었으니 빛이 은빛깔이다. 넉냥중을 내자면 넉냥중들이 그릇에 부어 오므로 술을 사는 사람도 술을 다시 계량할 필요가 없어 그 간편한 법도가 이러하다. 술은 모두 백소주로서 맛은 그리 좋지 못하나 선 자리에서 취했다가 돌아서면 깬다.

주위에 차려 놓은 범절을 보면 어디 한 구석이라도 빈틈이 없이 모두가 바르고 이치에 맞았으며 물건 한 개라도 헛되이 벌려 놓은 것이 없었다. 심지어 소 외양간이나 돼지우리까지라도 되는 대로가 아니라 일정한 법식이 있으며 나무더미나 거름더미까지도 그림같이 맵씨있고 정갈했다. 옳다! 이렇고 난 후에야 이용(利用)이라 말할 수 있을 것이요, 이용이 있는 후에야 비로소 후생(厚生)이 될 것이요, 후생이 있는 후에야 그 질서가 있고 덕을 바로 잡을 것이다. 물건을 이(利)롭게 쓸 줄 모르고 그 생(生)활을 넉넉(厚)하게 할 수는 없는 법이다. 물건을 이롭게 쓸 줄 몰라 생활이 넉넉지 못하면서 억지로 잘 살겠다고만 한다면 어떻게 그 도덕과 질서를 바로 잡을 것인가.

정사는 이미 악(鄂)가 성을 가진 사람 집을 사처로 들었다. 주인은 키가 칠 척이요 기세가 호장하며 성격이 거세게 생겼다. 그의 어머니는 나이가 칠순이 가까운데 머리에는 빈자리 없이 꽃을 꽂았고 눈매가 곱상스러운 것을 보아 젊었을 때의 풍모를 짐작하겠다.

점심을 마친 후 내원과 정진사와 함께 이곳에서 한 6·7리 떨어져 있는 봉황산 구경을 나섰다. 산은 앞면으로 보니 유달리 뾰족하게 깎아졌다. 산 속에는 안시성(安市城) 옛 터가 있어 아직도 성첩이 남아 있다고들 하나 이는 그릇된 말이다. 삼면은 깎아 세운 듯하여 나는 새라도 오르기 어렵게 되었고 다만 정남향으로 약간 평평해졌으나 이것도 주위는 불과 수 백보에 불과해서 이 손바닥만한 작은 성으로 대군을 막았다고는 볼 수 없으며 남았다는 것은 고구려 때의 작은 보루(堡壘)인 듯도 하다.

동행과 함께 버드나무 아래 이르러 더위를 식혔다. 곁에는 우물이 있는데 벽돌로 틀을 쌓아 올리고 위에는 큰 돌을 다듬어 덮개로 덮었다. 덮개돌 양쪽 가장자리에는 구멍을 두 개 뚫어 겨우 두레박이 드나들도록 만들었으니 이로써 사람이 빠질 위험을 없애고 먼지와 더러운 것이 못 들어가도록 했다. 또 물이란 원래 음성(陰性)이므로 볕을 가리워 활수(活水)를 만드는 셈이다.

뚜껑 위에는 녹로(轆轤)[102]를 달아 줄을 두 가닥으로 드리웠는데 버들로 두레박을 엮어 그 모양이 표주박 같으면서도 깊다. 한쪽을 내리면 한쪽이 올라와 종일 물을 푸더라도 힘이 들 것이 없었다.

물통은 모두 쇠 테를 둘러 감아 작은 못으로 단단히 박아서 대나무 테 보다는 백번 낫다. 대테는 오래 되면 썩어 끊어질 수 있고 또 통이 제 몸이 마르면 테가 풀려 벗어지고 보니 쇠테가 아무래도 나아 보였다.

물통은 다들 어깨로 메는데 그 법은 팔목만한 나무 한 가지를 한발쯤 길이로 다듬어 두 머리에 물통을 땅바닥으로부터 약 한

---

102) 우물 위에 달아 놓은 활차(滑車).

자쯤 떨어지게 매어 달아 통의 물이 출렁거려도 좀처럼 넘어나지 않는다. 우리 평양에도 이런 식이 있으나 어깨에 메는 것이 아니라 등에 지고 보니 좁은 골목에는 불편하기 짝이 없다. 물통 메는 법 하나로도 이만큼 덕을 본다.

옛날 포선(鮑宣)[103]의 처는 동이를 들(提)고 나가 물을 긷는다는 글을 보고 나는 물동이를 이지 않고 어째서 들까 하고 의심했는데 오늘 이곳에서 보니 여자들은 다들 머리에 정수리를 높게 틀어 얹고 다니니 무엇이고 일 수 없음을 알겠다.

서남쪽은 광활하여 평평하게 터졌고 산은 맑고 물은 여러 줄기로 갈라졌으며 버들 숲 그늘은 짙을 대로 짙은데 농가 집들의 듬성듬성한 울타리가 숲 사이로 간간이 보였다. 푸른 잔디로 덮인 둑의 여기저기에는 소와 양떼가 흩어져 풀을 뜯고, 멀리 보이는 다리 위에는 메고 들고 길가는 행인들의 그림 같은 모습들이며 이런 풍경을 물끄러미 바라보고 있자니 그 동안의 피곤이 다 풀리는 것 같았다.

동행 두 사람은 새로 지은 불당(佛堂) 구경을 간다고 나 혼자만 남겨두고 갔다. 때마침 말 탄 사람들 십여 명이 채찍을 휘두르면서 달려 지나가는데 다들 수놓은 안장을 차린 준마에 의기가 양양했다. 나를 보고는 멈칫하고 말을 돌려 세우면서 안장으로부터 내려 서로들 내 손을 붙잡고 친절한 표정을 한다. 그 중에 얼굴이 잘 생긴 젊은이가 있기에 나는 땅바닥에 글자를 써서 말을 붙여 보니 이 젊은이는 머리를 숙이고 한참 내려다보고는 고개만 끄덕끄덕하는 것이 무슨 말인지 잘못 알아차리는 모양이다.

---

103) 중국 한나라 때 저명한 무인이며 정직한 관리. 왕망(王莽)을 따르지 않았다고 피살 되었다.

곁에는 푸른 비석이 두 개 섰는데 한 개는 문상어사 선정비(門上御史善政碑)요, 하나는 어느 세관의 선정비다. 모두 만주 사람들의 넉자 이름이요 글이나 글씨나 만주 사람의 솜씨 같은데 문장이나 필치가 모두 보잘 것 없었다.

그러나 비석 세우는 제도는 볼만한데가 있어 비용이나 공력이 얼마 안 들인 점은 가히 모범으로 삼을만 했다. 비석의 양쪽을 갈아 다듬지 않았고 둘레에는 벽돌로 담장 같이 쌓아 올려 비석을 담장틀 속에 끼워둔 것처럼 하고 위에는 기와로 덮었으니 풍우를 가리는데도 비각보다 나았다. 빗돌을 앉힌 모양이나 비질(碑跌)[104]의 힘찬 모양새나 비문의 새김들이 빈틈없이 치밀한 점은 이런 벽지의 민가에서 세운 비석이라고는 볼 수 없을 만큼 그 정교하고 얌전한 모양이 예사가 아니다.

저녁때가 되면서 날씨가 몹시 더워지기에 빨리 숙소로 돌아와 영창을 열어제치고 옷을 벗고 누웠다. 뒤뜰은 평평하게 넓은데 파 심은 밭이랑, 마늘 심은 둔덕들이 다들 곧고 반듯하며 오이, 호박 넝쿨을 올리는 섶들이 모두 정갈하여 그 그늘로 뜰은 자욱히 덮였다. 울타리 가에는 희고 붉은 촉규화와 옥잠화가 한창이고 처마 밖으로 석류나무 두어 분(盆)과 수구(繡毬)[105] 한 분과 가을 해당화 두 분이 놓여 있었다. 주인마누라는 손에 대광주리를 들고 꽃을 따 모아 저녁 얼굴 화장에 쓸 셈인가 보다.

창대가 어디서 술 한 병과 볶은 계란 한 접시를 들고 와서 내게 권하면서,

"어디를 가셨습니까? 소인은 속이 타서 꼭 죽을 것만 같았습니다."

---

104) 비석을 박은 밑받침 돌.
105) 국화의 일종. 팔선화. 일명 수국화.

하면서 짐짓 응석을 부려 내게 정성을 보이려고 하는 꼴이 한편으로는 밉살스럽고 한편으로는 우스우나 술은 내가 즐기는 바요, 계란까지 가져 왔으니 눈을 감을 수 밖에.

　이날은 삼십 리를 왔다. 압록강으로부터 이곳까지는 백 이십 리다. 이 성문을 조선 사람들은 책문이라 부르고 이곳 사람들은 가자문(架子門)이라 부르고 관내 사람들은 변문이라 부른다.

二十七日　甲戌

　朝霧晚晴, 平明發行, 路逢五六胡人, 皆騎小驢, 帽服繿縷, 容貌疲殘, 皆鳳城甲軍, 徃戌愛剌河, 而雇人倩徃云, 東方則誠無慮矣, 然中國邊備, 可謂踈矣, 馬頭及刷馬驅人輩, 喝令下驢, 前行兩胡, 下驢側行, 後行三胡, 不肯下驢, 馬頭輩齊聲叱下則, 怒目直視曰, 爾們的大人, 干我甚事, 馬頭直前奪其鞭, 擊其赤脚曰, 吾們的大人陪奉, 是何等物件, 賫來是何等文書, 黃旗上, 明明的寫着萬歲爺御前上用, 爾們好不患瞎, 還不認過了皇上御用的, 其人下驢, 伏地稱死罪, 一人起抱笞文馬頭腰, 滿面歡笑曰, 老爺息怒, 小人們該死的, 馬頭輩, 皆大笑, 叱令叩頭謝罪, 皆跪伏于泥中, 以首頓地, 黃泥滿額, 一行皆大笑, 叱令退去, 余曰, 聞汝輩, 入中國, 多惹鬧端云, 吾今目覩, 果驗前聞, 俄者亦涉不緊, 此後切勿因戲起鬧, 皆對曰不如此, 長途永日, 無以消遣, 望見鳳凰山, 恰是純石造成, 拔地特起, 如擘掌立指, 如半開芙蓉, 如天末夏雲, 秀峭成削, 不可名狀, 而但欠淸潤之氣, 嘗謂我京道峯三角, 勝於金剛, 何則, 金剛, 卽其洞府, 所謂萬二千峯, 非不奇峻雄深, 獸拏禽翔, 仙騰佛跌, 而陰森渺冥, 如入鬼窟, 余嘗與申元發, 登斷髮嶺, 望見金剛山, 時方秋天深碧, 夕陽斜映, 無干霄秀色, 出身潤態, 未嘗不爲金剛一歎, 及自上流, 舟下出頭尾江口, 西望漢陽三角諸山, 摩霄出靑, 微嵐淡靄, 明媚婀娜, 又嘗坐南漢南門, 北望漢陽, 如水花鏡月, 或日光風浮空, 乃旺氣也, 旺氣者王氣也, 爲我京億萬載龍盤虎踞之勢, 其靈明之氣, 宜異乎他山也, 今此山勢之奇峭峻拔, 雖過道峯三角, 而其浮空光氣, 大不及漢陽諸山矣, 原野平潤, 雖不耕墾, 而處處砍柴, 根柿狼藉, 牛蹄轍跡, 縱橫艸間, 已知其近柵, 而居民之尋常出柵, 亦可驗矣, 疾驅行七八里抵柵外, 羊豕彌山, 朝烟繚靑, 刳木樹柵, 畧識經界, 可謂折柳樊圃矣, 柵門, 覆以苫草, 板扉深鎖, 離柵數十步, 設三使幕次, 少憩, 方物齊到, 露積柵外, 群胡觀光者, 列立柵內, 無不口含烟竹, 光頭搖扇, 或黑貢緞衣, 或秀花紬衣, 或生布生苧, 或三升布, 或野繭絲, 袴亦如之, 所佩繽紛, 或繡囊三四, 小佩刀, 皆揷雙牙箸, 烟袋如胡盧樣, 或繡刺花草禽鳥, 又古人名句, 譯官及諸馬頭輩, 爭立柵外, 兩相握手, 殷勤勞問, 群胡問, 你在王京, 那日起程, 在途時得免天水麽, 家裏都是太平麽, 充得包銀麽, 人人酬酢, 如出一口, 又爭問韓相公安相公來麽, 此數人者俱義州人, 歲歲販燕, 皆巨猾, 習知燕中事, 所謂相公者, 商賈相尊之稱也, 使行時, 例給正官八包, 正官者, 裨譯共三十員, 八包者, 舊時, 官給正官, 人人蔘幾斤, 謂之八包, 今不官給, 令自備銀, 只限包數, 堂上, 包銀三千兩, 堂下二千兩, 自帶入燕, 貿易諸貨, 爲奇羡貧不能, 自帶則賣其包窠, 松都平壤安州等處燕商, 買其包窠, 充銀以去, 然諸處燕商, 法不得身自入燕, 將包交付灣人貿易以來, 如韓林諸賈, 連歲入燕, 視燕如門庭, 與燕市裨販, 連膓互肚, 兊發低仰, 都在其手, 燕貨之日增厥價, 寔由此輩, 擧國都不理會, 專責譯官, 譯官, 失權於灣賈, 拱手而已, 諸處燕商, 雖知爲灣賈之所操縱, 而事非目覩則, 敢怒而不敢言, 其來已久, 今者灣賈之暫爲隱身, 不卽相見, 亦一鉤引小數也, 朝飯於柵外, 整頓行裝則, 雙囊左鑰, 不知去處, 遍覓草中, 終未得, 責張福曰, 汝不存心行裝, 常常遊目, 纔及柵門, 已有闕失, 諺所謂三三程, 一日未行, 若復行二千里, 比至皇城, 還恐失爾五臟, 吾聞舊遼東及東岳廟, 素號姦細人出沒處, 汝復賣眼, 又未知幾物見失, 張福, 閔然搔首曰, 小人已知之, 兩處觀光時, 小人, 當雙手護眼, 誰能拔之, 余不覺寒心, 乃應之曰, 善哉, 葢福也年少初行, 性又至迷, 同行馬頭輩, 多以戲語誆之則, 福也眞個信聽, 每事所認, 皆此類也遠途所仗, 可謂寒心, 復至柵外, 望見柵內, 閭閻皆高起五樑, 苫艸覆盖, 而屋脊穹崇, 門戶整齊, 街術平直, 兩沿若引繩然, 墻垣皆甎築乘車及載車, 縱橫道中擺列器皿, 皆畫瓷, 已見其制度絶無邨野氣, 往者洪友德保, 嘗言大規模細心法, 柵門天下之東盡頭, 而猶尙如此, 前道遊覽忽然意沮, 直欲自此徑還, 不覺腹背沸烘, 余猛省曰, 此妒心也, 余素性淡泊, 慕羨猜妒, 本絶于中, 今一涉他境, 所見不過萬分之一, 乃復浮妄若是何也, 此直所見者小故耳, 若以如來慧眼, 遍觀十方世界, 無非平等, 萬事平等, 自無妒羡, 顧謂張福曰, 使汝徃生中國何如, 對曰, 中國胡也, 小人不願, 俄有一盲人, 肩掛錦囊, 手彈月琴而行, 余大悟曰, 彼豈非平等眼耶, 小焉, 大開柵門, 鳳城將軍及柵門御史, 方來坐店房云, 群胡闌門而出, 爭閱視方物及私卜輕重, 盖自此雇車而運也, 來觀使臣坐處, 含烟睥睨, 指點相謂曰, 王子麽, 宗室正使, 稱, 王子故也, 有認之者曰, 不是這個斑白的駙馬大人, 頃歲來的, 指副使曰, 這擎的, 雙鶴補子, 乃是乙大人, 指書狀曰, 三大人, 俱翰林出身的文官之稱也, 溪邊有喧譁爭辨之聲, 而語音啁啾, 莫識一句, 急徃觀之, 得龍, 方與群胡, 爭禮物多寡也, 禮單贈遺時, 攷例分給, 而鳳城姦胡, 必增名目, 加數要責, 其善否都係上判事馬頭, 若值生手, 不嫺漢語, 則不能爭詰, 都依所要, 今歲如此, 則明年已成前例故, 必爭之, 使臣不知此理, 常急於入柵, 必促任譯, 任譯又促馬頭, 其弊原久矣, 象三(上判事馬頭)方分傳禮單, 群胡環立者, 百餘人, 衆中一胡, 忽高聲罵象三, 得龍, 奮髯張目, 直前揪其胸, 揮拳欲打, 顧謂衆胡曰, 這個潑皮好無禮, 徃年大膽, 偸老爺鼠皮項子, 又去歲, 欺老爺睡了, 拔俺腰刀, 割取了鞘綬, 又割了俺所佩的囊子, 爲俺所覺, 送與他一副老拳, 作知面禮, 這個萬端哀乞, 喚俺再生的爺孃, 今來年久, 還欺老爺不記面皮, 好大膽高聲大叫如此鼠子輩, 拿首了鳳城將軍, 衆胡齊聲勸解, 有一老胡, 美鬚髥, 衣服鮮麗, 前抱得龍腰曰, 請大哥息怒, 得龍, 回怒作哂曰, 若不看賢弟面皮時, 這部截筒鼻, 一拳歪在鳳凰山外, 其擧措怔攘可笑, 趙判事達東, 來立余傍, 余爲說俄間光景, 可惜獨觀, 趙君笑曰, 這是殺威棒法, 趙君促得龍曰, 使道今將入柵, 禮單火速分給, 得龍, 連聲唱喏, 故作遑遽之色, 余故久立詳觀, 所給物件名目, 極爲怑雜, 柵門守直甫古二名, 甲軍八名, 各白紙十卷, 小烟竹十箇, 火刀十箇, 封草十封, 鳳城將軍二員, 主客司一員, 稅官一員, 御史一員, 滿洲章京八人, 加出章京二人, 蒙古章京二人, 迎送官三人, 帶子八人, 博氏八人, 加出博氏一人, 稅官博氏一人, 外郞一人, 衙譯二人, 筆帖式二人, 甫古十七人, 加出甫古七人, 稅官甫古二人, 分頭甫古九人, 甲軍五十名, 加出甲軍三十六名, 稅官甲軍十六名, 合一百二人, 分給壯紙一百五十六卷, 白紙四百六十九卷, 靑黍皮一百四十張, 小匣草五百八十匣, 封草八百封, 細烟竹七十四箇, 八面銀項烟竹七十四箇, 錫粧刀三十七柄, 鞘刀二百八十四柄, 扇子二百八十八柄, 大口魚七十四尾, 月乃(革障泥)七部, 環刀七把, 銀粧刀七柄, 銀烟竹七箇, 錫長烟竹四十二箇, 筆四十枝, 黑四十丁, 火刀二百六十二箇, 靑靑月乃二部, 別烟竹三十五箇, 油芚二部, 群胡不做一聲, 肅然受去, 趙君曰, 得龍, 能則能矣, 彼徃歲元無失揮項刀囊等事, 公然惹鬧, 罵折一人, 衆人自沮, 皆面面相顧, 無聊卻立, 若不如此, 雖三日不決, 無入柵之期矣, 已而, 軍牢跪告曰, 門上御史, 鳳城將軍, 出坐收稅廳, 於是, 三使次第入柵, 狀啓例付義州鎗軍而回矣, 一入此門則, 中土也, 鄕園消息, 從此絶矣, 悵然東面而立, 良久轉身, 緩步入柵, 路右有草廳三間, 自御史將軍, 下至衙譯, 分班列椅而坐, 首譯以下, 拱手前立, 使臣至此, 馬頭叱隷停轎, 乍脫驂, 若將卸駕者, 因卽疾驅而過, 副三房,亦如之, 有若相救者, 令人捧腹, 裨將譯官, 皆下馬步過, 獨卞季涵, 騎馬突過, 末坐一胡, 忽以東話, 高聲大罵日, 無禮無禮, 幾位大人坐此, 外國從官, 焉敢唐突, 遄告使臣, 打臀可也, 聲雖嘶哮, 舌强喉澁, 如乳孩弄嬌, 醉客使癡, 此卽護行通官雙林云, 首譯對日, 這是弊邦太醫官, 初行未諳事體, 且太醫, 奉國命, 隨護大大人, 大大人, 亦不敢擅勘, 諸老爺, 仰體皇上字小之念, 免其深究, 則益見大國寬恕之量, 諸人, 皆點頭微笑日, 是也是也, 獨雙林, 視猛聲高, 怒氣未解, 首譯, 目余使去, 道逢卞君, 卞君日, 大辱逢之, 余日, 臀字可慮, 相與大笑, 遂聯袂行瓮, 不覺讚歎, 柵內人家, 不過二三十戶, 莫不雄深軒邑, 柳陰中挑出一竿靑帘, 相携而入, 東人已彌滿其中矣, 赤脚突鬢, 騎椅呼呶, 見余皆奔避出去, 主人大怒, 指着卞君道, 不解事的官人, 好妨人賣買, 戴宗撫其背日, 哥哥不必饒舌, 兩位老爺, 略飮一兩杯, 便當起身, 這等艦舭, 那敢橫椅. 暨相回避, 卽當復來, 已飮的計還酒錢, 未飮的鴨襟快飮, 哥哥放心, 先斟四兩酒, 主人堆着笑臉, 道賢弟, 徃歲不曾瞧瞧麼, 這等艦舭於鬧攘裡, 都白喫, 一道烟走了罷, 那地覔酒錢, 戴宗日哥哥, 勿盧兩位老爺, 飮後卽起, 弟當盡驅這厮回店賣買, 店主日是也, 兩位都斟四兩麼, 各斟四兩麼, 戴宗道, 每位四兩, 卞君罵日, 四兩酒誰盡飮之, 戴宗笑日, 四兩非酒錢也, 乃酒重也, 其卓上列置斟器, 自一兩至十兩, 各有其器, 皆以鍮鑞造觶, 出色似銀, 喚四兩酒, 則以四兩觶斟來, 沽酒者更不較量多少, 其簡便若此, 酒皆白燒露, 味不甚佳, 立醉旋醒, 周視鋪置, 皆整飭端方, 無一事苟且彌縫之法, 無一物委頓雜亂之形, 雖午欄豚柵, 莫不疎直有度, 柴堆糞庤, 亦皆精麗如畵, 嗟乎如此然後, 始可謂之利用矣, 利用然後, 可以厚生, 厚生然後, 正其德矣, 不能利其用, 而能厚其生, 鮮矣, 生旣不足以自厚, 則亦惡能正其德乎, 正使已入鄂姓家, 主人身長七尺, 豪健鷙悍, 其母年近七旬, 滿頭揷花, 眉眼韶雅, 聞其子孫滿前云, 點心後, 與來源及鄭進士, 出行觀翫, 鳳凰山離此六七里, 看其前面, 眞覺奇峭, 山中有安市城舊址, 遺堞尙存云, 非也, 三面皆絕險, 飛鳥莫能上, 惟正南一面稍平, 周不過數百步, 卽此彈丸小城, 非久淹大軍之地, 似是句麗時小小壘堡耳, 相携至大柳樹下納凉, 有井甎甃, 又磨治全石爲覆盖, 穿其兩傍, 劣容汲器, 所以防人墮溺, 且鄣塵土, 又水性本陰故, 使蔽陽養活水也, 井蓋上設轆轤, 下垂雙綆, 結柳爲棬, 其形如瓢而深, 一上一下, 終日汲, 不勞人力, 水桶皆鐵, 箍以細釘, 緊約絕勝於縮竹爲綆, 歲久則朽斷, 且桶身乾曝, 則竹箍自然寬脫, 所以鐵箍爲得也, 汲水皆肩擔而行, 謂之扁擔, 其法, 削一條木如臂膊大, 其長一丈, 兩頭懸桶, 去地尺餘, 水窸窣不溢, 惟平壤有此法, 然不肩擔而背負之, 故, 甚妨於窄路隘巷, 其擔法, 又此爲得之, 昔鮑宣妻, 提瓮出汲, 余嘗疑何不頭戴而手提之, 乃今見之, 婦人皆爲高髻, 不可戴矣, 西南廣濶, 作平遠山淡沱水, 千柳陰濃, 茅簷疎籬, 時露林間, 平堤綠蕪, 牛羊散牧, 遠橋行人, 有擔有携, 立而望之, 頓忘間者行役之憊, 兩人者, 爲觀新刱佛堂, 棄我而去, 有十餘騎, 揚鞭馳過, 皆繡鞍駿馬, 意氣揚揚, 見余獨立, 滾鞍下馬, 爭執余手致慇懃之意, 其中一人美少年, 余畫地爲字以語之, 皆俯首熟視, 但點頭而已, 似不識爲何語也, 有兩碑, 皆靑石, 一門上御史善政碑, 一稅官某善政碑, 俱滿州人四字名, 撰書者亦俱滿州人, 文與筆俱拙, 但碑制極佳, 功費甚省, 此可爲法, 碑之兩傍, 不磨滑, 甎築夾碑爲墙, 沒碑頂, 因瓦覆爲屋, 碑在窈中, 以備風雨, 勝於建閣韜碑, 碑跌贔屭, 及碑文兩邊所鐫覇夏, 可數毫髮, 此不過窮邊民家所建, 然, 其精緻古雅, 不可當也, 向夕暑氣益熾, 急徃所寓, 高揭北牕, 脫衣而臥, 北庭平廣, 葱畦蒜塍, 端方正直, 蓏棚匏架, 磊落蔭庭, 籬邊紅白蜀葵及玉簪花, 方盛開, 簷外有石榴數盆, 及繡毬一盆, 秋海棠二盆, 鄂之妻, 手提竹籃, 次第摘花, 將爲夕粧也, 昌大, 得酒一觶, 卵炒一盤而來餉曰, 何處去耶, 幾想殺我也, 其故作癡態, 以納忠款, 可憎可笑, 然酒我所嗜也, 況卵炒亦我所欲乎, 是日行三十里, 自鴨綠江至此, 該有一百二十里, 我人曰, 柵門, 本處人曰, 架子門, 內地人曰, 邊門。

28일 을해(乙亥). 아침에 안개가 끼었다가 늦게야 개다.

새벽에 변군과 함께 먼저 떠났다. 대종이 멀리 커다란 장원(庄院)한 자리를 가리키면서 저것이 통관(通官) 서종맹(徐宗孟)의 집이요, 북경에도 저 집보다 더 훌륭한 집이 있었는데 종맹이 근본 욕심이 사나와 조선의 피와 기름을 불법으로 빨아 들여 큰 치부를 했다가 늘그막에 이것이 예부(禮部)[106]에 발각되어 북

---

106) 중앙 정부의 한 성으로 외교, 인사, 의식 등의 일을 맡은 부서.

경에 있던 집은 몰수당하고 이것은 아직 남아 있다고 한다. 또 한군데를 가리켜 말하기를 저것은 쌍림(雙林)의 집이요, 그 맞은편 문은 문통관(文通官)의 집이라고 하는데 대종이 말하는 것이 청산유수같이 입에 익은 글을 읽듯이 술술 잘도 설명을 했다. 대종은 본래 선천(宣川) 사람으로 북경은 벌써 6·7차례 내왕했다고 한다.

봉황성을 한 삼십 리 못 와서 의복이 모두 축축하게 젖고 길 걷는 사람들의 수염은 볏 잎에 달린 이슬인 양 구슬을 꿰어 놓은 듯이 방울이 맺혔다. 서쪽 하늘가에서 무거운 안개가 뚫어지면서 새파란 조각하늘에 영롱한 빛을 드러내는 것이 흡사히 작은 유리쪽을 붙인 창구멍처럼 터졌다.

이윽고 안개 기운은 맑은 구름으로 변하여 장엄한 광경이 이루 말할 수가 없었다. 동쪽으로 머리를 돌리니 벌써 붉은 햇살은 서발 남아 솟았다.

강영태(康永太)란 사람의 집에 와서 점심을 먹었다. 영태란 사람은 나이 스물 셋으로 자칭 민가(民家)[107]라고 한다. 해말쑥하고 얌전하게 생긴 이 젊은이는 서양 풍금을 탈 줄 알았다.

"글을 읽었는가?"

하고 물었더니 이미 사서(四書)는 읽었으나 아직 강의(講義)를 못했다고 한다.

글을 배우는데는 소위 송서(誦書)와 강의 두 가지가 있어서 우리나라와는 아주 딴판이다. 우리나라에서는 처음부터 음과 뜻을 한목으로 배우지만 중국에서는 초학자가 먼저 사서의 장구

---

107) 한인은 민가라고 부르고 만인은 기하(旗下)라고 부른다=원주.

(章句)를 입으로 읽기만 하고 읽는 것이 완전하게 숙달한 뒤에야 다시 선생으로부터 그 뜻을 배운다. 이것을 강의라고 한다. 설사 평생에 강의를 못 받는다고 하더라도 읽어 익힌 장구들은 일상 관화로 쓰이고 보니 만국의 방언 중에도 한어가 가장 쉽고 이치에 맞다고 할 수 있겠다.

　영태의 집은 정갈하고 사치하고 늘어놓은 기구 설비가 다들 처음 보는 것이다. 방바닥 위에 펴둔 것은 모두 용봉의 무늬를 수놓은 털 담요들이요, 의자와 탁자는 모두 비단 방석, 비단 치장을 하였다. 가운데 뜰에는 시렁을 엮고 가는 삿자리로 덮어 햇빛을 가리우고 사방으로 주렴을 드리웠다. 앞에는 석류나무 대여섯 분을 늘어놓았는데 그 중에도 흰 석류꽃이 한창 피고 있는 것이 눈에 띄었고, 또 한번 못 보던 나무가 있었는데 잎은 동백잎 같고 열매는 탱자 같이 생겨 이름을 물으니 무화과(無花果)라고 한다. 열매는 쌍쌍이 꼭지를 맺고 꽃은 피지 않으므로 무화과라 부른다고 한다.

　서장관이 찾아왔다. 서로 나이를 통하니 나보다 다섯 살이 연장이다. 부사도 일부러 찾아와서 앞으로 만 리 길에 같이 고생할 정리를 서로 터놓고 이야기를 하였다. 김자인(金子仁)이 하는 말이 국경에서는 분주하고 뒤숭숭한 통에 미처 찾아뵙지를 못해 미안하다고 인사를 한다. 나는,

　"타국 땅에 와서 교분을 맺고 보니 가히 이역 친구로구만."

했더니 부사와 서장이 깔깔 웃으면서,

　"누가 이역인지 알 수 없구려."

했다. 부사는 나보다 두 살 위인데 일찍이 나의 조부와 부사의

조부는 함께 공부를 하고 같이 벼슬을 하여 동연록(同研錄)[108]까지 있다. 내 조부가 서울서 당상관(堂上官)[109]으로 계실 때에 부사의 조부는 낭관(郞官)[110]으로 내 조부를 찾아와 서로들 어릴 때 같이 공부하던 이야기를 주고받곤 하는 것을 본 적이 있었다. 나는 당시에 나이가 팔·구세로 옆에서 두 분 사이에 의가 좋음을 짐작한 기억이 있다.

서장관이 백석류를 가리키면서 말하기를,

"이런 석류나무를 본 적이 있소?"

하고 물었다. 나는 처음이라고 말했더니 서장관의 말이,

"내가 어렸을 때 우리 집에 이 나무가 한 그루 있었는데 국내에서는 단 하나 뿐인데 이 나무가 꽃은 장하게 피어도 열매가 없다."

고 했다. 압록강을 건널 때에 갈대밭 속에서 서로들 면식은 가졌지만 이야기를 나누어 보지는 못하였고 책문 밖에서도 장막을 이웃하여 노숙까지 했지마는 서로 인사도 못했던 터이라 오늘 틈이 있어 이역에서 농담을 서로 바꾸는 것도 이런 까닭이었다.

점심이 아직도 멀었다고 하기에 그대로 앉아 기다리기도 심심하여 배고픈 것도 참고 구경을 나섰다. 처음 이 집으로 들어올 때는 바른편 협문으로 들어왔기 때문에 이 집의 크고 화려한 것을 잘 몰랐는데 이제 앞문으로 빠져 바깥뜰에 나와 보니 집이 수백 칸으로 삼사에게 딸린 사람들이 모두 이 집에 들었지만은 어느 틈에 끼었는지 못 찾을 형편이다.

비단 우리가 든 처소만 여유가 넉넉할 뿐 아니라 오는 장사패

---

108) 동문끼리 지은 책과 명단. 즉 동창들 명부와 규칙.
109) 정3품 통정대부 이상 벼슬.
110) 중앙 정부의 한 성의 부장급.

거리 가는 나그네가 꼬리를 물고 잇달아 들었다. 또 수레 스무 여대가 대문이 메이도록 꾸역꾸역 들어온다. 수레 한 채에 보통 노새 대여섯 마리씩 붙었지만 떠들고 분주한 것이 없음을 볼 때에 '깊이 간직한 것은 빈 것 같아 뵈인다'는 말이 이를 두고 한 말 같았다. 범백 사물의 규모가 말 같이 째여 서로 다투는 일이 없었다. 대충 겉으로만 보더라도 이럴진대 속속들이 알아본다면 더 말할 나위도 없을 것이다.

천천히 걸어 대문을 나와 서니 번화하고 화려한 모양이 북경도 이보다 더 할 수는 없을 것 같았다. 중국의 문물이 이렇듯 장할 줄은 몰랐다. 좌우로 맞물고 늘어선 점포들은 아로새긴 창, 비단으로 바른 문, 붉은 난간을 붙인 그림 같은 집들, 푸른 현판, 금자로 쓴 글자들, 가히 휘황찬란하다 할 수 있었다.

이 속에 가득한 물건들은 다들 관내의 진품들로서 이같은 변지답잖게도 일반의 안목이 높은 것을 알 수 있었다.

또 한 집을 들어서니 그 화려한 모양이 강가네 집보다도 더하나 그 집 짓는 제도인즉 거의 같았다. 집을 짓는데는 먼저 집터 수백 보를 길이와 넓이를 적당히 정하여 수평보는 물반과 방향보는 나침반과 측량기를 사용하여 칼로 벤 듯이 평평하게 닦은 후 그 위에 돌 축대를 쌓는다. 축대는 한 층, 두 층 혹은 세 층으로 다 벽돌로써 쌓고 주추는 깎은 돌을 쓴다. 벽돌 축대 위에 집을 세우는 데 집은 어떤 집이나 ㅡ자 집이요, 구불게 짓거나 붙여 지은 집은 없었다. 첫째 번의 채를 가장 화려하게 꾸며 놓으니 이것이 내실이요, 둘째 번이 중당(中堂)이요, 셋째 번이 전당(前堂)이요, 넷째 채는 외실(外室)로 하여 큰 길을 면하게 되고 여기를 점포로 사용하게 된다. 매 집채 앞의 좌우 익실(翼室)은 행랑채가 된다. 한 채의 길이는 6영(楹),[111] 8영, 10영, 12영으로 두 영의 사이는 꽤 넓어 그 넓이는 우리나라 보통집 두 칸 폭은 된다.

　재목의 장단에 따르거나 제 마음대로 간살을 정하는 것이 아니라 일정한 규격이 있다. 대들보를 올리는 데는 대개가 5양이 아니면 7양이다. 땅바닥으로부터 용마루까지 고하를 재면 처마끝이 그 절반쯤 높이가 되어 있으므로 기왓골이 아주 가파르다. 지붕의 좌우나 뒷면에 쓸데없는 군더더기 처마가 없고 벽돌을 쌓아 아주 지붕 높이와 같이 서까래 끝까지 묻어 버린다.

　동・서 벽에는 둥근 창을 내고 남쪽 면에는 모두 창문을 내어 제일 가운데 칸은 출입문을 낸다. 앞 채, 뒷 채가 한 줄로 그은 듯이 마주서 집채가 세 겹, 네 겹 되면 문은 여섯 겹, 여덟 겹이 되고 제일 안채 문으로부터 제일 바깥채 문까지 일제히 열면 한 줄로 펜 듯이 통하여 화살같이 꼿꼿하다. 심성이 곧은 것을 비유해 말할 적에 소위 '통개중문(洞開重門)'[112]이란 말을 쓰는 것도 이 까닭이다.

　길에서 마침 이 동지(同知) 혜적(惠迪)[113]을 만났더니 이군이 웃으면서,

　"이런 궁벽한 촌가에 무엇이 볼 것이 있다고 그러시오."

한다.

　"막말일지는 몰라도 황성도 이보다 더 나을 것은 없을 것이 아닌가."

했더니, 이군은 그렇다고 하면서 비록 크고 작고 사치하고 검소

---

111) 여기 영은 동(棟)이요, 양(梁)은 대들보이다.
112) 통개중문(洞開重門)은 겹겹문이 한 줄로 꿰뚫려 열려 있다는 뜻이다.
113) 3품 당상관=원주.

한 차이는 있을망정 그 규모 범절은 대충 같다고 했다.

집들은 어디고 벽돌이 아니면 못 짓다시피 벽돌을 전적으로 쓰고 있었다. 벽돌은 길이가 한 자요, 넓이가 5촌인 데 두 장을 가지런히 놓으면 네모반듯한 정사각이 된다. 두께는 두 촌인데 한 틀에 박아서 뽑아내는 것이다.

벽돌에는 세 가지 기피하는 것이 있다. 첫째로 귀가 떨어진 것, 둘째로 모가 죽은 것, 셋째로 뒤틀어진 것이니, 이 세 가지 중에 한 가지 흠이라도 있다면 모처럼 온 집에 들인 공을 망칠 수가 있다. 그러므로 한 틀에 뽑아낸 벽돌이지만 그래도 들쑥날쑥할까 염려하여 쌓을 때는 곡척으로 대어 바로 잡고 깎고 갈아 판판하고 가지런히 만들어 만장 벽돌이라도 한결같이 나간다.

그 쌓는 법인즉 한 번은 세로로 한 번은 가로로 놓아 저절로 맞물리도록 하고 장과 장 사이는 종잇장 같이 회를 먹여 겨우 맞붙도록만 하여 맞붙은 금자국은 줄을 그은 듯하다.

회를 개는 법은 굵은 모래를 섞어서는 안 되고 찰흙도 역시 안 된다. 모래가 굵은즉 찰지지 않고 흙이 너무 차진즉 말라 터지기가 쉬운 까닭이다. 그러므로 반드시 부드럽고 기름진 까막흙에 회를 섞어 이기면 그 빛깔이 검푸러, 갓 구워낸 기와빛 같으니 이렇게 하면 그 성질이 차지지도 않고 부스러지지도 않을 뿐더러 또 빛깔도 보기 좋은 까닭이다. 여기는 또 어저귀[114]를 가늘게 썰어 넣는다. 우리 조선에서 초벽 진흙에 말똥을 섞어 이기는 것이나 같다. 까닭인즉 질겨서 터지지 않도록 하는 것이요, 때로는 동백나무 기름을 타서 젖처럼 부드럽고 미끄럽게 하여 떨어지고 터지는 탈을 막는다는 것이다.

---

114) 삼의 일종.

또 기와를 이는 법은 더구나 본받을 만한 것이 많다. 모양은 통대를 네 쪽으로 쪼개면 그 한쪽 모양처럼 되어 크기는 두 손바닥쯤 된다. 보통 민가는 원앙와(鴛鴦瓦)[115]를 쓰지 않으며 서까래 위에는 산자를 엮지 않고 삿자리를 몇 잎씩 펼 뿐이요, 진흙을 쓰지 않고 곧장 기와를 인다. 한 장은 엎치고 한 장은 젖히고 자웅으로 서로 맞아 틈 사이는 한층 한층 비틀진 데까지 온통 회로 발라 붙여 때운다. 이러니까 쥐나 새나 뚫거나 위가 무겁고 아래가 약한 폐단이 저절로 없게 된다.

우리나라의 기와 이는 법은 이와는 아주 달라 지붕에는 진흙을 잔뜩 올리고 보니 위가 무겁고, 바람벽은 벽돌로 쌓아 회로 때우지 않고 보니 네 기둥은 의지할 데가 없어 아래가 약하며, 기왓장이 너무 크고 보니 지붕의 비스듬한 각도에 맞지 않아 절로 빈틈이 많이 생겨 부득불 진흙으로 메우게 되며, 진흙이 내리 눌러 무겁고 보니 대들보가 휘어질 염려가 없지 않다. 진흙이 마르면 기와 밑은 저절로 들떠 비늘처럼 이어댄 데가 벗어지면서 틈이 생겨 바람이 스며들고 비가 새고, 새가 뚫고, 쥐가 구멍을 내고, 뱀이 붙고, 고양이가 뒤집는 등 많은 폐단이 생긴다. 그러고 보니 무릇 집을 짓는데는 벽돌을 쓰는 것이 얼마나 도움이 되는지 모른다.

비단 담벽을 쌓는데 뿐만 아니라 방안이나 방밖이나 벽돌을 깔지 않는데가 없다. 넓은 마당을 통으로 벽돌을 깔아 우물 정자로 또렷또렷한 금이 바둑판 같이 보이고 집채는 담벽에 부축되어 위는 가볍고 아래는 튼튼하며 기둥은 담벽 속에 박혀 비바람을 겪지 않으니 이로써 화재 염려가 없고 도적이 뚫을 걱정이

---

115) 짝기와.

없고 더구나 새, 쥐, 뱀, 고양이의 피해가 없을 것이다.
 한번 한 복판 문만 닫으면 온 집은 저절로 굳은 성벽같이 되어 집안에 든 물건은 궤짝 속에 넣은 것이나 다름없이 된다. 이로써 보면 집을 짓는다고 많은 흙과 나무와 쇠붙이와 흙손질이 소용없고 벽돌만 구워내는 때는 벌써 집은 다 된 폭이나 다름없다.
 방금 봉황성을 새로 쌓고 있는 중이다. 이 성을 안시성(安市城)이라고 말하는 이도 있다. 고구려 방언에 큰 새를 '안시'라고 하고 지금도 우리네 시골말에 종종 봉황(鳳凰)을 '안시'라 부르고 배암을 '白巖'이라고 음을 따서 붙인다. 수나라, 당나라 시절에는 우리나라 말을 따라 봉황성을 안시성이라 불렀고 사성(蛇城)을 배암성이라고 했다 하니 이 말이 매우 이치에 맞는 말로 본다.
 또 세상에 전하는 말로는 안시 성주 양만춘(楊萬春)이 당나라 황제[116]의 눈을 쏘아 맞혀 당나라 임금은 양만춘이 성을 굳게 지키는데 탄복하여 군사를 성 아래 머물게 하고 비단 백 필을 성주에게 보냈다고 한다.
 삼연(三淵)[117]은 그 아우 노가재(老稼齋)[118]가 북경으로 갈 적에 지은 전송시에,
  천추에 대담한 양만춘은(千秋大膽楊萬春)
  수염 털보 눈알을 쏘아 뽑았네(箭射虯髥落眸子)
라는 구절이 있고, 목은(牧隱)[119]은 정관음(貞觀吟)이란 제목을

---

116) 중국 당 태종 이세민(太宗 李世民).
117) 김창흡(金昌翕)=원주. (1653~1721) 효종 시대의 관리.
118) 김창업(金昌業)=원주. (1658~1721) 학자로서 연행록(燕行錄) 저자.
119) 이색(李穡)=원주. 고려 말기의 유명한 유학자이다.

두고 지은 시에,

　독 안에 든 쥐로만 생각했더니(爲是囊中一物爾)
　흰 화살에 검정 눈알 빠질 줄이야(那知玄花落白羽)

라고 하였으니 현화(玄花)라고 함은 눈알을 이름이요, 백우(白羽)라고 함은 화살을 말함이다. 이상 두 분의 읊은 시는 물론 우리나라에서 옛날부터 내려오는 전설에서 따 온 것이다.

　당 태종이 전국의 군대를 몰아 왔다가 이 보잘 것 없는 조그마한 성에 와서 뜻을 이루지 못하고 황망히 돌아서게 된 사적에는 다소 의심을 둘 바도 없진 않을 것이다. 원래 김부식[120]이 삼국사기를 쓰면서 당 태종의 이름을 밝히지 않은 것은 유감이라고 하지 않을 수 없다. 원래 김부식은 삼국사기를 지으면서 다만 중국 사서(史書)를 무턱대고 베껴 이를 사실로 삼았을 뿐으로 심지어는 유공권(柳公權)[121]의 소설로부터 황제가 포위당한 것까지 인용하여 입증을 하면서도 이 사실이 〈당서〉(唐書)나 사마광(司馬光)[122]의 통감에도 수록되어 있지 않고 본즉, 중국에서는 이 사실을 기피하는 줄 의심하여 우리나라의 전설 구문들은 그것이 믿을만하건 못하건간에 감히 한 구절도 싣지 못하고 몽땅 빼고 말았다.

　나는 여기서 말할 수 있다. 당 태종이 안시성에서 눈알을 잃어버렸는지는 똑똑히 고증할 수 없다 손치더라도 이 성을 안시성이라고 하는데는 분명히 나는 아니라고 주장할 것이다.

---

120) 1075~1151. 고려 중엽의 저명한 학자. 〈삼국사기〉의 저자.
121) 중국 당나라 원화(元和) 연간의 대학자요, 글씨 잘 쓰는 명필가. 〈구당서〉 저자.
122) 중국 송나라의 학자. 〈자치통감〉(資治通鑑)의 저자.

〈당서〉에 본다면 안시성은 평양과의 거리가 5백리요, 봉황성은 왕검성(王儉城)이라 부르기도 한다고 썼고, 지지(地志)에는 봉황성을 평양이라고 부른다 하였으니 이러고 보면 무엇을 표준삼아 이름을 붙였는지 모를 일이요, 또 지지에는 옛날 안시성은 개평현(盖平縣)[123]의 동북 70리 지점에 있다고 하였고 개평현으로부터 동으로 수암하(秀岩河)까지 3백리요, 수암하로부터 동으로 2백리를 가면 봉황성이라고 했으니 이것으로써 옛 평양이라 한다면 〈당서〉에서 말한 평양과 안시성의 거리가 약 5백리쯤 된다는 것이 맞아 떨어지는 셈이다.

우리나라 인사들은 기껏 안다는 것이 지금의 평양 뿐으로서 기자(箕子)가 평양에 도읍을 했더라 하면 이 말은 꼭 믿고, 평양에 정전(井田)이 있었더라 하면 이 말은 얼른 믿고, 평양에 기자묘(箕子墓)가 있다고 하면 이 역시 믿으나 만약에 봉황성이 평양이었더라 하면 깜짝 놀랄 것이요, 더구나 요동에도 평양이 있었느니라 한다면 아주 괴변으로 알고 야단들일 것이다. 그들은 요동이 본래 조선의 옛 땅인 것을 모르고 숙신(肅愼), 예맥(穢貊)과 동이(東彛)의 잡족들이 모두들 위만조선(衛滿朝鮮)에 복속하였던 것을 모를 뿐만 아니라 오라(烏剌), 영고탑(寧古塔), 후춘(後春) 등지가 본래 고구려의 옛 강토임을 모르고 있다. 애닯구나! 후세에 와서 경계를 자세히 모르게 되고 본즉 함부로 한사군(漢四郡)의 땅을 압록강 안으로 모두 끌어들여 억지로 사실을 구구하게 붙여대어 놓고는 그 속에서 패수(浿水)까지 찾게 되어 혹은 압록강을 가리켜 패수라 하기도 하고 혹은 청천강을 가리켜 패수라 하기도 하고 혹은 대동강을 가리켜 패수라 하기도

---

123) 봉천부(奉天府)에 속하는 지방.

하니 이로써 조선의 옛 강토는 싸움도 없이 쭈글어 들고 만 것이다. 이것은 무슨 까닭일까? 평양을 한군데 정해두고 패수는 앞으로 내고 뒤로 물림을 언제나 사적에 따라다니게 한 까닭이다.

　나는 일찍이 한사군 땅은 비단 요동 뿐만 아니라 여진(女眞)도 마땅히 들어간다고 주장하였다. 왜 그러냐 하면 〈한서〉(漢書), 〈지리지〉(地理誌)에는 현토(玄菟), 낙랑(樂浪)은 있으나 진번(眞蕃), 임둔(臨屯)은 보이지 않았다. 그런데 한나라 소제(昭帝) 원시(元始) 5년에 4군을 합쳐 2부(府)로 만들고 원봉(元鳳) 원년에는 또 다시 2부를 2군으로 고쳤는데 현토 3현에 고구려가 있고 낙랑 25현에 조선이 있고 요동 18현에 안시성이 있다.

　그런데 진번은 장안(長安)으로부터 7천리 떨어져 있고 임둔은 장안으로부터 6천 백리로서 김륜(金崙)[124]이 말한 바와 같이 이 땅들은 우리나라 안에서는 찾아낼 수 없을 것이요, 마땅히 지금의 영고탑 등지가 됨이 옳을 것이다. 이로써 미루어 보면 진번과 임둔은 한나라 말년에 부여(扶餘), 읍루(挹婁), 옥저(沃沮)에 들어갔고, 부여는 다섯 부여가 되고, 옥저는 네 개 옥저가 되어 혹은 변하여 물길(勿吉)이 되고 말갈(靺鞨)로 발해(勃海)로 여진으로 차차 변하게 되었다. 발해의 무왕(武王) 대무예(大武藝)가 일본의 성무(聖武)왕에게 회답한 글에,

"고구려의 옛 땅을 회복하고 부여의 끼친 풍속을 물려받았다."

는 구절이 있으니, 이로써 본다면 한나라 4군은 절반은 요동에 있고 절반은 여진에 있어 본래의 우리 강토를 가로 걸치고 있었던 사실이 명백하다. 한나라 이래로 중국에서 말하는 패수란 일

---

124) 조선조 세조(世祖) 시대 학자.

정하지 아니하고 또 우리나라 인사들이 반드시 지금의 평양을 표준으로 삼고는 저마다 패수의 자리를 찾고들 있으나 이것은 다름이 아니라 중국 사람들은 무릇 요동의 왼편 강물을 몰아서 패수로 부르고 보니 이치에 맞지 않고 사실이 어긋남이 모두 이 까닭이다. 그러므로 고조선과 고구려의 옛 땅을 알고자 하면 먼저 여진의 국경을 맞추어 보아야 할 것이요, 다음으로 패수를 요동에서 찾아야 할 것이다. 패수의 자리가 확정된 뒤에야 영토와 경계가 밝혀질 것이요, 영토의 경계가 밝혀진 뒤에야 고금의 사실들이 부합될 것이다.

그러면 봉황성은 과연 평양이던가. 여기가 혹 기씨(箕氏)나 위씨(衛氏)나 고씨(高氏)들의 도읍한 곳이었다면 이것도 하나의 평양이 될 것이다. 왜 그러냐 하면 〈배거전〉(裵矩傳)에는,

"고구려는 원래 고죽국(孤竹國)으로서 주나라는 기자를 여기에 봉했고 한나라는 4군으로 나누었으니 이른바 고죽 땅은 지금의 영평부(永平府)에 있다."

고 했다. 또 광녕현(廣寧縣)에는 옛적에 기자묘(廟)가 있어 우관(冔冠)[125]을 씌운 소상(塑像)을 세웠더니 명나라의 가정(嘉靖)[126] 때에 병화에 불타버렸다고 한다. 광영 사람들은 여기를 평양으로 불렀고 〈금사〉(金史)[127]나 〈문헌통고〉(文獻通考)[128]에는 다같이 광영과 함평(咸平)을 모두 기자의 봉지라고 하였으니 이로써 미루어 보건대 영평, 광영 사이가 또 한 개의 평양이 될 것이다.

---

125) 중국 은나라 때의 갓 이름.
126) 중국 명나라 연호(1322~1566).
127) 중국 원(元)의 역사. 탁극탁(託克託) 등이 지음.
128) 중국 원나라 마단림(馬端臨)이 지음.

〈요사〉(遼史)에 보면 발해 현덕부(顯德府)는 본래 조선 땅으로 기자가 있었던 평양성이라고 하였는데, 요(遼)나라가 발해를 치고 동경으로 고쳤으니 지금의 요양현(遼陽縣)이 바로 이곳이다. 이로써 미루어 보면 요양현이 또 한 개의 평양이 되어야 할 것이다.

나의 생각에는 기씨는 처음 영평, 광영 사이에 자리를 잡았다가 뒤에는 연(燕)나라 장수 진개(秦開)에게 쫓겨나 2천리 땅을 잃어버리고 점점 동쪽으로 옮겨가 중국의 진나라, 송나라가 남쪽으로 밀려가던 것처럼 되었으니 이리하여 가는 곳마다 평양이라고 불렀으니 오늘의 대동강 가에 있는 평양도 그 하나일 것이다.

패수도 또한 이와 흡사하니 고구려의 판도가 가끔 늘기도 하고 줄기도 하였은즉, 패수란 이름도 역시 국경을 따라 옮겨 다녀 중국의 남북조(南北朝) 시대에 주(州)나 군(郡)의 이름들이 서로 혼동되었던 것과 다름없다. 그런데 오늘의 평양으로써 평양이라 하는 자는 대동강을 가리켜 패수라 하고 평안·함경 양도의 접경에 있는 산을 가리켜 개마대산(蓋馬大山)이라 한다.

요양으로써 평양이라고 하는 자는 헌우(軒芋), 낙수(樂水)를 패수라 부르고 개평현(蓋平縣)의 산을 개마대산이라고 부르는 것이니 어느 것이 옳은지 정확히는 모를 일이나 오늘의 대동강으로써 패수라 함은 제 땅을 스스로 줄여서 하는 말이 될 것이다.

"당나라 의봉(義鳳) 2년에 고구려의 보장왕(寶藏王)을 요동주 도독(都督)으로 하여 조선왕으로 봉하고 요동으로 보내어 안동도호부(安東都護府)를 새 성으로 옮겨 이를 통치케 하였다."

하니, 이로써 보면 요동에 있는 고구려의 영토를 당나라가 비록 얻기는 하였으나 이를 지니지 못하고 다시 고구려에 돌렸는 바

평양은 본래 요동에 있었는데 혹은 이 당시 이름을 평양으로 붙이어 패수와 함께 왔다 갔다 하였음이 분명하다.

한(漢)나라가 요동에 두었던 낙랑군치(樂浪郡治)는 그 자리가 오늘의 평양이 아니요, 요양의 평양이다.

그 뒤 보장왕 때에 와서 요동과 발해 전경계는 거란(契丹)에 들어가고 보니 겨우 자비령(慈悲嶺) 철령(鐵嶺)선을 그어 이를 지켜냈고 선춘령(先春嶺) 압록강 마저 다 내어버려 돌아다보지도 않았으니 그 밖에 땅들이야 한발자국인들 말해서 무엇하랴.

고려는 비록 안으로는 삼국을 통합했지만 그 강토와 무력은 고구려의 강대함에 멀리 미치지 못하였거늘 후세의 옹졸한 선비들은 평양의 옛 명칭에만 마음이 쏠렸고 함부로 중국의 사전(史傳)에만 등을 대고는 수당(隋唐)의 옛 책에 정신이 팔려,

"여기가 패수다. 여기가 평양이다."

하고 사실과는 다른 말을 하니 이 성을 안시성이니 봉황성이니 함도 무슨 재주로 변증해 낼 것인가.

성의 주위는 3리에 불과한 데 벽돌로써 수십 겹으로 쌓아 규모는 웅장하고도 사치스럽고 네모가 반듯하여 마치 모난 말(斗)을 놓아둔 것만 같다. 아직도 절반쯤 쌓아 올렸은즉 그 높이는 비록 알 수 없을지라도 성문 위에 누각을 세우는데는 구름다리를 놓고 공가(空駕)[129]를 달아 역사는 비록 방대해 보여도 기계가 편리하여 벽돌을 운반하고 흙을 실어 나르는 것도 모두 기계로 움직이며, 더러는 위에서 끌어 올리고 더러는 절로 밀리어 가기도 하는 것이 여러 가지 방법으로 되어 어느 것이나 모두 힘은 절반 들고 성과는 곱절이나 나는 기술이요, 방법이다. 배

---

129) 기중기 종류.

워 본받을 일이지만 다만 앞길이 바빠 자세히 볼 수도 없었을 뿐만 아니라 또 온종일 틈을 내어 익히 들여다본다 하더라도 짧은 시간으로는 이것들을 도저히 배워 낼 수 없으니 실로 애달픈 것이다.

식사를 마치고 변계함(卞季涵)과 정진사와 함께 먼저 떠났다. 강영태(康永太)가 대문에 나서 전송을 하는데 매우 섭섭해 하는 뜻을 보이면서 돌아올 때가 겨울철이 되거든 역서(曆書) 한 권만 구해 달라고 부탁한다. 나는 그에게 우황청심환 한 개를 주었다.

한 점포 앞을 지나다 보니, 한쪽에 금자로 「당(當)」 자를 쓴 패(牌)가 걸려 있는데, 그 곁줄에는 「유군기부당(惟軍器不當)」[130] 이란 다섯 글자가 씌었으니, 이것은 전당포(典當鋪)다. 예쁘장하게 생긴 청년 두셋이 그 안에서 뛰어 나와서 길을 막아 서며 잠깐만 땀을 들이고 가라 한다. 이에 모두들 말에서 내려 따라 들어가 본즉, 그 모든 시설이 아까 강씨의 집보다도 더 훌륭하다. 뜰 가운데 큰 분(盆)이 두 개 놓여 있고, 그 속에는 서너 줄기의 연밥이 심어져 있으며, 오색 붕어를 기르고 있었다. 한 청년이 손바닥만한 작은 비단 그물을 가져와서 작은 항아리 가로 가더니, 몇 마리 빨간 벌레를 떠다가 분 속에 띄운다. 그 벌레는 게알같이 작으며, 모두 꼬물꼬물 움직인다. 청년은 다시 부채대로 분의 가장자리를 두들기면서 독독소리로 고기를 부르니, 고기가 모두 물 위로 나와서 모이와 물을 머금고 거품을 뱉는다.

마침 때가 한낮이라 불볕이 내리쬐여서 숨이 막혀 더 오래 머물 수 없으므로, 드디어 길을 떠났다. 정진사와 함께 앞서거니 뒷서거니 가면서 나는 정진사에게

---

130) 유군기부당(惟軍器不當) : 오직 군대 무기만은 저당잡지 않는다.

"그 성 쌓은 방식이 어떠한가?"

하고 물었다. 정진사는

"벽돌이 돌만 못한 것 같아."

하고 대답한다. 나는 또

"자네가 모르는 말일세. 우리나라의 성제(城制)에는 벽돌을 쓰지 않고 돌을 쓰는 것은 잘못일세. 대체 벽돌로 말하면, 한 개의 네모진 벽돌 박이에서 박아 내면 만 개의 벽돌이 똑같을지니, 다시 깎고 다듬는 공력을 허비하지 않을 것이요, 아궁이 하나만으로 구워 놓으면 만 개의 벽돌을 제자리에서 얻을 수 있으니, 일부러 사람을 모아서 나르고 어쩌고 할 수도 없을 게 아닌가? 다들 고르고 반듯하여 힘을 덜고도 공이 배나 되며, 나르기 가볍고 쌓기 쉬운 것이 벽돌만한 게 없네. 이제 돌로 말하면, 산에서 쪼개어 낼 때에 몇 명의 석공을 써야 하며, 수레로 운반할 때에 몇 명의 인부를 써야 하고, 이미 날라다 놓은 뒤에 또 몇 명의 손이 가야 깎고 다듬을 수 있으며, 다듬어 내기까지에 또 며칠을 허비해야 할 것이요, 쌓을 때도 돌 하나하나를 놓기에 몇 명의 인부가 들어야 하며, 이리하여 언덕을 깎아 내고 돌을 입히니, 이야말로 흙의 살에 돌옷을 입혀 놓은 것이어서, 겉으로 보기에는 가지런하나 속은 실로 울퉁불퉁한 법일세. 돌은 워낙 들쭉날쭉하여 고르지 못한 것인즉, 조약돌로 그 궁둥이와 발등을 괴며, 언덕과 성과의 사이는 자갈에 진흙을 섞어서 채우므로, 장마를 한 번 치르면 속이 비고 배가 불러져서, 돌 한 개가 튀어나와 빠지면 그 나머지는 모두 다투어 무너질 것은 훤히 뵈는 이치요, 또 석회의 성질이 벽돌에는 잘 붙지만 돌에는 붙지 않는 것일세. 내가 일찍이 차수(次修)[131]와 더불어 성제를 논할 때에 어떤 이가 말

---

131) 차수(次修) : 박제가(朴齊家)의 자. 재선(在先) 또는 수기(修其)라고도 하였다. 연암의 제자, 한시문 4대가.

하기를 '벽돌이 굳다 한들 어찌 돌을 당할까보냐' 하자, 차수가 소리를 버럭 지르며 '벽돌이 돌보다 낫다는 게 어찌 벽돌 하나와 돌 하나를 두고 말함이요?' 하던데 그려. 이는 가위 철칙일세. 대체 석회는 돌에 잘 붙지 않으므로 석회를 많이 쓰면 쓸수록 더 터져 버리며, 돌을 배치하고 들떠 일어나는 까닭에 돌은 항상 외톨로 돌아서 겨우 흙과 겨루고 있을 따름이네. 벽돌은 석회로 이어 놓으면, 마치 어교(魚膠)가 나무에 합하는 것과 붕사(硼砂)[132]가 쇠를 붙이는 것과 같아서, 아무리 많은 벽돌이라도 한 뭉치로 엉켜져 굳은 성을 이룩하므로, 벽돌 한 장의 단단함이야 돌에다 비할 수 없겠지만은, 돌 한 개의 단단함이 또한 벽돌 만 개의 굳음만 같지 못할지니, 이로써 본다면 벽돌과 돌 중 어느 것이 이롭고 해로우며 편리하고 불편한가를 쉽게 알 수 있겠지."

하였다. 정진사는 방금 말등에서 꼬부라져 거의 떨어질 것 같다. 그는 잠든 지 오래된 모양이다. 내가 부채로 그의 옆구리를 꾹 찌르며

"어른이 말씀하시는데 웬 잠을 자고 듣지 않아?"

하고 큰 소리로 꾸짖으니, 정진사가 웃으며

"내 벌써 다 들었네. 벽돌은 돌만 못하고 돌은 잠만 못하느니."

한다. 나는 하도 부아가 나서 때리는 시늉을 하고, 함께 한바탕 크게 웃었다.

시냇가에 이르러 버드나무 그늘에서 땀을 들였다. 오도하(五渡河)까지 5리 만큼씩 봉대가 하나씩 있다. 이른바 두대자(頭臺子)·이대자(二臺子)·삼대자(三臺子)라는 것은 모두 봉대(烽臺)의 이름이다. 벽돌을 성처럼 쌓아 높이가 대여섯 길이나 되며,

---

[132] 붕사가 쇠를 붙이다 또는 납이 쇠를 붙게 하다의 원문의 鵬砂는 硼砂의 오기이며 붕사는 쇠를 붙이는 공업용 광물.

동그랗기가 마치 필통(筆筒) 같다. 대위에는 성가퀴가 시설되었
는데, 형편없이 헐어진 대로 내버려 두었음은 무슨 까닭일까.
길가에는 간혹 관널을 돌 무더기로 눌러 둔 것이 보인다. 오랫
동안 그냥 내버려 두어서 나무 모서리가 썩어 버린 것도 있다.
대개 뼈가 마르기를 기다려서 불사른다 한다.

 길 옆에 흔히 무덤이 있는데, 위가 뾰족하고 떼를 입히지 아
니하였으며, 백양(白楊)을 많이 줄지어 심었다.

 도보(徒步)로 길 다니는 사람들이 극히 적다. 걷는 이는 반드
시 어깨에 포개(鋪盖)[133]를 짊어졌다. 포개가 없으면 여관에서
재우지 않으니, 이는 도둑이 아닌가 의심하기 때문이다. 안경을
쓰고 길가는 자는 눈의 안력을 기르고자 함이다. 말을 탄 이는
모두 검은 비단신을 신고, 걷는 이는 대체로 푸른 베신을 신었
는데, 신바닥에는 모두 베를 수십 겹이나 받쳐 댄 것이다. 미투
리나 짚신은 보지를 못했다.

 송점(松店)에서 묵었다.

 이곳은 설리점(雪裏店)이라고도 하고, 또 설류점(薛劉店)이라
고도 부른다.

 이날은 칠십 리를 걸었다. 누가 말하기를

 "이곳은 옛날의 진인 동보(東堡)이다."

라고 한다.

---

133) 포개(鋪盖) : 원주에 침구(寢具)를 포개라 한다 하였다.

二十八日 乙亥

朝霧晚晴, 早與卞君, 先爲發行, 戴宗遙指一所大庄院曰, 此通官徐宗孟家也, 皇城亦有家, 更勝於此, 宗孟貪婪多不法, 吮朝鮮膏血, 大致富厚, 旣老, 爲禮部所覺, 家之在皇城者被籍, 而此猶存, 又指一所曰, 雙林家也, 其對門曰, 文通官家也, 舌本瀏利, 如誦熟文, 戴宗, 宣川人也, 已六七入燕云, 比至鳳城三十里, 衣服盡濕, 行人髭鬚, 結露如秧針貫珠, 西邊天際, 重霧忽透, 片碧纔露, 嵌空玲瓏, 如愡眼小琉璃, 須臾霧氣盡化祥雲, 光景無限, 回看東方, 一輪紅日, 已高三竿矣, 中火於康永太家, 永太年二十三, 自稱民家(漢人稱民家滿人稱旗下)白晳美麗, 能鼓西洋琴, 問讀書否, 對曰, 已誦四書, 尙未講義, 所謂誦書講義有兩道, 非如我東初學之兼通音義, 中原初學者, 只學四書章句, 口誦而已, 誦熟然後, 更就師受旨, 曰講義, 設令終身未講義, 所習章句, 爲日用官話, 所以萬國方言, 惟漢語最易, 且有理也, 永太所屈, 精洒華侈, 種種位置, 莫非初見, 炕上鋪陳, 皆龍鳳氍毹, 椅榻所藉, 皆以錦緞爲褥, 庭中設架, 以細簟遮日, 四垂緗簾, 前列石榴五六盆, 就中白色石榴盛開, 又有異樹一盆, 葉類冬栢, 果似枳實, 問其名, 曰無花果, 果皆雙雙並帶, 不花結實故, 名, 書狀來見(趙鼎鎭), 各叙年甲, 長余五歲, 副使繼又來訪(鄭元始)爲叙萬里同苦之誼, 金子仁(文淳)爲道兄此行, 而我境冗擾, 未及相訪, 余曰定交於他國, 可謂異域親舊, 副使書狀, 皆大笑曰, 未知誰爲異域也, 副使, 長余二歲, 余祖父與副使祖父, 嘗同愡治功令, 有同研錄, 余祖父, 爲京兆堂上, 時副使祖父, 以京兆郞投刺, 各道舊日同研事, 余時八九歲在傍, 知有舊誼, 書狀指白石榴曰, 曾見此否, 余對不曾見, 書狀曰, 吾童子時, 家有此榴, 國中更無, 蓋此榴華而不實云, 略叙閒話, 皆起去, 渡江日, 雖相識面於蘆荻叢中, 未嘗叙話, 又兩日柵外, 連幕露宿, 亦未嘗晤故, 今以異域相戲者, 此也, 點心尙遠云, 不敢遲待, 遂忍飢行甑, 初由右邊小門而入故, 不知其家之雄侈若此, 今由前門而出則, 外庭數十百間, 三使帶率, 都入此家, 而不知着在何處, 非但我行區處綽綽有餘, 來商去旅絡繹不絶, 又有車二十餘輛, 闖門而入, 一車所駕馬騾, 必五六頭, 而不聞喧聲, 深藏若虛, 蓋其妥置凡百, 自有規模, 不相妨礙, 觀此外貌, 其他細節, 不湏盡說矣, 緩步出門, 繁華富麗, 雖到皇京, 想不更加, 不意中國之若是其盛也, 左右市廛連互輝燿, 皆彫牕綺戶, 畫棟朱欄, 碧榜金扁, 所居物, 皆內地奇貨, 邊門僻奧之地, 乃有精鑑雅識也, 又入一宅, 其壯麗, 更勝於康家, 而其制度大約皆同, 凡室屋之制, 必除地數百步, 長廣相適, 剗剷平正, 可以測土圭安針盤然後, 築臺, 臺皆石址, 或一級或二級三級, 皆甃築而磨石爲甃, 臺上建屋, 皆一字, 更無曲折附麗, 第一屋爲內室, 第二屋爲中堂, 第三屋爲前堂, 第四屋爲外室, 外室, 前臨大道爲店房, 爲市廛, 每堂前, 有左右翼室, 是爲廊廡寮廂, 大約一屋, 長必六楹八楹十楹十二楹, 兩楹之間, 甚廣, 幾我國平屋二間, 未嘗隨材短長, 亦不任意闊狹, 必準尺度, 爲間架, 屋皆五梁或七梁, 從地至屋脊, 測其高下, 簷爲居中故, 瓦溝如建瓴, 屋左右及後面, 無冗簷, 以甎築墻, 直埋椽頭, 盡屋之高, 東西兩墻, 各穿圓牕, 面南皆戶, 正中一間, 爲出入之門, 必前後直對, 屋三重四重則, 門爲六重八重洞開則自內室門, 至外室門, 一望貫通, 其直如矢, 所謂洞開重門我心如此者, 以喩其正直也, 路逢李同知惠迪(譯官三堂上), 李君笑曰, 窮邊邨野, 何足掛眼, 吾言雖至皇城, 未必勝此, 李君曰然, 雖有大小奢儉之別, 規模大率相同耳, 爲室屋, 專靠於甓, 甓者甎也, 長一尺廣五寸, 比兩甎則正方, 厚二寸, 一匡搨成, 忌角缺, 忌楞刓, 忌體翻, 一甎犯忌則, 全屋之功, 左矣, 是故, 旣一匡印搨, 而猶患參差, 必以曲尺見矩, 斤削礪磨, 務令勻齊, 萬甎一影, 其築法, 一縱一橫, 自成坎离, 隔以石灰, 其薄如紙, 僅取膠貼, 縫痕如線, 其和灰之法, 不雜麤沙, 亦忌黏土, 沙太麤則不貼, 土過黏則易坼, 故, 必取黑土之細膩者, 和灰同泥, 其色黛黧如新燔之瓦, 葢取其性之不黏不沙, 而又取其色質純如也, 又雜以氈絲, 細剉如毛, 如我東圬土, 用馬矢同泥, 欲其靭而無龜, 又調以桐油, 濃滑如乳, 欲其膠而無罅, 其葢瓦之法, 尤爲可效, 瓦之體, 如正圓之竹, 而四破之, 其一瓦之大, 恰比兩掌, 民家不用鴛鴦瓦, 椽上不構散木, 直鋪數重蘆簟然後, 覆瓦, 簟上不藉泥土, 一仰一覆, 相爲雌雄, 縫瓦亦以石灰之泥, 鱗級膠貼, 自無雀鼠之穿屋, 最忌上重下虛, 我東葢瓦之法, 與此全異, 屋上厚鋪泥土故, 上重, 墻壁不甎築, 四柱無倚故, 下虛, 瓦體過大故, 過彎, 過彎故, 自多空處, 不得不補以泥土, 泥土厭重, 已有棟撓之患, 泥土一乾, 則瓦底自浮, 鱗級流退, 乃生罅隙, 已不禁風透雨漏, 雀穿鼠, 竄蛇繆貓翻之患, 大約立屋, 甎功居多, 非但竟高築墻, 室內室外, 罔不鋪甎, 盡庭之廣, 麗目井井, 如畫碁道, 屋倚於壁, 上輕下完, 柱入於墻, 不經風雨, 於是不畏延燒, 不畏穿, 窬尤絶雀鼠蛇猫之患, 一閉正中一門, 則自成壁壘城堡, 室中之物, 都似櫃藏, 由是觀之, 不須許多土木, 不煩鐵冶墁工, 甓一燔而屋已成矣, 方新築鳳凰城, 或曰此則安市城也, 高勾麗方言, 稱大鳥曰安市, 今鄙語, 往往有訓鳳凰曰, 安市, 稱蛇曰白巖, 隋唐時, 就國語以鳳凰城爲安市城, 以蛇城爲白巖城, 其說頗似有理, 又世傳安市城主楊萬春, 射帝中目, 帝耀兵城下, 賜絹百匹, 以賞其爲主堅守, 三淵金公昌翕, 送其弟老稼齋昌業入燕詩曰, 千秋大膽楊萬春, 箭射虬髥落眸子, 牧隱李公穡, 貞觀吟曰, 爲是囊中一物爾, 那知玄花落白羽, 玄花言其目, 白羽言其箭, 二老所咏, 當出於吾東流傳之舊, 唐太宗, 動天下之兵不得志於彈丸小城, 蒼黃旋師, 其跡可疑, 金富軾, 只惜其史失姓名, 葢富軾爲三國史, 只就中國史書, 抄謄一番, 以作事實, 至引柳公權小說, 以證駐驛之被圍, 而唐書及司馬通鑑, 皆不見錄, 則疑其爲中國諱之, 然至若本土舊聞, 不敢略載一句, 傳信傳疑之間, 葢闕如也, 余曰, 唐太宗, 失目於安市, 雖不可攷, 葢以此城爲安市, 愚以爲非也, 按唐書, 安市城去平壤五百里, 鳳凰城亦稱王儉城, 地志, 又以鳳凰城稱平壤, 未知此何以名焉, 又地志, 古安市城, 在葢平縣東北七十里, 自葢平東至秀巖河三百里, 自秀巖河東至二百里, 爲鳳城, 若以此爲古平壤, 則與唐書所稱五百里, 相合, 然吾東之士, 只知今平壤, 言箕子都平壤則信,言平壤有井田則信, 言平壤有箕子墓則信, 若復言鳳城爲平壤則, 大驚, 若曰, 遼東, 復有平壤則, 叱爲恠駭, 獨不知遼東, 本朝鮮故地, 肅愼濊貊, 東彛諸國, 盡服屬衛滿朝鮮, 又不知烏刺寧古塔後春等地, 本高勾麗疆, 嗟乎, 後世不詳地界, 則妄把漢四郡地, 盡局之於鴨綠江內, 牽合事實, 區區分排, 乃復覔浿水於其中, 或指鴨綠江爲浿水, 或指淸川江爲浿水, 或指大同江爲浿水, 是朝鮮舊疆, 不戰自蹙矣, 此其故何也, 定平壤於一處, 而浿水前卻, 常隨事跡, 吾嘗以爲漢四郡地, 非特遼東, 當入女眞, 何以知其然也, 漢書地理志, 有玄菟, 樂浪, 而眞番臨屯, 無見焉, 蓋昭帝始元五年, 合四郡爲二府, 元鳳元年, 又改二府爲二郡, 玄菟三縣, 有高勾麗, 樂浪二十五縣, 有朝鮮, 遼東十八縣, 有安市, 獨眞番, 去長安七千里, 臨屯, 去長安六千一百里, 金崙所謂我國界內不可得, 當在今寧古塔等地者, 是也, 由是論之, 眞番臨屯, 漢末, 卽入於扶餘, 挹婁, 沃沮, 扶餘五而沃沮四, 或變而爲勿吉, 變而爲靺鞨, 變而爲渤海, 變而爲女眞, 按渤海武王大武藝, 答日本聖武王書, 有曰, 復古麗之舊居, 有扶餘之遺俗, 以此推之, 漢之四郡, 半在遼東, 半在女眞, 跨踞包絡, 本我幅員, 益可驗矣, 然而自漢以來, 中國所稱浿水, 不定厥居, 又吾東之士, 必以今平壤立準, 而紛然尋浿水之跡, 此無他, 中國人, 凡稱遼左之水, 率號爲浿, 所以程里不合, 事實多舛者, 爲由此也, 故, 欲知古朝鮮高勾麗之舊城, 先合女眞於境內, 次尋浿水於遼東, 浿水定然後, 疆城明, 疆城明然後, 古今事實合矣, 然則鳳城, 果爲平壤乎, 曰此亦或箕氏, 衛氏, 高氏,所都則爲一平壤也, 唐書裴矩傳, 言高麗, 本孤竹國, 周以封箕子, 漢分四郡, 所謂孤竹地, 在今永平府, 又廣寧縣, 舊有箕子廟, 戴哻冠塑像, 皇明嘉靖時燬於兵火, 廣寧人或稱平壤, 金史及文獻通考, 俱言廣寧咸平, 皆箕子封地, 以此推之, 永平廣寧之間, 爲一平壤也, 遼史, 渤海顯德府, 本朝鮮地箕子所封平壤城, 遼破渤海, 改爲東京, 卽今之遼陽縣是也, 以此推之, 遼陽縣爲一平壤也, 愚以爲箕氏, 初居永廣之間, 後爲燕將秦開所逐, 失地二千里, 漸東益徙, 如中國晋宋之南渡, 所止皆稱平壤, 今我大同江上平壤, 卽其一也, 浿水亦類此, 高勾麗封域, 時有嬴縮則, 浿水之名, 亦隨而遷徙, 如中國南北朝時, 州郡之號, 互相僑置, 然而以今平壤, 爲平壤者, 指大同江曰, 此浿水也, 指平壤咸鏡兩界間山曰, 此蓋馬大山也, 以遼陽爲平壤者, 指蓒芋濼水曰, 此浿水也, 指蓋平縣山曰, 此蓋馬大山也, 雖未詳孰是, 然, 必以今大同江爲浿水者, 自小之論耳, 唐儀鳳二年, 以高麗王臧(高勾麗寶藏王高臧), 爲遼東州都督, 封朝鮮王, 遣歸遼東, 仍移安東都護府於新城以統之, 由是觀之, 高氏境土之在遼東者, 唐雖得之, 不能有而復歸之高氏, 則平壤本在遼東, 或爲寄名與浿水, 時有前郤耳, 漢樂浪郡治, 在遼東者, 非今平壤, 乃遼陽之平壤, 及勝國時(王氏高麗), 遼東及渤海一境, 盡入契丹則, 謹畫慈鐵兩嶺而守之, 並棄先春鴨綠而不復顧焉, 而況以外一步地乎, 雖內幷三國, 其境土武力, 遠不及高氏之强大, 後世拘泥之士, 戀慕平壤之舊號, 徒憑中國之史傳, 津津隋唐之舊蹟曰, 此浿水也, 此平壤也, 已不勝其逕庭, 此城之爲安市, 爲鳳凰,惡足辨哉, 城周不過三里, 而甋築數十重, 制度雄侈, 四隅正方, 若置斗然, 今裁半築則, 其高低雖未可測, 門上建樓處, 設雲梯, 浮空駕起, 工役雖似浩大, 器械便利, 運甓輸土, 皆機動輪轉, 或自上汲引, 或自推自行, 不一其法, 皆事半功倍之術, 莫非足法, 而非但行忙, 難以遍觀, 雖終日熟視, 非造次可學, 良可歎也, 食後, 與卞季涵, 鄭進士, 先行, 康永泰, 出門揖送, 頗有惜別之意, 且囑歸時, 當値冬節, 願資賜一件時憲, 余解給一丸淸心, 過一鋪, 掛一面金書當字牌, 旁書惟軍器不當五字, 此典當鋪也, 有數三美少年, 走出鋪中, 遮馬請少刻納涼, 遂相與下馬隨入, 其凡百位置, 更勝康家, 庭中有二大盆, 種三五柄蓮子, 養得五色鮒魚, 年少手持掌大紗罾, 向小瓮邊, 舀了幾顆紅蟲, 浮沉盆中, 蟲細如蟹卵, 皆蠕蠕, 少年, 更以扇敲響邪盆郭, 念念招魚, 魚皆出水呷沫, 日方午天, 火傘下曝, 悶塞不可久居, 遂行, 與鄭進士, 或先或後, 余謂鄭曰, 城制何如, 鄭曰, 甓不如石也, 余曰, 君不知也, 我國城制, 不甋而石, 非計也, 夫甋, 一函出矩則萬甋同樣, 更無費力磨琢之功, 一窰燒成, 萬甋坐得, 更無募人運致之勞, 齊勻方正, 力省功倍, 運之輕而築之易, 莫甋若也, 今夫石, 剛之於山, 當用匠幾人, 輦運之時, 當用夫幾人, 旣運之後, 當用匠幾人以琢治之, 其琢治之功, 又當再費幾日, 築之之時, 安排一石之功, 又當再用夫幾人, 於是, 削崖而被之, 是土肉而石衣也, 外似峻整, 內實骫脆, 石旣參差不齊則, 恒以小石, 撑其尻趾, 崖與城之間, 實以碎礫, 雜以泥土, 一經潦雨, 腸虛腹漲, 一石疎脫, 萬石爭潰, 此易見之勢也, 且石灰之

性, 能黏於甎, 而不能貼石, 余, 嘗與次修論城制, 或曰甓
之堅剛, 安能當石, 次修大聲曰, 甓之勝於石, 豈較一甓一
石之謂哉, 此可爲鐵論, 大約石灰, 不能貼石則用灰彌多,
而彌自皸坼, 背石卷起故, 石常各自一石, 而附土爲固而
已, 甎得灰縫, 如魚膘之合木, 鵬砂之續金, 萬甓凝合, 膠
成一城故, 一甎之堅, 誠不如石, 而一石之堅, 又不及萬甎
之膠, 此其甓與石之利害便否, 所以易辨也, 鄭於馬上, 僵
僂欲墮, 蓋睡已久矣, 余, 以扇搠其脅, 大罵曰, 長者爲語,
何睡不聽也, 鄭笑曰, 吾已盡聽之, 甓不如石, 石不如睡
也, 余, 忿欲敺之, 相與大笑, 至河邊得柳陰, 納凉五渡河,
五里之間一臺子, 所謂頭臺子, 二臺子, 三臺子, 皆烽堡
也, 甎築如城, 高五六丈, 正圓如筆筒, 上施垛堞, 多毁壞
而不修葺何也, 道傍, 或有柩, 累石壓之, 年久露置, 木頭
朽敗, 蓋待其骨枯, 擧而焚之云, 沿道多有墳塋, 其封高
銳, 亦不被莎, 多樹白楊, 排行正直, 行旅步走者絶少, 步
走者必肩擔鋪盖(寢具謂鋪盖), 無鋪盖者, 店房不許留接, 疑
其姦宄也, 掛鏡而行者, 養目者也, 乘馬者, 皆着黑緞靴
子, 步行者, 皆着靑布靴子, 其底, 皆衲布數十重, 絶不見
麻鞋藁履, 宿松店, 一名雪裡店, 又號薛劉店, 是日, 行七
十里, 或曰此舊鎭東堡也。

29일 병자(丙子), 맑게 개다.

배로 삼가하(三家河)를 건너갔다. 배가 마치 말 구유같이 생겼는데 통나무를 파서 만들었고, 상앗대도 없이 양편 강언덕에

Y자형 나무를 세우고 큰 밧줄을 건너 띠웠다. 그 줄을 잡아당기며 따라가면 배가 저절로 오가기 마련이다. 말은 모두 물에 둥둥 떠서 건넌다.

다시 배로 유가하(劉家河)를 건넜고, 황하장(黃河庄)에서 점심을 먹었다. 한낮이 되니 극도로 더웠다. 말탄 채로 금가하(金家河)를 건너니, 여기가 이른바 팔도하(八渡河)이다. 임가대(林家臺)·범가대(范家臺)·대방신(大方身)·소방신(小方身) 등지는 5리나 10리마다 마을이 즐비하고 뽕나무와 삼밭이 우거졌으며 때마침 올기장이 누렇게 익었고 옥수수 이삭이 한창 패어났는데, 그 잎을 모조리 베었으니, 이는 말과 노새의 먹이로 쓰기도 하고, 또는 옥수숫대가 땅기운을 모두 받게 함이다.

이르는 곳마다 관제묘(關帝廟)가 있고, 몇 집만 보면 반드시 한 채의 큰 우리가 있어서 벽돌을 굽게 되었다. 벽돌을 틀에 박아 내어 말리는 것이며, 전에 구워 놓은 것, 새로 구울 것들이 곳곳에 산더미처럼 쌓였으니, 대저 벽돌이 무엇보다도 일용에 요긴한 물건인 까닭이다.

전당포에서 잠깐 쉬려는데, 주인이 중간방으로 맞이하여 더운 차(茶) 한 잔을 권한다. 집안에는 진귀한 물건이 진열되었다. 시렁의 높이는 들보에 닿았고, 그 위엔 저당 잡은 물건을 차례로 얹어 놓았다. 모두 옷들이다. 보자기에 싼 채 종이쪽지를 붙여서 물건 임자의 성명·별호·얼굴특징인 상표·주소 등을 적고는 다시

"모년·모월·모일에 무슨 물건을 무슨 자호(字號) 붙인 전당포에다 친히 건네주었다."

라고 썼다. 그 이자는 십분의 이를 넘는 법이 없고, 기한을 지난

채 한 달이 넘으면 물건을 팔아 넘길 수 있다.

황금빛 금자로 쓴 주련(柱聯)에는

"홍범(洪範)의 구주(九疇)[134]에는 먼저 부(富)를 말하였고, 대학의 십 장에도 반은 재(財)를 논하였다."

라는 것이 있다. 옥수숫대로 교묘하게 누각처럼 만들어, 그 속에 풀벌레 한 마리를 넣어 두고 그 우는 소리를 들으며 처마 끝에는 조롱을 달아 매고 이상한 새 한 마리를 기르고 있었다.

이 날 오십 리를 가서 통원보(通遠堡)에서 묵었다. 여기가 곧 진이보(鎭夷堡)이다.

二十九日 丙子

晴, 舟渡三家河, 舟如馬槽, 全木刳成, 無櫓槳, 兩岸立丫木, 橫截大繩, 緣繩而行則舟自來往, 馬皆浮渡, 又舟渡劉家河, 中火黃河庄, 午極熱, 馬渡金家河, 所謂八渡河也, 林家臺, 范家臺, 大小方身五里十里之間, 村閭相望, 桑麻菀然, 時方早黍黃熟, 蜀黍發穗, 而皆刈去其葉, 以飼馬騾, 亦所以爲黍柄養其全氣也, 到處有關廟, 數家相聚, 必有一座大窰以燒甄, 范印晒曝, 新舊燔燒, 處處山積, 蓋甓爲日用先務也, 少憩, 典當舖主人, 引至中堂, 勸一椀熱茶, 位置多異玩, 設架齊梁, 整置所典之物, 皆衣服也, 褓裏付紙籤, 書物主姓名別號, 相標居住, 再書某年月日典當某件, 子某字號舖親手交付云云, 其利殖之法, 無過什

---

134) 홍범구주(洪範九疇) : 기자(箕子)가 주무왕(周武王)에게 진술한 국가의 기본 법도 아홉가지.

二, 過期一朔, 許賣, 典當題著金字柱聯曰, 洪範九疇先言富, 大學十章半論財, 以葛黍柄巧搆樓閣, 置艸蟲一枚, 以聽鳴聲, 簷端懸彫籠, 養一異鳥, 是日行五十里, 宿通遠堡, 卽鎭夷堡也。

7월 1일 정축(丁丑), 새벽에 큰비가 내려 떠나지 못하였다.

정진사(鄭進士)·주주부(周主簿)·변군(卞君)·내원(來源)·조주부(趙主簿) 학동(學東)[135] 등과 더불어 투전판을 벌여서 소일도 할 겸 술값을 벌자는 심산이었다. 그들은 나더러 투전에 솜씨가 서툴다고 한 몫 넣지는 않고, 그저 가만히 앉았다가 술만 마시라고 한다. 속담에 이른바 굿이나 보고 떡이나 먹으라는 셈이니, 더욱 분하긴 하나 역시 어쩔 수 없는 일이다. 혼자 옆에 앉아서 지고 이기는 구경이나 하고 술은 남보다 먼저 먹게 되었으니, 미상불 해롭잖은 일이다.

벽을 사이에 두고 가끔 여인의 말소리가 들려온다. 하도 가냘픈 목청과 아리따운 하소연이어서 마치 제비와 꾀꼬리가 우짖는 소리인 듯싶다. 나는 마음속으로

"이는 아마 주인집 아가씨겠지. 반드시 절세의 가인이리라."

하고, 일부러 담뱃불 댕기기를 핑계하여 부엌에 들어가 보니, 나이 쉰도 넘어 보이는 부인이 문쪽에 평상을 의지하고 앉았는데, 그 생김생김이 매우 사납고 누추하다. 나를 보고

"아저씨, 평안하셔요."

---

135) 조주부학동(趙主簿學東) : 원주 상방의 건량판사(乾糧判事)이다. 라고 했다.

한다. 나는

"주인께서도 많은 복을 받으셔요."

하며 답하고는 짐짓 재를 파헤치는 체하면서 그 부인을 곁눈질해 보았다. 머리쪽지에는 온통 꽃을 꽂고, 금비녀·옥귀고리에 분연지를 살짝 바르고, 몸에는 검은 빛 긴 통바지에 촘촘히 은단추를 끼었고, 발엔 풀·꽃·벌·나비를 수놓은 한 쌍의 신을 꿰었다. 대체 만주 여자인 듯 싶다. 다리에는 붕대를 감지 않고 발에는 궁혜(宮鞋)를 신지 않았음을 보아서 짐작할 수 있다. 주렴 속에서 한 처녀가 나온다. 나이나 얼굴이 스무 남은 살 되어 보인다. 그가 처녀임은 머리를 양쪽으로 갈라서 위로 틀어올린 것으로 보아서 분별할 수 있다. 생김새는 역시 억세고 사나우나, 다만 살결이 희고 깨끗하다. 쇠밥그릇을 갖고 와서 퍼런 질그릇 동아리를 기울여 수수밥 한 사발을 수북하게 퍼담고, 양푼의 물을 부어서 서쪽 벽 아래 걸터 앉아 젓가락으로 밥을 먹는다. 또 두어 자 길이나 되는 파뿌리를 잎사귀째 장에 찍어서 밥과 번갈아 씹어 먹는다. 목에는 달걀만한 혹이 달렸다. 그는 밥을 먹고 차를 마시며, 하는 표정으로 보아 조금도 수줍어하는 기색이 없으니, 이는 아마 해마다 조선 사람을 보아 와서 아주 예사로 낯익었기 때문이리라.

뜰은 넓이가 수백 간이나 된다. 장마비에 수렁이 되어 있다. 시냇가 물에 씻긴 조약돌이, 마치 바둑돌이나 참새알 같은 것이 애초에는 쓸데없는 물건이건마는, 그 모양과 빛이 비슷한 것을 골라서 문간에 아롱진 봉새 모양으로 무늬지게 깔아서 수렁을 막았다. 그들에게는 버리는 물건이 없음을 이로 미루어 짐작할 수 있다.

닭은 모두 꼬리와 깃을 뽑고 두 겨드랑이 밑의 털까지도 뜯어 버리어 이따금 고깃덩이만 남은 닭이 절름거리면서 다닌다.

"이는 빨리 키우는 한 방법이요, 또 이가 꾀는 것을 예방함이다. 여름이 되면 닭에 검은 이가 번식해서 꼬리와 날개에 붙어 오르면 반드시 콧병이 생기며, 입으로는 누런 물을 토하고 목에는 가래 소리가 난다. 이것을 계역(雞疫)이라 한다. 그러므로 미리 꼬리와 깃을 뽑아서 시원한 기운을 쐬여 준다고 한다."[136]

七月初一日　丁丑

曉大雨, 留行, 與鄭進士, 周主簿, 卞君, 來源, 趙主簿學東(上房乾粮判事), 賭紙牌以遣閒, 且博飮資也, 諸君, 以余手劣黜之座, 但囑安坐飮酒, 諺所謂觀光但喫餠也, 尤爲忿恨, 亦復奈何, 坐觀成敗, 酒則先酌, 也非惡事, 時聞間壁婦人語聲嫩囀嬌恣, 燕燕鶯鶯, 意謂主家婆娘, 必是絶代佳人, 及爲歷翫堂室, 一婦人五旬以上年紀, 當戶據牀而坐, 貌極悍醜, 道了叔叔千福, 余答道托主人洪福, 余故遲, 爲玩其服飾制度, 滿髻挿花, 金釧寶瑲, 略施朱粉, 身着一領黑色長衣, 遍鎖銀紐, 足下穿一對靴子, 繡得草花蜂蝶, 葢滿女不纏脚不着弓鞋, 簾中轉出一個處女, 年貌似是廿歲以上, 處女, 髻髮中分縮上, 以此爲辨, 貌亦傑悍, 而肌肉白淨, 把鐵鏃子, 傾綠色瓦盆, 滿勻了蜀黍飯, 盛得一椀, 和鏃瀝水, 坐西壁下交椅, 以箸吸飯, 更拿數尺葱根, 連葉

---

136) 본항 끝머리 부분에는 수택본과 박영철본에 빠진 부분이 더러 있는 것을 「일재본」에서 보충 하였다.

蘸醬, 一飯一佐, 項附鷄子大癭瘤, 啖飯喫茶, 略無羞容, 葢歲閱東人, 尋常親熟故也, 庭廣數百間, 久雨泥淖, 河邊水磨小石, 如碁子大黃雀卵者, 本無用之物, 而揀其形色相類者, 當門處, 錯成九苞飛鳳, 以禦泥淖, 其無棄物推此可知, 鷄皆毛羽脫落, 一如抽鑷, 徃徃肉鷄蹁跚醜惡不忍見.

所以助長也, 且禁虱也, 夏月鷄, 生黑虱, 緣尾附翼, 安生鼻病, 口吐黃水, 喉中痰響, 謂之鷄疫故, 拔其毛羽踈通淳氣云.

초2일 무인(戊寅), 새벽에 큰비가 내리다가 늦게 개다.

앞 시냇물이 불어서 건널 수 없으므로 떠나지 못한다. 정사가 내원과 주주부를 시켜 앞 시내에 나가서 물을 보고 오라 한다. 나도 따라 나섰다. 몇 리를 가지 않아서 큰 물이 앞을 가로막아 물가가 보이지 않는다. 헤엄 잘 치는 사람을 시켜서 물속에 들어가 그 얕고 깊음을 재게 하니, 열 발자국도 못 가서 어깨가 잠긴다. 돌아와서 물살 형편을 알리니, 정사가 걱정하여 역관과 각방(各房)의 비장들을 모조리 불러서 각기 물 건널 계책을 말하게 한다. 부사와 서장관도 역시 참석하였다. 부사가

"문짝과 수레의 바탕을 많이 세내어 떼를 매어서 건너는게 어떠하리까?"

하니 주주부가

"거 참 좋은 계책이올시다."

한다. 수역관이

"문짝이나 수레를 그렇게 많이 얻을 수 없으리다. 그런데 이 근처에 집 지으려고 둔 재목이 십여 간분 있으니 그것을 세낼 수는 있으나, 단지 이를 얽어 맬 칡덩굴을 얻기 어려울 듯합니다."

하여, 여러 가지 의견이 분분하였다. 내가

"무어, 뗏목을 맬 것까지야 있소. 내게 한두 척(隻) 마상이가 있는데, 노도 있고 상앗대도 갖추었으나 다만 한 가지가 없소."

하니, 주주부가

"그럼, 없는 게 무엇이요?"

하고, 묻는다. 나는

"다만 그를 잘 저어 갈 사공이 없소."

한즉, 모두들 허리를 잡고 웃는다.

주인은 워낙 경솔하고 멍청하여 눈을 부릅떠도 고무래「정(丁)」자를 모를 정도였지만, 책상 위에는 오히려「양승암집(楊昇菴集)」[137]과 「사성원(四聲猿)」[138] 같은 책들이 놓여 있고, 길이 한 자 넘어 보이는 정남색(正藍色) 자기병에 조남성(趙南星)[139]의 철여의(鐵如意)[140]가 비스듬히 꽂혀 있으며, 운간(雲間)[141] 호문명(胡文明)이 만든 조그만 납다색(蠟茶色) 향로며 그 밖의 교의·탁자·병풍·장자(障子) 등이 모두 아치가 있어서 궁벽한 시골

---

137) 양승암집(楊昇菴集) : 중국 명나라의 학자 양신(楊愼)의 문집이다. 승암은 그의 호임.
138) 사성원(四聲猿) : 명나라의 서위(徐渭)가 지은 전기(傳奇)소설.
139) 조남성(趙南星) : 명(明) 희종(憙宗) 때 이부상서(吏部尙書)로서, 위충현(魏忠賢)에게 몰리어 대주(代州)로 귀양가서 죽었다.
140) 철여의(鐵如意) : 쇠로 만든 여의. 여의는 손에 지니는 완상물의 일종이며 여의의 본 뜻은 여의주.
141) 운간(雲間) : 강소성(江蘇省) 송강현(松江縣)의 옛 이름.

티가 보이지 않는다. 내가

"주인의 살림살이는 좀 넉넉한가?"

하고 물은즉, 그는

"일년 줄곧 부지런히 일한대야 굶주림을 면하지 못한답니다. 만일 귀국 사신의 행차가 없다면, 아주 살림살이는 막연할 형편입니다."

한다. 나는 또

"아들과 딸을 몇이나 두었나요?"

하고 물었더니, 그는

"다만 도둑놈 하나만 있으나, 아직 여의치 못했답니다."

하기에, 나는

"게, 무슨 말이야? 도둑이 하나라니."

"예, 도둑도 딸 다섯 둔 집에는 들지 않는다 하오니, 이 아니 집안의 좀도둑이 아니옵니까?"

한다. 오후에 문을 나서 바람을 쐬었다. 수수밭 가운데서 별안간 새총 소리가 난다. 주인이 급히 나와 본다. 밭 속에서 어떤 사람 하나가 한 손에 총을 들고 또 한 손으로 돼지 뒷다리를 끌고 나와 주인을 흘겨 보고

"왜, 이 짐승을 내놓아서 밭에 들여보냈어?"

하고, 노한 음성을 낸다. 주인은 다만 송구한 기색으로 공손히 사과하여 마지않는다. 그 자는 피가 뚝뚝 떨어지는 돼지를 끌고 가버린다. 주인은 자못 서러운 모양으로 우두커니 서서 거듭 한탄만 하기에, 내가

"그 자의 잡아가는 게 뉘 집에서 먹이는 돼지인고?"

하고 물은즉, 주인은

"우리 집에서 기르던 것이지요."

한다. 나는 또

"그렇다면, 잘못 남의 밭에 들어갔기로서니 수숫대 하나 다친 것이 없는데, 그 놈이 왜 그릇되이 저놈을 잡아 죽이는가. 주인은 의당히 그 자에게 돼지값을 물려야 하잖는가?"

한즉, 주인은

"값을 물리다니, 돼지우리를 잘 단속하지 못한 것이 이쪽의 잘못이죠."

한다. 대체 청나라 강희제(康熙帝)가 농사를 매우 소중히 여겨서, 그 법에 마소가 남의 곡식을 밟으면 갑절로 물어주어야 하고, 함부로 마소를 놓는 자는 곤장 육십장을 맞히며, 양이나 돼지가 밭에 들어간 것을 밭 임자가 보면, 곧 그 짐승을 잡아가도 주인은 감히 내가 주인인 체하지 못한다. 그러나 다만 수레가 다니는 자유는 막지 못한다. 그리하여, 길이 수렁이 되면 밭이랑 사이로도 수레를 끌고 들어가기 쉬우므로, 밭 임자는 항상 길을 잘 닦아서 밭을 지키기에 힘쓴다고 한다.

마을 가에 벽돌 굽는 가마가 둘이 있다. 하나는 마침 다 구워 거의 굳어서, 흙을 아궁이에 이겨 붙이고 물을 수십 통 길어다가 잇달아 가마 위로 들어붓는다. 가마 위가 조금 움푹 패어서 물을 부어도 넘치지 않는다. 가마가 한창 달아서 물을 부으면 곧 마르고 하므로 가마가 닳아서 터지지 않게 물을 붓는 것 같다.

또 한 가마는 벌써 구워서 식어졌으므로, 방금 벽돌을 가마에서 끌어내는 중이다. 대체로 이 벽돌가마의 제도가 우리나라의 기와가마와는 아주 다르다. 먼저 우리나라 가마의 잘못된 점을 말해야 이를 잘 이해할 수 있을 것이다.

우리나라의 기와가마는 곧 하나의 뉘어 놓은 아궁이어서 가마라고 할 수 없다. 이는 애초에 가마를 만드는 벽돌이 없기 때문에 나무를 세워서 흙으로 바르고 큰 소나무를 연료로 삼아서 이를 말리는데, 그 비용이 벌써 수월찮다. 아궁이가 길기만 하고 높지 않으므로, 불이 위로 오르지 못한다. 불이 위로 오르지 못하므로 불기운이 힘이 없으며, 불기운이 힘이 없으므로 반드시 소나무를 때서 불꽃을 세게 한다. 소나무를 때서 불꽃을 세게 하므로 불길이 고르지 못하고, 불길이 고르지 못하므로 불에 가까이 놓인 기와는 이지러지기가 일쑤이며, 먼 데 놓인 것은 잘 구워지지 않는다. 자기를 굽거나 옹기를 굽거나를 막론하고 모든 도자기가마 제도가 다 이 모양이며, 그 소나무를 때는 법도 역시 한가지니, 그것은 솔진액의 불길이 다른 나무보다 훨씬 세기 때문이다. 그러나 소나무는 한 번 베면 새 움이 돋아나지 않는 나무이므로, 한번 옹기장이를 잘못 만나면 사면의 뫼가 모두 벌거숭이가 된다. 백년을 두고 기른 것을 하루아침에 다 없애 버리고, 다시 새처럼 사방으로 솔을 찾아서 흩어져 가버린다. 이것은 오로지 기와 굽는 방법 한 가지가 잘못 되어서, 나라의 좋은 재목이 날로 줄어들고 질그릇 굽는 업도 역시 날로 곤궁해지는 요인이 되는 것이다.

이곳의 벽돌가마를 보니, 벽돌을 쌓고 석회로 봉하여 애초에 말리고 굳히는 비용이 들지 않고, 또 마음대로 높고 크게 할 수 있어서 그 꼴이 마치 큰 종을 엎어 놓은 것 같다. 가마 위는 못처럼 움푹 패게 하여 물을 몇 섬이라도 부을 수 있고, 옆구리에 연기 구멍 네댓을 내어서 불길이 잘 타오르게 되었으며, 그 속에 벽돌을 놓되 서로 기대어서 불꽃이 잘 통하도록 되어 있다.

대체 요약해 말한다면, 그 묘법은 벽돌을 쌓는데 있다 하겠다. 이제 나로 하여금 손수 만들게 한다면 극히 쉬울 듯싶으나, 입으로 형용을 하기에는 매우 힘들다. 정사가

"그 쌓은 것이 '품(品)' 자와 같더냐?"

"그런 것 같기도 하오나, 꼭 그런 건 아니올씨다."

변주부가

"그러면 책갑(册匣)을 포개 놓은 것 같습디까?"

"그런 듯도 하지만, 꼭 그렇다고도 할 수 없을 걸."

대체 그 쌓는 법이, 벽돌을 눕히지 않고 모로 세워서 여남은 줄을 방바닥 구들 고래처럼 만들고, 다시 그 위에다 벽돌을 비스듬히 놓아서 차차 가마 천장에 닿게까지 쌓아 올린다. 그러는 중에 구멍이 저절로 뚫어져서 마치 큰 고니의 눈같이 된다. 불기운이 그리로 치오르면 그것이 각기 불목이 되어, 그 수없이 많은 불목이 불꽃을 빨아들이므로 불기운이 언제나 세어서, 비록 저 하찮은 수수깡이나 기장대를 연료로 때도 고루 굽히고 잘 굳는다. 그러므로 터지거나 뒤틀어지거나 할 걱정은 자연히 없다. 지금 우리나라의 도자기업자는 먼저 그 제도를 연구하지 않고, 다만 큰 솔밭이 없으면 가마를 설치할 수 없다고만 한다. 이제 요업은 금할 수 없는 일이요, 소나무 역시 한이 있는 물건인즉, 먼저 가마의 제도를 고치는 것만 같지 못하니, 그렇게 되면 양편이 다 이로울 것이다. 옛날 오성(鰲城)[142]과 노가재(老稼齋)가 모두 벽돌의 이로움을 논하였으되, 가마의 제도에 대해서는

---

142) 오성(鰲城) : 조선 선조(宣祖) 때의 정치가 이항복(李恒福)의 봉호(封號) 오성군(鰲城君)이었다.

상세히 말하지 않았으니, 매우 한스런 일이다. 혹은 말하기를

"수수깡이 삼백 줌이면 한 가마를 구울 수 있는데, 벽돌 팔천 개가 나온다."

한다. 수수깡의 길이가 한 길 반이고, 굵기가 엄지손가락 만큼씩 되니, 한 줌이라야 겨우 네댓 개에 지나지 않는다. 그런즉, 수수깡을 때면 불과 천 개 남짓 들여서 거의 만 개의 벽돌을 얻을 수 있는 것이다.

하루 해가 몹시 지루하여 한 해인 듯 싶고, 저녁 때가 될수록 더위가 더욱 심해져서 졸려 견딜 수 없던 차에, 곁방에서 투전판이 벌어져 떠들고 야단들이다. 나도 뛰어가서 그 자리에 끼어 연거푸 다섯 번을 이겨 백여 푼을 땄으므로, 술을 사서 실컷 마시니 가히 어제의 수치를 씻을 수 있겠다. 내가

"그래도 불복인가?"

하니, 조주부와 변주부가

"요행으로 이겼을 뿐이죠."

한다. 서로 크게 웃었다. 변군과 내원이 분기가 풀리지 않았음인지 다시 한 판 하자고 조르나, 나는

"뜻을 얻은 곳에 두 번 가지 말고, 만족을 알면 위태롭지 않으니라."

하고 그만두었다.

初二日　戊寅

曉大雨晩晴, 前溪大漲, 不可渡, 遂留行, 正使命來源及周主簿, 前徃視水, 余亦隨行, 不數里, 巨浸當前, 不見涯涘, 使善泅者入水, 測其淺深, 不十步而肩已沒矣, 還報水勢, 正使愁悶, 盡招譯官及各房裨將, 使各陳渡水之策, 副使, 書狀, 亦來會, 副使曰, 多貰門扇及車輿, 作筏以渡何如, 周主簿曰, 此計大妙, 首譯曰, 門扇車輿, 難可多得, 此間造屋, 現有十餘間材木, 可以貰用, 但患葛絞難得, 諸議紛然, 余曰, 安用縛筏, 我有一兩隻舴艋, 櫓槳都具, 但欠一事, 周問所欠甚事, 余曰, 只乏個副手梢公, 一座哄笑, 主人鹿鹵, 目不識丁, 而兀上, 猶有楊升菴集, 四聲猿, 有尺餘正藍瓷瓶, 斜挿趙南星鐵如意, 臘茶色小香爐, 雲間胡文明製, 椅卓屛鄁, 俱有雅致, 不似窮邊村野氣, 余問爾家計粗足否, 對曰, 終歲勤苦, 未免飢寒, 若非貴國使行時, 都沒了生涯, 有男女幾個, 曰, 只有一盜, 尙未招婿, 余問何謂一盜, 曰盜不過五女之門, 豈不是家之盂賊, 午後, 出門閒行散悶, 蜀黍田中, 急響了一聲鳥銃, 主人忙出門看, 那田中, 跳出一個漢子, 一手把銃, 一手曳猪後脚, 猛視店主, 怒道何故放這牲口入田中, 店主面帶惶愧, 遜謝不已, 其人, 血淋淋拖猪而去, 店主, 佇立悵然, 再三惋歎, 余問那漢所獲誰家牧的, 店主曰, 俺家牧的, 余問雖然, 這畜, 逸入他人田中, 不曾傷害了一柄蜀黍, 奈何枉殺了這個牲口, 爾們應須追徵猪價麽, 店主曰, 那敢追徵, 不謹護牢, 是我之不是處, 盖康熙, 甚重稼穡, 制牛馬踐穀者, 倍徵故, 放者杖六十, 羊豕入田中, 田主登時捕獲, 放牧者不敢認主, 但不得遮車道, 阻泥則引出田間故, 田主常常治道, 以護田云, 村邊有二窰, 一恰裁燒畢, 塗泥竈門, 擔水數十桶, 連灌窰頂, 窰頂略坎, 受水不溢, 窰身方爛, 得水卽乾, 似當注水不焦爲候耳, 一窰先已燒冷, 方取甓出窰, 大約窰制, 與我東之窰判異, 先言我窰之誤然後, 窰制可得, 我窰, 直一臥竈, 非窰也, 初無造窰之甋故, 支木而泥築, 薪以大松, 燒堅其窰, 其燒堅之費, 先已多矣, 窰長而不能高故, 火不炎上, 火不能炎上故, 火氣無力, 火氣無力故, 必爇松取猛, 爇松取猛故, 火候不齊, 火候不齊故, 瓦之近火者, 常患苦窳, 遠火者, 又恨不熟, 無論燔瓷燒瓫, 凡爲陶之家, 窰皆如此, 其爇松之法, 又同, 松膏烈勝他薪也, 松一剪則非再蘖之樹, 而一遇陶戶, 四山童濯, 百年養之, 一朝盡之, 乃復鳥散, 逐松而去, 此緣一窰失法, 而國中之良材, 日盡, 陶戶亦日困矣。今觀此窰, 甋築灰封, 初無燒堅之費, 任意高大, 形如覆鍾, 袤頂爲池, 容水數斛, 旁穿烟門四五, 火能炎上也, 置甋其中, 相支爲火道, 大約其妙在積, 今使我手能爲之至易也, 然, 口實難形, 正使問其積, 類品字乎, 余曰, 似是而非也, 卞主簿問, 其積類疊册匣乎, 余曰, 似是而非也, 甋不平置, 皆隅立爲十餘行, 若埃堎, 再於其上, 斜駕排立, 次次架積, 以抵窰頂, 孔穴自然疎通如麂眼, 火氣上達相爲咽喉, 引焰如吸, 萬喉遞呑, 火氣常猛, 雖藋稭黍柄, 能勻燔齊熟, 自無攣翻, 龜坼之患, 今我東陶戶, 不先究窰制, 而自非大松林不得設窰陶非可禁之事, 而松是有限之物則, 莫如先改窰制, 以兩利之, 鰲城(李公恒福)老稼齋, 皆說甋利, 而不詳窰制, 甚可恨也, 或云藋稭三百握, 爲一窰之薪, 得甋八千, 藋稭長一丈半, 拇指大則, 一握僅四五柄耳, 然則藋稭爲薪, 不過千餘柄, 可得近萬之甋耳, 日長如年, 向夕尤暑, 不堪昏睡, 聞傍炕, 方會紙牌, 叫呶爭鬨,余遂躍然投座, 連勝五次, 得錢百餘, 沽酒痛飮, 可雪前恥, 問今復不服否, 趙卞曰, 偶然耳, 相與大笑, 卞君及來源, 不勝忿寃, 要余更設, 余辭曰, 得意之地勿再往, 知足不殆。

초3일 기묘(己卯), 새벽에 큰비가 내렸고, 아침과 낮에는 개었다.

밤들어 다시금 큰비가 내려서 이튿날 새벽까지 멎지 않으므로 또 묵었다.

아침에 일어나 들창을 여니, 지루하던 비가 깨끗이 개고 따스한 바람이 이따금 불어오며 날씨가 청명한 것으로 보아서, 낮에는 더울 것 같았다. 석류꽃이 땅에 가득히 떨어져서 붉은 진흙으로 변해 버렸다. 수국꽃은 이슬에 함빡 젖고, 옥잠화는 눈보다 더 희게 머리를 쳐든다.

문 밖에서 퉁소·피리·징 등의 소리가 나기에 급히 나가 보니, 시집가는 혼인 행차다. 채색 그림 그린 사초롱[紗燈籠]이 여섯 쌍, 푸른 일산(日傘)이 한 쌍, 붉은 일산이 한 쌍이요, 퉁소 한 쌍, 피리 한 쌍, 날나리 한 쌍, 징경 한 쌍이 있고, 가운데 푸른 가마 한 채를 교군 넷이 메고 간다. 사면에 유리를 끼워서 창을 내었고, 네모에는 색실을 드리워서 술을 달았다. 가마 한 허리에 통나무를 받쳐서 푸른 밧줄로 가로 묶고, 그 통나무 앞뒤로 다시 짧은 막대를 가로지르며 얽어 매어서 그 양쪽 머리를 네 사람이 메었는데, 여덟 발자국이 꼭꼭 발맞추어 한 줄로 가므로, 흔들리거나 출렁거리거나 하지 않고 그저 허공에 떠서 가는 폭이다. 그 법이 아주 묘하다. 가마 뒤에 수레 두 채가 있는데,

모두 검은 베로 방처럼 둘러씌우고 나귀 한 마리로 끌고 간다. 한 수레에는 두 늙은 여인을 태웠는데, 얼굴은 모두 추하건만은 그러나 화장은 제법 하였고, 앞머리가 다 벗어져서 바가지를 엎어 놓은 것처럼 번들번들 빛이 난다. 짧은 쪽진 머리카락이 뒤에 달렸는데다, 가지가지 꽃을 빈틈없이 꽂았다. 양쪽 귀에는 귀고리를 걸고, 몸에는 검은 웃옷에 누른 치마를 입었다. 또 한 수레에는 젊은 여인 세 사람을 태웠는데, 주홍빛 또는 푸른빛 바지를 입고 모두 치마를 두르지 않았다. 그 중에 한 소녀는 제법 아리땁다. 대체 화장 한 늙은 할미는 젖어미요, 이 소녀들은 몸종이라 한다.

삼십여 명의 말탄 군사가 뺑 둘러서 호위한 속에 한 뚱뚱한 사내가 앉아 있다. 그는 입가에나 턱 밑에 검은 수염이 거칠게 헝클어지고, 구조망포(九爪蟒袍)[143]를 걸쳐 입었으며, 흰 말과 금안장에 은등자를 넌지시 디디고 얼굴에는 웃음이 가득 찼다. 뒤에는 수레 세 바리에 의농(衣籠)이 가득 실렸다.

내가 주인더러

"이 동리에도 수재(秀才)[144]나 훈장(訓長)이 있을 테지?"

"이런 두메에 아무런 왕래가 없으니 무슨 학구선생(學究先生)이 있사오리까마는, 지난해 가을에 우연히 수재 한 분이 세관(稅官)을 따라 서울서 오셨는데, 도중에서 이질에 걸려 이곳에 떨어져 있게 되었습니다 글세. 이곳 사람들의 각별한 치료를 입어서, 겨울이 지나고 봄이 이르기까지에 아주 말끔히 낫게 되었죠. 그 선생님은 문장이 뛰어날 뿐더러, 겸하여 만주 글도 쓸 줄 안답니다. 그는 계속해 이곳에 머물러 계셔

---

143) 구조망포(九爪蟒袍) : 청나라 관리들이 입는 관복.
144) 수재(秀才) : 부(府)・주(州)・현(縣)의 학교에 있는 생원(生員).

서, 한두 해 동안 글방을 내고 이 시골의 아이들을 성심껏 가르쳐서 병 구료를 해준 은혜를 갚는다고 합니다. 그래서 방금도 저 관제묘에 계시옵지요."

"그럼, 잠간 주인이 인도해 줄 수 없을까?"

"무어, 남의 길잡이를 요할 것까지 있겠습니까?"

하며 손을 들어

"저기 저 높다란 사당집이 거기죠."

하고 가리킨다. 나는

"그 선생의 성함은 누구이던가?"

"이 마을에서는 모두들 그를 부선생(富先生)이라 부릅니다."

"부선생의 나이는?"

"나으리께서 친히 가셔서 직접 물어 보십시오."

하고, 방 안으로 들어가서 붉은 종이 수십 쪽을 들고 나와서 펴 보이며

"이게 부선생님께서 친히 써 주신 글씹니다."

한다. 그 붉은 종이의 글씨는 오른편에서 왼편으로 내리쓴 가는 글자로

"아무 어른 존전(尊前)에 아뢰옵니다. 모년·모월·모일에 어른께옵서 제게로 빛나게 왕림하여 주시옵기 삼가 바라옵니다."

하였다. 주인은 이어서

"이것은 제 아우가 지난 봄에 사위를 볼 때에 청첩을 그에게 빌어서 쓴 것입니다."

한다. 대체로 그 글씨는 겨우 글자가 이루어진 정도이다. 다만 수십 장의 글자 모양이 크지도 않고 작지도 않으며, 실에 구슬

을 펜 듯 책판에 글자를 박은 듯 똑같다. 나는 혼자서

"혹시 그 수재는 부정공(富鄭公)[145]의 후손이나 아닌가?"

생각하고, 곧 시대를 불러서 함께 관제묘를 찾아갔다. 한적하여 인기척이 없다. 두루 돌아다니면서 구경하는 차에, 오른편 곁방에서 아이의 글읽는 소리가 들린다. 조금 있다가 한 아이가 문을 열고 목을 늘여 한번 살피더니, 이내 뛰어나와 우리를 돌아보지도 않고 한달음에 어디로 가버린다. 나는 이 아이의 뒤를 따라가면서 말했다.

"너의 스승님은 어디 계시냐?"

"무엇 말씀이요?"

"부선생님 말씀이야."

아이는 조금도 듣는 체 않고 다만 입속으로 중얼중얼하다가 횡하니 가버린다. 내가 시대더러

"그 선생이 아마 이 속에 있겠지?"

하고 줄곧 오른편 곁방으로 가서 문을 열어 보니, 빈 교의 네댓이 놓였을 뿐, 아무런 사람도 보이지 않는다. 문을 닫고 몸을 돌이키려고 할 즈음에, 아까 그 아이가 한 노인을 데리고 온다. 생각에 이 이가 곧 '부'란 사람인 듯싶다. 그가 잠깐 이웃에 나간 것을 아이가 달려가서 손님이 왔다 하여 돌아온 모양이다. 그 생김생김을 보니, 단아한 빛이라곤 도무지 없다. 앞으로 가서 깍듯이 읍(揖)하자, 노인이 별안간에 와락 달려들어서 허리를 껴안고 힘껏 들었다 놓으며, 또 손을 잡고 흔들면서 얼굴 가득

---

145) 부정공(富鄭公) : 중국 송인종(宋仁宗) 때의 정치가 부필(富弼). 부는 성이요, 정은 봉호다.

히 웃음을 짓는다. 처음에는 놀랍고, 다음에는 불쾌하였다.

"당신이 부공(富公)이시오?"

그 노인이 아주 기뻐하면서

"영감께서 어찌 제 성을 아십니까?"

"저는 오랫동안 선생의 성화를 높이 들어서, 마치 우뢰 소리가 귀에 들리는 듯싶습니다."

"당신의 성함은 무어라 하십니까?"

내 성명을 써서 보이니, 그도 역시 써 보인다. 이름은 부도삼격(富圖三格)이요, 호는 송재(松齋), 자는 덕재(德齋)이다.

"삼격이란 무슨 의미셔요?"

"이건 저의 성명이옵니다."

"살고 계신 고을과 관향(貫鄕)은 어디셔요?"

"저는 만주 양람기(鑲藍旗)146)에 사는 사람이올씨다."

하고 다시

"영감께서는 이번엔 의당 면가(面駕)하시겠죠?"

하고 묻기에, 나는

"그게 무슨 말씀이오?"

"황제께옵서 의당 영감을 불러 보시겠죠?"

"황제께서 만일 접견하신다면 노인의 말씀을 잘 여쭈어서 작은 벼슬이라도 붙게 할 테니, 어떠하오?"

"만일 그리해 주시는 날이면, 박공(朴公)의 갸륵하신 은덕은 결초(結

---

146) 양람기(鑲藍旗) : 만주족은 전부 군대의 편제로 하여 팔기(八旗)로 나누었는데, 이는 그 중의 하나이다.

草)¹⁴⁷⁾를 할지라도 갚기 어렵겠소이다."

한다. 나는

"물에 막혀서 이곳에 머무른 지가 벌써 수일이나 되었소. 이다지 긴 여름 해를 보내기 난감하니, 노인께 볼 만한 책이 있으면 며칠만 빌려 주실 수 없겠소?"

"별로 없습니다. 전에 서울 있을 때, 가친 절공(浙公)이 명성당(鳴盛堂)¹⁴⁸⁾이라고 이름을 붙인 판각하는 각포(刻舖)를 내었는데, 그때의 책 목록이 마침 행장 속에 들어 있사온즉, 만일 소일삼아 보시려면 빌려 드리기 어렵지 않습니다마는, 단지 영감께서는 이제 바로 돌아가셔서 진짜 환약과 조선 부채 중에 잘된 것을 골라서 초면의 정표로 주신다면 영감의 참되이 사귈 뜻을 알겠은즉, 그때에 서목을 빌려 드려도 늦지 않겠소이다."

그 생김새와 말투를 보자니, 뜻이 하도 비루하고 용렬하여 더불어 이야기할 바가 못 될 뿐더러, 오래 앉았을 수도 없으므로 곧 하직하고 일어섰다. 부가 문에 나와 읍을 하여 보내면서

"귀국의 명주를 살 수 있겠습니까?"

하기에, 나는 대답도 하지 않고 돌아왔다.

정사가

"물어 볼 만한 것이 있던가? 더위 먹을까 조심스러우이."

"아까 한 늙은 훈장을 만났는데, 그저 만주 사람일 뿐 아니라 몹시 비루하여 더불어 이야기할 위인이 못됩디다."

한즉

---

147) 결초(結草) : 죽은 뒤의 결초보은(結草報恩). 「좌전(左傳)」에 실린 위과(魏顆)와 두회(杜回)의 고사(故事).
148) 명성당(鳴盛堂) : 북경 유리창(琉璃廠)에 있었던 판각점.

"그가 이왕 구하는 바에야 어찌 환약 한 개, 부채 한 자루를 아낄소냐. 그리고 서목을 빌어 봄도 해롭진 않아."

드디어 시대를 시켜서 청심환 한 개와 어두선(魚頭扇) 한 자루를 보냈더니, 시대가 이내 크기가 손바닥만하고 몇 장 되지도 않은 작은 책을 들고 돌아온다. 그나마 모두 빈 종이였고, 기록된 서목은 모두 청인의 소품(小品) 칠십여 종이다. 이는 불과 몇 장 되지도 않는 걸 가지고 많은 값을 요구하니, 그의 뻔뻔스러움은 말할 나위 없다. 그러나 이왕 빌어 온 것이요, 또 눈을 새롭게 하기 위하여, 이에 베껴놓고 돌려 보내기로 했다.

명성당서목(鳴盛堂書目)[149]이라 했는데 목록은 생략함(역자주)

初三日　己卯

曉, 大雨, 朝晝快晴, 夜又大雨達曙, 又留, 朝起開牕, 積雨快霽, 光風時轉, 日色淸明, 可占午炎, 榴花滿地, 銷作紅泥, 繡毯浥露, 玉簪抽雪, 門前有簫笛鐃鉦之聲, 急出觀之, 乃迎親禮也, 彩畵紗燈六對, 靑盖一對, 紅盖一對, 簫一雙, 笛一雙, 鐃鈸一雙, 疊鉦一雙, 中央四人, 肩擔一座靑屋轎, 四面傅玻瓈爲牕, 四角嚲彩絲流蘇, 轎正腰爲杠, 以靑絲大繩, 橫絞杠之, 前後再以短杠, 當中貫絞, 兩頭肩荷, 四人八蹄, 一行接武, 不動不搖, 懸空而行, 此法大妙, 轎後有兩車, 皆以黑布爲屋, 駕一驢而行, 一車共載

---

149) 명성당서목(鳴盛堂書目) : 원전에는 잇달아 씌어 있으나, 위의 「예단물목(禮單物目)」의 예를 따라 별도로 제목을 붙이고 정리하였다.(목록은 생략함)

四個老婆, 面俱老醜, 而不廢朱粉, 顚髮盡禿, 光赭如匏, 寸髻北指, 猶滿揷花朶, 兩耳垂璫, 黑衣黃裳, 一車共載三少婦, 朱袴或綠袴, 都不繫裳, 其中一少女, 頗有姿色, 盖老是粧婆, 乳媼, 少的是丫鬟也, 三十餘騎, 簇擁着一個胖大莽漢, 口旁頤邊, 黑髭鬆鬆, 穿着九爪蟒袍, 白馬金鞍, 穩踏銀鐙, 堆着笑臉, 後有三兩車, 滿載衣襆, 余問店主, 此邨裏可有秀才塾師麽, 店主曰, 邨僻少去處, 那有學究先生, 去年秋間, 偶有一個秀才, 從稅官京裡來的, 一路上染得暑痢, 落留此間, 多賴此處人, 一力調治, 經冬徂春, 快得痊可, 那先生文章出世, 兼得會寫滿州字, 情願暫住此間, 開了一兩年黌堂, 敎授些此邨小孩們, 以酬救療大恩, 現今坐在了關聖廟堂裡, 余曰, 可得主人暫勞鄕導, 店主曰, 不必仰人指導, 擧手指之曰, 這個屋頭出首的大廟堂是也, 余問, 這個先生姓甚名誰, 店主曰, 一邨坊, 都叫他富先生, 余問富先生多少年紀, 店主曰, 大公子, 儞自去問他, 店主因走入炕裡, 手拿紅紙數十片, 拈示道, 此乃那富先生親手墨蹟, 那紅紙左沿, 細書某位舍親尊台, 某年月日, 恭請台駕, 電莅敝筵, 店主道, 俺門兄弟, 前春招婿時, 倩他請席刺紙, 大約僅能成字, 而數十紙所寫字樣, 無大無小, 如珠貫絲, 如印一板, 意其秀才爲富鄭公苗裔, 卽喚時大同去, 尋那廟堂裡來, 寂無人聲, 周回觀玩, 右廂裡, 有小兒讀書聲, 俄有一兒, 開戶探頭一張, 因走出不顧而去, 余追問童子, 儞們的師父, 坐在那裡麽, 童子道甚麽, 余曰, 富先生, 童子畧不採聽, 口裏喃喃, 拂袖而去, 余謂時大曰, 那先生必在這裡, 遂直向右廂, 一推開戶, 有四五副空椅, 並無人跡, 余闔戶恰裁轉身, 那童子引一老者而來, 想是富也, 適纔開走比鄰, 那童子忙去報客而回也, 乍觀面目, 全乏文雅氣, 余向前肅揖, 那老者, 不意抱余腰脅, 盡力舂杵, 又把手顫, 顫滿堆笑臉, 余初則大驚, 次不甚喜, 問尊是富公麽那, 老者大喜道, 儞老那從識僚賤姓, 余曰, 吾久聞先生大名, 如雷灌耳, 富曰, 願聞尊姓大名, 余書示之, 富自書其名曰, 富圖三格, 號曰松齋, 字曰德齋, 余問甚麽三格, 富曰, 是吾姓名也, 余問貴鄕華貫在何地方, 富曰, 俺滿洲鑲藍旗人, 富問, 儞老此去, 當面駕麽, 余曰, 甚麽話, 富曰, 萬歲爺, 要當接見儞們, 余曰, 皇上萬一接見時, 吾當保奏儞老, 得添微祿麽, 富曰, 倘得如此時, 朴公大德, 結草難報, 余曰, 吾阻水留此, 已數日, 眞此永日難消, 儞老豈有可觀書册, 爲借數日否, 富曰, 無有, 徃在京裏時, 舍親折公, 新開刻舖, 起號鳴盛堂, 其群書目錄, 適在橐中, 如欲遣開時, 不難奉借, 但願儞老, 此刻暫回, 携得眞眞的丸子(淸心元), 高麗扇子, 揀得精好的作面幣, 方見儞老, 眞誠結識, 借這書目未晚也, 余察其容辭志意, 鄙悖庸陋, 無足與語, 不耐久坐, 卽辭起, 富臨門揖送, 且言貴邦明紬, 可得賣買麽, 余不答而歸, 正使, 問有何可觀, 恐中暑, 余對俄逢一老學究, 非但滿人, 鄙陋無足語, 正使曰, 彼旣有求, 何可嗇一丸一箑耶, 第不妨借看書目, 遂使時大, 送淸心元一丸, 魚頭扇一柄, 時大卽回, 持掌大幾葉小册而來, 皆空紙所錄書目, 盡是淸人小品七十餘種, 此不過數頁所錄, 而要索厚價, 其無恥甚矣, 然旣爲惜來, 且新眼目, 遂謄而還之。

초4일 경진(庚辰)

어젯밤부터 밤새도록 비가 억수로 퍼부어서 길을 떠나지 못했다.

「양승암집」도 보며 바둑도 두며 심심풀이하였다. 부사와 서장관이 상사의 처소에 모이고, 또 다른 여러 사람을 불러서 물 건널 방도를 묻다가, 오랜 뒤에 모두 돌아갔다. 아마 별 선책이 없는 모양이다.

初四日 庚辰

自昨夜達曙大霆, 留行, 看楊升菴集, 或圍碁消閒, 副使書狀, 來會上房, 又招行中, 廣詢渡水之策, 良久盡罷去, 似無善策也。

초5일 신사(辛巳), 맑게 개었다. 물에 막혀서 또 묵었다.

주인이 방 고래를 열고 기다란 가래로 재를 긁어 내고 있었다. 나는 그 구들 구조의 대략을 엿보았다. 먼저 높이 한 자 남짓하게 구들바닥을 쌓아서 편평하게 만든 뒤에 부서뜨린 벽돌로 바닥돌 놓듯 굄돌을 놓고, 그 위에는 벽돌을 깔았을 뿐이다.

벽돌의 두께가 본시 같으므로 깨뜨려서 고인다 해도 절름발이가 될 리 없고, 벽돌의 몸이 본시 가지런하므로 나란히 깔아 놓으면 틈이 날 리 없다. 방고래 높이는 겨우 손이 드나들 만하고, 굄돌은 갈마들며 불목이 되어 있다. 불이 불목에 이르면 그 넘어가는 힘이 빨아들이듯 하므로, 불꽃이 재를 휘몰아 불목이 메어지듯 세차게 들어간다.

  그리하여 여러 불목이 서로 잡아당겨서, 도로 나올 새가 없이 쏜살같이 굴뚝으로 빠져 나간다. 굴뚝의 높이는 한 길이 넘는다. 이것은 곧 우리나라 말의 개자리다. 불꽃이 항상 재를 몰아다가 고래 속에 가득히 떨어뜨리므로, 3년 만에 한 번씩 고랫목을 열고 재를 쳐내야 한다. 부뚜막은 한 길이나 땅을 파서 위로 아궁이를 내고, 땔나무는 거꾸로 집어 넣는다.

  부뚜막 옆에는 큰 항아리만큼 땅을 뚫고, 그 위에 돌덮개를 덮어서 봉당바닥과 가지런히 한다. 그 빈 데서 바람이 일어나서 불길을 불목으로 몰아넣으므로 연기가 조금도 새지 않는다. 또 굴뚝을 내는 법이, 큰 항아리만큼 땅을 파고 벽돌을 탑처럼 쌓아 올리되 지붕과 가지런하게 하였으므로, 연기가 그 항아리 속으로 굴러 들어서 서로 잡아당기고 빨아들이듯 한다. 이 법이 가장 묘하다. 대개 굴뚝이 틈이 생기면, 약간의 바람에도 아궁이의 불이 꺼지는 법이다. 그러므로, 우리나라 온돌은 항상 불을 내뿜고 방이 골고루 덥지 않음은, 그 잘못이 모두 굴뚝에 있다. 혹은 싸리로 엮은 농(籠)에 종이를 바르고, 혹은 나무판자로 통을 만들어 쓴다. 처음 세운 곳에 흙이 틈이 나거나, 혹은 종이가 떨어지거나, 또는 나무통이 벌어지거나 하면, 연기 새는 것은 막을 길이 없고, 바람이 한 번 크게 불면 연통은 소용이 없게 된다. 나는 생각하기를,

  "우리나라에서는 집이 가난해도 글읽기를 좋아해서, 겨울이 되면 백, 천명의 형제들 코끝에는 항상 고드름이 달릴 지경이니, 이 법을 배워 가서 삼동의 그 고생을 덜었으면 좋겠다."

  했다. 변계함이

"이곳의 구들은 아무래도 이상해요, 우리나라 온돌만 못할 것 같아요."

"못한 까닭이 뭐냐?"

"어찌 저 기름장판지 넉 장을 반듯하게 깔아서 빛은 화제(化齊)[150]와 같고 번드름하기는 수골(水骨)과 같을 수가 있겠소."

"이곳의 벽돌장판이 우리나라의 종이장판만 못한 것은 그럴싸한 말이야. 그러나 그거야, 이 구들 놓는 방법을 본받아 가서 우리나라 온돌에 쓰고, 그 위에 기름먹인 장판지를 깔아 본들, 누가 금할 리 있겠는가. 대체 우리나라 온돌제도는 여섯 가지 흠이 있으나 아무도 이를 말하는 사람이 없으므로, 내 시험조로 한 번 논할 테니, 자네는 떠들지 말고 조용히 들어 보게. 진흙을 이겨서 귓돌을 쌓고 그 위에 돌을 얹어서 구들을 만드는데, 그 돌의 크고 작음과 두껍고 얇음이 애초에 고르지 못하므로, 조약돌로 네모를 괴어서 그 절름발이를 금지하려 했으나 돌이 타고 흙이 마르면 곧잘 허물어짐이 첫째 흠이요, 돌이 울룩불룩하여 움푹하게 파인 데는 흙으로 메워서 평평하게 하므로, 불을 때도 고루 덥지 못함이 둘째 흠이요, 불고래가 덩실 높아서 불길이 서로 맞물지 못함이 세째 흠이요, 벽이 성기고 얇아서 곧잘 틈이 생기므로, 바람이 새고 불이 내쳐서 연기가 방안에 가득하게 됨이 네째 흠이요, 불목이 목구멍처럼 되어 있지 않으므로, 불길이 안으로 빨려 들어가지 않고 땔나무 끝에서만 남실거림이 다섯째 흠이요, 또 방을 말리려면 적어도 땔나무가 백 단은 들고, 열흘 안으로 입주를 못함이 여섯째 흠이다. 이제 곧 자네와 더불어 벽돌 수십 개만 깔아 놓으면, 웃고 이야기하는 사이에 벌써 몇 간 온돌이 이루어져서 그 위에 누워 잘 수 있을 것이니, 그 어떠한가?"

하고 설명했다. 저녁에 여럿이 술을 몇 잔 나누고, 밤이 이슥하

---

150) 화제(化齊) : 운모(雲母)의 일종으로서 빛이 붉다.

여 취해 돌아와서 누웠다. 정사의 맞은편 방인데, 다만 베 휘장이 중간을 가렸다. 정사는 벌써 한잠이 들었고, 나 혼자 담배를 피워 물고 정신이 몽롱한데, 머리맡에서 별안간 발자국 소리가 나므로 깜짝 놀라서

"거 누구냐?"

하고 소리를 지른즉

"도이노음이오."

하고 대답한다. 말소리가 심히 수상해서 나는

"이놈, 누구야?"

하고 거듭 소리친즉

"소인 도이노음이오."

하고, 큰소리로 대답한다. 시대와 상방(上房) 하인들이 모두 놀라 일어난다. 뺨 치는 소리가 들리고, 덜미를 밀어서 문 밖으로 끌어가는 모양이다. 이는 대저 갑군이 밤마다 우리 일행의 숙소를 순찰하여 사신 이하 모든 사람의 수를 헤어 가는 것을, 깊이 잠든 뒤이므로 여태껏 그런 줄 모르고 지냈던 것이다. 갑군이 제 스스로 「도이노음」이라 함은 더욱 절도할 일이다. 우리나라 말로 오랑캐를 「되놈」이라 하니, 이는 대저 되의 중국음이 「도이(島夷)」요, 놈의 중국음이 「노음(鹵音)」이니 천한 이를 가리키는 말이요, 「이오(伊吾)」란 높은 어른에게 여쭈는 말이다. 갑군이 오랫동안 사행을 치르는 사이에 우리나라 사람들에게 말을 배우되, 다만 「되」란 말이 귀에 익었기 때문이다. 한바탕의 승강이에 잠을 놓치고, 이어 벼룩에게 시달렸다. 정사 역시 잠을 잃고 촛불을 켠 채 그냥 날을 새웠다.

初五日　辛巳

晴, 阻水留行, 店主, 開其內炕烟溝, 持長柄鍬子, 扱灰, 余於是, 略觀炕制, 大約先築炕基, 高尺有咫, 爲地平然後, 以碎甎碁置, 爲支足, 而舖甎其上而已, 甎厚本齊故, 破爲支足, 而自無躄蹩, 甎體本勻故, 相比排舖, 而自無罅隙, 烟溝高下, 劣容伸手出納支足者, 遞相爲火喉, 火遇喉則必踰若抽引, 然, 火焰驅灰闐騈而入, 衆喉遞呑迭傳, 無暇逆吐, 達于烟門, 烟門一溝, 深丈餘, 我東方言犬座也, 灰常爲火所驅, 落滿阬中則, 三歲一開, 烟炕一帶, 扱除其灰, 竈門, 坎地一丈, 仰開炊口, 爇薪倒挿, 竈傍闢地, 如大瓮, 上覆石盖, 爲平地, 其中空洞生風, 所以驅納火頭於烟喉而點烟不漏也, 又烟門之制, 闢地如大瓮, 甎築狀如浮圖, 高與屋齊, 烟落瓮中, 如吸如吮, 此法尤妙, 大約烟門有隙則, 一線之風, 能滅一竈之火故, 我東房堗, 常患吐火, 不能遍溫者, 責在烟門, 或杻籠塗紙, 或木板爲桶, 而初堅處土築有隙, 或紙塗弊落, 或木桶有闖, 則不禁漏烟, 大風一射則, 烟桶爲虛位矣, 我念吾東家貧, 好讀書百千兄弟等, 鼻端六月, 恒垂晶珠, 願究此法, 以免三冬之苦, 卞季涵曰, 炕法終是恠異, 不如我東房法, 余問所以不如者何等, 卞君曰, 何如舖得四張附油芚, 色似火齊, 滑如水骨耶, 余曰, 炕不如房則是也, 其造堗之法, 但效此而施之於房, 舖得油芚有誰禁之, 東方堗制, 有六失而無人講解, 吾試論之, 君靜聽無譁, 泥築爲塍, 架石爲堗, 石之大小厚薄, 本自不齊, 必疊小礫, 以支四角, 禁其躄蹩, 而石焦土乾常患頹落, 一失也, 石面凹缺處, 補以厚土, 塗泥取平

故, 炊不遍溫, 二失也, 火高周, 焰不相接, 三失也, 墻壁
踈薄, 常苦有隙, 風透火逆, 漏烟滿室, 四失也, 火項之下,
不爲遞喉, 火不遠踰, 盤旋薪頭, 五失也, 其乾爆之功, 必
費薪百束, 一旬之內, 猝難入處, 六失也, 何如與君, 共鋪
數十甋, 談笑之間, 已造數間溫堗, 寢臥乎其上耶, 夜與諸
君, 略飮數杯, 更鼓已深, 扶醉歸臥, 與正使對炕而中隔布
幔, 正使已熟寢, 余方含烟朦朧枕邊, 忽有跫音, 余驚問,
汝是誰也, 荅曰, 擣伊鹵音爾幺, 語音殊爲不類, 余再喝汝
是誰也, 高聲對曰, 小人擣伊鹵音爾幺, 時大及上房厮隷,
一齊驚起, 有枇頰之聲, 推背擁出門, 外盖甲軍, 每夜巡檢
一行所宿處, 自使臣以下點數而去, 每値夜深睡熟故, 不覺
也, 甲軍之自稱, 擣伊鹵音, 殊爲絶倒, 我國方言, 稱胡虜
戎狄曰, 擣伊, 盖島夷之訛也, 鹵音者, 卑賤之稱, 爾幺者,
告於尊長之語訓也, 甲軍則多年迎送, 學語於我人, 但慣聽
擣伊之稱故耳, 一場惹鬧, 以致失睡, 繼又萬蛋跳踉, 正使
亦失睡, 明燭達曙。

초6일 임오(壬午), 개다.

시냇물이 약간 줄었으므로 길을 떠났다. 나는 정사의 가마에
함께 타고 건넜다. 하인 삼십여 명이 알몸으로 가마를 메고 가
다가, 강 한가운데쯤 물살이 센 곳에 이르러 별안간 왼쪽으로
기울어 하마터면 떨어질 뻔하니, 사세가 실로 위급하기 짝이 없
었다. 정사와 서로 부둥켜 안아서 겨우 물에 빠짐을 면했다. 저
쪽 강 언덕에 올라서서 물 건너는 자들을 바라보니, 혹은 사람

의 목을 타고 건너고, 혹은 좌우에서 서로 부축하여 건너기도 하며, 더러는 나무로 떼를 엮어서 타고 네 사람이 어깨로 메고 건너기도 한다. 말 타고 떠서 건너는 이는 모두 허리를 쳐들어서 하늘만 바라보고, 혹은 두 눈을 꼭 감기도 하고, 혹은 억지로 웃음을 짓기도 한다. 하인들은 모두 안장을 끌러서 어깨에 메고 오며 그것이 젖을까 염려하는 모양이다. 이미 건너왔다 다시 건너가려는 이도 무엇을 어깨에 지고 물에 들어가므로, 이상하여 물은즉

"빈 손으로 물에 들면 몸이 가벼워 떠내려가기 쉬우니 반드시 무거운 것으로 어깨를 눌러야 된다."

한다. 몇 번 갔다왔다 한 사람은 벌벌 떨지 않는 이가 없다. 산속 물이 몹시 찬 때문이다.

풀밭 하구[草河口]에서 점심을 먹었다. 이른바 답동(畓洞)[151] 이니, 이곳이 항상 진창이 되어 있으므로 우리나라 사람이 이름 지었다고 한다. 분수령(分水嶺)·고가령(高家嶺)·유가령(劉家嶺)을 넘어서 연산관(連山關)에서 묵었다. 이 날에는 육십 리를 여행하였다.

밤에 조금 취하여 잠깐 조는데, 몸이 홀연히 심양(瀋陽)의 성중에 있었다. 궁궐(宮闕)과 성지(城池)와 여염과 시정들이 몹시 번화·장려하다. 나는 스스로

"여기가 이처럼 장관일 줄은 몰랐네 그려. 내 집에 돌아가서 이를 자랑해야지."

---

151) 답동(畓洞) : 답(畓)자는 본시 없는 글자인데, 우리나라 아전들이 장부에 수전(水田) 두 글자를 합쳐서 논이란 뜻을 붙이고, 「답(畓)」자의 음을 빌었다.
  [원주] 답동은 논골이며, 수택본에는 이 원주가 없었다.

하고 드디어 훌훌 날아가는데, 산이며 물이 모두 내 발꿈치 밑에 있어 마치 나는 소리개처럼 날쌔다. 눈 깜박할 사이에 야곡(冶谷)[152] 옛 집에 이르러 안방 남창 밑에 앉았다. 형님[153]께서

"심양이 어떻더냐?"

하고 물으시기에, 나는

"듣기보다 훨씬 낫더이다."

하고 대답하였다. 또 수없이 그 아름다움을 자랑하였다. 마침 남쪽 담장 밖을 내다보니, 옆집 회나무 가지가 우거졌는데, 그 위에 큰 별 하나가 휘황이 번쩍이고 있다. 나는 형님께

"저 별을 아십니까?"

"그 이름조차 몰라."

"저게 남극성인 노인성(老人星) 이올시다."

하고 일어나 형님께 절하고

"제가 잠시 집에 돌아옴은 심양 이야기를 상세히 해드리려는 것입니다. 이제 갈길이 바빠서 하직드립니다."

하고, 안문을 나와서 마루를 지나 사랑 일각문을 열고 나섰다. 머리를 돌이켜 북쪽을 바라본즉, 기르마재[154] 여러 봉우리가 역력히 얼굴을 드러낸다. 그제야 홀연히 깨달았다.

"아, 내가 바보야. 내 홀로 어이 책문을 들어간담. 여기서 책문이 천여 리니, 누가 날 기다리고 머물러 있으리."

---

152) 야곡(冶谷) : 서울 시내 서북방에 있던 동리 이름으로, 연암이 대대로 살던 곳이다.
153) 가형(家兄)은 박희원(朴喜源)이다.
154) 서울 서쪽에 있는 재 이름. 안현(鞍峴).

커다란 소리로 외쳤다. 안타깝기 짝이 없어서 문을 열고 밖으로 나가려 하나, 문지도리가 하도 빡빡하여 열리지 않으므로, 큰 소리로 장복을 부르려 하나, 소리가 목에 걸려서 나오질 않는다. 할 수없이 힘껏 문을 밀다가 잠을 깨었다. 정사가 마침

"연암(燕巖)."

하고 부른다. 내가 오히려 어리둥절하여

"이게 어디요?"

한즉, 정사는

"아까부터 가위에 눌린 지 오래야."

한다. 일어나 앉아서 이를 부딪치며 뒷머리를 퉁기고 정신을 가다듬으니, 그제야 제법 상쾌해진다. 한편 섭섭하고도 한편 기꺼운 것이, 오랫동안 마음이 뒤숭숭하다. 다시 잠들지 못하고 자리 위에서 뒤척거리며 공상에 잠겨서 날새는 줄을 깨닫지 못했다. 연산관(漣山關)은 또 아골관(鴉鶻關)이라고도 부른다.

初六日 壬午

晴, 溪漲小減故, 遂發行, 余入正使轎中同渡, 卞隷三十餘人, 赤身擡轎, 至中流湍急處, 轎忽左傾幾墮, 危哉危哉, 與正使兩相抱持, 僅免墊溺, 渡在彼岸, 望見渡水者, 或騎人項, 或左右相扶, 或編木爲扉而乘之, 使四人肩擡而渡, 其乘馬浮渡者, 莫不仰首視天, 或緊閉雙目, 或强顔嬉笑, 厮隷皆解鞍肩荷而渡, 意其恐濕也, 旣渡者, 又肩荷而返, 恠而問之, 盖空手入水則身輕易漂故, 必以重物壓肩也, 數次往返者, 莫不戰慄, 山間水氣, 甚冷故也, 中火草河口, 所謂畓洞, 以其長時沮洳故, 我人所名云(畓本無字我東吏簿水田二字合書作會意借音畓), 踰分水嶺, 高家嶺, 劉家嶺, 宿連山關, 是日, 行六十里, 夜小醉微睡, 身忽在瀋陽城中, 宮闕城池, 閭閻市井, 繁華壯麗, 余自謂壯觀, 不意其若此, 吾當歸詑家中, 遂翩翩而行, 萬山千水, 皆在履底, 迅若飛鳶, 頃刻至洽谷舊宅, 坐內房南牕下, 家兄, 問瀋陽如何, 余恭對所見, 勝於所聞, 誇美亹娓, 望見南牕外隣家, 槐樹陰陰, 上有大星一顆, 炫爛搖光, 余奉稟伯氏曰, 識此星乎, 伯氏曰, 不識其名, 余曰, 此老人星, 遂起拜伯氏曰, 吾暫回家中, 備說瀋陽, 今復追程耳, 出戶經堂, 推開外廊一門, 回首北望, 屋頭歷歷, 認鞍峴諸峯, 忽自大悟曰, 迃闊迃闊, 吾將何以獨自入柵, 自此至柵門千餘里, 誰復待我停行乎, 遂大聲叫喚, 不勝悔懊, 開門欲出, 戶樞甚緊, 大叫張福而聲不出喉, 排戶力猛, 一推而覺, 正使, 方呼燕巖, 余猶怳惚應之, 問曰, 此卽何地, 正使曰, 俄者夢囈頗久矣, 遂起坐敲齒彈腦, 收召魂神, 頓覺爽豁, 而一悵一喜, 久難爲悰, 遂不能更睡, 轉輾思想, 不覺達曙, 連山關, 一名鴉鶻關.

초7일 계미(癸未), 개었다.

2리(里)를 가서 말을 타고 그냥 물을 건넜다. 강물이 비록 넓지는 않으나, 물살 세기가 어제 건넜던 곳보다도 지나치다. 무릎을 움츠려 올려 두 발을 모아서 안장 위에 쫑그리고 앉아서 건넜다.

창대는 말머리를 꽉 껴안고 장복은 힘껏 내 엉덩이를 부축하여, 서로 목숨을 의지해서 잠시 동안의 운명을 마음속으로 빌 뿐이다. 말을 모는 소리조차 '오호(嗚呼)'[155]하니, 어쩐지 처량하게 들린다. 말이 강 복판에 이르자, 갑자기 그 몸이 왼쪽으로 쏠린다.

대체 물이 말의 배에 닿으면 네 발굽이 저절로 떠서 누워 건너는 모양이다. 내 몸은 나도 모르는 사이에 오른편으로 기울어지면서, 하마터면 물에 빠질 뻔하였다. 마침 앞에 말꼬리가 물 위에 떠 있는 것을 보고, 재빠르게 그것을 붙들고 몸을 가누어 고쳐 앉아서, 겨우 떨어지기를 면하였다. 나 역시 내 자신이 이토록 재빠를 줄은 느끼지 못한 일이다. 창대도 말다리에 차이어서 자칫하면 욕을 당할 뻔하였으나, 말이 홀연 머리를 들고 몸을 바로 가누니, 물이 얕아져서 발이 땅에 닿았음을 알 수 있었다.

마운령(摩雲嶺)을 넘어 천수참(千水站)에서 점심을 먹었다. 오후에 몹시 무더웠다. 청석령(靑石嶺)을 넘을 때 고갯마루에 관제묘가 있었는데, 매우 영검스러웠다 하여 역부와 마부들이 서로 다투어 탁자 앞으로 가서 머리를 조아리며, 혹은 참외를 사서 바치기도 하고, 역관들 중에는 향을 피우고 제비를 뽑아서 평생의 신수를 점쳐 보는 이도 있었다. 한 도사(道士)가 바리를 두드리며 돈을 구걸한다. 그는 머리를 깎지 않고 상투를 뭉친 것이 마치 우리나라 속환의 중과 같기도 하고, 머리에는 등립(藤笠)을 쓰고 몸에는 한 벌 야견사(野繭紗) 도포(道袍)를 입은

---

155) 오호(嗚呼) : 원주에 말에게 조심해 가자고 타이르는 소리가 원래 「호호(好護)」인데, 우리나라 발음으로는 「오호(嗚呼)」와 비슷하다고 했다.

것이 마치 우리나라 선비들의 차림새와 같으나, 다만 검은 빛 방령(方領)만이 조금 다를 뿐이다. 또한 도사는 참외와 달걀을 팔고 있었는데, 참외맛이 매우 달고 물이 많으며, 달걀은 맛이 담백했다.

 밤에는 낭자산(狼子山)에서 묵었다. 이 날 큰 재를 둘이나 넘었다. 80리를 왔었다. 마운령은 회령령(會寧嶺)이라고도 부른다. 그 높이가 가파롭기가 우리나라 관북(關北)의 마천령(摩天嶺) 못지않다고 한다.

初七日 癸未

 晴, 行二里, 乘馬渡水, 水雖不廣, 而悍急尤猛於前日所渡, 攣膝聚足, 竦坐鞍上, 昌大緊擁馬首, 張福力扶余尻, 相依爲命, 以祈須臾, 其囑馬之聲, 正是嗚呼(囑馬聲本好護而東音與嗚呼相近), 馬至中流, 忽側身左傾, 盖水沒馬腹則四蹄自浮故, 臥而游渡也, 余身不意右傾, 幾乎墜水, 前行馬尾散浮水面, 余急持其尾, 整身一坐, 以免傾墜, 余亦不自意蹻捷之如此, 昌大亦幾爲馬脚所揮, 危在俄頃, 馬忽擧頭正立, 可知其水淺著脚矣, 踰摩雲嶺, 中火千水站, 午後極熱, 又踰靑石嶺, 嶺上有一所關廟, 極其靈驗, 驛夫馬頭輩, 爭至供卓前叩頭, 或買供靑苽, 譯官亦有焚香抽籤, 占驗平生休咎者, 有道士敲鉢丐錢, 獨不剃髮爲椎髻, 如我東優婆僧, 頭戴藤笠, 身披一領野繭紗道袍, 恰似我東儒士所著, 而但黑色方領少異耳, 又一道士, 賣苽及鷄卵, 苽味甚甛, 且多水, 鷄卵淡醎, 夜宿狼子山, 是日踰兩大嶺, 通行八十里, 摩雲嶺一名會寧嶺, 其高峻險絕, 不減我國北關摩天嶺云。

초8일 갑신(甲申), 개다.

정사와 한 가마를 타고 삼류하(三流河)를 건너서, 냉정(冷井)에서 아침밥을 먹었다. 십리 남짓 가서 산모롱이 하나를 접어들게 되었다. 태복(泰卜)이가 갑자기 국궁하고 말 앞으로 달려 나와서 땅에 엎드려 큰 소리로

"백탑(白塔)이 보임을 아뢰옵니다."

한다. 태복은 정진사의 마두다. 산모롱이가 아직 가려 백탑은 보이지 않는다. 빨리 말을 채찍질하여 수십 보를 채 못가서 겨우 모롱이를 벗어나자, 안광(眼光)이 어른거리고 갑자기 한 덩이 흑구(黑毬)가 오르락내리락 한다. 내 오늘에 처음으로, 인생이란 본시 아무런 의탁함이 없이 다만 하늘을 이고 땅을 밟은 채 떠돌아다니는 존재인 줄 알았다. 말을 세우고 사방을 돌아보다가 스스로 깨닫지 못하는 사이에 손을 들어 이마에 얹고

"아, 참 좋은 울음터로다. 가히 한 번 울 만하구나?"

하니, 정진사가

"이렇게 천지간의 큰 안계(眼界)를 만나서 별안간 울고 싶다니, 웬 말씀이요?"

하고 묻는다. 나는

"그래 그래, 아니 아니. 천고의 영웅이 잘 울었으며, 미인이 눈물 많다 하오. 그러나 그들은 몇 줄 소리없는 눈물을 흘려, 소리가 천지에 가

득 차서 금(金)·석(石)으로부터 나오는 듯한 울음은 듣지 못하였소. 사람이 다만 칠정(七情)[156]중에서 슬플 때에만 우는 줄로 알고, 칠정 모두가 울 수 있음을 모르는 모양이요. 기쁨이 사무치면 울게 되고, 노여움이 사무치면 울게 되고, 즐거움이 사무치면 울게 되고, 사랑이 사무치면 울게 되고, 욕심이 사무치면 울게 되는 것이오. 불평과 억울함을 풀어 버림에는 소리보다 더 빠름이 없고, 울음이란 천지간에 있어서 우뢰와도 같은 것이외다. 지정(至情)이 우러나오는 곳에는, 이것이 저절로 이치에 맞을진대 울음이 웃음과 무엇이 다르리요. 인생의 보통 감정은 오히려 이러한 극치를 겪지 못하고, 교묘히 칠정을 늘어놓되 슬픔에다 울음을 배치했으니, 이로 인하여 상고를 당했을 때 억지로 '애고', '어이' 따위의 소리를 부르짖었으나, 참된 칠정에서 우러나온 지극하고도 참된 소리란 참고 눌러서 저 천지 사이에 서리고 엉기어 감히 나타내지 못한다오. 그러므로 저 가생(賈生)[157]은 일찍이 그 울음터를 얻지 못하고, 참다 못해서 별안간 선실(宣室)[158]을 향하여 한 마디 길게 울부짖었으니, 이 어찌 듣는 사람들이 놀라고 해괴히 여기지 않으리요?"

정이 말하기를

"이제 이 울음터가 저토록 넓으니, 나도 의당 당신과 함께 한 번 슬피 울어야 할 것이나, 우는 까닭을 칠정 중에서 고른다면 어느 것에 해

---

156) 칠정(七情) : 「예기(禮記)」에서 말한, 사람이 가진 일곱 가지의 감정. 곧 희(喜)·노(怒)·애(哀)·구(懼)·애(愛)·오(惡)·욕(欲)을 말하며 일반적으로는 (喜), 노(怒), 애(哀), 락(樂), 애(愛), 오(惡), 욕(欲)을 말한다.

157) 가생(賈生) : 한(漢)의 신진 문학가. 이름은 의(誼)인데, 나이가 젊었으므로 가생이라 불렀다. 그는 이론이 날카로웠으므로 장사왕(長沙王)의 태부(太傅)로 쫓겨났으나, 오히려 문제(文帝)에게 「치안책(治安策)」이라는 정견을 올려서, 시사(時事)의 통곡(痛哭)·유체(流涕)·장태식(長太息)할 만함을 진술하였다.

158) 선실(宣室) : 한의 미앙궁(未央宮) 전전(前殿)의 정실(正室). 문제가 이에서 가의에게 귀신(鬼神)에 대한 이론을 물었다.

당될까요?"
함으로 나는 말하기를

"저 갓난아기에게 물어 보오. 그가 처음 날 때 느낀 것이 무슨 정일까. 그는 먼저 해와 달을 보고, 다음에는 부모와 친척들이 앞에 가득하니 기쁘지 않을 리 없소. 이러한 기쁨이 늙도록 변함이 없다면, 본래 슬퍼하고 노여워할 리 없으며 의당히 즐겁고 웃어야 할 정이 있어야 하련마는, 도리어 자주 울부짖기만 하고 분한(忿恨)이 가슴에 사무친 것 같이 하니, 마침내는 죽어야만 하고, 또 그 사이에는 모든 근심 걱정을 골고루 겪어야 하매, 이에 그 아기가 태어난 것을 후회하여 저절로 울음보를 터뜨려 스스로를 조상함인가. 그러나 갓난아기의 본정이란 결코 그런 것은 아닐거요. 무릇 그가 어머니의 태중에 있을 때 캄캄하고 막히고 걸려서 갑갑하게 지내다가, 갑자기 넓고 훤한 곳에 터져 나와 손을 펴고 발을 펴매 그 마음이 시원할지니, 어찌 한마디 참된 소리를 내어 제멋대로 외치지 않으리오. 그러므로, 우리는 의당히 저 갓난아기의 꾸밈없는 소리를 본받아서 저 비로봉(飛盧峯) 산마루에 올라가 동해를 바라보면서 한바탕 울 만하고, 황해도 장연(長淵) 바닷가 금모래 밭을 거닐면서 한바탕 울 만하며, 이제 요동 벌판에 와서 여기서부터 산해관(山海關)까지 일천이백 리 사방에 도무지 한 점의 산도 없이 하늘 끝과 땅 변두리가 맞닿은 곳이 아교풀[膠]로 붙인 듯, 실로 꿰맨 듯 금고에 오가는 비구름이 다만 창창할 뿐이니, 이 역시 한바탕 울 만한 곳이 아니겠소?"

한낮은 몹시 무더웠다. 말을 달려 고려총(高麗叢)·아미장(阿彌庄)을 지나서 길을 나누었다. 나는 조주부 달동과 변군·내원·정진사와 하인 이학령(李鶴齡)과 더불어 구요양(舊遼陽)에 들어갔다. 그 번화함과 장려함이 봉황성보다도 십배나 더하였다. 따로이 「요동기(遼東記)」를 쓴다.

初八日 甲申

晴, 與正使同轎, 渡三流河, 朝飯於冷井, 行十餘里, 轉出一派山脚泰卜忽鞠躬趁過馬首, 伏地高聲曰, 白塔現身謁矣, 泰卜者, 鄭進士馬頭也, 山脚猶遮不見白塔, 趣鞭行不數十步, 纔脫山脚, 眼光勒勒, 忽有一團黑毬七升八落, 吾今日, 始知人生, 本無依附, 只得頂天踏地而行矣, 立馬四顧, 不覺擧手加額曰, 好哭場, 可以哭矣, 鄭進士曰, 遇此天地間大眼界, 忽復思哭何也, 余曰, 唯唯否否, 千古英雄善泣, 美人多淚, 然, 不過數行無聲, 眼水轉落襟前, 未聞聲滿天地, 若出金石, 人但知七情之中, 惟哀發哭, 不知七情, 都可以哭, 喜極則可以哭矣, 怒極則可以哭矣, 樂極則可以哭矣, 愛極則可以哭矣, 惡極則可以哭矣, 欲極則可以哭矣, 宣暢壹鬱, 莫疾於聲, 哭在天地可比雷霆, 至情所發發能中理, 與笑何異, 人生情會, 未嘗經此極至之處, 而巧排七情, 配哀以哭, 由是死喪之際, 始乃勉強叫喚喉苦等字, 而眞個七情所感, 至聲眞音按住忍抑, 蘊鬱於天地之間而莫之敢宣也, 彼賈生者, 未得其場, 忍住不耐, 忽向宣室一聲長號, 安得無致人驚怪哉, 鄭曰, 今此哭場如彼其廣, 吾亦當從君一慟, 未知所哭, 求之七情所感何居, 余曰, 問之赤子, 赤子初生, 所感何情, 初見日月, 次見父母, 親戚滿前, 莫不歡悅, 如此喜樂, 至老無雙, 理無哀怒, 情應樂笑, 乃反無限啼叫, 忿恨彌中, 將謂人生神聖愚凡, 一例崩殂中間尤咎, 患憂百端, 兒悔其生, 先自哭吊, 此大非赤子本情, 兒胞居胎處, 蒙冥沌塞, 纏糾逼窄, 一朝迸出寥廓, 展手伸脚, 心意空闊, 如何不發出眞聲, 盡情一洩哉, 故,當法嬰兒, 聲無假做, 登毗盧絶頂, 望見東海, 可作一場, 行長淵金沙, 可作一場, 今臨遼野, 自此至山海關一千二百里, 四面都無一點山, 乾端坤倪, 如黏膠線縫, 古雨今雲只是蒼蒼, 可作一塲, 亭午極熱, 趣馬歷高麗叢, 阿彌庄, 分路與趙主簿達東, 及卞君來源, 鄭進士, 李傔鶴齡, 入舊遼陽, 其繁華富麗, 十倍鳳城, 別有遼東記。

초9일 을유(乙酉), 개이고 몹시 더웠다.

새벽의 서늘함을 타서 먼저 길을 떠났다. 장가대(張家臺) · 삼도파(三道巴)를 거쳐서 난니보(爛泥堡)에서 점심을 먹었다. 요동 땅에 들어서면서부터 마을이 끊이지 않고 길 넓이가 수백 보나 되며, 길을 따라 양편에는 모두 수양버들을 심었다. 집이 즐비하게 늘어선 곳에는, 마주선 문과 문 사이에 장마 때 물이 괴어서 가끔 저절로 큰 못이 이루어졌다. 집마다 기르는 거위와 오리가 수없이 그 위에 떠놀고, 양편 촌집들은 모두 물가의 누대처럼 붉은 난간과 푸른 헌함이 좌우에 영롱하여, 아득히 강호(江湖)의 생각이 났다.

군뇌가 세 번 나팔을 불고 나서 반드시 몇 리 앞서 가면, 전배(前排) 군관이 역시 군뇌를 따라 먼저 떠난다. 나는 행동이 자유로워서, 매양 변군(卞君)과 함께 서늘함을 타서 새벽에 떠났다. 그러나 십리도 못 가서 전배는 따라와 만나게 된다. 그들과 고삐를 나란히 하여, 재미있는 이야기와 농담을 하면서 가게 되니 매일 이러하였다.

마을이 가까와 올 때마다 군뇌를 시켜서 나팔을 불고, 넷이 모두 합창으로 권마성(勸馬聲)[159]을 불렀다. 그러면 집집마다 여인들이 문이 메도록 뛰어나와서 구경을 한다. 늙은이고 젊은이고 간에 차림은 거의 같다. 머리에는 꽃을 꽂고 귀고리를 드리웠으며, 얼굴 화장은 살짝 하였다. 입에는 모두 담뱃대를 물었고, 손에는 신바닥 대는 베와 바늘과 실을 들고 어깨를 비비고 서서 손가락질하며 깔깔거리고 웃었다. 한녀(漢女)는 여기서 처음 보는데, 모두 발을 묶어줄인 전족(纏足)에 궁혜(弓鞋)를 신었다. 자색은 만녀(滿女)만 못하다. 만녀는 화용월태(花容月態)가 많았다.

　만보교(萬寶橋)·연대하(烟臺河)·산요포(山腰鋪)를 거쳐서 십리하(十里河)에서 묵었다. 이 날은 오십 리를 통행했다.

　비장과 역관들이 말등에서, 맞은편에서 이리 보고 오는 한녀나 만녀 중에서 각기 첩 하나씩을 정하는데, 만일 남이 먼저 차지한 것이면 감히 겹으로 정하지 못하여 법이 몹시 엄격하였으니 이를 구첩(口妾)이라 하여 가끔 서로 샘도 내고 골도 내며 욕도 하고 웃고 떠들기도 하여, 이 역시 먼길에 심심풀이로서 한 가지의 방법이었다. 내일은 곧장 심양(瀋陽)에 들어갈 것이다.

初九日　乙酉

　晴, 極熱, 乘曉凉先發, 歷張家臺, 三道巴, 中火爛泥堡, 自入遼東以來, 村閭不絶, 路廣數百步, 沿路兩傍, 皆種垂楊, 閭閻櫛比, 處其對門中間, 潦水不洩, 徃徃自成大池,

---

159) 권마성(勸馬聲) : 높은 관리의 행차에 앞서, 하인이 위엄을 돋우고 일반 행인을 물러서게 하기 위하여 길게 부르는 소리.

家養鵝鴨千百浮泳, 兩邊村舍, 盡成臨水樓臺, 紅欄翠檻, 映帶左右, 渺然有江湖之想, 軍牢三吹後, 必先數里先行前排軍官, 亦隨軍牢先詣, 余自止自由, 每與卞君, 乘凉曉發, 行不十里則, 且遇前排, 必並轡談謔, 每日若此, 每近村閭, 輒令軍牢, 吹起吶叭, 四個馬頭, 合唱勸馬聲, 家家走出婦女, 闖門觀光, 無老無少, 裝束皆同, 粧花垂璫, 略施朱粉, 口皆含烟, 手持靴底, 所衲連針帶線, 騈肩簇立, 指點嬌笑, 始見漢女, 漢女皆纏足着弓鞋, 姿色不及滿女, 滿女多花容月態, 歷萬寶橋, 烟臺河, 山腰鋪, 宿十里河, 是日, 通行五十里, 裨譯輩, 於馬上各定一妾, 所見滿漢女, 若他人先占則不敢疊定, 相避之法甚嚴, 謂之口妾, 徃徃猜如怒罵談嘲, 亦一長程消遣訣也, 明日將入瀋陽。

2. 옛 요동 땅을 바라보며(舊遼東記)

여기서는 구요동성을 보고, 명나라 말기 청나라 군대가 명나라 군대와 치열하게 공방전을 벌였던 전사(戰史)를 평론적 필치로 서술한 기행문이다. 특히 논공행상에 대한 공정성을 논한 대목은 우리나라 조정에 시사하는 바가 컸다.

요동 옛 성은 한나라 때의 양평(襄平), 요양(遼陽) 두 현 땅이다. 진나라 적에는 요동이라 불렀고, 그 후에는 위만조선에 편

입되었다가 한나라 말기에는 공손도(公孫度)의 점거한 바 되었고, 수당 시대에는 고구려에 속했고, 거란은 남경이라 불렀고, 금나라는 동경이라 불렀고, 원나라는 행성(行省)[1]을 두었고, 명나라는 정요위(定遼衛)를 두었고, 지금은 요양주로 승격되었다. 성에서 20리 쯤 떨어진 곳에 신요양이 있으니 이는 옛날의 요동성을 폐하고 새로 붙인 이름이다. 성의 주위는 20리인데 더러는 말하기를, '웅정필(熊廷弼)[2]이 쌓은 성이라'고 한다. 성은 헐고 낮고 좁다.

　명나라가 망할 당시 정필은 적군이 경내로 들어온다는 소문을 듣고 두말 없이 성을 헐어 버리라고 호통을 쳤다. 이것을 본 청인들은 괴이하게 여겨 감히 진격을 못하다가, 실상은 성을 개축한다는 계획을 알아내고야 군사를 몰고 성 밑까지 닿았으나 벌써 그때는 성이 하룻밤 사이에 훌륭하게 쌓아졌더라고 한다. 그 후 정필은 도망을 치고 요양이 청군에게 함락되자 청인들은 성이 너무나 견고하여 이를 함락시키기에 애를 먹었던 것을 분하게 여겨 아주 성을 헐어 버리기로 했다. 이 성을 허는 데는 방금 승승장구로 기세가 오를대로 오른 군사들로도 열흘이 걸려도 오히려 못다 헐었다고 한다. 명나라 천계(天啓)[3] 원년 3월에 청인이 심양을 차지하고 다시 군사를 몰아 요양으로 향할 때다.

　경략(經略) 원응태(袁應泰)는 세 방면으로 군사를 풀어 무순(撫順)을 회복할 의논을 하던 중 미처 손도 쓰지 못한 채 심양을

---

1) 지방행정 구역.
2) 웅정필(熊廷弼) : 중국 명나라 사람. 어사가 되어 요동을 순무했다. 패전으로 사형되었다.
3) 중국 명나라 연호. 1612~1627.

적들에게 함락당하고 다시 요양을 쳐들어온다는 소문을 듣고는 곧 태자하(太子河) 물을 터서 성호(城壕)에다 물을 대고 군사들은 성 위에 올라가 진을 쳤다. 청인들은 심양을 함락한 지 닷새만에 벌써 요양성 밑까지 쳐들어왔다.

노아합적(奴兒哈赤)은 소위 청 태조이다. 이 때에 그는 친히 좌익을 맡아 군사를 거느리고 선봉으로 들어왔다. 명나라 총병(摠兵) 이회신(李懷信)들은 군사 5만을 거느리고 성을 나와 5리쯤 떨어져 진을 쳤다. 노아합적은 좌익 군대에 속한 4기(旗) 군으로서 왼쪽을 향하여 쳐들어 왔다.

청 태종은 우리나라에서는 한(汗)이라고 불렀으니 이름인즉 홍태시(洪台時)⁴⁾다. 정병을 이끌고 와서 싸우기를 청했으나 노아합적은 이를 허락지 않았다. 홍태시는 기어코 제 뜻대로 홍기(紅旗)⁵⁾ 두 대를 성 옆에 복병해 두어 대기시켰다. 노아합적은 정황기(正黃旗), 양황기(鑲黃旗)⁶⁾를 보내어 홍태시를 도와 명나라 진지의 왼쪽을 찔렀다. 4기에 속한 군사들이 연이어 돌격을 하니 명나라 군사는 크게 혼란하였다.

홍태시는 승승장구로 60리를 추격하여 안산(鞍山)에 이르러 한창 싸우는 판에 명나라 군사는 요양성의 서문을 빠져 나오다가 청인들이 복병해 둔 홍기군에게 걸려 갑자기 되돌아서 성 안으로 몰려드는 통에 저희들끼리 서로 짓밟아 총병 하세현(賀世

---
4) 우리나라의 병정록(丙丁錄) 같은 책에 많이 실려 있는 홍타시(紅打時) 또는 홍타시(紅他詩)라고 쓰인 것은 다 글자 발음이 비슷해서 그럼이요, 영아아태(英阿兒台)를 용골대(龍骨大)라 쓰고 마복탑(馬伏塔)을 마부대(馬夫大)라 쓴 것 같은 것도 다 이런 이유다=원주.
5) 만주군의 편제인 8기중의 하나.
6) 정황기와 함께 만주군 8기에 속하는 부대들이다.

賢)과 부장 척금(戚金) 등은 모두 전사하였다.

  이튿날 아침 노아합적은 패륵(貝勒)[7]을 좌사기병(左四旗兵)으로 거느리고 성의 서쪽 물문을 파헤쳐 못 물을 뽑고, 다음엔 우사기병(右四旗兵)으로 하여금 성 동쪽의 물목을 막도록 하고는 자신은 우익 군사를 이끌고 난간 달린 수레를 성의 주변에 펼쳐 두고 모래 부대와 자갈을 실어 날라 물을 막았다. 명나라 군사 보병과 기병 3만 명은 동문으로 나와 진을 치고 마주 대항하였다. 청인들이 다리 있는 지점을 빼앗으려고 하자 때를 같이하여 수문이 막혀 물이 말라 들었다. 4기병의 선봉들은 못 물을 건너 소리를 지르면서 동문 밖을 습격하니 명나라 군사도 마주 싸웠다. 청인들의 홍기(紅旗) 이백 명과 백기(白旗) 천 명이 일제히 돌격을 하니 명나라 군사의 죽은 자는 못을 메울 지경이 되었다. 청병이 무정문교(武靖門橋)를 빼앗고는 부대를 나누어 쳐나가면서 못을 점령하자 명나라 군사는 성 위로부터 연이어 쉴 새 없이 총을 놓았다. 청인들은 용기를 내어 처들어가되 사다리를 놓고 성으로 기어올라 마침내 성의 서쪽 한편을 점령하고는 주민들을 마구 죽이니 성 안이 뒤집히다시피 되었다. 이날 밤 성 안에서 명나라 군사는 횃불을 켜들고 마주 싸웠으나 우유요(牛維曜) 등은 갈팡질팡 줄을 타고 성을 빠져 달아났다.

  이튿날 아침 명나라 군사는 다시 방패를 들고 힘껏 싸웠으나 청나라 4기병은 역시 성 위로 계속 올라왔다. 경략 원응태는 성 북쪽에 있는 진원루(鎭遠樓)에 올라가 지휘하다가 성이 함락되는 것을 보고는 성루에 불을 지르고 죽었다. 분수도(分水道) 하정괴(河廷魁)는 처자를 데리고 우물에 빠져 죽고, 감군도(監軍

---

7) 만주의 관직 명칭.

道)⁸⁾ 최유수(崔儒秀)는 목을 매어 자살하고, 총병(摠兵) 주만량(朱萬良), 부장 양중선(梁仲善), 참장(參將) 왕치(王豸), 방승훈(房承勳), 유격(遊擊) 이상의(李尙義), 장승무(張繩武), 도사(都司) 서국전(徐國全), 왕종성(王宗盛), 수비(守備) 이정간(李廷幹)은 모두 전사하고 생포된 어사(御史) 장전(張詮)은 항복을 하지 않으니 노아합적은 사사(賜死)를 하여 제 소원을 풀도록 해주었으나, 홍태시는 장전을 아껴서 어떻게 해서든지 살려보려고 여러 차례 타일러 보았다. 그러나 끝내 듣지 않아 부득이 목을 졸라 묻어 버렸다.

건륭 황제는 작년 기해(己亥)에 〈전운시〉(全韻詩)⁹⁾를 지어 요양성이 함락되던 상황을 자세히 기록하면서,

"명나라 신하로서 항복하지 않는 자들에게 우리 조종은 오히려 은혜를 베풀었다. 그러나 명나라 임금과 신하들은 이런 저런 상관을 하지 않고 부하들에 대한 상벌이 분명치 않게 되었으니 그들이 망하지 않으려고 버둥거렸던들 될 수 있으랴."

하였다.

〈명사〉(明史)¹⁰⁾를 들춰보면 정필이 광영 땅을 구하지 않고 그대로 버려둔데 대하여 삼사(三司)¹¹⁾인 왕기(王紀), 추원표(鄒元標), 주응추(周應秋)는 정필의 죄를 물어 말하였다.

"정필의 재주와 지식과 기백은 한 때는 세상을 흔들 만큼 놀라웠다.

---

8) 분수도와 함께 군대의 계급이다. 이하 이름 위에 붙은 명칭은 모두 군직명이다.
9) 중국 청나라 건륭 황제의 저작 〈어제전운시〉(御製全韻詩)를 말함.
10) 중국 청나라 장정옥(張廷玉) 등이 지은 명나라 역사.
11) 중국 조선 시대의 사헌부, 사간원, 홍문관.

지난 시기에 있어서 그가 요동에 주둔할 적엔 요동이 부지되었고 그가 요동을 떠나게 될 적엔 요동이 망하게 되었다. 그러나 그의 교만하고 고집이 센 성질은 아주 굳어져 버려 고칠 수 없는 고질이었다. 오늘은 상소(上疏)를 하는가 하면 내일은 방을 내붙이는 버릇이 그것이다. 양호(楊鎬)에 비하면 도망질을 한 번 더찬 편이요, 원웅태에 비하면 도리어 죽음 한 몫을 덜한 폭이다. 왕화정(王化貞)을 죽이고 정필은 용서한 것은 죄는 같은데 벌은 다르다고 할 수 있을 것이다."

오늘날에 허물어진 흙벽과 깨진 벽돌조각 남은 흔적을 보면서 당시 삼사가 논죄한 글을 읽다보니 넉넉히 정필의 사람됨을 짐작 할 수 있었다.

슬프다! 명나라가 망하는 운명에 당해서 쓸 것과 버릴 것을 거꾸로 고르고, 상과 벌이 흐려져서 웅정필, 원숭환(袁崇煥) 같은 장수들의 죽음을 본다면 만리장성을 제 손으로 헐어 버린 것이나 다름없었으니 어찌 후대의 치죄를 받지 않을 것인가.

태자하 물을 끌어 들여 못을 만들고, 못 가운데는 두 서너 척 고깃배가 떠 있고, 성 밑으로는 낚싯대를 드리우고 있는 사람들이 수십인이나 되었다. 다들 고운 옷에다가 얼굴 모습들이 놀이에 한가한 귀공자들만 같아 보였다. 모두 성 안에 사는 상인들이다. 나는 못을 한바퀴 돌아 물을 뽑고 대고 하는 수문 시설을 구경하였다. 낚시꾼들이 떠들썩하게 낚싯대를 잡은 채 내 곁으로 와서 말을 붙인다. 나는 땅바닥을 그어 글자를 써 보이니 다들 한참씩 들여다보다가는 웃으면서 가벼렸다.

2. 舊遼東記

遼東舊城, 在漢襄平, 遼陽二縣地, 秦曰遼東, 後入衛滿朝鮮, 漢末, 爲公孫度所據, 隋唐時, 屬高勾麗, 契丹, 稱南京, 金稱東京, 元置行省, 皇明, 置定遼衛, 今陞爲遼陽州, 移城距二十里, 爲新遼陽, 此廢, 稱舊遼東, 城周二十里, 或謂熊廷弼所築也, 城古卑狹, 廷弼, 聞敵騎入境, 令夷城, 淸人惟之, 不敢逼, 及諜知改築, 引兵至城下, 新城峩峩, 一夜而成, 後, 廷弼去而遼陷, 淸人, 忿其城堅難拔, 毁其城, 以方興得勝之兵, 十日而毁, 猶未盡云, 皇明天啓元年三月, 淸人旣得瀋, 又移兵向遼, 經略袁應泰, 方議三路出師, 以復撫順, 未行而聞虜陷瀋陽, 又將向遼, 遂開太子河, 注水於壕, 環兵登埤, 淸人陷瀋五日, 至遼陽城下, 奴兒哈赤者, 所謂淸太祖也, 自統左翼兵先至, 皇明摠兵李懷信等, 率兵五萬, 出城五里而營, 奴兒哈赤, 以左翼四旗擊其左, 淸太宗, 我東所謂汗, 其名曰洪台時(我國丙丁錄雜載 紅打時或稱洪他詩 以其音似 而各載如英阿兒臺日 龍骨大馬伏塔日馬夫大是也), 引精銳請戰, 奴兒哈赤不許, 洪台時堅意行, 遂留二紅旗, 伏城傍, 覘視, 奴兒哈赤, 遣正黃旗, 鑲黃旗, 助洪台時, 衝明營之左, 四旗兵繼至, 天兵大亂, 洪台時, 乘勝追擊六十里, 至鞍山, 方其戰時, 天兵自遼陽西門出, 拔淸人所留城傍二紅旗, 伏起邀擊, 天兵奔回入城, 自相蹂踐, 摠兵賀世賢, 副將戚金等, 皆戰死, 詰朝, 奴兒哈赤, 率具勒左四旗兵, 堀城西閘口, 以洩湖水, 且令右四旗兵, 塞城東進水口, 自引右翼, 布楯車堵列城邊, 囊土運石以壅水, 天兵步騎三萬出東門列營相拒, 淸人, 方欲奪橋, 會水口壅遏將涸, 四旗前隊渡壕, 大呼掩擊, 東門外天兵, 方力戰, 淸紅甲二百, 白旗千, 進擊天兵, 死者壕塹皆滿, 奪武靖門橋, 分擊守壕天兵, 城上發火器聯綿不絶, 淸人奮勇衝突, 樹梯登城, 遂奪西城一面, 驅斬民衆, 城中擾亂, 是夜城內天兵, 列炬拒戰, 牛維曜等, 縋城亂遁, 翌朝天兵, 復列楯大戰, 淸四旗兵, 亦登城, 經略袁應泰, 登城北鎭遠樓督戰, 見城破, 擧火焚樓而死, 分守道何廷魁, 率妻子投井死, 監軍道崔儒秀, 自經, 總兵朱萬良, 副將梁仲善, 叅將王豸, 房承勳, 游擊李尙義, 張繩武, 都司徐國全, 王宗盛, 守備李廷幹等, 皆戰死, 生擒御史張銓, 不屈, 奴兒哈赤, 命賜死以遂其志, 洪台時, 惜銓欲生之, 婉諭再三, 終不可奪, 不得已縊而葬之, 皇帝於昨年己亥, 爲全韻詩, 詳載陷城始末, 且曰, 明臣之不降者, 我祖宗, 尙加恩, 而燕京君臣, 漠不相關, 功罪不明, 欲其不亡得乎, 按明史, 廷弼之不救廣寧也, 三司王紀, 鄒元標, 周應秋, 勘廷弼曰, 廷弼才識氣魄, 睥睨一世, 徃歲, 鎭遼而遼存, 去遼而遼亡, 獨其驕愎之性, 牢不可破, 今日一䟽明日一揭, 比之楊鎬, 更多一逃, 比之袁應泰, 反欠一死, 若誅王化貞而寬廷弼, 則罪同而罰異也, 今其土壁周遭, 而甎痕猶存, 誦當日三司之勘, 足可以想見其爲人, 嗚呼, 當, 皇明末運, 用捨顚倒, 功罪不明, 其視熊廷弼, 袁崇煥之死, 可謂自毀其長城矣, 惡可免後代之譏哉, 引太子河爲壕, 壕中有數三漁艇, 城下釣者, 數十人皆美衣服, 貌似遊閒公子, 俱城裏市舖人, 余巡壕, 爲觀其設閘蓄洩之制, 釣者一哄持竿而來, 向余開語, 余畫地爲字, 皆熟視笑而去.

요동의 백탑을 보고(遼東白塔記)

여기서는 저자가 요동에 있는 백탑의 유래를 기술하면서 은근히 고구려 옛 강토를 이야기하고자 했다. 저자는 요동이 우리나라 강토라고 극구 주장하였다.

관우 묘를 지나 반리도 못 가니 탑이 있었다. 겉은 흰빛이요, 8면 13층에 높이가 70길이나 된다고 한다. 세상에 전해 오는 이야기로는 당나라의 울지경덕[12]이 군사를 거느리고 고구려를 침입할 때 세운 탑이라고도 하고, 혹은 정영위(丁令威)[13]가 학을 타고 요동성까지 돌아 왔을 때 성곽과 사람들이 다 못 알아보게 달라졌으므로 슬퍼하던 나머지 노래를 지어 불렀는데 여기는 정영위가 머물렀다는 화표주(華表柱)[14]라고 한다. 이것은 안될 말이다. 화표주는 요양성 밖으로 10리도 못 떨어진 가까운 곳에 있어서 그리 높지도 크지도 못하다. 여기서 말하는 백탑은 이곳을 지나다니는 우리나라 하인배들이 제멋대로 부른 이름이다.

요동은 왼편으로 바다를 끼고 앞으로는 망망천리 거칠데 없이 넓은 벌판으로 이어져 있어 백탑은 그 넓은 들을 3분의 1이나 차지하고 앉은 느낌을 준다. 탑 꼭대기에는 쇠북 세 개를 두었고 매 층계마다 추녀 끝에는 풍경을 단 것이 크기가 물통만큼씩이나 되어 바람이 불면 풍경소리가 넓은 요동벌을 울린다.

---

12) 중국 당나라 초기의 명장으로 당 태종을 따라 여러 군데 원정을 한 경력이 있음.
13) 요동 사람인데 신선이 되어 천년 만에 돌아왔다는 전설이 있다 함.
14) 기념비와 비슷한 구조물로서 근세에는 장식물로도 건축됨.

탑 아래서 사람들을 만났는데 모두 만주 사람들로서 영고탑까지 약을 무역하려 가는 사람들이라고 한다. 땅바닥을 그어가면서 문답을 했는데 그 중 한 사람은 〈고본상서〉(古本尙書)[15]를 묻고, 또 안부자서(顔夫子書)[16]가 있느냐고 묻기도 하고, 〈악경〉(樂經)[17]은 자하(子夏)[18]의 저작이 아니냐고 묻기도 한다. 나는 처음 듣는 이야기라 대답을 하지 않았다. 두 사람은 모두 새파란 젊은이들로서 이곳을 처음 지나면서 탑을 구경하고자 들른 모양이다. 길이 바쁘기에 미처 그들의 이름도 물어 보지 못했다. 아마도 수재들인가보다.

遼東白塔記

出關廟, 行不半里, 有塔, 白色八面, 十三層, 高七十仞云, 世傳唐尉遲敬德, 率師伐高句麗時, 所築也, 或云仙人丁令威, 乘鶴而歸, 見遼東城郭人民已改, 悲鳴作歌, 此其令威所止華表柱, 非也, 華表柱, 在遼陽城外, 不十里而近, 亦不高大, 所稱白塔者, 我東皂隷順口所名也, 遼東, 左挾滄海, 前臨大野, 無所障礙, 千里茫茫, 而白塔, 乃得野勢三分之一, 塔頂置銅鼓三, 每層檐稜懸鐸大如汲桶, 風動鐸鳴, 聲震遼野, 塔下逢兩人, 俱滿洲人, 方徃寧古塔買藥, 劃地問答, 一人問, 古本尙書, 又問有顔夫子書, 子夏

---

15) 유교 경전의 일종.
16) 공자 제자 안자의 저서란 말.
17) 중국의 고대 유교 경전 중의 하나. 악서.
18) 자하(子夏)는 공자의 제자 중의 한사람.

所著樂經否, 皆余所剙聞也, 以無爲答, 兩人者, 俱少年, 初經此地, 爲觀塔來也, 行忙未及問其名, 盖秀才也。

관제묘를 구경하며(關帝廟記)

이 편은 구(舊) 요동에 있는 관제묘의 참관기를 비롯하여 요동길 3일간 여정에서 겪은 여러 가지 견물들을 서술하였다. 관제묘는 서기 220년대 중국의 삼국시대 촉나라 오호대장이던 관우, 자는 운장(雲長)을 위하는 당집으로서 중국의 민간 신앙 대상이 되어 있었다.

구요동의 성문 밖을 나서면 돌다리가 있다. 다리 가장자리에는 돌난간을 세웠는데 그 솜씨가 매우 정교하니 강희[19] 57년에 축조한 것이다.
다리 맞은편으로 백여보 쯤 떨어진 곳에 패루가 서 있는데 구름이며 용이며 수선(水仙)을 새긴 그림은 은근히 부각되어 나왔다. 패루 안으로 들어서니 동쪽에는 큰 누각이 서 있어 그 아래로는 문이 났고, 편액을 걸었는데 '적금(積錦)'이라 하였고, 왼쪽에는 종루(種樓)가 서 있는데 '용음(龍吟)'이라 했고, 오른쪽에는 고루(鼓樓)가 있는데 '호소(虎嘯)'라고 새겨 붙였다.
묘당은 장엄하고 화려한데 전각들은 겹겹이 들어서 금벽 단청으로 찬란했다. 정전에는 관공(關公)의 상을 모셨고 동쪽 행

---
19) 강희(康熙) : 중국 청나라 초기의 연호(1662~1723).

랑에는 장비(張飛)[20], 서쪽 행랑에는 조운(趙雲)[21]의 상을 모셨다. 또 촉나라 장군으로서 엄안(嚴顏)[22]의 씩씩한 모습도 목상을 만들어 세웠다.

뜰에는 큰 비석 몇 개가 있는데 모두 창건 또는 중수한 내력들을 썼고 새로 세운 한 비석에는 산서(山西) 상인이 중수한 사연을 써 놓았다. 묘안에는 무뢰한과 건달꾼 수천 여명이 모여 시끄럽기가 장터 같았다. 어떤 곳에서는 창봉(槍棒) 연습도 하고 어떤 곳에서는 권술(拳術)과 씨름도 하고 혹은 장님 말 타는 놀음도 하였다. 한군데는 〈수호전〉(水滸傳)[23]을 앉아서 내려 읽는데 여럿이 빙 둘러 앉아서 듣고 있었다. 글 읽는 사람은 머리를 툭툭 치면서 코를 쳐들고 아주 신이 나서 방약무인의 경지였다. 방금 읽고 있는 대목은 와관사(瓦官寺)에 불을 질러 태우는 장면인데 손에 쥐고 앉은 책을 가만히 보니 〈서상기〉(西廂記)[24]다. 눈으로는 글자도 못 알아보면서 입으로는 청산유수이다. 마치 우리나라 시중 책방에서 〈임장군전〉(林將軍傳)[25]을 외우고 있는 것만 같았다. 글 읽던 자가 잠시 멈추니 이번에는 두 사람이 나와서 비파를 타고 한 명은 바라를 치고 있었다.

---

20) 〈삼국지〉에 나오는 명장으로, 자는 익덕(翼德)이다.
21) 조자룡을 말함. 장비와 함께 촉나라 명장인 오호대장이다.
22) 엄안 장비에게 굴복하지 않은 의장(義將). 그는 유장(劉璋)의 부하다.
23) 중국 소설: 원나라 시자안(施子安;耐庵)이 엮고 명나라 나본(羅本)이 완성. 〈삼국지〉와 함께 우리나라에서 많이 읽혔다.
24) 중국 희곡 책으로 당나라 원진(元稹)이 지은 〈회진기〉(會眞記)를 원나라 왕실보(王實甫)와 관한경(關漢卿)이 각색한 원나라 시대의 유명한 희곡책.
25) 임충민공실기(林忠愍公實記)를 말하며, 이는 임경업 장군을 주인공으로 한 국문 소설.

關帝廟記

　出舊遼東城門外, 有石橋, 橋邊石欄, 制極精巧, 康熙五十七年所築也, 對橋百餘步, 有牌樓, 刻雲龍水仙, 畫皆隱起, 入牌樓而東, 有大樓, 其下爲文而扁之曰橘錦, 左有鍾樓曰龍吟, 右有鼓樓曰虎嘯, 廟堂壯麗, 複殿重閣, 金碧璀璨, 正殿安關公像, 東廡張飛, 西廡趙雲, 又設蜀將軍嚴顔不屈之狀, 庭中列數笏穹碑, 皆記修叛始末, 新建一碑, 記山西商人重修事也, 廟中無賴遊子數千人, 鬧熱如塲屋, 或習槍捧, 或試拳脚, 或像盲騎瞎馬爲戲, 有坐讀水滸傳者, 衆人環坐聽之, 擺頭掀鼻, 旁若無人, 看其讀處則, 火燒瓦官寺, 而所誦者, 乃西廂記也, 目不知字而口角溜滑, 亦如我東巷肆中, 口誦林將軍傳, 讀者乍止則, 兩人彈琵琶, 一人響疊鉦。

광우사를 구경하고(廣祐寺記)

사찰 광우사의 유래와 그 규모를 소개했다.

　백탑의 남쪽에는 옛 사찰이 있어 광우사라고 부른다. 전에 만났던 만주 사람이라는 수재의 말을 들으면 한나라 때 창건했던 절로서 당태종이 요동을 침범했을 때에 수산(首山)에 주둔하고 있었는데 당시 악공(鄂公) 울지경덕을 시켜 중수했다고 한다.

세상에 전하는 이야기로는 옛날 어떤 촌사람이 광령(廣寧)이란 곳을 가다가 길에서 한 소년을 만났는데, 소년의 말이,

"나를 광우사까지 업어다 주면 절 오른쪽으로 열 발걸음 되는 지점 고목나무 밑에 금 십만 냥이 묻혀 있는데 그것을 품값으로 주겠다."
고 했다. 촌사람은 그 아이를 업고 하루아침에 걸어서 절까지 대고 보니 그는 바로 한 개의 금부처였다고 한다. 절에 있던 중이 이상히 여겨 절 오른쪽 10보 되는 지점을 파 보니 과연 10만 금이 있어 촌사람은 그 돈으로 이 절을 중수했다고 한다. 절 안에 세운 비석을 읽어 보니 '강희 27년[26] 태황태후(太皇太后)[27]가 내탕금을 내어 지었고 강희 황제도 일찍이 이 절까지 와서 이 절 중에게 비단 가사를 주었다.'고 했다. 지금은 폐사가 되고 중도 없었다.

※ 요양성으로 돌아오니[28] 수레와 말의 울리는 소리가 우렁차고, 가는 곳마다 구경꾼이 떼를 지었다. 주루(酒樓)의 붉은 난간이 높다랗게 한길가에 솟아 있고, 금 글자를 쓴 주기(酒旗)가 나부낀다. 그 기에는,

이름을 들었으면 말을 세우고　　(聞名應駐馬)
향내를 찾아서 수레 잠깐 멈추라 (尋香且停車)

라고 씌어 있다. 내 이곳에서 술 마실만 하구나.

삥 둘러선 구경꾼은 더욱 많아져서 서로 어깨를 비빈다. 일찍

---

26) 강희(康熙)는 중국 청(淸)나라 성조(聖祖) 때(1662~1722)의 61년간의 연호이며 문화 전성기였다.
27) 태황태후(太皇太后) : 황제의 할머니를 말하며 여기서는 청나라 성조의 왕대비를 말함.
28) 요양성으로 돌아온… 이하는 박영철(朴榮喆)본에는 없는 기록이다. ※표 이하 부분.

이 들으매,

"이곳에는 좀도둑이 많아서, 낯선 사람이 구경에만 마음이 팔려 잘 보살피지 못하면 반드시 무엇이든 잃어버리고 만다. 지난해 어느 사신 행차에 무뢰배를 많이 거느려 반당(伴當)[29]을 삼고, 상하 수십 명이 모두 첫 길이어서 의장(衣裝)이나 안구(鞍具)가 제법 호화로웠다. 이곳에 이르러 유람하는 사이에, 혹은 안장을 잃고 혹은 등자(鐙子)를 잃어버려서 여간 낭패가 아니었다."

한다. 장복이 갑자기 안장을 머리에 쓰고 등자를 쌍으로 허리에 차고서 앞에 모시고 서되 조금도 부끄러운 빛이 없기에, 내가 웃으며 꾸짖기를,

"왜 너의 두 눈알을 가리진 않느냐."

하고 나무랬다. 보는 이가 모두 크게 웃었다.

다시 태자하에 이르렀다. 강물이 한창 부풀었을 뿐 아니라, 배가 없어서 건널 길이 막연하다. 강기슭을 타고 위아래로 서성거릴 무렵에, 갈대 우거진 속에 콩깍지만한 고기잡이배가 저어 나오고, 또 한 채 작은 배가 강기슭에 호젓하게 보인다. 장복과 태복의 무리로 하여금 함께 소리를 돋우어 배를 부르게 했다. 어부들이 낚싯대를 드리우고 뱃머리에 마주 앉아 있다. 버드나무 짙은 그늘에 석양 노을이 금빛으로 아롱졌는데, 잠자리는 물 위에 날고, 제비는 물결을 차고 난다. 아무리 불러도 저들은 돌아보지도 않는다. 오랫동안 물가 모래판에 섰노라니, 더운 기운이 찌는 듯하여 입술이 타고 이마에 땀이 번지며 현기증이 나고 아주 기운이 빠진다. 평생에 구경을 좋아하였더니, 오늘에야 톡

---

29) 가마 메는 하인. 반당(伴擋)이라고도 하였다.

톡히 그 값을 치르게 되었는가 보다.

  정군(鄭君) 등 여럿이 다투어 농담으로,

  "해는 지고 길은 먼데 상하가 모두 배고프고 고달프다. 한 번 울기라도 하는 수밖에 아무런 계책이 없군요. 선생은 어찌 참고서 울지 않으시오."

하고 서로들 크게 웃는다. 나는,

  "저 어부가 남을 구원해 주질 않으므로 그 인심을 가히 알지니, 제가 비록 육노망(陸魯望)[30] 선생처럼 점잖은 어른일지라도 나는 한 주먹으로 쳐서 눕혀 버리고 싶구려."

하고만 있었다. 태복이 더욱 초조하여 말하기를,

  "이제 곧 들에 해가 지려 하니, 다른 산기슭에는 벌써 어둠이 깃들었으리이다."

한다. 대체 태복은 비록 나이는 젊으나, 일곱 번이나 연경에 드나들었으므로 모든 일에 익숙했다.

  얼마 뒤에 사공이 낚시질을 끝마치고서 배 밑에 있던 고기 종다래끼를 거두고 짧은 상앗대로 버드나무 그늘 가로 저어 나오자, 그 속에서 별안간 대여섯 척의 작은 배가 다투어 나온다. 그들은 저 고기잡이배가 저어오는 것을 보고는, 역시 너도 나도 하고 서로 다투어 저어 와서 비싼 삯을 받으려 함이다. 남의 다급함을 몰래 기다린 연후에야 비로소 와서 건너 주려고 하니 그 소행이 밉다. 배 한 척에 세 사람씩을 태우고, 삯은 한 사람의 몫이 일초(一鈔)씩이다. 배는 모두 통나무로 후벼 파서 만들었

---

  30) 당의 문학가 육귀몽(陸龜蒙) 노망의 자. 벼슬을 하지 않고 차(茶)를 심으며 일생을 보내었으므로, 그 당시의 사람들이 그를 강호산인(江湖散人), 또는 보리선생(甫里先生)이라 불렀다.

다. 이른바,

    들배는 넉넉히 두세 사람 탈 수 있네 (野航恰受兩三人)[31]

라 함은, 실로 이를 두고 이름이다. 일행 상하가 모두 열일곱 명에 말이 열여섯 필이다. 함께 강을 건넌다. 뱃머리에서 말굴레를 잡고 순류를 따라서 7, 8리를 내려가니, 그 위험함이 전날 통원보(通遠堡)의 여러 강을 건널 때보다 더하다.

  신요양(新遼陽) 영수사(映水寺)에서 묵다. 이 날은 70리를 걸었다. 밤에는 몹시 더워서, 잠든 중에 절로 홑이불이 벗겨져서 약간의 감기 기운이 있었다.※

廣祐寺記

塔南有古刹曰廣祐寺, 滿洲秀才云, 漢時所剏, 而唐太宗伐遼時, 駐蹕首山, 使鄂公尉遲敬德重修, 世傳古有一邨夫, 徃廣寧, 路遇一童子曰, 負我至廣祐寺, 寺右十步古樹下, 有藏金十萬, 可以相報, 邨夫負其童子, 數百里不終朝而至, 旣至視之, 乃一座金佛也, 寺僧異之, 掘寺右十步, 果得十萬金, 邨夫以其金, 重修此寺, 及讀寺碑則, 乃康熙二十七年, 太皇太后, 發帑所建也, 康熙皇帝, 亦嘗臨幸, 賜居僧織金袈裟, 今廢無僧.

  ※ 還遼陽城, 車馬轟殷, 聚觀者到處成群, 酒樓紅欄, 高臨大道, 颺出一面金字酒旗, 書着, 聞名應駐馬, 尋香且停車, 吾可以飮矣, 環觀者彌衆, 人肩相磨, 雅聞此處姦宄極

---

31) 두보(杜甫) 시의 한 구절.

多, 初行者專心遊覽, 不善省察, 必有所失, 往歲一使行, 多率無賴爲伴當, 上下數十人, 皆初行, 衣裝鞍具, 頗爲華侈, 入遼陽遊覽之際, 或失鞍甲, 或失鐙子, 無不狼貝云, 張福忽頭冒鞍甲, 腰佩雙鐙, 立侍于前, 全無愧色, 余笑叱曰, 何不掩爾雙目, 見者皆大笑, 還至太子河, 河方潦漲, 無船可渡, 沿河上下正爾彷徨, 俄有蘆葦叢中, 蕩出荳殼漁艇, 又有一小艇, 隱於汀洲, 使張福泰卜輩, 齊聲喚舟, 一對漁人, 兩頭垂竿而坐, 柳樹陰濃, 斜陽纈金, 蜻蜓點水, 燕子蹴波, 千呼萬喚, 終不回頭, 久立汀沙, 暖氣薰蒸, 唇焦頭汗, 腸虛氣餒, 生平喜遊賞, 今日眞得了其債矣, 鄭君輩, 爭相嘲謔曰, 日暮道窮, 上下飢困, 哭之外無他策矣, 先生何爲忍住不哭, 相與大笑, 余曰, 彼漁人, 不肯救人, 其人心可知, 雖陸魯望先生, 正合一拳打倒, 泰卜益爲焦躁曰, 今野日垂地欲墮, 他處有山, 已將昏黑矣, 盖泰卜, 雖年少, 已七次燕行, 凡百慣熟, 少焉, 舟子罷釣收艇底魚籃, 短槳蕩到, 柳陰邊, 爭出五六小艇, 見漁艇蕩來, 亦爭先來到, 要索高價, 其待人竭急然後, 始肯來濟, 其情狀可惡, 一船只許載三人, 每人貰一鈔, 艇皆全木刳成, 所謂野航恰受兩三人者, 是也, 共計一行上下恰是十七, 馬六疋皆浮河, 艇頭執鞚順河而下七八里, 其危有甚於通遠諸渡時也, 宿新遼陽映水寺, 是日, 通行七十里, 夜極熱, 睡中單衿自脫, 微有感氣。※

3. 성경[瀋陽]의 이모저모(盛京雜識)

- 병술(丙戌. 7월 10일)로부터 경인(庚寅. 7월 14일)까지 십리하(十里河)로부터 소흑산(小黑山)까지 도합 3백 27리 -

여기서는 번성한 성경 즉 심양(瀋陽)의 이모저모를 견문한 바를 기술하였다. 특히 이밖에 다섯 편이 수록되었는데, 주로 저자가 심양시에서 묵는 중에 일행과는 따로 혼자서 가 본 골동품 점포와 술집, 관공서 상루(商樓) 등을 돌아다니면서 듣고 구경한 견문기인데, 청나라의 이용후생적 문물제도를 소개하고 있는 것이 주목된다.

4년 경자(庚子)[1] 가을 7월 초10일 병술(丙戌).
비가 내리다가 곧 개었다.

십리하로부터 일찍 떠나 판교보(板橋堡)까지 5리, 장성점(長盛店) 5리, 사하보(沙河堡) 10리, 포교와자(暴交蛙子) 5리, 점장포(毡匠舖) 5리, 화소교(火燒橋) 3리, 백탑보(白塔堡) 7리, 도합 40리를 와서 백탑보에서 점심을 먹고 또 다시 백탑보로부터 일소태(一所台)까지 5리, 홍화포(紅火鋪) 5리, 혼하(渾河) 1리, 배로 혼하를 건너 심양(瀋陽)에 들기까지 9리, 도합 20리로서 이 날 총계 60리를 와서 심양에서 묵었다.

이 날은 몹시 더웠다.

돌이켜 요양성 밖을 멀리 바라다보니 나무숲은 자욱한데 수

---

1) 정조 4년(1780).

많은 새벽 갈가마귀는 들판에 날아 흩어지고 한줄기 아침 연기는 하늘가에 가로 뻗쳤는데 눈부신 햇살이 처음으로 솟아오를 즈음 상서로운 아지랑이가 네 둘레를 가없이 퍼져 걸리고 막힐 데가 없었다.

어허 참! 여기야말로 영웅들이 수 없이 싸웠던 땅이로구나. 영웅 장사들이 범과 용처럼 날고 뛴다 해도 '높고 낮은 거야 제 맘에 달렸겠지'[2]마는 천하를 두고 마음을 놓고 못 놓는 것은 오로지 요동벌에 달려 있으니 요동벌이 한 번 조용하면 나라 안에 난리가 일어날 턱이 없을 것이요, 요동벌이 한 번 시끄러운즉 천하의 쇠북소리가 한꺼번에 요란하게 울릴 것이다.

어째서 그럴 것인가? 이 벌은 일망천리 평원 광야로서 지켜내기는 참으로 힘든 일이요, 그렇다고 내버려 둔다면 오랑캐들은 꼬리를 물고 쳐들어와 담 없는 마당이나 다름없을 것이다. 이것이 바로 중국으로 하여금 여기를 언제나 마음 못 놓게 하는 땅으로 만든 이유가 될 것이매 천하의 힘을 끌어 모아서라도 이 곳을 지킨 후에야 나라가 평안했었다. 오늘 생각하니 근래 백년 사이에 세상이 잠잠한 까닭이 어찌 한갖 도덕과 교육과 정책만이 전대보다 나은 때문이라고 볼 것인가. 심양은 곧 청조가 처음 일어난 곳으로 동으로는 영고탑에 닿았고 북으로는 열하(熱河)를 누르고 남으로는 조선을 어루만지면서 한 번 서편으로 향하매 천하는 감히 꿈틀하지도 못하였으니, 까닭은 그 근본을 튼튼히 하는 점에 있어서 역대에 비할 바가 아니었던 것이다. 요동 땅에 발길을 들여 놓은 이래로 뽕나무와 삼대가 우거지고 개

---

2) 큰 권세를 홀로 잡았으며 그 조종은 나 한 사람에게 있다. 〈후한서〉 하진전(何進傳)에 있는 말.

닭소리가 잇달아 들리며 백년을 두고 잠잠한 것을 볼 때에 오히려 청나라 황실을 위하여는 걱정스러운 일이 아닐까 싶었다.

몽고 수레 수천 대가 벽돌을 싣고 심양으로 들어온다. 수레마다 소 세 마리씩 붙어 끌고 있었다. 소는 흰 소가 많고 가끔 푸른 빛깔을 한 소도 섞여 있었다. 이 염천에 무거운 짐을 끄니 소 코에는 피가 흘렀다.

몽고 사람들은 대개 코가 크고 눈은 깊숙하고 거세고 사납게 생겨 사람 같이 보이지 않을 뿐만 아니라, 의복이나 모자는 허술하고 얼굴은 먼지와 때로 뒤덮여 있었지만 그래도 버선은 벗지 않았다. 우리 하인들이 맨발로 걷는 것이 이상하게 보이는 모양이다.

우리나라 말꾼들이 해마다 몽고 사람들을 보고 또 그 성품을 잘 알고 보니 툭하면 그들을 놀려댄다. 채찍 끝으로 모자를 벗겨 길가에 떨어뜨리기도 하고 제기를 차기도 하나 몽고 사람들은 화를 안 내고 웃으면서 두 손을 벌리고 돌려 달라고 사정을 한다. 말꾼들은 혹은 그들의 뒤를 쫓아가 모자를 벗겨 가지고는 밭 가운데로 들어가 일부러 몽고 사람들에게 쫓기는 척 하다가는 몸을 슬쩍 빼면서 휙 돌아서 그의 허리를 안고 발을 차면 넘어지지 않는 자가 없다. 그리고서는 가슴팍 위에 걸터앉고는 입에다가 흙을 집어넣으면 청인들은 지나다가도 차를 세우고는 일제히 웃는다. 넘어진 자도 빙그레 웃으면서 일어나 입을 닦고 모자를 고쳐 쓰고는 다시 시비를 하지 않는다.

가다가 수레 한 대를 만났다. 사람 일곱 명을 가득 실었는데 모두 붉은 옷을 입고 쇠줄로 어깨와 등을 둘러 얽어 못에 걸어 채우고 다시 한 끝은 손을, 한 끝은 발을 묶어 채웠다. 알아본즉 금주위(錦州衛)가 사형할 도적놈들을 감형(減刑)하여 흑룡강으로 귀양을 보내는 길이라고 한다. 얼굴에는 어디고 겁내는 빛이 있으면서도 그래도 차 위에서 농짓거리를 하면서 조금도 괴로운 빛이 없었다.

  수백필 말 떼가 길을 점령하며 몰려 지나간다. 맨 뒤에 한 사람이 좋은 말을 타고 손에는 수숫대 한 개비를 쥐고는 고삐도 없는 벌 말떼를 그저 뒤에서 보살펴 주면서 몰아갔다.

  탑포(塔鋪)에 닿았다. 탑은 마을 가운데 섰는데 높이는 20여 길 이요, 열 세층에 팔모가 지고 가운데는 비었고 매층에는 네 개 둥근 문이 있었다. 말을 탄 채로 그 안에 들어가 머리를 들고 위를 쳐다보니 갑자기 눈이 아찔하며 현기증이 난다. 말고삐를 돌려나오니 사행은 벌써 숙소에 들었다.

  숙소의 뒷채애 들어서니 바로 집 주인의 턱 아래에서 개 짖는 소리가 몇 번 났다. 나는 깜짝 놀라 주저하니 집 주인은 빙그레 웃으면서 자리를 권한다.

  집 주인은 긴 수염을 늘이고 머리는 반백인데 방 안 책상 앞에 우뚝 앉았다. 방 아래 놓인 의자에는 한 노파가 앉았는데 머리에는 붉고 흰 촉규화를 꽂고 도화로 수놓은 아청빛 치마를 입었다. 노파의 가슴 속에서도 개 짖는 소리가 나는데 아까 주인 영감 개보다 더 사납게 짖었다. 집 주인은 슬그머니 품속으로부터 애완견 한 마리를 끄집어내는데 크기가 토끼만 하고 털은 길이가 한 치나 되고 털빛은 눈빛 같이 희고 등은 푸르스름하고 눈은 노랗고 주둥이는 빨갛다. 노파도 역시 품속에서 애완견을 끄집어내어 두 부부가 나에게 번갈아 보인다. 털빛은 마찬가지였다. 노파는 웃으면서,

"손님은 이상하게 생각하지 마십시오. 우리 늙은 노인들은 집에서 종일 소일거리도 없이 한가하게 지내면서 이 흰 강아지 새끼를 가지고 놀다보니 처음 본 손님에게 웃음거리가 되는 것 같습니다."
고 한다. 나는 집주인을 보고,

"댁에는 자제들이 없소?"

"자식 셋, 손자 한 놈을 두었는데 서른 한 살 난 맏자식은 성경장군(盛京將軍) 막하로 장경(章京)으로 있고, 둘째 자식은 열아홉 살, 막내 놈은 열여섯 살로 다들 서당에 가서 글을 읽고, 아홉 살 난 손자 놈은 버드나무에 매달려 매미를 잡느라고 종일 얼굴을 볼 수 없답니다."

조금 있으니 주인의 손자 아이가 손에는 나팔을 들고 헐떡거리면서 방안으로 뛰어 들어 늙은이의 목을 껴안고 나팔을 사 달라고 졸라댄다. 늙은이는 자애로운 얼굴로 타이른다.

"얘 - 그것은 애들이 갖는 것이 아니란다."

어린 놈은 눈망울이 또렷하고 살구빛깔 무늬 수놓은 비단으로 만든 옷을 입고는 재롱을 피우고 응석을 부리면서 이리 뛰고 저리 뛰고 있었다. 늙은이는 어린 손자더러 나에게 절을 시킨다. 군뇌 한 명이 눈을 부라리고 방 안에 뛰어들면서 나팔을 빼앗고는 큰 소리로 떠들었다. 늙은이는 몸을 일으켜,

"이것 참 안됐소. 어린 것이 장난을 저질러서 물건을 상하지 않았는지요."

하면서 사과를 한다. 나는,

"나팔을 찾아 갔으면 됐지 어째서 그리 사람을 겁나도록 만드는가!"

하고 군뇌를 나무랬다. 나는 주인에게,

"그 강아지는 어디 소산인지요?"

하고 물으니 주인의 대답이,

"운남(雲南) 소산인데 촉중(蜀中)[3]에도 역시 이런 개가 있답니다. 요놈 이름은 '옥토끼'고 저기 '설사자(雪獅子)'놈과 함께 다 운남산입니다."

주인은 '옥토끼'를 불러 절을 하라고 한다. 개는 벌떡 일어서서 앞발을 모으고 절하는 시늉을 내고는 곧 땅에 머리를 조아린다.

장복이가 와서 밥이 다 되었다고 부르기에 나는 일어서니 주인이,

"손님께서 미물이나마 그렇게 귀여우시다면 정표로 꼭 드리겠사오니 돌아오실 길에 가져 가셔도 무방할 것입니다."

하기에 나는,

"어찌 그런 것을 무단히 받겠소."

하고는 곧 돌아서서 나왔다.

사행은 출발 신호의 첫 나팔을 불 적에 나의 간 곳을 몰라서 장복이를 시켜 두루 찾아도 알아내지 못했던 것이다. 밥은 이미 식어 굳어지고 초조해서 밥이 잘 넘어가지 않기에 장복이와 창대에게 먹으라고 내주고 나는 가게에 들어가 국수 한 그릇, 술 한 병, 삶은 계란 세 개, 오이 한 개를 사 먹고 값을 치르니 모두 마흔 두 닢이다.

사행은 방금 가게 앞을 지나간다. 나는 즉시 변군과 고삐를 나란히 하여 따라갔다. 배가 몹시 불러 한 20리 동안은 속이 거북해 못배기었다.

---

3) 현재의 중국 서남부의 사천(四川) 지방.

해는 거의 사시(巳時)⁴⁾나 되어 불볕이 내려 쬐었지만은 요양으로부터 행길가에는 줄곧 버드나무를 수 없이 심어 그늘이 지고 보니 그리 더운 줄을 모르겠다. 가끔 버드나무 밑에 물 고인 데가 있어서 부득이 길바닥으로 빠져 나올 때마다 뙤약볕에 달은 땅바닥으로부터 후끈 치솟는 땅김 바람에 가슴은 금방 탁탁 막힐 때도 있었다.

멀리 버드나무 그늘 아래 수레며 말들이 수 없이 모여 머물고 있기에 재빨리 말을 몰아가서 그 곳에 내려 잠시 쉬었다.

여기에는 수백 명 장사패들이 짐을 부리고는 땀을 식히고 있었다. 어떤 사람은 버드나무 뿌리에 걸터앉아 웃통을 벗어 제치고 부채질을 하기도 하고, 어떤 사람은 차를 마시고, 혹은 술을 마시기도 하고, 어떤 사람은 머리를 감고, 백호를 치는 자[剃髮]⁵⁾도 있고, 어떤 사람은 골패도 놀고, 어떤 사람들은 시권⁶⁾도 하고 있었다. 메는 짐에는 그림 놓은 꽃사기 그릇을 다들 가졌고, 또 수숫대 껍질을 벗겨 자그마한 누각 모양으로 걸어 그 속에는 여치나 매미를 잡아넣은 것을 여나무개씩 걸어 두었고, 어떤 데는 항아리 속에다 붉은 벌레와 푸른 물이끼를 담아 벌레는 물 위에 떠 꾸물거리는 것이 마치 새우알 같이 작은데 물고기의 먹이로 쓴다.

짐차 30여 대가 석탄을 가득 실었다. 술 장수, 차 장수, 떡 장수, 과일 장수들이 모두 버드나무 그늘 아래 의자에 늘어 앉았다. 나는 여섯 닙을 내고 양매차(楊梅茶)⁷⁾ 반사발을 사서 먹고

---

4) 오전 열 시.
5) 머리를 깎는 일.
6) 시권(猜拳)은 손으로 승부를 다투는 놀음. 즉 손안에 돈이나 흑백을 쥐고 맞추는 내기.
7) 양매(소귀나무)의 열매를 볶아서 끓인 차.

해갈을 했다. 맛은 달고 시어 제호탕(醍醐湯)[8]과 비슷하다.

 태평차(太平車) 한 대에 두 여자가 타고 노새 한 마리가 끌고 간다. 노새는 물통을 보고 차를 끈 채 물통 앞으로 왔다. 한 여자는 늙은이고 한 여자는 젊었는데 차 앞을 가린 발을 걷고 바람을 쏘였다. 다들 앵무 빛깔 옷에 주황색 바지를 입고 머리에는 옥잠화, 석죽화, 석류꽃으로 야단스럽게 치장을 하였다. 보니 한족 여자 같았다.

 변군이 한 잔 하자고 하여 모두들 한잔씩 마시고 몇 리를 못가서 멀리 바라다보니 희미한 탑들이 띄엄띄엄 나타나면서 눈 속으로 들어온다. 틀림없이 심양이 점점 가까워진 모양이다. 이른바,

　강성이 보인다고 사공은 손짓하자　　　　(漁人爲指江城近)
　뱃머리에 솟은 탑은 보는 동안 더 커지네　(一塔船頭看漸長)

라는 옛 시가 생각난다. 그림을 모르는 자는 시도 모를 것이다. 그림 그리는 화가는 반드시 농담법(濃淡法)이 있고 원근의 세(勢)가 있다. 오늘 여기서 탑 그림자를 볼 때에 옛 사람의 지은 시가 반드시 화의(畫意)를 잊지 않고 있음을 절실하게 깨달았다. 성이 멀고 가까운 것은 다만 탑의 길고 짧게 보이는 것으로 짐작할 수 있을 것이 아닌가.

 혼하(渾河)는 일명 아리강(阿利江)이요, 소요수(小遼水)라고도 부른다. 물 근원은 장백산으로부터 나와 사하(沙河)와 합수하여 성경성(盛京城) 동남을 감돌아 태자하와 합류되고 다시 서쪽으로 흐르다가 요하(遼河)와 합쳐 삼차하(三叉河)가 되어 바다로 나간다.

---

8) 향기 있는 한약 몇 종을 가루를 내어 꿀에 버무려 끓인 청량음료의 일종.

강물을 건너 몇 리 더가니 그리 높지도 않은 토성(土城)이 있었다. 토성 밖에는 검은 소 수백 마리가 있었다. 빛깔은 아주 옻칠한 듯이 새까맣다. 넓은 못에는 곱고 붉은 연꽃이 한창인데 수많은 거위, 오리들이 헤엄치고 있었다. 천여 마리 양떼가 물을 먹고 있다가 사람을 보고는 머리를 쳐들고 선다.

외성 문안으로 들어가니 성안 풍물의 번화한 것과 상점 물건의 사치하고 풍성한 품은 요양보다 10배다.

관우 묘에 들려 잠깐 쉬면서 삼사(三使)는 다들 관복을 갈아입었다.

한 노인의 수화주(秀花紬) 홑적삼을 입고 대머리에 땋은 머리를 늘인 채 나를 보고는 넌지시 읍을 하면서,

"수고들 하십니다."

하고 인사를 하기에 나도 마주 읍을 했다. 늙은이는 내가 신은 갓신을 한참 들여다보고는 어떻게 만들었는지 자세히 보고 싶어하는 기색이 있기에 나는 앉은 자리에서 선뜻 한 짝을 벗어 보였다. 때마침 도사 한 명이 몸에는 산동주 도포를 걸치고 머리에는 삿갓을 쓰고 검정 공단 신을 신은 채 안으로부터 달려 나와 갓을 벗고 상투를 어루만지면서 나를 보고는 당신과 마찬가지로 자기도 상투를 틀었다고 한다. 늙은이는 신었던 자기 신을 벗고 내 신과 바꾸어 신어보면서,

"대체 이 신은 무슨 가죽인가요?"

하고 묻는다. 나는,

"노새 가죽이라오."

하니,

"그러면 신창은 무슨 가죽인지요?"

하기에,

 "이것은 소가죽을 기름에 절여서 만든 것으로 진 데 들어가도 물이 스미지 않지요."

했더니 늙은이와 도사는 이구동성으로 좋다고 칭찬을 하면서,

 "이 신이 진 땅에서는 적당하지만 마른 길에는 발이 부르틀 염려가 없잖구료."

하기에 나는 옳은 말이라고 했다.

 늙은이는 나를 안방으로 인도하고 도사는 차를 두 잔 따라 내놓으면서 이쪽저쪽 권한다. 늙은이의 성명은 복령(福寧)이라고 하고 만주 사람으로서 벼슬은 성경(盛京) 병부랑중(兵部郎中)인데 마침 성 밖에 피서차로 나왔다가 연꽃이 한창이라 한바퀴 거닐다가 지금 막 돌아오는 길이라고 하면서,

 "상공(相公)⁹⁾께서는 벼슬은 몇 품이시고 춘추는 올해 얼마이신지요?"

하고 묻기에 나는 성명을 말하고, 수재의 몸으로 귀국까지 구경차로 왔고 정사(丁巳)¹⁰⁾생이라고, 대답했더니 또 생일 생시를 묻는다. 나는 2월 초 5일 축시(丑時)라고 대답한 즉 그는 다시 나를 무관이냐고 묻기에 나는 아니라고 했다. 복령은,

 "저기 상좌에 앉으신 분은 재작년에 북경오실 때 내가 심양으로 돌아가는 길에 옥전(玉田)에서 한 여관에 들었던 일이 있었습니다. 저분은 한림(翰林) 출신이지요?"

 "그렇지 않소, 그 분은 부마도위(駙馬都尉)인데 나와는 족형제간이오."

---

9) 상대방을 존대하여 부르는 말.
10) 저자는 당시 44세였다.

그는 다시 부사와 서장관의 성명과 관품 등을 묻기에 나는 대답해 주었다. 사행은 옷을 갈아 입고 떠나려 하기에 나도 인사를 하고 일어서니 그는 내 손을 붙들고,

"부디 도중에 몸을 보존하시고 요즘 첫 가을 늦더위가 심하니 설익은 오이나 찬 음식에 조심하십시오. 나의 집은 서문안 나마장(騾馬場) 남쪽에 있는데 대문 위에는 '병부랑중'이란 문패를 걸었고 또 금자로 '계유문과(癸酉文科)란 패를 붙였으니 아주 집 찾기가 쉽습니다. 그러면 언제쯤 돌아오십니까?"

하고 묻는다. 나는 아마도 9월 중은 성경에 들릴 것이라고 했더니 그는 특별한 공사가 없으면 그때는 꼭 반갑게 만나게 될 것이라고 하면서,

"이제는 당신의 생일 생시까지 알았으니 좋은 날을 가려서 한 번 모실 것입니다."

라고 하면서 퍽이나 말씨가 다정스럽고 작별을 섭섭해 하는 빛을 보인다. 도사는 코가 뾰족하고 눈은 사팔뜨기인데 몸가짐이 경망스럽고 진중한 맛이 없었으나 복령은 사람이 듬직하고 의젓하게 생겼다.

삼사는 순서대로 말을 타고 떠나는데 문관과 무관들은 각기 줄을 지어 성 안으로 들어갔다. 성의 주의는 10리요, 벽돌로 쌓았는데 문도 여덟 개는 모두 삼첨(簷)[11]이요, 옹성(甕城)[12]으로 둘러쌌다. 옹성의 좌우에는 또 다시 마주 단 문이 섰다. 네 거리에는 높은 축대를 쌓고 역시 삼첨 누각을 세웠는데 그 아래로는

---

11) 처마가 세 층으로 된 대문.
12) 성문을 막아서 따로 혹처럼 달아 쌓은 성. 월성(月城)이라고도 한다.

십자 길이 나서 사람과 수레들은 서로 부딪치고 어깨를 맞대면서 떠드는 소리가 장터 그대로다.

점포들은 길을 가운데 끼고 단청한 누각, 아로새긴 창문, 금색 간판이며 푸른 현관들이 휘황하고 각색의 보화들은 그 속에 가득히 찼다. 점두에 앉은 자들은 다들 얼굴이 깨끗하고 의복이며 모자는 모두 말쑥했다.

심양은 본래 조선 지역이다. 혹자는 한나라가 사군을 둘 때에 낙랑이 다스리던 곳이라고도 한다. 원나라, 위나라, 수나라, 당나라 시대에는 고구려에 속했던 곳이다. 오늘날에는 성경이라고 불러 봉천 부윤(奉天府尹)이 백성을 다스리고 봉천 장군 부도통(副都統)은 팔기(八旗)를 관할하고 있다.

또 승덕지현(承德知縣)13)이 있어 각 부에는 좌이아문(佐貳衙門)이 있고, 그 맞은편에는 차면(遮面) 담이 섰고, 문 앞에는 검정 칠한 나무를 목책처럼 세워 난간을 삼았다. 장군부 앞에는 큰 패루(牌樓)14)가 섰고 길에서 바라다보니 가지각색 유리기와가 보였다. 나는 내원과 계함과 함께 행궁(行宮)15) 앞까지 왔다.

거기서 관속 한 명을 만났는데 손에는 채찍을 들고 몹시 바쁘게 걸어가고 있었다. 내원의 마두 광록(光錄)은 원래 관화(官話)16)를 잘했다. 광록은 그 관속 앞으로 달려가 한쪽 무릎을 꿇고는 머리가 땅에 부딪치는 소리가 나도록 절을 하니 관인은 황급히 광록을 붙들면서,

"형장! 웬일이오. 좋을 대로 합시다."

---

13) 승덕현 장관이 있는 기관.
14) 우리나라의 홍살문처럼 세우는 기념용 장식 건조물.
15) 수도 이외의 다른 곳에 황제가 거처하기 위하여 지어 둔 대궐.

하니 광록은 머리를 조아리고,

"소인은 조선서 온 방자(幇子)[17]인데 우리나리들이 대궐을 한 번 보고 싶어 하기를 마치 하늘 바라보듯 하오니 형감께옵서는 들어 주실는지 감히 아뢰오."

그 관속은 웃으면서,

"무방한 일이지요. 나를 따라 오시오."

한다. 나는 곧 뒤를 따라 갔다. 나는 그와 인사라도 하려 했더니 어떻게나 빨리 걷는지 미처 닿지를 못했다. 길이 막다른 곳을 바라다보니 주홍빛 나무로 울타리를 둘러쳤는데 관인은 그 울타리 안으로 들어서 뒤를 돌아다보고는 채찍으로 가리키면서,

"여기서 건너다보고들 구경하시오."

하고는 휙 돌아서 가버린다.

내원은 아무래도 안에 들어가서 구경을 못할 바에야 이렇게 한 번 봤으면 그만이지 여기서 오래 머뭇거릴 필요야 있나 하고는 곧 계함을 끌고 술집을 찾아갔다. 나는 혼자 떨어져 광록과 함께 울타리 안으로 들어갔다.

정문은 태청문(太淸門)이라고 한다. 문안으로 들어서니 광록이가,

"아까 내가 만났던 관속은 바로 수직장경(守直章京)[18]인데 재작년에 하은군(河恩君)[19]을 따라 모시고 와서 행궁을 고루 구경했지마는 말리는 사람이 없었습니다. 마음 놓고 구경하셔도 좋습니다. 설사 누구를 만난

---

16) 중국의 표준어.
17) 지방 장관의 심부름꾼. 조선조의 방자(房子).
18) 대궐 파수 보는 관원.
19) 조선 정조 때 사신 이광(李珖)의 봉호.

다 하더라도 쫓겨날 뿐이겠습죠."

하기에 나는,

"네 말이 옳다."

하고는 바로 맨 앞에 있는 전각까지 가니 편액(扁額)[20]을 숭정(崇政)이라고 붙였고 또 한 편액은 정대광명(正大光明)이라고 했고, 전각의 왼편은 비룡각(飛龍閣)이요, 오른편은 상봉각(翔鳳閣)이다. 전각 뒤에는 삼첨 고루가 솟았는데 봉황루라고 하고 좌우에는 곁문이 있어 문 안에는 갑군 수십인이 있다가 길을 막는다. 하는 수 없이 문밖에서 멀리 바라보았다. 층층의 누각과 겹겹이 닿은 전각과 군데군데 정자와 굽이굽이 복도는 모두 오색 유리 기와로 이었다. 양첨(兩簷) 팔각집이 있는데 태정전(太政殿)이라고 한다. 태청문 동쪽에는 신우궁(神祐宮)이 있어 삼청(三淸)[21]의 소상(塑像)[22]을 모셨는데 강희황제 어필로 제자를 써 붙여 소격(昭格)이라 하였고 옹정(雍正)[23]황제의 어필로는 옥허진제(玉虛眞帝)라고 써 붙였다.

나는 구경을 마치고 돌아 나와 내원을 찾아 어떤 술집까지 왔다. 깃발에는 금사로 써서,

하늘에는 주성(酒星) 한 알 반짝이고 있건마는 (天上已多星一顆)

땅에는 둘도 없는 주천(酒泉)이 여기라오　　(人間空聞郡雙名)

술집에 들어서니 붉은 난간, 푸른 문짝, 흰 바람벽, 그림 기둥

---

20) 전각의 앞머리에 붙인 간판.
21) 중국의 도교에서 신선이 사는 세 곳을 삼청이라 부르는데 여기는 세 신선을 말함. 즉 원시천존(元始千尊), 태상도군(太上道君), 태상노군(太上老君).
22) 나무로 깎은 등신(목상).
23) 중국 청나라 제4대 황제. 세종(世宗)(1723~1735)의 연호.

에 선반 위에는 꼭 같은 주석으로 만든 큰 술병을 늘어놓았고 붉은 종이에다가 술 이름을 각각 써 붙였는데 그 종류는 이루 다 기록할 수가 없었다. 조주부 학동이 방금 그 안에 앉아 다른 사람들과 술을 마시다가 웃으면서 일어나 맞는다. 50~60개나 되는 좋은 의자에 20~30개 탁자가 놓여 있고 몇 십개 되는 화분에다 지금 저녁 물을 주고 있었다. 가을 해당화나 수구화가 한창이고 그 밖에 다른 꽃들은 모두 처음 보는 꽃들이다. 조군은 불수로(佛手露)란 술 석 잔을 내게 권한다. 계함이네 일행은 어디로 갔느냐고 물었더니 모르겠다고 하기에 나는 먼저 일어서 나왔다. 길에서 조주부 명회를 만났더니 반색을 하면서 같이 술을 먹으로 가자고 했다. 나는 돌아서 아까 나온 술집을 가리키면서 다시 가서 술을 먹자고 했더니 조군은 어디고 다 마찬가진데 꼭 거기 가야만 하느냐고 하면서 또 다른 주점으로 들어갔다. 크고 깊숙하고 화려한 모양은 아까 술집보다도 훨씬 나았다. 계란볶음 한 접시와 사국공(史國公)[24] 한 병을 청하여 둘이 잔뜩 먹고 나섰다.

  나는 한군데 골동품을 사고파는 가게에 들렀다. 상점 이름은 예속재(藝粟齋)라고 하는데 수재 댓 명이 경영을 한다고 한다. 다들 나이가 젊고 얌전하게들 생겼다. 다시 한번 오기로 약속하였는데 이 집에 와서 주고받은 이야기는 '속재필담'에 싣기로 한다.

  또 한 가게에 들렀더니 다들 먼 지방 선비들이 비단포를 새로 내고 점포 이름을 가상루(歌商樓)라고 불렀다. 여섯 사람이 함

---

24) 술 이름 '시괵공'으로 된 판본도 있다.

께 있는데 의상이 다 말쑥하고 몸가짐이라든가 사람 대하는 예의범절이 다들 단정했다. 여기서도 다시 만나기로 약속하고는 형부(刑部)[25] 앞으로 지나다보니 아문을 활짝 열어 제치고 대문 앞에는 나무를 가로 꽂아 둘러 세워 울을 만들고 아무나 마음대로 못 들어오도록 해두었다. 그러나 나는 외국 사람이랍시고 아무 관청이든지 겁도 꺼림도 없이 드나들 참인데 더구나 여기만은 문이 열려 있었으므로 일반 관청의 제도도 구경할 겸 문안으로 썩 들어갔으나 아무도 막는 사람이 없었다. 관리 한 사람이 툇돌 위에 걸상을 놓고 걸터 앉았으며 등 뒤에는 시중드는 사람이 서 있었다. 관리는 손에 붓과 종이를 잡고 대 아래는 죄인 한 명이 무릎을 꿇고 있었다. 양 옆에는 하인 두 사람이 죽곤장(竹棍杖)을 쥐고 서서 아무런 호령도 기다리지 않고 제멋대로 소리를 지르고 있었다. 관리는 점잖게 죄인을 마주 보고는 부드러운 말씨로 심문을 하고 있었다. 이윽고 그 관리는 소리를 질러 호령을 하니 하인은 손에 쥐었던 곤장을 놓고 죄인 앞으로 걸어가 손바닥으로 뺨을 너댓 차례 후려 붙이고는 제자리에 돌아와 다시 곤장을 짚고 선다. 이 법인즉 간편하다 할 수 있겠지만 세상에 뺨치는 형벌이란 듣고 보기가 처음이다.

저녁을 먹고 나서는 달밤에 가상루에 이르러 여러 사람들과 함께 예속재에 와서 밤이 밝도록 놀았다.

---

[25] 사법기관. 재판소.

3. 盛京雜識

起丙戌止庚寅凡五日自十里
河至小黑山共三百二十七里

秋七月初十日　丙戌

雨卽, 晴, 自十里河, 早行至板橋堡五里, 長盛店五里, 沙河堡十里, 暴交蛙子五里, 氈匠舖五里, 火燒橋三里, 白塔堡七里, 共四十里, 中火於白塔堡, 又自白塔堡, 至一所臺五里, 紅火舖五里, 渾河一里, 舟渡渾河, 入瀋陽九里, 共二十里, 是日, 通行六十里, 宿瀋陽, 是日, 極熱, 回望遼陽城外, 林樹蒼茫, 萬點曉鴉, 飛散野中, 一帶朝煙, 橫抹天際, 瑞旭初昇, 祥霧霏靄, 四顧漭蕩, 無所罥礙, 噫此英雄百戰之地也, 所謂虎步龍驤, 高下在心, 然, 天下安危, 常係遼野, 遼野安則, 海內風塵不動, 遼野一擾則, 天下金鼓互鳴, 何也, 誠以平原曠野, 一望千里, 守之則難爲力, 棄之則胡虜長驅, 曾無門庭之限, 此所以爲中國必爭之地, 而雖殫天下之力, 守之然後, 天下可安也, 今其天下, 所以百年無事者豈爲德敎政術, 遠過前代哉, 瀋陽, 乃其始興之地則, 東接寧古塔, 北控熱河, 南撫朝鮮, 西向而天下不敢動, 所以壯其根本之術, 非歷代所比故也, 入遼以來, 桑麻翳菀, 雞狗相聞, 百年無事, 不得不爲淸室一攢眉矣, 蒙古車數千乘, 載甀入瀋陽, 每車引三牛, 牛多白色, 間有靑牛, 暑天引重, 牛鼻流血, 蒙古, 皆鼻高目深, 獰獰鷙悍, 殊不類人, 且其衣帽襤縷, 塵垢滿面, 而猶不脫襪, 見我隸之赤脚行走, 意似怔之, 我國刷騶, 歲見蒙古, 習其性情, 常與之狎行, 以鞭末挑其帽, 棄擲道傍, 或毬踢爲戲, 蒙古笑而不怒, 但張其兩手巽語丐還, 刷騶或從後脫帽, 走入田中, 佯爲蒙古所逐, 急轉身抱蒙古腰, 以足打足, 蒙古無不顚翻者, 遂騎其胸, 以塵納口, 群胡停車齊笑, 被翻者亦笑而起, 拭觜着帽, 不復角勝, 行逢一車, 共載七人, 皆衣紅, 以鐵索籠肩絡背, 交鎖於項, 復以一端鎖手, 一端鎖脚, 錦州衛盜賊, 減死戌配黑龍江云, 牙眼危怖猶於車上, 自相戲笑若無苦色, 馬群數百匹, 掠路而過, 最後一人, 跨一匹善馬, 手持一斡高粱, 殿趕馬群, 不覊不絏, 而只顧行走, 至塔舖, 塔在邨中, 高二十餘丈, 十三級, 八面空中, 每級通四圓門, 騎馬入其中, 仰面而看, 忽生眩暈, 回轡還出, 使行已入站矣, 進至後堂, 主人鬚下, 忽作數聲犬吠, 余大驚郤立, 主人微笑請坐, 主人長鬚斑白, 兀自炕上踞短脚床, 炕下對椅坐一老嫗, 頭上揷朶紅白葵花衣一領, 鴉靑桃花繡裙, 老嫗胸前又作犬吠, 盆猛, 主人徐自懷中, 捧出一箇猵狗, 大如兎子, 毫長一寸, 絲絲雪白, 脊上淡靑色, 眼黃嘴紅, 老嫗又披襟拿出猵兒, 遞與余看, 毛色一樣, 老嫗笑曰, 客官休怔, 吾們翁媼, 兩口兒, 閒住家裏, 眞實永日難消, 在家抱弄這口雪狗兒, 還惹了外人耻笑, 余問主人家無有兒孫麼, 主人答曰, 抱得三男一孫, 長男三十一歲, 做箇盛京將軍親隨的章京, 仲男十九歲, 季男十六歲, 幷去學堂裡讀書, 九歲孫兒, 柳樹上捕蟬去了, 盡日面目難見, 少焉, 主人之小孫, 手提吶叭, 氣息喘喘, 走入堂裏, 抱老公項, 要買吶叭, 老公慈意滿面曰, 這箇不中用, 小兒眷眼淸明, 披一領杏子黃紋紗襖子, 弄嬌呈癡, 東跳西梁, 老公囑小孫, 向余叩頭, 軍牢張目趕入堂裏, 奪其吶叭, 大聲索鬧, 老公起身謝曰, 慚愧, 小孩們頑要了, 不曾傷損那物件, 余亦責軍牢索去好矣, 何必若是無聊人, 余問這狗子那地所産, 主人答曰, 雲南所産, 蜀中亦有這樣的小狗, 此名玉兎兒, 那箇叫做雪獅子, 幷是雲南産, 主人叫玉兎兒叩頭, 狗子起立, 雙拱前足, 爲拜揖狀, 便據地叩頭, 張福來請飯, 余卽起身, 主人曰, 客官旣然愛玩此微物時, 情願拜送準貢回還時, 客官不妨携去, 余答曰, 那敢生受, 急轉身出, 使行已初吹, 臨發, 不知吾去向, 張福遍索不得, 飯久已硬, 心忙不下咽, 遂給張福與昌大共食, 自入舖子裏, 買喫一椀麵, 一觶燒酒, 三箇熟雞卵, 一箇靑爪, 計還了四十二文, 使行纔過舖門前, 卽與卞君, 幷轡隨行, 肚裏甚飽, 堪行二十里矣, 日已向巳, 天氣暴烘, 而自遼陽, 沿路植柳, 萬樹陰陰, 不知甚暑, 或柳下水滙處, 徃徃成坑, 不得已迤出路上則爀炎下鑠, 土氣上蒸, 胸膈頃刻悶塞, 遙望柳陰下, 車馬雲屯, 促鞭行, 下馬少憩, 客商數百人, 卸擔納凉, 或踞柳根, 脫衣搖扇, 或啜茶飮酒, 或沐髮剃頭, 或骰牌, 或猜拳, 擔中皆畵瓷, 更有以高粱稭, 去皮, 結成小小樓閣之形, 各置一枚響蟲, 或鳴蟬, 爲十餘擔, 或盆貯紅蟲綠藻, 紅蟲浮動水面, 微如鰕卵, 爲供魚兒食料, 車三十餘乘, 皆滿載石煤, 賣酒賣茶賣餠果諸般飮食者, 皆聚柳陰下, 列椅而坐, 余以六文, 沽楊梅茶半椀, 解渴, 味甘酸類醍醐湯, 一輛太平車, 載二婦人, 駕一驢而行, 驢見水桶引車就桶, 婦人一老一少, 褰簾納凉, 皆衣鸎哥綠襖,朱黃色袴, 以玉簪花, 石竹, 石榴花, 爲頭上繁飾, 似是漢女, 卞君要飮, 遂各飮一盃, 卽行不數里, 遙見數處浮圖, 皓然入望, 計是瀋陽漸近也, 所謂漁人爲指江城近, 一塔船頭看漸長, 不知畫者不知詩, 畫家有濃淡法, 有遠近勢, 今看塔形盆覺古人作詩, 必須畫意, 盖城遠城近, 只看一塔短長, 渾河一名阿利江, 一名小遼水, 源出長白山, 合沙河, 繞出盛京城東南, 與太子河會, 又西流合遼河, 爲三叉河入海, 渡河行數里, 有土城不甚高, 土城外, 有烏牛數百頭, 其色正黑如漆, 大池百頃瀲灩, 紅蓮盛開, 鵝鴨無數, 浮泳池邊, 白羊千餘頭, 方飮水, 見人皆矯首立, 入外郭門, 郭內民物之繁華, 市肆之侈盛, 十倍遼陽矣, 入關廟少憩, 三使具冠服, 有一老者, 披秀花紬單衫, 光頭垂辮, 就余長揖曰, 辛苦, 余答揖, 老者熟視余所着泥鞋, 意似詳觀制作, 余卽脫示一隻, 廟中走出一箇道士, 身披一領野繭紗道袍, 項戴藤笠, 足穿貢緞黑靴, 脫笠自撫其髻曰, 與相公一樣, 老者自脫其履, 換着我鞋, 問此鞋子甚皮造成, 余曰驢兒皮, 問履底甚皮, 余答曰, 牛皮, 加油能踏泥不濕, 老者及道士, 齊聲稱佳, 又問這履子, 衝泥雖便, 還恐早道足繭, 余答曰, 儘然, 老者, 引余入廟堂裏, 道士手注兩椀茶各勸, 老者書示姓名, 福寧, 滿洲人, 見任盛京兵部郞中, 年六十三, 避暑城外, 大池荷花盛開, 閒走一遭, 方纔回來, 因問相公官居幾品, 年紀多少, 余答姓名, 身是秀才, 爲觀光上國來, 賤降丁巳, 問日月生時, 余答, 二月初五日丑時, 問蝦, 答不是蝦, 福寧問, 這位上首坐的, 前年來京, 俺自京師還時, 到玉田, 數日同站, 這是翰林出身麽, 余答, 不是翰林, 駙馬都尉, 與俺爲三從兄弟, 問副使書狀, 各以姓名官品, 爲對, 使行改服臨發, 余辭起, 福寧前執手曰, 行李保重, 時方秋暑益熾, 切戒生苽冷飮, 俺家住西門內騍馬塲南邊, 門首題着兵部郞中, 又有金字題, 癸酉文科, 尋訪容易, 公子回期, 可在何時, 余曰, 似於九月中還到盛京, 福寧曰, 自無公幹, 時當倒屣逢迎, 旣識貴庚日時, 靜當推籌, 以俟尊駕, 辭氣慇勤, 頗有惜別之意, 道士尖鼻會睛, 動止輕佻, 全沒款曲, 福寧爲人魁特磅礴, 三使次第乘馬去, 盖文武成班入城, 城周十里, 甎築八門, 樓皆三簷, 護以甕城, 甕城左右, 亦有東西大門, 通衢築臺爲三簷高樓, 樓下出十字路, 轂擊肩磨, 熱鬧如海, 市廛夾道, 彩閣雕牕, 金扁碧榜, 貨寶財賄, 充牣其中, 坐市者, 皆面皮白淨, 衣帽鮮麗, 瀋陽, 本朝鮮地, 或云漢置四郡, 爲樂浪治所, 元魏隋唐時, 屬高句麗, 今稱盛京, 奉天府尹治民, 奉天將軍副都統, 管轄八旗, 又有承德如縣, 設各部佐貳衙門, 對門有響墻, 門前皆以漆本又立爲欄, 將軍府前, 立一座大牌樓, 路中望見諸色琉璃瓦, 遂與來源, 季涵, 同徃行宮前, 逢一官人, 手持短鞭, 行步甚忙, 來源馬頭光祿, 善官話, 走向官人, 跪一膝磕頭, 官人忙扶光祿, 請大哥任便, 光祿叩頭曰, 小人, 是朝鮮幇子, 俺老爺們, 爲觀皇都帝居, 如望天上, 敢是大官人, 肯許麽, 官人笑曰, 第不妨跟俺來也, 余卽追去欲與之揖, 官人行步如飛, 不可及, 望見路窮處, 周設硃紅木柵, 官人入柵顧視, 以鞭指之曰, 可於此地張望, 因轉身而去, 來源以爲旣不得入內遍觀則, 久立此不緊, 如是一觀足矣, 遂携季涵向酒樓而去, 余獨與光祿, 進入柵裏, 正門曰太淸, 遂進步入門, 光祿曰, 俄逢官人, 正是守直章京, 前年隨侍河恩君, 徧觀行宮, 無人阻擋, 請放心觀玩, 設令逢人, 不過逐出, 余曰, 汝言是也, 遂走至前殿, 扁曰崇政, 又有扁曰, 正大光明殿, 左曰飛龍閣, 右曰翔鳳閣, 殿後有三簷高樓, 曰鳳凰樓, 有左右翊門, 門內有甲軍數十八攔路, 遂於門外遙望, 層樓複殿疊榭廻廊, 皆覆以五色琉璃瓦, 兩簷八角屋曰, 太政殿, 太淸門東, 有神祐宮, 安三淸塑像, 康熙皇帝, 御筆題曰昭格, 雍正皇帝, 御筆題曰玉虛眞帝, 遂還出尋來源, 入一酒肆, 望旗金字, 寫曰天上已多星一顆, 人間空聞郡雙名, 酒肆朱欄翠戶, 粉壁畫棟, 層架上列置一樣鍮鑞大尊, 紅紙寫着酒名, 不可勝記, 趙主簿學東, 方在其中, 與人飮酒, 笑起迎入, 共有五六十好交椅, 二三十副卓子, 花盆數十坐, 方灌夕水, 秋海棠, 繡毬, 方盛開, 他花盡是初見, 趙君, 勸余三盃佛手露, 問季涵輩去向, 答不知, 余遂先起, 道中又逢趙主簿明會, 大喜要共暢飮, 余回身指俄坐酒樓, 更去飮也, 趙曰不必彼樓, 箇箇若是, 遂相携入一酒樓, 其宏深奢麗, 更勝於前, 買得一盤卵炒, 一瓶史國公, 暢飮而罷, 入一收賣古董舖子, 舖名藝粟齋, 有秀才五人, 伴居開舖, 皆年少美姿容, 約更來齋中夜話, 俱載藝粟筆談, 又入一舖, 皆遠地士人, 新開錦緞舖, 舖名歌商樓, 共有六人, 衣帽鮮華, 動止視瞻, 俱是端吉, 又約同會藝粟夜話, 行過刑部, 大開衙門, 門前周設叉木爲欄, 而無人妄入, 余自恃外國人, 無所畏忌, 諸衙門, 惟此開門故, 欲觀官府制度, 進入門裏, 無人攔阻, 一官人臺上踞床而坐, 背後立侍一人, 手持筆紙, 臺下跪一罪人, 左右一對公人, 挂竹棍而立, 無分付行下等許多聲喝, 官人平臨罪者, 究詰諄諄, 已而高聲喝打, 做公者放其手中棍, 走至罪人面前, 以掌批頰者四五, 還挂棍立, 治法雖簡, 批頰之刑, 古所未聞, 夕飯後, 步月至歌商樓, 携諸人同至藝粟齋, 盡夜而罷.

11일 정해(丁亥). 날이 맑고 몹시 더웠다. 심양에서 묵었다.

이른 새벽에 온 성중이 떠나가도록 대포 소리가 요란했다. 상점가에서는 아침 일찍 일어나 가게 문을 열고 문 앞에는 딱총을 늘어놓고 터뜨렸다. 나는 급히 일어나 가상루로 갔다. 여러 사람들과 함께 모여 조용한 이야기를 하다가 숙소로 돌아왔다. 식사를 마친 뒤 또 여럿이 손을 마주 잡고 거리 구경을 나섰다.

노상에서 팔짱을 끼고 둘이 같이 가는 사람이 있어 차림이 다들 점잖게 보여 글자나 하는 사람들이 아닌가 하고 나는 곧 그들의 앞으로 가서 머리를 숙여 인사를 하니 두 사람은 팔짱을 빼고 답례를 하는데 매우 공손하였다. 그들은 곧 약방으로 들어가기에 나도 따라 들어갔다. 두 사람은 한목에 빈랑(檳榔)[26] 두 개를 사서 네 개로 쪼개어 반쪽을 내게 주며 씹으라고 권하면서 자기들도 씹어 먹는다. 나는 글로 써서 성명, 주소를 물어보니 두 사람이 다 물끄러미 들여다보고는 물끄러미 쳐다보는 꼴이 글을 알아보지 못하는 모양이다. 나는 곧 인사를 하고 돌아섰다.

매년 북경으로부터 심양의 여러 관아(官衙)의 팔기(八旗) 녹

---

26) 한약의 일종으로 소화제로 씹기도 한다. 영심환 종류.

봉(祿俸)[27]과 또 심양으로부터 흥경선창(興京船廠)과 영고탑 등지로 보내는 돈이 은 1백 25만 냥이라고 한다.

　달빛이 유달리 밝기에 변계함과 같이 가상루에 가보려고 변군이 수역(首譯)에게 가부를 의논차로 갔더니 수역은 펄펄 뛰면서,

　"성경은 황성이나 다름없는 곳인데 밤 출입이란 당치 않은 말씀이십니다."

라고 하는 바람에 변군은 아주 풀이 죽어버렸다. 수역은 실상 간밤 일은 까맣게 모르고 있었다. 수역이 이것을 안다면 나마저도 못 가게 될 것이라 일부러 이를 피하고 나는 혼자 슬며시 숙소를 빠져 나오면서 장복에게 혹시 누가 나를 찾거든 뒷간에 갔다고 대답을 하라고 당부를 해 두었다.

十一日　丁亥

　晴, 極熱, 留瀋陽, 平明滿城砲聲如雷, 市廛朝起開舖門, 例放紙砲, 急起徃歌商樓, 諸人又集穩話, 歸寓飯後, 又携諸人遊賞, 大街上, 行逢兩人, 結臂同去, 貌俱秀雅, 意其爲文人詞客也, 余乃前揖, 兩人解臂答揖甚恭, 因入藥舖, 余遂跟入, 兩人俱買檳榔二箇, 刀劈爲四, 各以半顆, 勸余嚼之, 又各自嚼呑, 余書問姓名居住, 兩人, 俱諦視茫然, 若不解者, 因長揖而去, 每歲自皇京, 需給瀋陽各衙八旗俸祿, 又自瀋陽派及興京, 船廠, 寧古塔等地, 該銀爲一百二十五萬兩云, 夕, 月色益明, 欲與卞季涵, 同訪歌商諸齋,

---

27) 급료. 월급 또는 연봉.

卞君枉與首譯議可否, 首譯瞠然駭之日, 盛京無異皇城, 豈可夜行, 卞君意遂大沮, 首譯實不知昨夜事也, 若知之則, 恐并吾見阻故, 諱之, 遂潛身獨步, 出, 留張福, 囑以或有索我者, 對以如厠.

4. 골동품점 속재에서 필담한 이야기(粟齋筆談)

여기에서는 저자가 심양 시내를 구경하던 중 예속재라는 골동품점에 들렸다가 점포를 경영하는 사람들과 친하게 되어 그날 밤 혼자만 초대를 받고 가서 여러 사람들과 함께 여러 가지 화제로 필담으로 서로의 의견을 교환한 내용을 수록했다. 특히 골동품 감식법에 대한 필담은 대단히 중요한 내용이다.

전사가(田仕可)의 자(子)는 대경(代耕)이요, 다른 자는 보정(輔廷)이요, 호는 포관(抱關)이니 무종(無終) 땅 사람이다. 자기 말로는 전주(田疇)[1]의 후손이라고 하며 본집은 산해관인데 태원(太原) 사람 양등(楊登)과 함께 이곳에 점포를 냈다고 한다. 나이는 스물 아홉이요, 키는 칠 척이나 되고 이마가 널찍하고 코가 크고 풍채가 늠름하여 고기(古器)의 내력에 지식이 있고 사람을 대하는 데 친절했다.

이구몽(李龜夢)의 자는 동야(東野)요, 호는 인재(麟齋)며, 촉

---
1) 중국 고대 삼국시대 위나라의 현인으로서 문학가이며 검술에 능했던 사람.

(蜀)땅 금죽(錦竹) 사람이다. 나이는 서른아홉이요, 키는 칠 척, 입은 큼직하고 턱이 넙죽한데다가 얼굴은 분을 바른 듯이 희다. 글을 한 번 읽으면 목소리가 쩌렁쩌렁 울렸다.

목춘(穆春)의 자는 수환(繡寰)이요, 호는 소정(韶亭)인데 촉땅 사람이다. 나이는 스물 넷, 눈매는 그림 같으나 글은 까막눈이다.

온백고(溫伯高)의 자는 목헌(鶩軒)이요, 촉땅 성도(成都) 사람인데 나이는 서른 하나, 글은 모른다.

오복(吳復)의 자는 천근(天根)이요, 항주(杭州) 사람이다. 호는 일재(一齋)요, 나이는 마흔 살인데 문필은 보잘 것 없으나 사람이 진중하다.

비치(費穉)의 자는 하탑(下榻)이요, 호는 포월루(抱月樓)라고도 하고 또 지주(芝洲)라고도 하고 또 가재(稼齋)라고도 하니, 대량(大梁)땅 사람이다. 나이는 서른 다섯인데 아들 여덟 형제를 두었다. 서화에 능하고 조각의 명수요, 경서의 토론에 능하다. 집은 가난하되 친구 돕기를 좋아하여 많은 자식들의 복을 닦고 있으며, 목수환과 온목헌이 영업하는 데서 일을 보고 있어 오늘 아침에 바로 촉땅으로부터 돌아온 길이라고 한다.

배관(裵寬)의 자는 갈부(褐夫)요, 노룡현(盧龍縣) 사람이다. 나이는 마흔 일곱에 키는 칠 척 가량이요, 수염이 좋고 술을 잘 마시고 편지 글은 솜씨 빠르고 사람이 무던하여 장자의 풍모가 있었다. 그의 저작인 〈과정집〉(蕪亭集) 두 권을 자기 손으로 판각을 하였고, 또 〈청매시화〉(靑梅詩話) 두 권과 그의 부인이 열 아홉 살에 죽자 〈임상헌집〉(臨湘軒集) 한 권을 지어 나에게 그 서문을 부탁하여 써 주었다. 나머지 몇 사람은 기록할 필요가 없을 만큼 다들 신통치 못했다. 그나마 목가나 온가처럼 얼굴도 잘난 맛이 없고 보니 판에 박은 장사 붙이들의 꼴이라 이틀 밤이나 이야기 상대를 했지만 그 이름들은 다 잊고 말았다.

나는 눈매가 그림같이 생겼다는 청년 목소정에게,

"무엇 때문에 고향을 떠나 이렇게 먼 곳까지 왔으며, 인재나 온공과는 다같이 고향이 촉땅이니 서로들 친척 관계가 아닌가?"

하고 물었더니 인재가 말하기를,

"꼭 그 사람을 붙들고 물을 것은 없나 봅니다. 그 사람의 얼굴은 관옥(冠玉)²⁾같이 잘 났지만 속이 비었답니다."

하기에 나는,

"당신은 아주 엄격하군요."

했더니 인재는,

"온형과 수환은 이종 사촌 사이로서 나와는 아무런 친척 관계가 없습니다. 우리 세 사람은 병신(丙申)년 3월에 비단을 싣고 배로 촉땅을 떠나 삼협(三峽)을 내려와 오중(吳中)³⁾에 와서 물건을 팔고 장사 이문을 쫓아서 구외(口外)⁴⁾까지 와 이곳에서 점포를 낸 지도 벌써 3년이 되었습니다."

고 한다. 나는 목춘이 몹시 귀여워서 그와 필담을 하려고 드니 이생이 손을 내저으면서,

"온, 목 두 사람은 입으로는 봉황새를 읊을 수 있지만은 눈으로는 돼지를 분간 못 한답니다.⁵⁾"

---

2) 옥으로 만든 갓과 같아서 겉은 아름다우나 속은 신통치 않다는 말. 〈한서〉 진평전(陳平傳).
3) 중국 강소성 지방을 말함.
4) 성 밖을 말함.
5) 글자를 모르는 사람을 돼지 시(豕)자와 돼지 해(亥)자도 구별 못한다고 한다.

고 한다. 나는,

"어째서 그런가?"

하고 물었더니 배관이 있다가,

"허튼 소리가 아닙니다. 귀에는 이유(二酉)[6]의 장서를 쌓아 놓고도 눈으로 고무래 정(丁)도 모른답니다. 하늘에는 글 모르는 신선이 없는가 하면 세상에는 오히려 말 잘하는 앵무새가 있으니까요."

나는 말했다.

"과연 그렇다면 비록 진림(陳琳)[7]이가 격문을 지어도 두통 낫기는 틀렸구면."

배관이 말하기를,

"아주 이것이 큰 유행 물결이랍니다. 한나라 이후는 입과 귀로 배우는 법[8]이 틀린 줄 알았지만 지금은 소위 귀와 입에만 담는 글로서 세상에 서당이란 서당에서는 다 이 법이 통하여 글은 읽기만 하고 뜻풀이가 없으므로 귀만 똑똑하되 눈은 희미하고 입으로는 제자백가(諸子百家)가 청산유수 같으되 손으로는 한 글자도 못 쓰니 말이 아니랍니다."

이생이 있다가,

"귀국은 어떤지요?"

한다. 나는,

---

6) 대유산(大酉山)과 소유산(小酉山)인데, 그 밑에 굴이 있어 그 속에다 책 천 권을 간직했다 함.

7) 중국의 삼국 때 조조의 부하로 글을 잘 짓는 사람인데 격문을 지어 조조에게 바쳤더니 조조는 뜻을 잘 몰라서 머리를 앓다가 제자리에서 나았다는 고사가 있음.

8) 입과 귀의 학문(口耳之學)은 순자가 한 말로서 '소인의 학문은 귀로 들어서 입으로 새어 나간다' 하여 그 얕음을 경계한 말이다.

"책을 펴 놓고 새겨 읽을 때는 음과 뜻이 맞아 떨어지지요."

하니, 배상은 무릎을 치면서,

"그럴 일이지요!"

한다. 나는 비공에게 물었다.

"비공은 언제 촉땅을 떠났소?"

"초봄에 떠났습니다."

"촉땅은 이곳서 몇 리나 되는지요?"

"5천 여 리는 넉넉할 것입니다."

"비공의 자제분 여덟은 한 엄마가 낳았나요?"

비공은 빙그레 웃고 배관이가 곁에서 나서면서,

"작은 마누라가 둘이 좌우를 모시지요. 나는 저 사람의 아들 8형제가 부러운 것보다 작은 마누라 하룻밤 빌렸으면 그만이겠소."

하여 모두들 배를 부둥켜 쥐고 웃었다. 나는 묻기를,

"오는 길에 검각(劍閣) 잔도(棧道)9)를 거쳤던가요?"

"암요.

'새도 발을 못 붙이는 천릿길에

밤낮없이 열두 시간 원숭이 울음이지요.(鳥道一千里 猿聲十二時)"

하니, 배관은 말하기를,

"정말 촉도(蜀道)야 수로, 육로가 다 험하지요. 하늘에 오르기보다 더하다는 말이 빈말이 아닐 것입니다. 나도 신묘(辛卯)년에 뱃길로 서촉을 들어가는데 74일만에야 백제성(白帝城)에 닿았답니다. 때는 바로 춘

---

9) 중국의 사천 지방에서 험준한 절벽 산길을 나무로 시렁 다리를 만들어 길을 낸 곳.

삼월이라 양쪽 언덕에 꽃나무와 수림은 한창 우거질 대로 우거졌는데 나그네 몸으로 컴컴한 객창 밑 책상머리에서 쓸쓸한 밤을 지루하게 지샐 때는 두견새 소리, 원숭이 울음, 학두루미의 눈물, 솔개의 웃음, 이것이 고요한 강 달 밝은 밤의 풍경이요, 양쪽 언덕 위로부터 바윗돌은 강 속으로 떨어지고 돌들은 서로 부딪치면서 절로 번갯불을 번쩍이는 광경은 여름날 장마철에 보는 광경입니다. 아무리 금방석에 비단 사태가 난다고 하더라도 머리가 세고 간장이 타는 이 노릇이야 어찌 감당을 하겠소."

나는,

"고생이야 좀 하겠소마는 그래도 육방옹(陸放翁)[10]의 입촉기(入蜀記)를 읽으면 미상불 금방 신선이 되어 훨훨 날 것만 같다고 하지 않았소."

했더니 배생이

"정말 그렇지요."

하고 마주 받는다.

이날 밤에 달빛은 대낮처럼 밝았다. 전사가는 술참을 주선하러 나갔다가 밤 열두시나 되어 돌아왔다.

차려 온 음식이 떡 두 쟁반, 삶은 거위 한 쟁반, 닭찜 세 마리, 돼지찜 한 머리, 햇과일 두 쟁반, 양곱창국 한 동이, 임안주(臨安酒)[11] 세 병, 계주주(薊州酒)[12] 두 병, 잉어찜 한 마리, 백반 두 냄비, 잡채 두 쟁반이나 되어 값으로 치면 은 열두 냥이라고 한다. 전생은 앞으로 나와서 공손히 인사말로,

---

10) 중국의 송나라 때 유명한 시인 육유(陸遊)도 평생 동안 촉나라 길과 풍토를 제목하여 시와 글을 지어 더욱 유명하다.

11) 중국 남방 절강성 명산 술.

12) 중국 북방 술.

"주인 된 처지에 변변치 못한 것을 차리느라고 오히려 좋은 말씀을 듣는 이 밤에 실례가 많사외다."

하기에 나는 자리에 내려서 사례를 하였다.

"몸소 수고를 하시는데 도리어 대접을 받기는 참으로 부끄럽소이다."

여럿은 다같이 일어서 인사를 한다.

"멀리 오신 손님에게 변변치 못한 대접으로 이편이야말로 부끄러운 일이외다."

이윽고 모두들 일어나 점포 문을 닫고는 천장에는 부채모양으로 생긴 박사초롱 한 쌍을 달았다. 초롱에는 모두 그림이 그려져 있고 유명한 시들이 적혀 있었다. 또 유리방등 한 쌍이 걸려 낮 못잖게 밝았다.

여러 사람들은 서로들 한 두잔씩 술을 권한다. 닭이나 거위는 모두 주둥이와 발을 통째로 놓았고 양고기 국은 노린내가 비위에 거슬리기에 떡과 과일만 집어 먹었다. 전생은 그동안 우리들이 필담한 초고를 모두 뒤적거려 보고는 연신 '그렇지!' 하면서 감탄을 한다. 전생은 나에게,

"선생은 아까 낮에 골동품을 찾으셨는데 어떤 물건을 구하시는지요?"

"골동품 뿐만 아니라 문방사우 일습도 필요하오. 물건이 희귀하고 옛스럽고 아담하면 값은 한정치 않겠소."

"선생은 이제 북경에 들려 아마 유리창(琉璃廠)[13] 같은데도 찾으실 터인데 물건을 못 구하실 것이 걱정이 아니라 진짜 가짜를 골라잡기가 걱정일 것입니다. 선생의 골동품 감상이 어떠신지요?"

---

13) 북경서 골동품 전문 상점을 비롯한 백화가 집중된 상가 이름.

하므로 나는,

"바다 구석 촌뜨기로 그런 감식이 고루할 것인즉 어찌 안 속을 수 있겠소."

"이곳이 비록 행도(行都)[14]라고는 하나 중국의 변방으로서 장사는 주로 몽고 영고탑 선창 등지를 상대로 삼고 있을 뿐, 변방의 식견이 촌스러워 아름다움을 즐기지 않고 색다른 고기(古器)란 못 알아보니 이곳까지 오기가 드뭅니다. 더구나 은나라 때 그릇, 주나라 때 솥 같은 것이야 생각도 못할 것입니다. 귀국서 골동품 다루는 기준이 이곳과는 또 달라 전에 한번 장사치들을 보니 차나 약 같은 것이라도 품질을 택하지 않고 싼 값만 취하니 여기서야 무슨 가짜 진짜 문제가 붙겠습니까. 비단 차나 약품 뿐만 아니라 여러 가지 기물 등도 운반하기 어려운 무거운 물건들은 거꾸로 국경 지방에서 사 가지고 돌아갑니다. 그러고 보니 북경 장사치들은 미리 내지에서 못쓸 물건을 무역해다가 국경으로 보내고 서로 속임수를 써서 이익을 챙기고 있습니다. 오늘 선생께서 쓰실 물건이야 세속스러운 물건들이 아닐 것이니 우연히 뵙고 몇 마디 이야기를 서로 바꾼 처지이나 이미 아는 사이나 다름없는 터에 비록 마음껏 해 올리지는 못할망정 어찌 일시인들 쉽사리 정의를 져버릴 수야 있겠습니까."

하므로 나는,

"선생의 말씀은 참말 진정에서 우러나오는 말씀이라 이야말로 주신 술에 취했고 베푸신 덕으로 배를 불린 셈입니다."

하니,

"과찬의 말씀입니다. 내일 아침 다시 오셔서 가게 안에 있는 물건들을 둘러보시는 것이 좋을 것 같습니다."

하고 전생이 말하니, 배생이 옆에서,

---

14) 행궁이 있는 곳으로서 서울은 아니나 황제의 대궐이 있는 곳.

"내일 아침을 지금 마련하는 것보다 오늘 저녁에 기쁨을 치루는 것이 더 좋겠습니다."

하니 모두들,

"옳겠소."

한다. 전생의 말이,

"공자는 동방 오랑캐 고장에 있고 싶어 했다(子欲居九夷)[15] 했고, '군자가 가서 살아서 더러울 데가 어디 있을 것인가(君子居之何陋之有)[16] 했지만, 선생은 비록 먼 나라 출신일지라도 기상이 늠름하고 학문은 공맹의 학설에 정통하고 예는 주공(周公)[17]의 도에 미쳤다고 할 수 있으니 틀림없는 군자입니다. 그러나 유감은 우리들이 서로 떨어진 곳에 살고 하늘 밑 이쪽저쪽에 갈려 있어 그리던 정회도 풀 사이 없이 눈 깜짝할 사이에 이별을 하게 되니 이를 어찌 하겠소."

이구몽은 연신 권주(圈朱)[18]를 치면서 두루두루 마음에 먹었던 바로 그대로라고 탄복을 한다. 술 순배를 차례 돌리고는 이생이 묻기를,

"술 맛은 귀국의 술 맛과 어떤지요?"

"임안주는 술 맛이 너무 순하고 계주주는 너무 독하고 보니 어느 것이 더 적당하다고 말하기는 어렵습니다. 우리나라에서는 모두 일정한 술 빚는 방식이 있으니까요."

전생이 말하기를,

---

15) 공자는 동방의 제민족인 구이에 살고 싶다고 했다. 〈논어〉 자한편(子罕篇)의 일절.
16) 〈논어〉 자한편.
17) 기원전 462년 주나라 초기의 대표적 정치가. 무왕의 숙부.
18) 글을 읽을 때에 주목할 구절에 동그라미로 표시하는 비점 방식. 이런 방식으로 비점(批點)과 관주(貫珠)가 있다.

"소주도 있는지요?"

"있지요."

전생은 일어나서 벽에 걸린 비파를 내려 몇 곡조 연주한다. 나는,

"옛날부터 연나라, 조나라[19]에는 슬픈 곡조가 유행한다는데 어디 여러분들은 다들 잘 부를테니 한 곡조 들어 봅시다."

배생은,

"잘 부르는 사람이 없나 봅니다."

이생이 있다가,

"예로부터 이르는 연나라, 조나라의 슬픈 곡조란 변지에 밀려나 뜻을 얻지 못한 인사들이 있었던 탓이었지만은, 오늘이야말로 천하가 한 집안이요, 위로는 거룩한 천자가 계셔 만백성은 자기의 직업을 즐기니 현명한 인사들은 각자 밝은 조정에 나가 버젓이 자리를 잡고 있어 나름대로 노래를 부를 것이요, 평범한 백성들은 태평 시절을 만나 격양가를 노래할 것이니 무슨 불안이 있다 하여 슬픈 노래를 부르겠습니까."

하므로 나는,

"위로 거룩한 천자가 계실 바엔 여러분들은 다들 당세의 인물들로서 학문과 재주가 놀랍거늘 어째서 벼슬자리에 나아가 세상을 위하여 봉사를 하지 않고 녹록하게 이 같은 시정에 잠겨들 있소?"

배생의 대답이,

"그런 자격은 다만 전공의 독차지인가 봅니다."

하고는 여럿이 한바탕 웃었다. 이생이 말하기를,

---

19) 중국 전국시대 나라들로서 두 나라가 다 중국 북부 지방에 있었고 음란한 노래가 많았다고 함.

"운수와 때가 있는 것이지 어디 억지로야 됩니까."

이생이 시렁 위에서 책 한 권을 내려서 나에게 한 번 읽어보라고 한다. 나는 후출사표(後出師表)[20]를 현토를 달지 않고 소리를 내어 한번 읽었더니 여러 사람들은 둘러 앉아 들으면서 장단을 맞추어 '좋다' 소리를 안낼 수 없었다. 이생은 내가 다 읽기를 기다려〈유양사중서감표〉(庾亮辭中書監表)[21]를 골라서 읽는데, 높았다 낮았다 음절이 분명하여 비록 한자 한자씩 떼어 알아듣지는 못해도 대체로 알만했다. 어느 구절인가 읽어 내려갈 때는 목소리가 맑고 트여서 무슨 음악소리를 듣는 것만 같았다.

때는 이미 날도 지고 밤은 깊었다. 그러나 거리에는 사람들 발자국 소리가 끊어지지 않는다. 나는 물었다.

"성경에는 야행을 금하는 순라(巡邏)꾼이 없는지요?"

전생은,

"왜 없겠습니까."

한다. 나는 다시,

"노상에 행인들이 그대로 통행을 하고 있으니 무슨 까닭인지요?"

"무슨 볼 일들이 있겠지요."

"그러나 볼 일이 있다손 치더라도 밤에 나들 수가 있소."

"밤이라고 못 다닐 수야 없지요. 그러나 초롱을 안 들고는 다닐 수 없답니다. 골목의 여기저기에는 어디나 파수 보는 데가 있어 갑군들이 지킵니다. 다들 창대를 가지고 밤낮없이 감시를 하고 있으니 야행을 금할 필요가 없습니다."

---

20) 중국의 삼국시대 촉나라의 승상(丞相) 제갈량이 두 번이나 북벌을 할 때에 황제에게 바친 두 번째 상소문으로 '전출사표'와 함께 역사적 명문장.
21) 중국 동진(318~419) 시대 정치가요, 학자인 유량의 저작인 명문장.

나는 다시,

"밤도 깊고 졸리기도 하니 등불을 켜 가지고 숙소로 돌아가도 무방하겠지요?"

배와 전은 다같이,

"안될 말입니다. 못 가십니다. 영락없이 파수청에 걸립니다. 밤이 으슥한데 함부로 혼자 나서시다가는 반드시 검문을 당하고는 내왕한 처소에까지 말썽이 붙습니다. 그렇게 졸리시다면 누추한 자리지만 잠시 평상 위에 기대고 누우시면 좋겠습니다."

목춘은 일어나 평상 위를 털고 내 잠자리를 본다. 나는,

"이제야 졸음이 달아나고 정신이 나는군요. 여러분은 공연히 나 때문에 하룻밤 잠을 못 주무시나 봅니다."

고 하니 모두들,

"조금도 잠이 오지 않습니다. 귀한 손님을 모시고 좋은 이야기로 하룻밤을 밝힌다는 것은 정말 일생에 얻기 어려운 좋은 인연인 것 같습니다. 세상살이가 이렇기만 한다면 촛불 아래 백날을 마주 앉아도 싫증이 나지 않겠습니다."

하면서 다들 신이 나서 새로 술을 데우고 다시 과일이며 안주를 바로 챙겨 놓는다. 나는,

"술을 데울 필요야 있나요."

했더니 모두들,

"찬 술은 허파에 나쁘고 또 주독이 이빨에 든답니다."

고 한다. 오복은 밤새 꼿꼿이 앉아 남달리 눈을 똑바로 뜨고 있었다. 나는,

"일재 선생은 오중(吳中)을 떠난 지 몇 해나 되오?"

"열 한 해나 됩니다."
"무슨 까닭으로 고향을 떠나 이런 객지 생활을 하나요?"
"장사를 하여 생활하기 때문이지요."
"가족들은 이곳에 같이 데리고 있소?"
"나이는 사십이나 되었지만은 아직도 장가를 들지 못 했답니다."
나는,
"오서림(吳西林) 선생의 이름은 영방(潁芳)[22]이요, 항주 지방에서는 이름난 선비인데 혹시 당신과 일문인지요?"
"아닙니다."
나는 다시,
"육해원(陸解元) 비(飛)와 엄철교(嚴鐵橋) 성(誠)과, 반향조(潘香祖) 정균(庭筠) 같은 이들은 모두 서호(西湖)[23] 명사들인데 혹시 아는지요?"
그는,
"모두 이름도 한 번 들어본 적이 없습니다. 집 떠난 지가 오랩니다. 그러나 육비(陸飛)가 손수 그린 모란 그림은 한 번 본 적이 있습니다. 그는 호주(湖州) 사람입니다."

이윽고 이웃집 닭들이 홰를 치면서부터 나도 피곤해지고 또 술 먹은 김에 의자에 기댄 채로 코를 골면서 날이 밝도록 자버렸다. 깜짝 놀라 일어나 보니 모두들 역시 평상 위에 서로 기대기도 하고 의자에 앉은 채로 자고 있었다. 나는 혼자 술 두어 잔을 따라 마시고는 배생을 흔들어 깨워 가겠다고 말하고 숙소로 돌아오니 날이 벌써 밝았다.

---

22) 서림 오영방(吳潁芳)은 중국 청나라 고종(高宗) 때 학자.
23) 중국 절강성에 있는 호수요, 명승지.

장복이는 잠이 깊이 들었고 일행은 아래 위 할 것 없이 아무도 몰랐다. 장복이를 깨워 일으켜 아무도 날 찾아오지 않았더냐고 물었더니 아무도 안 왔다고 하기에 세숫물을 떠오라 하여 세수를 하고 망건을 바로 쓰고 바삐 상방으로 달려가니 비장 역관들이 다들 방금 일제히 아침 인사를 아뢰고 있었다. 아무도 내가 밖에서 자고 온 줄 모르기에 속으로 다행이다 하고는, 장복에게 일절 입 밖에 내지 말라고 당부를 했다.

간식으로 나온 죽 한 그릇을 대강 먹고 곧장 예속재로 갔다. 여러 사람들은 벌써 다 일어나 가버리고 전생이 이인재와 함께 고기(古器)들을 늘어놓다가 나를 보고는 반색을 하면서,

"선생은 밤새 곤하시지 않습니까?"

나는,

"밤낮없이 부지런하니까요."

"차나 한 잔 드시지요."

하므로 조금 앉았으니 한 예쁘게 생긴 소년이 밖으로부터 들어와 차를 들고 권한다. 성명을 물어보니 부우재(傅友梓)라 하고, 집은 산해관이요, 나이는 열아홉 살이라고 한다.

전생은 골동품 진열을 마치고 나를 보고 감상을 청한다. 단지(壺), 술잔(觚), 세발 솥(鼎), 제기(彛) 등 자기(磁器)와 동기(銅器) 등 도합 열 한 점인데 크고, 작고, 둥근 것, 모난 것, 만든 솜씨가 다 각각이다. 새겨진 것과 빛깔이 낱낱이 저마다 고아(古雅)한 맛이 있다. 관지(款識)[24]를 보니 다들 주나라, 한나라 시대 물건이다.

---

24) 쇠나 돌에 새긴 글자로서 파서 새긴 음각을 관(款)이라 하고 돋우어 새긴 양각을 지(識)라고 한다.

전생은 말하기를,

"새긴 글자로써 고증할 것은 못 됩니다. 이것은 다 근년에 금릉(金陵) 하남(河南) 등지에서 새로 부어 만든 물건들로서 꽃무늬나 글자 새긴 모양은 옛 본을 떴으나 모양이 벌써 질박한 데가 없고 빛깔이 또 순정하지 못 합니다. 만약에 이것을 참말 진품 고동기(古銅器) 틈에 끼워 두고 본다면 진짜 가짜를 금방 알아낼 것입니다. 내 아무리 몸이야 시정에 박혀 있다 하더라도 마음은 학문에 두고 있답니다. 한 번 선생 같은 점잖은 분을 만나고 보니 백 사람 부럽잖은 친구를 얻은 것만 같은 터에 어찌 일시라도 속여 넘겨 백 년 믿을 마음을 저버리겠습니까."

나는 여러 기물들 가운데서 창날 귀가 달린 세 발 달린 통화로[25]를 자세히 들여다보니 납다색(臘茶色)으로[26] 되었는데 꽤 정교롭고도 얌전하기에 밑을 들여다보니 양각으로 대명선덕년제(大明宣德年製)라고 새겼다.

나는,

"어떻소? 이 물건이 꽤 얌전치 않소?"

하고 물으니 전생은,

"역시 속일 수는 없군요. 이것도 역시 선덕연간[27] 제품이 아닙니다. 선덕화로는 만들 때에 납다 수은으로 화로 몸에 문질러 살 속에 스며들도록 하고 다시금 녹이는 용강로에 넣어 오랫동안 불로 달구면 붉은 빛으로 변합니다. 어찌 보통 민간에서야 이런 흉내를 내겠습니까."

나는 다시 물었다.

---

25) 세발 통화로는 원문에 이로(彛爐)라고 했는데, 아마 향로(香爐 : 제기)인 듯하다.
26) 고동색.
27) 중국 명나라 선종(宣宗) 때(1426~1435).

"옛 구리 그릇의 푸른 주사(硃砂) 얼룩은 오랜 시일을 흙 속에 파묻혀서 비로소 생기는 것으로서 옛날 무덤에서 출토되는 것이 이 때문에 값진 것인데 지금 여기에 보이는 기물들이 만약에 새로 부어 만든 물건들이라면 어째서 그런 빛깔이 날 수 있을까요?"

했더니,

"이것이 정말 알아야만 될 일입니다. 대체로 옛 구리 그릇은 흙에 파묻힐 때에는 푸른 빛깔로 변하고 물에 넣어 두면 녹색으로 변합니다. 무덤 속에서 발굴한 순장(殉葬)한 그릇들은 수은 빛나는 것이 보통인데 어떤 사람들은 이것이 시체로부터 풍겨 나오는 기운이 젖어든 탓이라고도 하나 이 말은 잘못된 말이오. 아주 옛날에는 수은으로써 염(殮)을 하는 습관이 있어 혹시 제왕들의 능묘로부터 출토된 옛 그릇들은 오랜 시일에 수은에 젖어 수은이 속속들이 스며들기도 합니다.

이러고 보니 새 것, 옛 것, 진짜, 가짜는 대개 쉽게 분간할 수 있습니다. 진짜 골동품은 통의 살이 두텁고 질박해 보일 뿐만 아니라 제 몸에서 나는 빛깔이 밝고도 윤기가 나지요. 수은 빛깔도 그릇 전체에서 나는 것이 아니라 때로는 한쪽만 때로는 귀나 또는 다리에만 나기도 하고 혹은 점점 번져 나가는 수도 있습니다.

푸른 빛 주사 얼룩도 역시 이와 마찬가지로 짙기도 하고 약간 엷기도 하고 정하기도 하고 탁하기도 합니다. 그러나 탁하다 해서 더럽지 않고 더덕더덕 덮쳐 덥수룩하지요. 정해도 마른기가 없고 윤기가 흐르는 모양이 축축히 젖은 것만 같아 보입니다. 때로는 주사 점이 찍혀 속으로 파고 들어갔으니 이것으로 고동빛(褐色)을 제일로 쳐준답니다. 흙 속에 오래 묻혀 있을수록 푸르고 붉은 점점으로 얼룩이 져, 얼룩은 불로초 무늬 같기도 하고 참나무의 영지버섯 테두리 모양 같기도 하고 짙은 구름장 모양 같기도 합니다. 이렇게 하자면 적어도 흙 속에서 천년쯤은 파묻혀 있지 않고는 안 될 일입니다.

명나라 선종(宣宗)[28]은 갈색으로 본뜨기를 좋아해서 선로(宣爐)[29]는 갈색이 많답니다. 근년에 와서 섬서(陝西) 지방에서 새로 주조를 하는데 당장 선덕치를 본 떠서 선동(宣銅)[30]과 한데 놓아 못 알아볼 만큼 똑같이 만들고 있답니다. 본래는 꽃무늬라고는 없었는데 요즘 와서 꽃무늬를 놓지만은 이것은 다 위조물입니다. 색깔을 본 떠 내고자 할 때에는 어찌하는고 하니, 주조를 마친 후 칼로 무늬와 관지의 자획을 파 새기고는 땅에다가 구덩이를 파고 소금물 몇 동이를 부어서 잦아지는 것을 기다려 통그릇을 그 속에 넣고 몇 해 동안 묻어 두었다가 꺼내면 꽤 고물다운 빛을 띠게 됩니다. 이것이 가장 신통찮은 방법이면서 또 물건으로도 하품입니다.
　아주 감쪽같이 하자면 붕사(硼砂), 한수석(寒水石), 강사(礵砂), 담반(膽礬), 금사반(金砂礬)[31] 등을 가루로 내어 소금물에다 잘 버무려 놓고 붓으로 찍어 고루고루 바르고 그것이 다 마르면 다시 씻어 버리고 또 씻고는 다시 찍어 발라 이러기를 하루에 서너 차례씩 해서 땅에다 깊은 구덩이를 파고 그 속에 숯불을 피우되 구덩이 속에 모닥불 화로처럼 하여 놓고 독한 초(醋)를 그 위에 뿌리면 구덩이 속에서 뒤끓고 타다가 말라 버립니다. 이때 바로 그릇을 그 속에 집어넣고 다시 초찌꺼기로 두텁게 싸 덮고 그 위에 또 다시 빈틈이 없도록 흙으로 두텁게 덮어 두었다가 한 너댓새 만에 파내어 보면 각양각색의 고물 얼룩이 생깁니다. 다시 댓잎을 태워 그 연기로 훈(薰)을 하면 푸른 빛깔이 더 진하게 되고 다시 납(蠟)으로 문질러야 합니다.
　수은 빛깔을 내고자 할 때는 강철 쇳가루로 문지르고 백납(白蠟)으로써 닦아 문지르면 제자리에서 고물 빛깔을 내게 됩니다.

---

28) 중국 명나라 6대 황제. 전출.
29) 중국 명나라 선덕 연간의 화로.
30) 중국 명나라 선종 때 구리 그릇. 선로와 같음.
31) 붕사, 한수석, 강사, 담반, 금사반은 모두 광물질 화학 약품.

때로는 일부러 한쪽 귀를 떨어뜨리기도 하고 때로는 그릇 몸뚱이까지 상처를 내어 바로 상(商), 주(周), 진(秦), 한(漢)적 물건이라고 내놓는답니다. 참으로 서글픈 일이지요. 후일에 유리창에 가시더라도 알아두실 것은 거기 모인 사람들이란 모두들 먼 곳에서 모인 거간꾼들이라는 것입니다. 물건을 사실 때는 잘못 멍청해서 웃음거리가 되다가는 큰일입니다."

하였다. 나는,

"선생의 성의에는 참으로 감복했소이다. 나는 내일 이른 아침에 북경으로 떠날 터인데 수고스럽지만은 선생께서 문방구, 서화, 골동품, 고기들의 옛 것, 지금 것의 같고 다른 점과 붙인 이름들의 진짜, 가짜를 낱낱이 적어 주신다면 어두운 식견에 다시 없는 길잡이가 되겠습니다."

하니 전생은,

"선생께서 시간만 어긋나지 않으신다면 이것이야 어렵잖습니다. 〈서청고감〉(西淸古鑑)[32]과 〈박고도〉(博古圖)[33]에서 참고하여 저의 변변찮은 의견을 붙여 정서하여 올리겠습니다."

　　이어 달밤을 타서 다시 올 것을 약속하고 나는 숙소로 돌아오니 벌서 아침식사 시간이 되었다고 아뢴다. 잠시 상방을 거쳐서 서둘러 아침을 먹고는 다시 나왔다. 정진사가 계함과 내원으로 더불어 역시 구경하러 나서면서 나를 나무라되,

"무슨 재미로 혼자 구경을 다니는가!"

한다. 내원은,

---

32) 중국 건륭 시대에 청나라 궁실에 간직한 기물들의 목록을 편찬한 책명. 청고종(淸高宗)(1736~1796) 명찬.

33) 중국 송나라 대관(大觀) 연간에 30권으로 편찬한 역대 골동품에 대한 그림과 설명을 붙인 책. 휘종(徽宗)(1101~1110)이 지음.

"정말 볼 것이 없데 '광주(廣州) 생원님 첫 서울 걸음'[34]처럼 이리 기웃 저리 기웃 한 눈에 팔려 서울내기 놀림감이 되다시피 지금 우리들이 그것과 다를 것이 무엇인가. 나는 두 번째 걸음이고 보니 더구나 싱거운걸!"

했다.

길에서 비치를 만났다. 그는 나를 이끌어 탄자점으로 들어가 가상루에서 오늘밤에 모이자고 부탁을 하기에 나는 벌써 전포관과 예속재에서 만날 약속이 되어 있다고 사양을 하면서 간밤에 만났던 여러분들도 수고스러운대로 다시 모일 것이라고 했더니, 비생은,

"아까 포관과는 충분히 이야기 되었답니다. 선생은 오늘이야말로 임금이 군신을 모아 놓고 잔치를 할 때 부르는 녹명편(鹿鳴篇)[35]을 읊을 것이요, 어진 선비들을 여의며 노래하는 백구시(白駒詩)를 읊는 심정일 것입니다. 배공은 벌써 촉땅 사람 온공과 함께 변변찮지만은 준비를 하고 있으니 약속을 어길 수 없을 것입니다."

고 한다. 나는,

"간밤에 여러분들로부터 분에 넘치는 대접을 받고 오늘 또 여러분들에게 폐를 드린다는 것은 실로 죄송하외다."

비생은,

"서로들 속을 알아주고 피차 허물없이 된 처지에 어디 애초부터 단골 친구가 정해져 있답니까. 천하가 다 동포 형제간인데 하후 하박이 있겠습니까."

라고 늘어놓는다.

---

34) 우리나라 속담 '시골뜨기 서울 구경'이라는 뜻.
35) 녹명편과 백구편은 〈시경〉의 편명임.

내원이 패거리가 거리를 돌아다니다가 나를 찾으러 가게에 들어왔기에 나는 얼른 필담하던 종이쪽지를 감추면서 고개만 끄덕거려 승낙을 하였다. 비생 역시 내 눈치를 알아차리고 웃음을 띠우면서 턱을 끄덕여 좋다는 뜻을 보인다. 계함이가 필담을 하려고 종이를 찾기에 나는 일어서 나오면서,

"말할 따위가 못 돼!"

하니 계함은 웃으면서 일어섰다. 비생은 대문까지 나와 몰래 내 손을 붙잡으면서 다짐하는 뜻이기에 나도 머리를 끄덕이며 돌아섰다.

4. 粟齋筆談

田仕可, 字代耕, 一字輔廷, 號抱關, 無終人也, 自言田疇之後, 家住山海關, 與太原人楊登, 開舖於此, 年二十九, 身長七尺, 額濶鼻長, 丰彩燁然, 多識古器來歷, 與人款洽。

李龜蒙, 字東野, 號麟齋, 蜀綿竹人也, 年三十九, 身長七尺, 方口闊頤, 面似傳粉, 朗然讀書, 聲出金石。

穆春, 字繡寰, 號韶亭, 蜀人也, 年二十四, 眉眼如畫, 但目不知書。

溫伯高, 字鶯軒, 蜀成都人也, 年三十一, 目不知書。

吳復, 字天根, 杭州人, 號一齋, 年四十, 頗短於文墨, 而爲人溫重。

費穉, 字下楊, 號抱月樓, 又號芝洲, 又號稼齋, 大梁人也, 年三十五, 有八子, 工書畫, 善雕刻, 亦能談說經義, 而家貧好濟人, 爲其多子養福也, 爲穆繡寰, 溫鴛軒夥計, 朝日, 纔自蜀歸。

裴寬, 字褐夫, 盧龍縣人也, 年四十七, 身長七尺餘, 美鬚髥, 善飮酒, 筆翰如飛, 休休然有長者風, 自刻其藹亭集二卷, 又有靑梅詩話二卷, 妻杜氏十九卒, 有臨湘軒集一卷, 屬余爲序, 餘數人, 皆碌碌不足錄, 且無穆溫之風骨, 眞裨販之徒故, 兩夜周旋而失其名。

余問穆韶亭, 眉眼如畵, 少年離鄕, 若是之遠, 何也, 與麟齋溫公, 俱是蜀人, 未知俱係親戚否, 麟齋曰, 不須問他, 他雖美如冠玉, 其中未必有也, 余曰, 殿最太嚴, 麟齋曰, 溫兄與繡寰, 爲從母兄弟, 與僕不相干, 吾三人, 舟載蜀錦, 丙申春仲, 離蜀, 舟下三峽, 轉販吳中, 逐利口外, 開舖此中, 亦已三年, 余甚愛穆春, 欲與筆談, 李生搖手曰, 溫穆兩公, 口能咏鳳目不辨豕, 余曰, 豈有是理, 裴寬曰, 非爲謊話, 耳藏二酉, 眼無一丁, 天上無不識字神仙, 世間還有能言之鸚鵡, 余曰, 若果如是, 雖使陳琳作檄, 未可頭痛便瘳, 裴寬曰, 滔滔皆是, 聽漢立六國後, 便驚此法當失, 是所謂口耳之學, 現今黌塾之間, 慣是念書, 不曾講義故, 耳聞了了, 目視茫茫, 口宣則百家洋洋, 手寫則一字戛戛, 李生曰, 貴國如何, 余曰, 臨文訓讀, 音義兼講, 裴生打圈曰, 此法儘是, 余曰, 費公幾時離蜀, 費生曰, 春初, 余曰, 自蜀距此幾里, 費曰, 該有五千餘里, 余曰, 費氏八龍, 都是一母所乳否, 費微笑, 裴曰, 還有兩小夫人, 左右夾助, 吾不羨他八龍, 慕渠一姦, 滿堂閧笑, 余曰, 來時經釼閣棧道否, 曰然, 鳥道一千里, 猿聲十二時, 裴寬曰, 眞是蜀道, 水陸俱難, 所謂難於上天, 俺辛卯年, 溯江入蜀, 七十四日, 始抵白帝, 舟中時值季春天氣, 兩岸花樹, 最是蓬窓旅榻, 獨夜難曉, 鵑啼猿鳴, 鶴唳鶻笑, 此江空月明時景也, 崖上大石崩落, 江中兩石相觸, 自生電火, 此夏天霖雨時景也, 雖百鎰黃金, 錦繡千純, 爭奈頭白心灰, 余曰, 雖然苦景如此, 每讀陸放翁入蜀記, 未嘗不僊僊欲舞, 裴生曰, 未必然, 是夜月明如晝, 田仕可, 爲辦酒食, 二更始回, 餑餑兩盤, 羊肚羹一盆, 熟鵝一盤, 鷄蒸三首, 蒸豚一首, 時新菓品兩盤, 臨安酒三壺, 薊州酒二壺, 鯉魚一尾, 白飯二鍋, 菜二盤, 該價銀十二兩, 田生進前恭謝曰, 略具地主薄儀, 有失良宵陪話, 余下椅謝曰, 有勞尊體, 還愧生受, 諸人齊起稱謝曰, 遠客賁臨, 倒愧生受, 於是齊起, 下閉舖門, 梁上掛一對扇式紗燈, 皆畵花鳥, 更有名人詩句, 一對琉璃方燈, 晃朗如晝, 諸人各勸一兩盃, 鷄鵝皆存嘴脚, 羊羹臊甚不堪胃性, 惟啖餠果, 田生徧閱談草, 連稱好好, 田生曰, 先生哺刻要買古董未知何樣眞品, 余曰, 非但古董, 更要文房四友, 稀奇古雅, 不限價本, 田生曰, 先生非久入都, 倘訪廠中, 不患不得, 但患眞贗難下, 未知先生鑑賞如何, 余曰, 海陬鄙人, 鑑識固陋, 那免桅蠟見欺, 田生曰, 此中雖稱行都, 中國一隅, 賣買只仰蒙古, 寧古塔, 船廠等地, 番俗椎魯, 不喜雅賞, 諸秘色古窰, 亦罕到此, 何況殷敦周彝乎, 貴邦珍尙, 亦異內地, 嘗見賣買人, 雖如干茶藥, 不揀頂品, 只取價廉, 何論眞假, 非但茶藥如此, 諸般器物, 爲其載重難輸, 例於邊門貿回故, 京裏裨販, 預收內地笨伯, 轉輸邊門, 互相騙詐, 以爲機利, 今先生所須, 迥出流俗, 萍水片語, 已成知己, 雖不得中心睨之, 亦安可造次相負, 余曰, 先生此語, 流出肝膈, 可謂旣醉以酒, 又飽以德, 田生曰, 錯愛, 第於明朝再枉, 遍賞舖中所有, 裴生曰, 不必預講來朝事, 且畢尊前此夜歡, 諸人皆曰是也, 田生曰, 子欲居九夷, 又曰, 君子居之何陋之有, 相公, 雖生偏邦, 氣宇軒昂, 文能識孔孟之書, 禮能達周公之道, 卽一君子也, 但恨人居兩地, 天各一方, 寸心未盡, 轉眼卽別, 奈何奈何, 李龜蒙, 無數打圈曰, 纏綿悱惻, 實獲我心, 酒又數行, 李生問酒味較似貴邦, 余答臨安酒太淡, 薊州酒過香, 似非本分淸香, 敝邦法釀都有, 田生問亦有燒酒麽, 答有, 田生, 起身取下壁間琵琶, 爲弄數操, 余曰, 古稱燕趙多悲歌之士, 諸公必能善歌, 願聞一闋, 裴生曰, 無善唱者, 李生曰, 古云燕趙悲歌, 乃偏伯之國, 士不得志, 今四海一家, 聖天子在上, 四民樂業, 賢者羽儀明廷, 賡載是歌, 愚者烟月康衢, 耕鑿是歌, 都無不平安有悲歌, 余曰, 聖天子在上, 可以出而仕矣, 諸公皆當世之英傑, 才全學優, 何不出身需世, 而碌碌浮沉於市井之間, 裴生曰, 此事獨有田公當之, 一座皆大笑, 李生曰, 還有時命不可强干, 李生抽架上選文一卷, 請余一讀, 余讀後出師表, 不爲諺吐(句讀也), 高聲一讀, 諸人環坐聽之, 莫不擊節稱好, 李生俟余讀畢, 拈讀庾亮辭中書監表, 乍高乍低, 音節分明, 雖未能逐字曉聽, 亦足以知其讀到某句, 聲韻淸亮, 如聽絲竹, 時月落夜深, 戶外人跡不絕, 余問盛京無邏禁否, 田生曰, 有, 余曰, 路上行人不絕何也, 田生曰, 他應有事, 余曰, 他雖有事, 那得夜行, 田生曰, 如何不夜行, 無燈者不敢行, 巷首街端, 皆有軍舖甲軍守之, 槍棒都有, 所以詞姦, 無晝無夜, 豈得禁人夜行, 余曰, 夜深思睡, 持燈歸寓無妨否, 裴田皆曰, 不便不便去不得, 必爲守舖所詰, 如何深夜裏, 闌出獨行, 必究驗徃來處所, 恐致紛紜, 先生旣然思睡則, 暫於草榻上, 敧枕, 穆春, 起拂榻上髮席爲余設寢也, 余曰, 此刻睡思頓淸, 恐諸公爲緣待客, 失了一夜睡, 諸人曰, 都無睡意, 陪奉高賓, 打了一宵佳話, 眞是畢生難得之良緣, 如此度世, 雖十旬秉燭, 有甚倦意, 諸人俱興勃勃, 更命煖酒, 重整蔬果, 余曰, 不必煖酒, 諸人曰, 生酒攻肺, 酒毒入齒, 吳復, 終夜端坐, 視膽非常, 余曰, 一齋先生, 離吳中幾年, 吳生曰, 十一年, 余曰, 緣何離鄕棲棲, 吳生曰, 爲賣買做生涯, 余曰, 未知寶眷, 隨在此中否, 吳生曰, 年雖不惑, 未委羔鴈, 余曰, 吳西林先生諱潁芳, 杭之高士也, 未知與君爲宗族否, 吳曰, 否也, 余曰, 陸解元飛, 嚴鐵橋誠, 潘香祖庭筠, 俱西湖高人, 君知之乎, 吳生曰, 都未嘗與他聞名, 俺離鄕久, 但一見陸飛手畫牧丹, 他是湖州人, 少焉隣鷄互動, 余亦倦甚, 且爲酒困, 椅上乍敧卽鼾, 直睡到天明驚起, 諸人者, 亦相枕藉榻上, 或椅上坐睡, 余獨斟兩盃酒, 搖起裴生告退, 卽還寓, 日已噉矣, 張福熟睡, 一行上下, 都不覺也, 蹙起張福, 問有誰訪我否, 對無矣, 因促持盥水來, 裹巾, 忙徃上房, 諸裨譯方齊謁矣, 無人覺得, 心裏暗喜, 更囑張福, 愼勿出口, 略啜早粥, 卽徃藝粟齋, 諸人皆已起去, 田生與李麟齋, 擺列古器, 見余至, 皆驚喜曰, 先生夜來能不倦否, 余日, 夙夜匪懈, 田生曰, 且喫一椀茶, 少坐有一美少年, 自外入來, 卽捧茶來勸, 問其姓名, 曰傳友榟, 家住山海關, 年十九歲云, 田生, 擺列畢, 請余鑑賞, 壺觚鼎彝, 共有十一坐, 小大圓方, 製各不同, 鏤刻光色, 件件古雅, 攷其款識, 皆周漢物, 田生曰, 不必攷文, 此皆近時金陵河南等地新鑄, 花紋款識, 雖法古式, 形旣不質, 色又未純, 若置眞正古銅之間, 史野立判, 僕雖身居市廛, 心委學校, 旣見君子, 如獲百朋, 豈可造次相瞞, 百年負心, 余於諸器中, 持戟耳彝爐, 石榴足者, 細甆臘茶色, 製頗精美, 捧視爐底, 陽印大明宣德年製, 余問, 此鑄頗佳否, 田生曰, 實不相瞞, 亦非宣爐, 宣爐以臘茶水銀浸擦入肉, 更以金鑠爲泥, 火久成赤, 豈民間所可彷彿, 余問, 古銅靑綠珠斑, 入土年遠, 所貴墓中物是也, 今此諸器, 若云新鑄則, 何能發出這樣光色, 田生曰, 此不可不知, 大約古銅入土則靑, 入水則綠, 墓中殉器多發水銀色, 或謂尸氣漬染者非也, 上古多以水銀爲殮, 或出於帝王陵墓, 水銀沾染, 年久入骨, 大約新舊眞贋易辨, 古器, 非但銅肉質厚, 本身發光, 類能天然瑩潤, 而水銀色, 亦非全體純發, 或半面, 或耳, 或腳, 時有漸染, 其於靑綠硃斑亦然, 半深半淺, 半淨半濁, 濁不爲穢, 堆重透鬆, 淨不爲燥, 津潤如濕, 時有硃砂點子, 深銹透骨, 最重褐色, 入土年久, 靑綠翠朱, 點點成斑, 如芝菌斑, 如雲頭暈, 如濃雪片, 此非入土千年, 不能若是, 是爲上品, 前明宣宗, 喜倣褐色, 所以宣爐多褐色也, 近歲陝西新鑄, 輒倣宣德, 而殊不識宣銅, 初無花紋爲花紋者, 皆近日僞鑄也, 其倣出顔色者, 例於鑄成後, 刀刻紋理, 鑿畫款識, 掘地坑, 傾鹽汁數盆, 俟涸, 仍置銅其中, 埋藏數年, 頗有古意, 此下品劣法也, 巧手以鵬砂, 寒水石, 碙砂, 膽礬, 金砂礬, 爲末, 鹽水調和, 蘸筆均刷, 候乾更洗, 洗又蘸刷, 若是者日三四度, 坎地爲深坑, 熾炭其中, 坑烘如圍爐, 因將釅醋潑下, 坑內沸爛卽涸, 乃置器其中, 更以醋糟厚罨, 覆土加厚, 無空缺處, 三五日出看, 便生各色古斑, 又燒竹葉, 用薰其烟, 色更深靑, 以蠟擦之, 要發水銀色者, 乃以鋼針爲末摩擦, 更以白蠟揩摩, 卽成古色, 或有故墮一耳, 或缺傷器體, 以爲商周秦漢之物, 尤爲可厭, 他日廠中, 俱是遠地駔儈, 收買之際, 不可糊塗取笑, 余曰, 可感先生如此披誠, 僕明日早朝, 發向皇都, 願先生開錄文房書畫, 鼎彝諸器, 古今同異, 號名眞僞, 以爲冥途指南, 田生曰, 先生, 若不見外時, 不難爲此, 當於西淸古鑑, 博古圖中, 糸以陋見, 淸單仰報, 遂約以乘月更來, 起還站寓, 已報朝飯矣, 暫歷上房, 忙飯復出, 鄭進士與季涵, 來源, 亦出行遊覽, 誚余曰, 獨行遊賞, 有何滋味, 來源曰, 實無可觀, 譬如廣州生員, 初入京, 左右顧眄, 應接不暇, 輒爲京人所唾, 今吾輩亦何異於此, 吾則再來, 尤爲無味也, 路逢費樨, 引余入毡子舖, 囑以夜會歌商樓, 余辭以已與田抱關, 約會藝粟齋, 昨夜諸公更勞齊會, 費生曰, 俄刻, 已與抱關熟講, 今先生歌鹿上都, 勻是爲賓, 詠駒空谷, 各求爲情, 裴公已與蜀中溫公, 料理薄具, 未可爽約, 余曰, 昨夜過被諸公盛眷, 供張太費, 今又若前, 未敢更勞執事, 費生曰, 山有嘉木, 惟工所度, 振鷺斯容, 彼此無斁, 十二行窩, 元無定約, 四海同胞, 孰爲厚薄, 來源輩, 徘徊街上,尋余入舖中, 余忙收談草, 首肯爲諾, 費生亦會余意, 今笑頤可, 季涵, 索紙欲與問答, 余起出曰, 無足與語, 季涵笑而起, 費生臨門握余手以諭意, 余點頭而去。

5. 상점 건물에서 필담하던 이야기(商樓筆談)

이날 저녁때는 더위가 오히려 찌는 듯하고 하늘 가엔 붉은 햇무리도 끼었다.

나는 밥을 재촉해 먹고 잠깐 원전의 방에 가서 조금 앉았다가 곧 일어나면서 혼잣말로

"더위에 기침이 더욱 심하니 일찍이 자야겠군."

하고는, 뜰로 내려와 서성거리다가 틈만 있으면 나갈 궁리만 하였다. 그때 내원(來源)과 주주부(周主簿)·노참봉(盧叅奉) 등이 밥 먹은 뒤 뜰을 거닐면서 배를 문지르며 트림을 하고 있었다. 때마침 달빛이 차츰 돋아나고 시끄러운 소리가 잠깐 그쳤다. 주가 달그림자를 따라 두루 거닐면서 부사가 요양서 지은 칠언시를 외우고, 또 자기가 차운한 것을 읊고 있었다. 나는 바쁜 걸음으로 마루까지 올라갔다가 도로 나오면서 노군더러

"형님이 매우 심심해 하시더군요."

하였더니, 노군은

"사또께서 너무나 적막하시겠습니다."

하고는 곧 마루 위로 향하였다. 주군도 근심스런 낯빛으로

"요즘 병환이 나실까 두렵습니다."

하고, 곧 마루 쪽으로 향해 가니 내원도 역시 그의 뒤를 따라 들어갔다. 나는 그제야 빨리 문을 나가면서, 장복(張福)에게

"어제처럼 잘 꾸며대려므나?"

하고, 타이르자 계함(季涵)이 밖에서 들어오다가 나를 보고

"어디들 가시오?"

한다. 나는 가만히

"달을 따라 어디 좋은 데 가서 이야기나 해보자꾸나."

한즉, 계함은

"어딜요?"

하므로, 나는

"그야 어디든지."

하였더니, 계함이 발을 멈추고 망설이는 때에 수역(首譯)[1]이 마침 들어오는 것을 보고, 그는

"달이 좋으니 좀 거닐다 와도 좋겠죠."

한다. 수역이 깜짝 놀라면서 무어라고 말하니, 계함은 웃으면서

"일이야 의당 그렇게 해야죠."

하기에, 나도 허튼 말로

"그럴 것 같군요."

하고, 곧 앞뒤에 선 채 되돌아 들어갈 제 마침 수역과 계함이 마루에 올라서 돌아보지 않는 틈을 타서 나는 가만히 빠져 나왔

---

1) 수역(首譯) : 수석통역관. 사신 행차에서 중요 역할을 한다.

다. 이미 한길에 나오니, 비로소 가슴이 후련하였다. 더위도 약간 물러가려니와 달빛이 땅에 가득 비쳤다. 먼저 예속재(藝粟齋)에 이른즉, 벌써 문이 닫혔는데 전생(田生)은 어딘지 나가고 이인재(李麟齋)만이 혼자 있었다. 이는 곧

"잠깐 앉으셔서 차나 마셔요. 전공이 곧 돌아오리다."

한다. 나는

"상루의 여러분께서 벌써 모여서 몹시 기다릴 걸요."

하니, 이생은

"상루의 좋은 약속은 벌써 알고 있습니다. 저 역시 모시고 가렵니다."

한다. 마침 전생이 손에 붉은 양각등(羊角燈)을 들고 들어와서 곧 가기를 재촉하므로, 이생과 함께 담뱃대를 입에 문 채 문을 나섰다. 한길이 하늘처럼 넓고 달빛은 물결처럼 흘러내린다. 전생이 손에 들었던 초롱을 문 위에 걸어놓기에, 나는

"초롱을 들지 않아도 무난한가요?"

한즉, 이생은

"아직 밤이 되지 않았으니까요."

한다. 드디어 천천히 네거리로 거닐었다. 좌우의 점포들은 벌써 문이 닫혔고, 문 밖엔 모두 양각등을 걸었는데 더러는 푸르고 붉은 빛깔도 섞여 있었다.

상가 건물의 여러 사람들이 마침 난간 밑에 죽 늘어서 있다가 나를 보고 모두들 몹시 반기면서 상점 안으로 맞아 들인다. 이 중에는 배관(裵寬)갈부(褐夫)·이귀몽(李龜蒙)동야(東野)·비치(費穉)하탑(下榻)·전사가(田仕可)포관(抱關)·온백고(溫伯高)목

재(鵞齋)·목춘(穆春)수환(繡寰)·오복(吳復)천근(天根)[2] 등이 모두 모였다. 배생은

"박공(朴公)은 가히 신망있는 선비라 이르겠습니다."

한다. 당 가운데에 부채처럼 생긴 사초롱 한 쌍이 걸려 있고 탁상에는 촛불 두 자루가 켜졌는데, 생선요리, 육류, 채소, 과일들을 이미 차려 놓았으며, 북쪽 벽 밑에도 따로이 한 식탁을 벌여 놓았다. 여러 사람들이 나에게 먹기를 청하기에 나는

"저녁밥이 아직 덜 내려갔소이다."

한즉, 비생이 손수 더운 차 한 잔을 따라서 권한다. 마침 자리에 처음 보는 손님이 있기에 나는 그들에게 그의 성명을 물었더니

"저이는 마영(馬鑅)이라 하며, 자는 요여(耀如)이고, 산해관에 살고 있는 분인데 장사하러 이곳에 왔으며, 나이는 스물 셋이고 글도 대략 안답니다."

하고, 소개한다. 비생은

"오십독역(五十讀易)[3]을 어떤 이는 정복독역(正卜讀易)이라 하여 복(卜) 자에다 획 하나 더 붙은 것이라 하는데 선생은 어찌 생각하십니까?"

하기에 나는,

"오십독역의 오십(五十)은 비록 졸(卒)자가 아닌가 하고 의심할 수는 있겠으나, 이제 정복(正卜)의 그릇된 것이라 함은 너무 천착함이 아닐까요. 「역경(易經)」은 비록 복서(卜筮)에 쓰는 책이지만 계사(繫辭)에도 점(占)과 서(筮)을 말했으나 복(卜)자는 뵈지 않을 뿐더러 복자로 말한다

---

2) 성명 밑에 있는 두 글자는 그들의 자(字)이다.

3) 오십독역(五十讀易) : 「논어(論語)」에 "쉰 살에 '역경(易經)'을 배운다"(五十以學易=述而) 하였다.

하더라도 곤(ㅣ)에다 한 점 더한 것인만큼 애초에 일(一)자의 획을 건너 그은 건 아니니까요."[4]

하니, 비생은 또

"혹은 무약단주오(無若丹朱傲)[5]의 오(傲)자를 오(奡)[6]자의 잘못이라 하고, 그 아래 망수행주(罔水行舟)[7]라는 글을 보아서도 두 사람으로 봄이 옳다 하는데요?"

하기에 나는,

"오(奡)가 능히 배를 흔들었다 하니, 망수행주와 뜻은 매우 그럴사하게 맞으나 오(傲)와 오(奡)는 비록 음은 같을지라도 글자의 모양은 아주 다를 뿐더러 오(奡)와 착(浞)[8]으로 말하면 모두 하태강(夏太康)[9] 때의 사람인즉 위로 우순(虞舜) 시대와는 매우 요원하지 않아요?"

하니, 이동야는

"선생의 변증이 지극히 옳습니다."

한다. 나는 전포관더러

"부탁드린 골동의 목록은 이미 집필을 시작하셨는지요?"

하고 물은즉, 전생은

"점심 때 마침 자그마한 다른 일이 생겨서 아직 반도 베끼지 못한 채 그대로 접어 두었습니다. 내일 아침 떠나시는 길에 잠시 점포 앞에서

---

4) 한일(一)과 작대기 곤(ㅣ)은 글자 모양도 뜻도 다르다.
5) 무약단주오(無若丹朱傲) : 「서경의 우서(書經虞書)」에 '단주처럼 오만한 자는 없다' 했다. 단주는 요(堯)의 아들 이름.
6) 오(奡) : 「논어」에 "오(奡)는 능히 배를 흔든다"(奡盪舟=憲明) 했다. 오는 역사(力士)의 이름.
7) 망수행주(罔水行舟) : 물도 아닌 물에서 배를 행함을 이른 말. (「서경의 우서」)
8) 착(浞) : 사람 이름. 혹은 오가 착의 아들이라 하였다.
9) 하태강(夏太康) : 하(夏)의 임금. 태강은 시호(諡號).

행차를 멈추시면, 제가 직접 수하 사람에게 전해 드릴 터이오며, 맹세코 틀림없게 하겠습니다."

한다. 나는

"선생께 이렇듯 수고를 끼쳐서 죄송합니다."

하니, 전생은

"이건 친구간의 항상 있는 일이고 다만 진작 못해 드려 부끄러울 뿐입니다."

한다. 나는 또

"여러분은 일찌기 천산(千山)을 구경하신 적이 있습니까?"

하고 물었더니, 그들은

"예서 백여 리나 되어 아무도 가 본 일이 없답니다."

한다. 나는

"병부낭중(兵部郞中) 복녕(福寧)이란 이를 잘 아십니까?"

하니, 전생은

"아직 모릅니다. 우리 친구 중에도 다들 그럴 것입니다. 그는 벼슬하는 양반이요, 우리는 장사꾼인데 어찌 서로 만날 수 있겠습니까?"

한다. 동야는

"선생은 이번 길에 황제께 직접 뵈옵겠지요?"

하기에, 나는

"사신은 때로 뵈올 수 있겠지만, 나는 한갓 수행원이라 그 반열에 참가할 것 같지 않습니다."

하니, 동야는

"지난 해에 어가(御駕)가 능(陵)에 거동하셨을 때 귀국의 종관(從官)

들은 모두 천자의 존안을 가까이 뵙곤 하던데 우리네는 도리어 그게 부럽더군요."

하기에, 나는

"여러분은 어째서 우러러 뵈옵지 않습니까?"

하니, 배갈부는

"어찌 감히 당돌한 짓을 할 수 있겠습니까? 그저 문닫은 채 잠자코 있을 뿐이죠?"

한다. 나는

"임금께서 거동하실 때면 아이 어른할 것 없이 들판에 모여들어 다투어 그 행차를 우러러 보려고 할 것 아닙니까?

하니, 그는

"감히 어찌 감히 그럴수가"

한다. 나는

"지금 조정 각료 어른중에 누가 가장 인망이 높은지요?"

하였더니, 동야는

"그들 이름은 모두『만한진신영안(滿漢搢紳榮案)』[10]에 실렸으니 한 번 훑어보시면 알 수 있을 것입니다."

하기에, 나는

"비록 영안(榮案)을 본들 그들의 업적이야 알 수 있으리까?"

하니, 동야는

"우리네야 모두 초야(草野)에 묻힌 몸이어서 지금 조정에 누가 주공

---

10) 만한진신영안(滿漢搢紳榮案) : 만인과 한인을 함께 실은 일종의「잠영록(簪纓綠)」, 즉 벼슬인 명부.

(周公)인지 소공(召公)¹¹⁾인지, 도 누구가 꿈에서¹²⁾ 또는 점쳐서¹³⁾ 등장되었는지를 모릅니다."

한다. 나는

"심양성 중에 경술(經術)과 문장에 능통한 이가 몇이나 있을까요?"

하니, 배성은

"저는 평범한 세속사람이라 들은 바가 없습니다."

하고, 전생은

"심양 서원(瀋陽 書院)에 서너너댓 사람 거인(擧人)¹⁴⁾이 있었는데 마침 과거보러 북경에 가고 없답니다."

한다. 나는

"여기서 북경까지 천 오백 리 사이 연로(沿路)에 이름난 사람과 높은 선비들이 응당 많겠지요? 그들 성명(姓名)을 알았으면 찾아보기에 편리할 것 같습니다.

하니 전생은

"산해관(山海關) 밖은 아직도 변방이라 지리, 기후가 거칠고 사람이 사나워서, 연로엔 모두 우리와 같은 메마르고 이름없는 사람들 뿐이니, 이름을 들 만한 이도 없거니와 역시 사람을 천거하기란 가장 어려운 일이어서, 기껏해야 저의 아는 바를 거명하는데 지나지 못하며, 저의 좋아하는 이에 아첨하는데 지나지 못할 것입니다. 그리하였다가 한 번 높

---

11) 소공(召公) : 성명은 희석(姬奭). 주공과 함께 주초(周初)의 어진 재상. 소공은 봉호(封號).
12) 은무정(殷武丁)이 꿈에 부열(傅說)을 만나고 초상을 그려 붙여서 그를 찾아 재상을 삼았다는 고사.
13) 주문왕(周文王)은 점쳐서 여상(呂尙)을 얻어 스승을 삼았다는 고사. 이같은 이야기는 중국은 상인들도 제나라 역사를 알더라는 증거로 필자는 쓴 것 같다.
14) 거인(擧人) : 지방에서 국가고시에 합격하고 중앙고시에 응할 자격을 지닌 선비.

으신 눈으로 보시어 꼭 마음에 들지 않는다면 저에겐 부질없는 말이 되고, 남들에겐 실망을 줄 뿐입니다. 이제 대단히 좋은 바람이 불어서 선생을 뵙고, 덕망을 우러러 촛불을 밝히고 마음껏 토론하니, 이를 어찌 꿈엔들 뜻한 일이겠습니까? 이는 실로 하늘이 맺어준 연분이라 아니할 수 없습니다. 이 세상에 나서 한 사람 지기의 벗을 얻는다면 족히 한이 없을 것이니, 선생께서는 가시는 길에 스스로 좋은 사람을 만날 것인즉, 어찌 다른 사람을 미리 소개할 일이겠습니까?

한다. 술이 몇 순배 돌 때에 비생이 먹을 갈고 종이를 펴면서

"목수환이 선생의 필적을 얻어서 간직하고자 합니다."

하기에, 나는 곧 반향조(潘香祖)가 김양허(金養虛)[15]를 보낼 때 준 칠언시 중에서 한 수를 써서 주었다. 동야는

"반향조란 귀국의 이름 높은 선비이오니까?"

하고 묻기에, 나는

"우리나라 사람이 아닙니다. 이는 전당(錢塘) 사람으로 이름은 정균(廷筠)인데, 지금 중서사인(中書舍人)으로 있고 향조는 그의 자랍니다."

했다. 배생은 또한 백지책을 내어서 글씨를 청한다. 짙은 먹 부드러운 붓끝에 자획이 썩 잘 되게 써 주었다. 내 스스로도 이렇게 잘 씌어질 줄은 몰랐고, 다른 사람들도 크게 감탄하여 마지 않는다. 한 잔 기울이고 한 장 써 내치고 하매 글씨체가 제멋대로 호방해진다. 밑에 몇 쪽은 진한 먹으로 고송(古松)과 괴석(怪石)을 그렸더니, 여러 사람들이 더욱 좋아하여 서로 다투어 가면서 종이와 붓을 내놓고 삥둘러 서서 써 달라고 조른다. 또 한 마리 검은 용(龍)을 그리고 붓을 퉁겨서 짙은 구름과 소낙비를

---

15) 김양허(金養虛) : 김재행(金在行). 양허(養虛)는 자. 그는 김상헌(金尙憲)의 5대손. 영조(英祖) 41년에, 홍대용(洪大容)과 함께 연행(燕行)을 하였다.

그렸는데, 지느러미는 꼿꼿이 세워지고, 등비늘은 제멋대로 붙었으며, 발톱이 얼굴보다 더 크고, 코는 뿔보다 더 길게 그렸더니, 모두들 크게 웃으며 기이하다 한다. 전생과 마영(馬永榮)이 초롱을 들고 먼저 돌아가려 하므로, 나는

"이야기가 한창 재미있는데 선생은 왜 먼저 가시렵니까?"

하고 물은즉, 전생은

"먼저 돌아가고 싶진 않으나 다만 약속(필자와의 고동록건)을 지키려니 하는 수 없습니다. 내일 아침 문에 나서서 작별 드리오리다."

한다. 나는 아까 그린 검은 용을 들고 촛불을 당겨 사르려 했다. 온목헌이 급히 일어나서 앗아다가 고이 접어서 품속에 간직한다. 배생은 껄껄 웃으면서

"관동(關東) 천 리에 큰 가뭄이 들까 두렵군요."

하기에, 나는

"어째서 가문단 말이시오?"

하니, 배생은

"만일 이게 화룡(火龍)이 되어 간다면 누구든지 괴로움을 부르짖지 않을 수 없을 걸요."

한다. 모두 한바탕 웃은 뒤에 배생은 다시

"용 중에도 어질고 나쁜 것이 있는데 화룡이 가장 독하답니다. 건륭(乾隆) 8년 계해(癸亥) 3월에 산해관 밖 여양(閭陽) 벌판에 용 한 마리가 떨어져서 구름도 없이 우뢰치며, 비도 내리지 않으면서 번갯불이 번쩍이고, 해서관 밖 늦은 봄 일기가 별안간 6월 더위로 변하였답니다. 용이 있는 곳으로부터 백 리 안은 모두 펄펄 끓는 도가니 속 같이 되어서 사람과 짐승이 목말라 죽은 게 수없이 많았고, 장사치와 나그네도 다니지

못했고 살아있는 사람들은 밤낮없이 발가숭이로 앉아도 부채를 손에서 놓지 못했답니다. 황제께옵서 분부 내리시어 관내의 냉장고에서 얼음 수천 차를 내어 관 밖에 고루 나눠서 더위를 가시게 하였습니다. 용 가까이 있던 나무와 흙과 돌은 모두 콩볶듯 되고 우물과 샘이 들끓었습니다. 용이 열흘 동안 누워 있더니 갑자기 바람이 불어치고 천둥이 일며 콩알 같은 비가 퍼붓고, 대릉하(大陵河)의 집들이 빗 속에서 저절로 불이 나곤 하였으나, 다만 사람과 짐승에겐 아무런 해도 없었답니다. 용이 떠날 때에 사람들이 나가 보니, 마침 몸을 일으켜서 하늘로 오르려 할 때 처음엔 무척 느리게 머리를 쳐들고 꼬리를 끌되, 마치 타마(駝馬)가 일어선 모양인데 길이는 겨우 서너 길 밖에 안되나, 입으로 불을 뿜고 꼬리만 땅에 붙이고는 한 번 몸을 꿈틀하매 비늘마다 번개가 번쩍 일면서 우뢰 소리가 나고 공중에서 빗발이 쏟아지더니, 이윽고 몸을 묶은 버드나무 위에 걸치자 머리로부터 꼬리에 이르기까지 여남은 길이나 되며, 소나비가 강물을 뒤엎는 듯 퍼붓더니 이내 멎었답니다. 그제야 하늘을 쳐다본즉, 그 날랜 폼이 동쪽 구름 사이에 뿔이 나타나고 서쪽 구름 사이엔 발톱이 드러나는데, 뿔과 발톱 사이가 몇 리나 되더랍니다. 용이 오른 뒤엔 날씨가 청명하여 다시 3월의 천기가 되고, 용이 누웠던 자리엔 몇 길이나 되는 맑은 못이 파이고, 못 가에 있던 나무와 돌은 모두 타버리고 반만 남았으며, 마소들은 털과 뼈가 모두 그슬려 녹아버리고, 크고 작은 물고기 죽은 것이 산더미처럼 쌓여 그 냄새에 사람이 가까이 갈 수도 없었답니다. 특히 이상한 것은 용이 걸렸던 버들에는 잎 하나도 떨어지지 않았다 합니다. 그 해에 관동의 일대에 큰 가뭄이 들어서 9월이 되도록 비가 내리지 않았답니다. 그러므로 나는 이 용이 간다면 또 그런 변이 생길까 걱정하는 바입니다."

하자, 일좌가 한바탕 크게 웃엇다. 나는 사발에 술을 기울여 쭉 들이키고 나서

"이 이야기에 아주 술맛이 도는군요."

하니, 여럿이

"옳습니다. 이번엔 우리 각기 한 사발씩 돌려서 박공의 기쁨을 도웁시다."

한다. 나는

"여러분이 그 용의 이름을 아십니까?"

한즉, 혹은 응룡(應龍)이라 하고, 또는 한발(旱魃)이라 한다. 나는

"아니예요. 그 이름은 강철(罡鐵)이라 합니다. 우리나라 속담에 '강철이 지난 곳엔 가을도 봄이 된다' 하니, 이는 가물어 흉년이 됨을 이른 것입니다. 그러므로 가난한 사람들이 일을 꾸미다 잘 안되면 강철의 가을이라 합니다."

하였더니, 배생이

"그 용 이름이 참 기이하군요. 내가 난 때가 바로 그 해이니, 이는 곧 강철의 가을이라 어찌 가난치 않고야 견디겠소?"

하고, 그는 다시 긴 목소리로

"강처"

하기에, 나는

"아니요, 강철."

하고, 다시 일러주니, 배생은 또

"강천"

한다. 나는 웃으면서

"천이 아니요, 도철(饕餮)이란 철(餮)과 음이 같은 철(鐵)이어요."

하니, 동야가 크게 웃으며 이내 커다란 소리로

"강청"

하여, 모두들 허리를 잡고 웃었다. 대개 중국 사람들의 발음엔 갈(曷)·월(月) 등의 ㄹ이 잘 발음되지 않기 때문이다. 나는

"여러분은 모두 오(吳)·촉(蜀)에 살고 계시면서 이렇게 멀리 장사와서 해를 거듭 바꾸시면 고향 생각이 간절치 않습니까?"

하고, 말머리를 돌렸다. 오복은

"간절타 뿐입니까?"

하고, 동야는

"고향 생각이 날 때마다 심신이 산란해집니다. 하늘가와 땅끝 같은 먼 곳에 와서 사소한 이문을 다투노라고, 늙으신 어머니께서는 부질없이 저문 거리에 바라보시고, 젊은 아내는 봄 빈방을 홀로 지키게 됩니다. 그리하여 편지 전하는 기러기도 끊어지고 꾀꼬리 소리엔 꿈 역시 이르지 않사온즉, 어찌 사람으로서 머리가 세지 않겠습니까? 더우기 달 밝고 바람 맑으며, 잎 지고 꽃피는 때면 하염없이 간장만 타니 이를 그 어찌하오리까?"

한다. 나는

"그렇다면 진작 고향에 돌아가서 몸소 밭을 갈아 위로 어버이를 섬기고, 아래로는 처자를 거느릴 계획을 세우시지 않고, 오로지 이렇게 하찮은 이문을 좇아서 멀리 고향을 떠나셨나요? 설사 이리하여 재산이 의돈(猗頓)[16]과 겨누고 이름이 도주(陶朱)[17]와 같이 된단들 무슨 즐거움이 있으리까?"

하니, 동야는

---

16) 의돈(猗頓) : 전국 때 노(魯)의 유명한 부자. 돈은 이름이요, 의는 산동성 의씨(猗氏)라는 고을에서 재산을 일으켰으므로 붙였다 함.

17) 도주(陶朱) : 성명은 범려(范蠡). 도(陶)에 살 때에 주공(朱公)이 되었으며, 십구년 만에 세 번이나 천금을 이룩하였고 그 자손이 더욱 돈을 벌어 늘려서 재산이 기만금에 이르렀다 함.

"그는 꼭 그렇지도 않습니다. 우리 고향 사람들도 더러는 반딧불을 주머니에 넣어 형설의공을 세우기도 하고[18] 송곳으로 정강이를 찌르면서[19] 글 공부하며, 아침에 나물 밥, 저녁엔 소금 찬으로 가난을 견디는 이가 많습니다. 그러한 정성을 하늘이 가엾이 여기셨음인지 때로 비록 하찮은 벼슬을 얻어 하는 일이 있사오나, 만 리 타향에 일터를 찾으려니 고향을 떠나 사는 건 마찬가지지요. 혹시 친상을 당하든지 파면을 당하든지 한다면 고생은 말할 것도 없거니와 또 관직을 가진 자는 마땅히 그 일터에서 죽어야 할 것이며, 혹시 잘못이 있을 때엔 장물(贓物)을 도로 내놓아야 할 뿐더러 세업(世業)마저 기울어지게 될 것이니, 그때에야 비록 황견(黃犬)의 탄식[20]을 지은들 무슨 소용이 있겠습니까. 저희들은 배운 것이 초라하니 벼슬길도 가망 없고, 그렇다고 해서 피땀 흘리며 공장이 노릇으로 일생을 보낼 기술도 없거니와, 또는 쌀 한 알이라도 고생해서 얻을 수 있는 농업으로 한평생을 지낸댓자, 이는 나서 늙고 병들어 죽을 때까지 불과 좁은 고장을 한 걸음도 떠나지 못한 채, 마치 여름 벌레가 겨울엔 나오지 못하듯이 이 세상을 마칠 테니, 그렇다면 차라리 하루 빨리 죽는 것만 못할 것입니다. 이제 점포를 내고 물건을 사고 팔아서 생활을 삼는 건 남들은 비록 하류로 치지만, 생각하기에 따라서는 나를 위하여 이에 하늘이 한 개의 극락세계를 열어주고 땅이 이러한 쾌활림(快活林)[21]을 점지하여 범주공이 편주(扁舟)를 띄우고[22], 단목씨

---

18) 진(晉)의 가난한 학자 차윤(車胤)의 옛 일.
19) 육국(六國) 때 여섯 나라 재상을 겸임하던 소진(蘇秦)의 옛 일. 어릴 때 공부하는데 잠이 오면 송곳으로 무릎을 찌른 고사.
20) 진(秦)의 이사(李斯)가 자기의 아들과 함께 형장으로 갈 때 그의 아들을 돌보면서 "내 비록 너와 다시 황견을 몰고 동문을 나서 사냥을 하고자 한들 얻을 수 있겠느냐?" 하였다. 벼슬을 놓고 고향에 은거한다는 뜻.
21) 쾌활림(快活林) : 송(宋)의 수도 교외에 있는 유명한 유원지의 이름. 아름다운 세상을 비유.
22) 범려(范蠡)가 절세의 미인 서시(西施)를 배에 싣고 함께 오호(五湖)로 떠다녔다는 고사.

(端木氏)²³⁾의 수레로 잇달아서 유유히 사방을 다니어도 아무런 거리낌이 없고, 어떤 넓은 대도시라도 뜻에 맞는 대로 다니다가, 드높은 처마와 화려한 방 안에 내집처럼 몸과 마음이 한가로웁고, 모진 추위나 가혹한 더위에도 방편을 따라 자유롭게 살 수도 있습니다. 그러므로 어버이께서 위안되시고 처자들도 원망치 아니하여, 나아가나 물러서나 피차간 여유 있고 영화롭거나 욕되거나를 모두들 잊게 되온즉, 저 농사와 벼슬아치의 두 길에 비기어 그 괴롭고 즐거움이 어떻다 하리까. 또 저희들은 특히 사교에 있어서 모두 지성(至性)을 지녔답니다. 옛 글에도 '세 사람이 같이 행하면 그 중에 반드시 나의 스승될 이가 있다'²⁴⁾ 하였고, 또 이르기를, '두 사람의 마음이 합한다면 굳은 쇠라도 끊을 수 있다'²⁵⁾ 하였으니, 이 천하에 지락(至樂)이 이보다 더 지나칠 것이 있겠습니까? 사람의 한평생에 만일 벗이 없다면 아무런 재미도 없을 것입니다. 저 입고 먹는 것밖에 모르는 위인들은 모두 이런 취미를 모른답니다. 세상에는 과연 그 언어 행동이 얄밉고 말씨가 멋 없는 자가 얼마나 많겠습니까? 그들의 눈엔 다만 옷가지 밥사발이 뜨일 뿐 벗을 사귀는 즐거움이라고는 조금도 지니지 않았답니다."

한다. 나는

"중국의 백성들은 제각기 네 갈래의 분업적인 생활을 하고 있는만큼 거기엔 귀천의 차별이 없을테며, 따라서 혼인이라든지 또는 벼슬길에 있어서도 아무런 구애가 없겠지요?"

한즉, 동야는

"우리나라에선 벼슬아치들은 장사치나 장인들과는 혼인함을 금하며

---

23) 단목씨(端木氏) : 공자의 제자들 중에서 가장 돈벌이를 잘하는 단목사(端木賜). 그의 자는 자공(子貢).
24) 「논어(論語)」에 있는 말로(三人行必有我師焉=述而)라고 했다.
25) 「역경(易經)」에서 나온 말(二人同心具利斷金=繫辞伝上).

관리의 길을 깨끗이 한다고, 도(道)를 귀하게 여기고 이(利)를 천하게 보며, 근본을 높이고 말을 누르려 하는 것입니다. 우리네는 모두 대대로 장사하는 집이므로 사대부의 집과는 혼인이 없고. 돈과 쌀을 바쳐 재물로 생원(生員)26)깨나 얻어 할 수 있다 하더라도, 그 역시 향공(鄕貢)27)을 거쳐서 거인(擧人)이 되지는 못한답니다."

하니, 비생은

"그러나 그건 다만 고향에서만이지 타관에 나서면 반드시 그렇지도 않습니다."

하고, 덧붙여 설명한다. 나는

"한 번 제생(諸生)이 되기만 하면 사류(士類)로 허락됩니까?"

하였더니, 이는

"그렇습니다. 제생 중에서도 늠생(廩生)·감생(監生)28)·공생(貢生) 등의 여러 가지 명목이 있어서 이들은 모두 생원 중에서, 뽑혀 오르기 때문에 한번만 생원에 통과되면 구족(九族)에게 빛이 나, 그대신 이웃들이 해를 입습니다. 왜냐하면 관권(官權)을 잡고 시골에서 무단(武斷)을 휘두르는것이 곧 생원님네의 전문적인 기술이었고, 소위 사류(士類) 중에도 대체로 세 층이 있으니, 상등은 벼슬아치가 되어 관록을 먹는 것이요, 중등은 학관(學館)을 열어서 생도를 모집하는 것이요, 최하등은 남에게 창피를 무릅쓰고 구걸하며 빌리러 다니는 축들입니다. 남에게 빌붙어 사니 체면이 서지 않지만 당장 살 길이 막연하니 남에게 빌붙지

---

26) 생원(生員) : 당시 고등교육 기관에 입학한 자 또는 초시에 급제한 자.
27) 향공(鄕貢) : 과거의 응시 자격자를 뽑는 데 있어 중앙의 학교 출신 이외에 지방 관청에서 추천하는 자.
28) 감생(監生) : 국립 대학인 국자감(國子監)의 학생을 가리킴이었으나, 이때에는 아래 나오는 공생과 함께 일정한 수업료를 내고 관립학교에 학적을 지니게 된 자. 늠생(廩生)은 국비생.

않을 수 없으매, 추위 더위를 헤아리지 않고 줄곧 쏘다니면서 사람을 만나면 말을 할까 말까 주저하다가 그 야비한 정상이 먼저 나타납니다. 한때의 고담 준론만 힘쓰던 선비가 세상이 미워하는 대상이 되는 것은 뜻밖의 일입니다. 속담에 '남에게 구하는 것은 자기에게 구함만 같지 못하다' 고 장사를 하면 저절로 이런 지경에 이르진 않습니다."

한다. 나는 말머리를 돌려서

"중국의 상정(觴政)[29]엔 반드시 묘한 방법이 있을 터인데, 어제 오늘 이틀밤을 여럿이 모여 마셔도 주령(酒令)을 내지 않음은 무슨 까닭입니까?"

하고 물었더니, 배갈부가

"이는 옛날의 상정을 말씀함이죠. 지금은 하찮은 운전수나 금고직(金庫直)이 따위도 다 아는 일이어서 그리 운치(韻致) 있는 일로 치질 않습니다."

하니, 비생은 다시

"「입옹소사(笠翁笑史)」[30]에 용자유(龍子猶)의 고려 중의 주령에 관한 이야기를 실었는데, 어떤 사신이 고려에 갔을때 고려에서는 한 중으로 하여금 그를 초대하여 잔치를 벌였더니 중이 영(令)을 내되, '항우(項羽)[31]와 장량(張良)[32]이 서로 산(傘) 하나를 놓고 다투는데, 항우는 우산(雨傘)이라 하고 장은 양산(凉傘)이라' 했다 하니, 사신이 창졸간에 대답하기를, '허유(許由)[33]와 조조(鼂錯)[34]가 호로(胡盧) 하나를 두고 다투는

---

29) 상정(觴政) : 주령(酒令)과 같다. 술을 마시는 좌석에서 수수께끼 같은 문제를 내면 이에 맞추어 댓귀를 하여 승부를 보아 벌주를 먹이는 놀음.
30) 입옹소사(笠翁笑史) : 청의 유명한 희곡작가 이어(李漁)가 지은 서명(書名).
31) 항우(項羽) : 초패왕(楚霸王) 항적(項籍). 우는 자임.
32) 장량(張良) : 한고제(漢高帝) 유방(劉邦)을 도와서 천하를 얻게 한 책사.

데, 허유는 유호로(油胡盧)라 하고 조조는 초호로(醋胡盧)라 하였다' 하니, 그때 고려 중의 이름은 누구입니까?"

하기에, 나는

"이 영은 전혀 이치에 닿지 않을 뿐더러 중의 이름도 전하지 않습니다."

하였다. 닭 우는 소리를 듣고 조금 눈을 붙였다가 문 밖에 사람 소리가 중얼거리기에 곧 일어나 숙소에 돌아오니 아직 날이 채 밝지 않았다. 옷 벗고 다시 잠들어서 조반을 알릴 때 겨우 깨었다.

5. 商樓筆談

是夕, 暑氣猶熾, 天末赤暈四垂, 余促飯喫訖, 暫徃上房, 少坐卽起, 獨自語曰, 困暑特甚, 當早宿, 遂下庭徘徊, 爲乘間出門之計, 而來源, 周主簿, 盧紣奉, 飯後步庭, 捫腹噎噫, 時月影漸生, 塵喧暫息, 周隨影步匝, 誦傳副使遼陽所題七律, 又誦其所次, 余忙步上堂去, 出語盧君曰, 兄主太伈伈, 盧君曰, 使道寂寞矣, 卽向堂裏去, 周君憂形于色曰, 近來恐生病患, 卽向堂裏去, 來源亦隨而去, 余遂忙步出門, 且囑張福曰, 善彌縫如昨日, 季涵, 自外入來, 問余

---

33) 허유(許由)와 소부(巢父)는 중국 고대 요나라 때 고사들로 요가 천하를 맡긴다는 말을 듣고 귀를 씻고 기산에 들어가 숨어서 살았다. '기산지조'(箕山之操)「한서」.

34) 조조(鼂錯) : 중국 고대 한(漢)나라 경제(景帝)의 어진 신하. 그는 백성이 가난하면 간신이 생긴다고 했다.

奚徃, 余密語曰, 乘月偕徃好處夜話否, 季涵曰, 何處, 余曰, 毋論某處, 季涵方停武趨趄, 首譯入來, 季涵問乘月夜行無傷否, 首譯大駭云云, 季涵笑曰, 事當若是, 余亦漫應曰, 似然矣, 卽後先還入, 首譯, 與季涵上堂, 不顧, 余仍自後潛出, 旣出大街上, 始浩然矣, 暑氣乍退, 月色布地, 先徃藝粟齋, 已掩舖門, 田生出他, 獨有李麟齋, 李請少坐喫茶, 田公少頃當還也, 余言商樓諸公, 想已畢集苦等也, 李生曰, 商樓佳約已知道了, 弟亦當陪徃, 田生, 手持紅色羊角燈, 入來促余偕行, 遂與李生, 含烟出門, 大道如天, 月色如水, 田生, 懸手中燈於門首, 余問手不拿燈, 無傷麼, 李生曰, 尙未向夜, 遂緩步街中, 左右市舖, 皆已掩門, 門外皆懸羊角燈, 間有靑紅諸色, 商樓諸人, 方列立欄下, 見余至, 皆喜溢於貌, 迎入舖中, 裵寬褐夫, 李龜蒙東野, 費穉下楊, 田仕可抱關, 溫伯高鷲齋, 穆春繡寰, 吳復天根, 俱會矣, 裵生曰, 朴公可謂信士, 堂中懸一對扇式紗燈, 卓上點兩枝燭, 久已排設魚肉蔬果, 北墻下, 亦有一卓供張, 諸人勸食, 余曰, 夕飯未下, 費生, 手注一椀熱茶以勸, 坐有生客, 余問姓名, 答馬鑅, 字耀如, 山海關人, 來此做賣買, 年二十三, 略會書字, 費生曰, 五十讀易, 或以爲正卜, 讀易卜字, 添內一畫, 先生以爲如何, 余曰, 五十讀易, 雖有卒字之疑, 今謂正卜之誤則, 恐是鑿空, 易雖卜筮之書, 繫辭言占言筮, 不見卜字, 且卜字丨外加點, 元非一畫可添, 費生曰, 或謂無若丹朱傲之傲字, 乃奡字之誤, 看下文罔水行丹, 當作兩人, 余曰, 奡能陸地行舟, 如罔水行舟, 義似妙合, 而但傲奡, 音雖相似, 字形懸殊, 且奡浞, 乃是夏太康時人, 上距虞舜時遼濶, 李東野曰, 先生辨之極是, 余問田抱關曰, 古董名目已爲開錄否, 田生曰, 午刻錄些他冗, 謄寫未半, 未免摺置, 明曉台駕歷路, 暫於舖前停轡, 恭當親手交付從者, 誓不遲誤, 余曰, 有勞先生如此費心, 田生曰, 此朋友常事, 還愧宿命, 余問諸公曾遊千山否, 曰, 離此百餘里, 無人徃遊, 余問兵部郎中福寧知之乎, 田生曰, 不曾, 諸敝友亦無知者, 他是朝士, 僕輩做賣買, 如何去謁他, 東野曰, 先生此去, 當爲面駕麽, 余曰, 使臣有時近光, 我是從人, 未保叅班, 東野曰, 徃歲鑾駕朝陵時, 貴國從官, 皆得接駕恭瞻, 吾曹倒羨他, 余問, 諸公如何不恭瞻, 裴褐夫曰, 那敢唐突, 只得閉戶屛息, 余曰, 皇上臨此時, 想應黃童白叟, 顚倒野次, 爭瞻羽旄, 曰, 不敢不敢, 余曰, 當今閣老中, 山斗宿望誰也, 東野曰, 俱載滿漢搢紳榮案, 一經稽查, 便可知也, 余曰, 雖覽榮案, 何知事業, 東野曰, 吾輩俱是草萊踈逖, 殊不識當朝誰爲周召, 孰膺夢卜, 余曰, 瀋陽城裏, 經術文章之士, 可得幾人, 裴生曰, 碌碌無聞, 田生曰, 瀋陽書院, 有三五輩擧人, 爲趁科期京師去了, 余曰, 自此至京師千五百里, 聞人高士, 沿路必多, 願得姓名, 以便尋訪, 田生曰, 關外係是邊鄙, 地氣高寒, 人士勁武, 沿路皆乾沒如我輩人, 無足道者, 且薦人最難, 不過擧其所知, 未免阿其所好, 一經高眼, 苟不槪心, 在我爲爽口, 在人爲失望, 如今甚風吹到, 覿面飽德, 剪燭論心, 此豈夢想所到, 莫非天緣巧湊, 天下得一知己, 足以不恨, 足下行將自得, 豈由他人安排舖置, 酒行數巡, 費生磨墨展紙曰, 穆繡寰, 願得先生筆蹟爲上珍, 余爲書潘香祖, 送金養虛七絕一首, 東野問潘香祖, 貴邦名士麼, 余曰, 非敝邦人, 這是錢塘人, 名延筠, 卽今中書舍人, 香祖其字也, 裴生, 又出空帖請書, 墨濃毫柔, 字畫大佳, 余亦不自意如此, 諸人大加稱賞, 一觴一紙, 筆態恣橫, 下方數頁, 以焦墨畫古松怪石, 諸人益喜, 爭出紙筆, 環立求書, 又畫一條墨龍, 彈筆作濃雲急雨, 但鬐鬣梗直, 鱗脊無倫, 爪大於面, 鼻長於角, 諸人大笑稱奇, 田生, 與馬鏢持燈先歸, 余問, 話方濃矣, 足下緣何早罷, 田生曰, 非欲徑還, 但爲踐誠明日臨門, 自當叙別, 余持所畫墨龍, 就燭欲燒, 溫鷟軒, 急起接手奪之, 摺藏懷中, 裴生大笑曰, 關東千里, 恐値大旱, 余問何以致旱, 裴生曰, 若化火龍去時, 齊叫得苦, 一坐都笑, 裴生曰, 龍有善惡, 火龍最毒, 乾隆八年癸亥三月, 關外閭陽野中, 墮了一條龍身, 無雲有雷, 不雨恒電, 關外暮春天氣, 忽變六月炎暑, 龍傍百里內, 都作洪爐世界, 人畜暍死, 不計其數, 商旅不行, 居人晝夜渾脫, 手不停扇, 皇上, 敕發關內凌藏數千車, 遍與關外散悶, 大約近龍處, 樹木土石, 倍添烘焙, 井泉皆沸, 龍臥十日, 忽大雷以風, 潑雨如豆, 大陵河廬舍, 雨中自火, 獨不傷害了人畜, 龍去時人爭出看, 方其離身欲騰, 初甚遲懶, 仰首拖尾, 如駝馬立, 長纔三四尺, 口噀火焰, 以尾貼地, 動身一蜿, 鱗鱗耀電, 輒發雷聲, 空裏雨傾, 及掛身古柳上, 從首至尾, 兩樹間十餘丈, 暴雨翻河, 俄頃卽止, 已看天衢矯矯, 東雲霧角西雲霧爪, 爪角之間, 不啻數里, 龍之旣去, 風日淸美, 還是三月天氣, 龍臥處, 滙成數丈淸池, 池傍木石俱焦, 多有半體牛馬, 毛骨燒爍, 魚類巨細, 堆積成邱, 臭穢難近, 獨恠龍掛柳樹, 不墜一葉, 是歲關東大旱, 至九月不雨, 吾恐此龍, 去作此患也, 一坐復大笑, 余自酌大椀, 痛飮曰, 賴有此大下酒物, 諸人曰, 是也, 皆於此次, 椀兒行酒, 爲朴公佐歡, 余曰, 諸公知此龍何名, 或曰應龍, 或曰旱魃, 余曰, 否也, 此名罡鐵, 我東鄙諺云, 罡鐵去處, 秋亦爲春, 謂其致旱歲歉也, 故, 貧人謀事違心, 稱罡鐵之秋, 裵生曰, 龍名古奇, 我生之初, 乃丁是辰, 罡鐵之秋, 如何不貧, 乃長吟曰, 罡處, 余呼曰, 罡鐵, 裵生復呼曰, 罡賤, 余笑曰, 非音賤也, 如饕餮之鐵, 東野大笑, 仍大呼曰, 罡靑, 一坐都笑, 盖華音曷月諸韻, 不能轉聲也, 余曰, 諸公俱是吳蜀客商, 遠地經歲, 能無鄕思否, 吳復曰, 正思復苦, 東野曰, 每一念至, 魂神飄蕩, 天涯地角, 所爭錐毫, 而暮閭空倚, 春閨獨掩, 鴈書久斷, 鸞夢不到, 如何不令人頭白, 更値月白風淸, 木落花發, 尤難爲情, 奈何奈何, 余曰, 若此時, 何不永還本鄕, 躬耕隴畝, 仰事俯育, 而專逐末利, 遠別家鄕, 雖富埒猗頓, 名如陶朱, 有何樂哉, 東野曰, 此還有不然者, 吾鄕之士, 亦多囊螢錐股, 朝薤暮鹽, 夫可憐見時, 雖得霑微祿, 遊宦萬里, 等是離鄕或丁憂論罷, 一般苦景, 有宮守者, 死於職下, 或不謹持, 追贓覆業, 雖歎黃犬, 復何益哉, 吾輩學殖荒落, 望絶鴻漸, 而亦不能血指汗顔, 黃耳枯項, 粒粒辛苦, 斷送百年, 生老病死, 不離鄕井, 守諒溝瀆, 不可語氷, 似此百年, 不如死之久也, 開舖貨居, 雖云下流所歸, 天開一部極樂世, 地設這座快活林, 泛朱公之扁舟, 連端木之車騎, 悠悠四方, 都無管鈐, 通都大邑, 樂處是家, 長檐華屋, 身閒心逸, 嚴霜烈日, 自在方便, 以此父母敦遣妻子不怨, 進退兩裕寵辱雙忘, 其視農宦兩業, 苦樂何如, 吾輩俱有友朋至性, 三人行, 必有我師, 二人同心, 其利斷金, 天下至樂, 無逾於此, 人生百年, 苟無友朋, 一事都沒佳趣, 裏布噉飯的, 摠不識此味, 世間多少面目可憎, 言語無味者, 眼中, 只有些衣飯椀, 胸裏全乏個友朋樂, 余曰, 中國四民, 雖各分業, 卻無貴賤, 婚嫁仕宦, 不相拘礙否, 東野曰, 我朝有禁, 仕宦家不得與商工通婚, 以淸仕路, 所以貴道賤利, 崇本抑末, 吾輩, 俱是家世做賣買的, 未得士家爲婚, 雖納貲輸米, 權補生員, 亦不許鄕貢爲擧人, 費生曰, 此法只施於本貫, 離鄕則未必然, 余曰, 一爲諸生則, 許以士類否, 李曰, 然, 諸生亦有許多名目, 有廩生, 監生, 貢生, 以生員陞補, 一爲生員, 九族生輝, 四隣蒙害, 把持官府, 武斷鄕曲, 此乃生員之專門伎倆, 士流亦有三等, 上等仕而仰祿, 中等就舘聚徒, 最下干求假貸, 諺所謂做個求人面不成, 生涯都絕, 不得不做個假貸人, 奔忙道路, 不擇寒暑, 向人囁嚅情狀先露, 不謂當年高談之士, 化作世間可厭之人, 諺所稱求人不如求己, 所以做賣買的, 自無此惡況苦景也, 余曰, 中國觴政, 必爲妙令, 今兩夜羣飮, 不爲酒令何也, 裴褐夫曰, 此中古觴政也, 今時看車掌櫃的, 都會了, 非爲風流雅事也, 費生曰, 笠翁笑史, 錄龍子猶高麗僧令云, 朝使出高麗, 高麗使一僧陪宴, 行一令曰, 項羽張良爭一傘, 羽曰雨傘, 良曰凉傘, 朝使倉卒對曰, 許田鼂錯爭一胡盧, 由曰油胡盧, 錯曰醋胡盧, 麗僧何名, 余曰, 此令全沒理致, 僧名無傳也, 鷄鳴少睡, 戶外人喧, 遂起還寓, 猶未快曙, 遂脫衣就寢, 報飯方醒,

6. 열하의 태학관에 머물면서(太學留館錄)
- 을묘(乙卯)로부터 경신(庚申)까지 6일간 -

　태학관은 청나라 황제의 행궁이 있는 열하에 있다. 열하는 또 북경에서 동북으로 420리라고 했다. 청나라 고종 70수를 축하하기 위하여 사신 일행은 애초 북경으로 갔으나 중국 황제가 열하로 피서 가 있어서 발길을 다시 돌려 열하로 갔던 것이다.
　본편에서는 주로 연암이 열하에 도착하여 숙소로 정한 태학관에 체류하면서 이 곳에 전속되어 연구생활을 하고 있는 학자들을 비롯하여 당시 청국의 고관이요, 학자인 몇몇 인물과 만나면서 담화를 통하여 양국의 문물에 관한 견해의 교환과 특히 다음 〈곡정필담〉에서 상론될 지구와 달을 중심한 천체의 운행에 관한 연암의 탁월한 견해를 본편에서는 우선 개괄적으로 이야기하였고 이밖에 또한 목마(牧馬)에 대한 저자의 탁월한 이론을 중심으로 열하에서 본 광경과 감상들을 일기식 배열로써 수필체로 서술하였다.
　본편에는 앞으로 〈황교문답〉, 〈망양록〉, 〈곡정필담〉 등 각 편에서 전개될 문제들의 실마리들을 단편적으로 암시하고 있다.
　이 태학유관록에서도 연암의 사실주의적 문체와 주체의식이 내재된 은근한 사상과 모화사상을 빈축거리는 풍자적 흐름이 전편에 깔려 있음을 본다.

경자(庚子) 8월초 9일 을묘(乙卯)

사시(巳時)에 태학에 들어 묵었다. 사시 전까지의 사연은 도중기에서 썼고 오후부터의 사연은 유관록에 쓴다. 이날은 몹시 더웠다.

말에서 내려 곧장 뒤채 방으로 들어가니 그 방에는 한 노인이 모자를 벗은 채 의자에 앉았다가 나를 보고는 자리에서 일어나,

"수고들 하시요."

라고 인사를 하면서 맞아준다. 나는 허리를 굽혀 답례를 하고 자리에 앉았다. 노인이 나의 관직을 묻기에,

"나는 수재로서 팔촌형 되는 '대대인'(大大人)을 따라서 귀국에 구경차로 왔노라."

고 했다. 중국 사람들은 정사를 '대대인' 이라고 부르고 부사를 '이대인' 이라고 부른다. 그는 다시 나의 성명을 묻기에 글로 써서 보였더니 또 다시 형님의 성명과 관직과 위품을 물어서 나는 형님의 이름은 아무분이고 위품은 일품 부마 내대신(駙馬 內大臣)이라고 대 주었다.

그는,

"영형 되시는 분은 한림(翰林) 출신이시오?"

라고 물었다. 나는,

"한림 출신은 아니외다."

라고 대답했다. 종이쪽지에는 왼쪽에 가는 글씨로 '통봉대부 대리시경 벼슬을 지낸 윤가전'[1] (通奉大夫代理時卿致任尹嘉銓)이

---

[1] 통봉대부는 종3품 품계요, 대리시경은 최고 법원장 격 직책이다.

라고 썼다.

 나는,

 "귀공은 은퇴하신 몸으로 무슨 일로 이렇게 멀리까지 나와 계시오?"
하고 물었더니 그는,

 "황제의 분부이외다."
라고 했다. 곁에 또 한 사람이 있다가,

 "저 역시 조선 사람인데, 이름은 기풍액(奇豊額)이 올시다."
하면서 경인년 과거에 장원을 하고 귀주 안찰사로 임명되어 있다고 했다. 윤공은,

 "지금 세상이야 사해(四海)가 한 집안이요, 대문을 나서면 모두가 동포형제인데 더 말할 것 있소. 그런데 박인량(朴寅亮)²⁾이란 어른은 귀댁 조상 되시는 어른이시요?"

 "아니외다. 주죽타(朱竹垞)³⁾의 〈채풍록〉(採風錄)에 실린 박모가 바로 우리 5대조 되시는 분이지요."

 기공이 있다가,

 "과연 문장의 집안인갑소."

 윤공이 말하기를,

 "왕어양(王漁洋)⁴⁾의 〈지북우담〉(池北偶談)이란 책에 시문들이 자세히 실려 있지요. 소위 '제비와 기러기가 등을 스쳐 날고 말과 소가 미처

---

2) 고려 문종(1060~1082) 시대 인물로 송나라에 사신으로 가서 뛰어난 문필로써 이름을 날리고 송나라에서 그의 문집을 출판까지 하게 된 인물.
3) 중국 청나라 강희 시대(1662~1722) 대학자로 금석 고증학의 권위인 이존(彛尊). 죽타는 별호다.
4) 중국 청나라 순치(順治) 시대(1644~1661) 저명한 시인으로 이름은 사정(士禎).

따르지 못하여 서로 어긋난다'⁵⁾는 말이 있지만 오늘이야말로 모두들 천생 연분이 공교롭게도 맞아 이토록 먼 곳에서 나그네 처지로 만나고 보니 역시 또 글 속에서 친해진 분의 자손이로구먼요."

하였다. 좌석에 한 사람이 앉았다가 한숨을 지으면서 하는 말이,

"책도 읽었고 시도 외우면서 시 지은 사람은 몰라도 좋단 말이오."⁶⁾

하였다. 기공이 있다가,

"이름난 사람이 아닐 바에야 본보기로 내놓을 만한 글도 있지요."

하면서,

"귀국의 올 해 농사는 어떻소?"

"유월 달에 압록강을 건넜으니 결실은 못 보고 왔지만 올 적만 해도 비가 알맞게 와서 괜찮을 것 같소이다."

좌석에는 또 한 사람이 있었는데 이름은 왕민호(王民皥)요, 거인(擧人)이었다. 그는 나를 보고,

"조선 지역의 넓이가 얼마나 되는지요?"

"기록에는 5천 리 라고 합니다. 그러나 요 임금 시대와 함께 단군 조선이 있었고 기자 조선은 주나라 무왕 때 봉한 나라요, 위만조선은 진나라 시대에 연나라에서 쫓겨난 무리들이 동쪽으로 몰려 왔던 것입니다. 모두들 한쪽 구석에 자리를 잡아 그 지역들은 5천리에 차지 못했습니다. 전조에 와서는 고구려, 신라, 백제가 통일되어 고려가 되었으니 동서가 천리, 남북이 삼천리입니다. 중국의 역대 사전(史傳)에는 조선의

---

5) 제비와 기러기와 등을 스친다 함은 철새가 서로 남북으로 갈라져서 난다는 것으로 본성이 다름을 말한 것이고, 소와 말이 따르지 못한다 함은 좌전(左傳)에 풍마우(風馬牛)가 서로 미치지 못한다는 뜻. 풍(風)은 암수가 서로 유인하는 일.

6) 「맹자」에 '그 책을 읽고 그 시를 외우면 그 사람을 안다' 고 하였다.

민정, 물산, 풍속 등을 기록했지만 진실한 사적과는 많이 틀리고 있습니다. 실상 기자 조선이나 위만 조선은 오늘날의 조선이 아닙니다. 역사를 쓰는 자가 외국 것은 생략하였기 때문에 옛 기록에만 따르고 있지만은 풍속과 습관도 각 시대마다 제도를 달리하고 있으니 지금의 우리나라로 본다면 외곬으로 유교를 숭상하여 예악과 문물이 중국을 본받아 예로부터 작은 중국이란 이름까지 듣고 있습니다. 나라를 이룩한 범절이나 식자들의 몸가지는 행세로 보아 옛날의 조송(趙宋)[7]과 다를 바 없을 것이요."

왕민호가 있다가,

"참말 점잖은 나라이구먼요."

윤공은,

"장하고 놀라운 일이외다. 그런데 「시종」(詩綜)[8]에는 선생의 선대되시는 분의 약전이 빠져 있나보외다."

"그 어른의 자와 호와 관작만 빠졌을 뿐 아니라 약전 몇 줄 있다는 것도 모두 틀렸습디다. 우리 5대조 어른의 휘(諱)는 미(瀰)요, 자는 중연(仲淵)이요, 호는 분서(汾西)요, 문집 네 권이 있어 국내에서는 알려져 있습지요. 명나라 만력 때 인물인데 소경왕(昭敬王)[9]의 부마(駙馬)요, 봉호는 금양군(錦陽君)이요, 시호(諡號)는 문정공(文貞公)이외다."

윤공은 내가 쓴 쪽지를 품속에 넣으면서,

"빠진 데를 보충해야 되겠습니다."

고 했다. 왕거인이 있다가,

"다른 잘못된 데도 좀 정정을 해 주셔야 되겠습니다."

---

7) 중국 송 태조 조광윤(趙匡胤)의 성이 조씨이므로 '조'를 붙여 구별한 것임.
8) 중국 명나라 시집인 「명시종」(明詩綜), 주이존(朱彝尊)이 엮음.
9) 조선 선조의 시조.

기공은,

"야말로 정말 좋은 기회인걸요."

했다.

"저는 기억력이 둔하고 보니 책을 보아야만 손을 대겠습니다."

고 하니 기공은 왕거인을 돌아다보고 쑤군쑤군하더니 윤공을 보고도 한참 동안 무슨 이야기를 했다. 왕거인은 「명시종」(明詩綜) 석자를 쓰더니,

"얘들아!"

하고는 사람을 불렀다.

웬 젊은이가 앞으로 와서 손을 마주 잡고 대령한다. 왕거인이 글 쓴 쪽지를 내어주니 그 젊은이는 내달아 나가는 것이 책을 빌리러 가는 것 같아 보였다. 그 젊은이는 곧 돌아와 엎드려 아뢰되,

"그런 책이 없습니다."

고 했다. 기공이 있다가 또 다시 사람 하나를 불러 책 제목을 쓴 쪽지를 내 주었다. 그 사람은 금방 돌아와서 무어라고 말을 하니 왕거인은,

"이런 변지에 책사인들 있으랴고."

하기에 나는 말했다.

"우리나라에 이달(李達)이란 분이 있어 별호는 손곡(蓀谷)[10]인데 이달의 시집이 두 가지로 낸 일이 있답니다."

이 말을 듣고 세 사람은 한바탕 크게 웃으면서 서로들 쳐다보고는,

---

10) 조선 중종 때의 뛰어난 시인.

"옳아 옳아! 치이(鴟夷)[11]와 도주(陶朱)는 범려 한 사람이니까."

윤공은 갑자기 바쁘게 서둘면서 일어나 붉은 종이 쪽지, 명함 석장과 자기가 지었다는 「구여송」(九如頌) 한 권을 내게 주면서,

"영형 되시는 분을 좀 뵈옵겠는데 좀 수고를 해 주실 수 없겠소."

한다. 다른 사람들도 다들 일어서면서,

"윤대감께서 방금 권내로 듭시는 길이니 다음날 다시 만나기로 합시다."

고 했다. 윤공은 벌써 의관을 갖추고 염주까지 목에 걸면서 나를 따라 정사가 있는 방 앞까지 왔으니 여기는 바로 대문으로 나가는 길목이다. 나는 두서를 찾을 수 없었다. 다른 사람들은 다들 윤공이 입궐을 한다 하고, 윤씨는 또 명함을 전하면서 정사를 뵙는다고 내 뒤를 따르고 있으니 이렇게 쉽사리 사람을 대할 수야 있을까 생각하고, 당황했다.

정사는 밤낮 없이 말에 흔들린 나머지 이제야 겨우 몸을 쉬기 위하여 누웠던 참이며, 부사나 서장관은 나로서는 연결해 줄 처지가 아니었다. 또 우리나라 벼슬하는 양반들이란 타고난 천품이 교태를 부려 중국 사람들을 볼 때는 그가 만주족이고 한족이고 간에 언제나 멸시하는 버릇이 있어 마음을 주지 않는 것이 습성으로 되어서, 그가 어떤 청인인지 또는 관직이 무엇인지도 알려고 안하고 따뜻하게 맞아줄 리가 없을 터이요, 비록 마주 대면을 시킨다 하더라도 사람대접을 않을 것이니 나로서는 실로 난처한 입장이었다.

---

11) 범려는 춘추 시대 월왕(越王) 구천(句踐)의 신하로서 '치이'나 '도주'는 그의 다른 이름이다.

윤공은 뜰에 우두커니 서 있으니 딱하여, 나는 정사에게 들어가 사연을 아뢰었다. 정사는,

"일이 온당치 못하네. 함부로 혼자서야 어찌 만날 것인가."

라고 했다. 나는 나이 많은 이를 오랫동안 밖에 세워 둔 것이 민망스러워서 얼른 나가서 사과 인사로,

"대감께서 주야 없이 여행길에서 피곤한 행색이라 뵈옵다가 혹시 실수나 있을까 하여 날짜를 바꾸어 찾아가 뵙고 사과를 드리겠다고 하십니다."

했더니 윤공은 즉석에서,

"옳은 말씀이요."

하고는 허리를 굽신하고 곧 나간다. 기색을 보니 좀 어색해 보였다. 그는 그 길로 가마를 타고 나가는데 가마의 차림차림은 으리으리하여 참으로 귀인들의 소용같아 보였다.

십여 명 하인들이 호화로운 복장으로 수 놓은 안장에 걸터앉아 호위를 하고 가는데 이야말로 '향기로운 바람'이 풍기는 듯만 하였다.

통관이 역관에게 당신네 나라에서는 부처를 숭상하는지, 또 국내 사찰은 몇 곳이나 되는지 물어 왔다고 수역이 사신에게 품신해 왔다. 사신이 이 말은 통관의 뜻이 아니라 필시 까닭이 있으니 무어라고 대답해 줘야 좋을지 삼사가 상의하게 되었다. 그리하여 우리나라 풍속에는 본래 불교를 숭상하지 않아 사찰은 교외에나 있고 도성에는 없다고 대답했다.

조금 있으니 군기장경(軍機章京) 소림(素林)이 우리 숙소로 달려왔다. 삼사는 방으로부터 내려 동쪽으로 향하고 앉으니 이것은 집의 좌향이 그렇게 되었던 까닭이다.

소림은 황제의 조서를 입으로 읽는데,

"조선 정사는 이품의 끝의 반열에 서라."

는 것이니 이는 진하(陳賀)하는 날의 반열 석차를 통고해 온 것으로서 이런 일은 전에 볼 수 없었던 과분한 은전이라고들 한다. 소림은 조서를 읽고 나는 듯 돌아서 가버렸다.

이와 함께 예부에서도 전갈이 왔는데,

"사신을 우반(友班)에 높여서 앉힌 황제의 처분은 전례에 없었던 융숭한 처분으로 사신은 마땅히 황제에게 감사를 올리는 절차가 있어야 하니 이 같은 뜻으로 예부에 글을 바치면 예부는 즉시로 황제에게 전해 아뢰겠다."

고 했다. 여기 대하여 사신이 대답하기를,

"사신으로서는 비록 황제의 칙사를 받들어 황제로부터 세상에 없는 특별한 대우를 받았다손 치더라도 사신 자신은 사사로운 처지라 이런 치사야 감히 할 수 없는 일인즉 이런 예절은 어떻게 밟을 것입니까?"

하고 물었더니 예부는,

"다른 걱정할 일은 없다."

고 하면서 거듭 독촉이 성화 같았다.

대관절 황제는 나이 많고 황제로 앉은 지가 오래며 권세는 한 손에 틀어 잡았고 총명은 쇠하지 않아 혈기는 난폭하기도 하고 가혹하기도 하여 좋고 나쁜 것을 판별할 수 없고 보니 조정의 신하들은 무엇이나 눈가림 수로 어물쩍하여 황제의 비위 맞추기를 위주로 삼는다.

이번의 예부에서 강박하다시피 글을 바치라는 것도 실상은 황제의 뜻을 받은 것이 아니요, 그들의 하는 일들을 가만히 들여다보면 전부가 예부의 꾸며낸 장난임에 틀림없다고 한다. 담당

한 역관의 말을 들으면 왕년에 심양까지 사행이 있을 적에도 이런 감사문 사단이 있었는데 이번 일도 그것과 틀림없다고 했다.

이윽고 부사와 서장이 상의하여 초를 잡아서 예부로 내여 즉시 승인을 받게 되어 예부로부터는 다시 내일 오경(五更) 때 대궐로 들어가 삼가 황은을 사례할 것을 지위하여 왔다고 하는 바, 이것은 이품 삼품 우반으로 승차시켜 준 은혜를 사례함이다.

저녁을 먹은 후에 다시 윤공의 숙소로 갔더니 왕군은 이미 다른 방으로 자리를 옮겼고 가운데 방은 기공이 숙소로 삼아 윤공과 마주 이야기를 하고 있었다. 윤공은 낙천적인 좋은 사람이었다. 기공은,

"아까는 매우 총총해서 이야기를 끝내지 못했소마는 시집〈명시종〉에 빠지고 잘못된 데를 말씀해 주신다면 선인들이 소홀히 해 놓은 곳을 보충할까 하오."

했다. 나는,

"우리나라 선배들이란 일생 동안 바다 한 구석을 떠나지 못하여 반딧불 같이 사라지고 아침 버섯처럼 말라 없어지는 처지에 얼마 되지 않는 시편들이 귀국 같은 큰 나라에 수록되었다는 것은 다시없는 영광으로 여기는 바입니다. 그러나 '우물에 빠진 모수(毛隧)'[12]가 있는가 하면 '좌중을 놀라게 한 진공(陳公)'[13]이 있다는 것은 좀 난처한 일입니다.

우리나라 옛날 유학자로 이이(李珥) 선생은 별호가 율곡(栗谷)이요, 이상공(李相公) 정구(廷龜)의 호는 월사(月沙)인데「명시종」에는 이정구의 호를 율곡이라 잘못 기록했고 월산대군[14]은 공자(公子)인데 그 이름

---

12) 모수는 중국 춘추 시대 평원군(平原君) 조승(趙勝)의 식객으로 초나라에 유세하여 진나라를 물리친 변사인데 우물에 빠졌다는 이야기가 있다.
13) 모수와 함께 이름은 같고 사람은 다른 경우를 표현하는 고사.
14) 조선조 성종의 형으로 저명한 문인.

이 정(婷)자라 하여 여자로 의심했고, 허봉(許篈)의 누이 허씨는 별호가 난설헌인데 기록된 약력을 보면 여도사(女道師)로 되었으나 우리나라에는 원래 도교의 도장이 없는 터에 여도사란 말이 당찮은 말이요, 또 그의 별호를 경번당(景樊堂)이라고 했지만 이것은 더구나 어림없이 틀린 기록으로 허씨는 김성립(金誠立)[15]에게 시집을 갔었는데 성립의 얼굴이 못생겨 그 친구들이 성립을 조롱하여 그 처를 경번천(景樊川)[16]이라 불렀답니다. 여염집 여자로서 시를 짓는다는 것도 근본 좋은 일이라고 할 수 없는 터에 '경번'이란 이름으로 잘못 전하게 되었으니 더구나 원통한 일이 아니겠습니까."

하니, 윤공과 기공 두 사람은 함께 깔깔 웃었다. 문 밖에 있던 하인들도 무슨 영문도 모르고는 늘어서서 웃었다. 이야말로 남의 웃음소리만 들어도 웃는다더니 하인들이 웃는 것은 무슨 속셈으로 웃는지 모를 일로서 나 역시 웃음을 참지 못했다.

영돌(永突)이가 와서 부르기에 나는 인사를 하고 일어서니 두 사람은 문 밖까지 따라 나와 전송을 한다. 때마침 달빛은 한마당 그득 찼는데 담장을 사이에 두고 장군부(將軍府)로부터는 초경[17] 4점(初更四點)을 쳤다. 조두(刁斗)[18] 소리, 목탁 소리가 사방에서 들렸다.

상방에 올라간즉 하인들이 휘장 밖에서 잠이 들었는데 정사도 벌써 잠이 든 모양으로 나지막한 병풍을 중간에 세워 내가

---

15) 호는 서당(西堂)으로 문인 허난설의 남편.
16) 번천은 미남자로 유명한 당나라 시인 두목지(杜牧之)의 별호로서 난설헌이 남편이 못 생겼다 하여 두목지를 사모했다고 조롱한 의미인데 항간에 떠도는 낭설이다.
17) 오후 9시경.
18) 조두(刁斗)는 옛날 군대에서 경비하느라고 치는 구리로 만든 딱따기, 징과 같이 악기로 치기도 한다.

잘 자리를 보아 두었다. 일행은 아래 위 할 것 없이 닷새 동안을 두고 자지 못하다가 이제야 한꺼번에 잠이 들게 된 것이다. 정사의 베갯머리에 술병 두 개가 놓여 있기에 손으로 흔들어 보았더니 한 병은 빈 병이요, 한 병은 술이 가득 차 있었다.

달이 이토록 좋은 밤에 아니 마시고 무엇하랴. 언뜻 가만히 따라 한 잔 가뜩 부어 마시고는 촛불을 불어 끄고 뛰어 나왔다. 홀로 뜨락에 서서 밝은 달을 쳐다보고 있노라니 담장 밖으로부터 할할 하고 우는 소리가 들렸다. 이는 장군부에서 나는 낙타가 우는 소리였다.

명륜당으로 나와 보니 제독과 통관들이 제각기 탁자를 두 개씩 이어 붙이고 그 위에 누워 자고 있었다. 아무리 청인이라고 해도 무지막지하기 짝이 없다. 그들이 펴고 누운 자리는 그래도 옛 성현들을 위해 제물을 모셔 제사 지내는 명륜당의 탁자가 아니던가. 어째서 감히 이런 곳에 함부로 침상으로 삼아 누워 잘 것인가. 탁자들은 죄다 붉은 칠을 하였는데 모두 백 여틀은 되어 보였다.

오른편 행랑채로 들어가 보니 역관 세 사람과 비장 네 사람이 한방에서 같이 자고 있었다. 고개를 마주대고 다리들을 포갠 채 아랫도리도 가리우지 않고는 코들을 골고 잤다. 한쪽에서는 단지 엎어 물 따르는 소리가 나는가 하면, 한쪽에서는 잘 들지 않는 톱으로 나무 켜는 소리가 나기도 하고, 더러는 사람을 나무래는 듯 혀 차는 소리를 내는가 하면, 한쪽에서는 투덜투덜 누구를 원망하는 소리도 같이 들렸다.

이역 만리 길에 고생을 함께 하고 숙식을 같이 하여 정은 응당 골육간이나 다름없으며 생사라도 같이 할 터인데 한 자리에 누워서도 제각기 딴 꿈을 꾸면서 속들은 초나라, 월나라 사이나 다름없이 보였다.

　담배를 한 대 붙여 물고 뛰어 나오는데 표범 우는 소리같이 개 소리가 장군부로부터 들렸다. 야경을 서는 조두 소리들은 깊은 산중의 두견새 소린 양, 나는 마당 한복판을 거닐면서 뛰어 달려 보기도 하고 점잖게 뽐내여 걸어 보기도 하며 달그림자를 동무 삼아 한참 놀았다. 명륜당 뒤뜰에 선 늙은 고목이 어두컴컴하게 그늘이 짙을 대로 짙은 데 찬 이슬은 방울방울 맺혀 잎새마다 구슬을 드리운 듯 달빛에 비치어 반짝이고 있었다. 때는 삼경두점(三更二點)을 쳤다.

　애닯다, 좋은 이 밤 밝은 달 아래 함께 놀 임이 이토록 없다니. 이런 밤에 어찌하여 우리 일행들만 저렇게들 잠을 자고, 도독부 장군님도 잠들었구나. 에라! 나도 방으로 들어가 차라리 베개를 베고 누워버리자.

6. 太學留館錄
　　- 系前篇乙卯止庚申凡六日 -

　　秋八月初九日 乙卯

　巳時入寓太學, 巳前記在道, 午後記留舘也, 是日極熱, 卸鞍直入後堂, 有一老人脫帽踞椅而坐, 見余下椅迎勞曰, 辛苦, 余答揖坐定, 老人問余官居幾品, 余對以秀才觀光上國, 從三從兄大大人來, 中國人稱正使曰大大人, 副使曰二

大人也, 詢余姓名, 書示之, 又問令兄大人尊名官職階品,
對以名某一品駙馬內大臣, 又曰令兄大人翰林出身乎, 對
曰否也, 老人出一片紅紙刺, 示之曰, 鄙人是也, 右旁細書
通奉大夫大理寺卿致仕尹嘉銓, 余曰, 公旣謝事, 何以出塞
遠來, 尹公曰, 奉旨, 有一人曰, 弟亦朝鮮人也, 賤名奇豊
額, 中庚寅文魁, 見任貴州按察使, 尹公曰, 方今四海一
家, 出門便是同胞兄弟, 高麗朴寅亮計是門望, 余曰, 否
也, 朱竹坨採風錄所列朴某, 是僕五世祖, 奇公曰, 果是文
望上卿, 尹公曰, 王漁洋池北偶談, 俱詳詩文, 所謂燕鴻背
飛馬牛不及, 今天緣巧湊塞上萍水, 係是書中雲仍, 座有
一人歎曰, 誦其詩讀其書, 不知其人可乎, 奇公曰, 雖無老成
人尙有典刑, 又曰貴國年成可有幾分, 余曰, 六月渡鴨西成
尙遠, 第來時雨調風潤, 座上一人名王民皥擧人也, 問曰,
朝鮮地方幾何, 余曰, 傳記所載稱五千里, 然有檀君朝鮮與
堯幷世, 有箕子朝鮮武王時封國也, 有衛滿朝鮮秦時率燕
衆東來, 皆偏據一方, 其地方似未滿五千里, 勝國時幷高勾
麗百濟新羅, 爲高麗, 東西千里南北三千里, 中國歷代史
傳, 其記朝鮮民物謠俗, 頗失實蹟, 皆箕子衛滿時朝鮮, 非
今之朝鮮也, 爲史者畧外故, 因襲舊紀而土風國俗, 各有
一代之制, 至於敝邦, 專尙儒敎, 禮樂文物, 皆效中華, 古
有小中華之號, 立國規模, 士大夫立身行己, 全似趙宋, 王
君曰, 可謂君子之國, 尹公曰, 苑有太師之遺風, 可敬可
敬, 詩綜所有令尊先公, 何無小傳, 余曰, 非特僕之先人,
闕漏字號官爵, 其有小傳者, 還不免訛謬, 僕之五世祖, 諱

瀰字仲淵號汾西, 有文集四卷行于方內, 明萬曆時人, 昭敬王駙馬錦陽君諡文貞公, 尹公收納懷中曰當補闕遺, 王擧人曰, 他餘謬錄, 願得郢政, 奇公曰, 是也天假之便, 余曰, 僕記性鹵莽, 請臨本攷證, 奇公顧王擧人有所酬酢, 尹公亦相與語頗久, 王擧人卽書明詩綜三字, 呼曰, 來也, 有一少年前拱手, 王擧人給其題目, 其少年疾走去, 似去借他處也, 其人卽還跪告曰, 無有, 奇公又喚人給其題目, 卽還有所云云, 王擧人曰, 塞外元無書肆, 余曰, 敝邦李達號蓀谷, 而錄李達詩, 又別錄蓀谷詩, 是認號爲別人姓名也, 而各錄之, 三人者皆大笑相顧曰, 是也是也, 鴟夷陶朱故是一范, 尹公忽有忙意, 起抽紅刺三片, 及所製九如頌, 予余曰, 替勞尊體轉謁令兄大人, 他人皆起曰, 尹大人方赴班也, 改日再會, 尹公已帽服掛珠, 隨余而出, 踵至正使炕前, 此出門歷路, 而余亦未識頭緖, 他人者, 皆言尹公方赴班云, 而尹之傳刺如是其簡率, 余實未料其踵余直來也, 正使晝夜撼頓之餘, 纔得卸臥, 副使書狀, 亦非余所可通謁, 且我東大夫, 生貴甚矣, 見大國人無滿漢, 一例以胡虜視之, 驕倨自重, 本自鄕俗然也, 當不察彼是何許胡人, 何等官階, 而必無款接之理, 雖相接必以犬羊待之, 亦必以我爲不緊矣, 尹公住躅而庭立, 事甚難處, 余入告正使, 正使曰, 事不當獨見, 將若之何, 余甚悶久庭立老客, 出而辭曰, 大人晝夜原隰, 不勝撼頓有失恭接, 改日謹當躬造候謝, 尹公卽曰, 是也, 一揖而出, 察其色似憮然者, 飄然乘轎而去, 其轎裝嚴輝煌, 眞貴者所乘也, 從者十餘人, 皆袨服繡鞍簇擁而去, 香風馥郁, 通官問於任譯曰, 爾國敬佛乎, 國內寺刹, 可有幾處, 首譯入問使臣曰通官此語, 非出渠意, 何以對之, 三使相議, 令答以國俗, 本不崇佛, 寺刹則外邑有之, 而都城則無有, 少焉軍機章京素林, 馳到舘中, 三使下炕東面坐, 因地勢也, 素林口宣皇詔曰, 朝鮮正使, 班立二品之末, 蓋敕陳賀日班序, 此乃無前寵禮云, 素林翩然回身而去, 又禮部送言舘中曰, 使臣之陞叅右班, 恩禮曠絶, 當有叩謝之節, 以此意呈文於禮部, 則當爲轉奏皇上, 使臣對曰, 陪臣奉使, 雖蒙被皇上曠世之殊遇, 私自稱謝, 所不敢也, 其禮如何, 禮部曰, 無傷也, 連加催督, 蓋皇帝春秋高, 御宇之日久, 權綱在手, 而聰明不衰, 氣血逾旺, 然海內昇平, 君道日亢, 猜暴嚴苛, 喜怒無常, 其廷臣, 皆以目前彌縫, 爲上策, 以悅豫帝心, 爲時義則, 今此禮部之迫令呈文, 蓋曲意承奉之事, 而微覘擧措, 則其旨意, 亦專出於禮部云, 任譯曰, 往年瀋陽使時, 亦有呈文鳴謝之擧, 今此事例, 似無異同, 於是副使書狀相議, 構草送呈禮部, 卽奉知道, 禮部又知委明日五更入闕, 恭謝皇恩云, 蓋謝二品三品右班叅賀之恩也, 夕飯後又往尹公所寓則, 王君已移他炕, 奇公寓中堂, 與尹公同話奇公所, 尹公愷悌樂易人也, 日俄刻甚忙未畢塵談, 願聞詩綜闕謬, 以補先輩遺略, 余曰, 敝邦先輩, 生老病死不離海陬, 螢飄菌萎, 僅以寂寥詩篇, 見收大邦, 榮且幸矣, 然而墮井之毛遂, 警座之陳公, 不幸甚矣, 敝邦先儒, 有李先生珥號栗谷, 而李相公廷龜號月沙, 詩綜, 誤錄李廷龜號栗谷, 月山大君, 公子也, 以其名婷而疑女子, 許篈之妹, 許氏, 號蘭雪軒, 其小傳, 以爲女冠, 敝邦元無道觀女冠, 又錄其號曰景樊堂, 此尤謬也, 許氏嫁金誠立, 而誠立, 貌寢, 其友, 譃誠立, 其妻, 景樊川也, 閨中吟咏, 元非美事, 而以景樊流傳, 豈不寃哉, 尹奇兩公皆大笑, 戶外僮僕, 莫知何故, 皆來列立而笑, 此所謂聞笑而笑, 未知僮僕所笑何事, 余亦不耐笑, 永突來召故辭起, 兩公隨出戶外相送, 時月色滿庭, 隔墻將軍府已打初更四點, 刁斗木柝之聲四動, 入上房則下隸爛宿帳外, 正使已入寢睡而隔一短屛設余寢, 一行上下五日不睡, 今乃眞得睡矣, 正使枕邊有兩瓶, 搖之則一空一滿, 月明如此, 不飮而何, 遂潛瀉滿酌, 吹燭而出, 獨立庭中, 仰看明月, 有聲圖圖牆外, 此駞鳴將軍府也, 遂出明倫堂, 提督通官輩, 各聯兩卓, 寢臥其上, 彼雖胡人, 無識甚矣, 其所寢臥, 乃先聖先賢釋奠釋菜所供之卓, 豈敢爲榻也, 豈忍寢臥哉, 卓皆紅漆, 有百餘副, 入右廊, 三譯四裨, 同宿一炕, 交頸連股, 不掩下體, 無不雷鼾, 或如倒壺水咽, 或如引鋸齒澀, 或噴噴叱人, 或喞喞埋怨, 萬里同苦, 宿食與共, 想應情同骨肉, 死生以之, 而同牀異夢楚越肝膽矣, 爇烟而出犬聲如豹, 出將軍府, 刁斗如深山子規, 徘徊庭中, 或疾趨或矩步, 與影爲戲, 明倫堂後, 老樹重陰, 凉露團團, 葉葉垂珠, 珠珠映月, 牆外又打三更二點, 可惜良宵好月無人共翫, 是時何獨我人盡睡, 都督府將軍睡矣, 吾亦入炕頹然抵枕矣.

초 10일 날이 맑다.

영돌이가 와서 잠을 깨운다. 역관들과 통관들은 문 밖에 모여서서 연방 시간이 늦다고 재촉을 했다.

나는 겨우 눈을 붙이자마자 떠드는 바람에 잠을 깨니 시간을 아뢰는 북소리가 아직도 들렸다. 몸은 피곤하고 단잠은 쏟아져 꼼짝 못하겠는데 자리 조반 죽 그릇을 벌써 베갯머리에 가져다 두었다. 억지로 일어나 따라 나서니 행길에는 광피사표패루(光被四表牌樓)가 섰고 초롱불 밑으로 보이는 좌우의 점방들이 황성보다는 훨씬 못하고 심양이나 요동에 비해도 역시 따를 수 없었다.

대궐 밖까지 와도 날이 새지 않았다. 통관은 사신을 인도하여 웬 큼직한 묘당에 들어가 쉬게 하였다. 이 묘당은 지난해 새로 지은 관제묘이다. 겹겹이 깊숙하게 지은 전각이며 굽이굽이 틀어 올린 복도들이며 귀신의 솜씨 같은 조각들이며 금벽색 단청들은 사람의 눈알을 뽑을 듯만 같은데 환관들과 중들이 달려와서 둘러싸고 구경을 한다. 묘집 가운데는 방방이 북경서 온 관원들이 묵고 있었는데 황족들도 많이 이 곳에서 묵는다고 한다.

담당 역관이 와서 말하기를 어제 예부의 지위는 다만 정사 부사의 사은(謝恩)만 말했을 따름으로 대체 황제로부터 정사 부사를 오른편 반열에 서도록 분부하였기로 이 은혜를 사례하라는 것이요, 서장관은 이런 어떤 분부가 없는 모양이라고 한다. 그러므로 서장관은 이곳에 그대로 남겨두고 정사만 대궐로 드는데 나 역시 따라 들어갔다.

전각들은 단청을 칠하지 않고 피서산장(避暑山莊)이라는 편액을 붙였다. 오른쪽 행랑에는 예부의 조방(朝房)[19]이 있어 통관이 조방으로 인도를 한즉 한인 상서(尙書)[20] 조수선(曺秀先)은 의자로부터 일어서 맞으면서 정사의 손을 붙잡고 깍듯이 인사를 하며 자리를 권했다. 정사는 손을 들어 조상서더러 먼저 앉으라고 사양을 하니 조공도 역시 손을 들어 연신 정사더러 먼저 앉으라고 권한다. 정사는 너댓 번이나 굳이 사양을 하자 조공도 끝내 사양을 하여 정부사는 할 수 없이 방 위에 올라앉으니 조공도 그제야 의자에 걸터앉아 피차에 문안 인사를 대강 늘어놓았다. 우리 사신의 의관은 저들의 모자와 복장에 비하면 호사스럽기가 가히 신선 같아 보였으나 말이 통하지 못하니 서로 인사를 치르고 마주 대하는 행동거지가 어딘가 어색하고 서먹서먹하고 뻣뻣하여 저들의 날렵하고 익숙한 인사성에는 비교할 수 없었다. 그러다보니 서툴고 빡빡한 태도가 점잔만 뽑는 것으로 보였다.

정사는 서장의 거취에 대하여 물었고 조공은,

"이번의 사은 절차에는 빠져도 좋고 다음은 진하하는 반열에는 참여해도 무방합니다."

하면서 말을 마치자 곧 일어서 나갔다. 통관이 다시,

"만인(滿人) 상서 덕보(德甫)[21]가 들어옵니다."

했다. 사신은 문 밖까지 나가 읍하면서 덕보를 맞아들인다. 덕보도 역시 답례를 하고는 발을 멈추고 서서,

"객지에서 무탈하십니까. 어제 황제로부터 막중한 분부가 내린 것을 아시나요?"

---

19) 조회 들어갈 때 대기하는 방.
20) 각 성의 대신격으로 청나라 조정에는 한인과 만인 2명의 책임자가 있었다.
21) 만주인 덕보는 본 이름이 소작락 덕보(素綽絡 德保)이다.

라고 물었다. 사신은,

"황제의 은혜는 영광스럽기 망극할 뿐입니다."

하고 대답하였다. 덕보는 웃으면서 말하는 것이 무엇이 목구멍 속에 끼여 있는지 발음이 분명하지를 못했다. 대체로 만주인들의 말은 이런 버릇이 많다. 말을 마치자 즉시 발길을 돌려 바쁜 듯이 나가버렸다.

내옹관(內饔官)[22]이 황제로부터 내리는 요리 세 그릇을 가져왔다. 한 그릇은 설고(雪糕)[23]요, 한 그릇은 돼지고기 구이요, 한 그릇은 과일 종류이다. 설고와 과일은 누른 목쟁반에 담았고 돼지고기는 은접시에 담았다.

예부 랑중이 곁에 있다가,

"이것을 황제의 아침 수랏상에서 물려 내린 것입니다."

라고 한다.

이윽고 통관은 사신을 인도하여 전각문 밖까지 가서 세 번 절하고 아홉 번 머리를 조아리는 예(三拜九叩頭禮)[24] 하고 돌아 나왔다. 한 사람이 앞에 나서 절을 하면서 말하기를,

"금번의 황제가 베푼 은혜는 전에 없는 일로 실로 망극한 것입니다. 앞으로 귀국은 의당 예단도 더 보내야 할 것입니다."

라고 하였다. 그 사람인즉 예부 우시랑(右侍郞) 아숙(阿肅)인데 만주 사람이다. 사신은 조방으로 다시 돌아왔다.

---

22) 궁중에서 황제의 식사 요리를 맡은 관원.
23) 가스테라 같은 백설기 떡.
24) 삼배구고두(三拜九叩頭)의 예는 세 번 무릎 꿇고 절하며 아홉 번 머리를 땅에 부딪쳐 조아리는 중국 최대의 경례로 절하는 사람에게 있어서는 아주 치욕적인 것이다.

나는 먼저 대궐 밖으로 나오니 말과 수레들은 빽빽이 몰려섰는데 말은 모두 담을 보고 쭉 늘어섰는데 붙잡지도 않고 매지도 않았는데 목마처럼 꼼짝않고 서 있었다.

갑자기 사람 물리치는 쉬- 소리가 나면서 물을 끼얹은 듯이 잠잠해지자 모두들 황자(皇子)가 온다고 수군거렸다. 말을 탄 사람이 대궐로 들어가는데 따르는 사람들은 모두 말에서 내려 걸어서 따랐다.

여섯째 황자 영용(永瑢)이라고 한다. 얼굴빛은 희나 얼굴은 곰보다. 콧대는 납작하고 광대뼈가 튀어나와 넙직하고 눈알 흰 자위가 크고 눈꺼풀이 세번 지고 어깨 마디가 넓고, 가슴이 떡 벌어지고 몸집은 튼튼하게 생겼으나 아무데도 귀한 티가 없어 보였다.

그러나 글은 잘 짓고 그림도 잘 그려 방금도 사고전서(四庫全書) 총재관으로 인망이 높다고 한다.

내가 얼마 전 강녀묘(姜女廟)에 들렸을 때에 벽에 치장해 둔 제 3황자, 제 5황자의 시폭을 보았지만은 제 5황자의 별호는 등금거사(藤琴居士)로서 시는 시원치 않고 글씨도 메말라 재주는 있어 보였지만은 황실 자손으로서 부귀스러운 기상이란 찾아 볼 수 없었다.

등금거사는 호부시랑(戶部侍郎) 김간(金簡)의 생질로서 김간은 김상명(金祥明)의 종손이다. 상명의 할아버지 되는 사람은 본래 의주 사람으로 중국에 들어와 예부 상서 벼슬까지 지낸 옹정 때 인물이다. 김간의 누이는 대궐에 들어가 귀비(貴妃)[25]가 되어 건륭 황제의 총애를 받게 되면서 황제는 다섯째 아들에게

---

25) 황제의 첩으로서 일정한 자격을 가진 궁중 여자

늘 마음을 두다가 그가 연전에 일찍 죽고 지금은 영용의 단독 귀염을 받고 있다고 하는 바 작년에는 서장(西藏)까지 가서 반선(班禪)[26]을 맞아왔다고 한다.

이미 죽은 사람의 시는 쓸쓸한 맛 뿐이고, 산 사람의 모습은 귀티조차 없다 보니 황제님 집안 일도 어찌된 일인지 모를 일이다.

가산 사람 득용이는 마두 구실로 40여 년 동안을 두고 북경 내왕을 한 자로써 한어를 썩 잘한다. 이날은 사람들 틈에 끼여 섰다가 나를 보고는 멀리서 불렀다. 나는 여러 사람들 틈을 헤치고 가 본즉 방금 늙은 몽고왕 한 사람과 손을 마주 잡고 무슨 이야기를 쑥덕거리고 있었다. 그 몽고왕은 모자 꼭지에 홍보석을 박고 공작 깃을 달았다.

몽고왕은 나이 81세라는데 키가 거의 열 자나 되어 허리가 구부정하고 얼굴 길이가 한자 넘어 되는데 살결이 검은 바탕인데다가 거죽은 잿빛처럼 뿌옇고 몸을 덜덜 떨면서 체머리까지 흔드는 것이 방금 넘어지려는 고목나무 같아서 볼품이 없는데도 입심은 좋아서 온 몸뚱의 기운이 입으로만 토해내는 것만 같았다. 늙어도 이 꼴이라면 비록 모돈(冒頓)[27]이라도 겁날 일이 없을 것만 같았다. 따르는 수행군들이 수십 명이나 되었지마는 아직도 부축을 받지 않았다. 이외에도 또 건강한 몽고왕 한 명이 보이는데 득용이가 달려가 말을 붙였다. 아마 내가 쓴 총모자를 보고 묻는 모양이나 말을 알아 들을 수가 없는지 가마를 집어타

---

26) 서장의 국교인 라마교의 교주요, 최고 통치자. 〈반선시말〉(班禪始末)이란 책에 상세함.

27) 모돈은 '묵특'으로 발음하는데 중국 한나라 선우이다. 초기의 흉노족의 추장으로 세력이 컸던 인물.

고 곧 가버린다.

　득용이는 그럴듯한 사람은 보는 대로 한 번씩 절을 하고 말을 붙인즉 저마다 답례를 해주면서 말대답을 안 해주는 사람이 없었다. 득용은 나한테도 제 시능을 내보라고 하였으나 처음 배운 노릇이라 어색도 한데다가 한어조차 모르니 어쩔 수가 없었다. 바로 관제묘에 들리니 사신도 이미 나와서 옷을 갈아 입고 있었다. 함께 숙소로 돌아왔다.

　밥을 먹고는 후당에 들리니 왕거인 민호가 절을 하면서 맞아주었다. 왕거인의 별호는 곡정(鵠汀)[28]이니 산동도사(山東都事) 학성(郝成)과 같은 방에 있었다. 학성의 자는 지정(志亭)이요, 별호는 장성(長城)이다. 곡정은 우리나라 과거 제도와 시험 치르는 법은 어떻게 하며, 글자들은 어떻게 쓰는지 묻기에 나는 대강 대 주었더니 또 다시 혼인 제도를 물었다. 나는,

　"관혼상제는 모두들 주자의 가례(家禮)를 따릅니다."

고 하니,

　"가례는 주자가 지었다지만 완성하지 못한 책으로서 중국에서는 꼭이 가례만 따른다고는 볼 수 없지요."

하면서 다시 묻는다.

　"귀국이 자랑할만한 일을 몇 가지 들어 봅시다."

　"저희 나라가 비록 바다 한 구석에 붙어 있지만은 네 가지 볼만한 좋은 점을 들 수 있지요. 유교를 숭상하는 것이 첫째요, 홍수[29]가 없는 것

---

[28] 곡정은 중국 청나라 선진 학자인데 따로 곡정과 저자가 필담한 〈곡정필담〉이 있다. 〈열하일기〉 중 가장 중요한 대목이다.

[29] 작가가 말한 뜻은 중국과 같이 강물이 넘쳐 홍수가 나서 수해를 입는 것을 말하며 중국의 큰 강물은 자주 범람하므로 이르는 말이다.

이 둘째요, 고기와 소금을 다른 나라에서 가져오지 않는 것이 세째며, 여자가 개가를 않는 것이 넷째라 할 수 있을 것입니다."

지정은 곡정을 돌아다보고 무슨 말을 한참 하다가,

"좋은 나라입니다."

고 한다. 지정이 있다가 말하기를

"여자가 개가를 않는 것은 전국에 통하는 풍속인지요."

나는 말하기를

"거국적으로 그런 것은 아니지만 노비나 천인 할 것 없이 온 나라가 모두 이 법을 지킨다고는 할 수 없지만 명색이 사족(士族)이면 비록 가난하고 또 3종(三從)30)이 끊어져도 평생을 혼자 늙으며, 이런 풍속이 천민에 이르기까지 절로 미치어 내려온 지가 4백여 년이랍니다."

지정은 또,

"무슨 금법이라도 있습니까?"

나는 말하기를

"이렇다 할 금법은 없습니다."

곡정이,

"중국에서도 그런 풍습이 역시 고질의 폐가 되다시피 하여 납폐(納幣)31)를 하고도 성례를 않았거나 성례를 하고도 합궁이 없는 채 잘못 불행이 있을 때는 평생 수절을 하지요. 이것은 또 약과랍니다. 서로 친숙한 집안끼리는 뱃속에 든 아이를 서로 약혼도 하고 머리에 쇠똥도 안 벗고 이도 갈기 전에 부모들끼리 말이 있다가 한 번 사내 편에서 불행이

---

30) 여자가 지키는 봉건 도덕으로서 출가 전에는 부모를 따르고 출가 후는 남편을 따르고 남편이 죽으면 아들을 따른다는 세 가지 도덕률.
31) 혼례의 6가지 절차에서 네번째인 납지(納徵) 즉 폐백 드리는 절차(囚訓).

있을 때는 색시는 독약을 마신다, 목을 맨다 하여 순장을 청하니 이런 괴변이 어디 있겠소. 점잖은 사람들은 멀쩡한 처녀가 한 번도 보지 못한 남의 집 총각의 시체를 따라 바람이 났다고 하는 '시분'(尸奔) 흉을 보지만은 이것을 소위 '절개 지키는 서방질'이라고 하는 '절음'(節淫)이라고 부른답니다. 국법은 엄하나 부모의 죄로 습속까지 되고 말았으니 이런 일은 동남 지방이 더 심하답니다. 그러니까 식자의 집안에서는 여자가 성년이 된 후에야 비로소 통혼을 하게 되었지만 이것도 후세에 와서야 시작된 일이랍니다."

나는 말하기를,

"〈유계외전〉(留溪外傳)이란 책에 보면 간을 베여 내여 부모의 병을 고친 효자가 있는가 하면 조희건(趙希乾)[32]은 가슴을 가르고 염통을 끄집어 내려다가 잘못 창자를 한 자나 베여 내여 삶아서 그 어머니의 창병(瘡病)을 씻은듯이 고쳤다고 했으니 이로써 본다면 부모가 죽을 적에 단지(斷指)[33] 한다든가 분[34]을 맛보는 쯤이야 오히려 보통이라고 말할 수 있을 것이요, 눈 속에서 죽순을 구하고 얼음 구멍에서 잉어를 구해내는 일쯤은 오히려 아무 것도 아닌 장난이지요."

곡정이 있다가,

"그런 일쯤은 많나봅니다."

지정이 하는 말이,

"요즘 산서 지방 효자 정문의 사적들은 별별 일이 다 있나봅니다."

곡정은,

---

32) 중국 명나라 말년 인물로 효자로서 유명했음.
33) 손가락을 잘라 피를 내어 먹이면 죽은 사람이 잠시라도 깨어난다는 우리의 민속. 효도의 사례.
34) 모두 옛날 이름난 효자들의 일화이다.

"눈 속에서 캐낸 죽순과 얼음 속에서 잡은 고기는 이야말로 맛이 좀 싱거울걸요."

하여 한바탕 웃었다. 지정이 있다가,

"송나라의 충신 육수부(陸秀夫)35)와 장세걸(張世傑)은 임금을 등에 업고 바다로 피난하다가 물에 빠져 죽었고 방효유(方孝孺)36) 철현(鐵鉉)은 연왕에게 기름에 지져서 죽음을 당하였지마는 뜻을 굴하지 않았으니 이만큼이라도 끔찍한 노릇이 없이는 장하다고 쳐주지 않았고 보니 후세에 와서 충신 열사가 되기는 참말 어려웠답니다."

곡정은,

"세상이 개벽된 지도 이제는 오래되고 보니 여간 뛰어난 노릇이 아니고는 좀체로 이름을 남길 수 없답니다. 장자가 말한 어찌 한숨을 지으면서 효자 이야기를 하랴는 것도 바로 이 까닭이지요."

나는 말했다.

"아까 왕 선생이 말한 눈, 죽순, 얼음, 잉어가 싱거울 것이란 말은 지당한 말씀 같소. 단술을 고와 소주로 만든다면 이미 전술 때의 맛을 말할 터가 못 될 것이오, 담배 맛을 알고 난 뒤에는 벌써 쓰다는 것은 군소리가 될 것이요. 이런 것을 만약에 일일이 들어 꼬집어 말한다면 세상에는 다시 절개이고 의리고 하는 것을 배척하는 이론이 생겨날 것이오."

곡정은 이 말을 듣고 옳은 말이라고 하면서,

"귀국의 부녀자의 의관 제도는 어떻소?"

---

35) 중국 송나라 말기의 충신인데 그는 애산(厓山)에서 임금을 업고 바다로 들어가 죽었다.
36) 중국 명나라 초기의 학자로서 연왕(燕王)의 즉위조서(卽位詔書) 기안을 거부하였으므로 온 집안이 학살당함.

하고 물었다. 나는 위는 저고리, 아래는 치마, 머리 쪽지는 법을 알리고 나서 원삼(圓杉)37) 당의(唐衣) 등속은 책상 위에 그림을 대강 그려 보였더니 두 사람은 함께 좋다고 칭찬을 한다.

지정은 마침 다른 사람과 선약이 있어 꼭 일찍 돌아가야 되겠다고 일어서 인사를 하면서 빨리 돌아와서 다시 한 번 선생을 모시겠노라고 하면서 나갔다. 지정은 비록 무인이지만 요즘 세상에는 드물게 볼만큼 문학 지식이 넉넉하고 지금 4품 무관이라고 곡정은 매우 칭찬하면서 귀국에서도 여자들이 전족(纏足)38)을 하느냐고 묻기에 나는,

"천만에요, 한인 여자들의 전족한 발은 차마 볼 수 없던데요. 발뒤꿈치로 걸음을 걷는 모양은 흡사 보리 종자를 심는 것 같기도 하고 이리 기우뚱 저리 기우뚱하여 바람도 없는데 흔들리는 꼴이란 보기 흉합디다."

하니 곡정은,

"전족의 내력을 본다면 적국에서 사로잡아 온 여자로부터 시작되었는데 이것도 세상 운수라고 할런지요, 전족 금법은 명나라 시절에는 그 부모들까지 벌을 주게 되었고 청조에 와서도 이를 금하는 금법이 엄하건만 필경은 견뎌내지를 못하고 있습니다. 대체로 남자들은 말을 듣는 편이지만 여자들이 말을 듣지 않습니다."

했다. 나는,

"보기에도 흉하고 걷기도 불편할 터인데 대관절 무슨 까닭일까요?"

"오랑캐 여자들과 분간없이 섞이기가 부끄럽다 하여 그럴 것입니다."

---

37) 우리나라 옛날 여자들의 예복.
38) 중국 여자들이 발을 가죽에 묶어서 작게 만들어 잘 뛰어가지 못하게 만든 발.

하고는 글자를 지워 버리면서 또 말하기를,

"한사코 고치지 않습니다."

나는 말했다.

"내가 올 적에 삼하(三河)와 통주(通州) 사이에서 보았지만 머리가 허옇게 센 늙은 거지들이 머리에는 꽃을 잔뜩 꽂고 발은 전족을 한 채 말 뒤를 따라 오면서 구걸을 하는 꼴이 마치 배부른 오리가 엎어지고 자빠지면서 걷는 듯, 내가 보기에는 도리어 오랑캐 여자들보다도 더 흉해 보이던걸요."

하니 곡정은,

"그렇기에 여기는 세 가지 재액(災厄)이 있답니다."

"대체 재액이란 무엇을 두고 하는 말인지요?"

"남당(南唐)[39] 때 포로로 붙들려 온 장소랑(張宵娘)이 송나라 궁중에 한 번 들어오자 송나라 궁녀들은 서로 다투어 가면서 소랑의 자그마한 발 맵시를 본 떠 저마다 천으로 묶어서 아주 풍습이 되고 말았지요. 원나라 시절에는 한족 여자들이 작은 발 맵시로 그들의 표적을 삼았고, 명나라 시절에는 이를 법으로 금했으나 시행이 못 되고 보니 오랑캐 여자들이 한족 여자들의 전족을 음탕한 것이라고 비웃는 것은 좀 원통한 일입니다. 이것이 소위 발이 당하는 재액이지요.

홍무 연간에 명나라 초대 황제인 고황제(高皇帝)가 평복을 입은 채 가만히 신락관(神樂觀)[40]에 갔을 적에 어떤 도사가 머리에 망건을 써서 흐트러진 머리칼을 간수하는 것이 태조의 마음에 들어 태조는 그 자리에서 망건을 빌려 가지고 머리에 쓰고는 거울을 보고 마음이 흡족하여 바로 전국에 영을 내려 망건을 만들어 쓰도록 했답니다. 그 후로 점점

---

39) 중국 5대(907~960) 때 남경에 도읍을 정했던 나라.

40) 도교의 사원 이름.

망건 만드는 재료로서 말총이 실을 대신하게 되고 머리가 터지도록 꽁꽁 동여 이마에 망건자국이 꼴사납게 나게 되였으나 이것을 소위 호좌건(虎座巾)이라고 불렀는데 까닭인즉 앞이 들리고 뒤가 처져 흡사 범이 도사리고 앉은 모양 같다는데서 나온 말입니다. 또 죄인망건 '수건'(囚巾)이라고도 불렀으니 당시 이것을 못 마땅히 말하는 사람들이 천하의 이마 머리는 죄다 그들 올가미로 결박을 하고 말았다고 하여 말하자면 머리가 불편스럽단 말씀이지요."

하고는 붓 끝으로써 내 이마를 가리키면서,

"그것이 바로 머리가 당하는 재액인 것 같소."

하기에 나는 웃으면서 곡정의 이마를 가리키면서,

"그 번들번들[41] 하는 이마는 무슨 재액일까요?"

했더니 그는 매우 무안스러운 기색으로 고개를 끄덕이면서 '천하두액'(天下頭額)이라고 쓴 밑에 빽빽히 쓴 글자를 지워버렸다. 그는 다시 말을 이어,

"여기 또 담배로 말하자면 만력(萬曆) 말년에 절강(浙江) 지방에 두루 유행이 되어 사람으로 하여금 가슴이 막히도록 하고 취해 넘어지도록 만드는 천하에도 몹쓸 풀이라 할 수 있을 것이요. 입에 맞거나 배를 불릴 음식도 아닌데도 금싸락 같은 곡식처럼 일등 옥토에서 재배하여 부녀자와 어린 아이에 이르기까지 고기보다 더 좋아지고 밥보다도 더 즐겨 쇠붙이와 불로써 입에 무는 버릇이 생겼으니 이것도 역시 세상 운수라고 할런지, 변괴치고는 이보다 더 클 수 있나요. 선생께서도 이것을 즐기시는지요?"

나는 그렇다고 대답했더니 곡정은 다시,

---

41) 중국 청인(淸人)의 강제 명령으로 한인(漢人)들이 짧게 깎은 머리를 말함.

"저는 원래 이것을 좋아하지 않습니다. 언젠가 한 번 피워 보았더니 앉은 자리에서 취해 넘어갈 듯하고 구역과 재치기가 나고 보니 이것이 소위 입이 당하는 재액이지요. 귀국에서도 누구나 다 피우겠지요?"

하므로 나는,

"그렇소. 하지만 부형들 앞에서나 어른들 앞에서는 피우지 못하는 법이요."

하니 곡정은,

"옳소. 독한 연기를 다른 사람 앞에서 내뿜는 것도 불공스러운 일이라고 할 수 있을 터인데 더구나 부형 앞이겠소."

나는 또,

"비단 그 뿐이 아닐 것이외다. 입에다가 대꼬챙이를 문 채 어른을 대한다는 것이 벌써 버릇없는 일이지요."

곡정은,

"담배는 토종인가요, 그러잖으면 중국서 무역을 해 가시나요?"

나는,

"만력 시대부터 일본으로부터 들어와 지금 있는 토종이란 것은 중국 것과 다름없습니다. 중국의 황실이 아직 만주에 있었을 당시 이 풀이 우리나라로부터 들어갔는데 종자가 원래 왜종이고 보니 남초(南草)라고 불렀습니다."

곡정은,

"이 풀이 본시 일본서 난 것이 아니라 원래는 서양서 온 것으로 '아미리샤'[42] 왕이 온갖 풀을 맛보다가 이 풀을 얻어 백성들의 구선(口癬)[43]

---

42) 아메리카를 말함.
43) 입 안에 나는 창. 입병.

을 고쳤답니다. 사람의 비장(脾臟)은 오행으로 치면 토(土)에 속하여 허하고 냉하고 습하여 벌레가 생길 수 있어 이런 입벌레는 담배로 죽게 된답니다. 그래서 말하자면 불로써 벌레를 잡는 것으로 대체 불이란 나무를 이기고 흙을 이롭게 하는 이치에 근거하여 토질과 습기를 없애게 되고 앉은 자리에서 신효를 보게 되기 때문에 이것을 영초(靈草)라고도 한답니다."

나는 말하기를,

"우리나라에서도 남령초라고 하지요. 만약에 이렇게도 실효가 있고 또 수백 년 이래로 온 세상이 다같이 이것을 피우기 좋아하니 이것도 운수인가 봅니다. 선생이 아까 말씀한 운세론도 지당한 말씀으로 만일에 이 풀이 아니었다면 만국 백성들이 모두 구창(口瘡)으로 죽었을런지 누가 알겠소."

곡정은,

"저는 나이 60이지만 담배를 안 피워도 아직 그런 병이 없는걸요. 지정도 담배는 좋아하지 않나 봅디다. 서양 사람들이란 뽐내고 허황될 뿐 아니라 잇속을 낚는 재주가 용하고 보니 믿을만한 소린지 알 것이 무엇이겠소."

이윽고 지정이 돌아오니,

"저도 담배는 좋아하지 않고 지정 역시 담배는 안 피지요."

하며 곡정은 구절에 먹으로 권주를 자꾸만 치고는 다시,

"틀림없이 독이 있나 보외다."

하고 함께 웃었다.

나는 하직을 하고 일어서 숙소로 돌아오니 군기 대신이 황제의 분부를 받들고 와서 이르기를,

"서번(西蕃)⁴⁴⁾의 성승(聖僧)을 찾아보지 않겠느냐."
고 하였다. 사신은 대답하기를,

"황제의 한없는 사랑이야 우리들을 한 나라 백성이나 다름없이 생각하시매 상대가 중국 인사일진대 찾아보기에 거리낄 바는 없겠지만 타국 사람에 이르러서는 마음대로 통래할 수 없는 것이 저희들 나라의 법인줄 아뢰오."
하였다.

군기대신이 가고 나서 사신들은 모두 얼굴에 수심을 띄우고 당번 역관은 선술 깬 놈 모양으로 분주하게 날뛰고 비장들은 드러내 놓고 분을 참지 못하여,

"황제의 하는 버릇이 고약한데! 망해 빠지고 말걸 '오랑캐'의 버릇이란! 명나라 적이야 이런 일이 있었을랴고!"

수역이 이 말을 듣고는 그 바쁜 중에도 비장을 보고,

"아따! 춘추대의나 논할 때가 아니구만."
라고 나무랬다.

이윽고 군기대신이 또 다시 나는 듯이 말을 달려와서 황제의 말씀이라고 입으로 반포하기를,

"중국과 조선 사람은 일체이니까 마땅히 가서 보렸다."
하였다. 사신들이 서로 의논하는데, 혹은 말하기를 만일에 가보게 된다면, 필경은 난처한 일이 있을 것이라기도 하고, 혹은 예부에 글을 올려 이치를 따져 한 번 시비를 가려 보자기도 하고 역관의 말인즉 어느 편도 거슬리지 않게 알맞게 맞추어 대답할

---

44) 티베트를 중심으로 한 아시아 지방을 총칭해 부르는 지명. 여기 성승은 라마교의 승려.

뿐이었다.

　나는 일없이 구경하러 따라 온 처지인지라 사행의 일에 대해서는 아무런 이해가 없으니 조금도 간섭할 일이 없어 아직껏 이런 경우에 한 번 말참견이나 계책을 내본 적이 없었다. 이때 나는 뱃속으로 혼자 생각에,

　"일이 묘한데! 기회가 좋은 걸!"

하면서 손가락으로 허공에 대고 동그라미를 그리고는 혼잣말로,

　"문제는 흥미가 있군! 이 기회에 만일 사신이 다시 황제에게 상소라도 한 장 낸다면 놀랍다는 소문이 천하를 흔들 것이요, 우리나라로서도 뽐내게 되렸다."

　나는 또 다시 혼잣말로,

　"황제는 골이 나서 군사를 내어 우리나라를 마구 칠까? 아니다. 상소쯤이야 사신의 죄일 터인데 그 분풀이를 나라에 옮겨 풀 턱이야 없겠지! 그러면 이 참에 사신은 운남(雲南)이나 귀주(貴州) 같은 먼 곳으로 귀양이라도 보낼 것인가. 이렇다면 나는 차마 의리로 보아 혼자 돌아설 수는 없을 것이니 촉강 남쪽 땅도 내 발로 밟으리라. 강남이 가깝구나. 월남과 광동 땅은 연경서도 만여리라. 어허! 이렇고 보면 내 노는 판이 호화찬란하게 벌어지는 게 아닌가."

　나는 속으로 은근히 좋아 못 배겨 한달음에 밖으로 달려 나가 동쪽 행랑채 아래 나서서 이동(二同)[45]이를 불러 말했다.

　"빨리 가서 술을 받아 오너라. 돈은 아끼지 말고. 너도 오늘부터는 하직인줄 알아라."

　술을 한 잔 먹고 들어가 보니 여럿이들 공론은 아직도 결정을

---

45) 건량 마두(建糧 馬頭) 이름이다.(원주)

못 짓고 예부의 독촉은 성화같이 급하고 보니 비록 하원길(夏原吉)⁴⁶⁾이 살았더라도 종종걸음을 치면서 명령대로 쫓지 않을 수 없었을 일이다.

그래서 떠날 채비를 정돈하기에 절로 시간이 늦어져 날은 벌써 한나절이 기울게 되었다. 오후부터는 날이 몹시 더워 행재소의 대궐문을 거쳐 성을 끼고 돌아 서북쪽으로 절반 정도도 못 갔는데 갑자기 황제의 분부 있어 '오늘은 이미 늦었으니 사신은 즉시 돌아서 다른 날을 정하여 가도록 기다리라'는 황제의 명령이 내렸다. 이때야 서로들 마주 쳐다보면서 한시름 놓고 돌아왔다.

소위 성승이라 하는 중은 서번 나라의 승왕(僧王)으로서 별호는 반선(班禪)이라 부르고 또 장리불(藏理佛)이라고도 한다. 중국 사람들이 다 존경하고 믿어 활불이라고 부른다. 제 말로는,

마흔세 살이고 지난 5월 20일 열하까지 맞아와서 따로 궁전을 지어 스승으로 삼아 대접하고 있다 한다. 어떤 사람은 말하기를 따르는 하인들이 퍽 많았는데 국경을 넘어올 적에 많이 떨어졌지만 이곳까지 따라 온 자가 수천 명이나 된다고 하며 모두들 무슨 기계를 간직하고 있는데 황제만이 이것을 모르고 있다고도 한다. 이것은 유언(流言) 비슷한 말로서 거리에서 아이들이 부르는 '황화요(黃花謠)'라는 동요도 심상치 않다. 이 동요는 〈욱리자〉(郁離子)⁴⁷⁾에 실렸는데,

"붉은 꽃이 떨어지면 누런 꽃이 핀다."

는 동요로서 붉은 꽃은 청인들의 붉은 모자를 두고 말하는 것이

---

46) 중국 명나라 초기의 명관으로 몸집이 유달리 크고 뱃심 좋기로 유명했던 사람.
47) 중국 명나라 유기(劉基)라는 사람이 지은 책.

요, 누런 꽃은 몽고나 서번 사람들이 모두 누런 옷과 누런 모자를 쓰는 것을 가리킨다. 또 다른 동요에는

"원래[48]는 고물인데 누가 주인이될고"

했다. 이 두 가지 동요를 본다면 모두 몽고를 두고 한 말인데 몽고는 지금 48부가 강할 대로 강하여 그 중에도 토번(土蕃)이 가장 사납고 토번의 서북쪽 오랑캐는 몽고의 별개 부락으로 황제가 제일 두려워하는 자라고 한다.

박보수가 예부에 가서 사정을 알아보고 와서는 하는 말이,

"황제가 말하기를 그 나라에서는 예절을 알지만 신하들은 예절에 어둡군"

했다고 하여 보수와 여러 통관들이 가슴을 치고 울면서,

"인제는 우리가 죽는구나!"

하고들 떠들었다. 이것은 중국 통관붙이들의 두고 쓰는 버릇으로서 하찮은 일이라도 황제의 뜻에 관계된 일이면 대뜸 죽는다 산다 법석을 떠는 것이다.

더구나 중도에서 되돌아오도록 불러 놓았으니 무안감에 나온 공연한 수선이다. 또 예부가 전한다는 말로서,

"예절을 모른다."

는 말은 더구나 불평을 품은 말이다. 통관붙이들의 가슴을 쳐가면서 우는 짓들은 우리들을 협박하려는 것은 아닌 듯 하나 그 행동거지가 흉패스러운 꼴이란 오히려 사람을 웃길만 하였다. 우리 역관들은 닳을 대로 닳아서 꼼짝 하지도 않았다. 저녁 후에는 예부로부터,

---

48) 원은 중국 원나라라는 뜻으로 통함.

"내일 아침 식후나 혹시 모레는 황제로부터 사신을 접견할 조처가 있을 터이니 사신은 꼭 일찍 입궐하되 조금이라도 어김이 있어서는 안 된다."
는 기별이 왔다.

저녁을 먹은 후 윤형산을 찾아갔더니 혼자 담배를 피우고 앉았다가 담배를 한 대 붙여 내게 권하면서 묻기를,

"영형되시는 어른은 평안하신지요?"

하기에 나는,

"황제님이 생각해 주신 덕택으로!"

라고 대답했다. 윤공은 〈계림류사〉(鷄林類事)[49]를 묻기에,

"이는 조선의 서울 근방 방언에 관한 책입니다."

라고 했더니 윤공은,

"귀국에 〈악경〉(樂經)이 있단 말이 참말이요."

했다. 말을 묻는 동안에 기공이 와서 〈악경〉이라고 쓴 글자를 보고는 그도 묻기를,

"귀국에는 〈안부자서〉(顔夫子書)도 있어 중국으로 오는 사람이 이 두 가지 책을 지니면 압록강을 안 건네준단 말이 정말인지요."

나는,

"공자가 계신 터에 안자가 어찌 감히 책을 저술하겠소.[50] 또 진시황이 책을 불 질러 태울 적에 어째서 〈악경〉만 빠져 남았겠소."

했더니,

"정말인지요?"

---

49) 중국 송나라 시대 손목(孫穆)이 쓴 우리나라 언어 풍속에 관한 저서.

50) '선생님이 계신데 감히 어찌 죽겠소이까.' (子左回安敢死)라고 한 〈논어〉의 안자 말을 익살스럽게 인용한 말.

나는,

"중국은 문화의 집중지가 아니겠소. 만약에 우리나라에 이 두 권 책이 있어 실어 가지고 오는 자가 있다면 도리어 뭇 신령님들이 보호를 해서 잘 건너오도록 할 터인데요."

윤공이 있다가,

"옳은 말이요. 그러나〈고려지〉(高麗志)가 일본서 나왔으니까요."

함으로 나는,

"〈고려지〉가 몇 권이나 되던지요?"

하였더니 윤공은,

"난원(蘭畹) 무공련(武公璉)이 기록한 청정쇄어(蜻蜓瑣語)에 고려 서목이 있습니다."

하였다.

기공은 나를 이끌고 같이 밖으로 나와 달구경을 하였다. 달빛은 대낮 같이 밝은데 나는 조금 있다가,

"만약 달 속에 또 한 세계가 있어 달로부터 땅덩어리를 바라보는 자가 있다면 역시 우리처럼 난간에 기대고 서서 땅 빛이 달에 가득 찼다고 할 터이겠지!"

했더니 기공이 난간을 치면서 용한 말이라고 하였다.

初十日

晴, 永突請起寢, 任譯及通官齊會戶外, 連催時晚, 余纔得接目, 又因喧醒, 更鼓尙鳴矣, 神倦睡甘, 無意起動, 而早粥已到枕頭矣, 强起從行, 有光被四表牌樓, 燈影下有見左右市廛, 不及皇城遠甚, 亦不及瀋陽遼東, 至關外天猶未曙, 道官引使臣, 入憩一大廟堂, 去歲新剏關帝廟也, 重閣邃殿, 回廊疊廂, 雕鏤神巧, 金碧奪目, 閹人緇徒, 爭來圍觀, 廟中處處, 京官來寓, 而諸王亦多寓是中云, 任譯來言昨日禮部知委, 只擧正副使謝恩, 盖以皇帝勅諭正使副使右班陞叅, 故謝其恩也, 書狀, 似無謝恩之擧云, 書狀姑留關廟, 正副使入關中, 余亦隨入, 殿閣不施丹雘, 門上扁以避暑山莊, 右廂有禮部朝房, 通官導入朝房則, 漢尙書曹秀先下椅迎之, 執正使手, 大致款曲之意, 請大人坐著, 使臣擧手讓曹先坐, 曹公亦擧手連請大人坐著, 使臣力辭至四五次讓其先坐則, 曹亦牢讓, 正副使不得已上炕而坐, 然後曹始乃踞椅, 彼此略叙寒暄, 我使衣冠, 譬彼帽服, 可謂燁如仙人, 而言語莫通, 揖揚未閒, 周旋之際, 齟齬木强, 不比彼練熟慇懃, 其所生澁, 自然爲簡重之態, 正使問書狀去就則, 曹公曰, 今日謝恩, 未可混叅, 而後日賀班, 不妨同進云, 言訖起去, 通官又言滿尙書德甫入來, 使臣出戶迎揖, 德甫亦答揖, 往躅而立曰, 行李無恙乎, 昨日皇上異數, 知之乎, 使臣答曰, 皇恩迥絶, 極爲榮感, 德甫笑語云云而語音類咀嚼者, 貯在喉間, 甕盎不暢, 大抵滿人類多如是, 語後卽轉身忙去, 有內饔官宣饌三器, 雪糕也, 猪炙也, 菓品也, 糕與菓, 盛以黃樑, 猪盛銀樑, 禮部郞中在傍, 以爲此, 皇上朝饌撤賜三器云, 少選, 通官導使臣, 詣殿門外, 行三拜九叩, 禮畢回出, 有人前揖曰, 今番皇恩曠絶, 又曰, 貴國當有加送禮單, 而使臣及從官, 亦當有加賞矣, 其人乃禮部右侍郞阿肅, 滿人也, 使臣還入朝房, 余先出來, 關外車馬簇立, 馬皆面墻櫛比, 不縶不繫有若木造, 門外忽見左右辟易, 肅然無譁, 皆曰, 皇子來也, 有一人乘馬入關, 從騎皆下馬步隨, 所謂皇六子永瑢也, 面白而痘瘢狼藉, 鼻梁低小, 頰輔甚廣, 眼白而眶絞三圍, 肩巨胸闊, 體軀健壯, 而全乏貴氣, 然而能文章工書畵, 方今四庫全書總裁官, 輿望所屬云, 余嘗入姜女廟, 見壁間坎置皇三子皇五子詩, 皇五子號藤琴居士, 詩酸寒, 筆又削弱, 才則有之, 乏皇王家富貴氣像, 藤琴居士, 卽戶部侍郎金簡之甥, 簡乃祥明之從孫, 祥明之祖, 義州人也, 入大國, 祥明, 官禮部尙書, 雍正時人, 簡之女弟, 入宮爲貴妃有寵, 乾隆屬意, 在第五子, 而年前夭歿, 今永瑢專寵, 去年徃西藏迎班禪, 其歿者詩意酸寒, 其存者又乏貴氣, 階下家事未知如何, 嘉山人得龍者, 以馬頭爲業, 行四十餘年, 善漢語, 是日在人叢中, 遙呼余, 余排辟衆人徃觀則, 方與一老蒙古王, 兩相執手, 言語區區, 帽頂紅寶石, 懸孔雀羽, 蒙王年八十一, 身長幾一丈而磬曲, 面長尺餘, 黑質而灰白, 身顫頭莚, 似無景況, 如朽木之將顚, 一身元氣都從口出, 其老如此, 雖冒頓無足畏也, 從者數十而猶不扶擁, 又有一蒙王魁健, 與得龍徃與之語則, 指余髮帽而問語未可解, 翩然乘轎而去, 得龍遍向貴人, 一揖而語則, 無不答揖而回話者, 得龍勸我效渠之爲, 而非但吾初學生澁, 且不會官話, 無可奈何, 乃入關廟則, 使臣已出而改服, 遂同還館, 飯後入後堂, 王擧人民皥迎揖, 王擧人號鵠汀, 與山東都司郝成同炕, 成字志亭號長城, 鵠汀問我東科擧之制, 試取何樣文字, 何樣製作, 余略對梗槪, 又問婚嫁之典, 余而冠婚喪祭, 皆遵朱文

公家禮, 鵠汀曰, 家禮乃朱夫子未定之書, 中國未必專倣家禮, 鵠汀曰, 貴國佳處, 願聞數事, 余曰, 弊邦雖僻居海陬, 亦有四佳, 俗尙儒敎一佳也, 地無河患二佳也, 魚鹽不藉他國三佳也, 女子不更二夫四佳也, 志亭顧鵠汀有相語云云者久之, 鵠汀曰, 樂國也, 志亭曰, 女不更夫, 豈得通國盡然, 余曰, 非謂擧國, 下賤氓隸, 盡能若是, 名爲士族, 則雖甚貧窮, 三從旣絶, 而守寡終身, 以至婢僕皁隸之賤, 自然成俗者, 四百年, 志亭曰, 有禁否, 余曰, 無著令, 鵠汀曰, 中國此俗, 亦成痼弊, 或有納采而未醮, 合졸而未媾, 不幸有故, 終身守寡, 此猶之可也, 至於通家舊誼, 指腹議親, 或俱在髫齓, 父母有言, 不幸而至有飮鴆投繯, 以求殉祔, 非禮莫大, 君子譏其尸奔, 亦名節淫, 國憲申嚴父母有罪, 而遂以成俗, 東南尤甚, 故有識之家, 女子及笄然後, 始通媒妁, 此皆叔季事也, 余曰, 留溪外傳, 所有孝子, 至有割肝療親, 趙希乾之刳, 胸探心, 誤傷其腸尺餘, 烹而療母, 瘡合無恙, 由是觀之, 斷指嘗糞, 儘是踈節, 氷筍凍魚, 乃爲笨伯, 鵠汀曰, 如此者多, 志亭曰, 卽今山西孝子旌鄕事, 可異也, 鵠汀曰, 氷筍凍魚, 已是天地之氣, 一番澆漓也, 相與大笑, 志亭曰, 陸秀夫之負帝赴海, 張世傑之瓣香覆舟, 方孝孺之甘湛十族, 鐵鉉之翻油爛人, 不如是, 不足以爲快, 後世之爲忠臣烈士者, 其亦難矣, 鵠汀曰, 天地之生久矣, 非狠快無以成名, 南華老仙之謂豈太息而言孝者是也, 余曰, 王先生一番澆漓之論極是, 醴變爲燒則未可論醇, 口能吸烟則非復語辣矣, 此等若索言深論, 排節義論, 復作於世矣, 鵠汀曰, 是也, 貴國婦人衣冠之制如何, 余略

對上衣下裳及髢髻之法, 如圓衫唐衣略畫其製於卓面, 兩人皆稱善, 志亭辭以先與人有約, 當蚤還陪席, 請先生復坐一坐, 因起去, 鵠亭盛稱志亭雖武人乎, 文學富瞻當世罕儔, 方今四品兵官, 又曰貴國婦人, 亦纏脚否, 曰否也, 漢女彎鞋, 不忍見矣, 以跟踏地, 行如種麥, 左搖右斜, 不風而靡, 是何貌樣, 鵠汀曰, 獻賊京觀, 可徵世運, 前明時, 至罪其父母, 本朝禁令至嚴, 終禁他不得, 蓋男順而女不順也, 余曰, 貌樣不雅, 行步不便, 何故若是, 鵠汀曰, 恥混韃女, 卽抹去, 又曰抵死不變也, 余曰, 三河通州之間, 白頭丐女, 滿髻挿花, 猶自纏脚, 隨馬行丐, 如鴨飽食, 十顚九仆, 以愚所見, 還不如韃女遠甚, 鵠汀曰, 故是三厄, 余曰, 何謂三厄, 鵠汀曰, 南唐時, 張宵娘俘入宋宮, 宋宮人爭效其小脚尖尖, 勒帛緊纏, 遂成風俗, 故元時, 漢女以小脚彎鞋, 自爲標異, 前明時, 禁他不得, 韃女之□虽 漢女纏脚, 以爲誨淫則寃矣, 這是足厄, 洪武時, 高皇帝微行至神樂觀, 有一道士結網巾便於韜髮, 太祖借他一著, 照鏡大悅, 遂以其製, 令天下, 其後漸以髮網代絲, 緊箍狼纏, 瘡痕狼藉, 名虎坐巾, 謂其前高後低, 如虎蹲踞, 又名囚巾, 當時亦有譏之者, 謂天下頭額盡入網羅, 蓋多不便之矣, 筆指余額曰, 這是頭厄, 余笑指其額曰, 這個光光且是何厄, 鵠汀慘然點頭, 卽深抹天下頭額以下字, 又曰這烟萬曆末, 遍行兩浙間, 猶令人悶胸醉倒, 天下之毒草也, 非充口飽肚, 而天下良田, 利同佳穀, 婦人孺子, 莫不嗜如芻豢, 情逾茶飯, 金火迫口, 是亦一世運也, 變莫大焉, 先生頗亦嗜此否, 余曰, 然, 鵠汀曰, 敝性不喜此, 嘗試一吸, 便卽醉倒, 嘔噦幾絶, 這是口厄, 貴國計應人人喫烟, 余曰, 然, 但不敢喫向父兄尊長之前, 鵠汀曰, 是也, 毒烟向人, 已是不恭, 況父兄乎, 余曰, 非但如此, 口含長竿, 以對長者, 已慢無禮, 鵠汀曰, 土種否, 抑自中國貿回否, 余曰, 自萬曆間, 從日本入國中, 今土種無異中國, 皇家在滿洲時, 此草入自敝邦, 而其種本出於倭故, 謂之南草, 鵠汀曰, 此非出日本, 本出洋舶, 西洋亞彌利奢亞王, 嘗百草, 得此以醫百姓口疢, 人脾土, 虛冷而濕, 能生虫口蠱立死, 於是火以攻虫, 剋木益土, 勝瘴除濕, 卽收神效, 號靈草, 余曰, 吾俗亦號南靈草, 若其神效如此, 而數百年之間, 擧天下而同嗜, 亦有數存焉, 先生世運之論極是, 誠非此草, 四海之人, 安知不擧皆口瘡而死乎, 鵠汀曰, 敝不嗜烟, 行年六十, 未有此病, 志亭亦不嗜烟, 西人類多誇誕, 巧於漁利, 安知其言之必信然否也, 已而志亭還視敝不嗜烟, 志亭亦不喫烟, 大加墨圈曰, 他有毒, 相與笑, 余因辭起還寓, 軍機大臣, 奉皇旨來傳曰, 西番聖僧, 欲往見乎, 使臣對曰, 皇上字小, 視同內服, 中國人士不嫌往復, 而至於他國人不敢相通, 自是小邦之法也, 軍機去而使臣皆面帶愁容, 任譯遑遑奔走, 如未解宿酲者, 裨將輩公然發怒曰, 皇帝事恠惡矣, 必亡必亡, 兀良哈事也, 大明時, 豈有是也, 首譯百忙中, 向裨將而言曰, 春秋大義, 非其處所, 俄有軍機又飛鞚而來, 口宣皇旨曰是與中朝人一體卽可往見, 使臣相議, 或曰往見, 終涉重難, 或曰, 呈文禮部, 據理爭之, 任譯則順口隨對而已, 余以閒散從遊, 凡於使事得失, 毫無關涉, 而亦未嘗諮諏相及, 是時余腹裏暗自稱奇曰, 此好機

會也, 又以指尖圈空曰, 好題目也, 是時使臣, 若復呈一
疏, 則義聲動天下大光國矣, 又自語曰加兵乎曰, 此使臣之
罪也, 豈可移怒於其國乎, 使臣滇黔雲貴不可已也, 吾義不
可獨還蜀, 江南地吾其踐兮, 江南近矣, 交廣, 距燕京萬餘
里, 吾遊事豈不爛漫矣乎也哉, 余暗喜不自勝, 直走出外,
立東廂下, 呼二同(乾糧馬頭名)曰, 趣買沽酒來, 爾無慳錢,
從此與爾別矣, 飲酒而入, 議猶未決, 而禮部催督, 急於星
火, 雖夏原吉, 勢將踢蹶趨承, 而整頓鞍馬之際, 自致遲
延, 日已昃矣, 自午後極熱, 歷行在門循城西北行, 未及半
程, 忽有皇敕曰, 今日則已晚矣, 使臣須回去, 以待他日,
於是相顧愕然而還, 所謂聖僧者, 西番僧王, 號班禪佛, 又
號藏理佛, 中國人擧皆尊信, 皆稱活佛, 自言四十二世轉
身, 前身多生中國, 年方四十三, 去五月二十日, 迎來熱
河, 別築宮, 師事之, 或言其儔徒衆, 入徼後稍稍落留, 而
隨至者, 猶不下數千人, 皆暗藏器械, 獨皇帝不覺云, 此言
近繹騷, 又街兒市童所唱黃花謠, 此其驗云, 其詩郁離子所
製也, 紅花落盡黃花發, 紅花指紅帽, 而蒙古西蕃, 皆著黃
帽, 又謠云, 元是古物誰是主, 觀此二謠, 俱應蒙古, 而蒙
古四十八部方强, 其中吐番尤强悍, 吐番西北胡, 蒙古之別
部, 皇帝之所尤畏者也, 朴寶樹, 徑探禮部而回, 爲言皇上
謂, 該國知禮, 而陪臣不知禮, 寶樹及諸通官, 皆搥胷涕泣
曰, 吾等死矣, 此乃通官輩本習云, 雖毫髮微細事, 若係皇
旨, 輒稱死煩冤, 況此中路罷還, 似出未安之意乎, 又禮部
所傳不知禮之旨, 尤帶不平, 則通官之搥胷涕泣似非嚇喝,
而其擧措凶悖, 令人絶倒, 我譯亦毛耗鞫見, 毫無動焉, 夕

後禮部知委, 明日食後, 或再明, 當有賜對之擧, 使臣當早進勿爲遲誤, 飯後訪尹亨山, 方獨坐喫烟, 手自裝熱以勸余, 且問令兄大人尊體佳好, 對曰憑托皇庥, 尹公問鷄林類事, 余曰, 此如浿水之間方言也, 尹公曰, 貴國有樂經云然乎, 語間, 奇公至, 視樂經字, 亦問, 貴國有顏夫子書, 入中國者, 載此二書, 則不能渡鴨綠江, 然乎, 余曰, 子在, 回安敢著書, 且秦焚詩書, 寧得樂經獨漏哉, 奇公曰, 信然乎, 余曰, 中國文明之所萃, 若敝邦眞有此二書, 載以行者尤百靈呵護, 寧不利涉, 尹公曰, 是也, 高麗志出日本, 余曰, 高麗志幾卷乎, 尹公曰, 是蘭畹武公璉所抄蜻蜓瑣語, 有高麗書目, 奇公携余出, 同看月, 時月色如畫, 余曰, 月中若有一世界, 自月而望地者, 倚立欄干下同賞地光滿月邪, 奇公拍欄稱奇語。

11일 정사(丁巳), 개이다.

먼동이 틀 무렵에 사신은 대궐로 들어갔다. 덕상서(德尙書)는 잠시 인사말을 늘어놓은 뒤,

"내일은 황제께서 꼭 불러 보실 모양인데 오늘도 그럼 분부가 없으리라고는 장담하기 어려우니 조방(朝房)에 들어가 앉아 잠시 기다리는 것이 좋겠소."

고 하여 사신은 여러 사람과 함께 조방으로 들어갔다. 황제는 또 다시 요리 세 그릇을 어제처럼 내려 보냈다.

나는 대궐 문 밖으로 나와 천천히 거리를 구경하느라니 어제 아침보다도 더 붐비어서 먼지는 자욱하고 다방과 술집들이 즐비

하고 수레와 말들은 왁자지껄하였다.

    나는 새벽 일찍 일어났기 때문에 속이 좀 출출하여 혼자 숙소로 돌아왔다. 길에서 한 새파랗게 젊은 중이 높은 말을 타고 검정 공단으로 만든 모난 관을 쓰고 몸에는 공단 도포를 입고 얼굴도 잘났을 뿐 아니라 차림도 깨끗한데 괴상스럽게도 의기양양 기세가 높더니 도중에 웬 큼직한 노새를 탄 사람과 만나 각각 말 잔등 위에 앉은 채 반갑게 손을 잡고 인사를 하다가 갑자기 그 중은 안색이 달라지면서 둘이 서로 큰 소리를 주고 받으면서 다투다가 필경은 말 위에서 손찌검이 시작되었고 서로 두 눈을 부라리고 한 손으로는 멱살을 잡고 한 손으로는 머리를 쥐어 박았다.

    노새를 탄 자가 몸을 한 옆으로 비키다가는 모자가 떨어져 목에 걸렸다. 노새를 탄 자도 역시 허우대가 큼직하고 건장하게 생겼으나 머리가 희끗희끗한 것이 젊은 중에게 좀 꿀리는 편이다. 둘이 마주 안고 겨루다가는 안장으로부터 모두 내려와 처음은 노새 탄 자가 중을 타고 앉다가 이윽고 중이 뒤집어 노새 탄 자를 타고 제가끔 멱살들을 틀어 쥔 채 주먹으로 칠 수는 없고 마주 얼굴에 대고 침만 서로 뱉고 있었다. 주인 없는 노새와 말은 말뚝처럼 마주 보고 서서 있었고 두 사람은 길을 가로 막고 누워 겨루고 있는데 둘러선 구경꾼도 없고 말리는 사람도 없이 한편은 쳐다 바라보고 한편은 굽어 노려보면서 서로 헐떡헐떡할 따름이었다.

    어떤 과일 가게에 들렀더니 제철 맞은 과일들이 산더미로 쌓였다. 노전(老錢)[51] 백 푼[52]을 내어 배 두 개를 사 가지고 나왔다.

---

51) 중국의 엽전. 노전(老錢)이라 함.
52) 열여섯 잎이 우리나라 한 돈이다.(원주)

맞은 편 술집에는 깃발이 펄렁이고, 가게 머리에는 은 주전자, 주석 술병들이 처마 밑에 죽 늘어놓았고 푸른 난간과 금자박이 현판들이 햇발에 번쩍거리는데 양쪽에 드리운 기폭에는,

  신선의 옥패 머물렀으니   (神仙留玉佩)
  공경은 금빛 옷을 끄르라   (公卿解金貂)

라고 씌였다. 다락 아래에는 왁자지껄한 사람 소리가 벌떼 같이 웅성거렸다. 나는 발자국을 성큼성큼 옮기어 이층 다락으로 올라간즉 모두 열 두 층대다. 탁자를 둘러 걸터앉은 사람들은 어떤 때는 서너 사람 어떤 때는 대여섯 사람씩 앉았는데 모두 몽고 사람이 아니면 회교 나라 사람들로서 무려 수십 패다.

몽고 사람들이 쓴 갓은 흡사 우리나라 쟁반 모양처럼 생겨 갓봉우리는 없고 위가 평평한데 누런 물감을 들인 양털을 폈다. 더러는 우리나라 전립처럼 생긴 것을 쓴 자도 있는데 어떤 것은 등(藤)으로 만들고 혹자는 가죽으로도 만들어 속에는 금칠을 하기도 하고 더러는 오색 구름 무늬를 놓기도 하였다. 다들 누런 옷에 붉은 바지를 입었다. 회교 나라 사람들은 붉은 옷을 입었으나 검정 옷도 많이들 입었다. 그들은 붉은 천으로 고깔을 만들어 썼는데 갓 봉우리는 길고 앞뒤로만 테가 붙어 갓 테가 꼭 말려든 연잎사귀 같기도 하고 약을 가는 연(研)돌 모양같이 양 끝은 삐죽하여 경망스러워 보이는 품이 우습기도 하였다.

내가 쓴 갓을 말하자면 전립(氈笠)[53]같이 생겨 은으로 아로새겨 꾸미고 꼭대기에는 공작 깃을 달았고 수정 구슬 갓 끈을 늘였으니 저들 두 오랑캐 눈에는 어떻게 보였을런지! 만족, 한족

---

53) 소위 벙거지.

할 것 없이 중국 사람이라고는 한 사람도 없고 이층 다락 위에 있는 패들은 모두 사납고 거세게 생겨 괜히 올라왔다고 후회도 없지 않았으나 이미 올라왔던 걸음이라 술을 가져오라고 이르고 그럴듯한 의자 한 자리를 택하여 앉았다. 술 심부름꾼이,

"몇 량중 술을 가져올까요?"

하고 묻는다. 대개 술을 달아 팔기 때문이다. 나는,

"넉 량중만 가져 오라."

고 이르니 술 심부름꾼은 가서 술을 데우려고 하기에 나는 소리를 쳐,

"술을 데울 것 없이 그대로 가져 오라."

고 했더니 심부름꾼은 빙그레 웃으면서 술을 따라 가지고 와서 먼저 작은 잔 두 개를 탁자 위에 늘어놓기에 나는 담뱃대로 홱 쓸어 잔을 넘어뜨려 치우고는,

"큰 종지를 한 개 가져 와?"

라고 소리를 쳤다. 나는 술을 한꺼번에 따라 단숨에 마셔 버리니 여러 손님들은 저마다 얼굴을 쳐다보면서 깜짝 놀랐다. 아마도 내가 술을 본대있게 마시는 것을 보고 놀랍게 여기는 모양이다.

대체로 중국 사람들의 술 먹는 법이란 대단히 얌전하여 아무리 한 여름철이라도 꼭 데워 먹고 비록 소주이건만 역시 데워서 잔은 은행깍지 만큼씩 한 것으로 잇발에 걸고는 쪽쪽 빨다가는 그나마 잔에 남겨 탁자 위에 놓았다가 천천히 마시곤 하니, 좀 처럼 취해 거꾸러지는 일이 없다. 되사람들도 술 먹는 풍습은 역시 비슷하고 보니 시중에 큰 술잔이란 볼 수 없었다.

내가 처음 찬 술을 그대로 들이라고 소리를 치고 단숨에 넉량

중 술을 들이킨 것은 저들에게 무섭게 뵈기 위해서 일부러 이렇게 담뽀를 보인 것인 바, 이는 실상 겁이지 용기는 아니었다. 내가 찬 술을 가져오라고 할 때 이 패들은 이미 삼분쯤 놀랐고 단숨에 마시는 것을 보고는 깜짝 놀라 도리어 나를 무섭게 여기는 것 같았다. 나는 돈 여덟 잎을 내여 심부름꾼에게 셈을 치르고 자리에서 일어서자 되사람들은 모두들 일어서서 머리를 조아리면서 자리에 다시 앉기를 청했다. 한 사람이 제 자리를 비우고 나를 붙들어 부축해서 앉혔다. 그는 비록 호의로 하는 것이지만은 내 등덜미에선 진땀이 흘렀다. 내가 어릴 적에 본 일로 하인들의 술판이 벌어졌는데 술자리 격언으로,

"문 앞을 지나도 들린 일이 없었는데 70살에 생남하니 등에 땀이 솟을 지경."

이란 말을 듣고 나는 원래 웃음을 참지 못하는 성질이라 사흘을 두고 허리가 휘도록 웃은 일이 있었다. 오늘 아침 나는 만 리 변방에 와서 뜻하잖게 여러 되친구들과 어울려 술을 먹게 되니 만약에 여기서 술판 수수께끼라도 내놓으라면 응당 '등에서 진땀이 흐를 지경'이란 말이 적당할 것 같았다. 되사람 하나가 일어나 술 석잔을 따라 놓고 탁자를 두드려 가면서 내게 권했다. 나는 마시고 일어나 술 종지 속에 남은 찌꺼기를 난간 밖으로 쏟아버리고 술 석 잔을 한 잔에 부어 꿀꺽 단숨에 마시고는 몸을 돌려 한번 허리를 굽혀 절을 너붓이 하고 걸음자욱을 큼직큼직 띄여 놓으면서 층층대로 내려가려니 어쩐지 머리털이 선듯선듯한 것이 뒤에서 누가 쫓아오는 것만 같았다. 행길에 나와 서서 다락 위를 쳐다보니 아직도 들리는 떠드는 소리가 아마도 나를 두고 하는 이야기들만 같았다.

숙소로 돌아오니 아직도 끼니 때가 멀었기에 윤형산에게 들렀더니 참반(參班) 차로 나간 모양이고 기 안찰사에게 갔더니 역시 부재중이요, 왕곡정을 찾았더니 곡정은 〈구정시집〉(毬亭詩集)의 서문을 내보이는데 글은 그리 잘 되지를 못했으나 전편을 통하여 서술한 것이 강희 황제와 지금 황제의 높은 덕이 요순보다도 더한 양 수다스럽게 늘어놓았다. 채 읽지도 못해 창대가 와서 말하기를 '바로 아까 황제가 사신을 불러 보고 다시 활불(活佛)[54]을 찾아보라는 명령을 했다' 고 한다. 나는 밥을 재촉해서 먹고 비장과 함께 대궐로 들어갔다. 사신을 찾았으나 사신은 벌써 반선(班禪)을 찾아간 뒤였다. 나는 부리나케 대궐문을 다시 나서니 마침 제 6황자가 대문에 이르러 말에서 내리는데 말은 문 밖에 두고 시종하는 자들에게 호위되어 바쁜 걸음으로 들어간다.

어제는 말을 탄 채로 곧장 들어가고 오늘은 말에서 내리니 까닭을 모르겠다. 궁성을 끼고 왼쪽으로 돌아 서북쪽으로 향하여 가느라니 이 일대의 산기슭은 궁전과 사찰들이 뚜렷하게 눈앞에 비추어 오는데 어떤 때는 4, 5층 누각이 소위,

"배는 상수(湘水)로 돌아드는데 형산(衡山) 아홉 면이 눈 속에 든다."
는 것처럼 보였다.

군포막 같은데 있던 파수 병정들이 다들 나와서 본다. 내 혼자 길을 못 찾고 어정거리고 있은즉 그들은 멀리 서북쪽을 가리켜 주었다. 바로 강을 끼고 가느라니 강가에는 흰 장막 수천틀이 벌려져 처졌는데 다들 몽고 군사들이 수자리 잡고 있는 데라

---

54) 앞에 나온 서번의 승왕. 서장에 본거를 둔 불교의 일종파인 라마교의 교주인 동시에 최고 집권자의 다른 명칭.

고 한다. 다시 북쪽으로 돌아 까마득하게 하늘가를 바라보니 갑자기 두 눈이 아찔해진다. 공중에 솟은 금빛 전각들이 멀리서 반짝반짝 눈에 띠인 까닭이다. 강 위로는 거의 2리나 됨직해 보이는 다리가 둥실 떠 있었다. 다리 양쪽에는 난간을 붙여 붉고 푸르고 마주 어울려 비추는데 사람 몇이 그 위에 앉았기도 하고 다니기도 하는 장면이 까마득하게 그림 속만 같았다. 나는 다리를 건너가려고 한즉 모래사장에서 누가 손을 흔들면서 뛰어오는 품이 다리를 못 건너도록 하는 것만 같았다.

　마음은 조급해져 말을 자꾸만 채찍질을 해도 늦어지는 것만 같아서 할 수 없이 말을 내버리고 걸어서 강을 따라 올라간즉 돌다리가 하나 있어 우리 사람들이 그 위를 많이 왕래하고 있었다. 한 대문으로 들어선즉 기암 괴석은 여러 겹으로 층대가 되였고, 뛰어난 기교는 귀신의 솜씨만 같았다.

　사신과 역관들은 대궐로부터 곧장 이곳까지 오면서 기별도 할 수 없었기 때문에 애석하게 여기고 있던 참에 내가 이곳에 온 것을 보고는 반기면서 뜻밖으로 생각하고 모두들 나를 황성 구경에 아주 미쳐났다고들 조롱을 하였다.

　수림 속으로는 붉은 빛, 자주 빛, 푸른 빛, 초록 빛 기와지붕이 솟아났다. 어떤 전각집의 꼭대기는 금으로 호로병첨럼 만든 것으로 씌웠고 아직 지붕을 인 황금기와는 보지 못했던 터에 이제 여기서 보는 전각집은 순금인지 도금인지는 모르겠지만 금기와를 보았다. 이층으로 된 큰 전각이 두 채, 누각이 한 채, 대문이 셋이다. 다른 전각들의 오색 유리 기와들은 무색하여 보잘것도 없어졌다. 동작대(銅雀臺)의 기와는 가끔 캐어서 고물벼루로 쓰지만은 이것은 구워 만든 것이고 유리기와는 아니다. 유리

기와는 어느 시대부터 생겼는지 모르겠지만 옛날 시인들이 읊은,

"옥섬돌에 금지붕이여."

가 모르기는 하지만 오늘 보는 이런 지붕일는지 모르겠다. 역사에 전해 오는 사실로 보면,

"한나라 성제(成帝)가 소의(昭儀)[55]를 위하여 집을 짓는데 문지방을 구리로 싸고 그 위에 도금을 했다."

고 했는데 안사고(顔師古)[56]는 이에 주하여 말하기를,

"체(砌)는 문지방으로서 구리쇠로 싸고 그 위는 금을 발랐으며 또 벽에 두르는 띠(缸)를 때로는 황금으로 만들고 구슬과 푸른 깃으로 장식하였다."

고 했다. 복건(服虔)[57]은 말하기를,

"항(缸)은 벽 복판에 두른 띠라."

고 했고 진작(晉灼)[58]은 말하기를,

"금가락지로써 꾸몄다."

고 했고 영현(伶佐), 맹견(孟堅) 같은 사람들의 글에는 짐짓 '황금'이라는 글자를 자주 써서 묘사를 했으므로 천 년이 지난 오늘에도 낡아 떨어진 책장을 대하건만 오히려 사람의 눈을 부시도록 하고 있다.

그러나 이것은 벽에 둘린 띠나 문지방에 불과한 장식인데도

---

55) 중국 한나라(BC12~7) 성제의 애첩 조비연(趙飛燕) 자매로서 궁녀였다. 소의는 궁녀 벼슬 이름으로 정승과 제후의 대우를 받던 직책.
56) 중국 당나라 태종 시대의 대학자로 특히 고서의 주해에 권위자.
57) 중국 전한 말기의 학자. 자는 자신(子愼)이다.
58) 중국 진나라 사람으로 「한서음의」라는 책을 지었다.

글로써 이를 과장해 썼던 것이다. 정말 당시의 소의였던 언니며 누이들로 하여금 오늘의 이 장관을 보였던들 그들은 영락없이 자리에 드러누워 울며 밥도 안 먹고 이런 궁실을 지어 달라고 졸랐을 것이다. 이런 경우에 있어서 황제는 비록 해주고 싶었을 것이나 그의 고문격인 안창(安昌)[59], 무양(武陽)[60]같은 무리는 다들 도학 선비들로서 경서나 인용하면서 그것을 만류했을 뿐이고 황제의 힘으로써도 할 수 없었을 것이다.

설혹 이를 했다고 치더라도 모르기는 해도 맹견의 붓대로는 이를 묘사하여 무어라고 하였겠는가.

"황금 전각이 아득히 아물거려 보인다."

고 했을 것인가. 그도 지워버리고는 또,

"황금 대궐이 허공에 솟았다."

고 했을 것인가. 이것도 한 번 읊어 보고 지워 버렸을 것이다. 또 말해서,

"큼직한 이층 전각 기와는 황금칠을 했더라."

고 할까. 혹은,

"황제가 황금 전각에서 거처 했네."

라고 했을까. 비록 동서 두 한 나라의 글체가 언제나 제목은 작게 잡아 가자고 크게 과장되게 서술하고 있었지만 이를 묘사하지 못했을 것이니 이야말로 글짓는 자들로서는 천고의 한이라 할 것이다.

궁실을 그림 그리는 자가 정교하다 하더라도 궁실은 사면이

---

59) 당 성제의 스승으로 있었던 안창후, 장우(張禹)를 말함.
60) 당 성제의 재상인 설선(薛宣)을 말함.

있고 또 안과 밖이 있고 또 겹겹이 서 있을 바엔 비록 서양 그림의 정교한 필치로써도 다만 한쪽 면만 그릴 뿐, 세 쪽 면을 그릴 수는 없을 것이요, 또 바깥만 그릴 뿐 방안은 그릴 수 없을 것이요, 겹겹이 서 있는 전각, 첩첩이 선 정자, 굽이굽이 틀어 놓은 화랑들은 다만 날아가는 듯한 처마와 지붕만 따서 그릴 뿐, 아로새겨 물린 정교한 세공에 이르러는 화가로서 그릴 수 없는 것이다.

이는 예로부터 내려오는 화가들의 천추의 유한으로서 공자님도 벌써 두 가지를 탄식하여 말씀하기를,

"글은 말을 다할 수 없고, 그림은 뜻을 다할 수 없다."[61]

고 하였다. 천하의 사원은 일 만이나 되지만 '금'으로 된 절은 오직 산서 지방의 금각사(金閣寺)가 있을 뿐이다. 당나라 대종(代宗) 대력(大曆) 2년[62]에 왕진(王縉)이 재상이 되면서 중서성(中書省)의 신임장을 주어 오대산(五臺山) 중들 수십 인으로 하여금 사방으로 흩어져 돈을 모아서 구리쇠로 기와를 만들고 도금을 하는데 거만금 돈이 들었으니 금각사는 지금도 남아 있다고 한다. 오늘 보는 이 기와도 역시 구리쇠를 부어서 만들고는 도금을 한 것이다.

내가 요양 거리에서 잠시 쉴 때의 이야기이다. 사람들이 저마다 달라붙어서 금을 가지고 온 것이 있느냐고 묻는 자들이 있었다. 나는 없다고 하면서 금은 우리나라 토산물이 아니라고 했더니 이 자들은 빙그레 웃고는 돌아선 적이 있었다. 다시 심양, 산

---

61) 〈주역〉의 계사전(繫辭傳)에서 나오는 말. 원문의 "書不盡言 圖不盡意"를 말함.
62) 당대종 대력 2년은 AD767.

해관, 영평, 통주 등지를 지날 때도 만나는 자마다 금을 물어서 나는 역시 처음 대답처럼 했더니 어떤 자는 선뜻 제 모자 꼭대기를 가리키면서 이것이 바로 당신네 나라 금이라고 한 적이 있었다.

내 집이 있는 연암은 송도에서 가깝고 보니 자주 송도에 들리게 되었으니 송도는 원래 연상(燕商)[63]이 많은 곳이다. 그 당시들은 이야기지만 매년 7,8월로부터 10월까지는 금값이 폭등하여 한푼중 값이 마흔 다섯 잎 내지 50잎이나 된다고 하였다.

우리나라 안에서는 금이 소용되는 데가 별로 없다. 기껏 쓰이는 곳이 문무관으로 2품 이상이면 금관자나 금띠를 띠는데 이것도 서로들 빌려 쓰기도 하니 늘 만드는 물건이 아니요, 신혼 부녀들의 가락지나 머리꽂이를 만들기는 하나 이것도 그리 많지 못한 물건인즉 금이 실상은 보잘것 없이 천한 터인데 이토록 비싼 까닭은 대체 무엇 때문일까.

내가 아직 압록강을 건너기 전에 박천군(博川郡) 땅에 들어서서 땀을 식히기 위하여 말에서 내려 길가 버드나무 그늘에 앉아 쉴 때에 사내들은 지고 여자들은 이고 한 무리가 8, 9세 된 아이들 각각 손목을 끌고는 흉년의 유랑민처럼 가는 꼴이 하도 이상하여 까닭을 물었더니 그들은 모두 성천(成川) 금광으로 간다고 했다. 그들이 지닌 연장을 보면 나무바가지 한 개, 자루 한 개, 정 한 개로서 정으로는 파고 자루로는 담고 바가지로는 물에 금을 인다고 한다. 하루 종일 흙 한 자루만 일면 큰 수고없이 다른 식구들까지 먹을 수 있다고 한다. 어린 계집애들이 더욱 잘 파고 잘 일고 눈이 밝아서 더 벌게 된다고 한다.

---

63) 북경 상품을 사고파는 장사꾼.

나는 그들에게,

"종일 일을 하면 금이 얼마씩이나 생기느냐?"

고 물었더니 그들은 말하기를,

"이것도 재수라, 어떤 때는 하루 여나무 알씩도 생기고 재수 없는 날은 서너 알도 생긴다."

고 하면서,

"재수만 있으면 잠시 동안에 부자도 된다."

고 했다.

"금 낱알 크기는 얼마씩이나 되느냐?"

고 물었더니,

"대체로 서속 낟알만큼씩 하다."

고 했다. 농사짓기보다도 훨씬 나아 하루에 한 사람이 아무리 적어도 6, 7푼중은 얻고 보니 이것을 팔면 두 석냥씩은 번다고 했다. 이러고 보니 비단 농사꾼들의 태반이 농터를 버렸을 뿐만 아니라 사방에서 건달패까지 어울려 절로 큼직한 부락이 되고 10여만 인종이 모여 미곡 백화가 몰려 매매되고 술이며, 밥이며, 떡이나 엿 등이 산골짝 속에 들어찼다고 한다. 이 금들이 어디로 빠지는지 나는 모를 일이다. 금은 많이 파낼수록 값은 더 비싸니 오늘 이곳에서 보는 기와에 올린 도금이 우리나라 금이 아니라고 누가 말할 것이랴.

청나라 초기에 세폐(歲幣)⁶⁴⁾를 정할 적에 맨 먼저 황금을 제의했으니 이는 토산이 아니기 때문이었다. 여기서 만약에 암매상들이 있어 법을 어겨 가면서 몰래 매매를 하다가 혹시 청국 정

---

64) 해마다 바치는 선물용품. 세공(歲貢).

부에 들키는 날은 무슨 사단이 일어날 것도 염려일 뿐 아니라 황제가 이미 황금으로써 지붕 도금을 하는 이상 우리나라에다가 금광 발굴을 하려고 달려들지 않는다고 장담을 할 것이랴.

축대 위에 작은 정자들이나 작은 전각의 창문들은 모두 우리나라 백지로 발랐다. 창구멍으로 들여다본즉 어떤 방은 아무것도 놓인 것이 없었고 어떤 방에는 의자와 탁자들을 벌려 두고 향로며 꽃병이 다 훌륭하였다.

사신은 하인을 문 밖에 두고 마음대로 못 들어오도록 단단히 분부해 두었더니 이윽고 모두들 축대 위로 올라갔다. 우리 역관들은 깜짝 놀라 호령을 하였다. 하인들은,

"저들이 함부로 뛰어 들어간 것이 아니옵고 문지기가 제발 들어와 줍시사고 인도를 해 주어서 축대까지 올라갔습죠."

라고 변명하였다.

이 대목 사연은 따로 찰십륜포(札什倫布)와 반선시말(班禪始末)에 기록하였다.

정사의 말을 들으면 아침나절에 요리 사찬이 있은 후 잠시 머물고 있던 동안에 황제가 부른다는 기별이 있어 통관이 정문 앞까지 인도하였다. 바로 동쪽으로는 협문이 있는데 호위하는 신하들이 더러는 앉았고 더러는 서서 있었다고 한다. 덕상서가 낭중 몇 사람과 함께 나와 서서 사신의 출입하는 범절을 지휘하고는 갔다고 한다. 조금 있다가 군기 대신이 나와 황제의 분부라고 하면서,

"당신네 나라에는 사찰이 있는가? 또 관제묘가 있는가?"

하고 물었다고 한다. 이러고 나서 황제는 정문으로부터 나와서 곧 대문 안 벽돌 깔아 놓은 위에 앉는데 의자 같은 것도 내놓지

않고 그저 평상을 놓고 그 위에 누런 요를 깔았으며, 좌우 호위는 모두 누런 복장에 칼을 찬 자는 불과 서너 쌍 밖에 안 되고 누런 일산을 들고 선 자가 두 쌍인데 아무 소리 없이 잠잠하더라고 했다.

먼저 회교 나라에서 온 태자가 황제 앞으로 나아가 몇 마디 말도 않고는 물러 나오고 다음 차례로 우리 사신을 불렀다. 사신과 세 통사는 황제 앞으로 나가는데 무릎을 꿇고 무릎으로 걸어 나갔다. 무릎을 꾼다는 것은 무릎을 땅바닥에 댄 채 서는 것이요, 엉덩이를 붙여 앉는 것이 아니다. 황제는,

"국왕께선 평안하신가?"

라고 물어서 사신은 공손히,

"평안합니다."

대답하고 황제는 다시

"누가 만주말을 할 줄 아는 자가 없는가?"

라고 물어서 상통사 윤갑종(尹甲宗)이 만주 말로 대답하기를,

"조금 압니다."

고 했더니 황제는 좌우를 돌아보면서 기뻐하는 기색으로 웃었다고 한다. 황제는 모난 얼굴이 허여 멀쑥하게 생겼으나 약간 누른 기운을 띠였고 수염은 반백인데 나이는 50밖에 안 되어 보이고, 봄바람이 부는 화기가 넘쳤다고 한다.

사신이 반렬에서 물러나오니 무사 6, 7인이 차례로 나아가서 활을 쏘는데 활을 한 번 쏘고는 곧 제자리에 꿇어 앉아 높은 소리로 창을 불렀다고 한다. 과녁을 맞힌 자는 두 사람으로 과녁은 우리나라 소가죽 같은데 중심에는 짐승을 한 마리 그려 놓았

다. 활쏘기가 끝난 후 황제는 즉시 안으로 들어가고 시종들은 다 물러나오고 사신도 함께 물러나오는데 첫 대문을 미처 오지 못해서 군기가 나와 황제의 뜻을 전하는데 곧장 찰십륜포[65]로 가서 반선액이덕니(班禪額爾德尼)[66]를 찾아보라는 말이었다.

서번(西蕃)은 사천 운남 경계 밖에 있는 땅으로 소위 장지(藏地)로서 중국 국경과 멀리 떨어진 변지다. 강희 29년에 책망아라포원(策妄阿喇布垣)[67]이 납장한(拉藏汗)[68]을 꼬여 내서 죽이고 그의 성을 점령하고 묘당들을 헐고 중들을 쫓아 흩어버렸다. 이에 도통(都統) 연신(延信)을 평역장군(平逆將軍)을 삼고 갈이필(噶爾弼)을 정서장군을 삼아 장병을 거느리고 새로 봉한 달뢰라마(達賴喇痲)를 보내여 서장 일대를 평정한 후 황교(黃敎)[69]를 진흥시켰다.

소위 황교란 무슨 도인지 모르겠지만은 몽고 각 지방이 숭상하는 교임으로 이 지방이 잘못 침략을 받을 때는 강희 황제 때부터 친히 6군을 거느리고 영하(寧夏)의 먼 곳까지 나가서 장수를 보내어 구원을 하고, 난리를 평정한 것이 한두 번이 아니었다.

건륭 을미년에 색낙목(索諾木)이 금천(金川)에서 반란을 일으켰을 적에 황제는 서장길이 막힐까 염려하여 아계(阿桂)를 정서장군으로 명하고 풍승약명량(豊昇額明亮)을 두어 부장(副將)으로 해란찰서상(海蘭察舒常)을 참찬(參贊)으로, 복강안(福康安)과 규림(奎林) 등을 영대(領隊)로 삼아 군사를 내몰아 평정하였다.

---

65) 반선 라마 활불이 거처하는 곳을 이름.
66) 액이덕니는 원래 지명인데 반선의 별호로 됨.
67) 신강 지방에 있던 준갈이(準噶爾) 부족의 장수.
68) 몽고 부족의 추장.
69) 라마교의 다른 명칭.

이 난리로 말하자면 서장을 위한 난리다. 그 땅인즉 황제 자신이 보호하고, 그 사람인즉 천자가 스승으로 섬기며, 황자로 그 교 이름을 삼는 것은 그 뜻이 황제와 황로(黃老)[70]의 도가 아닌지 모를 일이다.

서장 사람들은 쓰는 것이나 옷이나 다 누런 빛깔로서 몽고 사람들이 또 이것을 본 떠 누런빛을 숭상하는데 어째서 지금 황제의 의심 많고 무서운 성정으로 보아 '누런 꽃 동요'를 의심하지 않고 그대로 두는지 모를 일이다. 액이덕니는 서장 중의 이름이 아니라 서번의 땅 이름이다. 또 이것으로 별호처럼 부르니 괴상하고 황당스러워 무슨 놈의 판인지 그 요령을 알기 어려웠다.

사실은 비록 두 말 않고 활불을 보러 가기는 했지만은 속으로는 불평이 없지 않았고 역관들은 그저 무슨 사건이나 생기지 않을까 하여 덤벙대며 어물쩍하는 것이 일수요, 하인들은 마음속으로는 벌써 서장 중의 목을 베이고 뱃속으로는 황제를 비방하여 소위 천하의 주인으로서 한 가지 조치라도 신중하지 않으면 안 된다고 속으로 투덜댔다.

숙소로 돌아오니 중국 양반들은 모두들 내가 반선을 만나 본 것을 영광스럽게 생각하고 부러워하면서 연신 그의 도술이 신통한 것을 추켜세웠다. 이렇게도 마음에도 없는 아첨은 세상에도 못 볼 풍조로서 예로부터 세상 인심이 때 묻고, 잘 되고 좋고 나쁜 것은 모두가 윗사람에게 달렸다는 것을 알 수 있었다.

학지정의 처소에서 술을 한 잔 했다. 이 밤에 달빛은 몹시도 밝았다(이야기는 〈황교문답〉에 자세히 싣기로 한다=원주).

---

70) 중국 최초의 임금으로 여기는 황제(黃帝)와 삼국시대 철인 노자를 조상으로 삼는 도교를 말함.

十一日 丁巳

晴, 昧爽, 使臣詣闕, 德尙書與使臣略叙寒暄日, 明日當有引對之旨, 而今日亦難保其必無, 請坐朝房少候, 使臣齊入朝房, 則皇帝又賜御饌三器, 如昨所賜, 余出闕門外閒步觀玩, 視昨朝, 尤不勝紛遝, 緇塵漲空, 沿道茶房酒肆車馬鬧熱, 余早起亦覺膓虛, 獨自還館, 道中一少年僧, 騎駿馬, 冠黑緞方冠, 衣貢緞道袍, 面貌美麗, 冠袍俱雅, 而可惜其僧也, 意氣翩翩而去, 有一人騎絶大騾子而來, 馬上相逢欣然握手, 而僧忽帶怒色, 已而兩相高聲, 仍於馬上相毆, 僧猛睁雙眼, 一手把胸一手劈頭, 騎騾者側身一躱, 帽落掛頸, 騎騾者亦體榦健壯, 鬚髮略白而觀其氣色, 小絀於僧, 兩相抱持摘鞍雙下, 初則騎騾者跨僧, 少焉僧翻騎彼, 各以一手扼胃, 不能相拳, 只相唾面, 騾馬相對, 植立不少移動, 兩人圍橫官道而無圍觀者, 亦無勸解者, 仰看俯視, 忿喘號嘎而已, 入一菓肆, 時新者頹積如邱, 以老錢一陌(十六葉用如我東一錢)買兩梨而出, 對樓酒旗, 飄颺檻前, 銀壺錫甁, 舞蹲檐外, 綠欄行空, 金扁映日, 左右青帘, 題神仙留玉佩, 公卿解金貂, 樓下車騎若干, 而樓上人聲如蜂鬧, 蚊沸, 余信步而上則, 胡梯十二級矣, 圍卓坐椅者或三四或五六, 皆蒙古回子而無慮數十對, 蒙古所戴, 如我東錚盤而無帽, 上施羊毛而染黃, 或有著笠者, 制如我東氈笠, 而或藤或皮, 表裏塗金, 或以五采錯畫雲物, 皆黃衣朱袴, 回子衣朱亦多黑衣, 以紅氈作弁, 而帽子太長, 只有南北兩簷, 形如出水卷荷, 又如研藥鐵, 兩端尖銳輕佻可笑, 余所著笠, 如氈笠(所謂笠範巨只) 飾鏤銀頂懸孔雀羽, 頷結水精纓,彼兩虜眼中以爲如何, 無論滿漢, 無一中國人在樓上者, 兩虜, 皆獰醜, 雖悔上樓而業已喚酒矣, 遂揀一好椅而坐, 酒傭問飮幾兩酒, 盖秤酒重也, 余敎斟四兩酒, 傭去湯, 余叫無用湯, 湯生酒秤來, 酒傭笑而斟來, 先把兩小盞鋪卓面, 余以烟竹, 掃倒其盞, 叫持大鍾來, 余都注一吸而盡, 群胡面面相顧莫不驚異, 盖壯余飮快也, 大約中國飮法甚雅, 雖盛夏, 必湯飮, 雖燒露亦湯, 杯如杏子, 掛齒細呷, 留餘卓上, 移時更呷, 未嘗健倒, 諸胡虜飮政大同, 俗所謂大鍾大椀, 絶無飮者, 余叫斟生酒, 一吸四兩, 所以畏彼, 特大膽如是, 眞怯而非勇也, 吾叫生酒時, 群胡已驚三分, 及見一吸乃大驚, 反似怕吾者, 余囊出八葉錢計與酒傭, 方起身, 群胡皆降椅頓首, 齊請更坐一坐, 一虜起自虛其椅扶余坐, 彼雖好意, 余背已汗矣, 余幼時見僮隷群飮, 其令, 有過門不入, 七十生男子汗出沾背, 吾性不耐笑, 三日腰酸, 今朝萬里塞上, 忽與群胡飮, 若爲觴令, 當日汗出沾背矣, 一胡起斟三盞敲卓勸飮, 余起潑椀中殘茶於欄外, 都注三盞, 一傾快嚼, 回身一揖大步下梯, 毛髮淅淅然, 疑有來追也, 出立道中回望樓上, 猶動喧笑, 似議余也, 歸館, 食時猶遠矣, 歷尹亨山所, 赴班矣, 轉徃奇按察亦不在寓矣, 又訪王鵠汀, 鵠汀出示毬亭詩集序一首, 文未能佳, 而通篇, 全述康熙及今皇帝盛德大業, 比隆堯舜太繁絮矣, 讀未卒, 昌大來言俄者皇上引接使臣, 又令徃見活佛云, 余促飯與灣裨, 入闕尋覔, 使臣已赴班禪所矣, 卽出闕門, 皇六子當門下馬, 馬亦止門外, 從者簇圍促步而入, 昨日乘馬直入, 今則下馬, 是未可知也, 循宮城左轉而行, 西北一帶, 山脚宮觀寺刹, 面面入望, 或有四五層樓閣, 所謂帆隨湘轉, 望衡九面, 所在軍舖, 宿衛壯士皆出視, 方余獨自彷徨則, 爭爲遙指西北, 遂挾河而行, 河邊白幕數千帳, 皆蒙古戍守之兵也, 又北轉遙望天際, 雙眼忽瞑, 盖半空金屋縹緲入望, 閃閃羞明而然也, 跨河浮橋幾一里, 橋施欄干紅綠相映, 數人行坐其上, 渺若畫中, 欲由此橋則沙上有人, 急來揮手若禁止之狀, 心忙意促而馬百鞭猶遲, 遂棄騎循河而上, 有石橋, 我人多往來其上, 入門則奇巖怪石層疊成級, 奇巧神出, 使臣及任譯, 自闕直來, 未及通, 方以爲惜, 見余至自意外, 皆嘲余癖於觀光, 皇城樹林中, 出紫紅綠碧瓦甍, 而或亭閣頂兜金胡盧, 未見屋上黃金瓦, 今此殿屋所覆金瓦, 雖未知純鑄鍍造, 而二層, 大殿二, 樓一, 門三, 其他亭閣諸色琉璃瓦皆奪顔色, 無復可觀, 銅雀瓦往往探爲古硏, 而窰造非琉璃也, 琉璃瓦未知始於何代, 而詩人所謂玉階金屋, 眞如今日所觀否, 其見於史傳者, 漢成帝爲昭儀治舍, 砌皆銅沓冒, 黃金塗, 顔師古曰, 砌門限也, 以銅冒頭, 而金塗其上, 又壁帶往往爲黃金釭函, 藍田璧, 明珠, 翠羽飾之, 服虔曰, 缸者壁中之橫帶也, 晉灼曰, 以金環飾之也, 伶佽孟堅輩, 努力加數番, 黃金字而千載之下, 一臨古紙猶令眼光閃爍, 然而此不過爲壁帶門限鋪張震耀耳, 誠使昭儀姊弟觀此者, 必自投床啼哭不食, 帝雖欲爲之, 安昌武陽之徒, 皆儒者也, 必傳經反覆, 而帝之力量, 不能爲耳, 設亦就之, 未知孟堅筆力將何鋪張, 其曰, 金殿縹緲耶, 當抹之矣, 又書曰, 金闕湧空耶, 一吟又抹矣, 曰, 起二層大殿瓦黃金塗, 或曰, 帝起黃金殿耶, 雖兩漢文, 常從小題起大鋪叙, 此千古作家遺恨, 界畫巧於宮室, 而宮室有四面, 又有內外, 又有複疊之勢, 雖西洋巧寫, 只畫一面則, 其三面不能畫也, 畫其外, 而室之內不能畫也, 其複殿疊榭回廊重閣, 只摹其飛檐翬甍而已, 其雕鏤之工細入秋毫, 畫者不能也, 此千古畫家遺恨, 吾夫子先已歎息於此二者, 曰, 書不盡言圖不盡意, 海內寺觀可以萬計, 而惟山西五臺山有金閣寺, 唐代宗大曆二年, 王縉爲相, 給中書符牒, 令五臺僧數十人, 散之四方求利以營之, 鑄銅爲瓦而塗金, 費鉅萬, 其閣至今猶在云, 今此瓦亦當銅鑄金鍍耳, 余少憩遼陽, 市中爭問有黃金帶來否, 余對曰, 金非土産, 人皆哂之, 及歷瀋陽, 山海關, 永平, 通州, 莫不問金, 余對如初, 則輒自指其帽頂曰, 這是東金, 余家燕巖近松都故, 數客遊中京, 乃所養燕商之處也, 每年七八月至十月, 金價驟騰, 一分, 售錢四十五葉, 或五十, 國中無所用金, 計文武二品金圈金帶, 非所常造, 多相假借, 新婚婦女之指環首飾, 計應無多則, 金可使賤如糞土, 而其貴如此者何也, 余未渡江時, 至博川郡下馬, 路傍納凉柳樹下, 男負女戴而行者, 所在成群, 皆携八九歲男女, 如饑歲流離, 恠而問之則曰, 徃赴成川金穴云, 視其器械, 一木瓢一布帒一小鑿而已, 鑿所以掘也, 帒所以盛也, 瓢所以淘也, 竟日淘土一帒則不勞而能食, 小兒女尤善掘善淘, 眼明尤善得, 余問竟日所得金幾何, 曰此係福祿, 或一日得十餘粒, 無福則得三四粒, 有福則片時爲富者, 粒形如何, 曰大約類稷殼, 勝於農利, 一人一日所得金雖微, 猶不下六七分則, 售錢二三兩, 非但農戶太半離壠畝, 四方無賴遊手, 自成邨落, 無慮十餘萬, 米穀百物, 湊集沽賣, 酒食餠飴, 彌滿山谷云, 吾未知此金, 歸於何地, 其採彌多, 而其價彌貴則, 今此屋瓦所塗, 安知非東金耶, 淸初歲幣首蠲黃金爲非土産也, 若有奸商冒法潛賣, 或爲大國朝廷所覺, 則非特生事可慮, 皇帝旣以黃金塗屋, 安知不設礦於我國乎, 臺上小亭小閣, 牕戶所塗, 皆我紙也, 穴牕視之, 或無一物, 或排設椅卓香爐花觚, 魚魚雅雅, 使臣落留下隷於門外, 嚴飭其毋得闌入, 而少焉盡爲上臺, 我譯及通官大驚, 叱令還出則以爲非渠輩所敢闌入, 守門者猶恐我人之不入, 爲導之上臺云, 別有所記札什倫布及班禪始末, 正使言朝者賜饌, 後少爲遲留因有引對之命, 通官導至正門前, 其東夾門侍衛諸臣或立或坐, 德尙書與郞中數人來立, 指揮使臣出入周旋之節而去, 良久軍機大臣以皇旨問曰, 爾國有寺刹乎, 又有關帝廟乎, 已而皇帝出自正門而仍坐門中甎上, 不設椅榻只設平牀鋪黃褥, 左右侍衛皆衣黃, 佩釵者不過三四雙, 黃繖分立者只二雙, 肅然無譁, 先令回子太子進前未數語而退, 次命使臣及三通事進前, 皆進前長跪, 長跪者, 膝地也, 非貼尻坐也, 皇帝問國王平安, 使臣謹對曰, 平安, 皇帝又問有能滿洲話者乎, 上通事尹甲宗以滿話對曰, 略解, 皇帝顧視左右而喜笑, 皇帝方面白晳而微帶黃氣, 鬚髥半白貌若六十歲, 藹然有春風和氣, 使臣退立班次, 武士六七人, 鱗次進射, 發一矢則輒跪高聲唱喏, 其中者二人其的, 如我東菊革而中畵一獸, 射畢, 皇帝卽還內, 侍衛皆退出, 使臣亦退出, 未及一門, 軍機出傳皇旨, 使臣直徃札什倫布, 見班禪額爾德尼云, 按西番在四川雲南徼外, 所謂藏地, 蓋在番外,益遠中國, 康熙五十九年策妄阿喇布垣, 誘殺拉藏汗, 占據城池, 毁其廟堂, 逐散番僧, 於是以都統延信, 爲平逆將軍, 噶爾弼, 爲定西將軍, 將兵送新封之達賴刺麻, 藏地悉平, 振興黃敎, 所謂黃敎, 未知何道, 而蒙古諸部之所崇信故, 藏地或被侵擾之患, 則自康熙時, 親統六師至寧夏, 遣將援救, 爲定其亂, 非一再也, 乾隆乙未, 索諾木叛金川則, 帝恐梗藏路命阿桂, 爲定西將軍, 豊昇額明亮, 爲副, 海蘭察舒常, 爲叅贊, 福康安奎林等, 爲領隊, 進兵討平之, 是役亦爲西藏也, 其地皇帝之所私護, 而其人, 天子之所師事, 以黃名其敎者, 意者黃老之道耶, 西藏之人冠服皆黃, 蒙古效之, 而亦尙黃則, 以皇帝之猜暴, 何獨不忌此黃花之謠耶, 額爾德尼, 非西僧之名, 西番之地, 亦有此號, 鬼怪荒唐, 難得要領矣, 使臣雖勉强就見, 內懷不平, 任譯則猶恐生事, 以急急彌縫爲幸, 下隷則莫不心誅番僧, 腹誹皇帝, 爲萬邦共主, 弗可不愼其一擧措也, 及還舘中, 中原士大夫皆以余得見班禪莫不榮羨, 亦莫不極口贊美其道術神通, 其希世傳會之風, 如是夫, 終古世道之汚隆, 人心之淑慝, 莫不由上導之也, 小飮郝志亭所, 是夜月盆明(話載黃敎問答)。

12일 무오(戊午). 날이 맑다.

사신은 대궐로 들어가서 연극 구경을 하고, 나는 졸리고 피곤하여 그만 누워서 한잠 자고는 아침을 먹은 뒤 천천히 대궐로 들어갔다. 사신은 반렬에 참여하러 들어간 지가 오래되었고 역관들과 여러 비장들은 모두들 대궐 문 밖에 있는 조그마한 둔덕 위에 떨어져 남아있었다. 통관도 역시 들어가지 못하고 여기에 앉아 있었다. 풍악 소리는 대궐 담장 안 바로 지척에서 들려 나왔다. 작은 대문 틈으로 들여다보니 잘 보이지 않아 다시 담장을 여나무 자국 돌아가니 소각문이 하나 섰고, 대문은 한 짝은 열렸기에 내가 들어서고자 할 때 군졸 몇 명이 있다가 못 들어가도록 막고 그저 문 밖에 떨어져 서서 구경하라고 했다. 문 안에 선 사람들은 모두들 문을 등지고 죽 늘어서서 조금도 발을 옮기지 않고 나무로 깎아 세운 등신불처럼 까딱도 않고 서 있어서 들여다볼 틈 사이가 없었다. 간신히 보이는 것이 사람들 머리 위로 은은하게 푸른 소나무, 전나무가 들어선 산 모양이 가끔 눈 깜박할 사이에 보이다가 갑자기 없어지고, 다시 오색 저고리 수놓은 두루마기를 입은 자가 얼굴에 분과 연지를 바르고 허리 위를 사람들 머리 위로 내민 것이 무슨 가마 같은 것을 탄 것 같아 보였다. 무대는 상거가 그리 멀지 않았지만 깊숙하고 음침한 것이 꿈속에 보는 음식상 같이 맛을 알 수 없었다.

  문 파수 보는 자가 담배를 달라기에 좀 주었더니 또 한 사람은 내가 오랫동안 발을 돌 위에 디디고 선 것을 보고는 걸상 한 개를 가져다 놓으면서 그 위에 서서 구경하라고 하기에 나는 한 손으로는 그 자의 어깨를 붙잡고 한 손으로는 문 모서리를 잡고 보았다.

  연극 노는 사람들은 모두 한족 복색을 한 자들인데 4, 5백명이나 갈라서 번갈아 우르르 몰려 나왔다가 우르르 들어갔다가 하면서 합창으로 노래를 불렀다. 나는 걸상에 올라선 것이 오리가 시렁 위에 올라선 것 같아 오래 설 수 없어 다시 아까 앉았던 작은 둔덕 위 나무 그늘 밑으로 와서 앉았다. 이 날은 몹시도 날이 더운데 둘러서서 구경하는 사람 속에는 모자 꼭대기에 수정 구슬을 단 친구들도 많이 있었다. 알지 못하겠구나 어떤 나으리님들인지.

한 청년이 대문을 나와 가는데 모두들 비켜 선다. 그 청년은 걸음을 주춤하면서 따르는 시종군들에게 무슨 말을 하는 듯 돌아다보는 눈빛이 꽤 사나와 보였다. 모두들 끽 소리 없이 허리들을 굽신거리더니 군졸 두 명이 채찍을 들고 나와 사람들을 물리친다. 앉아 있던 회교 사람 한 명이 벌떡 일어서더니 두 병졸의 얼굴에 침을 뱉으면서 한 주먹 쥐어박았다. 청년은 옆눈을 슬쩍 흘기면서 지나갔다. 누구인지 물었더니 모자 꼭대기에 수정 구슬을 단 자는 호부상서(戶部尙書)의 화신(和臣)이라고 한다.

신은 원래 난의사(鑾儀司)[71]의 한개 위졸(衛卒) 출신으로 성질이 교활하고 붙임성이 좋아 5, 6년 동안에 벼락감투를 쓰게 되어 구문제독(九門提督)[72]을 거느리고 병부상서 복륭안(福隆安)과 함께 언제나 황제의 좌우에 붙어 있어 조정에서 그 지위를 떨치고 있다. 이시요(李侍堯)가 해명(海明)에게 뇌물 먹인 사건을 적발하고 우민중(于敏中)의 집을 압수하고 아계(阿桂)를 내쫓아 낸 것은 다 화신의 세도로서 이것이 모두 금년 봄 이래로 된 일들이다. 여럿이들은 곁눈질을 해 보면서 말하기를, '황제는 방금 여섯 살 난 황녀를 화신의 어린 아들과 약혼하였다'고 한다. 황제는 나이 많아지면서 성미가 괄괄하여 툭하면 좌우에 있는 자들이 매를 맞는 것이 일수인데 황제가 그 황녀를 가장 귀

---

71) 황제가 행차할 때 필요한 사무와 의장을 맡은 관서. 경호하는 관서.
72) 황성의 각 성문을 지키는 장군들.

여워함으로 혹시 황제가 성을 몹시 낼 적에는 궁녀들은 얼른 어린 황녀를 안아다가 황제 앞에 갖다 두면 황제는 절로 성이 풀어져 버린다고 한다.

이 날은 황제로부터 참반한 자들에게 세 차례나 사찬이 있었다고 한다. 사신도 역시 조정 고관들과 같이 사찬을 받았다. 떡 한 그릇은 누른 떡, 흰 떡 두 층인데 네모가 반듯하고 빛은 황밀빛이 나고 굳고 딱딱하여 칼이 들어가지 않아 토막을 낼 수 없었으며, 위층 떡은 더 따뜻해 보이고 번지르하기가 옥 같았다. 떡 위에는 선관(仙官) 한 사람을 만들어 세웠는데 수염과 눈썹 같은 것이 살아 꿈틀거리는 것 같고 입힌 복장이며 손에 잡은 홀이 야단스러웠다. 양쪽에는 또 동자를 세웠는데 아로새긴 솜씨가 아기자기하였으니 모두 밀가루와 사탕무를 섞어 만들었다.

이런 허수아비를 만들어 장례 때 묻는 것도 옳다고 볼 수 없는 일인데 더구나 사람이 먹을 것이랴. 사탕 종류가 십여 종이나 되는데 한 그릇에 고여 담았고, 양고기가 한 그릇이다. 또 조정 대관들에게 채단과 수놓은 주머니 같은 물건을 주었는데 우리 정사에게도 비단 다섯 필과 주머니 여섯 쌍과 콧담배통 한 개를 주었고, 부사와 서장도 약간씩 등차를 내고 주었다.

저녁은 약간 흐려지면서 달이 없었다.

十二日 戊午

晴, 曉使臣入班聽戲, 余睡甚倦, 仍臥穩睡, 朝飯後徐行入闕則使臣久已叅班, 任譯及諸裨, 皆落留宮門外小阜上, 通官亦坐此, 不得入, 樂聲出墻內咫尺之地, 從小門隙窺之, 無所見矣, 循墻十餘步, 有一小角門, 門扉一掩一開, 余畧欲入立則, 有軍卒數人禁之, 只許門外張望, 門內人, 皆背門而排立, 不少離次不搖身如植木, 偶無片闖可窺, 只從人頂間空處, 隱隱見一座靑山, 翠松蒼柏, 轉眄之頃倏忽不見, 又彩衫繡袍者, 面傅朱粉, 腰以上高出人頂似乘軒也, 戲臺相距不遠而深邃陰森, 如夢中盛饌喫不知味矣, 門者丐烟卽給之, 又一人見余久翹足而立, 提一凳子, 令我登其上望之, 余一手托其肩, 一手拄楣而立, 呈戲之人, 皆漢衣冠, 四五百迭進迭退, 齊唱樂歌, 所立凳子, 如鳧乘架, 難久立矣, 還坐小阜樹陰下, 是日極熱環觀如堵, 其中多晶頂, 未知何許官員也, 有一少年出門而去, 人皆辟易, 其少年乍停武, 有所言於從者, 顧視甚猛, 皆肅然慴伏, 有二卒持鞭來辟人, 回子坐者, 勃然起立, 唾二卒面一拳打倒, 少年官, 流眄而去, 問之, 晶頂者, 乃戶部尙書和珅也, 眉目明秀俊峭輕銳, 而但少德器, 年方三十一云, 珅本起自鑾儀司衛卒, 性狡黠善迎合, 五六年間, 驟貴統領九門提督, 與兵部尙書福隆安, 常侍左右, 貴振朝廷, 發李侍堯納海明賄金, 籍于敏中家, 出阿桂視河, 皆和珅有力焉, 今歲春夏間事也, 人皆側目而視云, 皇帝方以六歲皇女, 約婚於珅之幼子, 皇帝春秋高多躁怒, 左右數被鞭撻而最愛此女故, 帝方盛怒時, 宮人輒抱置幼女於帝前, 帝爲霽威怒云, 是日宣賜在班, 茶饌三次, 使臣亦與朝紳, 一例得餉, 餠一器, 黃白二層四面方正, 色如黃蠟堅密細膩, 不入刀剉, 上層尤溫潤如玉, 餠上立一仙官, 鬚眉生動袍笏華鮮, 左右又立仙童, 雕刻奇巧, 皆麪和蔗造成, 作俑且不可, 況人可食乎, 糖屬十餘種合貯一器, 羊肉一器, 又賜朝紳等綵緞繡囊諸物, 而正使緞五疋, 囊六對, 鼻烟壺一個, 副使書狀, 各減有差, 夕小陰無月色。

13일 기미(己未).

새벽에는 비가 좀 뿌리다가 아침나절에는 맑게 개다.

사신은 만수절 축하에 참례를 하기 위하여 5경에 대궐로 갔다. 나는 조용히 자다가 아침에야 일어나 천천히 대궐 턱까지 가니 누른 보자기를 덮은 일곱 틀이나 되는 큰 상을 궐문 앞에 놓고 쉬고들 있었다. 모두 옥으로 만든 기물과 금부처 한 개가 있는데 크기가 보통 사람만이나 되어 보였다. 다들 호부상서 화신의 진상품이라고 한다.

이날 또 세 차례나 사찬이 있었고 사신에게는 사기로 만든 차 주전자 한 개, 찻종과 받침대가 한 벌 등으로 엮은 빈랑(檳榔)주머니 한 개, 손칼 한 자루, 자양차(紫陽茶)를 넣은 주석병 한 개의 하사가 있었다.

저녁나절에는 작은 환관이 네모난 주석병 한 개를 황제의 하사품이라고 내놓고 갔다. 통관이 보고 차라고 한다. 누런 비단으로 병 주둥이를 봉했다. 이윽고 봉한 비단을 풀고 본즉 색은 누르고 약간 붉은 빛이 나는데 술과 같았다. 서장이 말하기를,

"이 까닭에 이 술을 황봉주(黃封酒)라 한다."

고 했다. 맛은 달아도 아무런 향기가 없고 조금도 술기가 없었다. 다 따르고 보니 여지(荔枝) 여나무 개가 떠서 나왔다. 여럿

이들은 이 술은 여지로 담은 술이라고 저마다 한 잔씩 마시고는 다들 술맛이 좋다고 했다. 비장 역관 같은 사람들 중에 술을 먹을 줄 모르는 사람은 몹시 취할 것이라고 감히 한 방울도 입에 대지 못했다. 통관들도 목을 길게 뽑고는 침을 흘렸다. 수역은 조금만 달라고 하여 잔에 남은 몇 방울을 얻어서는 돌려가면서 맛을 보고는 좋다고 칭찬을 하고 대궐에서 빚은 일품 술이라고 하면서 이윽고 일행들은 서로 쳐다보면서 꽤 취한다고 말했다.

밤이 되어 기공을 찾아가 한 잔을 내놓은즉 기공은 배를 쥐고 웃으면서 이것은 술이 아니요, 여지즙이라고 했다. 곧 소주 대여섯 잔을 타고 보니 빛은 고와지고 맛은 맑고 향기가 곱절이나 나게 되었다. 대체로 여지 향기는 술기운을 타서 냄새를 더 풍기게 된 까닭이다.

좀 전에 꿀물을 마시고는 향내 이야기를 하고 여지즙을 맛보고는 취한다고 떠드는 자야말로 곧 종소리를 듣고서 해를 측량함이나 매실을 쳐다보고 갈증을 축이는 자와 무엇이 다르랴.

이날 밤 달은 아주 밝아 기공과 함께 명륜당으로 나가 난간 아래를 거닐었다. 나는 달을 가리키면서 물었다.

"달의 몸뚱이는 언제나 둥글어 햇빛을 빙 둘러 받고 보니 이 때문에 지구에서 본 달은 찼다가 기울다가 하는 것이 아닐까?

오늘 밤 저 달은 온 세계가 다 같이 본다고 치면 보는 장소에 따라서 달은 살찌고 여위고 깊고 옅음이 있지 않을까?

별은 달보다 크고 해는 땅덩이보다 크되 보기에는 그와 달라 보이는 것이 멀고 가까운 까닭이 아닐까?

만약에 이것이 참말이라면 해와 땅과 달들은 모두 허공에 둥둥 뜬 별들이 아닐까?

별로부터 땅을 볼 때도 역시 그렇게 보일 것이 아닐까?

땅과 해와 달이 한 줄에 꿴 듯이 이어져 반짝반짝 세 개로 놓여 있는 것이[73] 하고(河鼓)[74]와 다름없을 것이 아닐까?

땅 위에 붙어 있는 천종만물은 어떤 것이고 모양이 둥글둥글할 뿐 하나도 네모진 물건을 볼 수 없는데 다만 방죽(方竹)[75]과 익모초(益母草) 줄기가 네모졌다지만 이것도 네모 반듯한 물건이라고는 할 수 없으니 네모 반듯한 물건은 과연 찾을 수 없거늘 무엇 때문에 땅덩이만 네모난 물건이라고들 할까?

만일에 땅덩이를 네모졌다고 하면 월식을 할 적에 달을 검게 먹어 들어가는 변두리가 왜 활등같이 둥글어 보일까?

땅덩이가 네모났다고 주장하는 자는 무엇이나 방정(方正)해야 된다는 대의에 비겨서 물체를 인식하려고 들고, 땅덩이가 둥글다고 주장하는 자는 실제에 뵈는 형체를 믿고 대의는 염두에 안 두는 것이다. 이런 의미로 보아 땅덩이란 실지 물체는 둥글고 대의로 말한다면 방정하다고 말함이 아닐까?

해와 달은 오른쪽으로 수레바퀴처럼 돌고 돌아, 도는 궤도가 해는 크고 달은 작으며 도는 속도가 늦고 빠름이 한 해와 한 달은 일정한 도수에 맞고 있거늘 해와 달이 땅을 둘러 싸 왼편으로 돈다는 말은 우물 속에서 보는 견식이 아닐까?

땅덩이의 본바탕이란 둥글둥글 허공에 걸려 사방도 없고 아래 위도 없이 쐐기(楔子) 돌듯 돌다가 햇빛을 처음 받는 곳을 날이 샌다고 말하는 것이 아닐까?

지구가 더 돌아 처음에 해와 마주 대하는 데는 차차 어긋나가면서 멀어져 오정도 되고 해가 기울기도 하여 밤과 낮이 되지 않을까? 비유해

---

73) 〈삼국지연의〉에 나오는 조조(曺操)의 고사.

74) 견우성 북쪽에 있는 삼태성을 말함.

75) 중국산으로 네모진 대나무.

서 말하자면 창구멍이 뚫어진 데로부터 햇살이 새여 콩낟만하게 비친다고 하자. 창 아래는 맷돌을 햇살 비치는 자리에 놓고 바로 햇살 비치는 자리에 먹으로 표를 해 두고는 다음에 맷돌을 돌리고 보면 먹자욱은 비친 곳에 그대로 남아 있을 것인가? 그렇잖으면 서로 떨어져 사이가 벌어져 갈 것인가?

맷돌짝이 한 바퀴를 돌아 다시 그 자리에 돌아오면 햇살 비치는 자리와 먹자욱은 잠시 포개졌다가는 또 다시 떨어지게 될 것이니 지구가 한 바퀴 돌아 하루가 되는 것도 이런 이치가 아닐까?

또 등불 앞에 놓인 물레를 가만히 두고 보면 물레바퀴가 돌 적에는 물레바퀴의 군데군데가 등불 빛을 받고 있으니 그렇다고 등불이 물레바퀴를 돌고 있는 것은 결코 아니니 지구의 밝고 어두운 이치도 역시 이런 것이 아닐까?

그러면 해와 달은 원래가 뜨고 지는 것이 아니요, 오고 가고 하는 것도 아닌데 사람들은 땅이 움직여 돌지를 않고 언제나 한 자리에 박혀 있다고 너무 믿기 때문에 생긴 착각이 아닐까? 명백한 이론을 찾지 못한 즉 이 땅의 춘, 하, 추, 동을 가리켜 그 방위를 따라 논다고 해 버렸으니 결국 논다는 것은 나가고 물러서고 하는 것을 말함이요, 올라갔다 내려갔다 하는 것을 말하는 것으로서 이미 논다고 할 바엔 차라리 돈다고 함이 어떨까?

저 착각을 한 자들은 말하리라. 땅덩이가 만약에 돈다고 한다면 땅 위에 실렸던 일체 물건들은 엎어지고 자빠지고 기울어져 떨어질 터이라고. 만약에 쏟아져 떨어진다면 어느 땅에 떨어질 것인가?

만약에 이렇다면 저 허공에 달린 별들과 은하는 기운대로 돌다가 무엇 때문에 떨어져 쏟아지지 않고 그대로 있을까?

움직이지도 않고 돌지도 않고 생명도 없는 덩어리로 된 물건이 어째서 썩지도 부서지지도 흩어지지도 않고 그대로 남아 견딜 것인가?

땅덩이 거죽에 생물들이 붙어서 살 때는 둥근 방울 가장자리에다가 발을 붙이고 어디서나 머리에 하늘을 이고 있는 것을 비겨 본다면 수없는 개미와 벌들이 혹시 꼿꼿이 선 바람벽에 기어가기도 하고 혹시는 천장에 붙어서 사는 것을 누가 바람벽에 가로 붙어 섰다고 할 것이며 누가 천장에 거꾸로 붙어 섰다고 할 것인가?

지금도 이 땅덩이 밑창에는 역시 바다가 있을 터인데 만약에 땅 거죽에 붙어 사는 생물들이 안 떨어지는가 의심을 한다면 땅 밑창 바다는 누가 동둑을 쌓아 두었다고 물이 안 쏟아지고 그대로 있을 것인가?

저 하늘에 총총한 별들은 그 크기가 얼마씩이나 될 것이며 역시 겉껍질은 지구나 다름이 없잖을까?

별도 껍데기가 있을진대 생물이 붙어 살 터이니 역시 그럴까? 만약에 생물이 있다면 따로 또 세상을 열어 창조해 놓고 새끼까지 쳐가면서 살 것이 아닌가?

지구는 둥글게 생겨 원래 음양(陰陽)이 없을 터인데 해로부터 불기운을 받고 달로부터 물 기운을 얻어 흡사 살림꾼이 동쪽 이웃에서 불을 빌리고 서쪽 집에서 물을 얻는 것이나 다름없으니 한 쪽은 불이요, 다른 한 쪽은 물인지라 이것이 소위 음양이 아닐까?

억지로 오행이라고 이름을 붙여 쇠(金)와 나무(木)와 물(水)과 불(火)과 흙(土)이 서로 낳고 저마다 이겨(相生相剋) 낸다고 한다면 바다에 큰 풍랑이 일 적에 불꽃이 너울너울 타오르는 현상[76]은 무슨 까닭이라고 할까?

얼음 속에는 누에가 살고, 불 속에 쥐가 살고[77], 물 속에는 고기가 살고 가지각색 생물들은 어디나 붙어 있는 곳이 저들로 보아서는 다 땅이다.

---

76) 옛날 사람들은 바다에 풍랑이 심할 때 일광 반사로 일어나는 현상을 불꽃으로 보아온 데서 나온 말임.

77) 얼음 속에 산다는 누에는 중국의 전설에 빙잠(氷蠶)이라 하여 이 누에 실로 짠 비단은 불에도 안 탄다 하고 불 속에 산다는 쥐는 화서(火鼠)라고 하여 〈산해경〉이란 책에 나오는 전설적 동물이다.

만약에 달 속에도 세계가 있다면 오늘 이 밤에 두 명의 달세계 사람이 난간머리에 마주 서서 달빛 아닌 땅 빛의 차고 기우는 이야기를 아니 한다고 누가 알 것이랴."
했다.
　기공은 내 말을 듣고 우스워 죽겠다고 하고는,
　"참 용한 이야기요. 땅이 둥글다는 이야기는 서양 사람들이 처음 말했지만 땅덩이가 돈단 말은 하지 않았는데 선생의 이 학설은 자신이 터득한 학설인가요, 그렇잖으면 어느 선생으로부터 계승한 학설인가요?"
하고 물었다. 나는,
　"사람의 일도 모르는 터에 하늘 일을 어떻게 알겠소. 저는 본디 수학이 어두운 터에 비록 칠원옹(漆園翁)[78]의 깊은 생각으로써도 아득한 우주에 관한 지식은 덮어 두고 해설을 않았지요. 이것은 내가 터득한 지식이 아니라 들은 지식이랍니다. 우리 친구에 홍대용[79]이란 사람이 있어 호는 담헌인데 학문을 좋아하되 사람이 꼼꼼하지 않아 일찍이 나와 함께 달구경을 하면서 농삼아 이런 이야기를 했습니다. 대체로 황당하여 종잡기 어려우니 성인의 지혜로써도 해득하기 어려울 것입니다."
　기공은 웃으면서,
　"남의 꿈속 길을 동행할 수야 없지요. 당신의 친구 되시는 담헌 선생의 저서는 몇 권이나 됩니까?"
　"아직 저서는 없나보외다. 선배 되시는 김석문(金錫文)[80]이란 분이 있어서 일찍이 삼환부공설(三丸浮空說)[81]을 말했는데 제 친구가 특히 흥미

---

78) 중국의 전국 시대의 철인인 장자의 별명.
79) 홍대용(1731~1783) 호는 담헌(湛軒), 조선 실학자.
80) 김석문(金錫文)은 조선조 숙종 때의 학자로서 별호는 대곡(大谷).
81) 해와 달과 땅 세 개 둥근 방울이 공중에 떠 있다는 학설.

로워서 이 학설을 부연하였습니다. 그러나 지금 들으시다시피 꼭 들어맞고 자세하다고는 할 수 없습니다. 또 아직도 이것을 남에게 그대로 믿어 달라고 한 적도 없습니다. 나 역시 오늘 밤 달구경을 하다보니 문득 친구 생각이 나면서 한바탕 늘여놓고 보니 친구를 만나 본 듯도 하외다."

 여천(麗川)은 한인과는 다르기 때문에 담헌이 일찍이 남방 인사들과 섞여 논 이야기를 내놓고 이야기할 수 없었다.

 기공은 나에게,

 "김석문 선생의 지은 시가 있거든 한 두 구절 들려주실 수 없을까요?"

 "나는 그 분의 시를 외우는 것이 없습니다."

 기공은 나를 끌고 자기 처소로 들어가니 방안에는 벌써 촛불을 네 자루나 켜 놓고 큰 교자상 한 상을 잘 차려 두었다. 나 때문에 차린 자리다. 고급 과자 세 그릇, 각색 사탕 세 그릇, 용안육, 여지, 낙화생, 매실이 서너 그릇, 닭과 거위와 오리를 주둥이와 발이 달린 채로 놓고, 돼지를 통째로 껍질을 벗겨 용안육, 여지, 대추, 밤, 마늘, 후추, 호도, 살구씨, 수박씨들을 섞어 볶기도 하고 떡 같이 찌기도 했는데 맛은 달고 미끄럽고 너무 짜서 먹기 어려웠다.

 떡과 과일들은 좀 남았다. 이윽고 다 물리고는 다시 채소와 과일만 각 두 접시씩 차리고는 소주 한 주전자로 시름시름 따라가면서 조용히 이야기들을 하였다(이야기는 〈황교문답〉에 실었다=원주). 닭이 두홰째나 울어 자리를 파하고 숙소에 돌아와 누워 이리 뒤척 저리 뒤척 잠을 청하다 보니 하인들이 벌써 잠을 깨웠다.

十三日 己未

曉, 少灑雨朝快晴, 使臣爲叅萬壽節賀班, 五更赴闕, 余得穩睡, 朝起徐行至闕下, 覆黃袱者七架子, 置門下休息, 皆玉器玩, 金佛一座, 大可如中人坐者, 皆戶部尙書和珅所進云, 是日宣饌三巡, 又賜使臣瓷茶壺一, 茶鍾具臺一, 藤絲結檳榔囊子一, 刀子一, 紫陽茶錫壺一, 夕間小黃門, 臨宣一錫方壺, 通官曰, 茶也, 黃門卽馳去, 以黃絹封壺口, 於是解其封則色黃而微赤如酒, 書狀曰故是黃封酒也, 味甘氣香, 全無酒意, 盡瀉則有荔支十餘個浮出, 僉曰, 此荔支所釀也, 各飮一杯, 皆曰, 好酒也, 遂及裨譯則有不飮者, 不敢一呷, 恐致大醉, 通官輩亦延頸流涎, 首譯爲丐餘瀝以給之則輪嘗之, 莫不稱贊曰, 好宮釀也, 久之, 一行相顧曰, 醉也, 及夜訪奇公, 以一盞示之, 奇公大笑曰, 此非酒也, 乃荔支汁也, 遂出燒酒五六盞以和之, 色淸味洌異香自倍, 蓋香乘酒氣, 尤發薀馥, 向之飮蜜水而論香, 嘗荔汁而言醉者, 卽何異聞鍾揣曰, 望梅止渴耶, 是夜月益明, 余携奇公出明倫堂, 步月欄干下, 余指月而問曰, 月體常圓環受日光, 由此地觀有盈虧乎, 四海今宵, 一齊看月, 隨地測影, 月膚肥瘦, 有淺深乎, 星大於月, 日大於地, 視有鉅細, 由近遠乎, 信玆說也, 日地月等浮羅大空, 勻是星乎, 自星望地, 亦若是乎, 其將地線, 絡日聯月, 耿耿三星如河鼓乎, 地膚所傳種種萬物, 形皆團圓無一方者, 獨有方竹及益母草, 雖其四楞方則未乎, 求物之方果無一焉, 何獨於地, 議其方乎, 若謂地方, 彼月蝕時, 闇虛邊影, 胡成弧乎, 謂地方者, 諭義認體, 說地毬者, 信形遺義, 意者大地其體則圓, 義則方乎, 日月右旋, 翻轉如輪, 圈有大小, 周有遲疾, 歲朞月朔, 各有其度, 左旋繞地, 匪井觀乎, 地之本體, 團團掛空, 無有四方, 無有頂底, 亦於其所旋如楔子, 日初對處爲朝暾乎, 地毬益轉, 與初對處, 漸違漸遠, 爲中爲昃爲晝夜乎, 譬諸牕眼, 漏納陽光, 如小荳子, 牕下置磨, 對光射處, 以墨識之, 于是轉磨, 墨守其陽不遷徙乎, 抑相迤迄不相顧乎, 及磨一周復當其處, 陽墨纔會, 瞥然復別, 地毬一周而爲一日, 亦若是乎, 又於燈前試觀紡車, 紡車轉處面面受明, 非彼燈光繞此紡車, 地毬晦明, 亦若是乎, 然則日月本無昇沉, 本無徃來, 篤信地靜, 謂無動轉, 乃其惑乎, 求說不得則, 謂此地春夏秋冬, 各隨方游, 謂其游者, 謂有進退謂有昇降, 與其游方, 寧無轉乎, 彼其惑者謂地轉時, 凡載地者莫不顚倒傾覆墮落, 如其墮落歸何地乎, 信若是也則, 彼麗空星辰河漢隨氣轉者, 何不顚倒墮落乎, 有不動轉, 塊然死物, 安得不且腐壞潰散而常住乎, 地之皮殼, 生物傳焉, 緣毬合武, 莫不戴天, 譬諸蜂蟻, 或有緣行, 或有抑棲, 誰爲橫縱與竪倒乎, 今此地底, 應亦有海, 若疑生物傾覆墮落, 彼地底海, 誰爲堤防而常盈乎, 彼列星者, 其大如許, 亦有皮殼如地毬乎, 旣有皮殼, 其傳生物, 亦若是乎, 其有生物, 各開世界, 相子牧乎, 地毬團圓, 本無陰陽, 珠日而火鏡月而水, 猶彼家生, 求火東鄰, 資水西舍, 一火一水, 爲陰陽乎, 强名五行相生相剋, 大海風浪, 炎火煽燼, 其何故乎, 氷有蠶焉, 火有鼠焉, 水有魚焉, 彼諸蟲者, 皆以所處, 各爲其地, 若謂月中亦有世界, 安知今夜不有兩人同倚欄頭, 對此地光論盈虛乎, 奇公大笑曰, 奇論奇論,地毬之說, 泰西人始言之而不言地轉, 先生是說自理會歟, 抑有師承否, 余曰, 不知人焉知天, 僕素昧度數之學, 雖漆園翁之玄玅曠達, 至於六合之外則, 存而不論吾非心得, 乃是耳剽, 吾友洪大容號湛軒, 學問好不局滯, 嘗與我對月戲作此語, 大約荒唐難稽, 雖有聖智, 未可難倒, 奇公大笑曰, 他人夢中, 不可去走一遭, 貴友湛軒先生有著書幾卷, 余曰, 敝友未嘗著書, 先輩金錫文, 先有三丸浮空之說, 敝友特演說以自滑稽, 亦非見得委實如是, 又不曾要人委實信他, 吾亦於是刻, 對月偶思吾友, 特又演說一番如見吾友, 麗川異於漢人, 故不敢道, 湛軒杭士舊遊, 奇公曰, 金錫文先生可聞一二佳句, 余曰, 未譜他曾有佳句, 奇公携余入其炕, 已張四枝燭大卓設饌甚盛, 爲余專設也, 香饍三器, 雜糖三器, 龍眼荔支落花生梅子三四器, 鷄鵝鴨皆連嘴帶足, 全猪去皮, 錯以龍荔, 棗栗, 蒜頭, 胡椒, 胡桃肉, 杏仁, 西苽仁, 爛蒸如餠, 味甘膩而太纊不堪食矣, 餠菓盛皆高尺餘, 良久盡撤去, 復設蔬菓各二器燒酒一注子, 細酌穩話(話載黃敎問答) 鷄已二唱, 乃罷還寓, 轉輾不能寐而下隷已請起寢矣。

14일 경신(庚申), 날이 맑다.

삼사는 밝기 전에 대궐로 입궐하고 혼자 실컷 자고는 아침에 일어나 윤형산을 찾아갔다가 다시 왕곡정을 찾아 같이 시습재(時習齋)로 들어가서 악기 구경을 하였다.

거문고, 비파 등속은 다 길고도 넓으며 붉은 비단에 솜을 두어 주머니를 만들었고 거죽은 붉은 털천으로 쌌다. 종과 경(磬)[82]들은 시렁에 달아 매여 두었는데 역시 두터운 비단으로 덮었고 비록 축어(柷敔) 같은 악기라도 다들 특이한 비단으로 집을 만들어 넣어 두었다.

대체로 거문고, 비파 등속은 그 모양이 너무 크고 옻칠이 두터웠으며 생황, 젓대, 퉁소 등속은 궤짝 속에 넣어 두고는 단단히 채워 구경할 수가 없었다.

곡정의 말을 들으면,

"악기를 보관해 두기는 매우 까다로워 습기 있는 곳을 피해야 되고, 너무 건조한 데도 나쁘고, 거문고 위에 묻은 때는 소위 사자학(獅子瘧)이라고 하며, 거문고 줄 위에 묻은 손때는 앵무장(鸚鵡瘴)이라고 하며, 생황의 부는 구멍에 말라붙은 침은 봉황과(鳳凰過)라고 하며, 종이나 경에 앉은 파리똥은 뇌화상(癩和尙)이라고 부른답니다."

고 하였다.

웬 얼굴이 잘난 젊은이가 바쁘게 들어오더니 눈을 부라리고 나를 보면서 내 손에 든 작은 거문고를 빼앗아 부리나케 집에 집어넣었다. 곡정은 눈이 둥그레지고 나도 일어서 나오자니 그 젊은이는 웃으면서 나를 붙들고 청심환을 달라고 했다. 나는 없다고 대답을 하면서 나왔더니 그 자는 매우 무안해했다. 실상은 내 허리 전대 속에 환약이 여나무 알 있었지만 이 자의 버릇이 괘씸하여 주지 않았던 것이다. 이 자는 곡정에게 절을 한 번 꾸뻑하고는 가 버렸다. 나는 곡정에게 그 자가 누구냐고 물었더니 곡정은,

---

82) 옥돌로 일정한 모양을 만들어 치면 소리를 내는 악기. 돌악기.

"그 애가 윤가정 영감을 따라 온 서울 아이올시다."

"그 자가 악기 건사에 무슨 참견을 하나요."

"아무런 상관이 없습니다. 단순히 조선 환약을 짜내기 위하여 염치 불구하고 선생을 속이려고 든 것이니 마음에 두실 것 없습니다."

하였다.

나는 생각없이 대문 밖을 나섰더니 수백 필 말떼가 대문 앞을 지나갔다. 목동 한 명이 큰 말을 집어타고 수숫대 한 개비를 쥐고 따라갔다.

뒤따라 소 30~40마리가 가는데 코도 꿰지 않고 뿔도 잡아매지 않고 뿔은 한자 넘게 길고 빛깔은 푸른빛이 많았다. 또 당나귀 수십 마리가 따라 가는데 목동이 방아공이 만한 막대기를 가지고 맨 앞엔 놈을 힘껏 한 대 후려갈기니까 푸른 소는 식식거리면서 달려갔다. 소 떼도 따라 가는데 소들은 열을 지어 행렬을 하다시피 하고 갔다.

모두가 아침나절 방목을 하기 위하여 끌고 나가는 것이다. 이윽고 천천히 걸어가면서 자세히 보니 집집이 대문을 열고 말이야, 나귀야, 소, 양떼를 수십 마리씩 몰아 내놓았다.

돌아와서 우리가 든 집 밖에 매어 둔 말 꼴을 보니 참말 한심한 노릇이다. 나는 일찍이 정석치(鄭石癡)[83]와 같이 조선 말값 이야기가 나서 나는 말하기를,

"모르기는 하지만 불과 몇 해 안가서 베갯머리에서 조그마한 담뱃대 통으로 말구유로 삼아 말을 먹이게 될 것이네."

했더니 석치는,

---

83) 이름은 철조(哲祚)요, 벼슬은 정언(正言)이요, 술을 잘 먹고 서화가 능하다= 원주.

"그게 무슨 말인가?"

하고 물었다.

"가을 병아리를 여러 번 번갈아 씨를 받아 4, 5년만 지나면 베개 속에서 울음을 우는 꼬마 닭이 되는데 이것을 침계(枕鷄)라고 부른다네. 말도 역시 종자가 작아지면 나중은 베개말이 안 되리라고 누가 장담할 것인가."

석치는 허허 웃으면서,

"우리들이 인제는 나이 먹어 늙어가면서 새벽잠이 자꾸만 없어지는 터에 베개 속에서 닭 울음소리도 듣게 될 것이고 또 베개말을 타고 뒷간 길을 다녀도 무방하겠군. 그러나 요즘 세속에 말 흘레 붙이는 것을 큰 기피거리로 알고 있어 새끼 말은 암놈 수놈할 것 없이 동정으로 늙어 죽거든. 국내에 말이 그래도 수만 필 되는데 말을 흘레도 안 붙이고 새끼도 치지 않으면 말은 어데서 날 것인가. 이래서 국내에서는 일 년에도 수만 필 말을 잃게 되겠지. 이러고는 몇 십 년도 못 가서 베개 말이고 무엇이고 다 절종이 될 것이네."

하고는 둘이 같이 웃은 일이 있다.

실상 내가 연암에 가서 살게 된 것은 일찍부터 나는 목축에 뜻을 두었던 때문이다. 연암이 자리 잡기는 첩첩 산중에 양쪽이 평평한 골짝인데다가 수초가 좋아서 소, 말, 노새, 나귀 수백 마리를 치기에 넉넉했다. 나는 일찍부터 말한 적이 있지만은 우리나라가 이토록 가난한 탓은 대체로 목축이 제자리를 잡지 못한 까닭이다. 우리나라에서 목장이라고 가장 큰 곳은 다만 탐라(耽羅) 한 곳으로서 이곳에 있는 말들은 모두 원나라 세조(世祖)[84] 가 방목한 종자로서 4, 5백년을 두고 내려오면서 종자를 갈지

---

84) 중국 원나라를 세운 홀필렬을 말함.

앓고 보니 기가 막히게 우수한 종자들이 필경은 느림뱅이 조랑말로 변하고 말았으니 이것이야 안 그럴 수 없는 필연의 결과이다.

이 느림뱅이 조랑말을 종묘 지키는 장사들에게 내주니 고금 천하에 어디 느림뱅이 조랑말을 타고 적진을 향하여 달리는 꼴이 있을 일인가. 이것이 첫째로 한심한 일이다.

대궐 안 소용으로 먹이는 말로부터 장수들이 타는 말에 이르기까지 토산 말이란 하나도 볼 수 없고 모두가 요동, 심양 등지로부터 사서들인 말들로서 한 해에 새로 생기는 말이라고는 4, 5필에 불과한 형편이니 만약에 요동, 심양 길이 끊어지는 날이면 어디서 또 말을 얻을 것인가. 이것이 둘째로 한심한 일이다.

임금이 거동을 할 때 수행하는 행렬에는 백관들이 말을 서로 빌려 타기도 하고 혹은 나귀를 타고도 임금의 뒤를 따르게 된다. 이 꼴로 서야 위의를 갖출 수 없으니 이것이 셋째로 한심한 일이다.

문관들로서 초헌(軺軒)[85]을 탈 수 있는 자 이상은 말이라고는 탈 일이 없고 또 말을 집안에서 먹이기도 어렵다. 탈 것이 이미 없고 보니 이런 이들의 자제들도 걷지 않으면 안 될 사정이요, 먹인다 했자 겨우 작은 나귀나 한 마리쯤 먹이게 된다. 옛날에는 백 리 넓이에 불과한 나라이라도 대부(大夫)[86] 벼슬쯤 되면 타는 수레 열 쯤은 가지는 법이다. 그래도 우리나라로 말한다면 둘레가 몇 천리 되는 나라로서 대신급쯤 된다면 타는 수레 백 채 쯤씩은 갖추어야만 할 것이다. 우리나라 대부의 집안에서 수

---

85) 종이품 이상 고급 문관이 타던 외바퀴 달린 가마.
86) 중국 고대 주나라 관제에서 공(公)과 경(卿) 다음 가는 삼류 고관.

레 열 채는 고사하고 단 두 채인들 어디서 나올 것인가. 이것이 넷째로 한심한 일이다.

삼영[87]의 군관들은 다들 졸개 백 명의 어른쯤은 되는 터에 말 한 마리를 가질 형세가 못 되고 보니 한 달에도 세 번 치르는 조련에도 임시로 삯말을 내여 타게 된다. 삯말을 내여 타고 전장에 나간다는 소리는 아예 이웃 나라에서 들을까봐 무섭다. 이것이 다섯째 한심한 일이다.

서울 영문에 있는 장관이 이럴 바엔 팔도[88]에 놓아두었다는 기병들이란 이름만 있고 실상은 없을 것은 이로써 뻔한 일이니 이것이 여섯째 한심한 일이다.

국내에 있는 역말들이란 모두가 토산 말들로서 그 중에서 좀 낫다는 놈이라도 한 번 사신 손님이라도 치르고 나면 말은 죽지 않으면 병이 들고 만다. 왜 그런고 하면 이런 양반들이 타는 쌍가마가 잔뜩 무거운 데다가 네 명의 교군군은 으레 말에다가 몸을 싣듯이 양옆에 붙어서 탄 사람이 이리저리 흔들리지 못하도록 가마채를 붙잡고 가게 되니 말 등에 실린 짐이 이토록 무거워 말은 짐을 피하듯이 빨리 안 달릴 수 없이 되었고, 말이 달릴수록 짐은 점점 더 눌려지기 때문에 말이 죽잖으면 병든다는 말도 이 까닭이다. 죽는 말이 날로 늘고 보니 말 값은 날로 뛰어 올라간다. 이것이 일곱째 한심한 일이다.

말 등에다가 짐을 싣는다는 것은 벌써 틀려먹은 노릇이다. 우리나라에서는 이미 국내에서 수레를 못 쓰고 보니 관청에서고 민간에서고 짐이란 짐은 말 잔등이 아니고는 못 실어 나를줄만

---

87) 훈련원(訓練院), 금위영(禁衛營), 용호영(龍虎營) 세 개 군영.
88) 1894년 갑오경장 이전 조선의 행정구역은 팔도였다.

알고 있다. 이래서 말이야 죽든 말든 많이 싣기에만 욕심을 부리기 때문에 부득불 힘쓸 만한 먹이를 먹인다는 것이 더운 여물죽을 많이 먹이게 되어 이래서 말 정강이가 힘을 못 쓰고 발굽은 물씬물씬해져서 한번만 흘레를 붙여도 뒤를 못 가누게 됨으로 요즘 세상에서 흔히 말이 흘레 붙고 새끼 치는 것을 금한다. 이러고야 말이 어디서 생길 것인가. 이는 다름 아니요, 말을 다루는 솜씨가 틀렸고 말을 먹이는 방법이 옳지 못하고 좋은 종자를 받을 줄 모르고 일 맡은 관원은 말 기르는 목마에 무식하기 때문이다. 그러고도 채찍을 잡고 나앉은 자마다 국내는 좋은 말이 없다고들 떠든다. 그래, 정말 국내에 쓸 말이 없단 말인가. 이런 것들이 이루 다 손꼽을 수 없는 한심한 일들이다.

그러면 말을 다루는 솜씨가 틀렸다는 말은 무엇을 두고 하는 말인가?

무릇 생물들의 성질이란 사람이나 다름없이 고달프면 쉬고 싶고, 답답할 때에는 시원한 데를 찾고 싶고, 간지러우면 긁고 싶고 본즉 비록 사람이 먹을 것을 주면 먹는다 하더라도 때로는 제 맘대로 성질을 펴고 싶은 경우가 얼마든지 있다. 그러므로 말도 반드시 이따금 굴레와 고삐를 풀어 놓아 물가 같은 시원한 곳에 놀게 하여 답답증을 풀도록 할 것이니 이것이 말하자면 '생물의 성질에 따라 그 뜻을 맞추어' 준다는 것이다.

우리나라에서 말먹이는 법이란 복띠나 굴레가 단단하잖은가 하여 이것을 될수록 졸라매고 빨리 몰 때도 말은 견마 잡는 고통을 벗어날 수 없고, 쉴 때만 해도 긁는 재미나 땅에 뒹구는 맛을 얻어 볼 수 없고, 사람과 말 사이는 언제나 뜻이 통하지 못하고, 사람은 툭하면 욕설이 일수요, 말은 자나 깨나 사람을 상대로 살기가 등등하니 이런 것이 다 말을 다루는 솜씨가 틀렸다는 것이다.

그러면 또 무엇을 가리켜 말을 먹이는 방법이 옳지 못하다고 할까?

대체로 목마른 고통은 배고픈 고통보다도 심한 법이다. 우리나라 말들은 아직껏 찬물을 안 먹이고 있다. 말의 성질인즉 익힌 음식을 제일 싫어하고 있으니 이는 말이란 더운 것은 병이 되기 때문이다. 콩이나 여물죽에 소금을 뿌리는 것은 먹이를 짜게 하여 물을 켜도록 하기 때문이요, 물을 켜도록 하는 것은 오줌을 잘 누도록 하기 때문이다. 오줌을 잘 누도록 하는 것은 몸에 지닌 열을 풀기 위함이다. 냉수를 먹이는 것은 정강이를 굳세게 만들고 발굽을 단단하도록 만들기 때문이다.

우리나라 말들은 삶은 콩과 끓인 죽을 먹고 종일 달리고 나면 벌써 신열을 못 이겨 병이 된다. 이래서 한 끼라도 죽을 못 먹으면 시들시들 몸을 못 가누고 느림뱅이 걸음을 걸어 길 낭패를 보게 된다. 이것은 모두가 더운 죽 탓이다. 이보다도 군마가 되고 보면 더운죽을 먹인다는 것은 더욱이 탈이다. 이것을 일러서 말 먹이는 법이 틀렸다는 것이다.

그러면 또 무엇을 가리켜 좋은 종자를 받지 못한다고 하는가?

말이란 어떻든 커야지 작은 종자는 못 쓰는 법이다. 건장해야지 약해서는 못 쓰고 준수해야만 되지 둔해서는 못 쓰는 법이다. 말에다가 무거운 짐을 싣고 멀리 안 가고 싶으면 모르겠지만 만약 그것이 필요하다면 작고 약하고 둔한 토산 말로서는 소용에 닿지 않을 것이다. 이런 말로서는 단 하루의 보통 집안일도 치러내지 못할 것이다.

또 한 나라의 군비를 정돈하고 군사 조련을 안 하고 싶으면 모를 일이지만 만약에 그것이 필요하다면 작고 약하고 둔한 토산 말로서는 소용에 닿지 않을 것이니 이런 말로서는 단 하루도 군무를 치러내지 못할 것이다.

오늘로 보아 조선과 청국 두 나라는 태평세월을 보내고 있는 이때 암놈, 수놈 아울러 말 수 십필쯤 구한다 해서 큰 나라로서 이것쯤을 아끼지는 않을 것이다. 만일에 외국으로부터 말을 구해 들여 이것을 사사로 먹인다는 것이 좀 혐의쩍어 보인다면 해마다 드나드는 장사치들이 있으니 가만히 몰래라도 사 들일 편이 없는 바도 아닐 것이다.

이래서라도 종마를 장만하여 널찍한 수초 좋은 땅을 골라 한 10년쯤 새끼를 쳐서 차차 늘리어 탐라를 비롯한 국내의 여러 군데 목장에 퍼뜨려 종자를 개량한다면 얼마나 좋은 일일까.

새끼 치게 하는 방법으로는 반드시 주례(周禮)와 월령(月令)[89]을 표준삼아야 할 것이니 주례에는 말하기를 수놈은 '넷 중에 하나'라고 했다. 주석에는 말하기를 '그들의 비위에 알맞게 하고 싶어 함이니 생물은 기질이 같으면 마음도 같다'고 했다. 정사농(鄭司農)[90]은 말하기를 '넷 중에 하나'란 말은 암놈 세 마리에 수놈 한 마리를 끼워둔다는 말이라고 했다. 월령에 보면 늦은 봄 삼월쯤 되어 흘레 말 흘레 소를 암놈 있는 목장으로 풀어 놓으라고 했고, 진혜전(秦蕙田)[91]은 말하기를 '말먹이는 사람은 흘레 말을 교대하여 사용하되 몸을 너무 상하지 않도록 보살펴

---

89) 중국 고대 〈예기〉란 책의 편명으로 매 월별로 정치 행사에 관한 요강을 적어 놓았다.

90) 중국 고대 후한 때 명신인 정중(鄭衆)의 저술로 「주례해석」이 있다.

91) 중국 청나라 건륭 시대 저명한 관리요, 학자.

기운과 혈기를 안정하도록 할 것이요, 또 말을 맡은 관리는 반드시 여름에는 수놈을 치워 두어야 한다'고 했다. 암말이 새끼를 배였을 때에는 수놈을 암놈 곁에 못 가도록 함으로써 말 새끼 치는 방법을 삼아야 한다. 이것이 모두 옛날 임금들이 때를 맞추어 생물을 길러 생물의 제 특성을 살린다는 뜻이다.

오늘 중국에서는 매년 봄날이 화창하고 풀들이 푸릇푸릇 돋을 때는 수놈 목에다가 방울을 달아 내놓아 흘레를 붙이면 수놈 임자는 흘레 값으로 돈 닷돈씩을 받게 된다. 이래서 말이나 노새를 낳게 되면 숫놈으로 준수한 놈을 낳은 때는 또 다시 돈 닷돈을 받는다. 낳은 새끼가 신통치 못 하거나 털빛도 좋지 못하고 길들이기 어려울 때는 애비 말은 반드시 불알을 까버려서 나쁜 종자는 절종을 시키는 동시에 종자를 크도록 하고 길들이기 쉽도록 만든다.

우리나라에서 목장을 관리하는 관직들은 이런 생각은 못하고 덮어두고 토산 말로만 종자를 받기 때문에 낳으면 낳을수록 종자는 자꾸만 작아지게 되어 필경은 거름이나 나뭇짐 하나라도 변변히 견디어내지 못할 만큼 약질이 되었다. 더구나 한 나라의 군사에 한몫하는 일은 생각도 못할 일이다. 이런 것이 좋은 종자를 못 받는다는 것이다.

그러면 관직에 있는 자가 목축에 무식하단 말은 무엇을 두고 하는 말인가?

벼슬하는 양반들은 일반 허드레 일은 알려고도 않으려는 버릇들이 있어 옛날 어디서는 여럿이들 모인 자리에서 누가 콩을 말에게 좀 더 주라는 말을 한마디 했다가 사람이 좀스럽다고 그만 벼슬자리가 막힌 일까지 있었다. 근자에 어떤 학자는 언제나 말을 좋아하는 습성이 있어 말에 대한 지식은 옛날 백락(佰樂)이나 다를 바 없었더니 여러 사람들이 말하기를 '옛날에는 양고기 잘 굽는 도위(都尉)[92]가 있다더니 지금 세상에는 말 잘 다루는 학자가 있다'고 비방하여 까다롭기가 이 같았다. 한 나라의 큰 정책으로는 고려하지 않고 이것을 수치로 삼아 하인들의 손에만 맡겨 두고 있으니 비록 직책은 감독이라고 하지만 사람은 벼슬군으로서 목마의 지식이라고는 조금도 없다. 이것은 능력이 없다기보다도 배우기를 꺼리기 때문이니 이런 것을 들어 관원들이 목마에 무식하다고 하는 것이다.

옛날 당나라 초기에 있어서 숫놈, 암놈이 섞어 말 3천 필을 구해서 지금의 감숙성(甘肅省) 서쪽으로 옮기고 태복(太僕)[93] 장만세에게 주관하도록 했다. 정관(貞觀)으로부터 인덕(麟德)[94]까지 이르는 동안 말은 70만으로 불어났다. 무후(武后)[95] 때는 말이 줄어들다가 당명황(明皇)[96] 때는 24만 마리가 남게 되어 왕모중(王毛仲), 장경순(張景順) 등을 시켜 10년을 두고 먹인 결과 43만 필이 되었고 개원(開元) 13년에는 명황이 태산에 제사할 때 동으로 말 수만 필을 털빛에 따라 대열을 지어 놓은 것이 멀리서 바라보면 비단필처럼 보였다고 하니 이것은 담당한 관직에 적당한 사람을 얻었기 때문이다. 참으로 말을 좋아하고 말을 잘

---

92) 중국 고대 후한 시대에 관리가 무뢰한이 많았기 때문에 백성들 사이에 양의 염통 요리를 잘하는 자는 도위 벼슬을 하고 양의 머리로 요리를 잘하는 자는 관내후 벼슬을 한다는 말이 돌았다.
93) 관직명.
94) 정관은(626), 인덕은(665). 모두 중국 당나라 때 연호.
95) 당나라 제 5세 여제(女帝)가 된 측전 무후를 말함(690).
96) 당나라 현종을 말함.

먹일 줄 아는 자를 얻어 목마하는 행정을 맡긴다면 비록 '말학자'라는 조롱은 들을망정 '태복' 벼슬 값으로서는 맞춤이라고 할 수 있을 것이다.

한 사람이 와서 연암 박 선생님이 누구냐고 물어서 기공의 심부름 하는 사람이 나를 가리키면서 저 분이라고 대답하였다. 그 사람은 나를 보고 절을 하면서 태도가 매우 상냥하여 약속이나 있고 만난 사람 같았다. 그는,

"저는 광동 안찰사 왕영감님 청직이온데 우리 댁 영감님께서 선생님을 만나 뵙고는 퍽도 기쁘시어 내일 정오쯤은 꼭 찾아뵙겠다고 하시면서 금칠한 부채와 서화를 갖다 올리겠다고 하십니다."

하기에 나는,

"전일은 왕공의 과분한 사랑을 받고 아무런 대접을 못 했는데 먼저 귀한 선물까지 받는다는 것은 도리어 당치 않은가 하오."

했더니 그는,

"제가 지금 가지고 오지는 않았습니다. 영감님이 오실 적에 몸소 가지고 오시겠답니다. 내일 정오 선생님께서는 부디 다른 데 출입은 말아 주셨으면 합니다."

했다. 나는 고개를 끄덕이면서,

"약속대로 하지요. 그런데 댁은 고향이 어디고 성함은 뉘신지요?"

"저는 고향이 강소(江蘇)이고 성은 누(屢)가요, 이름은 일왕(一王)이요, 호는 원우(鴛圩)이온데 왕영감님을 따라서 광동 가서 있습니다. 그런데 선생님은 본국을 떠나신 지가 몇 해나 되십니까?"

"금년 5월에 고국을 떠났소."

"우리 광동에 비하면 문 밖이나 다름없구만요. 그런데 귀국 황제는

연호는 무어라고 부릅니까?"

나는,

"무슨 말씀이요?"

하고 되물었다. 누가는,

"황제의 기원 연호 말이외다."

"우리나라는 중국의 연호를 쓰고 보니 다른 연호야 없겠고, 금년이 건륭 45년이지요."

"귀국 황제는 중국과 대등한 천자가 아닙니까?"

"만국이 한 천자를 받들고 천지가 모두 대청(大淸)이요, 해와 달이 다 건륭인가 보외다."

"그러면 관영(寬永)97), 상평(常平)98)이라는 연호는 어디서 난 연호입니까?"

"무슨 말씀인지요?"

"제가 바다에서 표류해 온 귀국의 배에서 보았는데 '관영통보' 돈을 잔뜩 실었습니다."

"그것은 일본 사람들이 남몰래 쓰는 연호요, 우리나라 연호가 아니요."

누는 고개를 끄떡였다. 그의 행동거지라든가 말하는 태도로 보아서는 꽤 얌전했으나 어디고 무식한 듯해 보이는 것은 당초 그의 묻는 바가 무슨 깊은 뜻이 있었던 것이 아니라 우리나라를 정말 천자 있는 나라로만 알았기 때문에 지금의 연호까지 물었

---

97) 관영은 중국 명나라 천계 연간에 있던 일본 후수미(後水尾) 왕의 연호.
98) 우리의 엽전 상평통보를 말하며, 조선 인조 때 처음 주조하고, 숙종 때 재차 주조했다.

던 것이다. '귀국의 천자'란 한마디 말로써 벌써 그의 무식을 알수 있었고 또 비록 '관영'이니 '상평'이니 하는 것을 우리나라의 연호로 알았다 하더라도 그것이 몹쓸 것을 쓰는 것인 줄도 모르는 모양이다. 또 우리 표류선이 돈을 실었다손 치더라도 그리 이상해 할 일도 아니지만은 관영통보를 한 배나 가득히 실었을리야 어디 있을 일인가. 그는 필시 관영통보는 구경했고 또 상평통보도 구경했던 것이 뒤범벅이 되어 모두 우리나라 돈인 줄만 알았던 모양이다. 그는 정말 우리나라에서 중국의 달력을 쓰는 줄도 몰랐고, 돈을 보고는 우리나라에도 연호가 있는 줄만 알았던 모양으로서 특별히 다른 의심을 가지고 내 속을 떠보려고 물었던 것이 아님을 알았다. 누가는 차를 다 마시자 내일은 부디 다른데 출입을 말아 달라고 재삼 부탁을 하기에 나는 고개를 끄떡였다. 그런즉 그는 섭섭해 하는 빛을 보이면서 절을 한번 꾸뻑하고는 나갔다.

나는 수역을 보고 대관절 돈을 금한다는 말은 무슨 뜻인가 하고 물어 보았다. 수역은 말하기를,

"별반 약조된 일은 없다 하더라도 우리나라 안에서 중국 돈을 쓰는 것은 금했고 또 작은 나라로서 돈을 따로 주조한다는 것은 온당한 노릇이 아닐까 합니다.

옛날 제 나라 강태공은 구부(九府)[99]를 두었지만은 주나라 천자는 이를 금한 적이 없었다. 돈을 근대에 와서 쓰기 시작하기는 숙종 경신년이니까 금년으로 치면 백 한 해인즉 청나라 초기에 맺었던 약조에도 이런 금법이 들지 않았던 모양이다. 우리나라에서는 세종 때 돈을 한번 주조하여 한 7, 8년 동안이나 쓰다가는 민간에서 불편하다고 하여 다시

---

99) 중국 고대 주나라 제도에 재물과 돈을 관리하는 아홉 관청.

저화(楮貨)¹⁰⁰⁾를 쓰게 되었고 인조 때 와서 또 다시 돈을 주조했다가 벌써 사용치 않게 되었으니 모두 민간에게 쓰기 불편하다 해서 그랬던 것이지 청국이 두려워서 그랬던 것은 아니다. 지금 북도 지방은 돈을 금하고 무명을 돈으로 삼아 쓰고 있으니 국경이 가깝다고 해서 그런 것이요, 관서 지방으로는 의주로부터 압록 강변 여러 고을까지는 아직 한 번도 돈을 금한 적이 없으니 이것도 알쏭달쏭 종잡을 수가 없다. 그런데 우리나라 표류선이 가진 돈을 금한다는 것은 무슨 말씀인가?"

역원은,

"그렇습니다. 지금도 역원(譯院)¹⁰¹⁾에서는 몇 해를 두고 임시 편법으로 중국 돈을 사용은 하나 우리나라 은은 자꾸 귀해지고 중국 물건값은 날로 비싸지니 이로써 역원의 손해는 막심하지요. 은 한냥중으로 중국 돈 7초를 바꾸고 보니 만일 중국 돈을 쓴다면 우리나라에서는 돈을 만들 수고가 없이 돈은 절로 헐해질 것이요, 이익은 막대해 질 것입니다."

주주부가 있다가,

"조선통보(朝鮮通寶)는 한나라 오주전(五鑄錢)¹⁰²⁾ 보다도 더 오래되어 돈 중에는 가장 오래된 돈이기 때문에 귀신이 붙어 점치는 돈으로 쓴답니다."

나는 묻기를,

"오래 돼서 귀신이 붙다니?"

하니 주는,

"이 돈은 기자 때 돈으로 중국 사람들은 이 돈을 보면 무슨 큰 보물

---

100) 화폐로 쓰던 지폐로서 당시 한 장에 쌀 서되.
101) 통역을 관장하는 기관.
102) 중국 한나라 무제 때 만든 돈으로 당시 삼주전(三鑄錢)이 너무 가볍다 하여 개조했다.

로 삼는데 애석하지만 이 돈을 못 가지고 왔습니다."

나는 말했다.

"이 돈은 세종 때 만든 돈이라네. 기자 적에 해자(楷字)가 어디 있었을라고. 송나라 때 〈동유전보〉(董由錢譜)[103]에는 우리나라 돈이 네 가지 실렸는데 삼한중보(三韓重寶), 삼한통보(三韓通寶), 동국중보(東國重寶), 동국통보(東國通寶)만 실렸지, 조선통보는 실리지 않은 것을 보면 그 돈이 오랫 적 돈이 아닌 것을 알 것이네."

오후에는 세 분 사신이 대성전(大成殿)에 배알을 하였다. 주자의 자리를 높여 십철(十哲)[104] 자리에 모셔 두었다. 위패는 모두 번들번들 붉은 칠을 하고 금자로 썼는데 옆에다 만주 글자로 붙여 썼다. 대성문 바깥 벽에는 검정 빗돌을 물려 세우고 강희옹정과 지금 황제의 훈시와 친히 지은 학규(學規)를 새겨 두었고 마당에 세운 빗돌은 작년에 세웠다는데 역시 황제가 세운 것이라고 한다.

대성전 마당에는 한 길 남아 되는 향정(香鼎)[105]을 두었는데 아로새긴 솜씨는 말할 수 없이 정교하였다. 전각 안에 위패 앞에 마다 작은 향로 한 개씩을 두었고 모두 건륭 기해년 제품이라고 새겨졌다.

위패 앞에 마다 붉은 운문단 휘장을 늘였고 양쪽 행랑채 안 위패들 앞에 차려 놓은 것도 본전 안과 다름이 없이 숭엄하고도

---

103) 북송 말 사람인 동유(董由), 자는 언원(彦遠)이 지은 역대 각종 돈 모양을 모은 책.

104) 대성전(大成殿)에는 대개 십철(十哲)의 위패를 모셔 제 지낸다. 십철은 공자 제자 열 사람인데 안연, 염구, 민자건, 중궁, 재아, 자공, 염유, 계로, 자유, 자하 등.

105) 완상용으로 두는 솥.

화려한 품은 이루 다 형용할 수 없었다.

삼사는 돌아와 각각 청심환 몇 알과 부채 몇 자루씩을 추거인(鄒擧人) 사시(舍是)와 왕거인 민호에게 보냈다. 숭정(崇禎) 갑술[106] 6월 20일 명나라 칙사 노유령(盧有齡)이 조선으로 나왔는데 그는 바로 환관이었다. 노유령은 성균관 참배를 하면서 참여했던 유생들에게 은 50냥을 내놓은 일이 있었다. 오늘 우리 사신들이 큰 나라에 와서 공자묘를 배알하면서 두 명 거인에게 겨우 변변치도 못한 환약, 부채 따위를 선물로 보낸다는 것은 정말 부끄러웠다. 나는 몸소 두 선비가 있는 처소로 찾아가서 창졸간에 나선 나그네의 처지라 아무 것도 가진 것이 없어 변변치 못한 환약과 부채를 올린다는 것은 부끄럽기 짝이 없다고 말했더니 두 거인은 허리를 굽히고 절을 하면서 사례를 한다.

"주인 된 도리에 인도를 한다는 것이 무슨 수고랄 것이 있겠소이까. 여러분께서 이토록 분에 넘치는 선물을 주시니 충심으로 감사하오이다."

하였다. 저녁을 먹은 뒤에 왕곡정은 학동 아이를 시켜 붉은 종이 편지 쪽지를 한 장 보내왔다. 그 사연인즉,

"왕곡정은 삼가 연암 박 선생님에게 부탁을 올리나이다. 수고스러우시겠사오나 여기 은 두 냥을 보내오니 청심환 한 알만 사 주시면 감사하겠습니다."

라는 뜻이다. 나는 보내 온 은을 곧 돌려보내면서 진짜 청심환 두 알을 보냈다.

저녁 으스름 녘에 황제로부터 사신은 황성으로 돌아가라는

---

106) 중국 숭정(崇禎) 갑술년은 (1634).

명령이 떨어졌다. 일행은 부산하게 밤 이슥하도록 길 떠날 채비를 차렸다. 밤에 기여천과 작별하였다. 여천의 말로는 18일에 열하를 출발하여 25일은 북경에 도착, 26, 27, 28일은 두루 작별 인사를 다니고 9월 6일은 선산에 성묘를 갔다가 9일은 집으로 돌아와 22일은 귀주로 떠날 터인데 떠나는 전날은 집에서 꼭 기다릴 터이니 왕림해 주십사고 청하기에 나는 응낙을 하고 다시 왕곡정에게로 작별차 들렀다. 곡정은 눈물을 지으면서,

"이 밤에 영 이별을 하면 또 뵈올 기약이 없겠소이다. 더구나 닥쳐올 밝은 달밤에는 그 심회를 어쩌리까."

고 하였다. 이는 전일 추석날 달밤에 명륜당에서 만나 이야기를 하자고 약조하였기 때문이다 다시 지정이 있는 처소에 들리니 지정은 다른데 자러 나가고 없어 서운하기 짝이 없었다. 또 윤형산을 찾아갔더니 형산은 눈물을 닦으면서,

"내 나이 늙고 보니 이제야 아침 이슬이나 다름 없나보외다. 선생은 한창 좋은 나이로 또 다시 황성 걸음이 계실테니 응당 오늘 밤 생각을 하실 거외다."

라고 하고는 술잔을 들고 달을 가리키면서,

"달 아래 이별을 하고 보니 다른 날 만 리 밖에 계신 선생이 그리울 적은 저 달을 보고 선생을 대하듯 하리다. 보아하니 선생은 술도 잘 자시고 또 놀기도 좋아하시는 터인데 부디 몸조심 하소서. 18일은 나도 황경으로 돌아가겠는데 선생은 그때에 귀국하지 않으시거든 부디 한 번 우리 집에 들러 주시오. 우리 집은 동단패루(東單牌樓) 제2호동 제2택인데 대문 위에는 대경(大卿) 편액이 붙었습니다. 거기가 바로 제 집입니다."

서로 악수를 하고 작별하였다.

十四日　庚申

　晴, 三使未明赴闕, 獨自爛宿, 朝起訪尹亨山, 轉訪王鵠汀, 遂與之入時習齋閱樂器, 琴瑟皆長而且廣, 以紅色紋緞, 挾纊爲囊, 外裏猩猩氈子, 鍾磬皆懸架而亦覆以厚錦, 雖柷敔之類, 皆異錦製室, 大約琴瑟之屬, 其制太大, 漆亦太厚, 笙簫之類, 皆櫃藏堅鎖不可見矣, 鵠汀曰, 藏樂甚難, 忌濕惡爆, 琴上塵謂之獅子瘴, 絃上手澤, 謂之鸚鵡癉, 笙簧吹窩乾津, 謂之鳳凰過, 鍾磬蠅矢, 謂之癩和尙, 有一美少年, 忙入齋內瞋目視余, 奪手中小琴, 急急粧裹, 鵠汀大恐, 目余起出, 其少年忽笑而挽余請淸心丸, 余答以無有卽起出, 其人色甚愧, 余果有十餘丸係在腰帶, 而惡其無禮, 不給之, 其人一揖鵠汀而去, 余問彼是何人, 鵠汀曰, 是尹大人跟帶從京裏來者, 余曰, 彼管樂器甚事, 鵠汀曰, 毫無干, 此專一探討高麗丸子, 不顧大體, 欺負先生, 先生休掛, 余偶出門外, 有馬群數百匹, 過門而去, 一牧童, 騎絕大馬, 持一蒟黍柄而隨之, 又有牛三四十頭, 不穿鼻不羈角, 角皆長尺餘, 牛多靑色, 驢數十頭隨之, 而牧童持大杖如杵者, 盡力一打, 在前者靑牛, 牛犇突騰踏而去, 群牛皆隨此牛, 如隊伍行陣, 盖朝日放牧也, 於是閒行察之則, 家家開門, 驅出馬驢牛羊, 輒不下數十頭, 回看館外所繫我東鬣者, 可謂寒心, 余嘗與鄭石癡(名哲祚官正言善飮酒工書畵), 論土產馬價貴賤, 余曰, 不出數十年, 當喂馬枕邊以火鐵筒爲槽, 石癡曰, 何謂也, 余笑曰, 以季秋之鷄遞相取種則, 四五年之後, 有鳴于枕中者謂之枕鷄, 馬亦種小, 則安得不漸小爲枕馬耶, 石癡大笑曰, 吾輩年加老, 曉益無眠, 聽鷄枕中, 又騎枕馬如厠, 無妨, 但俗忌馬風字, 馬至老死, 貞牡貞牝, 國中馬不下數萬匹, 不令風字, 馬何由蕃, 是國中歲失馬數萬匹, 不出數十年, 將併與枕馬而絕種矣, 相與爲笑謔.

　盖余之所取乎燕巖者, 嘗有意于牧畜也, 燕岩之爲區, 在萬山中, 左右荒谷水草最善, 足以養馬牛羸驢數百, 嘗試論之, 國俗所以貧者, 盖由畜牧未得其道耳, 我東牧塲, 惟耽羅最大, 而馬皆元世祖所放之種也, 四五百年之間, 不易其種則, 龍媒渥洼之産, 末乃爲果下款段, 理所必然, 以果下款段給, 宿衛壯士, 古今天下, 寧有壯士騎果下款段, 上陣赴敵者乎, 此寒心者一也, 自內廐所養, 至武將所騎, 無土産, 皆遼瀋間所購, 一歲中所出者不過四五匹, 若遼瀋路斷, 馬何由來, 此寒心者二也, 陪扈之班, 百宮多相借騎, 又乘驢從駕, 不成儀典, 此寒心者三也, 文臣乘軺以上無所事騎, 又難喂養已去其騎, 子弟代步僅養小驢, 古百里之國, 其大夫已備十乘則, 環東土數千里之國, 其卿相可備百乘, 今吾東大夫之家, 雖數乘安從出乎, 此寒心者四也, 三營哨官, 此百夫之長也, 貧不能備騎, 月三操習, 或有臨時貰騎者, 貰馬赴陣, 不可使聞於隣國, 此寒心者五也, 京營將官如是則, 八道所置騎士, 其名存實無, 從可知也, 此寒心者六也, 國中所在驛置, 皆土産之所優者, 一經使客, 馬不死則病, 何也, 使客所坐, 雙轎已重, 而必四隸護杠, 左右載身, 以防簸搖, 馬之所載旣重則, 其勢不得不快走, 逾壓逾馳, 所以不死則病也, 馬死日多而馬價日增, 此寒心者七也, 馬背載物, 天下無是也, 然而吾東旣車, 不行域中則公私委輸, 只恃馬背而不量馬力, 貪載重物, 勢不得不多喂熱粥, 以資食力故, 脛脆蹄軟一風則失後, 而俗乃禁其風字, 馬何由生乎, 此無他, 職由牧御乖方, 喂養失宜, 産非佳種, 官昧攻駒, 然而執策而臨之日, 國中無良馬, 豈眞國中無馬耶, 此寒心者不可以指屈也, 何謂牧御乖方乎, 曰凡物之性, 亦與人同, 勞則思逸, 鬱則思暢, 曲則思舒, 痒則思劇, 雖飮吃待人, 亦有時乎自求愉快故, 必時解其覊紲, 放之水澤之間, 以散其愁鬱之氣, 此所以順物之性而適其意也, 吾東牧馬之法, 惟恐絆繫之不固, 馳驟之時, 不離牽控之苦, 休息之際, 未獲驤劇之樂, 人與馬不相通志, 人輕呵叱, 馬常怨怒, 此其牧御乖方者也, 何謂喂養失宜乎, 曰渴之思水, 有甚於饑食, 吾東之馬, 未嘗飮冷, 馬之性, 最忌熟食, 爲其病熱也, 荳蒭灑鹽令醎, 欲其飮水也, 飮水, 欲其利溲溺也, 利溲溺, 欲其瀉熱也, 飮冷, 欲其脛勁而蹄堅也, 吾東之馬, 必爛荳烹粥, 一日馳走, 已自病熱, 一站闕粥, 平生虛勞, 行旅遲頓, 寔緣熟喂, 至於戰馬喂粥, 尤爲非計, 此其喂養失宜者也, 何謂産非佳種乎, 馬要大不要小, 宜健不宜弱, 求駿不求駑, 不欲任重致遠則已, 如將任重致遠則, 土馬如此, 不可一日爲家也, 不屑武備軍容則已, 如將講武修戎則, 土馬如此, 不可一日爲軍也, 及今兩國昇平之日, 誠求牝牡數十匹, 大國必無愛此數十匹, 若以外國求馬私養爲嫌則, 歲价潛購, 豈無其便, 擇郊甸水草之地, 十年取字, 漸移之耽羅及諸監牧, 以易其種, 其蕃孳之法, 當以周禮及月令爲率, 周禮凡馬特居四之一, 注曰, 欲其乘之性相似也, 物同氣則心一, 鄭司農曰, 四之一者, 三牝而一牡, 按月令季春之月, 乃合累牛騰馬遊牝于牧, 秦蕙田曰, 庾人佚特, 用之不使甚勞, 所以安其氣血, 校人夏攻特, 以牝馬方孕故攻去其特, 勿使近牝, 以爲蕃馬之本, 皆先王順時育物, 能盡物性之義, 今中國每春和草靑則懸鈴于牡, 縱而風之, 牡之主受銀五錢, 馬及騾生而雄駿者, 再受銀五錢, 馬騾生而不駿, 且毛色不佳性不馴調則, 必攻去其睪子, 令母得易種, 且獨令特大而性易調良, 我東監牧不此之思, 惟以土産取種, 彌出彌小, 雖駄溺載柴, 猶恐不堪, 況堪爲軍國之需乎, 此其産非佳種者也, 何謂官昧攻駒乎, 曰我東士大夫, 不親庶事, 古有衆會, 戒僕益馬荳, 見枳於銓郞, 近有一學士性頗癖馬, 其相馬之術, 無異伯樂, 論之者以爲古有爛羊都尉, 今有理馬學士, 其嚴如此, 不慮有國之大政而以爲羞恥, 付之僕隷之手, 雖職居監牧, 人是流品, 而固不識牧馬之方, 非不能, 乃不肯學也, 此其官昧攻駒者也, 昔唐初得馬牝牡三千匹於赤岸, 徙之隴右, 使太僕張萬歲掌之, 自貞觀至麟德, 馬蕃息爲七十萬匹, 武后時馬潛耗, 明皇時猶有馬二十四萬匹, 以王毛仲張景順爲閑廏使, 十餘年之間, 有馬四十三萬匹, 開元十三年明皇東封泰山, 以馬數萬匹, 從色爲隊, 望之如錦, 此官得其人也, 誠得癖於馬而曉其牧養之方者, 任之以攻駒之政, 則雖被論于學士, 而於太僕, 可謂得人矣, 有一人問燕巖朴老爺誰也, 奇公傔人指余, 其人向余揖容, 色欣欣如逢舊要曰, 俺乃廣東按察使汪老爺管幹也, 俺老爺, 向日遇老先生, 不勝之喜, 明日午刻當再來陪歡, 自有浙扇泥金書畵帶來要獻, 余對曰, 向者過蒙汪公錯愛, 未將不腆之儀而先受珍貺, 於義未可, 其人曰, 俺此來不曾賫携, 汪老爺來時自當陪送, 明日午刻老爺切勿他駕, 余首肯曰, 謹當如約, 老相公係是何地方人貴姓尊名, 其人曰, 俺江蘇人, 姓屢賤名一旺號駕圩, 從汪老爺入廣東, 先生離貴國幾歲, 余曰, 本年五月離國, 屢曰, 比俺廣東猶門庭耳, 又曰, 貴國皇上元號云何, 余問甚麼話, 屢曰, 元年紀號, 余曰, 小邦奉中國正朔, 那得紀元, 當今是乾隆四十五年, 屢曰, 貴國豈非中國對頭的天子麼, 余曰, 萬方共尊一帝, 天地是大淸, 日月是乾隆, 屢曰, 然則那得寬永常平年號, 余曰, 云何, 屢曰, 海上見貴國海舶漂到, 滿載寬永通寶, 余曰, 此日本僣號, 非敝邦也, 屢點頭, 余察屢動止言語, 貌雖豐雅而似無知識者, 當初所詰, 非有深意, 錢是禁物而彼所問之者, 非詰禁物也, 眞認我國爲天子之邦故, 問當今年號, 其曰貴國皇上, 已判其無識, 雖以寬永常平認爲我國年號, 似非爲僭稱者, 我人漂船之載錢, 無甚恠事, 而亦豈有滿載寬永通寶之理, 彼必見寬永通寶, 或又見常平通寶, 混認爲我國錢爾, 彼實不識我行中國正朔, 見錢而認我亦有紀年, 非詰姦之意也, 屢茶罷申囑明日切勿他駕, 余點頭則屢眷眷有惜別之意, 一揖而去, 余問首譯曰, 何爲禁錢, 首譯曰, 無約條, 但禁唐錢, 且小邦私鑄, 當爲非法, 余曰, 齊太公, 立輕重九府, 周天子未嘗禁之, 且錢始行於我, 肅廟庚申, 今爲一百一年則, 似不入淸初彼此約條我國錢一鑄於, 世宗朝, 行七八年, 民間不便之故, 復用楮貨, 仁祖朝再鑄而旋鑄旋罷, 皆因民不便, 非忌大國, 今北道禁錢, 因行布幣, 爲其近邊也, 而關西至義州諸江邊邑未嘗禁錢, 此爲斑駁, 且我國漂船錢何由禁, 諸譯曰, 然, 目今譯院數歲救急之道, 莫如通用唐錢, 我國銀日貴, 唐物亦日貴, 由此譯院失利, 今銀一兩, 售唐錢七鈔, 若通用則我國除鑄錢之弊, 而錢自賤, 利莫大矣, 周主簿曰, 朝鮮通寶, 高於漢五銖錢, 最久通神故爲占錢, 余曰, 何爲最久通神, 周曰, 是箕子時錢, 中原人若見之, 當以爲寶, 惜乎不能得帶來, 余曰, 此世宗時所鑄也, 箕子時安有楷子, 宋董逌錢譜, 載海東蕃錢, 凡四樣, 曰, 三韓重寶, 三韓通寶, 東國重寶, 東國通寶, 而朝鮮通寶譜不載焉, 推此可知其非久錢也, 午後三使臣, 入謁大成殿, 朱子陞享殿內十哲之下, 神位皆紅漆光潤, 金字書位, 版旁書滿字, 大成門外壁坎置烏石, 刻康熙雍正及今皇帝訓諭, 又刻御撰學規, 庭中立碑, 昨年所建, 亦御製, 大成殿庭中置香鼎高丈餘, 刻鏤神巧, 殿內每位前, 各置小香爐, 刻乾隆己亥製, 每位前, 垂紅雲紋緞帳, 兩廡神位前所設制同, 殿內崇嚴典麗, 未暇名狀, 三使歸次, 各送淸心元數丸, 扇子數柄於鄒擧人舍是, 王擧人民皥, 崇禎甲戌六月二十日, 詔使盧有齡來, 乃宦官也, 二十四日, 盧詣成均舘謁聖, 舘學儒生例桼班, 盧出贈白金五十兩, 今我使得謁大國聖廟, 彼藏修兩擧人, 僅贈些略丸扇, 中心可愧, 余自徃兩生所, 諭以此來猝遽, 行李不曾有帶, 奉遺扇丸, 慚愧些略, 兩生俯躬謝曰, 地主前導, 有何微勞而枉費諸大人如此珍饋, 中心覘之不趐百朋, 夕飯後王鵠汀送學徒小兒, 持小紅紙帖來, 書王民皥請燕巖朴老先生替勞, 轉買一丸淸心, 天銀二兩, 余還其銀, 卽送二丸眞藥, 黃昏時皇旨, 令使臣撥還皇城, 一行騷擾, 達夜治行, 夜別奇麗川, 麗川言, 十八日發熱河, 二十五日入京, 六日七日八日歷辭, 九月初六日上先墓, 九日還家, 十一日當發貴州之行, 前一日當在家專等尊駕, 余許諾, 轉辭王鵠汀, 鵠汀流涕曰, 千古訣別, 只在此宵, 況奈來夜月明何, 蓋前日約十五日中秋月夕會話明倫堂故也, 徃志亭所, 志亭出他宿, 極可悵惜, 又徃別尹亨山, 亨山拭淚曰, 吾年老朝暮草露, 先生方盛齡, 設再至京裏, 當不無此夜之思, 把杯指月曰, 月下相別, 他日相思, 萬里見月, 如見先生也, 觀先生飲戶, 能寬, 且應壯歲好色, 願從今從戒入丹, 敝十八回京, 先生伊時若未還國, 情願再得相訪, 東單牌樓第二衚衕第二宅, 門首有大卿扁第, 卽是鷦棲, 遂握手而別。

7. 곡정과 필담한 이야기(鵠汀筆譚)

이 필담은 연암이 열하에 갔을 때 만난 학자 중에서도 가장 선진적이면서 청나라에 살지만 명나라를 못잊어 하는 왕거인민호(王擧人民皥) 호는 곡정(鵠汀)과 당시 대법관 위치에 있던 통봉대부대사경(通奉大夫大寺卿) 윤가전(尹嘉銓), 화가 형산(亨山) 등과 어울리면서 필담한 내용이요, 주로 왕민호를 중심으로 윤가전 등을 상대하여 무려 16시간 동안 주고받은 담화의 기술이다.

여기서 주목할 담화의 내용은 물론 어느 한 개 특정한 문제를 설정했던 것이 아니요, 토론의 꼬리가 꼬리를 물어 순서나 계획이 없이 화제는 절로 전개되어 종교, 역사, 정치 기타 다양한 문화, 만담 등을 상호간 해박한 지식을 토대로 다방면에 걸쳐 담론하였다.

본편은 실로 연암의 세계관과 사상을 연구하는데 중요한 위치를 차지하고 있다.

저자의 의견으로는 본편은 결코 몇 개 인물의 담화를 초록한 속기록이 아니라는 점을 특히 여기서 강조한다. 연암의 저서에 있어 다른 경우에서도 흔히 찾아볼 수 있는 바와 같이 여기서도 많은 면에서 연암의 사상과 견해는 곡정의 입을 통하여 대부분 발표되었다고 하는 것이 옳을 것이다.

곡정이란 인물도 당시 이족인 청조(淸初)의 지배하에서 정치적으로 불우한 선진적 학자요, 사상가인 것만은 틀림없었다. 따라서 그의 평론은 평범한 유학자의 고루한 이론과는 구별되고 있다.

그러나 그와 토론한 이 필담 초고를 한 편의 속기록처럼 그대로 발표한 것은 아니다. 저자는 이 필담 초고를 자료로 삼아 완전히 편수를 마치는 동안은 거의 8~9년의 시간을 소비하였다. 우리는 〈곡정필담〉 한 편을 세심한 주의로 정독할 때에 거기는 저자가 곡정이라는 인물을 의식적으로 대변자로 한 노력의 자취를 분명히 찾을 수 있을 것이다.

유교의 각종 경전을 비롯하여 중국의 고전적 역사 문헌 등에 있어 일정한 사건들에 대하여 불가침의 절대성을 부여한 소위 '성인'의 고전적 명제와 규정을 대담하게 비판한 점이라든가, 각 왕조가 역사를 기술할 때는 으레히 집권자를 신격화하고 그의 업적을 무조건 구가 찬송한 어용학자들의 비굴성을 통렬하게 비판한 점이라든가, 특히 조선 문화에 가장 해독적 영향을 가져다 준 송나라 성리학의 공리공담적 허구성을 폭로한 점이라든가, 일체 고전 문헌에 대하여 무조건 맹종을 강요하는 유학과 상고주의자들에 대한 신랄한 추궁과 함께 역사상 전형적 긍정적 인물로 꾸며놓은 '창업주'의 부패한 사생활들을 용서없이 끄집어 낸 일련의 논평들이 이 필담에는 주고 받은 곡정이 발언한 것처럼 기술되고 있다.

이런 내용의 평론은 물론 당시 저자가 살던 정치적 환경에서는 합법적으로 발표할 수 없는 내용들이기 때문이리라.

담론 과정에서 저자는 곡정의 발언을 완곡하게 유도를 하면서도 때로는 본의 아닌 자기의 '입장'을 짐짓 변명하듯 표시하려는 고심의 자취조차 발견할 수 있을 것이다.

우회, 암시적으로 기술된 본서가 당시 조선 사회에서는 용납되지 못한 사실에 비추어 본편의 출간에 대한 저자의 고심과 심정을 우리는 넉넉히 추측할 수 있을 것이다.

특히 본편의 서두에 기술된 저자의 과학적 우주관과 주체 사상은 그의 지광론, 지구원형설, 지동설, 물질의 본체, 물의 기원 및 진화에 관한 철학적 과학적 견해는 탁월한 연암 사상을 연구하는데 중요한 자료가 될 것이다.

※ 이 「곡정필담」을 15단락으로 나누어 번호(1~15)를 붙인 것은 연암의 다른 작품의 번역 때보다 원문인 한문 문장이 워낙 길어서 독자가 원문과 대조하기 편리하도록 한 것임.

〈곡정과 필담한 이야기〉(鵠汀筆譚)

〈서론부분〉

1. 어제는 윤공의 처소에서 이야기를 하다가 해가 저무는 줄도 몰랐다. 윤공은 가끔 졸면서 머리로 병풍을 들이 받았다. 나는 말하기를,

"자는 사람은 자고 이야기하는 사람은 이야기합시다. 상관없습니다."
라고 말했다. 윤공은 잠결에 겨우 그 말을 듣고는 곡정을 향하여 여러 번 무어라고 말하니 곡정은 고개를 끄덕이고 즉시로 이야기하던 필담지 종이를 챙겨 가지고 내게 읍을 하기에 나도 같이 나왔다. 대체 윤공은 노인이라 나 때문에 일찍이 일어나 오전이 지나도록 수작을 하다가 보니 피곤해서 졸음이 오는 것도 괴이쩍은 일이 아니었다. 곡정은 내일 아침을 차릴 터이니 나와 같이 밥을 먹자고 하기에 나는,

"매양 이야기를 할 때는 해가 짧아서 유감이니 내일은 꼭 일찍이 오겠소."
라고 했더니 곡정은 좋다고 했다.

다음날 5시경에 사신은 일어나 입궐을 하고 나도 같이 일어나 즉시 곡정에게로 와서 촛불을 밝히고 이야기를 하였다. 학도사성(郝都事成)도 같이 만났다는 윤공은 새벽에 벌써 대궐로 들어갔다고 하였다.

밥을 먹으면서 이야기를 하는 것이 종이 30여매나 바꾸어 가면서 인시(寅時)[1]부터 유시(酉時)까지 무려 8시간 동안 이야기를 하였는 바, 학공은 늦게 와서 먼저 돌아갔으므로 필담으로 이야기한 초지를 정리하여 〈곡정필담〉이라고 한다.

2. 나는 말하기를,

"윤대감이 어제는 매우 피곤하시어 손님 대접하기에 매우 싫증이 나서 편치 못해 보였는데, 아침부터 저녁까지 시간을 잡은 것을 못마땅해 하는 뜻이 아닙니까?"

곡정은,

"그렇지 않습니다. 윤공은 매양 한낮이 되면 잠시 눈을 붙여서 다른 사람들이 자기의 초라한 꼴을 보이지 않도록 함이요, 손님에게 싫증이 나서 그런 것은 아닙니다."

하면서 윤공의 사람 된 품이 어떠냐고 물었다. 나는,

"신선 같은 분입니다. 선생은 그와 사귄 지가 오래 됐습니까?"

했더니 곡정은,

"미꾸라지와 용입니다. 길이 판이하게 다르지요. 이번 걸음에 와서 사귄 지가 한 열흘 남짓 됩니다."

곡정은,

"공자(公子)는 기하학에 정통하신다지요?"

나는,

"무엇을 보고 아십니까?"

---

1) 오전 4시부터 오후 6시까지.(원문에 "自寅至酉凡八時"는 무슨 착오인듯 계산이 안 맞는다).

"머릿방에 있는 기(奇) 안찰사가 굉장하게 말합니다. 고려 박 공자는 기하에 정통해서[2] 달 속에는 또 세계가 있어 꼭 이 땅과 비슷하다느니, 땅은 허공에 있어서 꼭 한 개 작은 별이라느니, 땅덩이로 빛이 있어서 달 속에 두루 비친다느니, 모두가 이상한 이론으로서 가히 하늘과 땅을 잰다고 할 수 있습니다."

하므로 나는,

"저는 정직하게 말하자면 아직도 한 번 기하라고는 본 적이 없습니다. 전날 밤에 우연히 기공과 함께 앞채에 나가서 달구경을 하는 중 괴이한 흥을 깨닫지 못하고 우연히 이런 저런 이야기를 돌보지 않고 즉흥적으로 말을 늘어놓았나 봅니다. 더구나 이런 억측은 기하학적으로 알아낸 바가 아닙니다."

하니 곡정은,

"너무 겸손하실 필요는 없습니다. 땅빛 이야기(地光說)를 한 번 들읍시다. 땅덩이가 빛이 있다는 것을 모르기는 하지만 햇빛을 받아서 내는 빛인지요, 그렇지 않으면 제 몸에서 빛을 내는 것인지요?"

나는,

"꿈속에서 비석글씨[3]를 본 듯하여 새겨두지 못하고 벌써 다 잊어 버렸습니다."

하니 곡정은,

"저도 평생에 혼자 생각하는 것이 있는데 역시 사람을 대해서는 감히 입을 열지 못 합니다. 온 나라 선비들로 하여금 크게 놀라게 하고 괴상

---

2) 우리나라를 부를 때는 고려라고 불러 흡사 우리나라 사람이 중국을 말할 때 '한'이니 '당'이니 하는 것과 같다. 여러 사람들이 나를 부를 적에 더러는 공자라고도 했다.(원주)
3) 비석글씨는 원문에 녹자서(錄字書)라 했는데, 이는 비석에 새긴 글이라는 뜻.

스럽게 생각하게 할까봐 겁이 나서 그렇습니다. 이 때문에 뱃속에 덩어리가 뭉쳐져서 소화가 안 되는데 여름철과 겨울철이 제일 괴롭습니다. 바로 선생도 이런 병이나 되지 않을까 걱정입니다."

하며 나의 지광설을 유도하려고 애쓴다. 나는,

"아주 이 시각에 툭 털어 말씀을 해 버려서 몇 해만에 약을 안 쓰고도 얻은 효험을 이번 한 번 보시면 어떠시겠소."

하고 나는 되넘겨 말을 유발시켰으니 곡정은 손을 흔들고 웃으면서,

"아니외다. 아니외다."

하기에 나는,

"손님이 먼저 나서지 않는 것이 예법이겠습니다."

고 했다. 얼마 지나서 밥상을 내어 왔다. 먼저 과일과 채소를 두고 다음이 떡과 과자, 다음이 돼지고기 찜, 계란 볶음, 맨 뒤에 흰 쌀밥과 양곱창국이 들어왔다. 중국 음식은 모두 젓가락을 쓰고 숟가락이 없다. 주거니 받거니 작은 잔으로 권하면서 흥을 북돋았다. 긴 숟가락으로 수북수북 밥을 움켜떠서 단숨에 배를 불리는 법은 없다. 때로는 작은 국자 같은 것으로 국을 떠 먹을 뿐이다. 이 국자는 숟가락처럼 생겼으나 발이 없어 모양은 연꽃잎 같이 되었다. 나는 국자를 들고 밥을 한 숟가락 떠먹어 보려고 시도했으나 국자가 깊어서 밥이 입에 닿지 않았다. 나는 웃음이 터지는 것을 참지 못하고는,

"이거 원 빨리 임금을 불러야 되겠소."

했더니 지정이 있다가 물었다.

"무엇하려고?"

나는,

"월나라 임금은 사람 생김이 긴 모가지에 까마귀 입부리(長頸烏喙)라고 했지요."

했더니 지정은 곡정의 팔을 붙들고 밥알이 튀도록 웃으면서 재치기와 기침을 수 없이 했다.

지정이 물었다.

"귀국 풍속으로는 밥을 뜰 때는 무엇을 사용하시오?"

나는,

"숟가락이지요."

"모양은 어떻게 생겼소?"

"작은 가지 잎처럼 생겼소."

하고 나는 이내 탁자 위에다가 그림을 그려 보인즉 두 사람은 더 배를 쥐고 웃었다.

지정이 있다가,

"가지잎 비수⁴⁾는 무엇이기에 캄캄한 뱃속 구멍 파서 헤칠고."

(何物茄葉匕 鑿破混沌竅)

곡정이 있다가,

"많고 적은 영웅의 손가락은 그래도 저를 잡기 바빴다오."⁵⁾

(多少英雄手 環從借著忙)

나는 말했다.

---

4) 비수라는 비(匕)자를 숟가락시(匙)자와 연결시킨 해학적 농담 구절.
5) 저를 사용해서라도 어서 음식을 잡수라는 의미인데 한 고조가 전쟁의 승패를 몰라 걱정할 때에 모사 장량은 얼른 밥상머리에 있는 젓가락을 집어 산수를 놓아 맞힌 고사. 즉 젓가락으로라도 얼른 밥 먹는 것이 상책이라는 뜻.

"서속밥은 저로써 먹지 말지라. 마주 앉아 밥을 먹으면서 손을 쑤시지 말고.(飯麥毋以著 共飯不澤手)[6] 중국에 들어온 후로 숟가락을 보지 못했으니 옛 사람들이 기장밥을 먹을 때는 손으로 집어 먹었던지요?"
라고 하니,
곡정이 말하기를,
"숟가락은 있어도 그렇게 길지 않습니다. 기장밥이고 쌀밥이고 저를 쓰는 것이 습관이 되어 소위 몸가짐이 습관이 된다는 것도 예와 지금이 절로 좀 다른 모양이오."
나는,
"곡정선생이 배불러서 틀림없이 난산할 겁니다."
지정이 묻기를,
"무슨 말입니까?"
나는,
"저 크게 놀라고 기이스러운데 태덩이 말입니다."
하니 곡정이 웃으면서,
"두라금탕(兜羅錦湯)[7]을 꼭 써야지요."
지정은,
"가히 대추를 우물우물 그냥 삼킨 셈이구먼요."
나는,

---

6) 「예기」〈내칙(內則)〉에 있는 말 "밥을 먹을 때는 반드시 젓가락으로 떠먹지 말며, 군자와 마주앉아 식사할 때에 여자는 손으로 집지 않고 수저를 사용해야 한다"고 했다.
7) 두라금은 운남 서장 지방산 비단 이름이나 여기서는 탕자를 붙여서 약 이름으로 썼다.

"만약에 안기생(安期生)[8]의 대추가 아니면 위왕의 바가지[9]겠지요."

곡정이 허허 웃으면서,

"옳은 말씀이오."

나는,

"도리어 온몸의 간지러움[10]을 참지 못하겠는데요."

곡정은,

"어디가 가려운지 마고 할머니 손톱(麻姑爪)[11]을 청해야만 되겠군요."[12]

지정은 다시 땅빛 이야기를 청한다.

나는,

"제가 그러면 허튼 이야기삼아 말씀할테니 선생도 허튼 소리 삼아 들어 주시지 않겠소?"

곡정은,

"무방합니다."

3. 했다. 나는 말했다.

"낮에는 만물이 밝게 번쩍이고 밤이 되면 일체 물건이 깜깜해 안보이

---

8) 별호는 포박자(抱朴子)로 중국 고대 진나라 시대 신선의 이름인데 평소에 오이만큼 큰 대추를 먹고 오래 살았다는 전설이 있음.
9) 「장자」에서 나온 말인데 위왕이 큰 바가지 씨를 보내여서 이를 심어 바가지를 따 보니 다섯 섬의 곡식을 담을 수 있을 만큼 컸으나 쪼개어 바가지를 만든즉 흐느적거려 쓸 수가 없었다.
10) 말이 듣고 싶어서 하는 말투.
11) 마고는 선녀의 이름으로 손톱이 길어서 등을 긁기에 좋다 하여 하는 말.
12) 이상 문답은 곡정이 속에 체하다시피 맺혀 있는 의견, 즉 당시 청나라 정부에 대하여 불만스러운 의견을 털어내 놓으라고 서로 곁말로써 주고받은 문답으로 재담을 겸한 농담이다.

는 것은 무슨 까닭이겠소?"

곡정이,

"이는 햇빛을 받아서 밝아지는 것이지요."

라고 대답했다. 나는,

"일체 만물은 제 스스로 밝은 몸뚱이는 없는 것이요. 무엇이나 그 본체는 어둡지 않은 것이 없고 본즉 캄캄한 밤에 거울을 마주 대하면 딱딱한 나무나 돌이나 다름없으니 비록 거울이 빛을 반사할 수 있는 성질은 가졌다고 하더라도 그 자신이 밝은 몸뚱이를 갖추지 못한 것을 알 수 있을 것입니다. 즉 햇빛을 빌려 온 뒤에야 밝은 빛을 내는 것이니 햇빛을 받는 곳에 빛이 나고 반사한 곳에서 되잡아 밝은 그림자가 생깁니다.

물의 밝은 빛에 대한 관계도 역시 이와 같습니다. 이제 땅덩이 거죽에 둘러싼 바다에 비유해서 말한다면 큰 유리 거울일 것입니다. 만약에 달 속 세계로부터 이 땅빛을 바라본다면 응당 역시 초생, 보름, 그믐이 있고 면면히 햇빛을 받는 데는 물과 땅이 서로 어울리고 서로 비치어 빛을 받아 반사한 밝은 그림자가 비치는 것이 저 달빛이 대지에 두루 비치는 것이나 같을 것입니다.

그리고 햇빛이 아직 비치치 않는 데는 응당 절로 어둡고 시커멓게 보여서 초생달이 걸쳐 있는 달의 검은 부분과 같아서 흙껍질이 두터운데는 달 속에 희끄무레한 그림자처럼 보일 것입니다."

곡정은 말하기를,

"저도 역시 일찍부터 땅이 빛이 있다는 망상을 가졌지만은 선생의 이론과는 조금 다릅니다."

했다. 나는,

"반드시 같으란 법도 없으니 그 이야기를 한 번 들읍시다."

지정은 곡정을 들여다보고 연신 산과 강 그림자가 어떻다고 무어라 몇 마디 하니 곡정은 머리를 흔들면서 아니라고 했다.

　나는,

　"무엇을 아니라고 하시요?"

하고 물으니 곡정은,

　"선생이 말씀한 땅빛을 학공은 잘못 산과 강 그림자인 줄만 알고 있습니다."

고 했다. 나는 말했다.

　"불교에서는 말하기를 달 속에 아물아물하게 보이는 것은 산과 물그림자로 되었다고 합니다. 이는 달을 물건 비치는 둥글둥글하고 텅 빈 거울과 같은 것으로 인식하고 위로부터 대지를 비치어 달 속에 보이는 소위 붉어지고 오목한 모양은 땅 위의 산과 물이 두드러지고 쑥 들어간 데를 비치어 그림의 모사본처럼 달 속에 대고 수묵칠을 한 것 같다고 하는 바, 이는 안 될 소립니다. 땅과 달은 본래부터 갈라져 다른 것입니다.

　제가 말한 것은 정말 달 속에 무슨 세계가 있단 말이 아니라 땅빛을 해설하려고 하자니 땅빛을 어디서고 자리를 잡고 볼 때가 없기 때문에 달 속에 세계를 빌려서 차려본 것입니다. 말하자면 자리를 바꾸어 본다는 것과 가령 우리들로 하여금 자리를 달 속으로 바꾸어 땅바퀴를 쳐다본다고 치면 응당 땅 위에서 저 달을 쳐다볼 때에 보이는 것과 마찬가지란 말입니다."

　곡정은,

　"옳습니다. 선생의 이 학설은 제가 이미 분명히 알아들었습니다. 이미 달 속에 세계가 있다면 응당 절로 산과 물이 있을 것이요, 산과 물이 있다면 응당 절로 붉어지고 우묵한 데가 있을 것입니다, 멀리서 서로 바라볼 때는 대지가 비친 그림자를 빌려 오지 않더라도 응당 절로 이같을 것입니다. 그리고 이 달빛을 두고 이러고저러고 하는 말을 저는 망령되게 말하자면, 이것은 햇빛을 빌려서 내는 그림자 빛이 아니고 제 자신이 본래부터 가진 번쩍이는 빛으로 봅니다.

무릇 물건이 크면 귀신이 붙고 물건이 오래되면 정기(精氣)가 어리는 법입니다. 늙은 조개가 구슬 빛을 토하여 밤에도 번쩍이는 것은 정기가 모여드는 까닭입니다. 이 땅덩이는 크다고 할 수 있고 오래다고 할 수 있어 허공에 박힌 보옥 같은 구슬이라고 보기 때문에 한없이 큰 정기가 응당 절로 밝은 빛을 낼 것입니다.

사람으로 치면 점잖은 이가 도덕을 쌓고 자연히 꽃다운 영채를 뿜는 것이나 다름없습니다. 하늘에 가득찬 수 없는 별들을 보면 모두가 몸에서 뿜는 빛이 번쩍이고 있습니다."

지정은 한편으로는 읽고 한편으로는 웃으면서 '달 속 세계로부터 땅빛을 바라보면' 하는 구절과 '땅을 하늘에 박힌 보옥 같은 구슬'이라는 구절에 권주를 치면서 말하기를,

"두 분 선생은 마땅히 한 번 월궁(月宮)으로 가서 항아(姮娥)[13]에게 재판을 해야만 되겠습니다. 그때는 이 학성이가 증인을 설 터이니 탓하지나 마시오."

4. 곡정은 허허 웃으면서 '항아에게 재판을 한다.'는 구절에 권주를 쳤다. 곡정은,

"달 속에 세계가 있다면 그 세계는 어떤 세계일까요?"

나는 웃으면서,

"아직 월궁에는 한 번 가보지 않고 달 속 세계가 어떻게 개벽되어 열려져 있는지 어찌 알 수가 있겠습니까만 우리가 사는 티끌세상을 미루어 저 달 세계를 한 번 상상해 본다면 저 달 속 세계에도 응당 역시 물

---

13) 달 속에 산다는 선녀의 이름.

질이 있어 쌓이고 모이고 엉킨 것이 오늘 이 대지가 한 점 작은 '먼지 (塵)'14)의 집합체인 것과 같을 것입니다.

'먼지'와 '먼지'는 서로 저희끼리 모여 엉키면 흙이 되고, '먼지'가 거친 놈은 모래가 되고, '먼지'가 단단한 놈은 돌이 되고 '먼지'의 진액은 물이 되고 '먼지'가 더우면 불이 되고, '먼지'가 엉켜 맺혀서는 쇠가 되고 '먼지'가 움직이면 바람이 되고, '먼지'가 더위에 뜨고 기운이 복받치면15) 곧 여러 가지 벌레16)로 화하는 바, 오늘 우리 사람이란 즉 여러 가지 벌레의 한 종족일 것입니다.

만약에 달세계가 음성(陰性)으로서 '땅'이 됐다면 물은 '먼지'요, 눈은 흙이요, 얼음은 나무요, 불은 수정이요, 쇠는 유리라 할 수 있을 것이나 그렇다고 달 세계가 반드시 꼭 이 같다는 것도 아닙니다. 제가 비록 추상적으로 이런 명제를 가정했지만 저 같이 큰 물체는 태양에 비길 수도 있는 터에 어찌 달 세계라고 하여 기운이 모여 꿈틀거리는 생물로 화하는 것이 없으리라고 할 것입니까.

오늘 우리네 사람이란 불에 들어간즉 타고 물에 들어간즉 빠지지만 역시 아직 불을 떠나거나 물을 떠나본 적은 없습니다, 만약에 다른 세계에서 이것을 본다면 물 속에서 산다거나 불 속에서 산다고 말할 수도 있을 것입니다. 이제 보아 여러 가지 벌레(생물)로써 물 속에 산다는 것이 유독, 어족 뿐만이 아닙니다.

물론 물고기나 조개 등속이 되겠지만 깃과 털이 난 족속도 때로는 물에 곁붙어 살고 있습니다. 또 물고기 족속은 육지에 놓아두면 죽는다고 하지만 역시 때로는 깊숙하게 진흙탕 속에서 놀기도 합니다. 이것은 물고기 족속도 역시 흙을 떠날 수 없다는 것을 말하는 것입니다. 모르기는 하겠지만 이 지구의 천하만국 말고도 또 몇 개의 세계가 기필코 더

---

14) 일체 물질에 공통하여 존재하는 물질의 최소 단위를 의미함.

15) 화학적 변화와 같은 현상을 의미함.

16) 생물 일체를 의미함.

있을 것입니다."

지정이 있다가,

"서양 사람의 기록을 믿는다면 과연 개나라(狗國), 귀신나라(鬼國), 비두(飛頭), 천흉(穿胸), 기굉(奇肱), 일목(一目) 등 기기 괴괴한 나라가 있어 상상할 수도 없답니다."

곡정은,

"서양 사람의 기록 뿐만 아니라 경서에도 있습니다."

나는,

"무슨 경서 말씀이지요?"

곡정은,

"〈산해경〉(山海經) 말입니다."

나는 말했다.

"이 대지에 몇 자리 '물고기 황제' 몇 분의 '털 짐승 임금'이 계신지 알 수 없은즉 지구를 미루어 달을 추측하여 한 세계가 있다는 것도 이치에 괴이쩍을 것이 없을 것입니다."

곡정은,

"달 속에 세계가 있고 없는 것은 우리네 띠끌 세상과는 관계가 없은즉 이것은 소위 월나라 사람의 살찌고 여윈 것이 진나라 사람에게는 상관이 없다는 것과 같기 때문에 옛날 성인도 말을 하지 않았습니다.

그러나 오늘 선생의 말씀을 듣고 보니 나로 하여금 티끌세상의 번뇌를 씻은 듯 없애고 달나라에 있다는 광한궁(廣寒宮)에 앉아 얼음 옷을 입고 얼음국을 마시면서 저 은나라 백이(伯夷)와 어릉(於陵)[17]과 함께 주

---

17) 중국 고대 전국시대 제나라의 청렴하기로 유명한 진중자(陳仲子)가 피신했던 지명으로 진중자를 오릉 중자라고 함.

거니 받거니 서로 권하는 듯만 합니다. '뗏목을 타고 바다로 떠나가겠단' 말은 「논어」에서 공자가 공상한 별세계이지만 만약에 선생도 선뜻 '바람을 잡아타고 신선처럼 올라가신다'[18]면 이 왕민호는 중유(仲由)[19] 씨에게 뒤떨어지지 않을 것입니다."

지정이 '별세계 공상' 이라는데 권주를 치면서,

"나 역시 깡충깡충 춤추는 달 속에 있다는 토끼 시늉과 펄떡펄떡 뛰는 달 속 금두꺼비 걸음으로 따라갈 것을 사양치 않으리라."

하여 함께들 집안이 떠나가도록 웃었다.

5. 곡정이,

"우리네 선비들이 근세에 와서 상당히 땅이 둥글다는 학설을 믿는 모양인데 하늘은 둥글어 움직이고 땅은 모나고 움직이지 않는다는 것은 우리 유가에서는 자신의 명맥이나 다름없는 학설인데 서양 사람들은 이것을 어지럽게 만들어 놓았는바, 선생은 어째서 이 학설을 좇는지요?"

나는,

"선생은 왜 믿소?"

곡정은,

"비록 손으로 천지의 등덜미를 만져 보지는 못했더라도 지구가 둥글다고는 나도 꽤 믿는 걸요."

나는 말했다.

"하늘은 원래 모난 물건을 만들어 낸 것이 없습니다. 비록 모기 다리와 벼룩 궁둥이와 빗방울, 눈물방울 조차 안 둥근 물건이 없으며 이제

---

18) 〈열자〉의 고사에서 나온 말.
19) 공자 제자 중에도 용맹으로 이름난 제자인 자로(子路). 공자의 어떤 위험 지경에도 피하지 않고 동행했다는 인물.

보아 산과 물과 대지와 해와 달과 별이 모두 하늘이 지은 것이건만 아직 모난 별들을 본 적이 없은즉 지구가 둥글다는 것도 의심 없습니다. 저도 비록 서양 사람의 저서는 보지 못했으나 일찍부터 지구가 둥글다고 말했습니다.

  말하자면 그 모양은 둥글고 그 작용인즉 방정하고 그 기능인즉 항상 움직이고, 성질로 본다면 고요한 것입니다. 만약 이 땅이 허공에 자리를 잡은 채 움직이지도 않고 돌아가지도 않고 그대로 둥글둥글 그대로 공중에 매달렸으면 즉시로 물은 썩고 흙은 죽고 모두가 산산이 흩어져 버릴 것은 당장에 볼 수 있을 것입니다.

  또 어째서 오랜 시일을 두고 허다한 짐을 이고 지고도 가만히 한 자리에 멈추고 섰을 것이며, 강과 바닷물이 어째서 쏟아지지 않고 견디어 내겠습니까.

  오늘의 이 지구는 군데군데 제 세상을 만들고 있어 모든 만물이 발을 붙여 머리를 하늘로 두고 선 것은 우리네 사람이나 다름없는 것입니다. 서양 사람들은 다만 땅이 둥글다고만 했고 지구가 자전(自轉)한다고 말하지 않았습니다.

  이는 땅덩이가 둥글다는 것은 알았으나 둥근 물건은 반드시 자전한다는 것을 몰랐던 것입니다.

  그러므로 저의 생각으로는 지구가 한 바퀴 돌면 하루가 되고, 달이 지구를 한 바퀴 돌면 한 달이 되고, 해가 지구를 한 바퀴 돌면 1년이 되고, 세성(歲星)이 지구를 한 바퀴 돌면 한기(紀)[20]가 되고 항성(恒星)이 지구를 한 바퀴 돌면 한 회(會)[21]가 됩니다.[22] 저 고양이의 눈동자를 보더라도 지구가 돈다는 것을 알 수 있을 것입니다. 고양이의 눈동자는

---

20) 열 두해를 말함.
21) 일만팔백년을 1회라 한다 함.
22) 저자는 지구의 위성으로서 달 이외에 해와 제성과 항성이란 별도 지구의 위성인 것으로 생각했음.

12시간에 12번 변하고 본즉 그 한번 변하는 동안에 지구는 벌써 7천리를 달리는 폭입니다."

지정이 있다가,

"가히 토끼 주둥이에 건곤(乾坤)이 있고 고양이 눈에 천지가 있구만요."

나는 또 말했다.

"우리나라 근세의 선배로써 김석문[23]이란 분이 있어 세 개의 큰 둥근 방울이 공중에 떠 있다는 학설[三大丸浮空說]을 주장하였고 저의 친구 홍대용이 또 지구가 돈다는 이론을 처음 말했습니다."

곡정은 붓을 놓고 지정을 향하여 뭐라고 말하는 것이 홍대용의 자와 호를 말하는 것 같아 보였다.

지정이 물었다.

"담헌 선생은 김석문 선생의 제자가 아닙니까?"

나는,

"김 선생은 돌아가진 지가 이미 100년이 되어 선생으로 모실 수가 없었습니다."

곡정은 물었다.

"김 선생의 자와 호는 무엇이며 저술은 몇 편이나 있습니까?"

나는,

그 분의 자와 호는 기억을 못 합니다. 또 담헌도 일찍이 저술한 것이 없습니다. 제가 일찍부터 그 두 분이 말한 지전설(地轉說)을 의심 없이 믿었고 또 일찍부터 나를 권하여 대신 저술을 해보라고 하였지만 제

---

23) 조선 숙종 때 학자요, 지방 관료. 자는 병여(炳如) 호는 대곡(大谷). 군수직을 맡았는데 1726년에 통천 군수. 역학에 조예가 깊어 〈역학도설〉을 저술함.

가 본국에 있을 적에도 여러 일로 바빠서 못하고 말았습니다.

전날 밤에는 우연히 기공과 함께 달구경을 하다가 달을 대하다 보니 친구 생각이 나고 분위기에 휩싸여 흥이 나서 어쩔 줄을 몰랐던 것입니다.

대체로 서양 사람들이 땅이 돈다고 말하지 않는 것은 함부로 땅이 돈다고 하면 여러 가지 천체의 궤도 도수를 추측하기가 더욱 어려워지기 때문에 이 땅덩어리를 말뚝을 박 듯이 한 군데 일정하게 붙잡아 두고는 이런 추측을 하기에 편리토록 한 것이라고 나는 생각합니다.

곡정은,

"저는 본래부터 이 학문에 어두워 일찍이 한 두가지 알아본 것은 있지만 칠완차(七碗茶)[24]를 못 먹듯이 안될 일이기 때문에 다시 정신을 써서 생각해 보지 않았습니다. 선생의 이야기는 역시 서양인이 발견 못한 이야기인즉 나 역시 감히 그렇다고 얼핏 믿을 수도 없고 함부로 이 학설이 잘못이라고 반대할 수도 없고 보니 까마득하여 상고하기 어렵습니다. 그러나 선생의 변론은 매우 자세하여 조선 삼베옷에서 바늘구멍이 낱낱이 똑똑하게 보이는 것만 같습니다."

6. 지정은 물었다.

"세계는 큰 둥근 방울이란 무엇이며 또 한 개 작은 별이란 말은 어떻게 된 말씀인지요?"

나는,

"공중에 뜬 둥근 방울 셋이란 것은 해와 지구와 달입니다. 이제 주창자 김석문의 말에 따르면 '별은 해보다 크고 땅은 달보다 크다' 고 했는데 정말 그렇습니다. 저 하늘에 가득 차 있는 별들은 우리 땅과는 아무

---

24) 중국 당나라 시인 노동(盧仝)의 '차노래'에 있는 '칠완차긱부득(七碗茶吃不得)' 이란 구절에서 나온 말로 될 수 없다는 의미로 쓰는 술어이다.

상관이 없습니다만 이 세 둥근 물체는 저만큼 이웃이 되어 땅을 중심자리로 할 때 해와 달이라고 부르는 것입니다. 해로써 양(陽)으로 삼고 달로써는 음(陰)으로 삼았는데, 비유하자면 살림하는 사람이 동쪽 이웃에게 불을 구하고 서쪽 이웃에서 물을 구하는 것이나 같습니다.

저 하늘에 가득 찬 별들로부터 이 세 개 둥근 달을 본다면 대공에 점 모양으로 벌려 있는 것이 아주 하찮은 작은 별로 밖에 안 보일 것입니다. 오늘의 우리 사람들이란 한 덩어리 물과 흙 틈에 앉아서 시야가 넓지 못하고 상상력도 한정되어 있고 보니 또 다시 함부로 뭇 별들을 가지고 구주(九州)로 쪼개어 나누고 있습니다. 우리 세상에 자리 잡고 있는 구주란 것은 얼굴에 찍힌 검은 사마귀 한 개와 다른 것이 어디 있겠습니까. 소위 큰 못 속에 뚫린 작은 구멍[大澤疊空][25]이란 것이 이런 것입니다.

별의 성좌를 땅에 풀어 맞춘다는 구주라는 학설이 그 얼마나 허망스러운 학설이겠습니까."

지정은 '이 말을 믿는다' 로부터 '하찮은 작은 별' 이라는 데까지 냅다 권주를 쳤다. 곡정은 기이하고 통쾌한 이론이요, 예전 사람으로써는 발견 못한 이론이라고 매우 칭찬을 했다.

나는 또 말했다.

"제가 만 리 험로를 무릅쓰고 귀국으로 구경 왔는데 우리나라로 말하자면 가장 동쪽에 있고 구라파로 말하자면 맨 서쪽입니다. 동쪽 끝과 서쪽 끝 사람을 한 번 만나보고 싶습니다. 이번에는 갑자기 열하를 들어와 아직 천주당을 보지 못했습니다.

이곳으로부터 황제의 명령이나 내려 우리나라로 곧장 돌아간다면 다시는 황성에 들리지를 못할터이온 바, 이번은 다행히 여러분 선생들과 사귀게 되어 많은 교훈을 받아 제 원을 풀었습니다만 멀리 있는 서양 사

---

25) 원문의 '대택뇌공'(大澤疊空)은 중국의 장자(莊子)가 말한 것으로 지극히 작다는 표현.

람들이 황제를 따라 와서 이곳에 머물고 있다하는데 한 번 인도를 해 주신다면 서로 알게 될 수도 있으니 소개를 받았으면 합니다."

곡정은,

"이런 일은 원래 대궐을 수위하는 간청에서 황제의 분부를 받들어 처리하는 데 관계되는 일이라 길이 다르면 통할 수 없고 황제가 머무르고 있는 곳은 어디고 성인지라 인산인해로 모여든 그 많은 사람 틈에서 찾아내기도 어렵습니다. 반드시 그런 수고를 하실 것은 없나보외다."

지정은 저녁때에 바쁜 일이 있어 먼저 일어나면서 이야기하던 초지 5~6매를 가지고 갔다.

7. 곡정은 말하기를,

"홍 담헌 선생은 천문을 보실 줄 아십니까?"

나는,

"천만에요. 역상가(歷象家)와 천문가(天文家)는 다릅니다. 무릇 해와 달에 해무리와 달무리가 나타나는 것과 혜성이 날아 흐르는 것과 별의 꼬리가 움직이는 것으로써 길흉을 미리 판단하는 것은 천문가이니 장맹(張孟) 유계재(庾季才)[26]와 같은 사람들이요, 선기옥형(璿璣玉衡)[27]을 가지고 일월성신을 계산하여 칠정을 다스리는 자는 조력가(造歷家)이니[28] 낙하굉(洛下宏) 장평자(張平子)[29] 같은 사람입니다.

「한서 예문지」(漢書 藝文志)에 보면 천문에 20여 대가가 있고 역법에 10여 수 대가가 둘로 나누어져 있습니다. 제 친구도 기하학 연구에 매우 능하여 천문 도수의 늦고 빠른 것을 계산하는 것을 알고자 했지만 아

---

26) 유계재는 장맹과 함께 한나라, 수나라의 저명한 천문가.
27) 옛날의 천문 관측기.
28) 천문학의 다른 칭호로 일, 월, 화, 수, 목, 금, 토 등 천체의 운행이 정치와 같다는데서 나온 말.
29) 중국 한나라 무제 때 태자로 있던 천문가.

직 해내지 못했습니다. 일찍부터 송경공(宋景公)의 '세 마디 말에 형혹(熒惑)이 물러간'[30] 일과 '처사(處士)가 발을 올려놓자 객성(客星)이 왕자를 범했다'[31]는 따위의 이야기는 역사를 쓰는 자가 억지로 끌어낸 소리라 하여 이를 배척하였습니다."

곡정은,

"옛날에 천문 계산에 정통한 이로 이름난 사람은 낙하굉과 장평자 이외에도 채백해(蔡佰諧), 오나라 사람 왕번(王蕃) 같은 사람이 있고 유요(劉曜)[32] 광초(光初) 연간에는 공정위(孔定魏)란 인물과 태사령(太史令) 조숭(眺崇)이 선기옥형의 유법을 알았고 송나라 원우(元佑) 연간에는 소자용(蘇子容)이 종백(宗佰)[33]이 되면서 옛날 기계를 참고로 하여 수년만에 성공을 하였습니다. 서양 기술이 중국으로 들어온 후는 중국의 천문 기구는 아주 쓸모없이 되어버렸고 더구나 그 학술이 보잘 것 없고 천박하고 비속한 것은 웃을만 합니다.

예수란 말은 중국말로 군자처럼 어질다는 말로써 서장 풍속에 중을 나마라고 부르는 것이나 같습니다. 예수는 한 마음으로 하늘을 공경하여 교를 팔방에 세워 나이 30이 되어 극형을 당하였는데 나라 사람들이 그를 애모하여 예수교회란 것을 세웠습니다. 그 공경하는 신은 천주라하고 교회에 드는 자는 반드시 비통스럽게 울어서 천주를 잊지 않는다고

---

30) 송경공은 춘추 시대 송나라 임금이요, 형혹은 소위 불운을 상징하는 별 이름으로서 당시 형혹성이 송나라 땅을 비추어 왕은 걱정을 했으나 천문가가 권하는 세 가지 권고를 듣지 않고서 오히려 임금다운 발언을 세 마디 함으로써 형혹성이 물러갔다는 고사.
31) 후한 광무제가 천자가 되어 그의 친구인 처사 엄자릉(嚴子陵)을 불러 평교로 마구 놀면서 자릉은 천자의 몸에 발을 얹었더니 태사관이 보고하기를 객성이 자미성(紫微星)을 범했다고 한 고사.
32) 중국 오호 시대 전조(前趙)의 임금.
33) 예악을 맡아 보던 관리들.

합니다. 어릴 때부터 네 가지 조목을 믿는 서약을 세우되 색념을 끊고, 벼슬 욕심을 없애고 팔방을 돌아다니면서 전도를 하되 다시 고향에 돌아올 미련을 갖지 않고 불교는 반대하지만 윤회설은 독신하고 있습니다.

명나라 만력 연간에 서방땅에 사는 사방제(沙方濟)라는 자가 광동성에 왔다가 죽고, 이어서 이마두(利瑪竇) 등 여러 사람이 들어왔는데 그들이 교지로 삼은 것은 사리를 밝히는 것으로 으뜸을 삼고, 자기 몸을 닦는 것을 요건으로 삼고, 충효와 자애로써 보람으로 삼고, 허물을 고치고 착한 길로 나가기에 노력함을 입문으로 삼고 죽고 사는 중대한 일에 대하여 뒷걱정을 없애기 위한 준비를 함으로써 필경 서방 제국에서는 이 교를 받든지 천여 년 동안에 무사태평으로 정치는 성공을 했다고 합니다. 그들의 말에는 허황스러운 데가 많아서 중국 사람들은 이를 믿는 자가 없습니다."

나는 말했다.

"만력 9년에 이마두가 중국에 들어와 북경서 29년 동안 있으면서 말하기를 한나라 애제(哀帝) 원수(元壽)[34] 2년에 예수는 대진국(大秦國)[35]에 나서 서해 밖에서 교를 전파했다고 했습니다. 한나라 원수로부터 명나라 만력 연간까지 1천 5백여년 동안에 소위 예수란 두 글자는 중국의 서적에는 보이지 않았으니 예수는 저 바다 끝 멀리 떨어진 곳에서 났던 만큼 선비들이 혹시 들어보지 못했던 까닭이던지요.

아니면 들은 지도 오래 되었더라도 이것을 이단이라고 하여 역사에 이를 쓰지 않았다던가. 대진국은 달리 불러서 '불림'(拂箖)이라고도 하는데 소위 구라파는 서양의 총칭이지요.

홍무 4년에 날고륜(捏古倫)이 대진국으로부터 중국으로 들어와 고황제를 배알했지만은 예수교에 대해서는 말이 없었으니 이는 무슨 까닭인

---

34) 이 해는 기원전 1년이요, 기원 1년은 한 평제(平帝) 원시(元始) 원년임.
35) 로마 제국을 말함.

지요. 대진국은 원래 소위 예수교란 교가 없었는데 이마두가 처음으로 하느님에 의탁하여 중국을 미혹시켰던지요. 윤회설을 독신하여 천당 지옥설을 주장하면서 불교를 비방하고 원수처럼 공격하는 것은 무슨 까닭인지요.

〈시경〉에는 일렀으되 '하늘이 창생을 내니 사물이 있은즉 법칙이 있다'고 했는데 불교에서는 모든 형체를 환상으로 여겼은즉 이는 창생이 있고도 사물도 법칙이 없단 말입니다.

예수교에서는 이(理)로써 기수(氣數)로 삼았습니다. 〈시경〉에는 말하기를 '하늘은 소리도 없고 냄새도 없다'라고 하였는데 이제 예수교가 꾸며 놓은 이치로 보아서는 소리와 냄새가 있는 셈이니 이 두 가지 교중에 어느 교가 나을지요?"

곡정은,

"서양 학문이 어떻게 불교를 비방할 수 있겠소. 불교 이론이란 모두가 고상하고 오묘합니다. 다만 허다한 비유 이야기가 너무 허황하고 이렇다 할 귀결이 없으므로 그들이 소위 도를 깨달았다는 것도 결국 허망한 환상뿐입니다.

저 예수교는 본래부터 막연하게나마 불교 이론의 찌꺼기를 빌렸었는데 이왕 중국에 들어왔고 보니 중국의 문헌을 배우기 시작하여 중국에서 불교를 배척함을 보고는 얼른 중국의 불교 배척을 본 떠 중국의 문헌 중에서 상제(上帝)이니 주재(主宰)이니 하는 말들을 따 내어 스스로 우리 유교에 붙이고 있습니다.

그러나 그 본령은 원래 사물의 돌아가는 운명론에 지나지 않아 벌써 우리 유교로 본다면 2차적인데 떨어져 있습니다.

저들 역시 '이'(理)[36]에 대하여 본 바가 없지 않습니다. '이'가 '기'

---

36) 형이상학적 불변의 원리.

(氣)³⁷⁾를 이기지 못한 지는 이미 오랜 일입니다. 요 임금 시절의 장마와 탕 임금 시절의 가뭄도 '기수'(氣數) 때문에 그랬던 것입니다. 저의 친구로서 개휴연(介休然)도 몹시 '기수'에 관한 이론을 믿어서 '기수'와 '이'는 본래 한 속으로서 '기수'가 이렇게 되면 '이'도 역시 이와 같은 것이라고 했습니다. 개씨의 별호는 희암(希菴)이요, 자는 태초(太初)요, 또 다른 자는 북궁옹백(北宮翁佰)입니다. 그의 학문은 참으로 하늘과 사람을 꿰뚫다시피 밝았습니다. 그의 저서로는 〈옹백담수〉(翁伯談藪) 1백 권과 〈북리제해〉(北里齊諧) 1백 권과 〈양각원〉(羊角源) 50권이 있습니다. 금년이 60여 세에 아직도 저술을 놓지 않고 있습니다.

〈양각원〉에는 지구가 돈다는 학설이 있는지도 모르겠습니다만 성좌(星座)와 달 속에 관한 이치를 오묘하게 말하였습니다. 그의 해설에 의하면 솔개가 하늘에서 날되 발을 움켜쥐고 뒤로 뻗친 것이며, 물고기가 물속에서 뛰되 공기주머니를 믿고서 버티는 까닭 등은 만 가지 물건을 땅에다가 중심을 두고 말했습니다.

땅의 중심이란 우박에 제 몸을 스스로 싼 것과 같고 그 움직이지 않는 것은 수레바퀴에 있어서 굴대 같다는 등 모두가 오묘한 이론들입니다.

제가 나이 어릴 적에 자세하진 못 했으나 그저 그 제목들은 훑어보았던 바, 지금은 그 대강인 뜻도 다 잊어 버렸습니다."

나는,

"개 희암 선생을 오늘 당장이라도 만나 뵙고 싶은데 선생이 소개해줬으면 합니다."

곡정은,

"개 선생은 이곳에 있지 않습니다. 본래 촉땅 사람으로 지금은 역주

---

37) 형이하학적인 후천적 현상.

(易州) 이가장(李家庄)에서 차를 팔아서 살아가고 있습니다. 그곳은 북경으로부터 2백여 리인데 저 역시 서로 만난 적이 벌써 7년이 넘었나보외다."

나는,

"회암 선생의 용모는 어떻게 생겼는지요?"

곡정은,

"눈이 깊숙하고 광대뼈가 우뚝 튀어난 분으로 내각의 각로인 조공이 개씨를 추천하여 조정에서 강서교수(江西敎授) 벼슬을 내리었으나 병을 청탁하고는 나오지 않았습니다. 개씨는 일찍부터 수염이 좋았는데 하루아침에 자기 손으로 수염을 깎아 조씨가 자기를 잘못 추천했다는 것을 증명하였는데 즉시로 나라에서는 7품 지위의 모자와 복장을 내렸습니다.

당시 어떤 고관 한 분이 있어 그의 모든 저서를 나라에 추천코자 했더니 개씨는 흔연히 이를 승낙하였으나 거처하던 집에 불이 나서 서책이 다 타버리게 되어 필경 추천을 못 했답니다."

나는 말했다.

"선생의 가슴 속에 얹힌 체증은 이젠 토해 낼만하지요."[38]

곡정은,

"저는 원래 그런 증세가 없습니다. 늙은이는 협잡이 많답니다. 정나라 때 공손교(公孫僑)의 하인이 물에 놓아주라는 잉어를 삶아 먹고 유유히 간 것처럼, 군자는 이치에 어긋나지 않은 방법으로 속일 수 있다하니 얼마 남지 않은 생애에 마음껏 재미롭게 지낸다면 군자노릇 하는데 밑질 것이 무엇이겠습니까."

---

38) 정나라 공손교의 고사와 맹가(孟軻)의 말을 인용한 것임. 즉 청나라 조정에 대한 곡정이 가슴속에 맺힌 불만.

하고는 서로 껄껄 웃었다.

곡정은 다시,

"최초의 저서(개휴연)는 실상 아직 타 없어지지 않고 그의 친구인 동정(董程)과 동계(董稽) 처소에 비밀히 간직하고 있습니다. 반드시 후세에 전해질 것입니다. 당신은 외국인이고 보니 이렇게 가슴을 헤치고 터놓고 말하는 것입니다."

나는,

"개 선생의 저서는 기이한 것이 많습니까?"

곡정은,

"별로 기이한 것은 없습니다."

나는,

"그러면 무슨 까닭으로 비밀로 합니까?"

곡정이,

"해마다 금서(禁書)가 모두 3백종은 되는데 삼군(三君)의 저술, 팔고(八顧)의 저술, 팔주(八廚)의 저술에다 그 책도 끼었을 것입니다."

윤공은 책장을 돌아다본다.

나는,

"금서가 어째서 그렇게도 많습니까? 이것이 모두 최호(崔浩)[39]의 사기를 비방한 따위의 책인가요?"

곡정은,

"모두 뒤틀어진 선비들의 구부러진 글들이지요."

나는,

---

39) 중국 후위(後魏) 시대의 학자로서 국서(國書) 30권을 저술하여 〈사기〉를 비평했다고 해서 죽였다.

"금서의 제목들은 무엇인지요?"

곡정은 정림(亭林), 서하(西河), 목재(牧齋)집 등 수십 종을 썼다가 언뜻 찢어버렸다.

나는 말했다.

"영락(永樂) 시대에 전국의 서적을 찾아 긁어모아 〈영락대전〉(永樂大全)[40] 등을 만들면서 사람을 속여 머리가 세도록 한가한 틈이 없게 했으니 오늘 〈도서집성〉(圖書集成) 같은 책을 만든 것도 이런 목적일까요?"

곡정은 바쁘게 손을 놀려 글을 지우면서,

"지금 왕조가 글을 숭상하는 것이 그 어느 때 왕조보다도 더한 터에 사고전서(四庫全書)에 들지 않은 책은 전혀 쓸데없는 책들일 것입니다."

8. 나는 물었다.

"앞서 선생께서는 조씨네[41] 송나라를 왜 그렇게 깎아 내려 말씀하시는지요?"

곡정은,

"왕통(王統)이 돼먹지 않잖았습니다. 태조는 아무런 큼직한 공로나 위업도 없이 어쩌다가 나라를 얻어 당시로 본다면 판에 박은 천자에 불과했습니다. 문물은 바로잡고 법제를 정비하는 것은 어느 왕조에서나 뒤를 이어 즉위하는 임금들의 책임일 터인데 태종(太宗)은 집안끼리로 보아서는 배신한 사람임을 면치 못할 것입니다."[42]

---

40) 명나라 성조 때 편집한 유서(類書)로 22,877권으로 된 대백과전서다.
41) 조광윤(趙匡胤)이 건국한 중국 송나라.
42) 조광윤이 천자가 된 후 태자를 정하지 못했을 때에 그 어머니 태후는 태조에게 말하기를 천자의 지위를 둘째, 셋째 아우에게 정한 뒤에 그 아들에게 전하라하였으나 둘째 아우 태종은 왕위를 계승 후 그 조카들을 다 죽인 사실을 두고 말함.

나는 물었다.

"촛불 그림자 일이 만약에 참말이라면 어째서 배신이라고만 할 수 있겠습니까?"[43]

곡정은 말하기를,

"이는 천고에 모함이요, 거짓말입니다. 태조는 당시 병이 조석을 다투다시피 더해가는 판에 무엇이 답답해서 이런 큰일을 저질렀겠습니까. 태종의 옳지 못한 행실이 이런 비방을 초래한 것입니다. 이 사건은 원래 호일계(胡一桂),[44] 진경(陳桱)[45] 등의 제멋대로 쓴 역사책에서 나와 이도(李燾)의 장편에서 시작되어 오중땅의 중 문영(文塋)[46]이 지은 〈상산야록〉(湘山野錄)에 실려 있습니다. 일개 중이 어디로부터 이런 비밀을 알았겠습니까.

대체로 그의 말씨를 보면 까닭이 없지 않을 것입니다. '멀리서 촛불 그림자가 붉게 흔들리는 것이 보이면서 큰 소리로 잘 해라!란 소리가 들리면서' 라는 십여 글자가 천고에 끝없는 의문을 일으켰으니 촛불이란 원래 컴컴한 밤에 소용되는 물건이요, 그림자란 희미한 것이요, 붉게 흔들린다는 말은 불빛이 껌벅껌벅한다는 것이요, 큰 소리란 화평스러운 소리가 아니며, '잘해라' 란 말은 뜻이 명백하지 않은 말입니다.

멀리 뵌다든가 멀리 들린다는 말은 이 역시 분명하지 못한 일로서 참으로 천고의 의문이 되고 말았으니 실로 뒤틀린 글이라 할 수 있을 것입

---

43) 역사에는 태조가 병석에 누웠을 때 태종이 와서 좌우를 물리치고 무슨 말을 하는데 잘 들을 수 없었고 멀리서 볼 때에 촛불 그림자 아래 태조는 자리에서 일어나려고 하다가 도끼를 마루바닥에 던지면서 큰소리로 '잘해라! 라는 소리를 한마디 남기고는 그 자리에서 죽다' 라고 쓰였는데 이로써 후세에서는 이 '수수께끼' 같은 기록을 두고 태종이 죽였다고 하여 촛불 그림자 일이라 함.

44) 중국 원나라 역사학자.

45) 중국 명초의 역사학자.

46) 중국 송나라 시대 승려.

니다. 당시의 인사들은 태종에게 대하여 첫째로 해를 넘기지 못한 채 연호를 고친 것을 못마땅하게 여겼고, 둘째로 형수를 강박하여 비구승이 되도록 하고 형수가 죽었는데도 상복을 입지 않은 것을 옳지 않게 여겼고, 셋째로 정미(廷美)[47]와 덕소(德昭)[48]가 죽은 것을 옳지 못하게 생각했습니다. 이같이 속으로 옳지 못하다고 생각하는 천하 인심들을 어떻게 눌러낼 것입니까.

육국 인사들의 불평이 쌓이고 쌓이자 진나라가 육국보다 앞서 망하기를 희망하는 염원에서 여불위(呂不韋)의 사건[49]을 교묘히 만들어 내어 기회로 삼았지요. 더구나 진시황이 서적을 불사르고 선비들을 묻어 죽인 분서갱유(焚書坑儒)의 끔찍한 짓을 했으니 그 욕설이 어떠했겠습니까.

한나라 책사는 무엇보다 먼저 진나라를 욕설하려고 하고 보니 대번에 이런 이상한 글을 만든 것입니다. '촛불 그림자' 사건도 역시 이와 같은 의도일 것입니다. 송나라 인종은 영특한 기운으로는 한나라 문제보다 못하고 학식은 신종(神宗)[50]보다 낫고 정치를 잘 해 보려는 의욕은 한나라 무제를 앞서되 재주와 책략이 건염(建炎)[51]보다 못한 바 그 이후는 이야기될 거리도 없습니다. 더구나 참말 뼈아픈 일로서는 원수를 잊어버리고 이를 애비로 안정했으니 벌써 이는 천륜이 아닙니다.[52]

---

47) 중국 송의 태종의 아우. 태조의 아들.
48) 중국 송의 태조의 아들. 태종의 아우.
49) 여불위는 진나라 재상인데 자기의 첩 한단희(邯鄲姬)를 임신 시킨 몸으로 진시황의 아버지인 장양왕(莊襄王)에게 바친 결과 아들을 낳은 것이 진시황이라고 세상에서는 전해졌다.
50) 중국 송나라 제6대 왕.
51) 송나라 제10대 왕, 고제(高帝).
52) 송나라가 북방 만족으로 금나라에게 패하여 휘종과 흠종이 포로로 붙들려 간 후 항복을 하고 명목을 조카벌 되는 나라이라 하여 굴욕적 강화조약을 맺은 사건을 의미함.

어째서 조카라고 부를 것입니까. 힘이 모자라서 굴복하여 신하로 자칭하는 것은 하늘이 마련한 것이라 할 수 없다고 치겠지만 조카나 손자로 자칭하는데 이르러서는 이 위에 더 큰 욕이 어디 있겠습니까.

당시 조정의 벼슬아치들은 속국 신하의 치욕을 면하기 위하여 신하란 명목을 조카로 바꾸어 속으로는 자기의 임금을 인륜을 무시하는 지경에 몰아넣었으니 그 인륜과 규범을 무시함이 석진(石晉)[53]과 꼭 같았습니다. 자신의 벼슬만 중하게 여기다 보니 난데없는 애비를 들여다 모시면서도 임안(臨安)[54]의 임금과 신하들은 바야흐로 부끄러운 줄 모르고 축하를 했으니 무식도 심한 일입니다.

목전의 급무에 대하여는 아무런 대책이 없이 공연히 남송의 성리학자들은 공리 공담으로 세월을 보냈으니 정말 답답한 일이었습니다. 송나라 이종(理宗)은 40년 동안 고작 격물과 치지를 공부한 결과라는 것이 죽은 뒤에 '이(理)' 자 한 자를 얻은 것입니다. 가소로운 일입니다.

모르기는 하지만 그 성리학파가 평생동안 궁리한 '이치'란 대체 무엇인지 모를 일입니다.

옛날부터 신하된 자가 누구나 자기 임금의 학문을 위하여 애쓰지 않은 자가 없었지만 천 년을 두고 적막하다가 간신히 송나라 이종(理宗) 한 사람을 얻게 되었습니다. 그러나 그의 학문이란 나라의 흥망과 승패에는 아무런 유익한 것이 없는 학문으로서 구산(龜山)[55] 문하에서는 수제자 노릇을 할런지 모르겠지만 그 학문에 있어서는 눈으로 일자무식들인 석세룡(石世龍)[56]이나 막길렬(邈佶烈)[57]에 따르지 못할 것입니다. 저

---

53) 중국 오대(五代) 시대 석경당(石敬瑭)이 창건한 진(後晋)나라로 석경당은 당(唐)나라를 치기 위하여 거란에 원병을 청하면서 아버지로 대할 것을 약조하였다.
54) 중국 남송(南宋)의 소도였다.
55) 남송 고종 때 저명한 도학자로서 정자의 제자인 양시(楊時)의 별호.
56) 중국 오호(五胡)의 한 나라인 후조(後趙)의 고조(高祖)인 석륵(石勒).
57) 오호 시대 흉노 출신으로 후당(後唐) 장조(莊祖)의 양자로 든 명종(明宗)의 본명.

후한 때 고봉(高鳳)처럼 '보리 떠내려 가는 줄 모르고' 글만 읽듯이 할 것은 못된다고 생각합니다.[58]

구사량(仇士良)은 벼슬에서 은퇴하면서 그 도당들에게 훈계하기를 아무나 글을 읽어서는 안 된다고 하였습니다. 그러나 보경(寶慶) 경정(景定)[59] 연간은 천지가 40년 동안을 두고 캄캄한 안개가 사방을 틀어막듯한 속에서 서당 문을 닫고 앉아 고금을 궁리한다고 들어 앉아 '이틀 갈이 무논은 반 남아 묵고 말았다'는 것이 바로 이 시절을 말한 것입니다. 휘종 황제는 정말 명사라 할 수 있어 비록 소동파 선생 같이 송죽 같은 절개는 부족하더라도 그의 풍류 감상의 안목은 진(陳)[60]씨 황(黃)씨 같은 이들보다 못하지 않을 것입니다만(이 대목에서 형산은 뒤따라 필담 초기를 열람하고는 웃으면서 '못하지 않을 정도가 아니라 훨씬 낫다'고 하였다), 더욱이 한나라 성제(成帝)에게 비한다면 좀 방탕한 셈이었습니다.

초여름에 황제는 태학 강관들에게 칙유가 있어 일렀으되

내가 매양 옛날 역사를 볼 때에 신하는 아첨을 하고 임금은 교만하였다 운운하였는데 대성문(大成門) 오른쪽 담장에 붙인 벽보가 바로 그것입니다."

하고 웃었다. 나는 말했다.

"위나라 무공(武公)의 억제력도 이보다 더할 수 없군요."

곡정은,

"옳은 말씀이요."

하였다.

---

58) 중국 당나라 시대 포악하기로 유명했던 관리.
59) 보경과 함께 송나라 이종 시대의 연호임.
60) 송나라 시대 유명한 문인으로 너무 청렴하여 얼어 죽은 진사도(陳師道)와 저명한 시인이요, 서화가인 황정견(黃庭堅).

(어제 나는 사신들을 따라서 공자묘를 배알할 때에 왕 곡정과 추사시(鄒舍是)는 주인이 되어 앞을 인도하였다. 대성문 담벼락에 검정 돌을 물리고 강희 옹정 또 지금 황제의 훈시를 새겨 두었다. 그 오른편 담장에는 새로 방을 붙였는데, 즉 황제가 시강하는 강사들에게 내린 칙유글이었다. 그 내용인즉 자기 집안의 학문을 굉장히 자랑하고 전 시대에 있어 학문을 힘쓰던 임금들을 모조리 비방하였다. '실속을 얻음이 없이 함부로 허식만 더하여 전각 위에서는 만세를 부르고 조정에 나앉으면 감탄을 한다.' 는 등 모두 이 조칙의 내용은 대체로 여러 신하들이 글 뜻을 꾸며 대어 윗사람에게 아첨을 일삼고 천자는 함부로 자기 잘난 것을 믿고 아랫사람들을 멸시한다고 하였다. 나는 곡정과 함께 중언부언 천여 마디를 한 번 쭉 읽으니 모두가 자기 자랑 뿐이었다. 나는 '전각 위에서 만세를 부른다' 는 말은 무엇이냐고 물었더니 곡정의 말은 궐 내에서 강의 토론을 할 때에 임금이 무엇을 알아맞힐 때는 좌우가 모두 머리를 조아리고 만세를 부르는 것이며 강의하는 자가 알아 맞혀서 임금이 좋다고 할 때는 좌우에서 역시 만세를 불러서 좋은 영광은 임금에게로 돌려보내는 법이니 소위 천자의 옳은 견해에 따른다는 것이요, 좋은 말을 발견했다고 축하하는 것이다. '한나라 육가(陸賈)가 황제 앞에 나아가 글 한 편씩 아뢸 적마다 황제는 좋다고 칭찬을 않을 수 없었고 좌우는 만세를 불렀다' 라는 것이 이것이다.)

　　나는 말하기를,

　　"이종은 송나라가 망할 무렵 말기의 임금으로 그는 학문을 잘하고 못하는 여부는 근본 이야깃거리가 될 수 없는 터이지만 어떤 임금이고 학문을 좋아하는 것만으로써 그가 총명하다는 자격으로 쳐주는 점에 있어

선생의 말씀은 좀 틀렸나 보외다. 만약에 한나라 문제나 송나라 인종의 훌륭한 자질과 한나라 무제나 당나라 태종의 영특한 성질에다가 정자나 주자의 학문을 더 겸했고 보면 정말 요순 같은 임금보다도 못하지 않을 것입니다. 그런데 하필 그 글 짓는 재주와 쓰고 외는 폐단을 미리 걱정하여 경솔하게도 임금된 자의 무식을 요구야 하겠습니까.”

곡정은 고개를 흔들면서,

“안 될 말입니다. 나는 본시 송나라 이종을 말한 것이 아닙니다. 역시 송나라 역사「형법지(刑法志)」를 보면 사람으로 하여금 심사를 현란케 만듭니다. 제가 말씀한 것은 학문의 폐단입니다. 대체 예전 시대의 총명하고 영특한 임금으로 말한다면 바로 한나라 무제나 당나라 태종이 될 것을 예로 들었습니다. 선생이 말씀한 소위 정자나 주자의 학문을 겸했다면⋯ 하는 말씀은 말하자면 가설입니다. 이 가설이란 것은 천고의 뜻있는 인사들에게 다소의 원한을 가지도록 하는 것입니다.”

나는 묻기를,

“원한을 가진다는 말씀은 무엇을 두고 하시는 말씀인지요?”

하니 곡정은,

“원수를 못 이긴 채 먼저 죽으니 후세의 영웅들을 눈물짓게 하네. 이것이 바로 원통스럽다는 예로 들 수 있을 것입니다.”[61]

나는 다시 무슨 의미냐고 물었다. 곡정은,

“만약에 조맹덕(曹孟德)[62]이 두통을 앓을 당시 그대로 죽었더라면 그는 한나라의 제환공(齊桓公)[63]이 되었을 것 아닙니까.”

---

61) 당나라 시인 두보가 제갈량을 두고 지은 시. (원문은 "出師未捷身先死, 長使英雄淚滿襟)

62) 중국 고대 삼국시대 조조의 자인데 배나무를 베다가 머리를 앓았다는 말이 있음.

63) 중국 고대 전국시대 제후국들의 패권을 잡아 종주국의 명분을 세운 임금.

나는,

"그 말은 또 무슨 말입니까."

하고 물으니 곡정은,

"선생이 말씀하는 '만약에' 라든가 '설사' 라는 말들은 비유해서 가정하는 말로서 참말이 아닐 것입니다.

'만약에' 제갈량이 사마중달(司馬仲達)[64]을 죽이고 줄곧 내달아 중원 땅으로 들어갔던들 얼마나 통쾌했을 것이며,

'만약에' 당명황이 마외역(馬嵬驛)[65]에 돌아와서 양귀비를 만나 빙그레 웃으면서 눈을 주게 되였던들 얼마나 통쾌하였겠으며,

'만약에' 송나라 고종이 진회(秦檜)[66]의 머리를 베였던들 얼마나 통쾌했겠습니까.

'만약에' 정자, 주자 두 선생이 천자의 자리에 올랐다 하고 날마다 만기를 총람하는 정치를 할 때에 또 다른 정자, 주자 같은 이가 옆에 있어서 요순의 도로써 충고해 섬긴다면 무슨 여한이 있겠습니까.

이부인(李夫人)이 한 무제의 첩으로서 그가 죽은 후 무제는 그를 다시 한 번 보고자 하여 점술객의 말을 듣고 궁실을 따로 짓고 불을 켜고 나타나기를 기다렸으나 실패했지만 그 혼령이라도 한 번 보였다면 무슨 여한이 있었겠습니까.

대체로 한 시대의 임금된 자로서 아주 못 생겼거나 말할 수 없이 틀린 자를 제하고 흔히 볼 수 있는 임금들도 당대의 이름난 학자보다 도리어 낫다고 볼 수 있을 것입니다. 당대의 이름난 학자들로 하여금 자리

---

64) 중국 삼국시대 위나라 명장 사마 의(懿)의 자.
65) 중국 섬서성에 있는 지명으로 당 헌종이 안녹산의 반란으로 촉땅으로 피난 도중 군사들의 간청으로 양귀비를 죽인 곳.
66) 중국 송나라 매국적 역신 이름. 그는 재상이면서 금(金)과 강화하려고 절개군 은 충신을 가혹하게 살해했다.

를 한 번 바꾸어 준다면 도리어 그들만큼 해내지 못할 점이 있을 것입니다."

나는 말했다.

"옛날부터 제왕들은 신하들에 대하여 자신이 가르치기만 좋아하되 '군자를 가까이 하고 소인을 멀리하지' 못했으므로 그들의 아랫자리에 달려 붙은 자들이란 모두가 부귀영화에만 눈이 어두운 자들로서 그 시대의 제왕에게 감히 따라가지 못하는 것은 당연한 형편이었습니다.

만약에 밝은 임금과 어진 신하가 서로 만난다면 반드시 이렇지도 않았을 것입니다. 밝은 것을 내세우고 비뚤어진 것을 바로잡아 누구나 가리지 않고 어진 사람을 등용하고 보면 '꿈을 꾸어 담장 쌓은 사람'을 만날 수도 있었고[67] 현몽에 따라 낚시꾼도 만날 수 있어서[68] 같이 정사를 하는 데도 마음이 서로 맞아서 성공을 하였습니다.

만약에 저 제왕들이 자기 스스로 이런 어진 신하를 구하지 않았다면 어찌 하늘이 내려주는 뛰어난 인재를 받을 수 있었겠습니까."

하니 곡정은,

"그렇지 않습니다. 정치를 집행할 때와 정사를 이야기 하는 것과는 같지 않습니다. 옆에서 구경하기는 자신이 직접 당하는 것보다 훨씬 쉬울 것입니다.

이것이 소위 맹공작(孟公綽)[69] 같은 이는 조나라 위나라 같은 큰 나라의 장으로서는 넉넉하다고 할 수 있으나 그렇다고 등나라, 설나라 같은 작은 나라의 대신 벼슬은 감당 못할 것입니다. 이는 제가 역사를 읽

---

67) 중국 고대 상나라 임금 무경(武庚)이 꿈에 성인을 만난 후 깨여 꿈에 본 성인을 찾다가 담을 쌓고 있는 역군 중에서 꿈에 본 부열(傅說)이란 숨은 성인을 만나 재상을 삼았다는 고사.
68) 주나라 문왕이 강태공을 만나게 된 고사.
69) 〈맹자〉에 나오는 점잖기로 유명한 표준 인물.

으면서 냉정한 생각에서 알아내게 된 대목입니다.

만약에 송나라 인종이 염계(廉溪)[70]나 낙양(洛陽)[71]에서 탄생했던들 그의 도학은 어떤 학자에게도 못하지 않았을 것입니다.

자양(紫陽)[72]은 평생의 정력을 사서에다가 가장 많이 기울였으나 그 실상은 인종이 먼저 다 길을 열어 놓았던 것입니다.

왕요신(王堯臣)[73]이 과거에 급제를 하매 대기(戴記)[74] 중에서 〈중용〉 한 편을 갈라서 하사하게 되었고 여진(呂臻)이 급제하니 또 다시 〈대학〉 한 편을 뽑아서 하사하였습니다.

그의 학식이 고명한 정도는 당세의 선비들 중에도 뛰어나 〈중용〉과 〈대학〉 두 편을 따로 뽑아 낸 공로는 벌써 범문정(范文正)[75] 보다 앞섰다고 볼 수 있을 것입니다.

후세의 선비들은 한나라 문제가 가의를 재상으로 등용하지 않음으로써 한나라의 정치에 있어서 많은 손실을 주었다고 책망을 하고 또 장석지(張釋之)[76]의 고명한 주장을 배척했다고 하여 문제를 얕잡아 판단했지만 실상을 보면 문제가 가생(賈生)[77] 보다는 훨씬 현명하였던 것입니다.

'가생을 보지 않았을 때는 자신이 가생보다 낫다고 생각했지만 이제는 가생을 따를 수 없다' 고 하였으니 이 말은 문제의 충심에서 나온 말

---

70) 송나라 유학자로 성리학의 창시자 주돈이(周敦頤)의 별호.
71) 송나라 유학자 정호(程顥) 정이(程頤)의 출생지.
72) 주자의 고향인데 별명으로도 씀.
73) 송나라 유학자.
74) 여기서는 소대기(小戴記)를 말하는 것으로 일명 〈예기〉라고 하는데 〈중용〉은 처음 예기의 한편이었다가 주자 때에 와서 갈라서 사서의 하나로 되었다.
75) 이름은 중암(仲唵). 송나라 인종 때 학자요, 군사가.
76) 한나라 문제 시대의 사법관인 정위(廷尉)의 직위에 있던 인물.
77) 젊은 가의의 애칭. 가의가 문제에게 상소한 글이 있는데 통곡할 일이 한 가지요, 눈물지을 일이 두 가지요, 긴 한숨 쉴 일이 여섯 가지라고 하였다.

이나 문제가 자기 스스로 좀스럽게 가생과 현명한 것을 비교했던 것은
아닐 것입니다.

필경 큰일을 하기 위하여는 자기를 헤아리고 남을 잘 짐작한 것이니
선대부터 내려오는 장상들과 대신들을 어찌하고 하루아침에 아무런 정
사에 경험도 없고 보잘 것 없는 한 개 서생으로 하여금 그들을 억눌리도
록 할 것입니까.

조정의 앞자리에서 가의(賈誼)가 가졌던 포부는 벌써 죄다 들었던 터
입니다. 요컨대 문제는 그의 재주를 더 길러 쓰고자 했던 것입니다. 저
가생의 아량은 이업후에 따를 수 없었으니 업후는 백두로 재상이 되었
다가 강서판관(江西判官)으로 좌천된 일이 있었지만 일찍이 한 번도 이
를 비관한 적이 없었습니다.

가생은 언제나 가슴 속에 울분을 참지 못하고 많은 불평을 가지고 있
었으니 문제야말로 무엇이든지 '간직하고 이용하는' 수단이 능란하여
아무런 객기를 부리지 않았으니 이것이 문제의 장점이라고 할 것입니다.

문제는 세 명의 서자(庶子)에게 천하의 절반을 나누어 주었고 당시의
부귀를 누리던 여러 대신들은 모두가 오랫동안 가혹한 전쟁을 치른 인
물들로서 이제는 평안히 들어앉아 부귀공명을 누리고 있는 터에 누가
발벗고 뛰어나와 빛나게 정치하기를 좋아했겠습니까. 이로써 본다면 문
제는 벌써 가생보다 먼저 '통곡을 하고 한숨을 지었을' 것입니다.

가생은 조급한 것을 참지 못하고 이내 분개하여 어떤 사건을 들어내
어 지적하면서 통곡과 한숨을 내쉰 것이니 이야말로 아무나 하고 서서
잠시 이야기하는 판에 갑자기 통곡을 하는 격으로서 이러고서야 과연
얼마나 상대방을 놀래도록 할 것입니까.

양나라, 초나라의 자객들은 먼저 원앙(袁盎)[78]의 배를 찔렀고 하삭(河

---

78) 중국 한나라 경제 때 중랑(仲郎)벼슬을 한 인물인데 가의의 주장함과 같이 황
실을 강화하기 위하여 제후의 땅을 떼어 낼 것을 주장하다가 피살됨.

朔)⁷⁹⁾의 결사대들은 응당 배도(裵道)⁸⁰⁾의 머리를 부시는 것과 같은 일이 나고야 말 것을 문제는 본래부터 걱정했던 것입니다."

나는 말했다.

"나라를 다스린다는 것을 비유해 말하자면 바둑 두기와 같아서 임금은 바둑을 두는 대국자이요, 신하는 옆에 앉은 구경꾼으로서 선생이 말씀한 바 옆에서 구경꾼이 바둑 두는 자보다 수가 나은 것 같아 보인다는 말은 없습니다. 바둑돌을 잡은 자가 잘 판단을 못할 때는 옆에 사람의 훈수를 듣지 않을 일이 무엇이겠습니까."

곡정은,

"결코 그런 것이 아니외다. '말 위에서 천하를 얻으면'⁸¹⁾ 언제나 열손가락에 피를 내었다고 자랑하는 것이 일수요, 대를 이어서 즉위한 임금은 갖은 호사와 계집질에 빠지는 것은 판에 박은 놀음입니다.

이래서 천하에 무슨 일이고 모두가 황제의 집안 일로 된 지 이미 오래 되었는 바, 이는 천고에 바꿀 수 없는 법칙같이 되었습니다.

만약에 '짐(朕)'이란 글자 한자를 지워 버렸을 때는 자기가 한 번 천자가 된다면 당장에 요순 같은 임금이 될 것도 같을 것이요, 만약에 '짐' 자 한 자가 그대로 있다면 누가 감히 그 앞에 소매 춤으로부터 손을 끄집어내기라도 하겠습니까.

그러므로 공자가 소정묘(小正卯)를 죽인 것은 그의 임금까지 벌벌 떨도록 한 과도한 위엄이라고 비평까지 받게 되었고 주공이 낙양(洛陽)에다 도읍을 옮기려고 할 때도 모반한다는 혐의를 쓰게 된 것도 그 지위에 따라 이런 비평들을 받았던 것입니다.

---

79) 황하 이북 지방.
80) 당나라 현종 시대 인물로 역시 가의의 주장과 같이 지방 권력을 삭감하기 위하여 공을 세웠다가 지방 관리들에게 맹렬한 공격을 받은 인물.
81) 중국 한고조가 자신이 직접 적과 싸워서 천하를 얻게 된 것을 말함.

삼대 시대 이후로는 유학을 위조로 하는 대신으로 왕망(王莽)같은 자가 없을 것입니다. 왕망은 처음부터 천하를 이롭게 하기 위한 것이 아니라 성인을 독실하게 믿는 결과 평생에 배운 학문을 시험해 보고자 했습니다. 그는 자신이 세상에서는 누구보다 중요한 인물로 자처하였고 어찌 임금을 섬기는 것을 낙으로 여겼으리오. 그의 품성은 초조하고도 분주하여 가만히 앉아서 요순의 도를 이야기하는 것보다도 직접으로 자기 당대에 시험을 하여 반드시 자신이 친히 실천을 해보려던 것입니다."[82]

나는 웃으면서 말했다.

"성인이 무엇 한다고 사람들을 역적이 되라고 가르치겠습니까."

곡정은 역시 허허 웃으면서,

"이는 신하로서 일을 할 때는 아무래도 한 시대의 제왕보다는 낫지 못한 증거를 말씀하는 것입니다. 황제와 노자의 학문으로 천하를 다스릴 때는 혹시 한 때의 효력을 거둔 적도 있었습니다만 유교 경전으로 세상을 다스릴 때는 미상불 나라를 파괴하고 백성들을 도탄에 빠지도록 한 적이 없지 않았습니다.

왕개보(王介甫)[83]의 학술에는 범. 한(范, 韓)[84] 같은 이들도 못 따를 바이지만 요컨대 가의나 왕망이나 왕개보, 방손지(方遜志) 같은 인물들은 정치가로서 조급하게 서두는 축으로 좋은 예가 될 것입니다."

한 사람이 몸에는 구렁이 무늬같은 망포를 입고 드리운 주렴을 위로 걷고 들어와 의자에 앉는데 보복(補服)은 입지 않고 모자도 쓰지 않았다. 나를 자세히 쳐다보고는 무어라고 말을 하기

---

82) 왕망은 한나라를 반역하고 자신이 황제의 위에 올라 국호를 신(新)이라 하였다.
83) 중국 송나라의 학자요, 정치가인데 부국강병의 정치로서 토지문제, 청묘, 수매법을 제정한 왕안석(王安石)의 자.
84) 송나라 학자 범중암(范仲菴)과 한기(韓綺)를 말함.

에 나는 못 알아듣겠다고 대답을 했더니 그 사람은 곡정과 귓속말로 몇 마디 하더니 일어서 나갔다. 나는 그가 누구냐고 물었더니 곡정은,

"그는 제남 사람으로 성은 등(鄧)가요, 이름은 수(洙)인데 호부주사(戶部主事)로 임명되었습니다. 그 멍텅구리 녀석이 무슨 볼 일로 왔고 무슨 볼 일로 갔는지는 모를 일입니다."

나는,

"그 분은 선생의 친구되시는지요?"

곡정은,

"천만에요. 그가 등수라는 이름만 알 뿐입니다. 아까도 말했지만 귀국이 동방에서 같은 문자를 쓰고 있는 나라인 줄도 몰랐습니다."

나는 또 물었다.

"제남 말이 났으니 제남에는 아직도 백설루(白雪樓)가 있습니까?"

곡정은,

"우린(于麟)이라는 옛날 사람의 누각으로서 본래 한창점(韓昌店)에 있었는데 뒤에 백화주(百花洲) 위에다 고쳐 지어 벽하궁(碧霞宮) 서쪽에 있습니다. 지금은 박돌천(趵突泉) 동쪽에 백설루가 있는데 이것은 뒷날 사람들이 지은 집으로 옛날 그 집이 아닙니다."

9. 나는 말했다.

"선생은 황제와 노자를 귀하게 여기고 유학을 천시하며 역적을 가져다가 성인을 독실히 믿는다고 말씀하고 왕개보를 가져다가 범문정보다도 더 어질다고 하니 추켜세우고 억누르는 품이 너무 과한 것만 같습니다. 유학을 가져다가 세상을 파괴하는 도구로 말씀하니 이것은 누구를 한 번 속을 떠 보겠다는 것이 아닌지요?"

했더니 그는,

"선생께서 이토록 나무래서 말씀하시니 제가 무어라 다시 말씀을 드리겠습니까."

라고 하였다. 나는,

"선생이 말씀하시는 이론은 모두가 고원하여 구구한 선비들의 짧은 견식으로써야 어찌 미칠 수 있겠습니까. 실로 하늘 같이 놀랍게 생각합니다. 선생의 이론을 감히 불평객들의 뒷방 공론이라고야 하겠습니까."

하니, 곡정은 말하였다.

"선생의 청탁을 가리지 않는 넓으신 도량을 감격할 뿐입니다. 대체로 세상일이란 무릇 '사냥에 있어서 정도가 아닌 일로 짐승을 잡아서는 아니 되고' 또 '물건을 만드는 자가 정도(正道)로 하지 않아서는 못 쓰는 법이요' 또 '한 자를 구부려서 열 자를 바르게 잡는'[85] 일도 옳지 못할 줄로 생각합니다. 이렇게 처치한다면 모두 다 말할 필요도 없을 것입니다.

공자의 문하에서는 삼척동자라도 오 패(覇)[86]를 부끄럽게 여겼으니 이렇게만 이론을 세운다면 다시 다른 일이 생길 수는 없을 것입니다. 한퇴지가 말한 소위 '사람은 사람대로 대접하고 쓰지 못할 이론은 불살라 버린다'면 도리어 세상은 태평해질 것이요, 동중서(董仲舒)[87]가 말한 '그 의리를 바로잡고 잇속을 도모하지 않으면' 도리어 세상에는 응당 좀도적까지도 없게 될 것입니다.

또 선생의 말씀대로 삼대 이후로 유학으로 정치를 한 사람이 몇이나

---

85) 〈맹자〉에서 나온 구절. 〈등문공장〉하 "왕척직심"(枉尺直尋)조.
86) 주나라 말년에 다섯 나라 제후가 주나라를 보위한다는 명분을 내세웠으니 그 정책은 한 자를 구부려 열 자를 바로잡는 식의 패도를 쓴 것을 의미함.
87) 한나라 무제 때 저명한 유학자.

될 것입니까. 창공(倉公)[88]이 사람의 병을 고칠 때에는 화제탕(火齊湯)[89]에다가 대황(大黃)[90] 너 근을 넣어 다리라고 했는데 그 후 2백년을 지나 장중경(張仲景)[91]은 팔미탕(八味湯)[92]에다가 부자(附子)[93] 닷량중을 넣으라고 했으니 명의의 처방도 극단으로부터 극단으로 달라져 얼마 못 되는 동안에 예와 오늘이 이토록 달라졌습니다.

백이, 숙제가 말머리에서 무왕이 주(紂)를 치러가는 것을 옳지 못하다고 말렸을 때에 이를 옳은 사람이라 하고 부축해 가지고 간 태공망이 있었으니 세상에 두 편이 다 옳고 두 편이 다 틀린다는 법칙이 없을 바엔 백이 숙제나 강태공 두 편 중에서는 응당 한편은 흑룡강으로 멀찍이 귀양살이로 쫓아 보낼 자가 있을 것입니다.

대체 세상일이란 비유하자면 양쪽 머리에서 줄다리기나 다름없어 줄이 끊어지면 줄이 끊어진 자리로부터 짧은 쪽에 있는 자가 먼저 넘어지는 것은 두말 할 것 없습니다. 처음에 두 편이 있기 때문에 세상에는 역리나 순리는 있었고 옳고 그른 것은 없었습니다.

그러나 나라를 차지함에 있어서 확실히 성공과 실패가 밝혀진 후는 역리라든가 순리란 말도 도리어 등불 뒤에서 귓속말로 되고 마는 것입니다. 무릇 이치를 말하는 자는 까마귀가 고기를 감추어 두는 것과 같은 것입니다. 까마귀가 고기를 감출 때는 구름을 표적으로 삼아 이를 짐작하는 것이니 구름이 지나가 버리면 간직한 곳을 잊어버리게 되는 것입니다.

세상에는 의리를 말뚝 박 듯 해두라는 법은 없을 것입니다. 의리는

---

88) 한나라 시대의 저명한 의사.
89) 성질이 찬 한약. 하제(下劑)의 탕약.
90) 한약재의 일종으로 성질이 냉하여 설사하는 하제(下劑)로 사용함.
91) 중국 한나라의 명의로서 상한론(傷寒論)의 창시자.
92) 몸을 덥히는 보약.
93) 한약재로 쓰는 독초의 일종으로 과하게 복용하면 몸이 더워서 죽게 된다.

때를 따라 밀려 옮겨가고 보니 선비들이 처세하는 것이란 구름을 바라보는 까마귀 친구나 다를 것이 없을 것입니다."

나는 말하기를,

"구름은 가 버려도 고기덩이는 달아나지 않을 것입니다. 비록 때는 옮겨지고 일은 지나가 예와 오늘이 다를지라도 의리는 제자리에 있지만 이것을 찾지 않는 것이지요."

하니 곡정은,

"의리고 무엇이고 '먼저 관중(關中)에 들어가는 자가 임금이 되는 것' 94) 아닌가요!."

나는 말했다.

"유학이 나라를 파괴한다는 말은 어째서 유학의 죄이겠습니까. 못된 선비들이 유학의 명분을 그저 도적질만 한 까닭이지요. 그래서 세상을 어지럽게 한 것은 유학의 찌꺼기일 것입니다.

만약에 참말로 유학 정신에 입각해서 실시했다면 소위 세상에 밭이란 밭은 모두 정전법(井田法)을 실시할 수 있을 것이요, 천하의 제후들은 모두 다섯 등급으로 질서를 바로 잡을 수 있을 것입니다."

곡정은 말했다.

"선생은 진정으로 내가 대담스럽게도 유학을 배척하는 줄만 생각하십니까. 옛날부터 말이란 것은 반드시 마음속에 있어서 한다고는 할 수 없는 것이요, 실천을 하는 자도 반드시 말이 먼저 있으란 법도 없습니다.

일부 세상은 허위이니까요. 선생의 말씀은 단번 방문만 믿고 신선이 되겠다고 날뛰는 친구들의 말솜씨와 같습니다.

---

94) 유방과 항우가 진나라를 쳐들어갈 때 먼저 관중에 들어가는 자가 왕이 된다고 했다. 즉 먼저 잡는 자가 유리하다는 말.

하였다. 나는,

"신선이 되겠다고 날뛰는 자들의 단벌 말솜씨란 무엇인지요?"

하고 물었더니 곡정은,

"문성장군(文成將軍)이 말 간을 먹고 죽었다는 것입니다. 즉 문성장군은 한나라 무제 때 이소옹(李少翁)이란 방사로서 한 무제가 신선을 좋아하고 죽은 첩 이부인을 사모하기 때문에 이부인을 보여준다고 술법으로 무제를 유혹하다가 영험이 없었기 때문에 사형을 당한 후 오리장군(五利將軍)이란 자가 역시 신선술로 무제를 꼬이면서 이미 죽은 문성장군을 칭찬할 때에 무제는 거짓말로 '문성장군은 말 간을 먹고 죽었다'고 조롱한 고사가 있지 않습니까."

나는 말했다.

"성인도 역시 무엇이고 작은 것을 상대로 일을 착수하고 싶어하지 않았지만 이것도 옛날과 오늘이 다른 것 같습니다. 은나라 탕(湯) 임금은 70리를 국토로 삼고 주나라 문왕은 100리를 국토로 삼아 일어났지만 맹자는 걸핏하면 은나라 주나라를 들어 그 시대의 임금들에게 유세(遊說)를 하였습니다.

그러나 등문공(騰文公)[95]은 세상에도 어진 임금으로 한나라의 주인이 되었을 때 허행(許行), 진상(陳相)[96] 같은 인물은 천하에 호걸들이지만 한낱 백성이 되어 등나라로 가게 되었습니다. 맹자는 등문공에게 국가 제도와 토지 제도에 대하여는 이미 그 큰 강령을 들어 말을 했지만 아직 한 번도 등나라에 대하여 미련을 가지지 않았으니 이른바 이리저리 통틀어도 50리 밖에 못 되는 등나라는 기껏했자 큰 나라의 스승이나 되었지 맹자가 주장하던 큼직한 왕도 정치를 실시하기에는 너무도 빈약했던 탓입니다.

---

95) 중국 춘추 시대에 산둥성과 안휘성 사이에 있던 가장 작은 나라의 임금.
96) 허행 진상은 전국 시대 인물들.

당시의 제나라나 위나라 임금들은 가장 어질지 못했지만 그래도 이를 돌보아 주기 위하여 주춤거리면서 차마 발길을 돌리지 못한 것은 그 나라들의 토지가 넓고 백성이 많고 군대가 강하고 물화가 풍부했던 탓이었습니다. 당시의 사정으로 보아서 성공하기가 쉬운 형편이었으므로 '제나라로써 왕도 정치를 실시하는 것은 손바닥을 뒤집는 것과 같다'고 맹자가 말하였습니다."
하니 곡정은,

"공자는 말하기를 일년쯤이면 노나라를 바로잡을 수 있다고 하였고 맹자는 5년이나 7년이면 제나라를 바로잡을 수 있다고 구별을 지었으니 이는 정치를 하는 방도에서 제나라는 더 쳐주고 등나라는 깔본 것이 아니라 예와 오늘의 형편이 다르고 크고 작은 형세가 다른 까닭일 것입니다. 그렇다고 맹자는 결단코 요순 같은 제왕에 대한 굵직한 이야기를 먼저 끄집어내어 듣는 사람들에게 지루하도록 만들지는 않았습니다."

　나는 이어서 말하기를,

"위앙(衛鞅)[97]이 먼저 말한 것은 무슨 제왕이던지요?"

곡정은,

"특히 황제이니 요순의 이름을 빌려 아무런 필요도 없는 지리한 이야기를 뒤틀리게 하였으므로 듣는 사람들을 싫증이 나도록 했으니 이는 손무자(孫武子)[98]의 삼사술(三駟術)[99] 이랍니다."

---

97) 전국 시대 진나라 재상으로 법제에 밝았던 상군(商君)을 말함.
98) 주나라 시대 저명한 군사가.
99) 춘추 시대 전기(田基)라는 장수가 제나라 위왕(威王)과 경마를 하는데 언제나 졌으므로 손무자에게 이기는 법을 물었을 때에 손무자가 가르쳐준 경마술로서 상, 중, 하급의 말에 제일 나쁜 말을 먼저 내어 놓는 법으로 재미없는 이야기를 먼저 끄집어 내었다가 중간에 중요한 이야기로 주의를 환기시키는 화술을 의미함.

(고금의 인물, 학술, 의리 등 변론에 있어서 곡정을 올려 세우고 내려 깎고 종횡무진한 많은 이야기는 대체로 내 속을 떠보려는 뜻이 있어 보였는바 나는 처음은 이를 깨닫지 못하고 오히려 웃음거리나 되잖을까 조심하여 여러 가지 문답을 하는데 간신히 원칙을 지켰더니 곡정은 붓을 들면 몇 장씩 쓰다가는 무슨 말을 하고 싶어 하다가도 갑자기 얼버무리고 말았다. 나는 늦게야 이것을 깨닫고 맹자의 내용을 들어 한번 시험해 보았던바 곡정의 주론은 역시 순정하다고 할 수 있다.)

10. 곡정이 말하기를,

"제갈무후(諸葛武侯)[100]의 학문을 신한(申韓)[101]으로부터 나왔다고 함은 도리어 원통한 일일 것입니다. 그가 비록 후세의 유학자처럼 세밀히 파고 들어가서 읽지는 못했다 하더라도 맹자 한질에 있어서는 도리어 '대의'를 뚜렷이 찾아내어 분명코 그의 가슴 속에는 '공'(公)이란 글자 한 자를 아로새겨 그의 안중에는 이 '공'자 이외는 도무지 성공과 실패란 없었습니다.

이래서 삼대 이래로 홀로 제갈공명 한 사람이 넉넉히 대신의 책임을 감당할 수 있다고 볼 것입니다. 나라의 법도를 바로잡는 데 대한 그의 이론으로는 '궁중과 부중(府中)[102]이 한 몸뚱이가 되라'고 말하였고 임금의 작품에 대하여 힘쓸 것을 말할 때에는 '함부로 자신이 경솔하게 쓸데없는 말을 끌어 당겨 의리를 저버리지 말라'고 하였고, 그가 자신이 짊어진 천하의 중임을 말할 때에는 '나라에 대하여 충성된 생각을 가지는 자는 누구나 다만 자신의 과실과 결함을 부지런히 청산하라'고 하였습니다.[103] 이야말로 만세를 두고도 그가 죽고 나면 다시 얻을 수

---

100) 삼국 시대 촉한의 승상인 제갈공명.
101) 신은 전국 시대의 신불해(申不害)를 말함. 한은 공자, 맹자의 학설과는 대적인 학파인 형명(刑名)파의 한비자(韓非子)를 말함.
102) 행정부를 말함.
103) 이상은 제갈량이 후주(後主)에게 바친 〈출사표〉에서 인용한 말들이다.

없는 대승상일 것입니다."

나는,

"그러나 유장(劉璋)[104]의 영토를 빼앗았다는 것을 '열 자를 바로 잡는다 하여 한 자를 구부린' 셈이 아닐까요?"[105]

곡정은,

"공명이 반드시 유비에게 유장의 자리를 그대로 덮쳐 빼앗으라고 가르치지는 않았을 것입니다. 유장에 대하여는 그의 잘못을 성토하는 것쯤은 합당할 것이지만 사마귀가 매미를 잡는 격이 되어[106] 불의의 습격을 함은 옳지 못할 것입니다. 유장은 그의 아버지 언(焉)의 시대부터 비옥한 촉 땅을 통째로 자리잡아 있으면서 제후들을 도와 나라의 역적[107]을 토벌하지 않았으니 그 뜻이 어디 있겠습니까.

유표(劉表)[108]는 형주(荊州)의 아홉 고을 땅을 차지하여 학교를 세우고 아악을 장만하였으니 이 때가 어느 때인데 이렇게도 맥없이 앉아 있을 것이겠습니까.

만약에 한나라에 대한 충성심이 없는 자들을 추궁한다면 응당 같은 성인, 유가들, 제후의 죄를 먼저 바로 잡아야만 할 것입니다.

이는 제갈공명이 초당에 한가히 누웠던 그 시절부터 유표나 유언같은 자들에게 분개한 지는 벌써 오랜 일입니다.

만약에 한나라 제실에 신의가 밝은 후손이 있어서 눈을 똑바로 뜨고

---

104) 삼국시대 사천 지방을 웅거하고 있던 지방 장관.
105) 제갈량이 그가 임금으로 섬긴 유비에게는 한나라를 부흥할 근거지를 잡기 위하여 같은 동성 제후인 유장의 영지를 침략할 것을 사주하였다는 말.
106) 당랑재후(螳螂在後)란 말로서 사마귀가 매미를 잡으려고 노리고 있을 때 뒤에서 참새가 사마귀를 노리고 있었으며, 그 뒤에 포수가 새를 겨누고 있다는 뜻. 즉 눈 앞의 잇속만 차리다가는 큰 낭패를 본다는 말.
107) 조조를 가리킴.
108) 삼국 시대 현재의 호북 호남성을 차지하고 있던 지방 장관.

정신을 바짝 차려 봤다면 반드시 손권(孫權)[109]이나 조조보다 먼저 이자들을 토벌했을 것입니다. 정자나 주자는 매양 공명의 학문이 순정하지를 못하다 하여 그가 촉땅을 빼앗은 것을 애석하게 생각했습니다.

그러나 형주, 익주를 뺏겠다는 전략은 본래 공명이 초당에서 생각한 제1차의 전략으로 이야말로 국적에 대한 공명의 안목이 밝음과 그의 학술이 정대한 점입니다. 그러나 당시 정세를 두고 말한다면 유언에 대하여는 한나라 종실로서 역적을 토벌치 않는 죄로 그를 성토할 자료는 된다고 볼 것이로되 유장에 대하여는 그를 속여가면서 땅을 빼앗을 조건은 못 될 것입니다.

형주는 지탱할 만한 형세는 못 되나 유종(劉琮)[110]에게 대하여는 습격해 빼앗을 기회가 있었습니다. 왜 그런고 하면 유종은 명백히 국토를 역적에게 바쳤으니 소열(昭烈)[111]이 분명히 대의로서 이를 빼앗는다면 세상에서 어느 누가 잘못이라고 말할 수는 없었기 때문입니다.

그러나 소열은 형주에서는 한사코 신의를 지키다가 익주에서는 갑자기 간웅(姦雄)의 버릇을 드러내어 먹으라 할 때는 먹지 않고 있다가 나중은 소매치기로 훔쳐 먹은 비평을 면치 못하였습니다."

함으로 나는,

"가히 어린애 코 묻은 떡을 채서 먹은 셈이구먼요."

하니 곡정은 허허 웃으면서 말하기를,

"선생은 관화(官話)를 하실 줄 아십니다 그려.

(우리나라 속담에 약한 놈을 업신여겨 무슨 물건을 빼앗는 것을 '어린 아이 눈물 적신 떡'이라 하고 또 '난쟁이 턱 차기'라고도 한다. 내가 길에 오면서 통관 쌍림이가 그 부리는 사람이 남과 실랑이를 한다고 나

---

109) 삼국 시대 오나라 장수.
110) 유표의 아들로서 유표가 죽은 뒤 형주를 조조에게 바치고 항복하였음.
111) 유비가 황제가 되었을 때의 칭호.

무랄 적에 '원앙각(鴛鴦脚) 무엇 어쩌고 하는 소리를 들은 적이 있어 우리나라 속담과 뜻이 같고 글귀가 묘하기에 이 때에 말을 하면서 중국 발음으로 이 말을 써 보았더니 입이 둔해서 발음이 잘 되지 않아 곡정은 무슨 말을 하는지 못 알아들었다. 나는 이를 써서 보였더니 곡정은 죽겠다고 웃으면서 이런 조롱을 하였다.)

가령 성왕(成王)이 주공을 죽였다면 소공(召公)이 감히 '집에 있으면서 몰랐다'라고 말할 수 있겠습니까. 주자는 위원리(魏元履)에게 글을 보내면서 소열에 대하여 말하였는데 '유종이가 조조를 맞아들이는 날 형주를 쳐서 빼앗지 못하고 근거지를 잃고 허둥지둥했다는 것은 이야말로 평범한 인물들의 꾀로서 이는 원칙과 권도를 함께 잃어버린 셈이다.'라고 했지만 내 생각으로는 이 당시 유비가 비록 형주를 얻었다 하더라도 역시 지켜 내지를 못했을 것입니다. 조조가 벌써 80만 대군으로 내려 밀고 있는 판에 어떻게 변변찮게 새로 장만한 형주를 가지고 조조를 막아낼 재주가 있었겠습니까.

오히려 청렴하고 사양하는 절조나 굳게 지켜 도리어 세상 사람들로부터 신의가 놀랍다는 소리나 듣는 것만 못 할 것입니다. 이래서 유종이 조조를 맞이하는 날 유비가 형주를 빼앗지 않았다는 것은 도리어 원칙과 권도를 다 얻은 점이라고 할 수 있을 것입니다.

사천의 유장은 사람이 암약하고 관리와 백성들을 잘 거둘 줄 몰라 제갈량은 초당에서 유비와 처음으로 만났을 때에 벌써 약한 놈을 집어먹고 암둔한 놈을 쳐부시는 전략에 찬성을 했던 것이지요.

그러나 제갈량은 일찍이 유비에게 꼭 속여서 잡아채라는 수단을 가르치지는 않았을 것입니다. 치당호씨(致堂胡氏)[112]의 정신 나간 소리를 들으면 유비는 노식(盧植), 진원방(陳元方)[113], 정강성(鄭康成) 같은 인물

---

112) 송나라의 유학자로서 치당은 그의 호임.
113) 노식, 진원방은 모두 한 나라 말기 유학자들임.

들과 함께 교제하였다고 하여 참으로 단단한 유학자로 떠받드는 바 실로 가소로운 일입니다.

이때의 유비를 말한다면 구름이 무거우니 용이 틀어 오르는 격으로 사람을 잡아먹어도 눈 한 번 깜짝 않을 한 개 효웅(梟雄)으로서 일이 없을 때는 시름없이 울기도 잘하고 큰 소리가 들리면 벌떡 일어나 변고를 묻고[114] 혼자만 무사하려고 했고 보면 급할 때는 처자를 버리고 도망을 쳤으니[115] 원숭이 같은 유장에게 쯤이야 무엇을 생각했겠습니까. 이 당시 공명은 결코 유장의 땅을 잡아채라고 권고하지 않은 것은 분명한 일일 것입니다. 그럼에도 불구하고 후세 선비들은 공연히 기성사실에만 집착하여 유비를 탕 임금이나 무왕의 윗자리에 떠받들고 있습니다. 이것도 역시 후세 선비들의 비정당한 견해입니다.

탕 임금이나 무왕에게 대하여는 한두 가지 사적에 있어 속으로는 분노를 하면서도 입 밖으로는 감히 말을 내지 못하고 이윤(伊尹)과 여상(呂尙)에 대하여는 으레히 두둔을 하고 편을 듭니다. 역대를 통하여 막아낼 수 없는 이 같은 당파적 여론은 실로 깨뜨릴 재주가 없습니다.

백금(伯禽)[116]이 매를 맞는 것은 필경 무슨 죄이겠습니까. 이런 논리는 참말 주자의 실수가 아닐까 하여 걱정입니다. 한 가지 일의 결과만 들어 당초 마음먹었던 심정과는 달리 판단한다는 것은 후세 유학자들의 부화뇌동하는 버릇입니다.

그러니 제갈량을 평하여 '이윤과 여상 사이에서 형과 아우 됨을 가릴 수 없다.'[117]고 한 것은 옳은 평일 것입니다.

---

114) 조조와 대좌중 천둥치자 숟가락을 떨어뜨린 고사.
115) 유비가 하비 전투에서 참패를 당하여 두 부인과 아들을 버리고 도주한 것을 말함.
116) 백금은 주공의 아들로서 주공은 어린 성왕의 잘못을 경고할 때는 자기 아들을 매질한 고사.
117) 당나라 시인 두보가 이윤(伊尹)과 여상(呂尙)을 평한 시. 즉 "伯仲之閒見伊呂"의 뜻. 흔히 '난형난제'라고 함.

자고로 임금과 신하에 대한 일정한 정평이 있습니다. '한 지어미, 한 지아비가 안도할 곳을 얻지 못하면 임금 자신이 구렁 속에 떨어진 듯이 책임을 느낀다.'[118]고 하였으니 만일 백성의 임금된 자가 모두 이런 심정을 가지고 다른 사람에게 정치를 한다면 한 명의 애매한 자를 죽이고 한 가지 불의를 행하여 천하를 얻는다 할지라도 그것은 하지 않았을 것입니다.

그러나 결단코 이런 마음이 없었다는 것은 뒷날 임금들에 대한 한 개 정평일 것입니다. 그리고 포악한 임금과 어두운 황제라도 오히려 때로는 충성을 받아들이고 정직한 일을 장려할 때도 있었지만 한 시대를 대표하는 어진 재상이라도 자기에게 대한 부단한 공격을 달게 받아들이고 자신이 나아가 비판의 길을 열어 놓는 자는 듣지 못하였고 본즉 임금된 처지로서는 비록 옹치(雍齒)[119] 같은 마운 사람이라도 때로는 마음을 놓고 안심하도록 할 수 있었으나 신하의 처지에 있어서는 비록 한, 부(韓, 富)[120] 같은 현명한 신하로도 자기의 몸이 죽어가면서도 자신에 대한 의혹을 풀지는 못했으니 이는 천고를 통하여 신하된 처지에 대한 한 개 정평일 것입니다."

11. 나는 곡정과 함께 닷새를 같이 있으면서 매양 이야기를 할 때 그는 언제나 한숨을 자주 내쉬었다. 그 소리는 휘-하여 옛날부터 말하는 위연(喟然) 탄식이란 것이 이것이다. 나는 물었다.

"선생은 평소에 어째서 한숨을 자주 내 쉽니까?"

---

118) 탕 임금의 어진 재상이라는 이윤의 말.
119) 한 고조의 부하 장수로서 한 고조가 천자가 된 후 공신을 평정하는데 평소에 가장 미워하던 옹치를 제일 먼저 공신으로 봉작하여 평소에 다소 과오가 있던 장수들을 안심시켰다는 고사.
120) 송나라 현신 한기(韓琦)와 부필(富弼).

곡정은,

"이것은 나의 속 결리는 병으로서 후-하고 기운을 내뽑는 버릇이 드디어 한숨으로 굳어졌습니다. 평생을 두고 글을 읽어도 세상에 뜻대로 안되는 것이 십중팔구이니 어째서 속병이 생기지 않겠습니까."

나는 또,

"글을 읽으실 때마다 세 번씩 한숨을 지으신다면 선생의 한숨은 가태부(賈太傅)의 여섯 번 지은 한숨보다 많을 것 같소."

곡정은 웃으면서 말하기를,

"세상 일이란 매양 강 하나를 사이에 두고 건너느냐, 못 건너느냐 하는 싸움이라고 할 수 있어 제가 글을 읽다가도 〈논어〉에 '공자가 강물에 이르러 말하기를 내가 물을 못 건너는 것은 하늘의 뜻이다' 란 구절에 이르러 미상불 세 번 탄식하였고 '항우가 오강(烏江)을 못 건넜다' [121]는 구절에 와서 미상불 세 번 탄식했고 '종유수(宗留守)[122]가 세 번 강물을 건너라 라고 외쳤다' 는 구절을 대하고 미상불 세 번 탄식을 하였으니 이만해도 아홉 번 탄식을 한 것으로 벌써 가태부의 여섯 번 탄식보다 많은 것 같소이다."

하고는 서로들 한바탕 웃었다. 나는,

"머리 깎는 봉변을 당했으니 지사로서 만 번은 탄식을 해야 하겠습니다."

했더니 곡정은 얼굴빛을 변했다가 잠시 후 정색을 하고는 '머리 깎는 봉변' 글자를 찢어서 화로 속에 던지면서 말하기를,

---

121) 항우가 오강을 건너 강동에 돌아와 군사를 재정비하여 다시 결전을 하지 않고 자살을 해버렸다는 의미.

122) 송나라 명신으로서 임금에게 황하를 건너 서울로 돌아오라고 세 번 외치고 죽은 고사.

"노나라 사람이 사냥 경쟁을 하였으니 나도 사냥 경쟁을 하겠다"[123]라고 했으니 어찌 시대를 따른 성인이 아니겠습니까. 이탁오(李卓五)는 자진하여 갑자기 머리를 깎았으니 이는 나쁜 사람입니다."

나는 또,

"듣자하니 절강 지방에서는 머리 깎는 이발관에다가 '좋은 세상에 즐거운 일'이란 간판을 붙여 놓았다지요?"

곡정은,

"그런 말은 들은 적이 없습니다. 이는 돌이 쇠가 된다는 어림없는 이야기와 같은 뜻이라 할 수 있을 것입니다."

(전일에 곡정과 이야기할 때에 머리, 입, 발에 세 가지 봉변이 있다는 이야기가 있었다.)

나는 물었다.

"명나라의 국가 창건을 어떻게 보십니까?"

곡정은,

"공자가 은나라에는 어진 임금이 6, 7명이나 있었다고 칭찬한 것처럼 〈예기〉에 승국(勝國)[124]이란 것이 바로 이것으로서 더 말할 필요는 없습니다. 송나라 시대(時代)란 볼 만한 것이 없었습니다.

무력이 강하지 못한 것은 범, 한(范, 韓)[125] 두 사람에게 책임이 있습니다. 나라를 세운 원칙은 흡사히 누대 선비 집안에서 그 자제들이 공손하게 손 접대를 하고 허술히 말을 빨리하거나 갑자기 내색을 짓거나 하는 법이 없고 하인들은 조심조심 발을 디디고 뜰에는 빠른 걸음이나 큰 소리를 들을 수 없이 이야말로 '치장 차리다가 신주를 개에게 물려

---

123) 〈맹자〉 만장편에 있는 공자의 말인데 성인도 시대를 따라간다는 뜻.
124) 멸망된 전조 나라를 의례적으로 부르는 술어, 즉 명나라.
125) 송나라 인종 시대의 인물 범중암(范仲淹)과 한기(韓琦).

보내는' 격이었습니다."

나는 물었다.

"특별한 예악이 생겨날 수 있었습니까?"

곡정은,

"많은 경우에 있어 한나라 세태를 본뜬 것이 적지 않습니다만 한나라 적에는 술을 먹어도 섬라 소주 같은 독주를 마셔 술이 몹시 취하면 노래하는 놈, 우는 놈, 춤추는 놈, 욕질을 하는 놈, 모두 발작을 하였지만 송조에 와서는 한나라의 술 찌꺼기를 물려 먹으면서도 서로를 쳐다보고는 술 맛이 좋다고 하면서 몸을 똑바로 하고 비록 종일을 지나도 질서가 문란한 적이 없었으니 천진한 본성은 하나도 없었습니다.

종실의 대신 중에는 한 사람의 하간헌왕(河間獻王)[126]을 볼 수 없으니 정재육(鄭載堉) 같은 인물이야 있을 법이 있나요."

나는,

"정씨는 언제 사람이던지요?"

하고 물으니 곡정은,

"명나라 종실 정왕(鄭王)의 세자올시다. 이름은 재육(載堉)인데 〈율려정의〉(律呂精義)를 지었습니다. 명나라의 참으로 깨끗하고 소리가 쨍쨍 울린 나라입니다."

나는 또,

"무슨 말입니까?"

곡정은,

"명나라는 참말 처음부터 끝까지 버젓하고 광명으로 일관하여 하나

---

126) 한나라 경제(景帝)의 아들로서 이름은 덕(德)이며 저명한 유학자인데, 실사구시학의 창도자.

도 구차한 데가 없었습니다."

나는,

"과연 그렇던지요."

곡정은,

"태조 운운…

(곡정은 붓으로 점을 툭툭 치면서 글쓰기를 주저하였는데 아마도 원나라 오랑캐를 몰아 쫓아낸 것으로써 명나라를 광명정대하다고 말하는 것 같았다.)

건문(建文)[127]은 대궐에서 무고히 살다가 죽었다는 것은 참말 기적이지만 당나라 원종(元宗)[128]은 필경 머리를 구리쇠 철사로 테를 메우게 되었습니다."[129]

나는 물었다.

"무슨 말씀인지요?"

곡정은,

"이보국(李輔國)[130]은 방망이로써 장량제(張良娣)[131]를 쳐 죽였고 언제나 숙종에게 오래 취하는 독주를 올려 숙종을 벙어리로 만들었습니다.

---

127) 명나라 제2세 황제 혜제(惠帝)로서 후일 영락황제가 된 연왕체(燕王棣)의 반란 때 행방불명이 되었다고 전하는 인물임.
128) 원서에는 원종이라 하였으나 현종의 현자를 기피하여 여기서 원종이라 썼음.
129) 당 현종은 안록산의 난리 후 그 아들 숙종이 그 아버지도 모르게 즉위를 하고 현종은 퇴위를 시켜 감금하다시피 하고 두통이 난다고 철사로 머리를 동여 실상 제명에 죽지를 못했는바 명나라의 경우는 혜제의 삼촌 영락제(永樂帝)가 그 조카의 위를 빼앗았으나 혜제는 와석종신을 했다는 의미.
130) 당나라 숙종 때 조정에서 전횡을 한 인물로 숙종의 황후 장씨가 이보국을 처치할 것을 태자인 대종에게 부탁한 것이 탄로되어 숙종이 죽은 후 이보국은 장황후를 때려 죽였음.
131) 숙종의 황후.

천순(天順)의 복위는 참말 기적으로서 전고에 볼 수 없는 일입니다.[132] 천자가 붙들린다면 누가 술잔을 올리고 일산을 받드는 욕을 면할 수 있겠습니까만 숭정(崇禎)으로 말하자면 17년 동안 50명의 재상을 갈아 임명하여 사람 쓰는 법이 이토록 함부로 하였으니 일을 처리하는 것도 뒤죽박죽이였을 것은 넉넉히 알 수 있을 것입니다.

그렇지만 군자는 옥으로 부서졌으면 부서졌지 기왓장으로 성해 남지는 않았거든요. 이것이야말로 숭정의 공명정대한 입장으로서 명나라의 일어나고 망한 역사는 가히 천고에 둘도 없을 모범이었습니다."

나는 금방 가는 글씨로 '천하의 남은 백성들'이라고 썼더니 곡정은 얼른 말하기를,

"청조가 나라를 얻을 때 공명정대함은 천지에 대하여 유감이 없었습니다. 대체 나라를 창건한 자가 정권을 잡을 때는 전조에 대하여 원수와 같이 대하지 않은 자가 없었으나 건국 당초에 큰 은혜를 베풀어 명나라의 원수를 갚아 준 일은 우리 청나라 조정 밖에 없을 것입니다.[133]

여덟 살 난 어린 아이로서 중국을 한 구역으로 통일하였다는 것은 사람의 세상이 생긴 이후로 한 번도 없었던 일입니다. 우리 세조 장황제(章皇帝)는 처음에는 천하를 차지할 마음이 없었고 다만 천하를 위하여 대의를 밝히고 명나라의 큰 원수를 갚고 천하 백성들을 유혈의 참화로부터 구해 내려 하였으나 하늘과 백성들의 마음이 모두 다 귀순하였던 것입니다.

맨 처음 숭정 임금을 따라 죽은 대신으로 범경문(范景文) 등 26명을 표창하였고 지난해에도 건륭 황제는 숭정의 자살 사건에 관계된 여러

---

132) 천순은 명나라 영종(英宗)의 연호로서 북방족과 전쟁 중에 황제의 위를 차지한 아우 경제(景帝)를 폐위하고 8년 만에 다시 황제가 된 고사로 명나라는 이토록 왕통의 명분이 바로 섰다는 의미.

133) 청나라 세조(世祖)를 둘러서 말함.

신하들에게 충민(忠愍), 민절(愍節) 등 시호를 일천 육백 여명에게 주었습니다.

공명정대하고 기강을 청조와 같이 튼튼히 붙들어 잡은 일을 삼황 오제 이래로 아직 들어본 적이 없었습니다.

천하를 차지하는 자는 자기 집안 안에 부끄러운 일이 없은 후에야만 능히 그 나라를 오래 지닐 수 있습니다."

나는 숭정 황제의 순국 시대 순절된 여러 신하들의 충성을 장려하는 을미년 11월 내각에 내린 조서를 좀 보자고 했더니 곡정은 밤에 보여주겠다고 허락하였다.

나는 물었다.

"앞서 선생이 말씀한 백이(伯夷), 숙제(叔齊)의 전에는 태백(泰伯)과 중옹(仲雍)이 있었고 백이, 숙제의 후에는 관숙(管叔), 채숙(蔡叔)이 있었다고 말씀한 것은 무엇을 두고 하신 말씀인지요?"[134]

곡정은 미소를 띄우면서 대답하지 않기에 나는 졸라댔더니 곡정은 말하기를,

"예로부터 의리라고 하는 것을 비유하면 쇠를 녹여서 주형(鑄型)에다가 붓는 것과 같습니다. 쇠가 절로 무슨 물형이 되는 것이 아니라 주형에 따라 그릇이 될 것입니다.

또 조개껍질을 보는 것과도 같습니다. 조개껍질은 일정한 제 빛이 있겠지만 보는 자가 바로 보고 옆으로 보는데 따라 그 빛도 각각 다를 것입니다. 동쪽으로 트면 동쪽으로 터지고 서쪽으로 트면 서쪽으로 터지는 것은 다만 물 자체에 달린 문제입니다."

---

134) 백이와 숙제는 아버지 고죽군의 뜻을 알고 백이가 아우 숙제에게 왕위를 양보한 고사, 태백과 중옹은 형제로서 조카인 계력에게 왕위를 양보한 고사와, 관숙과 채숙은 문왕의 셋째, 넷째 아들인데 주공이 섭정 때 모함한 일이 있다.

나는 묻기를,

"물을 뿜어 올리면 산 위에까지 올릴 수 있으나 이것이 어찌 물의 본성이겠습니까?"[135]

곡정은 말하기를,

"세상 일이란 거꾸로 되는 일이 많기 때문에 하는 말입니다. 공자는 말하기를 태백은 세 번이나 천하를 양보해서 장하다[136]고 했지만 은나라 주왕을 태백의 시대에 비해 본다면 주왕은 그때 아직 뱃속에 들지도 않았을 적이요, 당시 고공(古公)[137]의 처지를 여러 제후국가에 비해 본다면 변두리에 붙은 하찮은 부용국(附庸國)[138]에 불과한 터에 양보한다는 천하는 필경 누가 가진 천하인지 모를 일이요, 태백이 과연 누구를 상대로 세 번씩이나 천하를 양보했는지 모를 일입니다.

주자는 말하기를 계력이 아들 창(昌)[139]을 낳자 거룩한 덕이 있어 태왕(太王)[140]은 이 때문에 은나라를 멸망시킬 생각을 가지게 되었다고 하지만 이는 잘못입니다. 말하자면 계획이 너무 일렀습니다. 자기 집안의 융성을 꾀한다는 것이야 있을 수 있는 일이지만 어째서 이렇다고 망령되어 분수에 넘치는 일을 바랄 것입니까.

주자는 또 말하기를 이 같은 뜻은 '지극히 공평된 마음에서 나왔다'

---

135) 맹자가 고자(告子)와 사람의 본성을 토론할 때에 고자는 사람의 본성은 물을 막은 것과 같아서 동둑이 터지는 데 따라 동쪽이나 서쪽으로 흐르는 듯이 가르치는데 따라 선악이 갈라질 수 있다고 한 반면에 맹자는 물의 본성은 아래로 흐르는 것과 같아서 본래 선한 것이라는 토론에서 나온 말이다.

136) "공자는 말하기를 '태백은 지극히 덕이 높다고 하겠다.' 세 번이나 천하의 임금 자리를 양보했으면서 은밀히 했으므로 백성이 그의 미덕을 칭송조차 못했다."(「논어」 태백(泰伯)편)

137) 중국 주나라 문왕의 조부되는 이로 이름은 단보(亶父)임.

138) 작은 속국.

139) 문왕의 이름.

140) 고공단보를 가리킴.

고 했으나 이는 잘못입니다. '지극히 공평된 마음'이란 과연 어떤 마음을 두고 하는 말이겠습니까.

그러고 보면 주나라가 나라를 창건한 사적에는 반드시 무슨 까닭이 붙어 있었지만 후세에 전하는 것이 없는 것만 같습니다. 공자가 돌연히 태백에게 대하여 천하를 양보한 지극한 덕을 탄복한 것을 본다면 주나라가 국가 창건을 한 시초에는 은연히 무슨 별일이 있는 듯이 말했습니다.

뇌공(雷公)이 주자를 공박한 이론 중에는 여기 말한 태백, 중옹에 대하여 '지공(至公)'이라는 것도 한 가지 문제로 되어 있지만 도리어 말썽꾼들의 서로 꼬집는 것 같이만 보였습니다."

나는 물었다.

"뇌공은 누구입니까?"

곡정은 대답하기를,

"청나라 국초에 대학자인 모기령(毛奇齡)입니다."

나는 웃으면서,

"털보 뇌공 말입니까?"

곡정은,

"그렇습니다. 또 '고슴도치공'이라고도 부릅니다. 전신이 모두 주자를 공박하는 가시니까요."

나는,

"「서하집」(西河潗)을 저도 한 번 얼핏 본 일이 있습니다만 그의 경전 뜻을 고증한 데는 더러 의견이 없지 않았습니다."

곡정은,

"대체로 망말이 많은 인물이외다. 그의 문장도 역시 말썽꾼들의 서로 꼬집어 뜯는 식과 같습니다. 모씨는 소산(蕭山) 사람으로 그 지방은 글 하는 아전들이 많아 글 장난을 잘 하므로 안목 가진 사람들은 모씨를 지목하여 소산티를 벗어나지 못했다고들 합니다."

12. 나는 말했다.

"문왕은 말하자면 태왕의 막내 아들의 그 아들로서 태왕이 어린 손자의 '갸륵한 덕'을 보았다는 때라면 적어도 태왕의 나이가 백 살쯤은 먹었을 터이요, 기(岐)나 옹(雍)[141] 땅으로부터 형만(荊蠻)까지라면 만 리 길이 못지않을 것인데 백살된 어버이를 집에 남겨 두고 만 리 길에 약을 캐러 갔다니 이야말로 3년 동안 앓은 병자를 위하여 7년 묵은 쑥을 구함이나 다름없을 것입니다. 그런데 공자는 태백을 두고 지극한 덕을 갖춘 인물이라 하고 주자는 태왕을 일컬어 지극히 공평된 인물이라고 하였습니다.

이는 아무런 충돌이 없었던 백이와 그 아버지와의 사이와는 같지 않습니다. 태백의 입장에서 말한다면 태왕이 지극히 공평된다고 말할 수 없을 것이며[142] 태왕의 입장에서 말한다면 태백을 지극한 덕을 갖춘 인물이라는데 용납하지 않을 것입니다. 성현들이 말한 지극히 미묘하고 지극히 정미로운 뜻을 겉만 핥는 옅은 지식으로는 추측할 바가 못 되지만 저도 역시 이 사실에는 의심을 가지지 않을 수 없습니다."

하니 곡정은,

"선생의 말씀이 옳습니다. 그러나 역시 사람을 너무 좁은 골목으로 몰아 집어넣을 것은 못 된다고 생각합니다. 소자첨(蘇子瞻)[143]은 다만 외

---

141) 기와 옹은 고대 중국의 서북방.
142) 태공이 맏아들에게 왕위를 전하지 않고 문왕을 위하여 끝의 아들에게 위를 전했기 때문에 아버지의 처리에 불평을 품은 듯이 동생 하나를 데리고 만리 타향으로 출가를 한 부자간의 충돌점이 있는 듯함을 말함.
143) 소동파의 자.

면만 보고 언뜻 무왕을 성인이 아니라고 배척하였습니다. 이는 자첨의 공부가 거칠은 탓입니다.

〈논어〉에는 문왕의 지극한 덕을 칭찬하여 천하의 삼분의 이를 차지하고도 오히려 은나라를 종주국으로 섬겼다고 하였는데 그 주석에 보면 형(荊), 량(梁), 여(豫), 옹(雍), 서(徐), 양(楊)[144] 등 각 주는 주나라로 돌아가고 은나라 주왕에게 속한 땅은 다만 청(靑), 연(兗), 기(冀) 등 세 주뿐이라 했으나 이는 잘못입니다. 제 생각으로는 천하의 삼분의 일이라 함은 삼국시대 촉한과 오나라, 위나라와 같이 솥 세발처럼 대치함과 같이 땅을 나눈 것이 아니라고 생각합니다. 말하자면 우, 예(虞, 芮) 두 나라가 송사를 단념하고 물러간 것과 같은 것으로[145] 삼분의 이가 되는 천하의 인심이 주나라로 돌아갔다는 것일 것입니다.

여기서 왕망이나 조조 같은 자들은 천하의 삼분의 이 되는 지역을 웅거하고는 종주국을 섬기는 예절을 철폐했지만 주나라 문왕인즉 사실상 삼분의 이 되는 천하의 인심을 얻고도 자기란 것이 있는 줄도 모르고 은나라 주왕의 죄악을 보지도 않아서 마치 자제들이 부형들 앞에 굽힐 듯 아침 저녁없이 스스로 신하의 도리를 지켰습니다.

떠드는 사람들의 말과 같이 정말로 구 주 가운데 육 주 땅을 차지하고 그 세력은 능히 상나라를 대신하여 천하를 차지할만 하되 일부러 신하의 도리를 지켜 공손하게 처한 것은 아니었습니다.

만약에 떠드는 말과 같다면 조조 같은 주문왕을 무엇으로써 지극한 덕행이라고 쳐줄 것입니까. 삼분이란 말은 수로 나눈 조각이란 말입니

---

144) 형 이하 중국의 고대의 행정 구역 9주 중의 6주의 명칭들.
145) 이를 우예질정(虞芮質正)이라고 하는데 주나라 문왕 시대에 우, 예 두 나라 임금이 땅 시비가 생겨 재판을 하고저 문왕을 찾아갔더니 주나라에서는 백성들이 밭 두둑을 서로 양보하는 미덕을 보고 자신들이 부끄러워서 되돌아와 서로 다투던 땅을 서로 양보하게 되었다는 것으로 〈용비어천가〉에도 나온다.

다. 그의 지극한 덕행은 바로 문왕이 시비를 도무지 가릴 줄 모르는 어리석은 사람 같은 것을 말한 것이니 후세에서 말하는 소위 '하늘과 사람이 나에게 돌아온들 내게 무슨 관계냐' 란 말이 문왕을 두고 한 말입니다.

주자가 그를 무왕보다도 높게 쳐준 것도 바로 이것입니다. 세상 사람들이 그를 볼 때에 거북 등에 털이나 난 듯 토끼머리에 뿔이나 돋은듯이 이상하게 보고는 세상일을 가지고 이러쿵저러쿵 큰일을 만들어 보려고 떠드는 자들이 여기 대하여 제가끔 한마디씩 하고 치운 것입니다.

옛날 세상에는 이런 종류의 학문이 없지 않고 보니 공자의 태백에 대한 평가도 그리 과도하다고 볼 수는 없을 것입니다.

실상 태백은 머리를 하늘로 두고 발을 땅에 붙인 평범한 인물에 지나지 않는 것이요, 태왕이야말로 굳세고 참을성 있는 인물일 것입니다."

하고 곡정은 말했다.

(중간생략)

13. 나는 말했다.

"귀국의 문화는 만국으로 펴져 우리나라도 동으로 펴져 오는 교화를 입고 있지만 중국과 외국이 다르고 본즉 나라를 창건하는 원칙이라든가 계승해야만 할 정신 같은 것은 알아내지 못하고 있습니다. 이래서 저로서는 문자가 같은 지역에 사는 처지에 매우 유감으로 생각하고 있습니다."

곡정은 말했다.

"나라를 세우는 원칙이란 무엇을 두고 하는 말씀인지요?"

나는 말했다.

"오제(五帝)[146]는 음악이 각각 다르고 삼왕(三王)[147]은 예절이 각각 다르니 한나라는 충성을 숭상하고 은나라는 질박을 숭상하고 주나라는 문화를 숭상했음과 같은 것입니다."

곡정은,

"만약에 그 원인을 살펴본다면 비록 백세 동안이라도 잘잘못과 이해 득실을 알 수 있을 것입니다. 옛날 사람은 천하를 두고 흠집이 없는 금사발[148]에다가 비했지만 오늘의 금사발은 잘 익은 수박과 같을 것입니다."

나는 말하기를,

"금사발은 흠집이 없지만은 수박은 깨어지기 쉬울걸요."

곡정은 손을 흔들면서,

"아니외다. 수박이란 겉은 푸르고 속은 누르고 씨가 많고 맛이 시원하여[149] '천하를 천하 속에 간직' 한 셈입니다. 전대 명나라의 반란 사건들을 경험삼아 봅시다. 빈민을 구제하는 정책도 지극하지 않은 것이 없어 밖으로는 삼왕을 겸하고 안으로는 두교(二教)를 펴서 천하의 선비와 관리들을 독려하여 문교의 명분 속에 가두고 일반 백성들은 저마다 본래의 직분을 지켰습니다.

전대에 있어서 근본 뿌리를 강하게 하고 가지는 약하게 하는 정책이란 큰 도시를 점령하고 호걸들을 죽이거나 그렇지 않으면 벌족들을 도성으로 옮길 뿐이었고 그들을 어루만져 안도시키는 수단은 몰랐습니다.

---

146) 중국 상고의 전설상 다섯 제왕. 즉 황제, 전욱, 제곡, 요, 순, 또는 복희, 신농, 황제, 요, 순 등.
147) 중국 상고의 저명한 군주 우왕, 탕왕, 무왕을 말함.
148) 한번도 외적에게 침략을 당한 바 없는 온전한 나라를 비유하여 쓰는 말임. 즉 금구무결(金甌無缺).
149) 이 대목은 청나라를 두고 하는 말이다.

지금의 청조는 문화와 무장은 정비되어 멀리 전대들을 능가하고 유학을 떠받들어 오로지 중국 땅에 펴서 속으로는 호걸들이 펄떡 뛰는 마음을 녹이고 국토를 넓혀 외번 국가들에 두루 나누어 오랑캐들의 세력을 분산하고 만주를 억눌러 군사, 국방에 관한 국정을 맡김으로써 황제의 근본되는 터전을 튼튼하게 만들고 자주, 치수 공사를 일으켜 천하에서 여러 가지 재주 가진 자들을 다 모아 놀고 먹는 무리들에게 일을 시켜 위로가 되면서 삼가 몸을 바로잡아 황제의 정사를 시행 할 뿐이니 이러고서야 천하에 무슨 걱정이 있을 것입니까.

소위 요임금, 순임금은 의관을 정하게 하고 있어도 천하가 다스려졌다고 합니다.

무릇 천하를 차지하고 통치를 할 때 '백성이란 무엇이나 시켜서 하도록 할 뿐이요, 이유를 알릴 것은 못 된다' 는 원칙을 썼습니다. 이는 요순의 뜻으로 공자가 부연하였고 진시황이 아주 실천을 한 원칙입니다."

나는 물었다.

"또 이것도 아주 이상한 이론이구먼요. 한 번 들려주시오?"

곡정은,

"백성들이야 제밭 갈아 제 밥 먹고 분수대로 제 우물을 파서 제가 먹는다면 임금의 덕이 내게 무슨 관계가 있느냐는 말은 요임금이 강구에 평복을 입고 나가서 들었을 때 속으로 슬그머니 기뻐했던 일이요, 공자가 위나라로부터 노나라로 돌아와 〈시경〉을 추려서 편집하고 예악을 바로 잡은 것은 당시 세상 형편으로 부득이 안할 수 없었던 노릇입니다.

봉건 제도를 없애고 정전법을 깨뜨리고 서적을 불사르고 선비들을 산 채로 파묻은 진시황의 행위를 천하를 통일하는 천자로서는 크게 흠되는 일이었습니다.

예로부터 제왕들은 덕을 요순에게 비하면 기뻐하고 진시황에게 비하면 성을 내지만 요순을 배운 자가 있음을 들어보지는 못했습니다.

그러나 진시황의 정치를 계승하고 또 한 걸음 더 나가 한 시대의 천자로서 천하에 호령을 내려 이것은 망한 요순이 한 일이니 이를 실천할 것이요, 이것은 진시황이 한 일이니 하지 말라고 했다는 말은 듣지 못했습니다.

이야말로 13경과 21사의 어느 장을 뒤져 보아도 이 모양입니다. 재상에 있어서도 역시 그러합니다.

한나라 소하(蕭何)나 조참(曺參) 같은 이에게 비유하면 그야 감당할 수 없는 일이라고 어물어물하면서도 상앙(商鞅)이나 이사(李斯)에게 비유하면 당장 잡아 먹으려고 듭니다. 소하, 조참, 방현령(房玄齡), 두여회(杜如悔)[150]들은 한때 명재상으로 쳐주는 자들인데 그들은 상앙이나 이사의 죄인들에 불과한 자들입니다. 저 상앙이나 이사 같은 인물들은 오히려 공(公)을 내세우고 사(私)를 막아 아래, 위가 서로 믿게 되었지만 그들이 공적을 저토록 과소평가하는 것은 단지 학문이 오직 유학이 아니라는 데 있었을 뿐입니다.[151]

소하, 조참은 원래 죄를 줄 만한 학문을 가지지 않아 겨우 자기 몸만 빠져 죄를 면하였습니다. 대체 임금에게 잘 보이면 백성에게 인심을 잃고 백성들의 마음에 맞게 하면 임금에게 의심을 사는 법입니다.

한 시대의 임금을 도와 정치를 한다는 것이 무엇이겠습니까. 시렁을 드리워 두고 난간을 막아 두어 손 한 번만 실수하면 넘어져 아래로 떨어지게 되는 것이 정치하는 법입니다.”

14. 윤형산은 대궐로부터 나와 곧장 우리 이야기 자리에 왔다. 나와 곡정은 함께 의자에서 내려서 윤공에게 공손히 읍을 하였더니 윤공은 황급히 나를 붙들어 의자에 앉히고 품속으로부

---

150) 소하, 조참, 방현령과 함께 당나라 초기의 명재상.
151) 상앙, 이사의 학문은 공자의 정통 유학이 아니요, 법제를 중심으로 한 형명학(刑名學)이다.

터 콧담배 통을 내여보이는데 자만호(紫瓊瑚)¹⁵²⁾로 만들었다. 윤공은 또 품속으로부터 누런 보자기로 싼 색다른 비단 두 필을 풀어서 보였다. 나와 곡정은 연달아 황제께서 주신 것을 축하했더니 윤공은 기쁜 빛을 얼굴에 가득히 띄웠다. 한 가지는 아청빛 우단에다가 복숭아꽃을 수 놓았고 한 가지는 고동색 운문단에 금실로 신선과 부처를 수 놓았다.

형산은 바쁘게 이야기한 초지를 훑어보다가는 한 장에다가 붓을 대여 쓰되,

"건문 황제가 대궐 안에서 곱게 죽었단 말은 근본 이런 일이 없습니다. 왕선생은 잘못 들은 것 같습니다."

곡정은,

"의심나는 것을 전하는 것도 역사가의 한 개 체모지요."

나는 말했다.

"오량(五亮)이 산적을 던진 사건은 어째서 참말이 아니겠습니까."

곡정은,

"본래부터 선배들의 길고 짧은 이야기들이 많지만 꼭 없다고도 못 볼 것입니다. 만일에 이것이 참말일 때는 어찌 천고에 기이한 일들이 아니겠습니까.

백용암(白龍庵) 이야기도 비록 「이락와피」¹⁵³⁾ 같은 글에 들지만 역시 이것도 한나라 무제가 죽인 자기 아들을 생각하여 지은 망사태(望思台) 내력과 같은 것으로 '붓 끝마다 솟는 피는 방울방울 땅을 물들였네'¹⁵⁴⁾

---

152) 보석의 일종.
153) 이락와피(籬落臥被)의 말 뜻은 누워서 무너진 담장에 깔린다는 것으로 갈현(葛玄)의 〈신선전〉(神仙傳)이란 책에 나오는 기괴한 이야기 제목.
154) 원문은 다음과 같다. '筆筆心頭血一落染天地' 작자는 미상이다.

와 같은 것입니다."

나는 다시 물었다.

"사중빈(史仲彬)의 치신록(致身錄)도 후세 사람들을 모방해 지은 것이 아닙니까?"

곡정은,

"그 책에서 '패물을 둘러차고 하염없이 돌아오는 달밤의 넋은 해마다 동청(冬靑) 나무에 앉아 우는 두견새리라.'[155]라는 글이 실려 있는바, 이는 애태우는 사람들의 괴로운 심정일 것입니다."

형산은 말하기를,

"어제 왕 선생의 말씀에 한나라의 창업에 있어서는 부끄러울 만한 결함이 없었으므로 능히 예악을 창제할 수 있다는 말씀은 옳다고 할 수 없는 말씀인가 합니다. 호령이고 명령이고 조종에서 정정당당 위세 좋게 퍼질 때 그 올바른 소식이 전하는 곳에는 천하의 만 백성들도 잘 되고 못된 점을 판단해 낼 수 있지만 그들의 안방에서 벌어지는 사생활로 은밀한 행동이라든가 하찮은 행실쯤은 바깥 세상에서는 알아낼 수가 없는 점입니다.

그러므로 반드시 하간헌왕(河間獻王) 같은 어진 종실이 있어 이 같은 사실을 노래로 읊어 서술하고 또 음률마저 잘 감상한 뒤에야 그 덕행에 맞다고 볼 수 있을 것입니다. 이것이 소위 '금실이 짝 맞으니 사시가 평화롭고 율려(律呂)가 고루 어울려 만물이 통합된다' 는 것입니다.

한나라 악가(樂歌)로서는 안세, 방중(安世, 房中)이 가장 훌륭한 노래라고 하지만 혼자 한 환관(宦官)의 다리를 베고 누워 미앙궁의 서까래를 쳐다보고 헤아린다는 꼴이야 일국의 우두머리가 이토록 옹졸하니 '큰

---

155) 한나라 원제(元帝)의 궁녀 왕소군(王昭君)을 두고 지은 시, 즉 '環珮空歸月夜魂 年年杜宇哭冬靑'

바람이 일어남이여'[156]라는 노래는 아주 땅바닥에 떨어진 셈입니다.

심지어 벽양(辟陽)[157]의 수치는 바깥 세상에도 숨기기 어려운 일이요 인체(人彘)[158]의 참사는 귀신과 사람이 분개할 만한 일인즉 부부간의 도의도 이 같은 꼴들로서 넉넉히 짐작할 수 있을 것입니다.

박희(薄姬)[159]는 위왕 표(豹)의 애첩이요, 왕황후(王皇后)는 김왕손(金王孫)으로부터 빼앗은 여자입니다.

음여화(陰麗華)[160]에게 자나 깨나 사모하던 지저분한 일들이 있지만 모르기는 하나 누가 이런 사실들을 들어 시를 지어 읊었겠습니까. 이런 사정을 알만한 왕실의 지천에는 하간왕 같은 이가 없고 보니 〈시경〉의 관저(關雎)장 같은 교화될 만한 시나 요 임금이 두 딸을 순 임금에게 시집보냈던 떳떳한 미덕 같이 읊을 바도 못 되었고 음악은 음악대로 덕행은 덕행대로 따로 떨어져 노는 것을 이로써 알 수 있을 것입니다."

나는 말했다.

"백등(白登)의 기묘한 계책이란 것은 무엇일까요?"[161]

형산은,

"이 계책은 비밀이라 세상에서는 전하지 못 하고 있습니다."

---

156) 중국 고대 한 고조가 황제가 된 뒤 자기 고향땅을 지나다가 지은 저명한 노래의 일구.
157) 한 고조의 부하 심식기(審食基)의 봉호로 그는 미남자로 한 고조의 추잡한 총애를 받고 여후(呂后)와도 불륜의 관계가 있었다고 함.
158) 한 고조의 황후 여후는 고조의 애첩 척부인(戚夫人)을 질투하여 고조의 사후 그의 수족을 자르고 눈알을 빼고 귀를 베인 후 벙어리를 만들어 뒷간 속에 두고 '인체'(사람돼지)라고 불렀음.
159) 한 고조는 위왕 표를 포로로 하자 박희를 빼앗아 문제(文帝)를 낳았음.
160) 후한 광무제(光武帝)가 황제가 되기 전에 음려화의 인물 잘난 것을 보고 탄식하기를 '여자를 얻는다면 음려화를 얻을 거요, 벼슬을 할진대 집금오(執金吾)가 되리라.' 고 맹세를 하였다가 후일에 목적을 달하였음.

나는 말하기를,

"이 기묘한 꾀란 것은 적의 성 아래 무릎을 꿇고 항복한 것이 아닐까요. 사건이 창피한 사건이 아니라면 무엇 때문에 비밀로 하겠습니까."

윤공은 허허 웃으면서,

"이야말로 이전 사람이 못하던 소리입니다."

나는,

"이 당시 묵특은 항복할 때 응당 구슬을 입에 물고 죽은 사람의 모양을 차리는 복잡한 절차를 몰랐겠지요."

곡정이 말하기를,

"옛날부터 중국은 오랑캐에게 성공한 일이 없어 강거(康居)[162]가 항복을 하고 힐리(頡利)[163]가 당 태종의 궁정에 와서 춤을 춘 것은 어쩌다가 있을 수 있었던 일입니다."

나는 말하였다.

"천하의 걱정거리를 먼저 걱정해야만 하는 천자의 자리야말로 참말 괴로운 지위일 것입니다. 한 고조가 환관의 다리를 베고 집 천정을 쳐다보고 누웠을 때 8년 동안 활동해 얻은 것이 무엇이라 생각하겠습니까.

서리가 내리고 물이 말라드는 늘그막에 돌이켜 지난날을 회상한다면 이가 시릴 만큼 서글펐겠지요. 이때쯤은 응당 세상일이란 아무런 맛도

---

161) 한 고조가 산서성 백등이란 산에서 이레 동안 흉노 묵특에게 포위를 당하였을 때 고조의 부하 진평(陣平)이 계책을 내여 묵특에게 미인계를 써서 포위를 풀었던 고사가 있는 바, 이 계책이 너무도 창피하여 한 나라 역사에서는 비밀에 붙이고 있다고 함.

162) 현재 신강성 북부에 있던 고대 흉노족 국가의 명칭.

163) 돌궐족의 추장으로 당 태종에게 붙들려 귀순하였음.

없었을 것입니다."

형산이 있다가,

"재상도 역시 그렇습니다. 술과 계집과 재물에 지쳐날 때 젊어서 과거 보던 시절을 회상해 본다면 이야말로 과연 어떤 심사라 할 수 있을까요."

곡정은,

"영감님은 경치 좋은 물가에 밭을 좀 장만하고 저술이나 하시면 그만이겠지요."

하니 형산은 허허 웃으면서,

"목전에 급급하게 서두는 것은 모두가 늘그막 준비입니다. 누에가 늙으면 절로 고치를 짓는 것이지 사람들에게 비단 옷을 입히고자 지은 것은 아닙니다."

나는 말했다.

"곡정 선생은 아직도 과거를 단념 않고 계십니까?"

곡정은,

"벌써 단념했습니다. 선생은 어떠십니까?"

나는,

"나도 마찬가지입니다."

곡정은,

"흰 머리로 과거를 본다는 것은 선비의 수치이니까요."

이때 형산은 붓을 잡고 무엇을 쓰려다가 먼저 허허 웃으면서 곡정에게 무슨 말을 하니 곡정 역시 크게 웃었다. 나는,

"두 분 선생이 그렇게도 야단스럽게 웃으실 때는 필시 무슨 괴상한 곡절이 있는 모양이지요. 저는 까닭을 모르니 배를 잡고 두 분 웃음을 도와 드릴 수 없군요."

했더니 두 사람은 또 다시 넘어갈 듯이 웃어댔다.

형산은,

"강희 기묘년 과거에 백 두살 난 과거꾼이 있어 성은 황씨요, 이름은 장(章)인데 광주(廣州) 불산(佛山) 사는 생원이었소. 그는 말하기를 '금번 과거에 급제를 못할 때는 돌아오는 임오년 과거에 올 것이요, 그 때 또 급제를 못 하더라도 을유년, 내 나이 백 여덟 살 될 때에는 꼭 급제를 할 터이니 많은 일을 하여 국가에 봉사하겠다' 고 하였습니다."

나 역시 웃음을 절로 참지 못하고 그 황장이란 이는 과연 을유 과거에 급제를 하였나 물었더니 두 사람은 고개를 흔들어 더욱 웃음을 참지 못했다.

곡정은,

"그가 급제를 못할 때는 세상의 결함을 훌륭히 알 수 있을 일이지만 만약에 급제를 해 버렸다면 도리어 아무런 재미가 없을 일이지요."

15. 하였다. 형산이 말하기를,

"선생은 오시는 걸음에 천산(千山) 유람을 하시지 않았습니까?"

나는 대답하였다.

"천산은 백 여리 길을 돌게 되고 또 길이 바빴기 때문에 그저 하늘 끝에 점점이 튼 머리쪽 같은 산봉우리 몇 개를 바라보았을 뿐입니다."

형산은,

"늙은 이 몸은 일찍이 무인년에 강향(降香)[164] 행차 때 의무여산까지 갔더니 귀국 인사들 성명들이 먹으로 쓰여 있었습니다."

나는,

"누구의 성명입디까?"

---

164) 황제가 봉산(封山)에 향을 하사하는 절차.

형산은,

"한 6~7명은 되었는데 성명들은 마침 기억하지 못합니다."

나는,

"우리나라 선배로서 김창업(金昌業)이라 하고 자는 대유(大有)요, 호는 노가재(老稼齊)인데 일찍이 강희 계사년에 천산을 유람하였으니 의무 여산에도 응당 제명한 데가 있을 것입니다."

형산은,

"천산은 저도 한 번도 구경한 인연이 없었습니다. 혹시 가재 김공이 지은 좋은 시구가 더러 없습니까?"

나는,

"문집은 몇 권 있습니다만 글구는 한두 구도 기억을 못하겠습니다. 김가재는 역시 창춘원(暢春苑)[165]에서 이용촌(李榕村)[166]을 만났습니다. 그는 당시의 각로(閣老)이지요."

형산은,

"강희 계사년이라면 용촌 선생은 아마도 강남 고향으로 돌아가셨을 터인데요. 어떻게 해서 서로 만났을까요."

나는,

"용촌 선생의 휘(諱)는 이광지(李光地)가 아닙니까?"

두 사람은 다 고개를 끄떡였다. 형산은,

"백치는 아교풀로 해와 달을 붙이려네."[167]

---

165) 북경 교외의 이궁.
166) 강희 시대의 저명한 유학자.
167) 당나라 말기의 시인 사공도(司空圖)의 시구 일부를 인용하여 '광음은 빠르고 보니 날이 또 저물어 할 이야기도 다 못한다'는 의미에서 혼자 군소리로 읊었음. 즉 '癡欲煎膠粘日月'이라고,

이 때에 해는 이미 저물어 방안이 침침하였으므로 벌써 촛불을 내오도록 하인을 불렀다. 나는 이때,

"사람은 기름으로 촛불을 켤 것 있나 해와 달 두 개 등불 천지를 비쳤구나."

라고 했다. 곡정은 손을 내저으면서 일변 먹으로 '쌍현일월'(雙懸日月) 글자를 지웠다. 까닭인즉 '일월(日月)'이란 두 글자를 모으면 '밝은 명(明)' 자가 되기 때문이다.[168] 나로서는 마침 '첨교'(粘膠) 글구에 짝을 맞추어 '쌍현일월'이라고 했는데 '쌍현일월'이란 글구를 몹시 피했다. 나는 말하기를,

"어제 공자묘에 배알을 할 때 주자를 전각 위에다가 올려서 모셨는데 이렇다면 십일 철(哲)[169]이 되는 셈으로 언제부터 올려 모셨는지요?"

형산은,

"강희 시절에 올려 모셨습니다. 십철은 원래 공자 문하에서는 적당한 결론으로 보지를 않습니다. 공자가 진나라, 채나라 사이에서 욕을 볼 당시 같이 동행한 이들에 불과할 것인데 그것이 당나라로부터 오늘에 이르기까지 아무도 감히 딴 말을 내놓는 자가 없었습니다.

유약(有若)[170]의 말은 〈논어〉에서 네 번 보이는데 그의 얼굴이 성인과 비슷하게 생겼다 하여 자하(子夏), 자장(子張)의 문도들은 심지어 공자를 섬기던 그대로 섬기려고 했은즉 그가 어진 것은 넉넉히 알 수 있는 일이요, 공서적(公西赤)은 평소 예악에 뜻을 두어 나라를 다스릴 만한

---

168) 명(明)이 비춘다 함은 청나라 전 왕조인 명조가 비춘다는 뜻이 됨으로 피했다는 것.
169) 공자의 제자들 중 열 명을 공자묘 본전에 봉사(奉祀)하여 10철이라고 부르는데 주자를 한 명 더 첨가했고 10철 이외에 안자, 증자, 자사, 맹자는 10철 외에 상급으로 배향(配享)을 하는 예절.
170) 이하 모두 공자의 제자임.

재질이 있었은즉 역시 재아(宰俄)와 염구(冉求)보다도 훨씬 낫지 않을 것인가.

　염구나 재아의 언행은 여러 가지 문헌을 상고하지 않고 〈논어〉에 나온 것만 하더라도 '그 낫고 못한 것은 벌써 같은 자격으로 말할 수는 없고본즉 마땅히 유약과 공서적 두 분을 본전으로 올려 모시고 염구와 재아를 다시 고쳐 행랑채로 내려 모실 것이다.' 라고 선배되는 정단간(鄭端簡), 왕이(王貽) 같은 이들의 상소 글이 이러하였습니다. 왕이는 국자좨주(國子祭酒)로 있을 때 상소를 갖추어 이를 개정코자 하다가 다른 사람들로부터 저지를 당하고 올리지 못했습니다. 이야말로 만대를 통할 공론으로 선비들은 지금도 이를 애석히 여기고 있습니다."

　형산이 묻기를,

　"박 선생은 현재 저술한 책이 몇 권이나 됩니까. 역시 저술한 좋은 책을 중국에 가지고 오신 것이 없습니까?"

　나는,

　"평생을 두고 학식이 노둔하여서 아직 몇 권의 책도 저술하지 못했습니다."

　"비록 주공 같은 뛰어난 재주로도 만약에 과도한 겸사만 한다면 말할 거리가 못 되지요. 선생이…"

　(이 대목 아래는 이야기를 미처 써서 마치지를 못한 채 기풍액이가 들어와서 나에게 황제로부터 하사받은 콧담배 통을 보이게 되어 자리를 피하고 일어났다.)

　내가 입은 흰 모시 겹옷은 해가 저물자 좀 선선하였다. 때마침 달은 추녀 끝에 걸렸는지라 섬돌 위로 함께 거닐때 형산이 내 옷을 만지면서,

　"좌중이 속세 기운이 없어진 듯 합니다."

고 하였다. 내가 곡정과 가장 많이 이야기를 하였는바, 엿새 동안을 창을 대하여 밤을 밝혀가면서 이야기를 하였으므로 아주 허리띠를 끌러 놓고 무탈하게 마주 대할 수가 있었다. 그는 본래 두드러진 선비요, 걸출한 인물이라 그렇게도 이야기가 가로 세로 엎치고 뒤치고 걷잡을 수 없었다.

내가 서울을 떠나서 여드레 만에 황주까지 이르렀을 때 그대로 말위에 앉아서 혼자 생각하기를, 본래 학식이 없는 나로서 기회를 얻어 중국 땅으로 들어가 만일에 중국의 고명한 선비를 만난다면 장차 무엇으로써 질문을 들이대어 한 번 애를 먹여 볼까 하고는 드디어 옛날 들은 지식 중에서 땅덩이가 도는 이야기라든가 달세계 이야기를 찾아 내여 매양 고삐를 잡고 안장 위에 앉은 채 졸면서도 무려 수십만 자의 말을 풀어서 가슴 속에는 글자 없는 글씨를 쓰고 허공에는 소리 없는 글을 읽어가면서 하루에도 몇 권의 책이 되었다.

말은 비록 서로 통달하지 못해도 이치는 역시 따라 붙을만 하였지만 말 타기도 더 피로했고 붓과 벼루도 들 사이가 없었다. 용한 생각도 하룻밤을 지내면 쓰러져 죽고 말았지만 이튿날 다시 하늘을 쳐다보고 그려 볼 때는 새로운 생각이 겹쳐 떠올랐다.

이야말로 참말 먼 길에 좋은 길동무가 되고 위로거리가 되었다. 열하에 들어간 후는 먼저 이 이야기로써 기 안찰사 풍액에게 물어서 풍액은 수긍은 했으나 잘 이해는 못하였고 곡정과 지정은 역시 분명히 알아듣지는 못하였으나 곡정은 이 학설을 그렇게 틀렸다고는 하지 않았다.

대체로 곡정은 응수하는 대답이 재빨라 종이 쥐면 선뜻 수천 자를 내려 갈겨 썼다. 호언장담을 종횡으로 떠들어 역대의 글이라는 글은 모조리 손에 닿는대로 들쳐 내여 용한 글구와 묘한 대꾸가 입만 열면 얼른 만들어지되 다들 조리가 닿고 맥락이 정연하였다.

때로는 동쪽을 가리키다가는 서쪽을 들이치고 때로는 궤변을 고집하며 나를 추켜올렸다 내려 떨어뜨렸다 하여 이야기를 끌어내게 하였다. 말하자면 굉장한 박식으로 이야기를 많이 늘어놓은 축이었으나 벼슬도 못한 채 궁한 처지에서 앞날도 멀지 않으니 참말 서글퍼 보였다.

황경에 들어간 뒤로 사람들과 더불어 필담을 해보면 아주 능수인데도 다시 그들이 지은 글을 보면 필담보다 손색이 없었다. 이러고 난 후에야 비로소 우리나라에 글 짓는 사람이 중국과 다른 것을 알았다.

중국은 곧장 문자로써 말을 삼고 있으므로 경전이고 사기고 학설이고 문집이고 모두가 입 속에서는 말로 되는 바, 이는 기억력이 달라서 그런 것이 아니다.

이래서 억지로 시문을 지을 때는 벌써 그 정곡을 잃어버리고 글과 말은 판연히 두 가지 물건이 되여 버리는 까닭이다.

우리나라에서 글을 짓는 자는 알쏭달쏭 뒤틀리기 쉬운 옛날 글자로써 다시 알기 어려운 방언을 한 차례 번역을 하면 그 글 뜻은 캄캄해지고 말 속은 모호하게 되는 것은 이런 까닭이 아닐까.

내가 고국에 돌아와 두루 이런 이야기를 한즉 많이들 안 그렇다고 했다. 참말로 개탄할 노릇이다.

엄계우옥(罨溪雨屋)에서 쓴다.

7. 鵠汀筆譚

1. 昨日語尹公所, 不覺竟日, 尹公時時睡以頭觸屛, 余曰, 尹大人倦矣請退, 鵠汀曰, 睡者睡語者語不相干, 尹公微聞其語, 向鵠汀數轉云云, 鵠汀首肯卽收談草, 揖余同出, 葢尹公老人, 因余早起過午酬酢, 其昏倦思睡無足恠也, 鵠汀約明日設朝饌要余共飯, 余曰, 每談席常苦日短, 明當早赴, 鵠汀唯唯, 次日五更使臣起趨班, 余同起因赴鵠汀, 明燭而語, 郝都司成, 相會而尹公曉已赴朝也, 且飯且語, 易數三十紙, 自寅至酉, 凡八時而郝公晚會先罷故, 閱次談草爲鵠汀筆談。

2. 余曰, 尹大人, 昨日甚倦, 客心不安, 得無有視日早晚意乎, 鵠汀曰, 無是, 尹公每値午刻暫爲龍虎交, 不欲令人見他熊鳥小數, 並無倦客意, 鵠汀問尹公何如, 余曰, 神仙中人, 先生與他舊契否, 鵠汀曰, 蓬蓽桃李, 門逕懸殊, 此來證交一旬之上。

鵠汀曰, 公子, 當精幾何之學, 余曰, 何以知之, 鵠汀曰, 頭炕奇按司, 盛言高麗朴公子精通幾何(稱我東曰高麗如東人之稱中國曰漢曰唐諸人又或稱余爲公子) 言月中有世界, 當似此地, 言地在太空當一小星, 言地當有光遍滿月中, 皆奇論, 可謂經緯天地, 余曰, 鄙人老實未曾窺幾何半個字, 前夜偶携奇公賞月前堂, 不覺奇與悠然, 因此縱談不顧, 乃一時談語, 況此臆致非幾何所推, 鵠汀曰, 不必過謙, 願聞地光, 此倘有光, 未知受日爲光否, 抑自發光色否, 余曰, 如夢讀綠字書, 此刻並已忘之, 鵠汀曰, 愚有平生獨見之語, 而亦不敢向人說道, 恐令海內諸公大驚小恠, 因此胎得痞結伏積證, 冬夏苦劇, 正恐先生感成此證, 余曰, 不如此刻道破, 收幾年勿藥之效, 鵠汀搖手笑曰, 否否, 余曰, 客不先擧, 禮也, 少頃飯至, 先置菓蔬, 次茶酒, 次餅餌, 次猪炒卵羹飯, 最後至粳白而羹羊肚也, 中國飮食皆用箸無匙, 勸酬留連細酌佐歡, 無長匙搏飯一飽卽掇之法, 時用小勺斟羹而已, 勺如匙而無柄, 如爵而無足, 形類蓮花一瓣, 余持勺試一舀飯, 深不可餂, 余不覺失笑曰, 忙招越王來, 志亭問, 何爲, 余曰, 越王爲人長頸烏喙, 志亭扶鵠汀臂, 噴飯噎嗽無數, 志亭問, 貴俗抄飯用何物, 余曰, 匙, 志亭曰, 其形如何, 余曰, 類小茄葉, 因畫示卓面, 兩人尤爲絕倒, 志亭曰, 何物茄葉匕, 鑿破混沌竅, 鵠汀曰, 多少英雄手, 還從借箸忙, 余曰, 飯黍毋以箸, 共飯不澤手, 自入中國未見匙, 古人飯黍將以手抔乎, 鵠汀曰, 卽有匕不若是長, 飯黍飯稻慣用箸, 所謂操成習, 古今亦自不同。

　余曰, 鵠汀先生滿腹輪囷定然難產, 志亭問, 甚麼, 余曰, 大驚小恠胎, 鵠汀笑曰, 合用兜羅綿湯, 志亭曰, 可謂匆圇呑棗, 余曰, 若非安期棗, 無乃魏王瓠, 鵠汀大笑曰, 是也, 余曰還不禁遍身燥癢, 鵠汀曰, 何處更請麻姑瓜, 志亭更請地光之說, 余曰, 鄙人第以妄言之, 先生以妄聽之否, 鵠汀曰不妨。

　3. 余曰, 晝則萬物照耀, 夜則羣品黯黑何也, 鵠汀曰, 此受日爲明, 余曰, 萬物自無明體, 其本質則莫不黯, 譬則昏夜對鏡, 頑然與木石無異, 雖含照性, 其不能自具明體可知也, 借日然後乃發光色, 其反射處還生明影, 水之於明亦猶是也, 今夫地外環海, 譬則大玻瓈鏡也, 若自月中世界望此地光, 亦當有弦望晦朔, 其面面對日處, 大水大土相涵相映, 受照反射遞寫明影, 如彼月光遍此大地, 其未及受日處, 自當黯黑如弦前初月, 留掛虛魄, 其土膚厚處, 當如月中黯影扶疎, 鵠汀曰, 敝亦嘗妄意地有光影, 與先生所論稍異, 余曰, 不必相似願聞其說.

 志亭顧鵠汀, 連道幾句山河影云云, 鵠汀掉頭連稱否否, 余問, 甚麽否否, 鵠汀曰, 先生纔說地光, 郝公錯認山河影, 余曰, 佛說以月中婆娑爲山河影, 是認月爲一圈虛明, 如鏡照物俯寫大地, 所謂凸凹形亦爲山河薩埰, 如畫副本仰渲月中, 皆非地月本分, 鄙說月中世界者, 非謂眞有世界, 本欲辨說地光而無地可見則, 設爲月中世界, 如云易地而處, 設使吾人, 易處月中仰看地輪, 應似地上望彼月明, 鵠汀曰, 是也, 先生此說, 愚已明白會聽, 旣有月中世界則自當有山河, 有山河則自當有凸凹, 至遙相望自應如此, 不借大地寫得影子, 第此地光云云妄謂此非借日出影, 自有本分輝映, 大凡物大則神守, 物久則精凝, 老蚌吐珠光能不夜者, 神精所聚故也, 地是可大可久嵌空寶珠, 則許大神精自應光明, 譬如君子和順積中英華發外, 視彼滿天星河都有出身光耀, 志亭且讀且笑, 打圈于月中世界望此地光, 又打圈于地是嵌空寶珠曰, 兩個先生, 當不免月中一走, 訟明于姮娥娘, 娘是時無追郝成作證, 鵠汀大笑, 打圈于訟明姮娥句.

 4. 鵠汀曰, 月中若有世界, 世界如何, 余笑曰, 旣未及月宮一走則安能知何樣開界, 但以吾等塵界, 想彼月世則亦當有物積聚凝成, 如今大地一點微塵之積也, 塵塵相依塵凝爲土, 塵麤爲沙, 塵堅爲石, 塵津爲水, 塵煖爲火, 塵結爲金, 塵榮爲木, 塵動爲風, 塵蒸氣鬱, 乃化諸蟲, 今夫吾人者, 乃諸蟲之一種族也, 若使月界, 以陰爲地則, 水其塵也, 雪其土也, 氷其木也, 其火水晶, 其金琉璃, 未必月世眞切如是, 雖鄙人情量設辭, 然亦安有許大成形, 比德於陽, 配軆於日, 而獨無一物氣聚蠕化乎, 今夫吾人者入火則焦, 入水則溺, 然亦未嘗離火離水, 以他界視此則雖謂之居水居火可也, 今夫諸蟲水居, 不獨魚鼈, 雖鱗介爲主, 亦有羽毛之族, 種種爲賓, 雖魚鼈置陸則死, 亦有時乎深藏淤泥, 是鱗介之族, 亦未嘗離土也, 敢問職方之外, 定有幾個世界, 志亭曰, 以西人所紀爲信則果有狗國鬼國, 飛頭穿胷, 奇肱一目, 種種奇恠, 非情量所及, 鵠汀曰, 不特西人所紀, 於經有之, 余問, 何經, 鵠汀曰, 山海經, 余曰, 環此大地, 定不知幾處鱗皇, 幾位毛帝則, 以地料月, 其有世界理或無恠, 鵠汀曰, 月世有無, 不涉塵寰, 則所謂越人肥瘦無關秦人, 前聖之所不論, 今見先生之言, 使我塵煩頓除, 如坐廣寒宮, 衣氷紈飮氷漿, 與伯夷於陵揖讓先後之也, 乘桴浮海乃夫子別界妄想, 若先生冷然御風, 暉也不敢後仲由氏, 志亭打圈于別界妄想曰, 吾不辭趯趯爲兎躍躍爲蟾, 相與笑哄一堂。

5. 鵠汀曰, 吾儒近世頗信地球之說, 夫方圓動靜吾儒命脈, 而泰西人亂之, 先生何從也, 余曰, 先生則何信, 鵠汀曰, 雖未能手拊六合之背頗信球圓, 余曰, 天造無有方物, 雖蚊腿蚕尻雨點涕睡, 未嘗不圓, 今夫山河大地日月星宿,皆天所造未見方宿楞星, 則可微地球無疑, 鄙人雖未見西人著說, 嘗謂地球無疑, 大抵其形則圓, 其德則方, 事功則動, 性情則靜, 若使太空安厝, 此地不動不轉, 塊然懸空則乃腐水死土, 立見其朽爛潰散, 亦安能久久停住, 許多負載振河漢而不洩哉, 今此地球面面開界種種附足, 其頂天立地與我無不同也, 西人旣定地爲球, 而獨不言球轉, 是知地之能圓而不知圓者之必轉也, 故鄙人妄意以爲地一轉爲一日, 月一匝地爲一朔, 日一匝地爲一歲, 歲(歲星)一匝地爲一紀, 星(恒星) 一匝地爲一會, 看彼貓睛亦驗地轉, 貓睛有十二時之變則其一變之頃, 地已行七千餘里, 志亭大笑曰, 可謂兎嘴乾坤貓眼天地, 余曰, 吾東近世先輩, 有金錫文, 爲三大丸浮空之說, 敝友洪大容又刱地轉之論, 鵠汀停筆, 向志亭云云, 似傳洪字與號也, 志亭問, 湛軒先生, 乃金錫文先生弟子否, 余曰, 金歿已百年, 非可師授, 鵠汀曰, 金先生字號並有著書幾篇, 余曰, 其字號並不記憶, 亦未曾有所著, 洪亦未曾著書, 鄙人嘗信他地轉無疑, 亦嘗勸我代爲著說, 鄙人在國時卒卒未果, 前夜偶同奇公賞月, 對月思朋因境起興, 不知所以裁之, 大約西人不言地轉者, 妄意以爲若一轉地則, 凡諸躔度尤難推測, 所以把定此地妥置一處, 如挿木橛然後, 便於推測也, 鵠汀曰, 敝素昧此學, 曾亦一二窺斑, 如服七椀茶不復勞精, 今先生所論, 亦非西人所發則, 吾不敢遽信爲然, 亦不敢遽斥爲非, 要之渺茫難稽, 而先生辯說甚精, 如高麗磨衲鍼孔線蹊一一明透。

6. 志亭曰, 如何是三大丸, 如何是一小星, 余曰, 浮空三丸者, 日地月也, 今夫說者曰, 星大於日, 日大於地, 地大於月, 信斯言也, 惟彼滿天星宿, 都不與此地相干, 獨此三丸自相隣比, 爲地所私立號日月, 資日爲陽, 資月爲陰, 譬如人家求火東鄰, 丐水西舍, 自彼滿天星宿視此三丸, 其羅點太空, 自不免珵珵小星, 今吾人者坐在一團水土之際, 眼界不曠情量有限則, 乃復妄把列宿分配九州, 今夫九州之在四海之內者, 何異黑子點面, 所謂大澤壘空者是也, 星紀分野之說豈非惑哉, 志亭, 自信斯言至珵珵小星亂圈之, 鵠汀甚稱奇論快論, 發前人所未發.

余曰, 鄙人萬里間關, 觀光上國, 敝邦可在極東, 歐羅乃是泰西, 以極東泰西之人願一相逢, 今遽入熱河, 未及觀天主堂, 自此奉勑東還則, 不可復入皇都, 今幸承遊大人先生之間, 多承敎誨雖適我大願, 然於泰西遠人, 無路相尋, 是爲鄙人所恨, 今聞西人從駕亦在是中云, 願蒙指敎或有相識, 幸爲紹介, 鵠汀曰, 此等元係監中奉勑, 道不同不相爲謀, 且駐蹕之地摠是日下, 人山人海尋覓自難, 不必枉勞, 志亭齎辭晚間有冗, 先起收談草五六頁而去.

7. 鵠汀曰, 洪湛軒先生頗能曉占乾象否, 余曰, 不是不是, 曆象家與天文家不同, 夫以日月暈珥, 彗孛飛流芒角動搖, 預斷休咎者, 天文家也, 如張孟庾季才是爾, 在璿璣玉衡曆象日月星辰, 以齊七政者, 造曆家也, 如洛下閎張平子是爾, 漢書藝文志, 有天文二十餘家, 曆法十數家, 判然爲二, 敝友頗能留心幾何, 欲識躔度遲疾而未能也, 嘗斥宋景三言熒惑退舍, 處士加足客星犯座, 爲史家傳會.

鵠汀曰, 古之號精渾儀者閎張以外, 有蔡伯喈, 吳之王番, 劉曜, 光初中有孔定, 魏太史令晁崇, 皆得璣衡遺法,而宋元祐中, 蘇子容, 爲宗伯時, 糸攷古器數年而成, 及西術之來, 中國儀器, 盡屬苯伯, 但其學術淺陋可笑, 耶蘇者, 如中國之語賢爲君子, 番俗之稱僧爲喇嘛, 耶蘇, 一心敬天立敎八方, 年三十遭極刑而國人哀慕, 設爲耶蘇之會, 敬其神爲天主, 入其會者必涕泣悲痛, 不忘天主, 自幼立四條信誓, 斷色念, 絕宦慾, 有敷敎八方, 願無更還故土戀名, 雖鬪佛, 篤信輪回, 明萬曆中西土沙方濟者, 至粤東而死, 繼有利瑪竇諸人, 其所爲敎, 以昭事爲宗, 修身爲要, 忠孝慈愛爲工, 務遷善改過爲入門, 生死大事, 有備無患爲究竟, 西方諸國奉敎已來, 千餘年大安長治, 其言多夸誕, 中國人無信之者, 余曰, 萬曆九年利瑪竇, 入中國留京師二十九年, 稱漢哀帝元壽二年, 耶蘇生于大秦國, 行敎於西海之外, 自漢元壽至明萬曆一千五百餘年, 所謂耶蘇二字, 不見於中國之書, 豈耶蘇出於絕洋之外, 中國之士, 未之或聞耶, 雖久已聞之, 以其異端而史不之書耶, 大秦國一日, 拂菻, 所謂歐羅巴乃西洋摠名耶, 洪武四年揑古倫, 自大秦國入中國, 謁高皇帝而不言耶蘇之敎何耶, 大秦國未始有所謂耶蘇之敎, 而利瑪竇始託天神, 以惑中國耶, 篤信輪回, 爲天堂地獄之說而詆排佛氏, 攻擊如仇讎何耶, 詩云天生烝民有物有則, 佛氏之學以形器爲幻妄則, 是烝民無物無則也, 今耶蘇之敎, 以理爲氣數, 詩云上天之載, 無聲無臭, 今乃安排布置, 爲有聲臭, 這二敎孰優也, 鵠汀曰, 西學, 安得詆釋氏, 釋氏儘爲高妙, 但許多譬說, 終無歸宿, 纔得悟時, 竟是一幻字, 彼耶蘇敎, 本依俙得釋氏糟粕, 旣入中國學中國文書, 始見中國斥佛, 乃反效中國斥佛, 於中國文書中, 討出上帝主宰等語, 以自附吾儒, 然其本領, 元不出名物度數, 已落在吾儒第二義, 彼亦不無所見於理者, 理不勝氣者久矣, 以堯霖湯旱爲氣數使然, 敝友介休然先生, 頗信氣數之論, 以爲氣數如此, 本一理也如此, 介號希菴, 字太初, 又字北宮翁伯, 學貫天人, 有翁伯談藪一百卷, 北里齊諧一百卷, 又有羊角源五十卷, 今年六十餘, 尙不廢著書, 羊角源一書, 尤深天根月窟之理, 地轉之說, 如或有之否也, 其解說之如鳶飛戾天信足握固, 魚躍于淵恃膘瀰漲, 萬物莫不附地重心, 地重心者如雹自包, 其不動處如輪有軸, 此等皆其玅處, 敝年少時, 不肯細心一讀, 只觀其多少題目, 到今亦忘其大旨, 余曰, 介希菴先生, 願於此刻拜謁, 幸藉先生爲蟠木之容, 鵠汀曰, 介非在是間, 本蜀人今在易州李家庄, 販茶爲生, 此距京師二百餘里, 敝亦相見已七年以外, 余曰, 希菴先生相貌何如, 鵠汀曰, 窃目高顴, 閣老兆公(惠), 薦介經行于朝, 特授江西敎授, 稱疾不起, 介嘗美鬚髥, 一朝自斷其鬚, 以明兆誤薦, 仍授七品帽服, 有一達官, 將薦其所著諸書, 介欣然諾之, 一夜廬舍失火, 書皆燼未果奏, 余曰, 先生痞證可以道破, 鵠汀曰, 僕元無此證, 老革多姦, 烹魚洋洋, 何損君子, 相與大笑, 鵠汀曰, 太初著書, 實未曾燒, 秘在其友董程董穡所, 必傳於後無疑, 公外國人, 僕所以暢襟一洩, 余曰, 介先生著書, 多忌諱否, 鵠汀曰, 並無忌諱, 余曰, 然則何故秘之。

　鵠汀曰, 比歲禁書, 該有三百餘種, 並是他君公顧厨, 余曰, 禁書何若是夥耶, 摠是崔浩謗史否, 鵠汀曰, 皆迂儒曲學, 余問禁書題目, 鵠汀書亭林, 西河, 牧齋等集數十種,隨卽裂之, 余曰, 永樂時, 蒐訪天下群書爲永樂大全等書, 賺人頭白無暇閒筆, 今集成等書並是此意否, 鵠汀忙手塗抹曰, 本朝右文度越百王, 不入四庫, 顧爲無用.

8. 余曰, 前者先生何貶趙宋, 鵠汀曰, 不成統, 太祖無鴻功偉業, 邂逅得國不過當時印板天子, 立經陣紀, 每在顧成之廟, 而太宗在家, 未免負心之人, 余問燭影一案若道是眞, 奚特負心而已, 鵠汀曰, 此誠千古誣枉, 是時太祖已大漸爭朝夕耳, 何苦作此大事, 迹其行事宜招是謗, 此案元出胡一桂陣牼私史, 始於李燾之長編, 乃吳中僧文瑩所著, 湘山野錄啓之也, 一緇徒何從知此嚴密, 大約下語, 不無用意, 遙見燭影搖紅, 及聞大聲好爲, 不過十數字, 惹千古無限疑端, 燭系昏夜之具, 影是熹微之事, 搖紅乃倏翕明滅之光也, 大聲者不和平之音, 好爲者無別白之辭, 遙見遙聞又是不分不明之際, 眞成千古疑案可謂狠筆, 當時士大夫, 一不是於不踰年改元, 二不是於逼嫂爲尼死不成服, 積不是於廷美德昭之死, 如何厭得天下不是底心, 六國之士, 積怒嬴秦, 必欲先六國而亡之, 巧撰呂不韋一段奇貨, 又況擔毒於焚坑之餘乎, 漢之策士, 一番罵秦, 便成奇文, 燭影一案, 並是此意也, 仁宗英氣, 異於漢文而學識過之, 神宗圖治, 勝於漢武而才略下及, 建炎以後無可足論, 所可痛者, 忘讐認親, 旣非天倫那得稱姪, 力屈而服是爲畏天, 稱僕稱臣無奈天何, 至若稱姪稱孫辱孰大焉, 當時士大夫欲免陪臣之恥, 易臣爲姪, 陰納其君於蔑倫之地, 其蔑倫敗常, 石晉一轍, 而重貴, 猶能坐招翁來, 臨安君臣方此厭然稱賀, 無識甚矣, 不講目前之急務, 空談影事誠爲可厭, 理宗四十年格致之工, 博得身後一理字, 可笑可笑, 未知平生所窮之理, 果是何樣物事, 自古人臣莫下欲其君之典學, 而千載寥寥, 僅得一宋理宗, 然無益於勝敗存亡之數, 置之龜山門中可稱高足, 其學問遠不及目不知書之石世龍, 邈佶烈, 天下未可作漂麥看, 仇士良致仕, 誡其徒勿令大家讀書, 然知寶慶景定之間, 天地四十年昏霧四塞, 坐窮今古掩書堂, 二頃湖田一半荒, 正道此時也, 道君皇帝, 儘是名士, 雖乏個東坡先生松筠氣節, 其風流鑑賞, 未必遽讓于陳, 黃諸公亨山大笑曰, 勝比諸漢成, 尤是浪蕩, 首夏皇上勅諭講官, 有曰朕每觀前史臣佞主驕云云, 大成門右墻張榜是也, 余曰, 衛武抑戒無以加之, 鵠汀曰, 儘是, (昨日余隨三使入謁聖廟時, 王鵠汀, 及鄒舉人舍是爲主人前導, 大成門窊置烏石于墻刻, 康熙雍正及今皇帝訓諭, 其右墻帖新榜, 乃皇帝勅諭講臣之文, 大矜自家之學問文章, 歷詆前代右文之主, 無實得徒增虛僞, 殿上山呼臨朝發嘆等皆其詔勅之語, 大抵戒群下緣飾文義以謟上爲人辟者, 徒恃己長以蔑下, 余與鵠汀一讀累累千餘言, 皆自矜自誇, 余問殿上山呼, 鵠汀言經筵講討, 人君有得則, 左右皆叩頭呼萬歲, 侍講得之而人主賜可則, 左右亦呼萬歲, 歸美上躬謂從善也, 又賀其得善言也, 漢陸賈每前奏一篇上, 未嘗不稱善左右呼萬歲者是也) 余曰, 理宗有宋垂亡之末主, 其典學與否, 本不足論, 而至以世主好學, 爲作聰明之資則先生之言誤矣, 苟使漢文宋仁之美質, 漢武唐宗之英資, 得兼程朱學問則, 眞個堯舜不足讓也, 何必預憂其詞章之末藝, 記誦之流弊, 徑要人辟之寡學哉, 鵠汀掉頭曰, 做不得, 吾本不論宋理宗, 亦觀宋史刑法志, 殊令人憒憒, 愚所論典學流弊, 槪論前代聰明英睿之主, 正爲漢武唐宗設耳, 先生所謂得兼程朱學問云云者, 乃是設辭, 這個設辭, 眞令千古志士多少悵恨, 余曰, 何以多少悵恨, 鵠汀曰, 出師未捷身先死, 長使英雄淚滿襟, 這是多少悵恨, 余問甚麼, 鵠汀曰, 若使曹孟德頭痛而死, 豈不是漢家齊桓, 余問這話甚麼, 鵠汀笑曰, 如先生所言, 苟使若使等云者, 乃是假設譬諭語, 非眞的也, 假使諸葛亮殺得司馬仲達, 長驅入中原, 豈不快哉, 假令唐明皇, 還至馬嵬驛, 逢楊貴妃嫣然轉眄, 豈不快哉, 假令宋高宗, 斬秦檜頭豈不快哉, 假令程朱兩夫子, 臨之九五之位, 當一日萬機, 復有一個程朱在傍, 事事以堯舜責難, 還當作如何悵心, 李夫人轉身一見, 當又作如何悵心, 大約一代人主, 除極昏庸大乖謬, 號稱中主, 祭商較挈, 還勝當世之名碩, 使當世名碩, 易地, 則還有做不得處, 余曰, 自古帝王好臣其所教, 不能親君子遠小人故, 其趨在下風者固是耽榮冒祿之輩, 其不及世主固宜, 若使明良相遭則必不如此, 明明揚側立賢無方則, 板築入夢漁釣協卜, 乃能同德, 若彼有不求之, 豈應天之降才爾殊哉, 鵠汀曰, 不然不然, 做時不如說時, 旁局勝似當局, 所謂孟公綽優於趙魏老而不堪作滕薛大夫, 此敝看史平心究竟處, 使宋仁宗降誕濂洛之間, 其道學之美, 當不讓諸賢, 紫陽平生精力, 尤深於四書, 而其實仁宗先已風諭之, 王堯臣及第, 則於戴記中另賜中庸一篇, 呂臻及第, 則又括大學篇以賜之, 其學識之高明, 迴出世儒, 其表章二篇之功, 已在范文正之先, 後儒責漢文帝不立賈誼作相, 爲漢業作無限缺望, 復以斥張釋之高論, 爲文帝卑鄙斷案, 然其實文帝賢於賈生遠矣, 不見賈生自以爲過之, 今不及, 這是文帝由中語, 非自屑屑與賈生較賢否, 要欲大做故, 量己料彼, 先帝將相大臣, 如何一朝令未經事眇然一書生彈壓調伏, 宣室前席已傾倒他困廩, 要將老其才而用之, 彼賈生雅量不及李鄴矦, 鄴矦由白衣相, 左轉至江西判官, 未嘗爲此自胎伊戚, 賈生常鬱鬱, 欲吐出胷中許多震耀, 文帝善藏用不露許多客氣, 此文帝有工夫處, 封三庶孼分天下半, 當時素富貴諸公出自推鋒排刃, 方安坐享鍾鼎, 孰肯出頭赫赫做事業, 文帝固已先賈生痛哭太息矣, 賈生不勝其躁擾, 乃發憤指切言, 某事作痛哭太息, 所謂立談之間, 遽爲人痛哭, 果作如何駭惑人, 梁楚之釼客, 先刲袁盎之腹, 河朔之死士, 當碎裴度之首, 文帝固已慮及於此耳, 余曰, 爲國譬如圍碁, 人君當局者也, 人臣傍觀者也, 先生所謂旁局勝似當局是也, 當局迷時何不聽他旁局提訓, 鵠汀曰否否, 馬上得之則每誇十指生血, 踐阼守成則衫衣女果, 若固有之, 擧天下之事, 盡屬之陛下家事者久矣, 此千古不易之案, 若消得一朕字時, 便是立地堯舜, 若遣不得這一字時, 有誰敢伸手出袖, 孔子誅小正卯, 未免震主之威, 周公營洛邑時, 還犯東帝之嫌, 三代以下經術大臣無如王莽, 王莽初非利天下, 篤信聖人要驗平生所學, 其自任以天下之重, 何嘗以事君爲悅者, 第其稟性躁擾, 與其坐談堯舜之道, 不若施之當世, 驗之行事, 必欲於吾身親見之, 余笑曰, 聖人何嘗敎人作賊, 鵠汀亦大笑曰, 此論人臣做時, 不如一代帝王之證, 黃老治天下或能收一代之效, 經術做時未嘗不壞人國塗炭生靈, 王介甫學術, 非范韓諸公所及, 要之賈誼, 王莽, 介甫, 方遜志一例躁擾人。

有一人, 衣蟒袍掀簾入坐椅, 不著補服亦不着帽, 熟視余
語云云, 余對不解, 其人與鵠汀耳語數轉卽起去, 余問彼是
何人, 鵠汀曰, 這是濟南人, 姓鄧名洙見任戶部主事, 這
個麁莽漢子, 何所見而來何所見而去, 余問這位是先生親
知否, 曰否也但知其鄧洙而已, 俄刻不識貴邦爲震朝同文
之國, 余問濟南尙有白雪樓否, 鵠汀曰, 于鱗舊樓初在韓倉
店, 後改作于百花洲上, 在碧霞宮西, 今趵突泉東, 有白雪
樓, 乃後人所建, 非舊蹟也。

9. 余曰, 先生貴黃老而賤經術, 縱國賊爲篤信聖人, 推
王介甫賢於范文正, 抑揚太過, 經術爲壞天下之具, 聊試鄙
人否, 鵠汀曰, 先生如此見罪, 小子何敢復言乎, 余曰, 先
生所論, 皆高遠非拘儒陋見, 所可幾及, 不無河漢之驚, 非
敢以先生爲處士橫議也, 鵠汀曰, 可感先生納汚之量, 大約
天下事不可詭遇獲禽, 亦不可枉尺直尋, 如此處置都無說
話, 仲尼之門, 五尺之童羞稱五霸, 如此立論更無一事, 韓
昌黎所謂人其人火其書, 還應天下太平, 董仲舒所謂正其
誼不謀其利, 還應天下道不拾遺, 且道先生三代已下經術
做治, 還得幾人, 倉公醫人火齊湯, 要煎大黃四斤, 二百年
之間, 張仲景八味湯已用附子五兩, 轉頭之頃古今不同, 伯
夷叔齊叩馬之時, 還有扶去之太公望, 若道天下無兩是雙
非則, 這兩老子中一個, 當不免黑龍江刺配, 大約天下事譬
如兩頭引絚, 引絚絕處短者先沛, 更不言初時力敵故, 天下
有逆順而無是非, 旣有皎然成敗之跡則, 逆順二字還爲燈
後耳語, 凡談道者如鳥藏肉, 烏之藏肉也, 望雲而識之, 雲
則去矣藏失故, 處天下無鑿成底義理, 隨時推移, 經生措事

多少望雲客, 余曰, 雲去肉不逃, 雖時移事往古今不同然, 義理自在特人不索之耳, 鵠汀曰, 都是先入定關中者王之, 余曰, 經術壞國, 豈經術之罪也, 陋儒只盜經術之名, 所以亂天下者皆經術之糟粕也, 若能眞用經術, 向所謂天下之田始可井也, 天下之諸侯始可五等也, 鵠汀曰, 先生, 眞個認僕大膽斥經術否, 古來言者未必有其心, 作者未必有其言, 一部虛僞世界, 先生所言還是丹家一套語, 余曰, 何謂丹家套語, 鵠汀曰, 文成將軍食馬肝而死。

　余曰, 聖人亦不肯就小動手, 此不無古今之異, 湯七十里, 文王百里興, 孟子動引殷周以說時君, 然滕文公天下之賢君也而作之主, 許行陣相天下之豪傑也而爲之民, 至於班祿經界已擧大綱, 而未嘗眷戀於滕者, 所謂絕長補短, 將五十里不過爲大國師, 碌碌不足與着此經綸大手, 齊魏之君至不肖, 猶眷顧廻遑不忍去者, 以其土地之廣也, 人民之衆也, 兵甲之利也, 貨賂之多也, 因其勢則易爲力焉, 所謂以齊王由反手, 鵠汀曰, 孔子曰, 朞月, 孟子則已言五年七年之別, 道非加尊於齊而有貶於滕也, 古今之形殊而大小之勢異也, 孟子決不先言帝王, 令人倦睡, 余問衛鞅先言是何許帝王, 鵠汀曰, 特假黃帝堯舜之號, 謬爲汗漫沒要之語故, 令人厭聽, 此孫子三駟之術也,(鵠汀於論辯, 古今人物學術義理類多抑揚縱橫, 盖欲有意試余, 而余初不覺猶恐見笑, 大方問荅之際, 僅自守經, 鵠汀每下筆數牘, 而欲有所言, 輒復含糊余晚始覺之, 出孟子一段以試之, 鵠汀主論亦醇如也) 此下數端失之語不相屬。

　10. 鵠汀曰, 諸葛武矦, 學出申韓郤是寃郤, 未嘗細心讀書如後世經生然, 其於孟子郤見得大義分明, 其胷中鏤得一公字, 眼中都不見成敗二字, 三代以還獨孔明一人, 可當大臣之責, 其論治道則曰, 宮中府中俱爲一體, 其勉君德則曰, 不宜妄自菲薄引喩失義, 其自任以天下之重則曰, 諸有忠慮於國者, 但勤攻吾之闕失, 此可謂萬世身死勿補大丞相, 余曰, 取劉璋, 豈不是枉尺直尋, 鵠汀曰, 未必孔明敎佗座中襲取, 劉璋, 合當聲討, 不宜學螳螂捕蟬, 自其父焉據全蜀天府之國, 不佐諸侯討國賊, 此其意何在, 劉表擁荊州九郡之地, 興學校陳雅樂, 此何等時也而其雍容若是, 若究其無漢之心, 當先正同姓諸侯之罪, 此草廬高臥之日, 久已憤懣於表焉之徒, 苟有一帝室之冑, 信義素著者, 明目張膽必先權操而致討, 程朱每恨孔明學未純正, 爲取蜀惜, 然跨有荊益, 本是草廬開卷第一義, 此孔明眼明國賊, 學術正大處, 但劉焉有可討之辭, 而在璋則無詐取之義, 荊州無代據之勢而於琮則有襲奪之機, 劉琮明以國土納賊, 昭烈明以大義取之則, 天下夫孰曰, 不可, 抵死守信於荊州, 忽露姦雄於益州, 不食嗟來竟未免捘臂, 余曰, 使個鴛鴦脚踢倒支離疏, 鵠汀大笑曰, 先生亦會使官話,(我東俚語, 侮弱奪物, 謂奪小兒染涕餠, 又謂踢矮痤頤, 余於路聞通官雙林責其僕與人爭, 詰有鴛鴦脚云云, 盖與踢頤同意, 而句雅此刻語次以華音, 用此語而口鈍不成聲, 鵠汀不識爲何語, 余書之鵠汀大笑有此譏) 假使成王殺周公, 召公豈敢曰, 在家不知, 朱子答魏元履書, 亦論昭烈不取荊州於劉琮迎操之日, 狼狽失據, 則乃出於盜賊之計, 謂之經權俱失, 然愚謂是時雖得荊州, 亦守不得, 曹公已以八十萬壓境, 焉能以區區新造之荊, 抵當得它, 不如堅守廉讓之節, 還剩得天下信義之聲, 所以不取於迎操之日, 此經權俱得處, 劉璋暗弱不恤士衆, 草廬初見之日, 已質其兼弱攻昧之術, 當不曾敎他詐取, 致堂胡氏, 規規以玄德公, 從遊廬植, 陳元方, 鄭康成, 眞個以經術學問之士推之, 可笑哉, 這時雲蒸龍攄, 唉人不俛眉之梟雄, 無事則愁欲哭, 有聲則起問變, 天地間獨患無身, 急則棄妻子走, 何有乎劉璋小猴子, 此刻孔明決不當西向呼莒, 後儒徒執成跡, 責備先主, 遽欲出湯武之右, 此亦後世私意於湯武一二事, 敢怒而不敢言, 於伊呂例用庇護, 滔滔千古一座東林, 牢不可破, 伯禽被撻竟是何罪, 正恐夫子未出於正, 一例事功分戡心跡, 此後儒黨比之習, 伯仲見伊呂此善評也, 大約千古君臣俱有斷案, 一夫一婦不獲其所, 若已推而納之溝中, 爲人主者擧有是心, 至若推斯心加諸彼則, 殺一不辜行一不義, 王天下不爲也, 斷無是心, 此後辟之斷案, 雖暴君暗辟, 猶或有納忠獎直之擧, 雖一代之賢弼, 未聞甘受勤攻自開言路, 在人主則雖雍齒之讐, 或能怡而不恐, 在人臣則雖韓富之賢, 歿身不能釋憾, 此千古人臣之斷案.

11. 余與鵠汀共處五日, 每談次頻發嘆息之聲, 其聲喟, 古所謂喟然太息者是也, 余問先生平居, 何頻發嘆也, 鵠汀曰, 此吾痞證, 噫氣遂成長喟也, 平生讀書, 千古不如意者十常八九, 安得不成此痞患, 余曰, 讀書時每發三嘆則, 先生所嘆當多賈傳六萬太息矣, 鵠汀笑曰, 天下事每隔一水, 只爭濟不濟耳, 敝讀書至夫子臨河曰, 某之不濟命也, 吾未嘗不三嘆, 項羽不渡烏江, 未嘗不三嘆, 宗留守三呼過河未嘗不三嘆, 只此九太息, 已多賈傳六太息矣, 相與大笑, 余曰, 頭厄已發, 志士萬太息, 鵠汀色變, 已而色定, 裂頭厄投鑪中日, 魯人獵較, 某亦獵較, 豈不是時中之聖, 李卓吾, 忽自開剃, 這是凶性, 余日, 聞浙中剃頭店, 牌號盛世樂事, 鵠汀日, 未之聞也, 是與石成金快說同意,(前日與鵠汀語, 有頭口足三大厄之說)

余問明朝立國何如, 鵠汀日, 禮稱勝國是也, 不必論, 孔子稱殷人賢聖之君六七作, 宋朝無可觀, 武力不競, 范韓有其責, 立國規模如奕世詩禮家, 其子弟雍容尊俎, 未嘗疾言遽色, 僅僕委蛇階庭不見急步大唾, 第是揖讓未畢, 釘豆已爛, 寢廟方焚祝史是招, 余日, 可做禮樂否, 鵠汀日, 固不乏多方依樣, 漢世如飮邏羅燒酒, 氣猛酩酊大醉, 歌者哭者舞者罵座者, 使得天眞都出來, 宋朝如飮其退糟, 相顧稱醇泊然整容, 雖終日不亂, 眞意都喪, 宗室大臣未見一河間獻王, 有誰鄭載堉, 余問鄭是何代人, 鵠汀日, 前明宗室鄭王之世子, 名載堉, 著律呂精義, 前明可謂金聲而玉振之, 余問何謂, 鵠汀日, 始終本末, 終是光明無一苟且, 余問果能若是否, 鵠汀日, 太祖云云(點筆而向余云云不肯書, 似是掃逐胡元爲正大光明也) 建文大內壽終大奇事, 唐元宗, 竟未免銅絲籍彼天靈盖, 余問甚麽, 鵠汀日, 李輔國椎碎, 張良姊常進鴟腦酒瘖肅宗, 天順復位大是奇事, 千古無雙, 天子被拘孰能免行盃執盖之辱, 崇禎十七年拜得五十相, 用人之顚倒如此, 其作事無漸可知, 君子寧有玉碎不爲瓦全, 這是大居正, 其興亡可謂千古無雙, 余方細書四海遺黎, 鵠汀遽日, 本朝得國之正, 無憾於天地, 剏業者莫不爲仇於革命之際, 國朝還有大恩於定鼎之初, 爲前朝報讎, 惟我朝是已, 八歲小兒渾壹區夏, 自生民以來未之或有也, 我世祖章皇帝, 初非有利天下之心, 只爲天下明大義復大仇, 拯救斯民於血海骨山之中, 天與之民歸之, 首褒殉難之臣范景文等二十人, 往歲皇上, 追查崇禎死事諸臣, 通與忠愍愍節等諡, 一千六百餘人, 大公至正扶綱植常, 自三五以還未之或聞也, 有天下者無庭內慚德, 然後能享國久長.

余求見乙未十一月, 內閣奉諭崇禎死事諸臣獎忠詔, 鵠汀許夜間謄示.

余問前者先生言, 前乎夷齊者太伯仲雍, 後乎夷齊者管叔蔡叔者, 何謂也, 鵠汀微笑不答, 余强之, 鵠汀曰, 自古義理譬如鎔金注範, 金無自成隨範爲器, 又似觀貝, 自有定色而觀者正側各自不同, 決東決西只此一水, 余曰, 激水在山豈水之性, 鵠汀曰, 正爲天下事多倒行, 孔子曰, 太伯三以天下讓, 商幸之於太伯之時, 未及胞胎養生, 古公之於諸侯之國, 不過要荒附庸, 未知當時天下竟是誰家, 未知太伯三讓果向何人, 朱子言季歷生子昌有聖德, 太王因有翦商之志, 此謬也可謂太早計, 克昌吾家則有之, 豈合因此妄希非望, 朱子又謂亦出於至公之心, 說得非是, 未知至公果是何心, 但周家肇基之迹, 必有其故而後世無傳焉, 孔子忽嘆到太伯身上, 而周家肇基之迹, 隱然有甚樣物事, 雷公駁朱還如刁民具控, 余問雷公誰也, 鵠汀曰, 毛奇齡, 國初大家也, 余笑曰, 毛臉雷公, 鵠汀曰, 是也, 又稱蝟公, 謂其遍身都是刺也, 余曰, 西河集, 愚亦曾一番驟看, 其經義攷證處, 或不無竟見也, 鵠汀曰, 大是妄人也, 卽其文章亦如刁民具控, 毛蕭山人也, 共地多書吏善舞文故, 明眼人目毛曰, 蕭氣未除.

12. 余曰, 文王, 乃太王季子之子也, 見小孫聖德之時, 太王壽考當不下百歲, 自岐雍至荊蠻, 道里不下萬里, 捨百歲之親而採藥萬里之遠, 所謂三年之病求七年之艾也, 然而孔子稱太伯爲至德, 朱子稱太王爲至公, 非如伯夷太公之不相悖也, 由太伯而論則, 太王不應爲至公, 由太王而論則太伯不應爲至德, 聖賢至微至精之旨, 有非膚學淺見所可窺測, 而鄙人亦不能無疑於此也, 鵠汀曰, 先生說得是, 然亦不可迫人於隘, 蘇子瞻只外面看, 遽斥武王非聖人, 此子瞻讀書粗處, 論語稱文王至德, 三分天下有其二, 猶服事殷, 其集註以爲荊梁雍豫徐揚歸周, 而屬紂者惟靑兗冀此誤也, 愚謂三分, 非如蜀漢吳魏之鼎峙也, 如虞芮之斷訟而退, 三分天下之心, 二分歸周也, 乃若莽操則眞據天下二分之勢而已廢服事之禮, 文王則眞得天下二分之心而不知有我, 不見紂惡, 若子弟之服勞於父兄, 蚤夜自行於臣道之中, 非如說者之謂眞有九州之六, 其勢足可以代商, 而姑爲此盡臣分爲恭也, 苟如說者之言則, 孟德之周文王, 曷足爲至德哉, 三分乃分數之分, 其至德正爲文王若愚人然, 都不辨是非, 後世所謂天與人歸者於我何哉, 朱子以爲高於武王是也, 天下有視其身爲龜毛兎角則, 紛紛以天下看作大事者, 不過鷦巢鼴飮而止耳, 上世固不乏此個學問則, 孔子未必過許於太伯, 而太伯是個頂天立地之漢子, 太王是個强厲忍詬底爲人。(中略)

13. 余曰, 上國文敎訖于四海, 敝邦雖被東漸之化, 而中外旣殊則卽如立國規模傳受心法, 莫得而知也, 鄙人不無悵恨於同文之域, 鵠汀曰, 立國規模指得甚麽, 余曰, 五帝不同樂, 三王不同禮, 卽如夏尙忠殷尙質周尙文, 鵠汀曰, 觀其所因則, 雖百世可知其損益, 昔人以天下比之金甌, 今日金甌卽如善熟之西瓜, 余曰, 金甌無缺而西瓜易破, 鵠汀搖手曰, 否也, 西瓜外靑內黃, 多仁爽利, 所謂藏天下於天下, 懲前朝流寇之患, 凡賑貸之政靡不用極, 外兼三王而內濟二敎, 驅策天下士大夫, 囿之文敎名分之中而小民自行乎其素, 前代强本弱枝之術, 不過隳名城殺豪傑, 不然則徒諸田屈昭於關中, 而不識所以撫綏之方, 本朝文謨武烈遠過前代, 尊尙儒術專畀中土, 陰鎖豪傑不逞之心, 推廣封典遍加外藩, 潛分夷狄兼幷之勢, 挫抑滿洲待之以鞿鞽弓馬之事, 以壯根本之地, 頻開河功聚天下奇技淫巧之士以慰游食之徒, 恭己正南面而已, 夫天下何思何慮, 堯舜垂衣裳而天下治, 蓋取諸乾坤, 民可使由之不可使知之, 此堯舜之意而孔子述之而秦人用之也, 余曰, 又是奇論願聞其說, 鵠汀曰, 耕鑿隨分帝力何有, 此微服康衢暗歡喜處, 自衛反魯刪詩書正禮樂, 此爲世道迫不得已處, 破封建壞井田焚詩書坑儒生, 此一統天子大有爲處, 自古帝王比德於堯舜則喜, 比德於秦皇則怒, 而未聞學堯舜者也, 於始皇則祖述之憲章之, 未聞有一代之主, 令天下曰, 此堯舜之事, 其議行之, 此亡秦之事其議罷之, 此所謂十三經廿一史都無開卷處, 宰相比之蕭曹則逡巡而不敢當, 比之鞅斯則欲食肉而寢皮, 然自蕭曹房杜號稱一代之良佐者, 皆鞅斯之罪人也, 彼鞅斯, 猶能强公杜私上下相信, 然功烈如彼者罪在所學, 蕭曹, 元無可罪之所學, 僅能自免於其身爾, 得乎上則失於下, 媚乎民則猜於君, 未知一代之替治何事, 隔架遮欄, 一失手則倒撞下來。
　14. 尹亨山, 自班出, 直至談所, 余與鵠汀下椅肅揖, 尹公忙扶余坐椅, 出懷中鼻烟壺以示之, 紫瑪瑚造成也, 尹公又自懷中出黃袱裏異錦二匹解而示余, 鵠汀連稱欽賜, 尹公滿面喜色, 一鴉靑羽緞繡桃花, 一醬色雲紋緞金線繡仙佛, 亨山忙閱談草一頁, 卽涉筆曰, 建文大內壽終元無是事, 王先生傳聞之誤, 鵠汀曰, 傳疑亦一史家體, 余曰, 吳亮擲孾故事豈不是眞, 鵠汀曰, 固多前輩辨說短長, 此等不必索言必無, 萬一眞時, 豈不是千古奇事, 白龍菴故事, 雖係籬落臥被之書, 亦一歸來望思之臺, 筆筆必頭血, 一落染天地, 余問史仲彬致身錄, 豈後人擬作否, 鵠汀曰, 環佩空歸月夜魂, 年年杜宇哭冬靑, 此苦心人妄想也, 亨山曰, 昨王先生言, 漢興無慚德可興禮樂, 說得非是, 發號出令於朝廷之上, 雷動風行, 仁聲所及, 四方億兆皆得以攷其得失, 其閨壼燕私之時, 隱行細德, 有非外庭所得而知也, 故必有賢宗室如河間獻王者, 爲之歌咏叙述, 又妙能審音然後, 可以合其德, 所謂琴瑟友而四時和, 律呂調而萬物統也, 漢之樂歌, 安世房中最似近之而獨枕一宦者股, 仰數未央宮椽, 元首叢脞大風之烈委地矣, 至於辟陽之慚外庭難諱, 人彘之酷神人共憤則, 造端之始, 觀刑可知, 薄姬魏豹之美人, 孝景王皇后奪之金王孫, 陰麗華之寢思服, 未知誰所歌咏乎, 王室至親無如河間之賢而關雎之化, 螽降之美非所可論故, 樂自樂而德自德, 從可知也, 余曰, 白登奇計是甚麽奇計, 鵠汀曰, 其計秘世莫得而傳焉, 余曰, 這條奇計莫不是城下長跪, 事不自媿緣何秘之, 尹公大笑曰, 發前人所未發, 余曰, 是時冒頓, 當不會講啷璧輿櫬許多儀注, 鵠汀曰, 自古中國未嘗得志, 康居授首頡利起舞, 是要啼偶打, 余曰, 先天下之憂而憂則萬乘眞個苦, 漢高祖枕股仰屋時, 八年經營所得何事, 霜降水落回首齒冷, 想應是時天下都似鷄肋, 亨山曰, 宰相亦然, 酒色財氣都喚不應時, 想到五雲唱名是誠何心, 鵠汀曰, 老爺穎尾求田著數筆點綴, 亨山大笑曰, 眼前汲汲都是身後計, 蠶老自成繭, 非期衣繡人, 余問鵠汀尙不廢省圍否, 鵠汀曰, 已付鄧禹笑人寂寂, 問先生如何, 余曰, 一樣, 鵠汀曰, 白頭荊圍, 士之恥也, 亨山把筆欲書先自大笑, 向鵠汀語, 鵠汀亦大笑, 余曰, 兩先生如此嘔噱軒渠, 當有絶奇事, 鄙人不識裏面無以捧腹助歡, 兩人尤大笑絶倒, 亨山曰, 康熙己卯省闈間, 有百二歲擧子, 姓黃名章, 廣州佛山諸生也, 自言今科且未中, 來壬午省闈亦未可中, 至歲乙酉吾年百八歲, 始當獲雋, 尙有許多事業爲國家効力耳, 余亦不覺絶倒, 問這黃章果中乙酉科否, 兩人掉頭尤不耐笑, 鵠汀曰, 這箇不中時, 都快留作世間缺陷事, 若符其言時都沒味也.

15. 亨山曰, 先生來時曾游千山否, 余曰, 千山迓行百餘里, 且緣行忙只望天外數點螺鬟, 亨山曰, 老僕曾於歲戊寅降香醫巫閭, 有貴邦人墨題姓名, 余曰, 姓名爲誰, 亨山曰, 六七輩, 其姓名偶未之記, 余曰, 敝邦先輩金昌業, 字大有號老稼齋, 曾於康熙癸巳遊千山而醫巫閭山, 亦當有題名處, 亨山曰, 千山敝無緣一見, 稼齋金公還有幾佳句作否, 余曰, 有數卷文集, 不能記一二佳句, 金稼齋亦於暢春苑, 見李榕村先生, 當時閣老, 亨山曰, 榕邨先生, 康熙癸巳間, 想已南歸矣那緣相見, 余曰, 榕邨先生諱李光地也否, 兩人皆點頭, 亨山曰, 癡欲煎膠粘日月, 是時日已暮炕內沈沈故, 已喚燭矣, 余曰, 不須人間費膏燭, 雙懸日月照乾坤, 鵠汀搖手, 又墨抹雙懸日月, 蓋日月雙書則爲明字, 余則偶對粘膠句而雙, 懸日月頗諱之也.

余曰, 昨謁聖廟, 朱子陞配殿上, 然則爲十一哲矣, 何時陞享否, 亨山曰, 康熙時躋享, 十哲元非孔門恰當底定論, 不過一時與難於陳蔡之間爾, 自唐訖今無敢議者, 夫有若之言四見論語, 以其似聖人, 子夏子張之徒至欲以事孔子事之則其賢可知也, 公西赤, 志于禮樂有爲邦之才則不亦遠優于宰我冉求乎, 求子之言行, 不必徵諸史傳, 攷之論語中其優劣不可同日而語, 宜進祀二子于殿上, 改求子于廡中先輩鄭端簡, 王胎上, 論皆如此, 王爲國子祭酒時, 具疏欲改正爲人所沮, 疏未果上, 此可謂萬世之公論, 士流至今惜之.

亨山問朴先生今有著書幾卷, 亦有佳集携至中國否, 余曰, 平生學殖鹵莽, 未曾著得幾卷書, 亨山曰, 雖有周公才美, 若涉驕吝餘無足道, 先生有如(此下未及書畢其說, 而奇豊額入來示余, 皇賜鼻烟壺遂罷起) 余所衣白紵袷, 日暮稍凉, 時月方垂軒相與散步階上, 亨山摸余衣曰, 坐中不勝淸癯.

余與鵠汀談最多, 蓋六日對牀通宵會話故, 能從容, 彼固宏儒魁傑, 然多縱橫反覆, 余離我京八日, 至黃州仍於馬上自念, 學識固無藉手入中州者, 如逢中州大儒將何以扣質, 以此煩冤遂於舊聞中, 討出地轉月世等說, 每執轡據鞍和睡演繹, 累累數十萬言, 胷中不字之書, 空裏無音之文,日可數卷, 言雖無稽, 理亦隨寓而鞍馬增憶, 筆硯無暇, 奇思經宿, 雖未免沙蟲猿鶴, 今日望衡分外奇峰, 又復隨帆劈疊無常, 信乎長途之良伴, 遠游之至樂, 旣入熱河先以此說, 贄諸奇按察豊額, 奇雖頷可而不甚理會, 鵠汀志亭亦多聽瑩, 然鵠汀亦不以此說爲甚非也, 蓋鵠汀敏於酬答, 操紙輒下數千言, 縱橫宏肆揚扢千古, 經史子集隨手拈來, 佳句妙偈順口輒成, 皆有條貫不亂脈絡, 或有指東擊西, 或有執堅謂白, 以觀吾俯仰以導余使言, 可謂宏博好辯之士, 而白頭窮邊將歸草木誠可悲也, 及入皇京, 與人筆談無不犀利, 又見所作諸文篇則, 皆遜於筆語, 然後始知我東作者之異於中國也, 中國直以文字爲言故, 經史子集皆其口中成語, 非其記性別於人也, 爲之强作詩文則, 已失故情, 言與文判爲二物故也, 故我東作文者, 以齟齬易訛之古字, 更譯一重難解之方言, 其文旨黯昧辭語糊塗, 職由是歟, 吾歸而遍語之國人則多不以爲然, 良足慨然也已矣, 罨溪雨屋謾書.

V. 박연암의 산문선
(序, 記를 중심으로)

박연암의 산문(散文)

박연암의 산문이라고 하면 소설인 전(傳)도 산문이요,「열하일기」도 산문이지만 여기서는 특히 서(序)와 기(記)와 서간문(書 및 尺牘) 그리고 묘지(墓誌) 묘갈(墓碣)의 글들을 가리키는데「연암집」에는 그런 문장들이 대부분이고 또 연암의 문장론이나 문체관과 연암의 근본 이념이 되는 이용후생의 정신이나 실무가 이러한 산문속에 표출되어 있고 연암의 사회 이면을 풍자 비판한 정신도 이러한 산문들에 산재해 있다. 이제 그 대표적인 산문을 ① 서(序)와 인(引) 및 발(跋)을 한 묶음으로 하고 ② 기(記)와 서(書) 및 묘지명(墓誌銘) 등을 모아서 번역하여 보이겠다.

① 서(序)와 인(引)과 발(跋)

「연암집」에는 29편의 서와 1편의 인과 그리고 7편의 발과 제(題)가 수록되어 있다.
특히 연암의 서(序)는 각종 문집, 시집 등에 쓴 서문으로서
"글은 개성적 개별적인 것으로 남의 흉내를 낼 수 있는 것이 아니다 라고 하면서 그러니 과거 시험에 쓰이는 문장은 시제나 답안 할 것 없이 모두 혁파(革破)하고 새로운 우리의 것으로 바꾸어야

한다"는 문장론 또는 문체책이 그 서문들의 주론이었다.

그리하여 드디어 글 쓰는 사람의 사회와 국가를 위한 무거운 짐이 국방을 맡은 병사의 임무와 같은 입장으로 보고 있다.

그중 본서에서는 서 16편, 인과 발 각각 1편을 골라서 번역 하였다.

② 기문과 편지글과 묘지의 글

「연암집」에는 기(記) 35편과 서(書) 41편, 척독(尺牘;짧은 양식의 편지글) 50편(25인에게 보낸 척독)으로 편지글이 91편으로 가장 많고 그리고 묘지(墓誌)와 묘갈(墓碣)의 글이 모두 14편이 전한다.

연암이 많이 썼던 애사(哀辭)나 제문(祭文)과 행장(行狀) 등은 제외하였다.

연암의 기문에서는 연암의 근본 사상인 실사구시 정신을 곳곳에서 볼수 있으니 기본적으로 주체의식의 발로요 점차적으로 당시의 망국적 병폐였던 삼정(三政)의 폐단을 걱정하는 일이 었다.

이를 위하여는 양반제도를 허물고 실용의 일에 힘써야 한다는 것이었는데 당시에 엘리트들은 이를 위해 몸부림치는 모습을 기문의 여기 저기서 다루고 있다.

「염재기」(念齋記)에서는 '자기상실'의 장면을 이상(李箱: 1910~1937)의 「날개」처럼 자의식의 세계로 그렸고, 또 카뮈(1913~1960)의 「방황」처럼 부조리의 세계를 상징해 내고 있으니 박연암의 문학과 그 근본 정신은 끝 간데를 잴 수 없는 지경이다.

편지글은 너무 많지만 사회의 이면상 또는 문학 작가의 창작 생활의 묘체를 보여주는 몇 편을 추려서 번역하였고,

특히 '묘지명'과 '묘갈명' 글이 여러편 있었지만 그 중에서 부인들의 묘지명인 '맏누님'과 '맏형수'의 묘지명은 너무도 사람들

의 가슴을 움직여 눈물을 자아내게 하는 글이라고 생각되어 이 두 편만 골라 번역했다.

　이덕무는 이 '맏누님 묘지명'을 읽고

　"우애의 정이 드러난 시어가 사람으로 하여금 저도 모르게 눈물이 흐르게 하니 진실되고 간절하기 때문이라"고 했다.

　양반들이 대부분 기피하던 당시 여성들의 고생과 고뇌와 인내를 너무도 절실하게 그려낸 묘지명이라기 보다 명작의 문장이라 하겠다.

　「연암집」에는 시와 산문체 문장으로 전(傳), 일기(日記) 외에도 수백 편의 서(序), 발(跋), 기(記), 논(論), 인(引) 등이 수록되어 있다. 그러나 여기서는 연암의 문체와 문장론과 관계가 깊으며 나아가서는 그의 이용후생(利用厚生)론이며 실학의 사상을 엿볼 수 있는 서(序)와 기(記)를 중심한 작품들을 그것도 대표적인 몇 편을 추려서 연암연구에 참고가 되도록 역주하여 부록격으로 남겨둔다.

박연암의 산문목록
〈서(序), 인(引), 발(跋)〉편

1. 홍대용의 「회우록」 서문   會友錄 序
2. 박제가의 「초정집」 서문   楚亭集 序
3. 「홍범우익」의 서문   洪範羽翼 序
4. 해인사 창수시 서   海印寺唱酬詩 序
5. 「공작관문고」 자서   孔雀館文庫 自序
6. 「자소집」의 서   自笑集 序
7. 「종북소선」 자서   鍾北小選 自序
8. 「낭환집」 서문   蜋丸集 序
9. 「능양시집」 서문   菱洋詩集 序
10. 「북학의」 서문   北學議 序
11. 「유씨도서보」 서문   柳氏圖書譜 序
12. 「영처고」 서문   嬰處稿 序
13. 「형언도필첩」 서문   炯言挑筆帖 序
14. 「녹천관집」 서문   綠天館集 序
15. 「냉재집」 서문   冷齋集 序
16. 「순패」의 서문   旬稗 序
17. 「소단적치」에 씀   騷壇赤幟 引
18. 「위학지방도」의 발문   爲學之方圖 跋

1. 홍대용(洪大容)의 「회우록」(會友錄)에 서문 쓰다
(연암이 벗을 상하, 귀천, 구별없이 사귀자는 교유관의 글)

우리나라 삼한 옛 땅의 서른여섯 도시를 두루 돌아서 동으로 동해에 이르면 바닷물이 하늘에 닿아 끝이 보이지 않는다. 그런데 육지 위에는 이름난 산과 웅장한 봉우리들이 뻗치고 있어서 백리 되는 평야가 드물고 천호되는 고을이 없으니 그 지역 된 품이 애초에 좁다란 것이었다.

옛날에 이르던 양주(楊朱), 묵적(墨翟), 노자(老子),[1] 부처 등이 아니언만 지금에 대립된 의논이 네 파요, 옛날에 이르던 선비, 농사꾼, 공장바치, 장사치 등이 아니언만 지금에 차별되는 등급이 네 층이며, 오직 각자의 소견이 같지 않을 뿐인데 격렬한 대립은 적대하는 두 나라의 형세요, 오직 서로의 처지가 틀릴 뿐인데 엄격한 구별은 문명인이 야만인 대하듯 한다. 피차에 이름을 들으면서도 남의 혐의를 꺼리어 서로 찾아다니지 못하고 피차 어울려 다니면서 신분에 구애되어 감히 벗으로 사귀지 못한다. 사는 동네가 같고 종족이 같고 언어나 의복도 자기와 틀리는 것은 조금도 없다. 그러나 이미 서로 찾아다니지 않거니 피차에 혼인을 할 수 있는가? 감히 벗으로 사귀지 못하거니 피차에 동지로 될 수 있는가? 아득하니 수백 년 이래로 이 몇 집안

---

1) 양주(楊朱), 묵적(墨翟), 노자(老子)는 고대 중국의 철학자니 양주는 극단의 개인주의자, 묵적은 박애주의자(博愛主義者), 노자는 후대에 이르러 도교(道敎)의 교조(敎祖)로 추대된 사람이다. 이런 철학 내지 종교의 차이가 아닌 네파란 것은 조선조 양반 계급의 당쟁을 풍자한 것이니 남인(南人), 소북(小北), 노론(老論), 소론(小論) 등을 가리키는 말이다.

이 지붕 맞대고 담을 연해서 살면서도 적대되는 두 나라의 형세처럼 또는 문명인이 야만인을 대한 관계와 같이 지내는구나! 그 풍속이 어째 이다지도 좁단 말인가?

홍덕보(洪德保 ; 大容)가 일찍이 하루아침에 말 한 필을 타고 사신 행차를 따라 중국으로 갔다. 길거리 가운데서 서성거리기도 하고 좁은 골목 안을 기웃거리기도 하다가 드디어 항주(杭州) 선비 세 사람을 만났다. 그래서 조용히 그들의 숙소를 찾아가서 마치 전부터 친하던 사이나 마찬가지로 정답게 대하였다. 하늘과 사람의 근원이며 정통과 이단(異端)의 구별이며 역대 정치와 사상의 변천이며 거기 대처할 선비들의 태도를 따지고 단정하는 데서 합치되지 않는 견해가 없었을 뿐 아니라 서로 권면하고 충고하는 말이 모두 간절한 성심성으로부터 우러나왔던 것이다. 처음에는 지기(知己)의 벗으로 정했다가 마침내 형제를 맺기에까지 이르러서 서로 사모하기를 무슨 탐나는 물건이나 욕심내듯 하고 서로 저버리지 말자고 언약하기를 무슨 맹세나 하듯 하니 그 의리가 능히 다른 사람들을 감격시켜서 눈물을 흐르게 하는 것이다.

아아! 우리나라에서 항주까지는 거의 만리다. 홍군이 두 번 다시 그 세 선비를 만나 볼 길이 없을 것이다. 그런데 전날 자기 나라에 있을 적에는 같은 동네에서도 서로 찾아다니지 못하다가 이제 만 리 밖의 사람을 사귀며 전날 자기 나라에 있을 적에는 같은 종족 간에도 서로 사귀지 못하다가 이제 두 번 다시 만나지 못할 사람을 벗으로 삼으며 전날 자기 나라에 있을 적에는 언어와 의복이 같은 사이에도 서로 벗을 삼지 못하다가 이제 갑자기 말도 통치 않고 옷차림도 낯선 사람을 자기의 벗으로 인정한다는 것은 그 무슨 까닭인가?

 홍군도 한동안 언짢아하는 기색을 보이더니 말하기를

 "내가 감히 우리나라 안에는 전연 사람이 없고 그래서 벗을 삼지 못한다는 것은 아니다. 실로 환경에 제한되고 습관에 구애되어 마음속에 답답한 점이 없지 못한 것이다. 내가 어찌 오늘의 중국이 옛날의 중국이 아니요 또 그 사람들도 옛날의 옷차림이 아니라는 것을 모르겠는가? 그러나 그들의 사는 땅인즉, 요(堯), 순(舜), 우(禹), 탕(湯), 문왕(文王), 무왕(武王), 주공(周公), 공자(孔子)가 밟고 다니던 그 땅이 아니며 그들이 사귀는 선비인즉 제(齊), 노(魯), 연(燕), 조(趙), 오(吳), 초(楚), 민(閩), 촉(蜀)을 널리 보고 멀리 구경한 선비가 아니겠는가? 그들이 읽은 글인즉 오랜 고대로부터 내려오면서 사해만국을 통해서 극히 해박한 문헌이 아니겠는가? 제도는 비록 변했다고 하더라도 도덕과 의리가 달라질 수 없다면 그 밑에서 백성으로 살망정 관리로 나서지는 않겠다는 사람이 어째서 없다고 볼 것인가? 그와 함께 저 세 사람이 나를 볼 적에도 외국 사람이라고 해서 소외하는 마음과 신분과 처지를 따지어 혐의쩍은 생각이 어째서 없다고 볼 것인가? 그러나 번거로운 인사치례도 집어 치우고 지나친 예의절차도 떨어버리고 심정에 있는 그대로 드러내어 그야말로 간담을 털어 놓았으니 그 넓고 큰 테두리가 명예, 세력, 잇속이나 바라고 악착스럽게 덤비는 그런 방향과는 다르지 않은가?"

 그러고는 세 선비와 이야기한 내용을 세 권의 책으로 만들어서 나를 보이면서 말하기를

 "자네가 서문을 쓰게."

 내가 한번 죽 읽고 나서 탄식하기를

"툭, 틔였구나, 홍군이 벗을 사귀는 것이야말로! 나도 이제 벗 사귀는 묘리를 알았노라. 그가 벗으로 삼는 바를 보고, 벗으로 되는 바를 보고 또 벗으로 삼지 않는 바를 보아서 내가 벗을 사귀리라."

1. 會友錄序

遊乎三韓三十六都之地, 東臨滄海與天無極, 而名山巨嶽根盤其中. 野鮮百里之闢, 邑無千室之聚, 其爲地也亦已狹矣. 非古之所謂楊墨老佛, 而議論之家四焉, 非古之所謂士農工商, 而名分之家四焉. 是惟所賢者不同耳, 議論之互激而異於秦越, 是惟所處者有差耳, 名分之較畫. 而嚴於華夷. 嫌於形跡, 則相聞而不相知, 拘於等威, 則相交而不敢友. 其里閈同也, 族類同也, 言語衣冠其與我異者幾希矣. 旣不相知, 相與爲婚姻乎, 不敢友焉, 相與爲謀道乎, 是數家者漠然數百年之間, 秦越華夷焉. 比屋連墻而居矣, 其俗又何其隘也, 洪君德保嘗一朝踔一騎, 從使者, 而至中國. 彷徨乎街市之間, 屛營於側陋之中, 乃得杭州之遊士三人焉. 於是間步旅邸, 歡然如舊. 極論天人性命之源, 朱陸道術之辨, 進退消長之機出處榮辱之分. 攷據證定靡不契合, 而其相與規告箴導之言, 皆出於至誠惻怛. 始許以知己, 終結爲兄弟. 其相慕悅也如嗜欲, 其相無負也若詛盟, 其義有足以感泣人者. 嗟呼吾東之去吳幾萬里矣, 洪君之於三士也不可以復見矣, 然而向也居其國, 則同其里閈, 而不相知, 今也, 交之於萬里之遠, 向也居其國, 則同其族類, 而不相交, 今也友之於不可復見之人, 向也, 居其國, 則言語衣冠之與同, 而不相友也, 迺今猝然相許於殊音異服之俗者, 何也, 洪君愀然爲間, 曰, 吾非敢謂域中之無其人, 而不可與相友也, 誠局於地而拘於俗, 不能無鬱然於心矣。吾豈不知中國之非古之諸夏也, 其人之非先王之法服也, 雖然其人所處之地, 豈非堯, 舜, 禹, 湯, 文武, 周公, 孔子所履之土乎, 其人所交之士, 豈非齊, 魯, 燕, 趙, 吳, 楚, 閩, 蜀博見遠遊之士乎, 其人所讀之書, 豈非三代以來四海萬國極博之載籍乎, 制度雖變, 而道義不殊, 則所謂非古之諸夏者, 亦豈無爲之民, 而不爲之臣者乎, 然則彼三人者之視吾, 亦豈無華夷之別, 而形跡等威之嫌乎, 然而破去繁文, 滌除苛節, 披情露眞, 吐瀝肝膽, 其規模之廣大, 夫豈規規齷齪, 於聲名勢利之道者乎, 迺出其所與三士譚者, 彙爲三卷, 以示余曰, 子其序之。余旣讀畢, 而歎曰, 達矣哉, 洪君之爲友也, 吾乃今得友之道矣, 觀其所友, 觀其所爲友, 亦觀其所不友, 吾之所以友也。

2. 박제가(朴齊家)의 「초정집」(楚亭集)에 서문 쓰다

(연암의 문장론으로 볼 수 있는 문체는 모방하는 것이 아니며, 항상 구체적이요, 새로운 것을 찾을 것이라는 이론)

글을 어떻게 지을 것인가? 일부의 주장은 반드시 옛것을 배워야 한다고 말한다. 드디어 세상에는 흉내 내고 모방하는 것을 일삼으면서 부끄러운 줄을 모르는 사람들이 나오고 있다. 이래서는 저 왕망(王莽)¹⁾이 주례(周禮)를 지어 고대의 제도로 알고 양화(陽貨)²⁾의 얼굴을 공자와 같다 하여 만대의 스승으로 삼는 격이다. 옛것을 배워야 할 것인가?

그러면 새것을 만들어야 할가? 드디어 세상에는 허망하고 괴벽한 소리를 늘어놓으면서 겁내지 않는 사람들이 나오고 있다. 이래서는 임시응변의 조치를 막중한 법전보다 더 중히 여기고 유행하는 노래 곡조를 고전 음악과 같이 보는 격이다. 새것을 만들어 내야 할 것인가? …

대체 그러면 어찌해야 할까? 나더러 어찌하란 말인가? 그만두어야 하는가? 아아! 옛것을 배우는 사람은 형식에 구애되고 새것을 만들어 내는 사람은 법도가 없는 것이다. 만약에 능히 옛것을 배우더라도 변통성이 있고 새것을 만들어 내더라도 근거가 있다면 현대의 글이 고대의 글과 마찬가지로 평가 받을 것이다.

옛사람 중에 글을 잘 읽은 분이 있었으니 그 곧 공명선(公明宣)³⁾이요 옛사람 중에 글을 잘 해석한 사람이 있었으니 그 곧 한신(韓信)⁴⁾이다. 왜 그런가?

공명선이 증자(曾子)에게 공부하러 가서 삼 년 동안이나 글을

---

1) 왕망(王莽)은 1세기 초에 중국서 신(新)이란 왕조를 건설했다가 멸망한 사람이요, 주관(周官)은 주례(周禮)란 고전의 또 하나의 이름이다. 이 주례란 책은 주공(周公)이 이상적 관직제도를 서술해 놓은 것이라고 전하는데 혹은 왕망시대의 위작이라고도 한다.
2) 양화(陽貨)는 공자와 동시대의 사람으로서 공자와 얼굴이 꼭 같았다고 한다.
3) 공명선(公明宣)은 증자(曾子)의 제자인데 처음 증자의 문하에 들어가서 글을 배우지 않고 그의 언행만 배웠다고 한다.
4) 한신(韓信)은 기원전 2세기경 중국의 유명한 장수인데 배수진(背水陳)을 치고 적군과 싸워서 큰 승리를 거두었다고 한다.

읽지 않으니 증자가 그 까닭을 물었다. 공명선은 대답하기를
 "저는 선생님이 댁에 계실 때도 뵙고 선생님이 손님 접대하실 때도 뵙고 선생님이 조정(朝廷)에 나가셨을 때도 뵈이면서 배워 가고 있으나 아직 다 잘 배우지 못했습니다. 제가 어떻게 아무 것도 배우지 않으면서 선생님의 문하에 있겠습니까?"
 물을 등지고 진을 친다는 것이 병법(兵法)에 보이지 않은 만큼 한신의 부하들이 의심이 당연하다. 거기서 한신은 말하기를
 "이것도 병법에 나오고 있건만 여러분이 찾아 내지 못하고 있다. 병법에는 죽을 땅에 들어 가서야만 살아나올 수 있다고 하지 않았는가?"
 그렇기 때문에 배우지 않는 것이 도리어 잘 배우는 것으로도 될 수 있으니 그 바로 혼자 지내던 노(魯) 나라의 사내요[5] 밥해 먹은 자리를 감히 가던 옛사람의 전술로부터 그것을 늘이여 가는 전술을 배워 오기도 했으니 그 바로 우허(虞詡)[6]의 변통성이다.
 이렇게 본다면 하늘과 땅이 아무리 오래되었다고 하지만 끊임없이 새로운 것으로 존재하고 해와 달이 아무리 오래되었다고 하지만 그 빛은 날마다 새로운 것이다. 또 이 세상의 문헌이 아무리 방대하다고 한들 그 내용은 각각 다르지 않을 수 없을 것이다. 그렇기 때문에 날짐승, 길짐승, 물 속에서 사는 짐승, 뛰

---

5) 시경(詩經) 항백장(巷伯章)에 대한 모전(毛傳)에는 혼자 사는 노(魯) 나라의 한 사내가 밤비에 집을 무너뜨리고 좇아온 과부를 받아들이지 않았다는 이야기가 있다. 그 과부가 유하혜(柳下惠)와 같으면 받아들일 것이라고 힐책하는데 대해서 그 사내는 자기로서는 유하혜를 배우지 못하노라고 대답하였다고 한다.
6) 우허(虞詡)는 후한(後漢) 때의 사람이니 그의 자가 승경(升卿)이다. 일찍이 손빈(孫臏)은 날마다 밥해 먹은 자리를 감해 가면서 행군하는 것으로써 적장 방연(龐涓)을 유인해서 승전을 하였는데 우허는 그 반대의 책략을 써서 강족(羌族)을 패전시켜였던 것이다.

는 짐승 중에는 아직 알려지지 않은 것이 있을 것이며 산천초목에는 반드시 신비스러운 구석이 있을 것이며 썩은 흙에서 지초(芝草)가 돋으며 썩은 풀에서 반딧불이 생긴다. 또 예법을 따지는 데도 의견이 다르며 음악을 설명하는 데도 의논이 맞지 않으나 책이라고 해서 할 말이 다 쓰인 것 아니요 그림이라고 해서 있는 뜻이 다 표시된 것 아니라 이 사람은 보고 이렇다고 하고 저 사람은 저렇다고 하게 된다.

그렇기 때문에 백대 이후 성인이 다시 나올 것을 기다리어 동요하지 않는 것은 새것을 개창하는 성인의 심정이요 옛 성인이 다시 살아와서도 자기의 견해를 바꾸지 않으리라는 것은 옛것을 계승하는 어진이의 신념이다. 모두 성인과 어진이가 그 틈에 있어 마찬가지니 편애하거나 주제넘은 것은 점잖은 사람의 나갈 길이 아니다.

박씨 집의 청년 제운(齊雲)[7]이 올해 나이 스물 셋인데 글을 잘 지으며 별호를 초정(楚亭)이라고 한다. 내게 다니면서 공부한 지 해포가 넘는다.

그가 글을 짓는 데는 진(秦) 이전과 한(漢) 시대의 작가를 좋아하면서 형식에는 구애되지 않으려고 했으나 말을 간결히 한다는 것이 혹시 근거가 없는 데로 떨어지고 의논을 높이 세운다는 것이 혹시 법도를 잃는 데로 돌아가지나 않을까. 이 바로 명나라 때의 여러 작가들이 옛것을 배우랴 또는 새것을 만들어 내랴 서로 흘겨보고 헐뜯었음에 불구하고 다 함께 정당한 길을 얻지 못한 점이다. 두 편이 꼭 같이 쇠퇴한 사회의 번잡한 기풍을 면치 못하여 문화 발전에 도움이 되기는커녕 세상을 병들이고 풍

---

7) 박제가(朴齊家)의 첫번 이름이 제운(齊雲)이었다.

기를 문란케 할 뿐이다. 내 이런 것을 두려워한다.

새것을 만들려고 기교를 부리거나 옛것을 배운다고 진부함이 모두 더불어 두려운 일이다.

내가 이제 초정집을 읽고 나서 공명선과 노(魯) 나라 사내가 독실하게 배우던 일을 설명하는 동시에 한신과 우허의 기이한 책략도 결국 옛것을 배워서 잘 변통한 데 지나지 않는다는 것을 지적하였다. 밤에 초정과 이렇게 이야기 한 것을 드디어 그 책 첫머리에 써서 그를 권면하려 한다.

2. 楚亭集序

爲文章如之何, 論者曰, 必法古。世遂有儗摸倣像, 而不之恥者, 是王莽之周官足以制禮樂, 陽貨之貌類, 可爲萬世師耳。法古寧可爲也, 然則剏新可乎, 世遂有恠誕淫僻, 而不知懼者, 是三丈之木賢於關石, 而延年之聲可登淸廟矣。剏新寧可爲也, 夫然則如之何其可也, 吾將奈何, 無其已乎, 噫, 法古者病泥跡, 剏新者患不經, 苟能法古而知變, 剏新而能典, 今之文猶古之文也。古之人有善讀書者, 公明宣是已, 古之人有善爲文者, 淮陰侯是已。何者, 公明宣學於曾子三年不讀書。曾子問之, 對曰, 宣見夫子之居庭, 見夫子之應賓客, 見夫子之居朝廷也, 學而未能, 宣安敢不學, 而處夫子之門乎, 背水置陣, 不見, 於法, 諸將之不服固也。乃淮陰侯則曰, 此在兵法, 顧諸君不察。兵法不曰, 置之死地而後生乎, 故不學以爲善學, 魯男子之獨居也, 增竈述於減竈, 虞升卿之知變也。由是觀之, 天地雖久不斷生生, 日月雖久, 光輝日新, 載籍雖博, 旨意各殊。故飛潛走躍或未著名, 山川草木必有秘靈。朽壤蒸芝, 腐草化螢。禮有訟, 樂有議。書不盡言, 圖不盡意。仁者見之, 謂之仁, 智者見之, 謂之智。故俟百世聖人而不惑者, 前聖志也, 舜禹復起, 不易吾言者, 後賢述也。禹稷顔回, 其揆一也, 隘與不恭, 君子不由也。朴氏子齊雲, 年二十三, 能文章, 號曰, 楚亭, 從余學有年矣。其爲文, 慕先秦兩漢之作, 而不泥於跡。然陳言之務祛, 則或失于無稽, 立論之過高, 則或近乎不經。此有明諸家於法古叛新, 互相訾謷, 而俱不得其正, 同之並墮于季世之瑣屑。無裨乎翼道, 而徒歸于病俗, 而傷化也, 吾是之懼焉。與其叛新而巧也, 無寧法古而陋也, 吾今讀其楚亭集, 而並論公明宣魯男子之篤學, 以見夫淮陰虞詡之出奇, 無不學古之法, 而善變者也。夜與楚亭言如此, 遂書其卷首而勉之。

3. 홍범(洪範)의 오행설(五行說)에 대하여

(오행이란 바른 덕을 펴고 생활을 유익하게 하는 것이며 오행 상생설은 잘못된 것이라는 이론)

내가 이십 내외 때, 동리 글방에서 서경(書經)을 배우는데 홍범(洪範)[1] 편이 이해하기 어려워서 글방 선생님에게 물었더니

---

1) 홍범(洪範)은 서경의 한 편명이니 기자(箕子)가 주무왕(周武王)의 질문에 대해서 대답한 것이라고 전한다. 그 내용은 고대 중국의 정치적 사상 내지 제도를 서술한 것인바 그중의 한 항목으로서 오행(五行)이 나온다.

글방 선생님은 말하기를

"이게 그렇게 이해하기 어려운 글이 아니다. 이해하기 어렵게 된데는 까닭이 있으니 세상 선비들이 어지럽히어 버렸기 때문이다. 대체 오행(五行)이란 것은 하늘에서 만들어 내고 땅 위에 쌓여 있고 사람들이 사용하는 것이니 하우씨(夏禹氏)[2]가 차례를 매기고 무왕(武王)[3]과 기자(箕子)가 서로 문답한 바로 그것이다. 그 내용인즉 바른 덕을 펴고 물건을 이용하고 사람의 생활을 유익케 하는 것이요 그 작용인즉 천지가 조화되고 온갖 물건이 생성케 되는 것일 뿐이다. 한(漢) 나라의 선비들이 미신에 빠져서 무슨 일에나 반드시 거기 상응하는 이치가 있다고 하면서 모든 것에 오행을 배합하고 또 부연해서 제멋대로 허황한 소리를 해놓았다. 그것이 흘러서는 음양과 맞추어 점치는 법으로도 되고 또 그것이 비뚤어져서는 별의 운행과 맞추어 장래의 예언으로도 되었다. 드디어 세 성인의 본뜻과는 크게 어긋나거니와 그 중에도 오행상생설(五行相生說)[4]에 이르러는 더 말할 나위조차 없이 되었다.

온갖 물건이 흙에서 나오지 않는 것이 없는데 어째서 흙이 쇠[金]의 모체로만 되겠느냐? 굳은 쇠가 불에 녹는 것이 쇠의 기본 성질도 아니겠지만 강이나 바다의 흐름과 못과 웅덩이의 물이

---

2) 중국의 전설적 임금의 한 사람이다. 홍수(洪水)의 재해를 다스렸다고 한다.
3) 무왕(武王)은 은(殷)을 정복한 주(周)의 임금 희발(嬉發)이요. 기자(箕子)는 은의 최종 임금인 주(紂)의 아저씨다. 주가 기자를 가두었었는데 무왕이 그를 석방하고 다시 그에게 청해서 홍범의 내용을 들었다는 것이다.
4) 오행상생(五行相生)이란 오행중의 하나가 다른 하나에 의해서 생겨난다는 뜻이다. 즉 쇠는 물을 낳고 물은 나무를 낳고 나무는 불을 낳고 불은 흙을 낳고 흙은 쇠를 낳는다는 것이다.

모두 쇠 녹은 것이겠느냐? 돌이나 쇠에도 습기가 있으며 온갖 물건이 진액 없이는 말라 빠지는 것이거니 하필 나무만이 물로 인해서 생기겠느냐? 온갖 물건이 나중에는 결국 흙으로 돌아가건만 땅이 더 두터워지지 않으며 하늘과 땅이 어울리여서만 온갖 물건이 생성되어 가는 것이니 어떻게 한 부엌의 땔나무로써 대지를 증대시킨다고 보겠느냐? 쇠와 돌이 부딪치고 기름과 물이 출렁이여서도 모두 불이 일며 벼락이 쳐서 화재가 나고 황충을 묻은 데서 인화(燐火)가 나타나는 것으로 본다면 불이 나무에서만 생기지 않는다는 것은 또한 명백한 바다. 그렇기 때문에 상생(相生)이란 자모의 관계가 아니라 서로 쓰이고 쓰여주는 관계라고 할 것이다.(중략)

이제 저 물이 때에 따라 고여 있기도 하고 마르기도 하는데 가뭄을 만났을땐 수차로 물을 자아 올리고 도랑으로 물을 대면 물을 이루어 다 주체해서 쓰지 못할 것이다. 지금 사람들이 물을 뻔히 놔두고도 이용하지 않으니 그건 물이 없는 것과 같다. 이제 저 불도 시기[5]를 따라 성질이 달라지며 괄고 약한 데 따라 소용이 다르니 그릇을 굽거나 쇠를 다루거나 기타의 농사일이거나 다 각기 적당한 대로 맞추어 쓴다면 불을 이루 다 주체해서 쓰지 못할 것이다. 지금 사람들이 불을 뻔히 놔 두고도 이용하지 않으니 그건 불이 없는 것과 같다. 우리나라에는 백리되는 고을이 360이라고 하는데 그중 10분의 7~8을 높은 산과 험한 고개가 차지하고 있다. 말은 백리라고 하지만 실상 평야는 30리에 지나지 못하여 백성들이 가난해질 수밖에 없다. 저 우뚝 높

---

5) 옛날에는 쇠붙이로 나무를 비비어서 불을 얻었는데 그 나무가 철을 따라 달라졌다.

이 솟아 있는 것을 사방으로 따지어 볼 때에는 평지보다 몇 배 되는 면적일 것인데 군데군데서 금, 구리, 철 등이 나온다. 만약 광을 캐는 법을 알고 금속을 제련하는 기술을 익힌다면 천하의 어느 나라보다도 부유하게 살 수 있을 것이다. 나무도 역시 마찬가지다. 집을 짓고 관을 짜고 수레를 이루고 농기구를 만드는 등 그 용처에 따라 서로 같지 않은 목재도 일정한 관청을 설치하고 잘 가꾸어만 가면 국내에서 넉넉히 쓸 수 있을 것이다.

아아! 거름에 따라 흙의 성질이 틀리고 곡식에 따라 적절한 흙이 같지 않건만 농사에 관한 지혜를 농사군에만 맡기어 두고 있구나! 어떻게 해야만 땅을 잘 이용한다는 것을 알지 못하고 있으니 어떻게 백성이 기근을 면하겠느냐?

그렇기 때문에 "부유하게 사는 것은 바야흐르 곡식이다."고 한 것인데, 먼저 일상 생활에서 필요한 일을 밝히어 나가기로 하면 그만 부유하게 되고 좋게 될 것이다. 홍범 학설도 이 밖을 벗어나는 것 아니니 무엇이 이해하기 어려운 구석이 있겠느냐?"

내가 화림(花林)[6]의 원으로 오면서 맨 먼저 이 고을의 전래하는 문헌을 찾았더니 속수(涑水)[7], 우공(禹公)이란 분이 홍범을 깊이 연구해서 우익(羽翼) 42편과 연의(衍義) 8권을 지었다고 말해 주는 사람이 있었다. 그 당장 얻어다가 읽은즉 조리가 정연하게 구별되어 있고 맥락이 확연하게 구분되어 있으니 크게 말해서는 나라 일을 해나가는 데도 참고로 될 만하고 작게 말해서는 집안 살림을 사는 데도 재료로 될 만하였다. 홍범이 이해

---

6) 화림(花林)은 경상도 안의(安義)의 옛 이름이다.
7) 속수(涑水)는 홍범 우익의 저자인 우여무(禹汝楙)의 별호인 듯.

하기 어려울 것 없다고 말하더니 참 그렇구나! 이제 우리 임금의 덕화가 오래어 바야흐로 백성을 본위로 삼고 있으며 숨어있는 선비는 불러내고 파묻혀 있는 것은 찾아내는 판이다. 나는 이 저서가 때를 만날 날이 있으리라는 것을 알고 있는바 잠시 이런 말을 써 붙여 다음 날 임금의 자신이 수집해 갈 것을 기다리려고 한다. 우공(禹公)의 이름은 여무(汝楙)요, 자는 모(某)로 단양인이다. 인조 갑술(1634)에 문과급제하여 하동(河東) 현감에 있으면서 일찍이 홍범의 내용을 풀어 설명한 글을 임금께 올려서 '격언지론'(格言之論)이란 칭찬을 받았다 한다.

3. 洪範羽翼序

余弱冠時, 受商書里塾, 苦洪範難讀, 請于塾師。塾師曰, 此非難讀之書也, 所以難讀者, 有之世儒亂之也。夫五行者, 天之所賦地之所蓄, 而人得以資焉, 大禹之所第次, 武王箕子之所問答。其事則不過正德, 利用厚生之具, 其用則不出乎中和位育之功而已矣。漢儒篤信休咎, 乃以某事必爲某事之徵, 分排推演, 樂其誕妄。流而爲陰陽卜筮之學, 遁而爲星曆讖緯之書, 遂與三聖之旨, 大相乖謬, 至於五行相生之說而極矣。萬物莫不出於土, 何獨母於金乎, 金之堅也, 待火而流, 非金之性也, 江海之浸, 河漢之潤, 皆金之所滋乎, 石乳而鐵液, 萬物無津則枯, 奚獨於木而水所孕乎, 萬物歸土, 地不增厚, 乾坤配體, 化育萬物, 曾謂一竈之薪, 能肥大壤乎, 金石相薄, 油水相蕩, 皆能生火, 雷擊而燒蝗瘞而焰, 火之不專出於木亦明矣。故相生者, 非相子母也, 相資焉以生也。(中略) 今夫水蓄洩以時, 値歲旱乾, 漑田以車, 通漕以閘, 則水不可勝用矣。今子有其水, 而不知用焉, 是猶無水也。今夫火四時異候, 剛柔殊功, 陶冶耕耨各適其宜, 則火不可勝用矣。今子有其火而不知用焉, 是猶無火也。至於我國, 百里之邑三百有六十, 高山峻嶺十居七八。名雖百里, 其實平疇不過三十里。民之所以貧也。彼崒然而高大者, 四面而度之, 可得數倍之地。金銀銅鐵往往而出, 若采礦有法, 鼓鍊有術, 則可以富甲於天下矣。至於木也亦然, 宮室, 棺槨, 車輿, 耒耜各異其材, 虞衡以時, 養其條肄, 則足用於國中矣噫, 五土異糞, 五穀殊種, 而明農之智寄在愚夫, 任地之功。不識何事則, 民安得不饑也, 故曰, 旣富方穀。先明其日用常行之事, 則富且穀, 而九疇之理, 不出乎此矣。夫何難讀之有哉。

余宰花林, 首訪縣之文獻。有言涑水禹公, 深於洪範, 著有羽翼四十二編, 衍義八卷。亟取而讀之, 井井乎其區而別之矣, 纚纚乎其方而類之矣。語其大, 則治國經邦之所必取, 而語其小, 則經生帖括之所必資, 信乎其不爲難讀者矣。今我聖上久道化成, 建中于民, 搜訪巖穴, 闡發幽微。吾知是書之遭逢有日矣。姑書此, 以俟輶軒之采焉。

公諱汝楺, 字某, 丹陽人也。仁祖甲戌中文科, 官至河東縣監。嘗敷衍皇極之旨, 上疏于朝, 特賜聖批, 獎之以格言至論云。

4. 해인사(海印寺) 창수시(唱酬詩)의 서문

(해인사에서 여러부사 선배들이 모여 창수한 시집에 예전 조남명 등이 여기 모여 밤새워 백성의 생계를 걱정한 일을 함께 적으며 서문쓰다)

경상도 관찰사(觀察使)[1] 겸 순찰사(巡察使)인 이공(李公)[2] 태영(泰永) 사앙(士昻)이 관하 각 고을을 순행하다가 가야산(伽倻山)에 들리어 해인사(海印寺)에서 자는데 선산부사(善山府使) 이채(李采) 계량(季良)과 거창현령(居昌縣令) 김유(金鍒) 맹강(孟剛) 및 지원(趾源)이 마중을 나와서 절에서 모였다. 모두 이공과는 한 동리에서 친하게 지내던 사이라 차례차례 나가서 인사를 드리니 이공은 각각 그 고을에 대해서 농사의 형편과 백성들의 생활을 물어 본 다음 일어 나서 옷을 갈아 입고 촛불을 돋우고 술상을 벌여 놓고 공식 절차에 구애됨이 없이 즐겁게 옛날의 우정을 이야기하였다. 높은 일산과 큰 깃발을 가져 일흔[3] 두 고을을 다스림으로써 스스로 존엄성을 자랑하려는 기색을 볼 수 없는 동시에 한 자리에 같이 앉았는 사람들도 그 몸이 큰 고개를 넘어 천리 밖에 와서 있다는 것을 깨닫지 못하고 마치 나무신을 끌면서 보통의 시내나 못 가에서 모여 노는 것과 같았다. 이것은 실로 드문

---

1) 조선시대 한 도의 최고 행정 책임자인 감사는 여러 가지의 벼슬 이름을 겸하니 관찰사(觀察使)와 순찰사(巡察使)가 다 각각 그 중의 하나다.
2) 태영(泰永)은 이름이요 사앙(士昻)은 자(字)인데 아래의 인명도 모두 이름과 자를 포개서 쓰고 있다.
3) 조선조 시대 경상남북도에 소속된 고을이 전부 72 고을이였다.

일이다. 그 이튿날 이공이 운자를 내어 각각 율시(律詩)⁴⁾ 두 편을 지었는바 지원을 명해서 서문을 지으라고 하였다.

　지원이 다시 이공에게 고하기를

　"옛날 남명(南冥)⁵⁾이 고향으로 돌아가는 길에 보은(報恩) 사는 성대곡(成大谷)⁶⁾을 찾았더니 마침 성동주(成東洲)⁷⁾가 그 고을 원으로서 그 자리에 와서 있었더랍니다. 남명이 동주와 초면이였으나 농담으로 '노형은 참 한 벼슬 자리에 오래도 계시오그려'라고 말한즉 동주가 대곡을 가리키고 웃으면서 '이 늙은이에게 붙잡혀 그랬소만 금년 8월 보름날 내가 해인사에 가서 달이 떠오르는 것을 기다릴 것이니 노형이 그리로 오실 수 있겠소?' 하고 대답 하였답니다. 남명은 곧 승낙했습니다. 그 날짜가 되어 남명이 소를 타고 약속한 곳으로 가는 도중 큰 비를 만나서 겨우 앞내를 건너 절문에 들어 갔는데 동주는 벌써 다락에 올라가서 막 도롱이를 벗고 있더랍니다. 아하! 그 때 남명이 처사(處士)⁸⁾의 몸이요 동주도 이미 벼슬 자리를 떠났건만 밤새도록 두 분의 담화는 백성의 생활 문제였답니다. 이 절의 중들이 지금까지 옛이야기로 전해오고 있습니다. 지원이 해마다 관찰사의 행차를 맞아서 이 절을 들어 왔는데 벌써 관찰사가 세 번 갈리었으니 한 벼슬 자리에서 과연 오래 있다고 할 만합니다. 떠오르는 달을 기다리면서 피차에 만나자고 약속한 일이 있는 것은 아

---

　4) 한시의 한 형식이니 전체 네 구로 구성되며 가운데의 두 구는 반드시 대구(對句)로 구성된다.
　5) 남명(南冥)은 16세기 말의 유명한 유학자 조식(曺植)의 별호다.
　6) 대곡(大谷)은 역시 유학자인 성운(成運)의 별호다.
　7) 동주(東洲)는 역시 유학자인 성제원(成悌元)의 별호다.
　8) 처사(處士)는 조선시대 벼슬을 하지 않고 전야에서 지내는 사람들의 칭호다.

니지마는 사나운 바람과 모진 비도 감히 피하지 못하고 서로 모여 드는 것이 언제나 예닐곱 고을의 원들입니다. 절이 여관 집 같고 중이 기생 같고 시를 지으라고 재촉하는 것이 노름을 하고자 조르는 것 같고 차일을 치고 장을 두른 것이 구름 같고 북과 퉁소가 뚱땅 또 삐빼합니다. 아무리 국화와 단풍이 번갈아 비치고 산 빛과 물결이 기이함을 다툰다고 한들 백성의 생활에야 그 무슨 도움이 되겠습니까? 언제나 이 다락에 오를 때마다 쓸쓸한 생각으로 옛어른의 비 맞은 도롱이를 연상하지 않을 적이 없습니다. 이 이야기를 함께 기록해서 이 절의 사적을 알리려고 합니다."

을묘 9월 20일 안의 현감 박지원 중미(仲美)가 서문을 쓴다.

4. 海印寺唱酬詩序

慶尙道觀察使兼巡察使, 李公泰永士昂。行部, 路入伽倻, 宿海印寺。善山府使李采季良, 居昌縣令金鎤孟剛, 曁趾源迓候會寺下, 皆公之里閈舊要。以次祭見, 公各詢當邑年成, 民之疾苦。然後起更衣, 因剪燭命酒, 寬假禮數, 歡然道舊。殊不見其高牙大纛, 擁七十二州以自尊大, 而在列者亦不自覺, 其身在大嶺千里之外, 怳然若履屐徵逐於平溪盤池之間, 甚盛事也。明日公拈韻, 各賦二律, 命趾源序之。趾源復于公曰, 昔曺南冥之還山也, 歷訪成大谷于報恩。時成東洲以邑倅在座, 與南冥初面也。南冥戲之曰, 兄可謂耐久官也。東洲指大谷笑謝曰, 正爲此老所挽, 雖然今年八月十五日當待月海印寺, 兄能至否, 南冥曰, 諾至期,南冥騎牛赴約道大雨, 僅渡前溪, 入寺門, 東洲已在樓上, 方脫簑。噫, 南冥處士也, 東洲時已去官, 而盡夜相語, 不離於生民休戚。寺僧至今相傳爲山中故事。趾源歲迎輶軒, 入此寺, 已三更便, 亦可謂耐久官矣, 非有候月邂逅之約, 而不敢避甚風疾雨。每入寺門, 不期而會者, 常七八邑。梵宇如傳舍, 緇徒如舘妓, 臨場責詩如催博, 進供張如雲, 簫鼓啁轟, 雖楓菊交映, 流峙競奇, 亦何補於生民之休戚哉, 每一登樓, 未嘗不愀然遐想, 于昔賢之雨簑也。並錄此以備山寺掌故。乙卯九月卄日安義縣監朴趾源仲美序。

5. 「공작관 문고」(孔雀舘文稿)의 자서

(새롭고 사실적이며 독창적인 문장을 써야 한다는 이론)

글이란 것은 뜻을 나타내면 그만일 뿐이다. 제목을 놓고 붓을 잡은 다음 갑자기 옛말을 생각하고 억지로 고전의 사연을 찾으며 뜻을 근엄하게 꾸미고 글자마다 장중하게 만든다는 것은 마치 화가를 불러서 초상을 그릴 적에 용모를 고치고 나서는 것과 같다. 눈동자는 굴지 않고 옷의 주름살은 잡히지 않아서 보통 때의 모습과 틀리고 보니 아무리 훌륭한 화가라고 하더라도 진실한 모습을 그려 내기는 어려울 것이다. 글을 짓는 사람인들 또한 이와 무엇이 다르랴?

말은 큰 것만 해서 맛이 아니다. 한 푼, 한 리(釐), 한 호(毫) 만한 일도 다 말할 수 있는 것이다. 기왓장이나 조약돌이라고 해서 내버릴 것이 무엇이냐? 그렇기 때문에 초(楚) 나라의 역사는 도올(檮杌)¹⁾이란 모진 짐승의 이름을 빌려서 썼고 사마천(司馬遷)이나 반고(班固)와 같은 역사가도 사람을 죽이고 무덤을 파헤치는 흉악한 도적놈들의 사적을 서술하였다. 글을 짓는 데는 오직 진실해야 할 것뿐이다.

　이렇게 본다면 잘 짓고 못 짓는 것은 내게 있고 헐뜯고 칭찬하는 것은 남에게 있는 것이니 그 마치 귀가 울고 코를 고는 것과 같다. 조그만 아이가 놀고 있는 중 그 귀가 잉하고 우니 그만 혼자서 좋아졌다. 그래서 그 아이는 동무 아이에게 말하기를

　"너 이 소리 좀 들어 보아라. 내 귀에서 잉하는 소리가 나는구나! 피리를 부는 소리, 생황을 부는 소리가 다 들린다. 마치 별처럼 동그랗게 들린다."

　동무 아이가 귀를 맞대고 아무리 들으려고 해도 들리는 것이 없다고 하니 그 아이는 딱한 마음에 소리를 지르면서 남이 들어 줄 수 없는 것을 안타까워 하였다.

　일찍이 시골 사람과 같이 자는데 그는 드르렁 드르렁 코를 골았다. 휘파람을 부는 듯, 탄식을 하는 듯, 천천히 숨을 쉬는 듯, 불을 부는 듯, 물이 끓는 듯, 빈 수레가 덜컥거리는 듯한데 들이쉴 때에는 톱을 켜는 듯하다가 내쉴 때에는 돼지처럼 씨근거리었다. 옆의 사람이 잡아 일으킨즉 그는 불끈 화를 내면서 말하기를

　"내가 언제 코를 골았단 말요?"

　아아! 자기가 혼자만 아는 것은 남이 몰라 주어서 걱정이요 자기가 깨닫지 못하고 있는 것은 남이 일깨워 주는 것도 마땅치

---

　1) 도올(檮杌)은 가상적인 흉악한 짐승인데 초(楚) 나라의 역사를 그렇게 이름지었다고 한다.

않다. 어찌 코나 귀에만 이런 병이 있겠는가? 글을 짓는 데는 더 한층 심한 바가 있다.

귀가 우는 것은 병이언만 남이 몰라 주어서 걱정을 하니 더구나 병이 아닌 것이랴? 코를 고는 것은 병이 아니언만 남이 일깨워 주어도 골을 내니 더구나 병인 것이다. 그렇기 때문에 이 책을 보는 사람이 기왓장이나 조약돌과 같이 내던지지 않는다면 화가의 붓끝에서 흉악한 도적놈의 텁수룩한 턱수염이 살아나올 것이며 귀가 우는 것은 듣지 않더라도 코를 고는 것만 일깨워 준다면 이것이 작가의 본의로 될 것이다.

5. 孔雀舘文稿 自序

文以寫意, 則止而已矣。彼臨題操毫, 忽思古語, 强覓經旨, 假意謹嚴, 逐字矜莊者, 譬如招工寫眞, 更容貌而前也。目視不轉, 衣紋如拭, 失其常度, 雖良畫史難得其眞。爲文者亦何異於是哉, 語不必大道, 分毫釐所可道也。瓦礫何棄, 故檮杌惡獸, 楚史取名, 椎埋劇盜, 遷固是叙。爲文者惟其眞而已矣。以是觀之, 得失在我, 毀譽在人, 譬如耳鳴而鼻鼾。小兒嬉庭, 其耳忽鳴, 啞然而喜, 潛謂鄰兒, 曰, 爾聽此聲, 我耳其嚶, 奏鞞吹笙, 其團如星, 鄰兒傾耳相接, 竟無所聽, 悶然叫號, 恨人之不知也, 嘗與鄕人宿, 鼾息磊磊, 如哇如嘯, 如嘆如噓, 如吹火如鼎之沸, 如空車之頓轍, 引者鋸吼, 噴者豕狗, 被人提醒, 勃然而怒, 曰, 我無是矣, 嗟乎, 己所獨知者, 常患人之不知, 己所未悟者, 惡人先覺。豈獨鼻耳有是病哉, 文章亦有甚焉耳。耳鳴病也, 閔人

之不知, 況其不病者乎, 鼻齅非病也, 怒人之提醒, 況其病
者乎, 故覽斯卷者, 不棄瓦礫, 則畵史之渲墨, 可得劇盜之
突髻, 毋聽耳鳴, 醒我鼻齅, 則庶乎作者之意也。

6. 이홍재의 「자소집」(自笑集)에 서문 쓰다
(학문과 전통은 먼데서 찾을 일이 아니더라는 깨달음)

아하! 잃어 버린 예법을 먼 시골로 가서 찾아야 한다더니 과연 그렇구나!

이제 전중국이 머리를 깎고 옷깃을 외로 여미게 되어 옛중국의 의복 제도를 알지 못하는 지 이미 백여 년이다. 오직 연극을 하는 마당에서만 검은 모자와 둥근 옷깃과 옥 띠와 상아 홀(笏)을 차리고 노는 것으로써 그 모습을 볼 뿐이다.

아아! 중국의 옛 늙은이도 남아 있는 사람이 없을 것이지만 혹시 얼굴을 가리고 차마 볼 수 없어 하는 사람이 있겠는가? 또 혹시 이것을 재미있게 보면서 옛 제도를 상상하는 사람이 있겠는가? 사신 행차를 따라 중국에 갔던 사람이 남방 사람과 만나서 이야기하던 중 남방 사람이 말하기를

"우리 시골에 머리를 깎아 주는 집이 있는데 밖에다가 '좋은 세상에 즐거운 일'이라고 써 붙이였소그려"

이 말을 하고 나서 한바탕 크게 웃더니 조금 뒤에는 눈물이 핑 돌더라고 한다.

내가 듣고 슬퍼하면서 말하기를

"습관이 오래면 천성으로 되는 것인데 이미 세상에서 그 습관

이 젖어 있으니 어떻게 변할 수 있겠느냐? 우리나라 아낙네의 옷이 바로 이 일과 비슷한 것이다. 아주 오랜 옛제도로는 아낙네의 옷에도 띠가 있었으며 소매가 넓고 치마가 길었더니 고려 말년에 고려 임금들이 많이 원나라 공주에게 장가들면서 왕궁내에는 몽고의 의복 제도가 휩쓸었고 관리들의 집안에서는 다투어 왕궁을 본떠서 드디어 전국이 변해지고 말았다. 이제까지 삼 사백 년을 두고 그 제도가 그대로 내려 오는만큼 윗옷은 겨우 어깨를 덮고 소매는 팔뚝을 감기나 하듯이 바짝 좁아서 요망스럽고 꼴사나운 품이 한심스러운 정도인데 각 고을 기생들의 옷차림은 도리여 옛제도를 보존하여 쪽[1] 머리에 비녀를 지르고 큰[2] 옷에 선을 둘렀다. 지금 넓은 소매가 너울거리고 긴 띠가 치렁거리는 것을 보면 한결 좋은 것이 사실이언만 비록 예법을 아는 사람이 요망스럽고 꼴사나운 모양을 고치어 옛제도로 돌아 가자고 하더라도 세상에서는 그 습관에 젖은 지 오래고 또 넓은 소매와 긴 띠가 기생의 옷차림이라고 해서 그 옷을 찢어 던지면서 자기 남편을 욕하지 않을 아낙네가 있겠느냐?"

 이홍재(李弘載) 군이 20세 내외 때부터 나한테서 공부하다가 그 후에는 한어를 배우러 갔다. 본래 그의 집안이 대대 역관인 까닭에 나도 더 그에게 문학 공부를 권하지 못했던 것이다. 이 군이 한어를 다 배우고 나서 관리의 복장을 차리고 사역원(司譯院)[3]에 다니었다. 내 생각에는 그전 그가 공부할 때 제법 총명해

---

1) 18세기 때는 보통 여자들이 머리를 틀어 얹고 오직 기생들만이 쪽을 지고 있었다. 속차위계(束釵爲髻)는 바로 근세 아낙네들의 쪽머리를 형용한 것으로 보인다.
2) 원삼(圓衫)은 여자들이 저고리 치마 위에 덧입는 큰 옷이다. 넓은 소매에 색동이 달리고 또 띠도 띠었다.
3) 원문에는 본원(本院)이라고 했는데 그것은 이홍재(李弘載)가 역관임을 이미 밝히고 있으므로 사역원(司譯院)을 본원으로만 일컬을 수 있는 것이다.

서 글 짓는 묘리를 능히 알았다고 하지만은 이제는 몽땅 잊어버렸으리라고 해서 그 총명을 헛되이 버리다니 아깝다고 한탄했던 것이다. 하루는 이군이 자기의 글을 모아서 자소집(自笑集)이라고 일컬으면서 나에게 보아 달라고 하였다. 논(論), 변(辨), 서(序), 기(記), 서(書), 설(說) 등 백여 편인데 모두 내용은 해박하고 논리는 창달하여 한 작가의 규모를 완성하고 있었다.

내가 처음에는 의아해서 말하기를

"본업을 내버리고 쓸데없는 일에 종사하는 것은 무슨 까닭인가?"

이군은 대답하기를

"이게 본업이요 또 쓸데가 있는 것입니다. 외교 관계에는 글을 잘 쓰는 것보다 더 좋은 일이 없고 옛관례를 아는 것보다 더 필요한 일이 없습니다. 사역원의 인원들은 밤낮 공부하는 것이 고문(古文)[4]이요 시험을 보는 것도 모두 거기서 제목을 냅니다."

그래서 나는 얼굴 빛을 고치고 탄식하면서 말하기를

"선비 집안의 사람들은 어려서는 능히 글을 읽기 시작하지만 자라서는 공령(功令)[5] 문체를 배우고 변려(騈驪) 문체를 익히게 되네. 한 번 과거에 오르고 나면 아무짝에도 소용 없는 물건으로 되고 과거에 오르지 못하면 머리털이 허옇게 되어 가지고도 거기서 그저 골몰해 있네. 고문이란 것이 있다는 것을 어떻게 알 길이 있겠는가? 물론 통역하는 직업은 선비 집안에서 천하게

---

4) 고문(古文)은 진(秦) 이전 시대의 고전 문헌에서 사용한 문체를 가리키는 것이니 박연암 자신도 이 문체를 사용하고 있는 것이다.

5) 공령(功令) 문체는 과거 시험에서만 채용하고 있는 특수한 문체요 변려(騈驪) 문체는 사륙문(四六文)이라고도 부르는 시륙체로 고려 때 유행하던 일종의 특수한 문체이다.

여기는 것일세. 금후 천년 간에 서적을 저술해서 이론을 세우는 사업도 아전이나 서리의 오죽지 않은 기교로 보아 버린다면 결국 연극장의 검은 모자와 기생의 긴 치마처럼 되지 말란 법이 없네."

나는 이런 것을 걱정하면서 자소집 위에 서문을 쓰기를

"아하! 잃어버린 예법은 먼 시골로 가서 찾아야 한다. 중국의 옛 의복을 보려면 마땅히 배우에게 가서 찾을 것이요 아낙네의 고아한 옷을 찾으려면 마땅히 각 고을의 기생을 볼 것이다. 그와 함께 문장이 발전되어 가는 것을 알려면 내가 참으로 통역하는 직업에 종사하고 있는 미천한 그네들을 보기 부끄러워 한다."

6. 自笑集序

嗟乎, 禮失而求諸野, 其信矣乎, 今天下薙髮左袵, 則不識漢官之威儀者, 已百有餘年矣, 獨於演戲之場, 像其烏帽, 團領, 玉帶, 象笏以爲戲笑。嗟乎, 中原之遺老盡矣, 其有不掩面而不忍視之者歟, 亦有樂觀諸此, 而想像其遺制也歟, 歲价之入燕也, 與吳人語。吳人曰, 吾鄕有剃頭店, 榜之曰, 盛世樂事。因相視大噱, 已而潛然欲涕云。吾聞而悲之曰, 習久則, 成性俗之習矣, 其可變乎哉, 東方婦人之服, 頗與此事相類。舊制有帶, 而皆濶袖長裙。及勝國末, 多尙元公主, 宮中髻服皆蒙古胡制。于時士大夫爭慕宮樣, 遂以成風。至今三四百載, 不變其制。衫纔覆肩, 袖窄如纏, 妖佻猖披, 足爲寒心。而列邑妓服, 反存雅制, 束釵爲髻, 圓衫有純。今觀其廣袖容與長紳委蛇, 褎然可喜。今雖有知禮之家, 欲變其妖佻之習, 以復其舊制, 而俗習久矣, 廣袖長紳爲其似妓服也, 則其有不決裂, 而罵其夫子者耶。

李君弘載, 自其弱冠學於不佞。及旣長, 肄漢譯, 乃其家世舌官, 余不復勉其文學。李君旣肄其業, 冠帶仕本院。余亦意謂李君前所讀書頗聰明, 能知文章之道, 今幾盡忘之, 乾沒可歎。一日, 李君稱其所自爲者而題之曰, 自笑集, 以示余。論, 辨若序, 記, 書, 說百餘篇。皆宏博辯肆, 勒成一家。余初訝之曰, 棄其本業, 而從事乎無用, 何哉, 李君謝曰, 是乃本業, 而果有用, 則蓋其事大交鄰之際, 莫善乎辭令, 莫嫺乎掌故。故本院之士, 其日夜所肄者, 皆古文辭, 而命題試才皆取乎此。余於是改容而歎, 曰, 士大夫生而幼能讀書, 長而學功令, 習爲騈儷藻繪之文。旣得之也, 則爲弁髦筌蹄, 其未得之也, 則白頭碌碌, 豈復知有所謂古文辭哉, 鞮象之業, 士大夫之所鄙夷也。吾恐千載之間, 反以著書立言之實, 視爲胥役之末技, 則其不爲戲場之烏帽邑妓之長裙者幾希矣。吾故爲是之懼焉, 特書此集而序之曰, 嗟乎, 禮失而求諸野。欲觀中原之遺制, 當於戲子而求之矣, 欲求女服之古雅, 當於邑妓而觀之矣, 欲知文章之盛, 則吾實慚於鞮象之賤士。

7. 「종북소선」(鍾北小選) 자서문

  (사실주의적인 문장론으로 문자에는 빛과 음향과 동작이 있다는 견해)

   아아! 복희씨(伏羲氏)[1]가 죽은 뒤 문장이 흩어진지 오래다. 그러나 벌레 수염, 꽃 술, 파란 돌이끼, 새깃의 비추빛 등에는 문체의 뜻이 변하지 않았고, 솥의 발, 병의 허리, 해무리, 반달의 선 등에는 글자의 형체가 아직도 완전하게 나타나고 있다. 그리고 바람, 구름, 우뢰, 번개, 비, 눈, 서리, 이슬과 나는 것, 물 속으로 잠기는 것, 달리는 것, 뛰는 것, 웃는 것, 우는 것, 끽끽거리는 것, 휘파람 부는 것 등에는 그 소리나 그 빛이나 그 사연이나 그 환경이나 모두 지금까지 고스란히 그대로다. 그렇기 때문에 주역(周易)을 읽지 않으면 괘를 모를 것이요 괘를 모르면 글도 모를 것이다.
   왜 그런가? 복희씨가 주역을 만드는 데는 위를 쳐다보고, 아래를 굽어보아 한 획 또는 두 획을 곱절 다시 곱절로 한 것임에 지나지 않는다. 이렇게 해서 괘의 그림으로 되였다. 창힐씨(蒼頡氏)[2]가 글자를 만드는 데도 내용을 들어 뵈고 형상을 그려 내며 또 그 형상과 뜻을 빌어서 쓴 것임에 지나지 않는다. 이렇게 해서 글로 되였다.
   그렇다면 글에서 소리가 나는가?

---

1) 복희씨(伏羲氏)는 중국 전설에서 나오는 임금이니 위로 천문을 보고 아래로 지리를 보아 처음으로 주역(周易)의 팔괘(八卦)를 만들었다고 한다.
2) 창힐(蒼頡)은 글자를 처음 만들어 내였다고 하는 중국 고대의 전설적 인물인데 위의 복희씨와 맞추기 위해서 "씨"의 한 글자를 더 붙인 것이다.

"이윤(伊尹)³⁾이 대신(大臣)으로 나서고 주공(周公)⁴⁾이 숙부로 나섰을 때 그들의 말을 내가 들어 본 일은 없으나마 그 음성을 상상한다면 은근하게 들려오고 있으며 백기(伯奇)의 외로운 아들과 기량(杞梁)⁵⁾의 홀로 된 아내도 내가 그 얼굴을 보지는 못했으나마 그 목소리를 생각한다면 또렷이 들려온다."

글에서 빛깔도 생기는가?

"시경에도 있거니와 '비단 옷 위에 비단 실을 섞어 짠 엷은 옷 걸치고, 치마도 비단과 실을 섞어 짠 치마 위에, 비단과 실을 섞어 짠 엷은 치마'라고 하였고 또 '검은 머리가 구름 같은 것은 달래를 들이지 않은 것이다.'라고 하였으니" 빛깔을 알겠고,

그 정경(情景)이 있다하니 어떠한 것일까?

"새가 지저귀고 꽃이 피고 물이 퍼렇고 산이 파란 것이다."
하였고

그 분위기가 있다하니 어떠한 것일까?

"멀리 뵈는 물에는 물결이 일지 않고 멀리 뵈는 산에는 나무가 있지 않고 멀리 뵈는 사람에게는 눈이 있지 않은 것이다.

손가락으로 가리키는 그 곳에 말이 있고 손을 맞잡고 있는 그 곳에서 말이 들리게 되는 것이다."

늙은 신하가 어린 임금에게 고하는 것과 외로운 아이나 홀로

---

3) 이윤(伊尹)은 기원전 18세기경 은(殷) 나라의 대신(大臣)으로서 탕(湯)을 도와 하(夏) 나라를 징벌하였다. 그 후 탕의 손자 태갑(太甲)이 무도하여 왕위에서 내쫓았다가 회개하는 것을 보고 다시 맞아 들이어 왕으로 만들었다고 한 어진 재상.

4) 주공(周公)은 주무왕(周武王)의 아우다. 무왕이 죽은 다음 어린 조카를 도와서 주나라의 터전을 공고히 하였다고 하는 어진 인물.

5) 기량(杞梁)은 제(齊) 나라 사람 기량(杞梁)이 죽으니 그 아내가 하도 슬피 울어서 성(城)까지 그만 무너져 버리였다고 전한다.

된 아내의 사모하는 것을 알지 못한다면 그런 사람과는 소리로 이야기 할 수 없을 것이다. 그와 함께 시 다운 생각이 담겨 있지 못한 글이라면 그런 작가는 시경에서 보여 주는 빛깔을 안다고 할 수 없으며, 사람으로서 이별을 겪어 보지 못하고 그림으로서 먼 곳을 나타내지 못한다면 그런 사람은 문장의 정경과 분위기를 의논할 수 없을 것이다. 벌레 수염과 꽃술에 관심이 없다는 것은 글을 지을만한 생각이 도무지 없다는 말이다. 모든 사람과 그 작용의 형상을 세심하게 따지지 않는 사람은 글자 한 자를 모른다고 보아도 좋은 것이다.

7. 鍾北小選 自序

嗟乎, 庖犧氏歿, 其文章散久矣。然而蟲鬚, 花蘂, 石綠, 羽翠, 其文心不變, 鼎足, 壺腰, 日環, 月弦, 字體猶全, 其風, 雲, 雷電, 雨, 雪, 霜, 露, 與夫飛, 潛, 走, 躍, 笑, 啼, 鳴, 嘯, 而聲色, 情境, 至今自在。故不讀易, 則不知畵, 不知畵, 則不知文矣。何則, 庖犧氏作易, 不過仰觀俯察, 奇偶加倍, 如是而畵矣。蒼頡氏造字, 亦不過曲情盡形, 轉借象義, 如是而文矣。然則文有聲乎。曰, 伊尹之大臣, 周公之叔父, 吾未聞其語, 也想其音, 則款款耳。伯奇之孤子, 杞梁之寡妻, 吾未見其容也, 思其聲, 則懇懇耳。文有色乎, 曰, 詩固有之, 衣錦褧衣, 裳錦褧裳。鬒髮如雲, 不屑髢也。何如是情, 曰, 鳥啼花開, 水綠山靑, 何如是境, 曰, 遠水不波, 遠山不樹, 遠人不目, 其語在指, 其聽在拱。故不識老臣之告幼主, 孤子寡婦之思慕者, 不可與論聲矣。文而無詩思, 不可與知乎, 國風之色矣。人無別離, 畵無遠意, 不可與論乎, 文章之情境矣。不屑於蟲鬚花蘂者, 都無文心矣。不味乎器用之象者, 雖謂之不識一字可也。

8. 「낭환집」(蜋丸集)에 서문 쓰다

(장님이 제가 입은 비단 옷 못 보듯 사대부들이 자기의 참 모습을 못 보는 것을 비꼬는 연암의 풍자문학의 극치를 논한 작품이다.)

자무(子務)와 자혜(子惠)[1]가 밖에 나갔다가 장님이 비단 옷 입은 것을 보고 자혜가 길게 한숨을 지으면서 말하기를
"아아! 제 몸에 입은 것도 제 눈으로는 보지 못하는구나!" 하니 자무가 말하기를
"저 수 놓은 옷을 입고 밤길을 걷는 사람과 비교한다면 어떻게 되겠는가?"
드디어 그들은 청허선생(聽虛先生)에게로 가서 결론을 청하였더니 선생은 손을 내저으면서 말하기를
"나는 모르네. 나는 몰라" 하였다.
옛적에 황 정승이 관청일을 마치고 집으로 돌아오자 그 딸이 맞아들이면서 묻기를
"아버지! 이란 벌레를 아십니까? 이가 어디서 생깁니까? 옷에

---

1) 자무(子務), 자혜(子惠), 청허선생(聽虛先生) 등은 가공적으로 만들어 낸 이름들이다.

서 생깁니까?"
"그렇지."
그 딸이 웃으면서 말하기를
"그러니 내가 이겼단 말야."
그 며느리가 또 묻기를
"이가 살에서 생기지 않습니까?"
"그렇고 말고."
며느리가 웃으면서 말하기를
"아버님은 내 말이 옳다고 하시는데 뭘?"
그 부인이 화를 내면서 말하기를
"누가 대감더러 판결을 잘한다고 하기에 이 편 저 편을 다 옳다고 하고 계신 것입니까?"
황 정승이 빙그레 웃으면서 말하기를
"딸이나 며느리나 다 이리들 오너라. 대체 이란 벌레는 살이 아니면 나지 못하고 옷이 아니면 붙지 못하니 두 사람의 말이 다 옳은 것이다. 그렇지만 옷을 장롱 속에 넣어 두어도 역시 이는 있을 수 있으며 네가 벌거벗고 나서도 오히려 가렵기는 할 것이다. 땀내는 무럭무럭 몸에서 나고 풀내는 풀썩풀썩 옷에서 나는 그 가운데서 어느 한 편을 떨어진 것도 아니요 어느 한 편에만 꼭 붙은 것도 아니요 바로 살과 옷의 한 중간이란 말이다."
하였다.

임백호(林白湖)가 장차 말을 타려고 할 때 마부가 나와서 여쭙기를
"술이 취하셨나 봅니다. 갖신과 짚신을 짝짝이로 신고 계십니다."

백호가 꾸짖기를

"길 오른편에서 보는 사람은 나더러 짚신을 신었다고 할 것이요 길 왼편에서 보는 사람은 나더러 갖신을 신었다고 할 것이다. 무엇이 어떻단 말이냐?"

이로 미루어 의논한다면 천하의 보이기 쉬운 곳이 발 만한 데가 없건만 보는 방향에 따라서는 갖신과 짚신도 분간하기 어려운 것이다. 그렇기 때문에 정확한 관찰은 옳고 그른 한가운데 있는 것이다. 땀이 이로 되는 것도 지극히 미세해서 살피기가 어렵다. 옷과 살 사이에는 제대로 공간이 있으니 어느 한 편을 떨어지지도 않고 어느 한 편에만 꼭 붙지도 않고 오른편도 아니고 왼편도 아니다. 누가 그것을 맞추어 낼 것이냐?

말똥굴이는 동그란 제 말똥 덩이를 대견히 여기어 용의 구슬을 부러워하지 않고 용도 또한 자기의 구슬을 가져 저 말똥굴이의 말똥덩이를 비웃지는 못할 것이다.

자패(子佩)가 듣고 기뻐하면서 이로써 자기 시를 이름 짓겠다고 하고 드디어 그 시집을 낭환(蜋丸)이라고 했다. 나더러 서문을 부탁하기에 내가 자패에게 이르기를

"옛적의 정령위(丁令威)[2]가 학으로 되어 돌아 왔으나 그것을 알 사람은 없었다. 이 곧 수놓은 옷을 입고 밤길을 가는 격이 아닌가? 태현경(太玄經)[3]이 세상에서 유명해졌건만 양자운(揚子雲)은 보지 못하였다. 이 곧 소경이 비단 옷을 입은 격이 아닌가? 이 시집을 보고 한 편에서 용의 구슬이라고 한다면 그것은

---

2) 정령위(丁令威)는 중국 전설에서 신선이 되어 갔다가 학으로 변해서 고향인 요동(遼東)에 돌아왔었던 일이 있다는 사람이라고 한다.

3) 태현경(太玄經)은 1세기경 중국의 유명한 학자 양웅(揚雄)의 저서이고 양웅의 자(字)를 자운(子雲)이라고 했다.

자네의 갖신을 본 것이요 다른 한 편에서 말똥덩이라고 한다면 그것은 자네의 짚신을 본 것일세. 사람들이 알지 못하더라도 정령위의 깃과 털은 그대로요 자기 스스로 보지 못하더라도 양자운의 태현경은 또한 그대로일세그려. 용의 구슬과 말똥덩이의 결론에 이르러는 오직 청허선생이 계시거니 내가 무엇이라고 말하겠는가?"

8. 蜋丸集序

子務, 子惠出遊, 見瞽者衣錦. 子惠喟然歎曰, 嗟乎, 有諸己, 而莫之見也. 子務曰, 夫何與衣繡而夜行者. 遂相與辨之於聽虛先生, 先生搖手, 曰, 吾不知, 吾不知. 昔黃政丞自公而歸, 其女迎謂曰, 大人知蝨乎, 蝨奚生, 生於衣歟, 曰, 然. 女笑曰, 我固勝矣. 婦請曰, 蝨生於肌歟, 曰, 是也. 婦笑曰, 舅氏是我. 夫人怒曰, 孰謂大監智訟而兩是, 政丞莞爾而笑曰, 女與婦來. 夫蝨非肌不化, 非衣不傅, 故兩言皆是也. 雖然衣在籠中亦有蝨焉. 使汝裸裎猶將癢焉. 汗氣蒸蒸, 糊氣蟲蟲, 不離不襯, 衣膚之間. 林白湖將乘馬, 僕夫進曰, 夫子醉矣, 隻履鞾鞋. 白湖叱曰, 由道而右者, 謂我履鞾, 由道而左者, 謂我履鞋. 我何病哉, 由是論之, 天下之易見者, 莫如足而所見者不同, 則鞾鞋難辨矣. 故眞正之見固在於是非之中. 如汗之化蝨, 至微而難審. 衣膚之間, 自有其空. 不離不襯, 不右不左, 孰得其中, 蜣蜋自愛滾丸, 不羨驪龍之珠, 驪龍亦不以其珠, 笑彼蜋丸. 子珮聞而喜之曰, 是可以名吾詩. 遂名其集曰, 蜋丸.

屬余序之, 余謂子珮曰, 昔丁令威化鶴而歸, 人無知者, 斯豈非衣繡而夜行乎, 太玄大行, 而子雲不見, 斯豈非瞽者之衣錦乎, 覽斯集, 一以爲龍珠, 則見子之鞋矣, 一以爲蜋丸, 則見子之韡矣。人不知猶爲令威之羽毛, 不自見猶爲子雲之太玄。珠丸之辨, 唯聽虛先生在, 吾何云乎。

9. 조카, 종선(宗善)의 「능양시집」(菱洋詩集)에 서하다

(관조의 다양성과 변증법적 사회관의 견해)

명철한 선비에게는 괴이한 것이 없으나 비속한 사람에게는 의심스러운 것이 많다. 그야말로 본 것이 적으면 괴이한 것이 많을 수밖에 없다.

대체 명철한 선비라고 해서 물건 하나 하나를 제 눈으로 보아야만 아는 것이랴? 하나를 들으면 눈으로 열 가지를 그리고 열을 보면 마음으로 백 가지를 생각해서 천 가지 괴이한 것과 만 가지 신기로운 것이 모두 다 물건에서 그치어 버리고 자기는 직접 관계하지 않는 것이다. 그런 까닭으로 마음에 여유가 있어서 이런 것, 저런 것을 끝없이 맞아들이기도 하고 내보내기도 하는 것이다.

본 것이 적은 자는 백로를 들어서 까마귀를 웃고 오리를 들어서 학을 위태하게 여기고 있다. 그 물건 자체는 아무렇지 않은데 자기 혼자 걱정이 많으며 하나만 제 소견에 틀려도 천하 만물을 다 부정하려고 덤벼든다.

아아! 저 까마귀를 보건댄 그 날개보다 더 검은 빛도 없는 것은 사실이지만 언듯 비치어 엷은 황색도 돌고 다시 비치어 연한 녹색으로도 되며 햇빛에서는 자주빛으로 번쩍이다가 눈이 아물아물해지면서는 비취색으로도 변한다. 그러니까 푸른 까마귀라고 일러도 좋고 붉은 까마귀라고 일러도 또한 좋다. 그 물건에는 일정한 빛깔이 없는 것이거늘 내가 먼저 눈으로 일정하게 만들어 버리고 말며 눈으로 정하는 것이야 그래도 낫지만은 보지도 않고 마음속으로 정해 버리고 만다. 아아! 까마귀 하나를 검은 빛에다가 고정시켜버리는 것으로도 오히려 부족한 모양이다. 이제는 천하의 모든 빛깔을 까마귀 하나에다가 고정시켜버리려고 하는 것이다.

그러나 까마귀의 그 검은 빛깔 가운데서 푸르고 붉은 광채가 떠도는 것을 누가 안다는 말이냐? 검은 빛을 어둡다고 보는 것은 까마귀만 모르는 사람이 아니라 검은 빛까지 겸하여 알지 못하는 사람이다. 왜 그런가? 물이 뿌옇니 능히 비치고 옻칠이 까마니 능히 거울로 되는 것이다. 그런 까닭으로 빛깔이 있는 것 치고 광채가 없는 것은 없고 형체가 있는 것 치고 맵시가 없는 것은 없다.

아름다운 여인을 보는 것으로써 시를 알게 된다. 그가 고개를 숙인데서 부끄러워하는 것을 보고 턱을 괸 데서 원한이 있는 것을 보고 혼자 서 있는 데서 무슨 생각에 잠긴 것을 보고 눈썹을 찡그린 데서 무슨 근심에 쌓인 것을 보고 난간 아래 섰는 것을 보니 누구를 기다리는 것이고 파초 잎사귀 아래 섰는 것을 보니 누구를 바라보는 것이다. 만약에 그를 재 올리는 중처럼 서지 않았고 조각처럼 앉지 않았다고 책망한다면 그것은 양귀비(楊貴妃)더러 이를 앓는다고 꾸짖고 번희(樊姬)더러 쪽을 끼지 말라고 금하고 미인의 걸음걸이를 요망스럽다고 흉보고 춤추는 가락을 경망하다고 나무라는 격이다.

　내 조카 종선(宗善)의 자는 계지(繼之)인데 시를 잘 지어서 한 가지 법에만 붙잡히지 않고 온갖 체를 다 갖추어 가졌으니 풍성한 그 내용이 우리나라의 대가로 될 만하다. 당대(唐代)의 시체를 본뜨는가 하면 어느덧 한대(漢代), 위대(魏代)요 어느덧 송대(宋代), 명대(明代)며 홀연히 송대, 명대의 시체인가 하면 다시 당대로 돌아가는 다채로운 시이다.

　아아! 세상 사람들은 지금도 심하게 까마귀를 웃고 학을 위태롭게 여기건만 우리 계지의 동산에서는 까마귀가 혹 자주빛도 되고 혹 비취빛도 된다. 세상 사람들은 미인을 절에서 재드리는 중 또는 조각처럼 만들려고 하건만 춤가락과 걸음걸이는 날로 더욱 경쾌해지고 앓는 이와 쪽진 머리는 다 각각 맵시가 있다. 세상 사람들의 노여움이 날마다 증대되는 것도 괴이할 것이 없구나!

　세상에는 명철한 선비가 적고 비속한 사람들이 많으니 아무 말도 하지 말고 잠자코 있는 것이 좋다. 그런데도 자꾸 말을 하게 되는 것은 무슨 까닭일가? 아아! 연암 노인은 연상각(烟湘閣)에서 쓴다.

9. 菱洋詩集序

　達士無所恠 俗人多所疑, 所謂少所見, 多少恠也。夫豈達士者, 逐物而目觀哉, 聞一則形十於目, 見十則設百於心, 千恠萬奇還寄於物, 而己無與焉。故心閒有餘, 應酬無窮。所見少者, 以鷺嗤鳥, 以鳧危鶴。物自無恠, 己廼生嗔。一事不同, 都誣萬物。噫, 瞻彼烏矣, 莫黑其羽, 忽暈乳金,復耀石綠, 日映之而騰紫, 目閃閃而轉翠。然則吾雖謂之蒼烏可也, 復謂之赤烏亦可也。彼旣本無定色, 而我乃以目先定。奚特定於其目, 不覩而先定於其心。噫, 錮烏於黑足矣, 廼復以烏錮天下之衆色。烏果黑矣, 誰復知所謂蒼赤乃色中之光耶, 謂黑爲闇者, 非但不識烏, 並黑而不知也。何則, 水玄故能照, 漆黑故能鑑。是故, 有色者莫不有光, 有形者莫不有態。觀乎美人, 可以知詩矣。彼低頭, 見其羞也。支頤, 見其恨也, 獨立, 見其思也。顰眉, 見其愁也。有所待也, 見其立欄干下。有所望也, 見其立芭蕉下。若復責其立不如齋, 坐不如塑, 則是罵楊妃之病齒, 而禁樊姬之擁髻也, 譏蓮步之妖妙, 而叱掌舞之輕儇也。

余佺宗善字繼之, 工於詩, 不纏一法百體俱該, 蔚然爲東方大家。視爲盛唐, 則忽焉漢魏, 而忽焉宋明, 纔謂宋明, 復有盛唐。嗚呼, 世人之嗤烏危鶴亦巳甚矣, 而繼之之園烏, 忽紫忽翠, 世人之欲齋塑美人, 而掌舞蓮步日益輕妙, 擁髻病齒俱各有態。無惑乎其嗔怒之日滋也。世之達士少, 而俗人衆, 則黙而不言可也。然言之不休何也, 噫, 燕岩老人書于烟湘閣。

10. 박제가(朴齊家)의 「북학의」(北學議)에 서문 쓰다

(이용후생의 글과 자기 것을 기술하는 글을 써야 한다는 견해)

학문하는 묘리는 다른 것이 없다. 모르는 것이 있다면 길에 가는 사람을 붙들고라도 물어야 한다. 하인이나 아랫사람이라도 나보다 한자를 더 안다면 그에게 배울 것이다. 내가 남만 못한 것은 부끄러워하면서도 나보다 나은 사람에게 묻지 않는다면 그것은 일평생 고루하고 아무런 방도도 없는 그 속에 스스로 갇히어 버리고 마는 처지가 된다.

  옛날 순(舜) 임금은 밭을 갈고 그릇을 굽고 고기를 잡는 것으로부터 임금 노릇을 하는 데 이르기까지 그 어느 것도 남에게서 배워 오지 않은 것이 없다. 공자는 말하기를 "나는 어려서 미천했기 때문에 일상 일에 익숙한 것이 많다"고 하였으니 그 역시 밭 갈고 그릇 굽고 고기 잡는 등의 일일 것이다. 비록 순임금이나 공자와 같이 거룩하고 재주 많은 분으로서도 물건을 보고서 기술을 생각해 내며 일에 당해서 기구를 만들자면 시간도 부족하고 지혜도 모자랐을 것이다. 그렇기 때문에 순임금과 공자가 성인으로 된 것도 남에게 묻기를 좋아해서 배우기를 잘한 데 지나지 않는 것이다.

  우리나라의 선비들은 구석진 한 모퉁이에서 편협한 기풍으로 버릇이 굳어진데다가 발로 중국 땅을 밟지도 못하고 눈으로 중국 사람을 보지도 못하고 나서 늙어 병들어서 죽기까지 국경 밖을 나가지 못했은즉 학의 다리가 길고 까마귀의 빛이 검은 것은 다 각각 제 천분으로 인정하고 우물 안의 개구리와 밭둑의 쥐는 모든 세상을 제 환경으로만 알고 있다. 예절은 차라리 소박한 편이 좋다고 하고 비루한 꼴을 오히려 검소하다고 하며 선비, 농사꾼, 공장바치, 장사치의 구별도 이름만이 있을 뿐이니 물건을 이용해서 생활에 유익케 하는 기구는 날을 따라 더 못해질 수밖에 없다. 이것은 다름이 아니라 배우고 물을 줄 모르는 탓이다.

만약에 배우고 물으려고 한다면 중국을 내 놓고 어디로 갈 것이냐?

오직 그들의 말에는 지금 중국을 통치하는 것이 오랑캐라 배우는 것도 부끄럽다고 하면서 중국의 전래해 오는 문화까지 야만으로 보아버리고 있다. 저 사람들이 사실로 머리를 깎고 옷깃을 외로 여미기는 했지만은 그 웅장한 땅인즉 삼대(三代) 이래 한(漢), 당(唐), 송(宋), 명(明)을 거치어 온 거기가 아닌가? 거기서 난 사람들이 삼대 이래 한, 당, 송, 명의 후손이 아닌가? 만약에 그 법이 좋고 제도가 훌륭한 것이라면 오랑캐라도 받들어서 선생으로 모셔야 하거든 더구나 그 광대한 규모와 정미한 심법과 심원한 제작과 빛나는 문장에는 아직도 삼대 이래 한, 당, 송, 명의 고유한 문화를 보전해 오는 것이다.

우리를 가지고 저 사람들과 비교해서 애초에 한 치 만한 장점도 없으면서 단지 한 묶음의 머리털로서[1] 천하에 뽐내면서 말하기를

"오늘의 중국은 옛날의 중국이 아니다."

라고 하면서 그 산천[2]을 비린내와 누린내가 난다고 헐뜯고 그 인민을 개나 양이라고 욕하고 그들의 언어를 되놈의 말이라고 중상하면서 중국 고유의 좋은 법과 아름다운 제도까지 아울러 배격하고 있다. 그러고도 장차 어디를 본떠서 일을 하려는가?

---

1) 원문의 일촬지결(一撮之結)은 결발(結髮)의 발(髮)이 생략된 것이라 볼 것이니 곧 상투를 가리키는 것이다. 그 당시의 중국도 여진족의 풍속을 따라 머리를 깎았던 것이다. 조선 사람들은 머리를 깎지 않은데서 큰 긍지감을 느끼고 있었던 것이다.

2) 한족들이 다른 종족들을 멸시해서 말할 때 산천은 비리고 누리다고 하고 인민은 개와 양에 비교하였는데 우리가 또한 그렇게 말한다고 했다.

내가 연경³⁾서 돌아오자 재선(在先)⁴⁾이 자기의 저서인 북학의 (北學議)의 내편 외편 2권을 보여 주었다. 대개 재선은 나보다 먼저 연경을 다녀 온 사람이다. 그는 농사 짓고 누에 치고 가축을 기르고 성을 쌓고 집을 짓고 배와 수레를 만드는 일로부터 기와를 굽고 삿자리를 짜고 붓과 자를 만드는 데까지 무엇이나 눈여겨 보고 마음속으로 우리나라 것과 비교하지 않은 것이 없다. 눈에 띄지 않는 것은 반드시 물어 보고 마음에 의심스러운 것은 반드시 배웠다.

　첫 장을 펼치면서부터 내 일기에 적은 것과 조금도 어긋나지 않아서 마치 한 사람의 손으로 쓴 것과 같다. 이러니까 그도 즐겨서 나에게 보여 주는 것이며, 나도 기쁘게 받아서 사흘째 읽어도 싫은 줄 모르는 것이다.

　아아! 이것은 언제 우리들 두 사람이 모두 눈으로 직접 보고 나서야 비로소 그렇게 된 것이 아닌가? 일찍이 비 내리거나 눈 오는 날 연구하고 술이 거나하고 등불이 꺼지려고 할 때 토론해 오던 것을 한 번 눈으로 실증한 것 뿐이다. 어쨌거나 남들에게 이야기할 수는 없으니 남들이 믿지 않을 것이요 믿지 않으면 으레히 우리에게 골을 낼 것이다. 골을 잘 내는 성품은 편협한 기풍에서 나오는 것이며 우리를 얼른 믿지 않는 원인은 환경의 탓이다.

---

3) 연경(燕京)은 곧 북경이니 그 부근이 기원전 2세기 이전의 연이라는 나라였기 때문이다.
4) 재선(在先)은 북학의의 저자인 박제가(朴齊家)의 자다.

10. 北學議序

學問之道無他, 有不識, 執塗之人而問之, 可也。僮僕多識我一字, 姑學汝。恥己之不若人, 而不問勝己則, 是終身自錮於固陋無術之地也。舜自耕稼陶漁以至爲帝, 無非取諸人。孔子曰, 吾少也賤, 多能鄙事。亦耕稼陶漁之類是也。雖以舜孔子之聖且藝, 卽物而刱巧, 臨事而製器, 日猶不足, 而智有所窮。故舜與孔子之爲聖, 不過好問於人, 而善學之者也。吾東之士, 得偏氣於一隅之土, 足不蹈函夏之地, 目未見中州之人。生老病死, 不離疆域, 則鶴長烏黑各守其天, 蛙井蚡田獨信其地。謂禮寧野, 認陋爲儉。所謂四民僅存名目, 而至於利用厚生之具, 日趨困窮。此無他, 不知學問之過也。如將學問, 舍中國而何, 然其言曰, 今之主中國者夷狄也, 恥學焉, 幷與中國之故常而鄙夷之。彼誠薙髮左衽, 然其所據之地, 豈非三代以來, 漢唐宋明之函夏乎, 其生乎此土之中者, 豈非三代以來, 漢唐宋明之遺黎乎, 苟使法良而制美, 則固將進夷狄而師之, 况其規模之廣大, 心法之精微, 制作之宏遠, 文章之煥爀, 猶存三代以來, 漢唐宋明固有之故常哉, 以我較彼固無寸長, 而獨以一撮之結, 自賢於天下, 曰, 今之中國非古之中國也, 其山川則, 罪之以腥羶, 其人民則, 辱之以犬羊, 其言語則, 誣之以侏離, 幷與其中國固有之良法美制而攘斥之, 則亦將何所倣而行之耶, 余自燕還, 在先爲示其北學議內外二編。盖在先先余入燕者也。自農蠶, 畜牧, 城郭, 宮室, 舟車, 以至瓦, 簟, 筆, 尺之制莫不目數而心較。目有所未至, 則必問焉, 心有所未諦, 則必學焉。試一開卷, 與余日錄無所齟齬, 如出一手。此固所以樂而示余, 而余之所欣然讀之, 三日而不厭者也。噫, 此豈徒吾二人者, 得之於目擊, 而後然哉, 固嘗研究於雨屋雪簷之下, 抵掌於酒爛燈炧之際, 而乃一驗之於目爾。要之, 不可以語人, 人固不信矣。不信則固將怒我。怒之性由偏氣, 不信之端在罪山川。

11. 「유씨도서보」(柳氏圖書譜)에 서문 쓰다

(역사와 문헌 전수의 비결)

연옥(連玉)[1]이 도장을 잘 새긴다. 돌을 쥐여서 무릎 위에 얹은 다음 어깨를 쳐뜨리고 턱을 숙이고 앉아서 눈을 끔적이는 대로, 입김을 내부는 대로 먹으로 써 놓은 것을 마치 누에가 뽕잎 먹듯 파 들어가면서 한 끈에 붙은 듯 떼는 일이 없다. 입술을 쫑긋거리면서 칼을 내밀고 눈썹을 들어 올리면서 힘을 주더니 한참 만에 허리를 펴고 하늘을 쳐다보면서 한숨을 지었다.

무관(懋官)[2]이 찾아 왔다가 위로해서 말하기를

"자네가 그 단단한 것을 파서는 무엇에 쓰려는가?"

연옥이 대답하기를

"대개 천하의 모든 물건은 다 각각 임자가 있고 임자가 있는 물건에는 표가 있어야 하네. 그렇기 때문에 10호 밖에 안되는

---

1) 나중에 나오는 유련(柳璉)의 자다.
2) 무관(懋官)은 이덕무(李德懋)의 자다.

고을에서나 백 명쯤의 우두머리도 또한 인장을 가지는 것이니 주장하는 사람이 없으면 흩어지고 표가 없으면 어지러워지네. 내가 한 치 넓이로 모진 돌을 얻었는데 둥근 테가 지고 결도 좋아 말간 것이 옥과 같으며 그 꼭대기에는 새끼 데린 사자가 사납게 짖는 모양을 새기였네. 그것을 내 서재에 놓으면 문방제구 모두 돋보이게 되네. 본래 우리 조상은 헌원씨(軒轅氏)[3]요 성은 유씨(柳氏)요 이름은 연(璉)이라 그[4] 돌에다가 태고적의 쇠그릇, 돌북을 새긴 것과 같은 글씨로 그런 내용을 새기였네. 그 인장으로 내 책에 찍어서 내 자손에게 전해 준다면 그것이 분산될 염려가 없이 몇백 권이고 그대로 전해 갈 것일세."

무관이 웃으면서 말하기를

"자네가 화씨(和氏)의 옥돌을 어떻게 보나?"

"그야 천하의 지극한 보배지."

"그렇겠다. 옛적 진(秦)나라의 황제가 여섯 나라를 다 먹어 버린 다음 그 옥돌을 깨뜨려 진짜 옥으로 만들었네그려. 위에는 푸른 용을 앉히고 옆으로는 붉은 이무기를 틀어서 황제의 인장과 천하의 표로 삼는 동시에 몽염(蒙恬)을 시키어 만리장성을 쌓아서 그것을 수비케 하였네그려. 그 생각이야 어째서 한 대, 두 대, 그렇게 몇 만 대까지 끝없이 전하리라고 하지 않았겠나?

연옥이 고개를 숙이고 아무 말도 없더니 무릎 위에 올려 앉히였던 아들놈을 떠밀어 버리면서 말하기를

---

[3] 유씨 중의 일부가 자기네 족보에다가 중국 전설에서 나오는 황제 헌원씨(黃帝軒轅氏)를 시조 할아버지로 적어 넣었다.

[4] 원문에는 아조 헌원씨 유명련(我朝軒轅氏柳名璉)이라고 자기의 성명을 소개한 다음 문명이아정고조운(文明爾雅鼎鼓鳥雲)이라고 하고 곧 다시 인아서질유아자손(印我書秩遺我子孫)이라고 하였다.

"왜 네 아비의 머리털을 허옇게 만들 것이란 말이냐?"

하루는 그가 옛날로부터 당대까지의 인본(印本)을 수집해서 책 한권을 만들어 가지고 나에게 서문을 부탁하였다.

공자가 말하기를

"역사가들이 자기의 모르는 글자를 그대로 남겨 놓고 나중의 아는 사람을 기다리던 관례를 나도 그전에는 보았더니 이제는 없어졌구나!"고 하였다.

대개 그 관례가 없어진 것을 한심하게 여기는 말이다. 그래서 위와 같은 이야기를 적어서 책을 잘 빌리지 않는 사람들의 깊은 경계로 삼으려고 한다.

11. 柳氏圖書譜序

連玉善刻章。握石承膝, 側肩垂頤目之所瞬, 口之所吹, 蚕飮其墨不絶如絲。聚吻進刀, 用力以眉旣而捧腰仰天而欷。懋官過而勞之曰, 子之攻堅也, 將以何爲, 連玉曰, 夫天下之物各有其主, 有主則有信, 故十室之邑百夫之長亦有符印。無主乃散, 無信乃亂。我得暈石膚理膩沃, 方武一寸瑩然如玉, 獅蹲其鈕, 鞠乳獰吼。鎭我文房, 綏厥四友。我祖軒轅, 氏柳名璉。文明爾雅, 鼎鼓鳥雲, 印我書秩, 遺我子孫, 無憂散佚, 百弓其全。懋官笑曰, 子以和氏之璧爲何如也曰, 天下之至寶也。曰, 然昔秦皇帝旣兼六國, 破璞爲璋, 上蟠蒼蚪, 旁屈絳螭, 以爲天子之信, 四海之鎭。使蒙恬築, 萬里之城, 以守之。其言豈不曰, 二世三世至于萬世, 傳之無窮乎, 連玉俛首寂然, 推墮其幼子於膝, 曰, 安得使而公頭白者乎, 一日携其前所集古今印本, 彙爲一卷, 屬余序之. 孔子曰, 吾猶及史之闕文, 今亡矣. 蓋傷之也. 於是幷書之, 以爲不借書者之深戒.

12. 이덕무(李德懋)의 「영처고」(嬰處稿)에 서문 쓰다
(중국을 모방하지 않는 주체적 자기문장을 써야 한다는 견해)

자패(子佩 李薇)가 말하기를
"비속하구나, 무관(懋官 李德懋)이 지었다는 시야말로 옛사람을 배운다고는 하는데도 같은 것을 볼 수 없다. 형상이 조금도 유사하지 못하거니 어떻게 운인들 방불하랴? 시골뜨기의 비속한 티를 벗지 못하고 시골 사람의 시시한 사업을 늘어 놓고 있다. 그것이 현재의 시이지 옛날의 시는 아니란 말이다."
내가 그 말을 듣고 크게 기뻐하면서 말하기를
"이건 이런 것이다. 옛날을 본위로 삼아 지금을 본다면 지금이 참으로 비속한 것이지만 옛사람이 자기네 스스로 자기네를 볼 때도 그 반드시 옛날이였을 것이 아니라 그 당시의 보는 사람에게는 역시 한개의 지금일 뿐이다. 그런데 세월은 흐르고 흐르며 풍속과 가요도 자꾸 바뀌는 만큼 아침 나절 술을 마시던 사람이 저녁 때 그 자리를 떠나면서 그로부터 천년 만년의 옛날로 돌아 가게 되는 것이다.
그런즉 지금이란 것은 옛날에 대한 말이요, 같다는 것은 다른 것과 비교하는 말이다. 모름지기 같다고 말할 때는 같은 데 지나지 못하고 다른 것이라고 말할 때는 다른 것으로 될 뿐이다.

비교한다는 것이 벌써 다른 것을 의미하는 것이다. 바로 다른 그것으로 된다는 것은 내가 모를 소리다.

종이가 이미 희니 먹칠까지 그와 마찬가지로 흴 수는 없으며 그림이 아무리 꼭 그 사람을 떠 왔다고 한대도 말을 하지 못한다. 저 우사단(雩祀壇)[1] 아래, 도동(桃洞)골목 안에 푸른 기와로 사당을 지어 놓고 그 속에 시뻘건 상모와 뻗친 수염이 갈 데 없는 관운장(關雲長)[2]이다. 사내나 여자나 학질을 앓는 사람을 그 아래 갖다가 놓으면 혼비백산(魂飛魄散)해서 춥고 떨리던 증세도 모두 그만 떨어지고 말았는데 그러나 어린 아이 놈들이 무엄하게 감히 무서운 줄도 모르고 눈을 쑤시나 눈망울도 굴지 않고, 코를 쑤시나 재채기도 하지 못한다. 흙으로 만든 한 덩이 조각에 불과하다.

이렇게 보면 수박을 겉만 핥고 후추를 통으로 삼키는 사람과는 맛을 이야기 할 수 없으며, 이웃 친구의 갖옷이 부러워서 한여름에 빌려 입고 나서는 사람과는 철을 이야기할 수 없을 것이며, 조각에다가 아무리 씌우고 입히고 했자 천진스러운 어린 아이놈을 속이지는 못하는 것이다.

대개 자기 세대에 대해서 딱하게 생각하고 세속 사람들을 마땅치 않게 여기기는 굴원(屈原)[3] 만한 사람이 없으련만 초(楚)나라의 풍속이 귀신을 많이 위함에 따라 귀신 위하는 노래를 지었다. 또 한(漢)나라에서 진(秦)나라를 계승하는 데는 그 관도를

---

1) 우사단(雩祀壇)은 옛날 서울의 기우제(祈雨祭)를 지내던 곳이니 남산 서편 기슭에 있고 도동(桃洞)은 우사단 아래의 동리 이름이니 바로 그 곳에 남관왕묘(南關王廟)란 것이 있었다.
2) 관운장(關雲長)은 기원 3세기경 중국의 명장인데 임진왜란 때 중국 군대들이 구원하러 와서 서울, 평양 등지에 그 사당을 지어 놓았다.
3) 굴원(屈原)은 기원전 3세기 말 4세기 초 중국의 유명한 시인이다. 그의 구가(九歌)라는 작품은 바로 무당이 귀신을 청하는 내용의 노래다.

그대로 차지하고 그 도시를 그대로 두고 그 백성을 그대로 다스리면서도 그 법률만은 그대로 따르지 않고 단[4] 세가지의 조문으로 규정해 놓았다.

이제 무관은 조선사람이다. 산천과 기후가 중국과 다르고 언어와 가요가 한(漢)이나 당(唐)과 다르다. 그런데도 불구하고 중국 것을 본뜨고 한나라 당나라를 모방한다면 그 수법이 높을수록 내용이 비속하고 문체가 저들과 비슷할수록 사연이 진실치 못할 것이다.

우리나라가 비록 구석지기는 하지만 그대로 적지 않은 나라요 신라와 고구려가 소박하기는 하지만 민간의 아름다운 풍속도 많았다. 그 말을 글자로 옮겨 놓고 그 민요를 운률에 맞추기만 하면 자연스럽게 문장을 이루어 참다운 맛이 나타날 것이다. 옛 것을 본받거나 남의 것을 빌어 올 것 없이 현재의 있는 그대로를 가지고 모든 것을 표현할 수 있는 것이다. 그런데 무관의 시가 바로 그렇다.

시경에 올라 있는 삼백편의 시란 것도 새, 짐승, 풀, 나무의 이름을 나열하지 않은 것 없고, 민간의 사내와 여자가 서로 지껄이는 말에 지나지 않는다. 이 지방 저 지방의 기풍이 다르고 이 강 언덕과 저 강 언덕의 풍속이 같지 않은 까닭에 시경을 편찬한 사람이 지방별로 따로 모아서 그 기풍과 습속을 참고한 것이다. 무관의 시를 옛날 시가 아니라고 의심할 것이 무엇인가?

만약에 성인이 중국에서 또 나와서 각 나라의 기풍과 습관을 알려고 한다면 영처고(嬰處稿)를 보아서만 삼한(三韓)서 나는

---

4) 기원전 206년 유방(劉邦)이 진(秦)의 수도를 함락시킨 다음 모든 법률을 다 폐지하고 사람을 죽인 자는 죽이고, 사람을 상해하거나 도적질한 자는 벌을 받는다는 세 조문만을 실시하였다.

새, 짐승, 풀, 나무의 이름도 많이 알게 될 것이요 강원도 사내와 제주도 여자의 성정도 짐작케 될 것이다. 시경[5] 가운데 있는 각 지방의 가요나 마찬가지로 조선 가요라고 볼 수 있다.

12. 嬰處稿序

子佩曰, 陋哉, 懋官之爲詩也, 學古人, 而不見其似也. 曾毫髮之不類, 詎髣髴乎音聲, 安野人之鄙鄙, 樂時俗之瑣瑣, 乃今之詩也, 非古之詩也. 余聞而大喜曰, 此可以觀, 由古視今, 今誠卑矣. 古人自視, 未必自古. 當時觀者, 亦一今耳. 故日月滔滔, 風謠屢變. 朝而飮酒者, 夕去其帷, 千秋萬世從此以古矣. 然則今者, 對古之謂也, 似者方彼之辭也. 夫云似也, 似也. 彼則彼也, 方則非彼也, 吾未見其爲彼也. 紙旣白矣, 墨不可以從白, 像雖肖矣, 畵不可以爲語. 雩祀壇之下, 桃渚之衕, 靑甍而廟貌之, 渥丹而鬚儼然關公也. 士女患瘧, 納其牀下, 懾神褫魄, 遁寒崇也. 孺子不嚴, 瀆冒威尊, 爬瞳不瞬, 觸鼻不嚏, 塊然泥塑也. 由是觀之, 外舐水匏, 全呑胡椒者, 不可與語味也, 羨鄰人之貂裘, 借衣於盛夏者, 不可與語時也. 假像衣冠, 不足以欺孺子之眞率矣. 夫愍時病俗者, 莫如屈原而楚俗尙鬼, 九歌是歌. 按秦之舊帝其土宇, 都其城邑, 民其黔首三章之約不襲其法. 今懋官朝鮮人也, 山川風氣地異中華, 言語謠俗世非

---
5) 풍(風)은 시경 가운데의 한 편명이니 각 지방의 민요를 모아서 풍이란 편을 이루고 있다. 위에서 쓴 風자는 이 뜻에 해당하므로 그대로 풍이라고 번역하였지만 여기서는 그렇게 하기 곤란함에 따라 부득이 해석적인 번역 방법을 취하였다.

漢唐。若乃效法於中華，襲體於漢唐，則吾徒見其法益高，而意實卑，體益似而言益僞耳。左海雖僻國亦千乘。羅麗雖儉，民多美俗。則字其方言，韻其民謠，自然成章眞機發現。不事沿襲，無相假貸從容現在，卽事森羅。惟此詩爲然。嗚呼，三百之篇無非鳥獸草木之名不過閭巷男女之語，則邶檜之間地不同，風江漢之上民各其俗。故采詩者以爲列國之風，攷其性情驗其謠俗也。復何疑乎，此詩之不古耶，若使聖人者作於諸夏，而觀風於列國也，攷諸嬰處之稿，而三韓之鳥獸艸木多識其名矣，貊男濟婦之性情可以觀矣。雖謂朝鮮之風可也。

13. 최흥효(崔興孝)의「형언도필첩」(炯言挑筆帖) 서문

(문장이나 기예의 큰 도는 모든 것을 잊고 몰두해야 대가가 된다)

비록 조그만 기교라도 모든 것을 잊고 덤벼야 성공할 수 있다. 더구나 큰 도(道)이겠는가?

최흥효(崔興孝)[1]는 전국적 명필이다. 일찍이 과거를 보러 가서 글을 쓰다가 그 중의 한 자가 꼭 왕희지(王羲之)[2]와 같게 되자 하루 종일 들여다보고 앉았다가 차마 그 글을 바치지 못하고 품에 품고 돌아왔다. 이렇게쯤 되면 다른 일에는 전혀 그 득실을 마음속에 두지 않았던 것이다.

---

1) 최흥효(崔興孝)는 조선 태종, 세종 때 한문 글씨로 유명하던 우리나라 사람이다.
2) 왕희지(王羲之)는 중국의 대표적인 명필이다.

이징(李澄)³⁾이 어려서 다락 속에 들어가서 그림을 익히고 있는데 집에서는 그를 찾아 사흘 동안이나 돌아 다니다가 겨우 발견하였다. 그의 아버지가 화가 나서 볼기를 쳤더니 울어서 떨어지는 눈물을 가지고 새를 그리고 있었다. 이렇게쯤 되면 그림 이외에는 영예도 모욕도 모르는 사람이다.

학산수(鶴山守)⁴⁾는 전국적 명창이다. 산 속에 들어가서 노래 공부를 할 적에 한 곡조를 부르고는 나막신 속에 모래 한 알씩을 던져서 그 나막신이 모래로 가득 찬 후에야 집으로 돌아왔다. 한 번은 도적을 만나서 죽게 되었는데 바람결에 따라 노래를 불렀더니 도적들도 모두 심회가 울적해져서 눈물을 흘리지 않은 자가 없었다.

내가 처음에 듣고 탄식하기를

"큰 도야 흩어져 버린 지 오래다. 그런데 저 사람들은 기능을 위해서 생명도 바쳐야 할 것으로 알고 있는 것이다. 아아! 아침나절에 도만 들으면 저녁 때 죽어도 좋다는 격이다."

도은(桃隱)의 글씨로 형암(炯菴)⁵⁾의 말을 열 세 항목을 써서 한 권의 책으로 만든 다음 나더러 서문을 쓰라고 한다. 저 두 사람은 안으로 마음을 쓰는 사람이냐? 저 두 사람은 기술에 유의하는 사람이냐? 두 사람이 죽고 살고 영예롭고 욕되고 그런 구별을 다 잊어 버리고 이렇게까지 정교한 데 이르는 것은 어찌 과한 일이 아닐 수 있는가? 만약에 두 사람이 능히 모든 것을 잊어 버릴 수 있다면 도덕을 위해서 잊어버리라.

---

3) 이징(李澄 : 1375~1435)은 조선조 화가. 별호를 허주(虛舟)라고 하였다.
4) 학산수(鶴山守)는 그 칭호로 미루어 종실임은 명백한데 연대는 미상하다.
5) 형암(炯菴)은 이덕무(李德懋)의 별호다.

13. 炯言挑筆帖序

 雖小技, 有所忘, 然後能成, 而況大道乎。崔興孝通國之善書者也, 嘗赴擧, 書卷得一字類王羲之。坐視終日, 忍不能捨, 懷卷而歸, 是可謂得失不存於心耳。李澄幼登樓而習畫, 家失其所在, 三日乃得。父怒而笞之, 泣, 引淚而成鳥, 此可謂忘榮辱於畫者也。鶴山守通國之善歌者也, 入山肄, 每一闋拾沙投屨, 滿屨乃歸。嘗遇盜, 將殺之, 倚風而歌, 群盜莫不感激泣下者, 此所謂死生, 不入於心。吾始聞之歎曰, 夫大道散久矣, 吾未見好賢如好色者也。彼以爲技足以易其生。噫, 朝聞道, 夕死可也。桃隱書, 炯菴叢言凡十三則, 爲一卷, 屬余叙之。夫二子專用心於內者歟, 夫二子游於藝者歟, 將二子忘死生榮辱之分, 而至此, 其工也豈非過歟, 若二子之能有忘, 願相忘於道德也。

14. 이서구(李書九)의 「녹천관집」(綠天舘集)에 서문쓰다

 (흉내 내는 글이 아니고 사실적인 자기문장을 써야 한다는 견해)

 옛사람을 모방해서 글 짓기를 거울에 물건이 비치듯 하면 같다고 할 만한가? 본래의 물건과는 좌우의 방향이 뒤틀리는 것을 어떻게 같다고 하랴? 물에 물건이 나타나듯 하면 같다고 할 만

한가? 본 물건과는 위아래가 거꾸로 되는 것을 어떻게 같다고 하랴? 그러면 그림자가 물건을 따라 다니듯 하면 같다고 할 만 한가? 한낮에는 난쟁이, 짧은 키가 되었다가 해가 기운 뒤에는 키다리, 바람막이로 되는 것을 어떻게 같다고 하랴? 그러면 그림으로 물건을 그리듯 하면 같다고 할 만 한가? 다니는 것도 움직이지 못하고 말하는 것도 소리가 없으니 어떻게 같다고 하랴?

그러니까 결국 같을 수는 없다는 말인가? 대체 왜 하필 같은 것만 찾으랴? 같은 것을 찾았자 참된 그것은 아니다. 천하의 꼭 같은 것은 반드시 닮았다고 이르고 서로 분간하기 어려운 것은 또한 참에 다달았다고 하는바 참이라도 말하고 닮았다고 말하는 그 가운데는 벌써 가짜나 다른 것이란 뜻이 들어있는 것이다. 그런 까닭에 천하에는 이해하기 극히 어려우나 배워낼 수 있는 것도 있고, 절대로 다르나 서로 같은 것도 있다. 즉 통역과 번역으로써 외국 말을 알아듣게 되고 대전(大篆)[1], 소전(小篆), 예서(隸書), 해자(楷字)의 어느 것으로 써서도 마찬가지의 글을 이룬다. 왜 그런가? 다른 것은 외형이요 같은 것은 내용이기 때문이다. 이렇게 본다면 내용이 같다는 것은 뜻과 의지요 외형이 같다는 것은 털과 겉껍질인 것이다.

이씨 집의 소년 낙서(洛瑞)는 올해 나이 열 여섯이니 내게 다니며 공부한지 해포가 넘는다. 그는 이상한 천분이 진작부터 드러나고 슬기로운 생각이 구슬처럼 굴렀다. 일찍이 그의 저작인 녹천관집(綠天館集)을 가지고 와서 나에게 묻기를

---

1) 대전(大篆), 소전(小篆), 예서(隸書), 해자(楷字)는 한자 자체의 역사적 변천을 보이는 것이다. 지금의 인쇄체가 바로 해자요, 기원 2세기 이전에 쓰던 자체가 전자요, 그 중간의 자체가 예서인데 전자에서 그 중간의 자체가 예서인데 전자에는 다시 대전, ㅅ전의 구별이 있으며 대전은 소전과 구별키 위해서 다시 주(籒)라고도 했다.

"제가 글을 짓기 시작한지 겨우 두어 해 밖에 안 되건만 남의 노여움을 산 것이 많습니다. 한 마디만 조금 새롭고 한 글자만 다소 신기해 보이는 것이 있으면 반드시 옛날에도 이렇게 쓴 예가 있느냐고 따지고, 없다고 하면 곧 발끈하고 성을 내면서 어째서 감히 그렇게 쓰느냐고 합니다. 옛날에 이미 그렇게 쓴 것이 있다고 하면 제가 그렇게 되풀이할 맛이 어디에 있겠습니까. 이것을 선생님이 어떻게 정해 주십시오."

내가 손을 모아 이마에 얹고 세번 예를 한 다음 다시 무릎을 꿇고 앉아서 말하기를

"그 말이 극히 옳은 말일세. 전치 못하던 옛날 학문이 자네에 의해서 계승될 것일세. 창힐(蒼頡)이 처음 글자를 만들 때 그 어떤 옛날을 본떴겠느냐?

안연(顏淵)[2]은 공부하기만 좋아했고 서적을 저술한 것은 없네그려. 만약에 옛것을 좋아하는 사람들이 창힐이 글자를 만들던 때를 생각해 가면서 안연이 저술하지 않은 그 뜻을 적는다면 글이 비로소 바르게 될 것일세. 자네가 지금 나이 적으니 남의 노염을 사게 되거든 아직 널리 배우지 못하여 옛것을 상고하지 못했노라 하게. 그래도 자꾸 묻고 따지며 골을 내거든 조심 조심해서 대답하기를 서경(書經)에서 나오는 글들은 중국 삼대 때의 시속 글이요 이사(李斯)[3]와 왕희지(王羲之)도 다 각각 자기 시대의 속된 글씨였다고 하게."

---

2) 안연(顏淵)은 공자의 제자 가운데서 가장 공부를 잘 하던 사람인데 일찍 죽었다.
3) 이사(李斯)는 기원전 3세기 말 진(秦) 나라의 승상(丞相)이니 대전을 고쳐서 소전(小篆)으로 만들었다고 한다.

14. 綠天舘集序

　倣古爲文, 如鏡之照形, 可謂似也歟, 曰, 左右相反, 惡得而似也, 如水之寫形, 可謂似也歟, 曰, 本末倒見, 惡得而似也, 如影之隨形可謂似也歟, 曰, 午陽則侏儒僬僥, 斜日則龍伯防風, 惡得而似也, 如畵之描形, 可謂似也歟, 曰, 行者不動, 語者無聲, 惡得而似也, 曰, 然則終不可得而似歟, 曰, 夫何求乎似也, 求似者非眞也。天下之所謂相同者, 必稱酷肖, 難辨者, 亦曰, 逼眞。夫語眞語肖之際, 假與異在其中矣。故天下有難解, 而可學絶異, 而相似者。鞮象寄譯, 可以通意, 篆籒隷楷皆能成文。何則, 所異者形, 所同者心故耳。繇是觀之, 心似者志意也, 形似者皮毛也。
　李氏子洛瑞, 年十六, 從不佞學, 有年矣。心靈夙開, 慧識如珠。嘗携其綠天之稿, 質于不佞, 曰, 嗟乎, 余之爲文, 纔數歲矣, 其犯人之怒多矣。片言稍新, 隻字涉奇則, 輒問古有是否, 否則怫然于色曰, 安敢乃爾, 噫, 於古有之, 我何更爲, 願夫子有以定之也。不佞攢手加額, 三拜以跪, 曰, 此言甚正, 可興絶學。蒼頡造字倣於何古, 顔淵好學, 獨無著書。苟使好古者思蒼頡造字之時, 著顔子未發之旨, 文始正矣。吾子年少耳, 逢人之怒敬而謝之, 曰, 不能博學, 未攷於古矣。問猶不止, 怒猶未解, 曉曉然。荅曰, 殷誥周雅三代之時文, 丞相右軍, 秦晉之俗筆。

15. 유득공의 「냉재집」(冷齋集)에 서문 쓰다

(보는 눈과 직업은 각각 다르다는 글)

돌 다듬는 석공(石工)[1]이 돌 새기는 조각공(彫刻工)[2]에게 말하기를

"천하의 온갖 물건 중에 돌보다 더 굳고 단단한 것은 없겠지만 내가 그 굳고 단단한 것을 쪼개다가 깎고 다듬어 내어다가 꼭대기에는 용으로 관을 세우고 밑바닥에는 거북 모양 받침돌인 구부로 괴고 무덤 앞에 세워서 영구히 그의 사적을 알려 주고 있는 것이 바로 내 공로일세."

돌 새기는 조각공이 말하기를

"오래도록 닳지 않게 하자면 새기는 것보다 더 좋은 것이 없네. 큰 사람에게 높은 행적이 있어서 점잖은 글로 썼다고 하더라도 내가 새기지 않고야 빗돌을 다듬어서는 무엇한단 말인가?"

드디어 무덤[3]에 가서 판결을 청하나 무덤은 적막하니 아무 소리도 없었다. 세 번을 불러도 세 번 다 대답이 없었다. 그 때 돌장수[4]가 낄낄 웃으면서 말하기를

"자네네들이 천하의 제일 굳고 단단한 것을 돌이라고 하고 제

---

1) 원문의 장석(匠石)은 중국 고대의 명공(名工). 이름은 석(石), 자는 백(白). 장석운근(匠石運斤)이란 말이 있다. 한치 착오 없다는 뜻.
2) 원문의 기궐씨(剞劂氏)는 조각사 또는 목판공. 지금 흔히 인쇄의 의미로 쓰지만 본래는 조각에 쓰는 굽은 칼을 기궐(剞劂)이라고 했다. 목판을 그 칼로 새기기 때문에 인쇄란 말로 전용되었는데 여기서는 목판을 새긴다는 의미보다도 돌을 새긴다는 의미로 쓰이고 있다.
3) 원문의 마령자(馬鬣子)는 사람의 무덤을 가리키는 성어다.
4) 원문의 석옹중(石翁仲)은 돌장수인 석상을 가리키는 성어다.

일 오래 보존되는 것을 새기는 것이라고 하네그려. 돌이 과연 굳세고 단단하다면 어떻게 쪼개서 빗돌로 만든다는 말인가? 또 만약에 갈아지지 않는 것이라면 새기기는 어떻게 새기겠는가? 이제 쪼개기도 하고 새기기도 했으니 이 다음(닳아지면)은 구들쟁이가 가져다가 부엌 아궁이에 이 맷돌로 쓰지 않는다는 것을 어떻게 안다는 말인가?"

양자운(楊子雲)⁵⁾은 옛 경전을 좋아하던 선비였다. 괴벽한 글자를 많이 알고 있으며 그때 막 태현경(太玄經)을 저작하고 있었다. 쓸쓸한 생각으로 낯빛까지 고치더니 개연히 탄식하면서 말하길를

"아아! 그 누가 알리요? 돌장수의 허풍을 들은 사람은 내 태현경으로 장 항아리를 엎겠구나!"

듣는 사람이 모두 크게 웃었다. 봄날 냉재집(冷齋集)⁶⁾에다가 쓴다.

15. 冷齋集序

匠石謂刲劂氏曰, 夫天下之物莫堅於石。爰伐其堅, 斷而斲之, 螭首龜趺, 樹之神道, 永世不騫, 是我之功也。刲劂氏曰, 久而不磨者, 莫壽於刻。大人有行, 君子銘之, 匪余攸工, 將焉用碑, 遂相與訟之於馬鬣子, 馬鬣子寂然無聲,

---

5) 양자운(楊子雲)이 태현경(太玄經)을 저작하고 있을 적에 유흠(劉歆)이란 사람이 그에게 향해서 후세 사람이 장항아리나 덮게 될 것을 공연히 애쓰고 있다고 말했다고 한다. 「태현경」은 양웅의 대저작이다.
6) 냉재(冷齋)는 유득공(柳得恭)의 별호다.

三呼而三不應。於是, 石翁仲啞然而笑曰, 子謂天下之至堅者莫堅乎石, 久而不磨者莫壽乎刻也。雖然石果堅也斲而爲碑乎, 若可不磨也, 惡能刻乎。旣得以斲而刻之, 又安知築竈者不取之以爲安鼎之題乎, 揚子雲好古士也, 多識奇字, 方艸太玄愀然變色易容, 慨然太息曰, 嗟乎, 烏爾其知之, 聞石翁仲之風者, 其將以玄覆醬瓿乎, 聞者皆大笑。春日書之冷齋集。

16. 소천암(小川菴)의 「순패」(旬稗)에 서문 쓰다

(글은 백과사전처럼 상세하고 실제 생활에 필요한 일들을 모조리 조사 열거하여 쓸 것)

소천암(小川菴)이 국내의 가요, 민속, 방언, 기예 등을 모두 기록하였다. 심지어 연을 날리는 것도 적고 아이들의 수수께끼도 해석하고 길 모퉁이와 골목 안의 주고 받는 수작, 문에 기대어 아들을 기다리는 부모, 칼을 갈며 두드리는 백정, 어깻짓으로 아양을 부리는 계집, 손바닥을 치며 맹세지거리를 하는 장사치에 이르기까지 대상으로 삼지 않은 것이 없으며 또 그런 사실들을 아주 조리있게 벌리여 놓았다. 입이나 혀로써는 구별하기 어려운 것도 붓으로 표현하였으며 마음속에 미처 생각지 못했던 것도 책을 떠들기만 하면 나오고 있다. 대체 닭이 울고 개가 짖고 벌레가 실실거리고 좀이 우물거리는 등의 그 형상이나 그 소리를 그대로 떠다 놓고 있다.

맨 나중에는 천간(天干)의 열 자로 나누어 편집하고 순패(旬稗)라고 이름을 지은 다음 하루는 내게 보이면서 말하기를

"이것이 내가 아이 적에 장난 삼아 쓴 것일세. 자네가 강정이라는 조과(造果)를 보지 못했는가? 쌀가루를 빻아서 술에 재웠다가 누에만큼씩 잘라서 뜨거운 구들에 말리고 끓는 기름에 튀기네. 그것이 부풀어 올라서 고치와 같은 모양으로 되면 보기에는 깨끗하고, 아름다우나 속은 텅 비었네. 아무리 먹어도 배는 부른 줄 모르고 부서져서는 눈가루처럼 되어버리네. 그렇기 때문에 무슨 물건이나 겉만 치장하고 속이 빈 것을 '속빈 강정'이라고 한단 말일세. 그런데 개얌, 밤, 벼와 같은 것은 사람들이 중하게 여기지는 않을망정 실상 속이 차고 배가 부른 것일세. 그것으로 하늘에 제사도 지낼 수 있고 큰 손님도 모실 수 있는 것일세. 대개 문장의 묘리도 역시 이런 것인데 사람들이 개얌, 밤, 벼와 같은 것으로 쳐서 대단히 여기지 않기 쉽네. 자네가 나를 위해서 좀 변론을 해 주지 않으려는가?"

내가 다 읽고 나서 그에게 다시 말하기를

"장주(莊周)[1]가 나비로 되었다는 것은 믿지 않을 수 없지만은 이광(李廣)[2]의 화살이 돌을 뚫고 들어 갔다는 것은 아무래도 의심스러워. 왜 그런고 하면 꿈속의 일은 보기가 어려운 반면에 현실적 일은 따지기가 쉽단 말일세. 이제 자네는 비속한 말을 주어 모으고 곤궁한 사람들의 일을 거두어 들이었네. 어느 하나

---

1) 장주(莊周)는 중국 전국시대(戰國時代)의 철학자인데 그의 저서인 장자(莊子)에는 그가 꿈에 나비로 되였었다는 이야기가 있다.
2) 이광(李廣)은 기원전 2세기 말의 이름있던 무장인데 밤에 바윗돌을 호랑이로 잘못 보고 활을 쏘아서 화살이 바위를 뚫고 들어간 일이 있다고 한다.

현실적 일이 아닌게 없으니 눈이 시게 보고 귀가 아프게 들어서 신기할 것 없는 것은 당연한 현상일세. 그러다 먹다 둔 장도 그릇을 바꾸어 담으면 새로운 입맛이 나고 같은 사람의 심리도 환경이 바뀌면 보거나 생각나는 것이 달라지네.

 이 책은 보는 사람들이 소천암이 누구라는 것은 굳이 물을 것이 없고 그 가요와 풍속이 어느 지방의 것이란 것은 알게 되어야 하네. 거기다가 운률을 붙이어 읽으면 시와 같이 그로써 성정을 이야기할 수도 있고 서술한 것을 차례차례 그려내면 그로써 수염과 눈썹까지도 분간할 수 있네. 재래도인(錊眛道人)이 일찍이 말하기를 저녁 빛을 받으면서 배는 갈대에 가릴락 말락 할 때 뱃사공이나 어부 모두가 비록 모두 몽당 수염에 맨 머리이지만 나룻가를 따라 걸으면서 바라보게 된다면 높은[3] 선비 육로망(陸魯望)이나 아닌가 심히 의심하게 된다고 했네. 아아! 이 도인이 먼저 알았네그려. 자네는 도인을 선생으로 모셔야 하겠네. 그에게 가서 배우게나!"

16. 旬稗序

 小川菴, 雜記, 域內, 風謠, 民彝, 方言, 俗技, 至於紙鳶有譜, 艸謎著解, 曲巷窮閻爛情熟態, 倚門, 鼓刀, 肩媚掌誓, 靡不蒐載, 各有條貫。口舌之所難辨, 而筆則形之, 志意之所未到, 而開卷輒有。凡鷄鳴, 狗嗥, 虫翹, 蠡蠡, 盡

---
 3) 육로망(陸魯望)은 당(唐) 나라의 육구몽(陸龜蒙)이니 노망이란 것은 그의 자다. 육구몽은 벼슬을 하라고 불러도 나가지 않고 강호간에 방랑하면서 일생을 마친 사람이다.

得其容聲。於是, 配以十干, 名爲旬稗。一日袖以示余日, 此吾童子時手戱也, 子獨不見食之有粗粆乎, 粉米漬酒截以蚕大, 煖堗焙之, 煮油漲之其形如繭。非不潔且美也, 其中空空, 啖而難飽, 其質易碎, 吹則雪飛。故凡物之外美而中空者, 謂之粗粆。今夫榛, 栗, 稻秔, 卽人所賤, 然實美而眞飽, 則可以事上帝, 亦可以贄盛賓。夫文章之道, 亦如是, 而人以其榛, 栗, 稻秔而鄙夷之。則子盡爲我辨之, 余旣卒業, 而復之曰, 莊周之化蝶, 不得不信, 李廣之射石, 終涉可疑。何則, 夢寐難見, 卽事易驗也。今吾子察言於鄙邇, 摭事於側陋。愚夫愚婦, 淺笑常茶, 無非卽事, 則目酸耳飫, 城朝庸奴固其然也. 雖然宿醬換器, 口齒生新。恒情殊境, 心目俱遷。覽斯卷者, 不必問小川菴之爲何人, 風謠之何方, 方可以得之於是焉。聯讀成韻, 則性情可論, 按譜爲畵, 則鬚眉可徵。睟睞道人嘗論, 夕陽片帆, 乍隱蘆葦, 舟人漁子, 雖皆拳鬚突鬢, 遵渚而望, 甚疑其高士, 陸魯望先生。嗟乎道人先獲矣。子於道人師之也, 往徵也哉。

17. 이재성(李在誠)의 「소단적치」(騷壇赤幟)에 쓰다

(글쓰는 사람과 국가 군사를 다루는 사람은 같다는 것)

글을 잘 짓는 사람은 전법을 잘 알고 있는 것이다.

글자는 말하자면 군사요, 글뜻은 말하자면 장수이고, 글제목은 적국이요, 옛일이나 옛이야기는 전쟁장의 보루(堡壘)다. 글자를 묶어서 구(句)로 만들고 구를 합해서 장(章)을 이루는 것은 군사의 대렬을 지어 행진하는 것과 같으며 성운(聲韻)으로써 소리를 내고 문채(文彩)로써 빛을 내는 것은 군대의 북, 종, 깃발 등과 같은 것이다. 조응(照應)¹⁾이라는 것은 봉화에 해당하고 비유(譬喩)라는 것은 유격 부대에 해당하고 억양반복(抑揚反覆)이라는 것은 백병전(白兵戰)과 육박전(肉迫戰)에 해당하고 제목을 끌어내고 결말을 짓는다는 것은 적진에 먼저 뛰어 들어 적을 생포(生捕)하는데 해당하고 함축(含蓄)을 귀중히 여긴다는 것은 적의 노폐병(老廢兵)을 사로잡지 않는데 해당하고 여운이 있게 한다는 것은 기세를 떨치어서 개선하는데 해당하는 것이다.

대체 장평(長平)²⁾의 군사는 날래고 비겁한 것이 지난 때보다 달라진 것 아니요 활이나 각종의 창도 날카롭고 무딘 것이 전날보다 변한 것이 아니언만 염파(廉頗)³⁾가 거느리고 나서서는 승전하다가 조괄(趙括)로 대신되어 몰사 죽음을 면치 못했다. 그렇기 때문에 전투를 잘 하는 사람에게는 버릴만한 병졸이 없고 글을 잘 짓는 사람에게는 쓰지 못할 글자가 없다. 만약에 적당한 장수만 얻는다면 호미, 고무래, 가시나무 빈 자루만 가지고도 무서운 무기로 사용할 수 있고, 옷자락을 찢어서 작대기 끝에 달아도 훌륭한 깃발로 되며 또 만약에 일정한 이치에만 들어맞는다면 식구간의 일상 담화도 학교의 한 과정으로 넣을 수 있고, 아이들 노래와 속담도 고전 문헌과 대등하게 칠 수 있다. 그

---

1) 조응(照應)은 문장 작법의 한가지로 첫 구절의 명제에 상응되게 뒷 구절을 조합 결말짓는 법.
2) 장평(長平)은 전국시대 조(趙) 나라의 땅인데 진(秦) 나라의 장수 백기(白起)에 의해서 조나라의 군사 40만이 몰살 당하였다.
3) 염파(廉頗)나 조괄(趙括)은 모두 조나라 장수인데 염파는 진나라와 싸워서 이기었고 조괄은 백기에게 크게 패해서 40만의 병사를 희생시키었다.

렇기 때문에 글이 정교치 못한 것이 글자의 탓은 아니다.

저 자구(字句)가 우아하다거나, 비속하다 평하고 문장이 높다거니 낮다거니 의논하는 무리는 모두 구체적 경우에 따라 진법이 변해야 하고 그 경우에 타당한 변통성에 의해서 승리가 얻어진다는 것을 모르는 사람이다. 비유해 말하자면 용감치 못한 장수가 속으로 아무런 책략도 없이 갑자기 적의 굳은 성벽에 부닥친 것이나 마찬가지로 글 지을 줄 모르는 사람이 속으로 아무런 요량도 없이 갑자기 글 제목을 만났다고 하자, 산 위의 풀과 나무까지 적병으로 보이는 바람에 붓과 먹이 다 결단나고 머리 속에 기억하고 있던 것조차 이렇게 상하고 저렇게 패해서 남는 것이 없으리라. 그렇기 때문에 글을 짓는 사람의 근심은 언제나 자기 스스로 길을 잃어 버리고 요령을 잡지 못하는 데 있는 것이다. 길을 잃어 버리고 나면 글자 한 자도 어떻게 쓸 줄을 몰라서 붓방아만 찧게 되며 요령을 잡지 못하면 겹겹으로 두르고 싸고 해 놓고서도 오히려 허술치 않은가 겁을 내는 것이다. 비유해 말하자면 군대가 한번 제 길을 잃어 버리는 때에는 최후의 운명을 면치 못하며 아무리 물 샐틈 없이 포위한 때에라도 적이 빠져 도망칠 틈은 없지 않은 것과 같다. 한 마리의 말을 가져서도 요점만 꽉 잡게 되면 그 마치 적의 아성(牙城)으로 질풍같이 쳐 들어가는 것이요. 반쪽의 말만 듣고도 요지를 능히 표시하면 그 마치 적의[4] 힘이 다할 때를 기다리었다가 드디어 그 진지를 함락시키

---

4) 원문에는 여삼고 이탈관(如三鼓李奪關)이라고 하였으니 이것은 춘추시대 노(魯) 나라 장수 조계(曺劌;일명 曹沫)가 제(齊) 나라의 군대와 싸우던 이야기다. 제나라의 군대가 북을 세번 친 다음 노나라 군대는 비로소 북을 치며 응전해서 승리를 거두었는데 조계는 그곳 적군의 힘이 다할 때를 기다린 것이라고 설명하였다.

는 것으로 된다. 글 짓는 묘리는 바로 이것으로써 최상이다.

　나의 벗 이중존(李仲存)이 고대와 현대를 통하여 과거 문체[5]로 지은 우리나라 사람의 글을 모아서 열권의 책을 만든 다음 그 이름을 소단적치(騷壇赤幟)라고 한다.

　아아! 여기 수록된 글들은 모두 몇백 번 싸운 끝에 승리를 거둔 부대들이구나. 비록 그 체와 격이 같지 않고 정밀하고 조잡한 것이 한데 뒤섞이어 있기는 하나 제대로 다 각각 승산(勝算)을 가지고 있어서 함락시키지 못할 적진은 없는 것이리라. 그 날카로운 창끝과 예리한 칼날은 무기 창고와 같이 삼엄했고 시기에 쫓아 적을 제압하는 것은 번번이 군대를 지휘하는 묘리의 글들이다. 반초(班超)[6]가 서역(西域)의 여러 나라를 진압한 것이나 두헌(竇憲)이 연연산(燕然山)에다가 전공을 새긴 것도 또한 이런 길을 좇아 나간 것이 아니겠는가? 이런 길을 좇아 나간 것이 아니겠는가?

　그런데 방관(房琯)[7]의 수레 싸움은 옛 사람을 모방하였음에 불구하고 패전을 하였건만 우허(虞詡)가 밥 해 먹은 자리를 늘린 것은 옛법과 정반대임에도 불구하고 승전하였다. 그러면 구

---

5) 과거(科擧)에만 사용되는 독특한 문체가 있었다. 산문은 과문(科文) 시는 과시(科詩), 그런 시문체는 과문체(科文體)라고 한다.
6) 원문의 정원(定遠)은 정원후(定遠侯)를 가리키는 것이요, 정원후는 고대 중국의 중국 사람 반초(班超)를 가리키는 것이다. 그의 생김이 눈썹은 제비같고 턱은 범 같다고 해서 날아서 고기를 먹는(飛而食肉) 상이라고 하였다. 또 원문의 연연(燕然)은 흉노(匈奴)가 사는 지역의 산 이름이다. 반초와 동시대의 두헌(竇憲)이 연연산에 올라가서 자기의 전공을 새기었다.
7) 방관(房琯)은 8세기경 중국 당대의 사람인데 춘추시대의 진법을 본떠서 수레로써 군영을 만들고 있다가 적의 화공(火攻)을 당하여 크게 패전하였다. 우허(虞詡)가 밥해 먹은 자리를 늘인 것은 이미 위에서 설명하였다.

체적 경우에 따라 변하는 전법은 그 중요성이 경우에 있는 것이요 법에 있는 것은 아니다.

17. 騷壇赤幟引

善爲文者, 其知兵乎, 字譬則士也。意譬則將也, 題目者敵國也。掌故者戰場墟壘也。束字爲句, 團句成章, 猶隊伍行陣也。韻以聲之, 詞以耀之, 猶金鼓旌旗也。照應者烽埈也, 譬喩者遊騎也, 抑揚反復者鏖, 戰撕殺也。破題而結束者先登而擒敵也。貴含蓄者不禽二毛也。有餘音者振旅而凱旋也。夫長平之卒其勇㥘非異於昔時也, 弓矛戈鋋其利鈍非變於前日也, 然而廉頗將之, 則足以制勝, 趙括代之, 則足以自坑。故善爲兵者, 無可棄之卒。善爲文者, 無可擇之字, 苟得其將則, 鉏耰棘矜盡化勁悍, 而裂幅揭竿頓新精彩矣。苟得其理, 則家人常談, 猶列學官, 而童謳里諺亦屬爾雅矣。故文之不工, 非字之罪也。彼評字句之雅俗, 論篇章之高下者, 皆不識合變之機。而制勝之權者也。譬如不勇之將, 心無定策, 猝然臨題, 屹如堅城。眼前之筆, 墨先挫於山上之草木, 而胸裏之記誦已化爲沙中之猿鶴矣。故爲文者, 其患常在乎自迷蹊逕, 未得要領。夫蹊逕之不明, 則一字難下, 而常病其遲澁, 要領之未得, 則周匝雖密, 而猶患其踈漏。譬如陰陵失道, 而名騅不逝。剛車重圍, 而六騾已遁矣。苟能單辭而挈領, 如雪夜之入蔡, 片言而抽綮, 如三鼓而奪關則, 爲文之道如此而至矣。

友人李仲存, 集東人古今科軆, 彙爲十卷名之曰, 騷壇赤幟。嗚呼, 此皆得勝之兵, 而百戰之餘也。雖其體格不同精粗雜進, 而各有勝籌, 攻無堅城。其銛鋒利刃, 森如武庫。趨時制敵動合兵機。繼此而爲文者, 率此道也。定遠之飛食, 燕然之勒銘, 其在是歟, 其在是歟, 雖然房琯之車戰, 效跡於前人而敗。虞詡之增竈, 反機於古法而勝。則所以合變之權, 其又在時, 而不在法也。

18. 조연구(趙衍龜)의 「위학지방도」(爲學之方圖) 발문

(미리 방책을 세워야 하는 학문이어야 후한이 없다는 책의 발문)

「위학지방도」(爲學之方圖) 상하 두 권은 도설 몇 편과 설(說)과 지(識) 몇 편으로 되어있는데 조(趙)군 이름은 연구(衍龜)요, 별호는 경암(敬庵)이라고 하는 친구가 편찬해서 책으로 만든 것이다. 이 책이 어두운 길의 나침판으로 되고 배없는 나루의 보배로운 뗏목배로 되리라는데 대하여서는 공연히 이러니 저러니 군더더기의 설명을 붙여서 무엇하랴? 그러나 발문 쓰기를 사양할 수 없으니 이에 말하는 것이니

"대개 도(道)란 것은 길과 같은 것이니 길가는 나그네를 들어서 비교하기로 하자. 어디를 가려는 사람은 반드시 그 지방까지의 노정이 몇 리나 되고 식량을 얼마나 가지고 나서야 하고 도중의 이정표, 나루, 역말 등이 얼마나 멀고 가까운 등을 자세히 알고 있어야 한다. 그런 것이 모두 눈에 환하도록 된 다음 실행으로 옮기면 언제나 안전한 것이니 길은 무난히 가게 된다. 미

리 정확한 지식을 가지고 있기 때문에 딴 길로 잘못 들어 갈 이유도 없고 샛길로 빠져서 고생할 까닭도 없고 또 지름길을 찾다가 길을 잃을 위험도 없고 중도에서 그만 되돌아 설 걱정도 없다. 이것은 지식과 실천이 결부되기 때문이다.

막상 길을 가노라면 자연히 알게 된다고 말하는 사람도 있지만 그것은 수수 물 속에서 헤엄치면서 달을 건지려 하는 것과 같고[1] 북을 지고서 죽은 아이를 찾는 것과[2] 무엇이 다르랴? 결국 완적(阮籍)이 처럼 통곡하지 않고[3] 양주(楊朱)처럼 울지 않을 사람이 드물다.[4]

비유해서 말한다면 서울서 자란 젊은 양반이 농사일에는 힘을 많이 들여야 한다고 하니까 책력 위의 철이 다른 것은 조금도 생각지 않고 동지섣달에 밭을 갈고 씨를 뿌리는 것과 같다고 할 것이다. 아무리 실천에서는 힘쓴다 한들 지식에서 그 어떻다고 보아야 하랴? 여기서 실천이 앞서고 지식이 뒤로 가서는 마침내 수확을 얻기 어려운 동시에 이 바로 조군이 염려하고 있는 것 그것이다.

만약에 공부하는 사람들이 이 책의 방법을 배워서 좇아 나간다면 밤에 등불을 켜놓은 격이요 장님이 세상을 보게 된 격이며

---

1) 원문의 수수노월(泗水撈月) : 수수(泗水)에서 헤엄치며 노수 안개속에 달을 찾아 보려는 어려움을 말함.
2) 원문의 부고멱자(負鼓覓子) : 북을 지고 두드리며 잃은 아이를 찾는다는 「장자」〈天運〉에 나오는 말.
3) 중국 삼국시대 위나라 시인이며 죽림인 완적(阮籍; 210~263)이 막다른 골목에 이르러서는 더 나갈 수 없는 것을 한탄해서 통곡하였다고 한다.
4) 중국 전국시대 개인주의 사상가 양주(楊朱)가 갈랫길에 당도해서는 어디로 가야 할른지 몰라서 울었다고 한다.

진법(陣法)에 따라 군대를 벌리는 격이요, 처방(處方)에 의해서 약을 쓰는 격이다. 한편으로는 농가의 책력으로 될 것이요, 다른 한편으로는 나그네에게 주는 이정표가 될 것이니 점잖은 분네가 이 책을 공부하는 것이 어떠할가?"

18. 爲學之方圖跋

爲學之方圖上下二卷, 圖凡幾篇。說若識凡幾則。趙君衍龜號敬菴之所蒐輯成書者也。嗟夫此爲冥道之指車, 迷津之寶筏。安容多方騈贅以爲圭馴之嗟哉, 辭旣不獲焉, 則廼言曰, 夫道者猶途也, 請以途喩行旅之適乎四方者, 必先審問所向程里幾舍, 所費餱糧幾何, 所經亭津馹堠遠近次第, 瞭然吾目中。夫然後脚踏實地, 素履坦坦。其知也先明, 故不爲邪徑走造, 不爲別歧彷徨。又無捷路榛蕪之險, 半途廢輟之患, 此知行所以兼致也。或有行當自知之說則, 亦何異於泗水撈月, 負鼓覓子哉, 其卒不爲阮哭楊泣者鮮矣。譬若京坊子弟, 徒聞力穡之爲貴, 不待人時之敬授, 窮冬耕播血指汗顔則, 行雖力矣, 於知如何, 此行先知後之卒無有穫。而趙君之所以爲懼也。苟使學者按是圖而爲方則, 如夜之懸燈, 如瞽之有相, 如兵陣之按圖。如醫藥之循方。一以爲田家之時曆, 一以爲行旅之亭堠。凡百君子, 盍勉斯諸。

기문[記]과 서간문, 묘지명의 목록

|기문|

1. 장중거의 이존당 기문　　　以存堂記
2. 백척오동각의 기문　　　　百尺梧桐閣記
3. 공작관의 기문　　　　　　孔雀館記
4. 하풍죽로당의 기문　　　　荷風竹露堂記
5. 독락재의 기문　　　　　　獨樂齋記
6. 함양군학사루의 기문　　　咸陽郡學士樓記
7. 함양군흥학재의 기문　　　咸陽郡興學齋記
8. 발승암의 기문　　　　　　髮僧菴記
9. 여름밤 놀며 노래하던 기문　夜讌記
10. 소완정이 여름밤에 친구를 찾아서에 대답하는 기문
　　　　　　　　　　　　　酬素玩亭夏夜訪友記
11. 불이당의 기문　　　　　不移堂記
12. 소완정의 기문　　　　　素玩亭記
13. 금학동 빌린 별장에서 작은 잔치하던 기문
　　　　　　　　　　　　　琴鶴洞別墅小集記
14. 만휴당의 기문　　　　　晚休堂記
15. 염재의 기문　　　　　　念齋記
16. 선귤당의 기문　　　　　蟬橘堂記
17. 말머리에서 무지개 섰던 기문　馬首虹飛記

|서간문|

18. 유사경에게 보낸 답장　　　答兪士京書
19. 홍덕보에게 보낸 답장(1)　　答洪德保書(一)
20. 홍덕보에게 보낸 답장(2)　　答洪德保書(二)
21. 경지에게 보낸 답장(3)　　　答京之(三)
22. 중일에게 보낸 편지(3)　　　與中一(三)
23. 창애에게 보낸 답장(1)　　　答蒼厓(一)
24. 창애에게 보낸 답장(2)　　　答蒼厓(二)

|묘지명|

25. 맏누님 묘지명　　　　　　伯姉贈貞夫人朴氏墓誌銘
26. 맏형수님 묘지명　　　　　伯嫂恭人李氏墓誌銘

〈기문〉

1. 장중거의 이존당(以存堂) 기문

(자기 몸 보전하는 핵심은 예절에 근거하여 행동하되 불순한 일을 참견하지 않는 일)

진사 장중거(張仲擧)는 괴걸(魁傑)한 사람이니 키가 여덟 자를 넘고 기골이 크고 억세며 조그만 예절에 구애받지 않는데다가 천성이 술을 좋아하고 또 호기를 부리어 취한 김에 실언이 많았다. 이 때문에 동네 사람들이 귀찮게 여기어 미친 선비라고 지목하며 싫어하였다. 친구간에도 미친사람이라고 비방하며 꾸짖고 나무라는 것은 말할 것도 없고 심지어 법으로 얽어 넣으려는 사람까지 있었다.

중거도 자신도 또한 후회해서 말하기를

"내가 이러다가 세상에서 살 수가 없겠구나!"라고 하였다.

말썽을 피하고 위험을 멀리할 방법을 생각한 결과 방 하나를 치우고 그 속에 들어 가서 문을 닫아 잠그고 발을 내리고는 그 방문 위에다가 이존(以存)이라고 크게 써 붙이었다. 이는 주역(周易)에서 용이나 뱀은 깊이 숨는 것으로써 제 몸을 보호한다고 했으니 대개 거기서 그런 말을 따 온 것이다.

이때까지 상종하던 술친구들을 하루 아침에 절교하면서 말하기를

"자네네는 인제 오지 말게. 나도 내 몸을 좀 보전해 가야겠네."

내가 듣고 크게 웃으며 말하기를

"중거의 보신(保身)하는 방법이 여기 그치고 만다면 해를 면하기가 어려울 것이다."

비록 증자(曾子)[1]와 같이 독실하고 경건한 분으로서도 일평생을 지키어 가면서 매일 입으로 외우다 싶이한 것이 그 어떠했던가? 아침 저녁으로 항상 보전치 못할 것처럼 조심해 지내다가 죽는 날에 이르러서야 손발을 내보이면서 비로소 일평생 온전히 살다가 죽는 것을 다행으로 여기였다. 그 외의 보통 사람이야 말해서 무엇하겠는가?

한 집앞을 미루어 한 동리나 한 고을을 알 수 있고 한 동리나 한 고을을 미루어 온 세상을 알 수 있다. 온 세상이 저렇게 널다란 것이지만 보통 사람으로서 살아가기에는 거의 발을 붙일 구석이 없다. 하루 동안 그가 보고 듣고 말하고 행동한 것을 가만히 돌이켜 생각한다면 그저 다행으로 목숨을 부지하고 요행으로 죽음을 면해 오고 있다. 이제 중거는 남이 제 몸을 해칠까 두렵다고 해서 깊숙한 방에 숨어 앉아 보전하려고 하지만 제 몸을 해치는 것이 제 몸에 있다는 것을 모르는 것이다. 중거가 비록 발자취를 없애고 그림자를 감추고 스스로 죄수처럼 지낸다고 하더라도 족히 남들의 의혹을 자아내고 남들의 노염을 집중시키게 될 것이다. 그래서야 보신하는 방법으로서는 너무나 서투르지 않겠는가?

아아! 옛 사람 중에도 남의 시기를 우려하고 중상을 겁내던 사람들이 얼마나 많았던가? 농사 일에서 숨어 지내기도 하고 드

---

1) 증자 (曾子)는 공자의 제자인데 죽을 때에 제자들에게 자기의 손발을 보이면서 생활을 몹시 조심해서 온전한 신체로 죽는다고 말했다.

메 산골에서 숨어 지내기도 하고 어촌 강변에서 숨어 지내기도 하고 도살장 갖바치 구석에서 숨어 지내기도 했으나 교묘하게 숨는 사람은 대개가 술에서 숨어 지냈다. 바로 유백륜(劉伯倫)[2] 과 같은 무리가 과연 교묘했다고 말하여야 하겠는데 죽으면 묻어 달라고 삽 든 사람을 데리고 다니는데 이르러는 그의 보신하는 방법도 아주 졸렬했다. 왜 그런가? 저 농사 일이나 드메 구석이나 강촌에서 물고기를 잡는 것이나 갖바치 고장에서 소를 잡는 일들은 모두 외부 사물에 의탁해서만 숨는 것이지만 술에 이르러는 인사불성이 되도록 취하게 되어 스스로 제 정신을 혼돈케 해 버리는 것이다. 제 몸뚱이를 어디다가 내던지든지 상관할 바가 아니요 개울이나 구렁텅이에 굴러 떨어지더라도 한할 일은 없을 것이다. 죽은 다음 그 송장에 까마귀, 소리개, 개미, 날파리들이 덤비는 것쯤이야 그 무엇이 대단하랴? 그래서는 술을 먹는 것이 애초에 보신하려는 방법임에 불구하고 삽 든 사람을 데리고 다니는 것이 도리어 그 본의와 어긋나는 것이다.

　이제 중거의 과오란 것이 술에 있건만 능히 자기 몸을 잊어버리지 못하고 보신하는 방법으로 생각해 낸 것이 사람과의 교제를 끊고 깊숙히 들어 앉는 것이다. 깊숙히 들어 앉는 것으로도 보신이 되지 못하니까 되지 않게 방 이름을 지어서 여러 사람이 보도록 써 붙인 것이다. 이것은 유백륜이 삽 든 사람을 데리고 다니는 것과 무엇이 다른가?"

　중거가 한동안 송구한 기색을 짓더니 나중에 말하기를

---

2) 진(晋) 나라 시대 죽림칠현(竹林七賢) 중의 한사람인 유령(劉伶)의 자가 백륜(伯倫)이니 그는 죽은 뒤 묻어 달라고 해서 언제나 다른 사람에게 삽을 들려 가지고 데리고 다녔다는 고사.

"자네 말과 같다면 여덟 자나 되는 이 몸을 끌고 내가 어디로 들어 가야 한단 말인가?"

내가 다시 그에게 말하기를

"내가 능히 자네 몸을 귓구멍이나 눈망울 안에 숨게 할 수가 있을 뿐이 아니라 이 천지간과 이 세계가 그보다 더 크고 넓을 수 없게 할 수 있으니 자네가 거기 숨어 보고 싶은가? 대개 사람이 서로 사귀고 일이 서로 관련되는 마당에는 한 묘리가 있으니 그 이름을 예의라고 하는 것일세. 자네가 마치 큰 적대자를 꺾어버리듯 자네 몸을 억누르면서 거기서 절제를 행하고 거기서 기준을 세워서 당치 않은 일은 귀에 머물러 두지 않는다면 몸을 숨기기에는 너무 횅하니 넓어서 숨길 여지가 있을 것일세. 눈이 몸에 대해서도 그와 마찬가지니 당치 않은 일에 무관심하여 애초부터 보지 않을 때에는 남도 나를 쳐다보지 않고 구설에 있어서도 또한 그와 마찬가지니 당치 않은 일을 입에 올리지 않을 때에는 애초에 남의 시비거리에 오르내리지 않네. 마음이야 귀나 눈보다 더 중요한 것인만큼 당치 않은 일로 마음을 동요시키지 않는다면 자기 몸 전체를 사용하는 것이 조그만 마음속을 떠나지 않으면서 어디 가서나 보신하지 못할 곳이 없네."

중거가 손을 들면서 말하기를

"이건 자네가 내 몸을 내 몸 속에 숨겨주는 것이요 보신을 걱정할 것 없이 보신이 되게 해 주는 것일세그려! 어째 벽에다 써 붙여 놓고 자기 반성을 노력하지 않겠는가?"

1. 以存堂記

進士張仲擧, 魁傑人也。身長八尺餘, 落落有氣岸, 不拘小節。性嗜酒自豪, 乘醉多口語失。以故, 鄕里厭苦之, 目之以狂生, 謗議溢於朋曹間, 有欲以危法中之者。仲擧亦自悔焉曰, 我其不容於世乎, 思所以避謗遠害之道, 掃一室閉戶下簾, 而居大書以存, 而顔其堂, 易曰, 龍蛇之蟄以存身, 蓋取諸斯也。一朝謝其所從飮酒徒曰, 子姑去, 吾將以存吾身。余聞而大笑曰, 仲擧存身之術止此, 則難乎免矣。雖以曾子之篤敬, 終身所以服而誦之者何如也, 常若莫保其朝夕, 至死之日, 啓示手足, 始能自幸其全歸, 而況於衆人乎, 一室之推, 而州里可知也, 州里之推, 而四海可知也。夫四海如彼其大也, 自衆人而處之, 殆無容足之地。一日之中, 自驗其視聽言動, 罔非僥生而倖免爾。今仲擧懼物之害, 己也蟄于密室, 欲以自存, 而不知自害者存乎其身。則雖息跡閉影, 自同拘繫, 適足以滋人惑, 而集衆怒也。其於存身之術, 不亦疎乎。

嗟乎, 古之人憂忌畏讒者何限類, 藏於田野, 藏於巖穴, 藏於漁釣, 藏於屠販, 而巧於隱者, 多藏於酒, 如劉伯倫之倫可謂巧矣, 然至荷鍤而自隨, 則亦可謂拙於圖存矣, 何則, 彼田野巖穴漁釣屠販, 皆待外而藏者也。至於酒昏冥沈酣, 自迷其性命, 遺形骸而罔覺, 顚溝壑而不郎。又何有乎烏鳶螻蟻也哉, 是飮酒欲其存身, 而荷鍤適以累之也。今仲擧之過在酒而猶不能忘其身。思所以存之, 則謝客而深居。深居不足以自存, 則又妄自標其號而昭揭之, 是何異乎伯

倫之荷鍤也哉, 仲擧悚然爲問曰, 如子之言也, 提吾八尺之
軀將安所投乎, 余復之曰, 吾能納子之軀於耳孔目竅, 而雖
天地之大, 四海之廣, 將無以加其寬博, 子其願藏於此乎,
夫人物之交, 事理之會有道存焉, 其名曰, 禮子能克, 子之
身如摧大敵. 節文於斯, 儀則於斯。非其倫也, 不留於耳。
身之藏也恢恢乎有餘地矣。目之於身亦然。非其倫也不接
於目, 身不碍乎睚眦矣。至於口也亦然。非其倫也, 不設於
口, 身不入乎齗齵矣。心之於耳目有大焉。非其倫也, 不動
於中, 則吾身之全體大用, 固不離乎方寸之間, 而將無往而
不存矣。仲擧揚手曰, 是子欲使我藏身於身, 以不存存也。
敢不書諸壁, 以存省焉。

2. 백청오동각(百尺梧桐閣)의 기문

(안의현감 때 관사에다 헌집을 개수하여 누각을 짓던 이야기)

　본관 몸채로부터 서북편으로 수십 보를 걸어 가면 폐옥(廢屋)
열 두 간이 있는데 마루에는 난간도 없고 섬돌에는 돌층계도 없
었다. 맨처음 그 뜰과 마당에는 강가의 수마난석을 가져다가 달
걀을 포개듯, 바둑돌을 괴듯 쌓아 놓았던 것인데 오랜 세월을
지나는 동안 무너져버리고 보니 울퉁불퉁하고 미끌미끌해서 밟
고 다닐 수 없을뿐더러 풀넝쿨이 얼키고 설킨 가운데 뱀, 지네
등속이 서리고 있었다.
　그래서 날마다 심부름하는 사람들을 시키어 섬돌을 깎아 내
리고 평평하게 닦은 다음 동그란 돌은 다 주어서 버리고 무너진

비탈과 쪼개진 언덕 사이로 다니면서 돌을 모아 들이였다. 어떤 것은 깨여진 얼음쪽 같고 어떤 것은 깎아낸 옥같고 어떤 것은 모가 있는 술잔 같이 이모저모가 번듯하였다. 이런 가지각색의 돌들을 모아다가 처마 기슭 아래에 놓고 각기 그 형상에 맞추어 쌓아 올린즉 개 잇바디처럼 맞물린 것, 거북의 등뼈처럼 금을 보이는 것, 터진 구멍을 채운 것 중의 가사를 꿰매놓은 것 등 무늬가 훌륭한 석축을 완성한 것이다. 먹줄이나 칼끝을 애초에 댄 일도 없건만 도끼로 깎아낸 듯 하고 집 주위를 반듯하게 꾸미니 모퉁이나 구석도 모두 분명히 나타나는 것이다.

그리고는 마루방에 퇴를 붙이고 대문 안에 뜰을 만드는 동시에 앞간을 더 내여 긴 난간을 달아 놓았다. 천장과 바람벽을 새로 바르고 앞뒤를 말끔하게 치워 놓았다. 손님을 재우기에도 좋고 여러 사람을 청해서 잔치를 하기에도 좋다. 휴식하는 처소로서 아주 적당하다.

온 뜰의 넓이가 백홀(百笏) 중에서 십궁(十弓)의 넓이[1]로 못을 만들어 연꽃도 심고 물고기 치어도 넣었다. 그리고는 바람 부는 창문을 들거나 달 비치는 난간에 의지해서 맑은 못물을 굽어 볼 때에는 그윽하기도 하고 아름답기도 하여서 모든 경치가 다 갖추어 있었다.

대개 먹다 둔 장도 그릇을 바꾸면 새로운 입맛이 나고 전부터 있던 물건이라도 환경이 달라지면 달리 보이는 것이다.

이 고을의 선비나 백성들이 여기를 와서 보고는 못이 옛날에

---

1) 백홀(百笏)과 십궁(十弓)은 면적을 말한 듯 하다. '홀'은 미상이고 궁(弓)은 八척 혹은 六척의 길이름을 말한다. 따라서 십궁은 八척 혹은 六척의 못둘레일 것이다.

없었거나 집이 본래부터 있었던 것을 깨닫지 못하고 오직 마루의 난간이 못 위에 높이 솟아있는 것만 떠들 뿐이다.

담 밖에 오동나무가 한 그루 섰는데 높이 백척쯤 된다. 짙은 그늘이 난간을 가리고 자주빛 꽃이 향기를 풍길 적에 때로 백로가 날아와서 날개를 치켜든 채 멈추어 서니 비록 봉황은 아닐망정 또한 상서로운 손님이라고 말할 수 있다. 그래서 이 집 이름을 백척오동각(百尺梧桐閣)이라고 써 붙이였다.

2. 百尺梧桐閣記

由正堂西北數十擧武, 得廢舘十有二楹, 而軒無欄, 階無甃。大抵堞城所築, 皆水磨亂石, 疊卵絫棊。歲久頹圮, 滿地磊落, 傾側膩滑難着履屐。草蔓之所縈, 蛇虺之所蟠。遂乃日課僮隸, 撤砌夷級。凡石之圓者盡輦去之, 擇石於崩崖裂岸之間, 若氷之坼也, 珪之削也, 觚之楞也, 爭來効伎, 呈巧於礱礸之下。獒牙互嗑, 龜背交灼, 窞皺袈縫, 以文以完。不施繩刃, 宛若斧劈。沿甍正直, 有廉有隅。於是乎, 堂有階, 而門有庭矣。復斥其前楹, 補以修欄, 新其塗墍, 劗除猥雜。舘客謙賓以邀以息矣。百笏量庭十弓爲池, 盛植芙蕖, 種以魚苗。於是乎揭風櫺, 凭月檻, 俯清沼而幽敻窈窕, 衆美畢具矣。夫宿漿換器, 口齒生新, 陳躅殊境, 心目俱遷。士民之來觀者, 不覺池之昔, 無閣之舊有, 而咸謂斯軒之翼然, 湧出於池上也。墻外有一樹梧桐, 高可百尺, 濃陰暎檻, 紫花飄香。時有白鷺翹翼停峙, 雖非鳳凰, 足稱嘉客。遂榜之曰, 百尺梧桐閣。

3. 공작관(孔雀舘)의 기문

(안의현 동헌의 낡은 건물을 개수하여 공작관을 짓는 것은 어진 행정을 펴며 관사를 내집처럼 쓰자는 뜻이다.)

　백척오동각(百尺梧桐閣)의 남쪽 마루방을 공작관(孔雀舘)이라고 하는데 다시 남쪽으로 수십 보를 채 못 가서 둥근[1] 지붕이 마주 바라다 보이는 것은 하풍죽로당(荷風竹露堂)이라고 했다. 그 뜰의 한중간을 막고 대나무로 책을 만들어 세운 다음 그 가운데다 구기자, 월계, 아가위, 박태기나무 등을 심으니 긴가지와 보드라운 넝쿨이 한데 얽히고 서로 포개어졌다. 그것이 봄, 여름에는 병풍으로 되였다가 가을, 겨울에는 울타리로 변하는데 병풍에는 꽃들이 어울어지는 것이 좋았고 울타리에는 눈이 쌓이는 것이 좋았다. 그 사이에는 자연스럽게 위가 뾰족하고 아래가 모진 문 하나가 이루어지고 있으나 삽작문으로 해서 닫지는 않았다. 북쪽 담을 뚫고 물을 끌어서 북쪽 못으로 들여 오고 북쪽 못에서 넘치는 것은 다시 그 앞을 구불구불 돌아 흐르게 만들었다. 이 물굽이에 연잎을 따서 넣고 다시 그 위에 술잔을 놓아서 띄워 흐르게 할 수도 있었다.
　이런 까닭에 공작관은 같은 집에서도 다른 경관을 보이고 자리를 옮기는 대로 경치를 다르게 볼 수 있는 것이다.
　내 나이 열 여덟, 아홉 살 적에 꿈을 꾸다가 한 누각에를 들어 갔다. 높고 깊은 훤하게 빈 것이 마치 관청이나 절간과 같았다. 좌우 양편에는 비단 책표지들과 옥으로 만든 책퓻대가 정

---

1) 원문의 정호로(頂胡盧)는 지붕이 호리병박처럼 둥근 형상.

연하게 꽂히었고 그 가운데는 이리저리 돌아서 겨우 한 사람이 지나 다닐만 하였다. 한가운데는 두어 자나 되는 푸른 병이 놓이고 그 속에 천정까지 닿을만큼 기다란 두 개의 푸른 깃이 꽂히여 있는 것을 한참 서성거리면서 바라보다가 꿈을 깨였다.

그로부터 20여 년 후 내가 중국에 가서 공작새 세 마리를 보니 학보다는 작고 백로보다는 컸다. 꼬리 길이가 두 자 남짓한데 붉은 다리는 뱀의 허물같고 검은 주둥이는 매부리처럼 꾸부러 들었다. 온 몸의 깃이 진한 불빛과 연한 금빛으로 빛날 뿐 아니라 그 끄트머리마다 한 개의 금빛 눈이 자주빛으로 테를 그리고 쪽빛으로 금을 그어 자개가 아롱지듯, 무지개가 뻗치듯 하였다. 푸른 새라고 해도 틀리고 붉은 새라고 해도 또한 틀린다. 가끔 몸을 웅쿠리는 대로 빛이 어둠침침했다가 곧 깃을 덜고 나서면 도로 환해진다. 잠깐 몸을 뒤치는 대로 퍼렇게 보이다가 갑자기 벌개지면 불꽃이 타오르는 듯 하다.

대체 문채의 극치가 이보다 더 지날 것은 없다.

저 빛이란 밝음에서 생기고 밝음이란 비침에서 생기고 비침이란 번쩍임에서 생기는 것이다. 번쩍임이 있어야 빛이 나니 빛이 난다는 것은 밝음과 비침이 빛에서 떠 올라서 눈으로 넘쳐 들어오는 것이다. 그렇기 때문에 글을 지으면서 종이와 먹에만 매달리는 것은 참다운 이야기가 아니요 빛을 이야기하면서 마음과 눈으로 선입견을 가지는 것은 정당한 견해가 아니다.

내가 북경에 있을 때 그 나라 동쪽 남쪽의 선비들과 날마다 단가포(段家舖)에서 만나서 술을 마시고 글을 토론하면서 언제나 공작새와 비교해서 시와 문장을 평하였었다. 그 자리에 태

사(太史)[2] 고역생(高棫生)이 앉았다가 나를 농담으로 말하기를

"우리 손님[3]의 얼굴은 공자님댁의 새와 같지 않습니까?"고 하였다.

우리는 다같이 크게 웃었다. 그 후 다섯 해만에 한 친구가 중국을 가더니 전당(錢塘) 사람 조설범(趙雪帆)이 공작관이라고 쓴 글씨 석자를 가지고 왔다. 그 전에 나는 조씨와 만난 일이 없건만 다른 사람에게서 내 이야기를 듣고 만리 밖에서 교분을 맺자고 하는 것이 아니었던가? 그러나 「관」이란 글자는 개인의 집에 붙일 이름도 못되고 또 내가 늘그막까지 방 한 칸도 못 가졌는데 어디다가 그것을 붙일수 있으랴? 이제 다행히 나라의 혜택으로 경치좋은 고을의 원노릇을 하는 지가 사년째인데 관청을 내 집으로 알고 지내고 있으므로 옛 책을 담은 헌 상자짝도 함께 가지고 다니다가 장마비를 치르고 나서 포쇄[4]하던 끝에 우연히 이 글씨를 찾아낸 것이다.

아아! 공작새를 다시 볼 수는 없으나 옛꿈을 생각컨대 그 인연이 바로 여기 있는 것이나 아닐는지 어찌 알랴? 드디어 앞문틀 위에 새겨 붙이고 이러한 사연까지 아울러 서술한다.

---

2) 태사(太史)는 고대 중국에서 문헌 편찬을 맡았던 벼슬 이름인데 그 당시의 고역생(高棫生)이 문헌 편찬 관계의 벼슬을 하고 있음에 따라 옛날의 벼슬 이름으로 부른 것이다.

3) 공자님 댁의 새라고 한 것은 공작(孔雀)을 가리키는 것이다. 즉 연암을 말함이요, 우리 손님의 얼굴이라고 한 것은 박연암의 「연」자가 「제비」라는 글자라 연암을 제비로 대고 농담으로 한 것이다.

4) 포쇄(曝曬)는 책을 볕에 쐬고 바람에 말리는 일. 대개 칠석에 책의 습기를 말린다.

3. 孔雀舘記

百尺梧桐閣之南軒曰, 孔雀舘。南距不數十武。頂胡盧而對峙者曰, 荷風竹露堂。隔其中庭, 架竹爲棚, 雜植枸杞, 玫瑰, 野棠, 紫荊于其中。脩條柔蔓, 綴絡扶踈, 掩暎虧蔽。春夏爲屛, 秋冬爲籬。屛宜錯花, 籬宜積雪。因圭其竇, 爲天然之門, 而不扉焉。穿北垣, 引溝澮納之北池。又溢北池經其前, 爲曲水摘蓮葉以承杯, 以泛以流此孔雀舘之所以同室殊境, 移席改觀者也。余年十八九時, 夢入一閣穹深虗白, 類公舘佛宇, 左右錦匣玉籤帙然排揷, 曲拆經行, 纔通一人, 中有數尺綠甁, 揷二翠尾, 高與屋齊, 裵徊久之而覺。其後二十餘年, 余入中國, 見孔雀三, 小於鶴, 而大於鷺。尾長二尺有咫, 赤脛而蛇退, 黑嘴而鷹彎, 遍體毛羽, 火殷金嫰。其端各有一金眼, 石綠點睛, 水碧重瞳, 暈紫界藍, 螺幻虹縠。謂之翠鳥者非也, 謂之朱雀者亦非也。時警竦而入晦, 卽鬖髿而還魂, 俄閃弄而轉翠, 倏葳蕤而騰燄。蓋文章之極觀, 莫尙於此。夫色生光, 光生輝, 輝生耀, 耀然後能照, 照者光輝之泛於色, 而溢於目者也. 故爲文而不離於紙墨者, 非雅言也。論色而先定於心目者, 非正見也。在皇城時, 與東南之士, 日飮酒論文於段家舖。每擧似孔雀, 爲之評其詩若文, 而座有高太史棫生。戲之曰, 我客斯容何如夫子家禽, 相與大笑。其後五年, 客之遊中州者, 得孔雀, 三字而還, 錢塘人趙雪帆所書也。曩者吾於趙, 未有一面。豈於他人乎, 聞余之風而萬里寄意者耶, 然而舘非私室之號, 而吾且老無一廛之室, 顧安所揭之, 今幸蒙恩, 得宰名區。水竹四載, 以官爲家, 則舊書弊簏隨身俱在。霖餘曝書, 偶得此筆。
 噫, 孔雀不可復見, 而追思疇昔之夢, 安知宿緣之不在於斯乎, 遂刻揭前棟, 並識如此。

4. 하풍죽로당(荷風竹露堂)의 기문

(안의현 동헌구내 헌집들을 정리하고 병당관 연못을 만드는 것은 백성에게 선정을 베풀자는 뜻이다.)

 동헌의 몸채 서쪽으로 또 한 채의 집이 마굿간, 목욕간과 맞닿아 있었는데 본래 곳간으로 쓰다가 그만 둔 집이다. 그로부터 두어 걸음 밖으로는 쓰레기를 버리고 재를 던져서 산처럼 쌓인 것이 처마보다도 높이 솟아 올랐으니 대개 이 동헌에서 가장 외진 구석이요 모든 오물이 다 몰려드는 곳이였다. 봄이 되어 눈도 녹아 내리고 바람이 훈훈해지자 견디기가 더욱 어렵다. 날마다 하인들을 시키어 쳐 내고 긁어 낸지 거의 열흘만에 훤하게 빈 터로 만들어 놓은즉 가로는 25장이요, 세로도 그 10분지 3은 된다. 헝클어진 잡목은 베어내고 무성한 풀은 깎고 구덩이를 메우고 두드러진 데를 평평하게 고르고 마굿간마저 다른 곳으로 옮기니 그 터가 한결 더 널직하였다. 보기 좋은 나무들을 줄 맞추어 심었으며 벌레나 쥐와 같은 것들을 멀리 쫓았다.
 그런 다음 그 반을 갈라서 남쪽으로는 못을 팠고 북쪽으로는 헌 곳간의 재목을 이용해서 집을 지었다. 동향으로 앉은 그 집은 가로 4간, 세로 3간인데 꼭대기를 상투처럼 올리어 둥근 지붕으로 만들어 덮었다. 한 가운데가 큰 방이요, 잇달아 골방이요, 왼쪽으로 달아 내여 오른쪽을 가리지 않은 것은 대청마루요, 높은 것은 다락이요, 삥 둘린 것은 난간이요, 훤한 것은 밝은 창문이요 둥글게 뚫린 것은 통풍 지겟문이다.

끌어 들인 도랑물이 푸른 대로 된 울타리를 꿰뚫고 이끼 낀 마당을 쪼개면서 흐르다가 흰 돌을 덮어 퍼져서 졸졸 소리를 내는 시내로도 되고 물방울을 뿜는 폭로로도 된 다음 남쪽 못으로 들어가게 만든 것이다.

벽돌을 쌓아 난간을 만들어 못둑을 보호하였다. 또 그 앞으로 긴 담장을 쌓아 바깥 뜰과 갈라 놓았고 그 중간에 쪽문을 내여 몸채와 통하게 하였으며 거기서 더 남쪽으로는 모두 못 둔덕을 삼았고 그 중간에 무지개다리를 놓아 연상각(烟湘閣)과 통하게 되었다.

대체로 이 집의 특별한 경치는 담에 있다. 어깨쯤 높이에서부터 기와 두 장을 합해 가지고 이리 세우고 저리 눕히고 하여 여섯 모 마름모꼴 되기도 하고 쌍고리 가락지 모양되게도 하고, 터져서 노전 모양[1] 되기도 하고 서로 이어져 설전[2]이 되기도 하여 허공의 정묘한 장식으로서 아름답고 아늑하다.

담장 아래로는 홍도나무 한 그루와 늙은 살구나무 두 그루를 심고 누각 앞으로는 배나무 한 그루요, 집 뒤로는 푸른 대가 몇 만 줄기요, 못 가운데는 연꽃이 몇천 줄기요, 뜰 한가운데는 파초가 열 한 대요, 밭 가운데는 인삼이 아홉 대요, 그 이외에도 일찍 피는 매화가 한 분이다. 이 집의 대문 밖을 나서지 않고서

---

1) 원문의 탄노전(綻魯錢)인데 '노전'은 미상이나 조어거나 당시의 속어인듯.
2) 원문의 설전(薛餞)인데 이것도 조어거나 당시의 투어인듯 하다.

도 사시 사철의 경치를 골고루 구경할 수 있을 것이다.

　만약 후원을 거닐 때에 일만 줄기 대로부터 구슬이 떨어지면 그것은 맑은 이슬이 내리는 새벽이요, 난간에 의지했을 때에 일천 줄기의 연꽃이 향기를 풍기면 그것은 바람이 신선한 아침이요, 옷가슴이 답답해서 풀어 헤치고 싶고 갓망건이 무거워서 눈이 아래로 감길적엔 파초 소리를 듣고 갑자기 정신이 맑아지는데 그것은 시원한 비가 지나가는 한낮이며 반가운 손님이 누각에 올랐을 때에 사람까지 더 깨끗해 보이면 그것은 비 온 끝에 달이 돋은 저녁이요, 주인이 휘장을 내리었을 때에 매화가 수척해[3] 보이면 그것은 엷은 눈이 내린 밤이다.

　이것은 하루 동안에도 그 계절의 변화가 주변의 물상에 따라 다르게 나타나는 경관이려니와 실상은 그 어느 것이나 저 백성들과는 아무런 관계도 없는 일이다.

　이것이 어찌 한 고을원으로서 이 집을 지은 본의겠는가?

　아아! 다음 날 이 집에 와서 거처하는 사람은 아침 연꽃에서 먼 향기를 맡거든 덕화를 바람과 같이 멀리 퍼지게 하며 새벽 대잎에서 방울진 이슬 물을 보거든 은택을 이슬과 같이 골고루 입게 하라. 이 바로 이 집의 이름을 지은 연유인바 이로써 뒤에 오는 사람들을 기다리고 있노라.

4. 荷風竹露堂記

　正堂西廂廢庫荒頓。廐溷相連。數步之外, 委溺棄灰, 朽

---

3) 원문의 매동구자(梅同癯者)는 중국의 옛시인들이 매화꽃을 수척하다고 형용하며 심지어 매화를 수척한 신선[癯仙]으로까지 읊은 일이 있었다.

壤堆阜, 積高出簷, 蓋一衙之奧區, 而衆穢之所歸也。方春
雪消風薰, 尤所不堪。遂乃日課僮隷, 畚擔刮剔, 匝旬而
成, 曠墟橫延二十五丈, 廣袤十之三焉。剚灌薙荑, 凸塡
坎, 糟櫪旣徙, 地益爽塏。嘉木整列, 蟲鼠遠藏。於是, 中
分其地, 南爲南池, 因廢庫之材, 北爲北堂。堂東面, 橫四
楹, 縱三楹, 會櫼如髻冒以胡盧。中爲燕室, 連爲洞房, 前
左挾右虛爲敞軒, 高爲層樓, 繚爲步欄, 疎爲明牕, 圓爲風
戶。引曲渠, 穿翠屛, 畫苔庭, 鋪白石被流暎帶, 鳴爲幽硯,
激爲噴瀑, 入于南池。架甎爲欄, 以護池塢。前爲脩墻, 以
限外庭。中爲角門, 以通正堂。盆南以折, 屬之塘隈。中爲
虹空, 以通烟湘小閣。大抵堂之勝在墻。及肩以上, 則更合
兩瓦堅倒偃側, 六出爲菱, 雙環爲琑, 綻爲魯錢, 聯爲薜
牋, 突空瓏瓏, 窈窕遼夐。墻下一樹紅桃, 池上二樹古杏,
樓前一樹梨花, 堂後萬竿綠竹, 池中千柄芙蓉, 中庭芭蕉十
有一本, 圃中人蔘九本, 盆中一樹寒梅, 不出斯堂, 而四時
之賞備矣。若夫涉園而萬竹綴珠者, 淸露之晨也, 凭欄而千
荷送香者, 光風之朝也, 襟煩鬱而慮亂, 巾鞾墊而睫重, 聽
于芭蕉而神思頓淸者, 快雨之晝也, 嘉客登樓, 玉樹爭潔
者, 霽月之夕也, 主人下帷, 與梅同癯者, 淺雪之宵也。此
又隨時寓物各擅其勝於一日之中, 而彼百姓者無與焉, 則
是豈太守作堂之意也哉。

噫, 後之居斯堂者, 觀乎荷之朝敷, 而所被者遠則, 如風
之惠焉, 觀乎竹之曉潤而所沾者勻則, 如露之溥焉。此吾所
以名其堂, 而以待夫後來者。

5. 독락재(獨樂齋)의 기문

(최진겸(崔鎭謙)의 글방인 「독락재」에 기문을 쓰되 독락의 의미를 훑어보았다.)

　천하와 더불어 즐거워할 적에는 여유가 있다가도 제 몸 혼자서 즐기려 할 때에는 오히려 부족함을 느낀다.
　옛적에 요임금이 평복을 입고 큰 길거리를 돌아다닐 때[1]는 과연 천하와 함께 즐거워했다고 말할 것이냐[2] 지방 관리의 축수를 들은 뒤로는 근심하고 걱정해서 금시에 무슨 큰 일이 나는 것처럼 여기였다.
　아아! 그와 같은 축수를 듣는다는 것은 인생의 큰 염원으로 되고 천하의 지극한 즐거움을 이루는 것이겠는데 요임금이 어찌 겉으로 겸손하는 태도를 짓고 거짓 사양하는 체 해서 그랬겠는가? 실제로 자기 몸에 결함이 있어서 그 즐거움을 누리기 어려운 점이 있었던 것이다.
　이제 한 사내가 떠들썩거리며 여러 사람에게 말하기를 나는 몸 혼자서 즐거워한다고 한들 누가 얼른 믿어 줄 것이랴? 그럼에도 불구하고 자기 방 이름을 독락(獨樂)이라고 하다니 그 아니 어리석고 미욱스러우랴?
　아아! 사람의 마음은 누구나 한평생 즐겁게 살다 죽고 싶지 않을가마는 임금이라는 높은 지위와 천하를 독차지한 부력으로써도 단 하루나마 제 심리에 꼭 들어 맞아 그 이외에 더 바랄 것

---

1) 요(堯)가 미복으로 길거리를 다니는데 늙은 백성이 나는 내 손으로 일해서 살지 임금의 힘을 보는 것이 무엇이냐고 노래를 불렀다고 한다.
2) 요가 화(華)라는 지방을 지나갈 때 그 지방의 관리가 그에게 오래살고 부자로 되고 아들을 많이 낳으라고 축수했다고 한다.

이 없기는 거의 어렵다. 더구나 가난하고 천한 한 개의 보통 사내로서 근심 걱정에 파묻힐 처지겠는가?

이것은 다른 까닭이 아니다. 좋아하고 미워하는 감정은 바깥 물건에 달려있고 얻고 잃는 이해 계산은 속 생각에 가로걸리어 마음이 분주스럽게 무엇을 바라고 항상 급급하게 서둘러도 오히려 충분하다 생각 못하니 어느 겨를에 즐거워할 수 있겠는가?

그렇기 때문에 마음속에 잡은 것이 있어서 바깥 물건으로부터 동요되지 않은 이후라야 비로소 즐거움을 이야기할 수 있다. 슬며시 다른 사람을 본떠다가 될 것도 아니지만 어찌 바둥바둥 애를 쓴다고 이루어질 것이랴? 요컨대 본래의 순수한 기운을 보존하고 천지의 운행과 마찬가지로 쉬지 않으면서도 아무런 행동에나 부끄러울 것이 없으며 어디 가서 혼자서나 두려울 것이 없어야 할 것이다. 이것은 사물의 이치가 반드시 그렇다는 것을 아는 동시에 지극한 자기 수양을 쌓는데서 비로소 얻어지는 것이니 아버지가 아들에게 물려줄 수도 없고 아들이 아버지에게서 물려받을 수도 없는 것이다.

요임금은 그로써 천하를 다스리었고 순임금[3]은 그로써 부모를 섬기었고 하우씨(夏禹氏)는 그로써 물난리를 막아내었으며 비간(比干)[4]은 그로써 임금을 섬기었고 굴원(屈原)은 그로써 자기 나라의 풍속을 안타깝게 여기었다. 장저(長沮)[5]와 걸익(桀溺)

---

3) 순(舜)임금은 대효(大孝)의 표본으로 동양에서 존경받는다.
4) 비간(比干)은 은(殷)의 최종 임금인 주(紂)의 숙부요, 주(紂)의 악정을 삼일간 간한 까닭에 주가 죽여서 배를 째고 심장을 보았다는 중국 고대의 명인이다.
5) 장저(長沮)와 걸익(桀溺)은 중국 고대 춘추시절 초나라 은자들, 공자를 비웃은 은자, 공자가 여행하는 도중 장저(長沮) 걸익(桀溺)의 두 사람이 짝을 지어 밭을 가는 것을 보고 그의 제자인 자로(子路)를 시켜 길을 물으라고 하였더니 그 두 사람은 모두 공자의 행동을 비판하면서 길은 가리켜 주지 않았다.

이 짝을 지어 들일을 다니고 유령(劉伶) 완적(阮籍)[6]의 무리가 일평생 술을 마시는 등 비록 그 성질이 같은 것은 아니라고 하더라도 지극한 즐거움을 이루고 있는 데만은 일치한다.

 만약에 저 몇몇 분이 털끝만치라도 불만한 구석이 있어서 몸에 피로를 느끼었다고 하면 요임금이 늙기를 기다리지 않아서 정치에 싫증을 내었을 것이며 순임금이 거문고를 뜯을 기운이 없고 하우씨가 수레를 타기에 멀미를 내었을 것이며 비간이 배를 가르고 굴원이 강에 빠지지는 않았을 것이며 장저 걸익이 밭을 가는 일에만 착심하지 않고 이 세상의 모든 잇속이나 손해와 영예나 욕됨으로 그 마음을 흔들리어 그 행동을 한결같이 못했을 것이다. 그러므로 자기 성질에 적합한 것을 찾아서 거기만 골몰하면 술을 마시는 것으로도 일평생을 즐겁게 지낼 수 있거든 하물며 창문이 밝고 책상이 조용한데서 밤낮 글만 읽고 게으를줄 모르는 사람이야 어떠하랴?

 최(崔)씨 집의 젊은이 진겸(鎭謙)[7]이 하계(霞溪) 위에 집을 지어 놓고 뜻 맞는 선비 두어 사람과 함께 그 집 속에서 글을 읽으면서 그 집을 독락(獨樂)이라고 이름지었으니 그것은 옛 사람이 가르친 도로 나갈 것을 뜻하기 때문이다. 나는 그의 뜻을 장하게 여기고 이렇게 기를 지었다. 그의 전심하는 바가 더 커지고 그와 함께 혼자서 즐거워할 수 있는 사람이 더 많아지게 하자는 것이다. 이또한 내가 그 즐거움을 천하에 퍼뜨리는 것으로 될 것이다.

---

 6) 완적(阮籍)은 진(晋) 나라의 시인으로서 유령(劉伶) 혜강(嵇康) 등과 함께 죽림칠현(竹林七賢)으로 소문난 사람들이다.
 7) 최진겸(崔鎭謙) 미상.

5. 獨樂齋記

以天下樂之有餘, 而獨樂於己不足。昔者堯遊於康衢, 熙熙然可謂樂以天下矣。及辭封人之祝, 則憂苦悲悴, 悸然有不終夕之歎。嗟乎封人之祝, 可謂備人生之大願, 極天下之至樂, 夫豈堯以撝謙飾讓而爲悅哉, 誠有所病於己, 而獨專之爲難也。今有一妄男子, 囂囂然號於衆曰, 我能獨樂人孰肯信之, 而猶然名其齋曰, 獨樂者, 尤豈非愚且惑歟, 噫, 人情孰不欲, 欣欣然樂於心而終身哉, 然而自天子之尊, 四海之富, 常求其一日之樂, 所以稱於心, 而足乎己者幾希矣。而況匹夫之貧賤, 有不勝其憂者乎, 此無他, 好惡係於外物, 得失交乎中情。心營營而有求, 恒汲汲而不足, 又奚暇志于樂哉, 故自得於中, 而無待於外, 然後始可與言樂矣。非剿襲而可得, 豈强勉而致, 然含元氣之氤氳, 體剛健而不息。無愧怍於俯仰, 雖獨立而不懼。知其理之必當, 良獨由乎至誠。父不可以與其子, 子不可以得之於父。堯以之而治天下, 舜以之而事其親, 禹以之而平水土, 比干以之而事其君, 屈原以之而憫其俗, 長沮桀溺耦耕於野, 而劉伶阮籍之徒終身飮酒, 雖所性之不同, 亦至樂之所寓爾。夫是數君子者苟一毫之不慊, 若四體之罷役, 堯不待耄期而倦於勤矣。舜懈於鼓琴, 而禹瘁於乘樏矣。比干不必剖, 而屈原不必沈矣。長沮桀溺不安於耕田, 而凡天下之利害榮辱, 皆得以動其心, 而撓吾之素行矣。故得行其所性, 而能專於己, 則飮酒者猶然終身, 而況疏其牖而靜其几, 晝夜讀書而匪懈者乎, 崔氏子鎭謙, 作堂於霞溪之上, 與同志之士數人, 讀書於此堂之中, 而以獨樂名, 所以志于古人之道也. 吾大其志而爲之記如此, 欲以益其專而衆其獨, 此吾所以廣其樂于天下也.

6. 함양군 학사루(咸陽郡 學士樓) 기문

(학사루는 최치원을 기리는 누각으로 그의 재주는 비상하고 뜻은 고상했다.)

함양(咸陽) 읍에서 동쪽으로 백걸음쯤 떨어져서 성벽 곁에 누각을 몇 간 지어 놓았는데 오랜 세월에 그만 퇴락해 버리었으니 서까래는 썩어서 내려앉았고 단청을 칠했던 것도 새까맣게 되어 버리었다.

지금 임금님이 왕위에 오른 지 19년 갑인(1794)에 군수 윤공(尹公) 광석(光碩)이 개연히 자기 봉급에서 비용을 내놓고 전체를 수리해서 그 누각의 옛 모습을 복구하기에 이르렀다. 이름도 옛날과 마찬가지로 학사루(學士樓)라고 하면서 변변치 않은 이 사람(연암)에게 글을 지어서 기록해 줄 것을 부탁하였다.

함양은 신라 때의 천령군(天嶺郡)이다. 문창후(文昌侯)[1] 최치원(崔致遠)의 자는 고운(孤雲)인데 그가 첨령군의 원으로 와서 이 누각을 지은 지 벌써 천년이다. 그런데 천령의 백성들은 문창후를 잊지 않고 지금까지 이 누각의 이름을 학사라고 부르고

---

1) 고려 현종(顯宗) 때 최치원(崔致遠)을 공자 사당 안에다가 붙이여 제사를 지내기로 결정하는 동시에 내사령(內史令) 문창후(文昌侯)를 증직하였다.

있다. 그것은 그의 유적을 기념하기 위한 것이다.

처음 고운의 나이 열 두살 때 장사꾼 배를 타고 당(唐) 나라로 건너가서 당희종(唐僖宗) 건부(乾符)2) 갑오(甲午)년 배찬(裵瓚)3)의 방(榜)인 과거에 급제하고 시어사(侍御史)4) 내공봉(內供奉) 사자금어대(賜紫金魚袋)라는 지위에까지 올랐다. 나중에는 회남도통(淮南都統)5) 고변(高騈)의 종사(從事)로 있다가 그가 황소(黃巢)를 토벌코자 각 지방의 군대를 소집할 때 그를 위해서 격문을 기초하였더니 황소가 그 격문을 보고 놀라서 상 아래로 떨어져 버리였다 한다. 이때부터 고운의 명성은 전 중국에 울리었던 것이다. 당서(唐書)6) 예문지(藝文志) 가운데도 고운의 저작인 계원필경(桂苑筆耕)7) 네 권이 기록되여 있다. 그후 광계원년(光啓元年)8) 을사에 이르러 당나라 사신의 자격으로 고국에 돌아온 것이다. 소위 무산(巫山) 십이봉(十二峰)의 나이 때 실(絲)로써

---

2) 당희종(唐僖宗) 건부(乾符) 갑오는 바로 건부 원년(元年)이요, 서기 AD 874년이다.
3) 배찬(裵瓚)은 그 과거의 장원으로 급제한 사람인데 장원한 사람의 이름 아래에 방(榜)자를 붙이어 그 과거 명칭을 가리키는 것이 옛날의 한 관습이다.
4) 시어사(侍御史) : 내공봉(內供奉)은 당의 관직명이요, 자금어대(紫金魚袋)는 그 당시 관리의 복식이다. 본래 당에서 3품 이상은 자주 옷, 5품 이상은 붉은 옷을 입는데 3품이 못 되는 사람에게 자주 옷을 입게 특별히 명령하는 것을 사자금어대(賜紫金魚袋)라고 했다.
5) 황소(黃巢)는 구세기 말 당의 봉건정치를 반항하여 농민 반란을 일으켰던 사람이요, 고변(高騈)은 봉건 정부를 옹호해서 농민 반란군과 싸운 사람이다.
6) 당서(唐書)는 당 시대의 역사를 서술한 책이요, 예문지(藝文志)는 그중에서 그 시대의 문헌을 열거해서 보인 한 편의 이름이다.
7) 계원필경(桂苑筆耕)은 최치원이 고변의 종사로 있을 때의 저작을 모은 책이다. 최치원이 고국으로 돌아온 뒤 다시 그 책을 중국으로 보내어 맨처음 중국에서 간행된 것이다.
8) 광계(光啓)도 당 희종의 연호인데 그 원년은 AD 885년에 해당한다.

중국에 갔고 은하 이십팔수(二十八宿)의 해에[9] 비단[錦]이 되여 고국으로 돌아왔다는 것이 바로 이런 내력을 이야기하고 있다.

우리나라 역사에서는 고운이 벼슬을 버리고 가야산(伽倻山)으로 들어가서 하루 아침 숲속에 신발을 내던지고 없어졌는데 그 후의 일은 모른다고 한다.

세상에서는 드디어 고운이 도를 닦아서 신선이 된 것이라고 하지만 이것은 고운을 알지 못하는 소리에 지나지 않는다. 고운이 일찍이 열 가지의 조목[10]을 들어 그 임금을 간하였던바 그 임금이 능히 채택하여 쓰지 못하고 말았다.

천령에서 때가 아니였을가?

아아! 고운이 중국에서 벼슬할 때에는 당나라가 한참 어지러웠고 부모의 나라로 돌아온 때에는 신라의 운수도 막다른 골목에 들어섰다. 천하를 두루 돌아다녀 보았지만 몸담아 둘만한 곳이 없어서 마치 하늘가의 한가로운 구름이 무심히 떠다니다가 말다가 하는 것과 같았을 것이니 스스로 고운이라고 자를 지은 데서도 그런 심경이 표현되어 있다. 그 당시의 그로서는 벼슬살이의 호강이 썩은 쥐새끼나 헌신짝만도 못하게 여겼을 것이니 후대 사람이 오히려 그의 학사란 직함을 쓰는 것은 고운을 더럽히는 것이요, 이 누각도 고상하지 못하게 만드는 것 아닌가? 그렇건만 이 고을 사람들은 고운을 사모할 적에 문창후라고 하지 않고 꼭 학사라고 부르며 고운이라고 하지 않고 꼭 그의 직함을

---

9) 원문의 무협중봉지세(巫峽重峰之歲)는 12봉으로 12세를 말함. 은하열숙지년(銀河列宿之年)은 28숙인 28세를 말하는데 최치원(857~?)은 12세에 입당하여 18세에 당나라에서 과거에 합격하고, 28세에 금의환향 했다는 말을 한 것.

10) 최치원은 신라 진성여왕 8년(894)에 '시무 10조'(時務十條)를 상소하였으나 시행되지 못했다.

부르며 돌에 새겨서 기념하지 않고 누각의 이름을 삼고 있다. 그것은 고운이 신선으로 되여 갔다는 말을 곧이 듣지 않고 이 누각 가운데서 다시 만날 것처럼 생각되었던 것이리라. 만약 높은 오동나무에 달빛이 가릴 때 사면의 창문이 은은하게 빛나면 그 마치 굽은 난간에서 학사가 거닐고 있는 듯 하고 바람이 긴 대를 흔들 때 학의 울음 소리가 맑게 들리면 그 마치 가을날에 학사가 시를 짓고 있는 듯 하였으리라.

이 누각을 학사루라고 이름지은 것도 오랜 유래를 가지는 것이구나!

6. 咸陽郡學士樓記

咸陽郡治, 東距百武, 臨城而樓, 凡幾楹歲久荒頹, 榱桷摧朽, 丹艧昧皫. 上之十九年甲寅, 郡守尹侯光碩, 慨然捐廩, 大興修治, 悉復樓之舊觀. 仍其古號曰, 學士, 屬不佞爲文, 而記之. 咸陽新羅時, 爲天嶺郡, 文昌侯崔致遠字孤雲, 嘗爲守天嶺, 而置樓者, 蓋已千年矣. 天嶺民懷侯遺惠, 至今號其樓曰, 學士者, 稱其所履而志之也. 初孤雲年十二隨商舶入唐. 僖宗乾符甲午, 裴瓚榜及第, 仕爲侍御史, 內供奉賜紫金魚袋淮南都統, 高騈奏爲從事, 爲騈草檄召諸道兵, 討黃巢, 巢得檄驚墜牀下, 孤雲名遂震海內. 唐書藝文志, 有孤雲所著桂苑筆耕四卷. 及光啓元年乙巳, 充詔使東還, 所謂巫峽重峯之歲, 絲入中原, 銀河列宿之年, 錦還東國者, 是也. 國史, 孤雲棄官入伽倻山, 一朝遺冠屨林中, 不知所終. 世遂以孤雲得道, 爲神仙. 此非知孤雲也.

孤雲嘗上十事, 諫其主, 主不能用。伽倻之於天嶺, 不百里
而近, 則其超然遐舉者, 豈非在郡時耶。

　嗟乎, 孤雲立身天子之朝, 而唐室方亂, 斂跡父母之邦,
而羅朝將訖。環顧天下, 身無係著。如天末閒雲, 倦住孤征,
卷舒無心, 則孤雲所以自命其字, 而當時軒冕之榮, 已屬腐
鼠弊屣矣。乃後之人猶戀其學士之卿, 不幾乎病孤雲, 而累
斯樓哉, 然而郡人之慕孤雲者, 不曰, 崔侯, 而必號學士。不
曰, 孤雲, 而必稱其官, 不頌于石, 而惟樓是名焉。不信其遺
蛻林澤之間, 而彷彿相遇于是樓之中。若夫月隱高桐, 八牕
玲瓏, 則依然學士之步曲欄也, 風動脩竹, 一鶴寥廓, 則怡
然學士之咏高秋也。樓之所以名學士, 其所由來者遠矣夫。

7. 함양군 흥학재(咸陽郡 興學齋)의 기문

(흥학재에 처음으로 부임하는 원님들의 7대 행정 중 교육
사업이 최우선임을 역설하는 기문)

　각 고을의 원들이 처음 임명되면 그 고을의 경주인(京主人)[1]
은 우선 그에게 7가지의 일을 적어다가 준다. 그가 임금에게 부
임 신고 하직을 고하러 들어가면 특히 마루 위로 올라 오라고
명령한다. 그 다음 승지(承旨)가 벼슬과 성명을 아뢰라고 할 때
숨을 죽이고 엎드리어 무슨 벼슬의 누구라고 고해야 하고 또 그

---

1) 조선조 지방 각 고을에서는 중앙과 연락을 긴밀히 취하기 위해서 서울안의 일정
한 사람들에게 그 사무를 맡기어 두고 있었다. 그런 사람을 경주인(京主人)이라
고 부르는바 곧 중국의 저리(邸吏)에 해당하며 지금의 재경 연락사무소격이다.

다음 7가지의 일을 아뢰라고 할 때 일어났다가 다시 엎드리어 벌벌 떨면서 그 7가지의 일을 외어야 하는 것이다.

"농사 짓고 누에 치는 일이 발전되어 갑니다. 인구가 증가되어갑니다. 학교 교육이 향상되어 갑니다. 군사 행정이 잘 갖추어져 갑니다. 세금과 부역이 공평해져 갑니다. 소송이 간결해져 갑니다. 아전[2]들의 협잡이 없어져 갑니다."라고 아뢰고 순서[3]에 따라 물러 나와 그로써 자기 행정의 지침을 삼으면서 자기가 맡은 고을로 내려 오거니와 이따금 차례를 뒤바꾸거나 잘못 읽은 탓으로 그 자리에서 원이 떨어진 사람들도 드물지 않은 것이다.

대개 이 7가지의 일이란 것은 모두 지방 행정의 큰 항목이요, 백성을 통치해 가는데 있어서 중요한 목표니 국가로서 현실을 치중하여 명백히 경계해 두는 것이 이러하다. 이 중의 하나만이라도 잘못 만든다면 물론 그에게다가 한 지방에 대한 권리를 주어 백성들의 생활을 책임지우기 곤란하다. 그러나 한갓 입으로 외우기만 한다고 모든 일이 다 되는 것은 아니다. 옛 성인의 모든 훌륭한 행실도 입으로 외우지 못할 사람은 없는 노릇이다. 어떤 사람이나 그런 것을 능히 입으로 외우는 것만 보더라도 성인의 행실이 입으로 외우는 데만 달려있지 않다는 것은 또한 명백하다. 각 고을의 책임지는 관리들이 한갓 그 7가지의 일을 입으로 외우기만 해서는 무엇에 쓸 것인가? 또

"농사 짓고 누에 치는 일을 발전시키겠습니다." 하지 않고

"농사 짓고 누에 치는 일이 발전되어 갑니다." 하니 그것은

---

2) 원문의 간활(奸猾)은 일반적으로 간사하고 교활한 의미지만 여기서는 주로 아전에 대해서 협잡하는 것을 지적하는 것이다.

3) 원문의 이차추출(以次趨出)은 여러 사람이 차례를 따라서 나온다. 보다 그 한 사람이 순서에 의해서 마치고 나온다고 해석한다.

이미 과거의 성과를 가리키는 것이요, 장래의 목표를 삼겠다는 말도 아니다. '인구' 이하의 모든 항목이 전부 마찬가지다. 더구나 새로 임명되어 아직 행정 사무를 시작하기도 이전, 임금에게 하직을 고하는 마당에서 어찌하여 지난날 유명한원들의 성과를 모아다가 마치 제 성과처럼 늘어 놓아야 한단 말인가? 정히 필요하다면 승지(承旨)가 크게 기침하고 목소리를 가다듬으면서 임금의 명령으로서 일러 줄 일이다.

"농사 짓고 누에치는 일을 발전시켜라. 인구를 증가시켜라. 학교 교육을 향상시켜라. 군사 행정의 일을 정비하라. 세금과 부역을 공평히 하라. 소송이 적이지도록 만들라. 아전들이 작폐하지 못하도록 만들라."

이렇게 이르면서 원으로 임명한 자로 하여금 머리를 조아리며 엄숙하게 들으라고나 한다면 그것은 그래도 옛날에 법을 읽혀서 들리던 의사라고 해석할 수 있을 것이다.

그런데 점잖은 사람이 이 7가지의 행정을 시작하는 데는 그 중에서 가장 급히 해야 할 것이 3가지요, 또 그 중에서 가장 먼저 착수해야 할 것이 하나다. 무엇이 급히 해야 할 것인가? 농사 짓고 누에 치는 일이다. 세금과 부역이다. 인구다. 어째서 그 3가지를 급히 해야 하는가? 상서(尙書)에서 이르기를

"생산이 풍부해야 사람도 좋아진다."고 하였다. 대개 농사 짓고 누에 치는 일이 발전되지 못하면 교육을 향상시킬 수 없고 세금과 부역이 공평치 못하면 인구가 증가될 수 없고 인구가 증가되지 못하면 군사 관계의 일도 정비할 수 없었다. 만약에 농사 짓고 누에 치는 일을 발전시키고 세금과 부역을 공평히 하면 도망가고 흩어졌던 인구가 다시 모여 들어 인구가 저절로 증가

될 것이요, 따라서 군사 관계의 일을 정비하는 것도 별로 걱정할 필요가 없지 않은가? 소송 사건과 아전의 작폐도 그와 함께 자연히 줄어 들고 없어질 것이다. 그런데 실제의 착수는 어느 것을 먼저 해야 할가? 교육 사업을 가장 먼저 착수해야 한다. 어떻게 먼저 착수해야 할가? 자기 몸으로써 솔선하여 실천해야 한다.

농사 짓고 누에 치는 일은 아무리 급히 해야 한다고 하더라도 백성들을 부지런히 권장시키기나 하였지 한 지방을 책임진 관리가 몸소 발벗고 나설 수는 없는 바다. 세금과 부역을 공평히 하고 인구를 증가시키고 소송을 적게 만들고 아전들의 작폐를 없게 하는 일 같은 것은 더구나 억지로 만들어 내지는 못할 것이다. 그렇다면 책임진 관리로서 몸소 곧 실행할 수 있는 일은 교육이 있을 뿐이다. 자유(子游)⁴⁾가 무성(武城)의 원으로 되여서 문화 행정에 치중하면서 말하기를

"우리 선생님께 들은즉 점잖은 사람이 사물의 이치를 배우면 사람을 사랑하게 되고 아랫사람이 사물의 이치를 배우면 심부름 시키기가 쉽다고 하셨다."라고 하였다.

그런데 후세에 이르러는 학교라고 말하는데서 그저 쓸데없이 옛 글이나 지껄이고 앉았을 뿐이요, 예의, 음악, 활 쏘는 것, 말 타는 것, 글씨, 셈 하는 것 등의 6과목은 오직 빈 이름으로만 남아 있을 뿐이다. 우리의 눈, 귀, 손, 발로 늘 접촉하는 사물이나 또 우리의 마음과 생각이 미치는 대상에 대해서는 오늘날의 소위 점잖은 사람들도 애초부터 새까맣게 모르고 있는 판이다. 더구나 아랫사람들이야 말을 해서 무엇하랴?

---

4) 자유(子游)는 공자의 제자니 그가 선생님이라고 한 것은 바로 공자를 가리키는 것이다.

아아! 옛날에는 동네간의 술 마시는 예를 벌리거나 동네간의 활 쏘기 연습하는 회합을 열거나 노인을 존경하거나 농민들을 위안하거나 재주 겨룸을 시키거나 정책을 채택하는 일 등으로부터 역적의 목을 잘라 올리고 죄인을 신문하고 군사 사무를 토의하는 일의 어느 하나도 학문과 관계되지 않는 것은 없는 것이었다. 그러니까 저 7가지의 일도 비록 다른 부문으로 나누고 딴 항목으로 세우기는 하였다고 하지만 모두 다 학교에서 일상적으로 학습해야 할 일인 것이다. 자유란 사람이 문화 행정을 했다고 한들 어떻게 동네마다 돌아다니면서 사람마다 붙들고 가르쳤겠는가? 그 지방의 우수한 청년들을 뽑아서 큰 동네에 있는 낮은 급의 학교와 작은 동네에 있는 낮은 급의 학교에 수용하고 가르쳐 냈을 것 뿐이다. 백성을 지도하고 권장하는 방법으로서 이보다 더 다른 것은 없는 데다가 몸소 솔선 모범으로 됨에 따라서 백성들이 순종하기를 마치 바람에 풀이 쏠리듯 하고 비 뒤에 움이 돋듯 하는 것이다. 그렇기 때문에 7가지 일 중에서 급히 해야 할 것은 3가지요, 먼저 해야 할 것은 한 가지라고 말하고 있다.

윤공(尹公) 광석(光碩)이 함양의 원으로 온지 3년째 되던 해에 그 고을의 선비들이 서로 의논하기를

"우리 고을에서 교육을 힘쓰지 못한 지 오래다. 우리 명철한 원님의 한 결함으로 될 것이 아닌가?"

또 말하기를

"서편 냇물 동쪽 언덕 위에 있는 한 채의 집은 점필재(佔畢齋)[5]나 남명(南溟)과 같은 저명한 분들의 발걸음이 미친 곳이요,

---

5) 점필재(佔畢齋)는 조선조의 성리학자 김종직(金宗直:1431~1492)의 별호요, 남명(南溟)은 조선조의 학자 조식(曹植:1501~1572)의 별호다.

우리 고을의 유명한 어른인 노옥계(盧玉溪)[6], 강개암(姜介庵)이 머물러 있던 자리다. 거기서 공부를 하면 되지 않는가?"

윤공이 그 말을 듣고 말하기를

"이게 바로 내 책임이 아닌가?"라고 하였다.

자기 봉급을 떼 내어 전답도 장만하고 서적도 수집하고 그 방과 마루도 수리한 다음 그 집을 흥학재(興學齋)라고 이름지었다.

아아! 윤공이 이 고을에 부임한 지 겨우 두 돐만에 교육 사업이 향상된 자취가 벌써 나타난 것이 아닌가? 그런데 그 집의 이름도 교육이 향상되였다고 하지 않고 교육을 향상시켜야 한다고 하였으니 그것은 과거의 성과보다 장래의 목표를 의미하는 것이다. 그의 행정은 실로 선후의 순서를 잘 알고 있다고 말할 것이다. 내가 보건데 윤공이 이렇게 몸소 솔선해서 교육 사업에서 모범으로 되고 있은즉 이 집에서 공부하는 사람들도 학문을 어느 정도 이룬 후까지 이미 완성되였다고 하지 못하고 장차 왕성해야 한다고 할 것이다. 그들의 앞길이 어찌 원대하지 않을 수 있으며 그래서 그들이 어찌 한 고을의 인재로 되기에만 그치고 말 것이랴?

지원(趾源)이 자격도 없이 이웃 고을의 원으로 앉아서 현실 사무에 치중하라는 국가의 본의를 받들지 못하고 있다. 밤낮 송구한 마음으로 행정 사업의 성과가 오르지 못하는 것을 걱정하던 중 윤공의 이런 성과를 듣고 특히 이 집 이름에 느낀 바가 있으므로 기를 지어 보내서 그 벽에 붙이게 한다.

---

6) 노옥계(盧玉溪)는 노진(盧禛:1518~1578)이요, 강개암(姜介庵)은 강익(姜翼:1523~?)이니 모두 함양서 출생한 문신이요, 학자이다.

7. 咸陽郡興學齋記

郡縣長吏初除, 邸吏授笏記七事。及陛辭, 特命上殿, 承旨令自奏職官姓名。屛息俯伏, 稱某官臣姓某, 次令奏七事, 更端起伏戰兢誦, 農桑盛, 戶口增, 學校興, 軍政修, 賦役均, 詞訟簡, 奸猾息。以次趨出, 乃敢戒行事之官。或失次誤讀, 坐黜者往往而有。夫此七事者, 皆治郡之大經, 長民之極致, 國家所以明戒, 而責實也如此。一有不能於是者, 固未可以寄百里之命, 而任民社之責矣。然徒以口誦而可也, 則大學之三綱八條, 聖人之能事, 而夫人也能誦之矣。夫人也苟能誦之, 則向所謂聖人之能事, 不係于誦亦明矣。又安用長吏之徒, 誦此七事爲哉, 且不曰, 盛農桑, 而曰, 農桑盛, 則是乃其成效, 而非所以勉其方來也。戶口以下諸條莫不皆然。況初拜者固未及莅事, 豈宜捃摭古循良之跡, 猥自張皇於辭陛之日耶, 無已, 則喉舌之臣警咳臚宣曰, 盛農桑, 增戶口, 興學校, 修軍政, 均賦役, 簡詞訟, 息奸猾。令赴任者稽首肅聽, 庶幾古讀法之意也。然而君子爲政於七, 所急者三, 而所先者一。奚急乎曰, 農桑也, 賦役也, 戶口也。曷爲急乎三, 經曰, 旣富方穀。夫農桑不盛, 無以興學校。賦役不勻, 無以增戶口, 戶口不增, 無以修軍政, 苟能盛其農桑, 勻其賦役, 則流亡還業, 戶口自增, 寧憂軍政之不修乎, 詞訟奸猾不煩, 刑獄而固將簡且息矣, 然則奚先焉曰, 莫先於學校也。曷先之, 曰, 躬先之也, 農桑雖當務之所急, 勤其勸課已矣, 有非守土者所得以躬先之事也。勻賦, 增戶, 簡訟, 息猾, 又非可以力襲而致之者,則爲長吏者, 惟於學校而可得以躬焉。子游爲武城宰, 以絃歌爲政曰, 聞之夫子, 君子學道則愛人, 小人學道則易使也。後世之言學校者, 空談詩書之文, 徒數六藝之目, 而其於耳目手足之所閑習, 心志氣血之所流通, 今之所謂君子, 固漠然所昧於平生, 而況於小人乎, 噫, 古者, 鄕飮, 鄕射, 養老。勞農, 攷藝, 選言之政, 與夫獻馘訊囚受成之事, 無一不出於學, 則凡此七事, 雖若分科異目, 無非學校之所日講也。子游之爲政, 亦安能家諭戶說以愛人易使之道哉, 不過擇鄕閭之秀俊, 納之黨庠遂序之間, 所以示導。振厲之方, 莫不出於是道, 而身率之, 民之從化也, 如草之偃風, 而苗之勃雨也。故爲政所急乎, 七者三而所先乎三者學也。尹侯光碩, 莅咸陽郡三年, 郡之儒士相與謀曰, 吾鄕之學不講久矣, 得無爲賢矦病哉, 曰, 有精舍於西溪之東, 是則佔畢, 南溟諸賢杖屨之地, 鄕先生盧玉溪, 姜介菴之所游息也。盍於此乎而藏修焉, 矦聞而喜曰, 是不誠在我乎, 爲之捐俸而助之置田藏書, 修其室宇而新之, 名其齋曰, 興學。

噫, 矦之爲郡纔數朞矣, 而郡學之興, 不已兆乎, 然而齋名興學, 則其亦有意乎, 方來而非敢曰, 已然者, 其爲政亦可謂知所先後。吾知尹矦之於學校, 必以身率先之也。使㞐是齋者, 學已成矣, 毋遽曰, 已成矣, 而將以成之也云爾, 則其所成就豈不遠且大, 而庸詎止一鄕之善而已哉, 趾源忝職隣縣, 其於國家責實之意, 一未能奉承, 早夜震悚嘗恐職事未效。聞矦之爲政, 竊有感於是齋之名。爲之記, 俾藏諸壁。

8. 발승암(髮僧菴)의 기문

(발승암은 김홍연의 별호인데 그의 기인 행장을 적고 계를 지었다.)

내가 금강산을 구경하러 갔을 때 그 골짝 입구에 들어서자 벌써 옛 사람 지금 사람의 이름을 새겨 놓은 것이 눈에 띄였다. 커다란 글씨로 깊이 새겨서 거의 빈 자리를 볼 수 없는 것은 마치 구경터에 사람이 포개 선 듯 하고 공동 묘지에 무덤들이 박힌 듯하였다. 옛날 새긴 것이 미쳐 이끼에 묻히기도 전에 새로 새긴 것이 붉은 칠로 인해서 더 환하게 드러나고 있다. 심지어 터진 석벽과 갈라진 바윗돌이 천길이나 깎아질리여 나는 새의 그림자도 어른거리지 못할만한 곳에도 김홍연(金弘淵)의 석 자가 없는 곳이 없다.

내가 마음속으로 이상하게 생각하기를

"옛날 감사의 세력이란 것은 사람을 죽이고 살리고 마음대로 할 수가 있으니 또 양봉래(楊蓬萊)[1]와 같은 분은 산천 구경을 좋아해서 그의 발자국이 미치지 않은 곳이 없다고 한다지만 그런 사람들도 저기다가는 이름을 새겨 놓지 못했는데 이렇게 이름을 새긴 사람은 대체 누구란 말인가? 어떻게 석수쟁이를 다람쥐처럼 기여 올라 가도록 했을가?"

그 후 내가 국내의 명산을 두루 돌아 다니면서 남으로는 속리산(俗離山), 가야산(伽倻山)에 올랐고 서로는 천마산(天摩山),

---

1) 양봉래(楊蓬萊)는 양사언(楊士彦:1517~1584)의 별호. 글씨를 잘 쓰고 또 명산 유람을 좋아해서 도처에다가 그의 이름을 새겨 놓은 사람이다.

묘향산(妙香山)에 올랐다. 어느 산에를 오르거나 아주 궁벽한 데까지 들어가서 내딴은 세상 사람이 이르지 못하는 데를 나 혼자 본다고 생각하였다. 그러나 가는 곳마다 김씨의 이름을 발견하게 되니 그만 화가 나서 속으로 욕하기를

"홍연이란 게 어떻게 생긴 인간이기에 이렇게 당돌하게 구는 것이던가!"

대개 명산을 유람하는 사람들이 가지가지의 곤란을 무릅쓰고 지극히 위험한 곳에까지 이르지 않으면 기이한 경치를 구경하지 못하는 것이다. 나도 보통 때에는 지난 날의 모험을 회상하면서 갑자기 후회스럽지 않은 것도 아니지만 다시 또 산에만 들어서면 전번의 후회를 잊어버리고 뾰족한 바위 위도 올라가고 까마득한 낭떠러지기도 굽어 보게 되는 것이다. 썩은 줄과 약한 사다리에 몸을 의지하고 가끔가끔 하느님에게 빌기까지 해서 행여나 살아 돌아가지 못할가봐 겁을 내는 그 때에도 늙은 나무 가지와 오래 묵은 넝쿨 사이에서 사슴의 다리만큼씩 큰 글자의 붉게 칠한 획이 가리였다 드러났다 하는 것은 반드시 김홍연이다. 그제는 도리어 위태하고 험난한 경우에 알던 친구나 만난듯이 반가울 뿐이 아니라 힘을 다시 얻어서 그 길을 무사하게 지나 나오는 것이다.

김씨의 사실을 잘 아는 사람의 이야기를 들으면 그는 마치 검객(劍客)이나 협객(俠客)들처럼 내활(乃闊)이라는 별명으로 행세를 하고 있었다. 젊어서는 말도 잘 타고 활도 잘 쏘아 무과(武科) 과거에 급제까지 하였으며 힘이 능히 산 호랑이를 때려 잡고 양쪽 팔에 두 기생을 낀 채 여러길 되는 담도 뛰어넘을 만하였다. 구구히 벼슬살이에 뜻을 두지 않고 집안이 본래 견디기

때문에 돈을 물쓰듯 하며 한편으로 고금의 유명한 글씨, 그림, 칼, 거문고, 골동품, 기이한 화초들을 수집하였고 자기 마음에 들기만 하는 것이라면 천금도 아끼지 않아서 좋은 말과 좋은 매를 항상 옆에 놓고 지내 왔다. 그러다가 늙어서 머리털이 허애진 뒤로는 주머니에 정을 넣고 명산을 찾아 다니며 한라산(漢拏山)에를 한번 들어갔고 백두산에를 두번 들어갔는데 간 데마다 자기가 정으로 이름을 새겨 후세에까지 이런 사람이 있었다는 것을 알리겠노라고 하였다고 한다.

내가 묻기를

"그 사람이 누구란 말이요?"

"김홍연이요."

"소위 김홍연이란 게 누구요?"

"자(字)를 대심(大深)이라고 하는 사람이요."

"대심이란 게 누구요?"

"별호를 발승암(髮僧菴)이라고 하는 사람이요."

"소위 발승암이란 건 누구요?"

대답해 오던 사람도 더 이상 무엇이라고 말할 수 없게 되니 내가 다시 웃으면서 말하기를

"옛날에 사마상여(司馬相如)[2]는 '없는 공(公)'과 '있지 않는 선생'을 만들어서 서로 묻고 대답케 했더니 이제 그대와 나도 우연히 태고 적 석벽과 흐르는 물 사이에서 서로 만나 묻고 대답하였소그려! 이 다음 어느 날 생각한다면 모두가 '있지 않는

---

[2] 사마상여(司馬相如)는 기원전 1세기경 중국의 유명한 작가인데 그의 「자허부」(子虛賦)라는 작품이 무시공, 오유선생(無是公, 烏有先生) 등 가상 인물들의 문답으로 구성되고 있어 유명하다.

선생'으로 되고 말 것이요. 소위 발승암이란 사람이 어디 있단 말이요?"

그는 발끈 골을 내면서 말하기를

"내가 설마 거짓말을 꾸며 대겠소? 정말 실제로 그런 사람이 있소."

내가 껄껄 웃으면서 말하기를

"그대가 너무나 고집불통이요. 옛날 왕안석(王安石)[3]은 극진미신(劇秦美新)이란 글을 반드시 곡자운(谷子雲)의 저작일 것이라고 주장하고 소식(蘇軾)[4]은 서경(西京)에 과연 양자운(揚子雲)이란 사람이 있었던지 모른다고 말하였소. 저 두 사람은 그의 작품이 그 당시부터 높이 평가되고 그의 이름이 길이 역사에 전해 오건만 사람에 따라서는 그런 의심을 품게 되오. 더구나 깊은 산속, 험한 골안에다가 새겨 놓은 이름쯤이야 백년 이내에 다 마멸되어 버릴 것이 아니겠소?"

그도 나와 함께 껄껄 웃고 말았다. 그 후 9년만에 내가 평양을 갔다가 김씨를 만났다. 그가 지나가는 것을 어떤 사람이 등에다 대고 손가락질하면서 저게 김홍연이라고 가르쳐 주었다. 내가 그를 자로 부르면서 소리치기를

"대심(大深)이, 그래 그대가 바로 발승암(髮僧菴)이 아니요?"

---

3) 왕안석(王安石)은 2세기경 중국의 정치가요 문학가인데 그는 세상에서 양자운(揚子雲)의 저작이라고 전해 오는 극진미신(劇秦美新)이 실상 그와 동명인 곡자운(谷子雲)의 저작일 것이라고 추정하였다. 본래 기원 전후 중국의 유명한 어문학자 양자운이 왕망(王莽)을 예찬하여 극진미신이란 글을 썼고 그로 인해서 그는 후세 사람의 비난을 받아 오는 터라 왕안석은 양웅을 옹호해서 그런 추정까지 하기에 이르렀다.

4) 소식(蘇軾)은 왕안석과 동시대의 유명한 작가요, 시인이다. 그의 말은 양웅의 존재를 실지로 의심하기보다 지난 역사의 불명확성을 강조한 것이다.

김씨는 고개를 돌이키어 나를 한참 바라보더니 묻기를
"그대가 나를 어떻게 아시오?"
나는 대답하기를
"내가 예전 만폭동(萬瀑洞)에서 벌써 그대를 알았소. 그대의 댁이 어디요? 전일 수집해 놓은 것들이 아직 얼마간이나마 남아 있소?"
김씨는 무색해서 말하기를
"집이 가난해져서 다 팔아 버리고 말았소."
"왜 발승암이라고 별호를 지었소?"
"불행히 병으로 인해서 꼴이 망칙하게 된 데다가 나이는 늙고 아내도 없어 절에 가서 붙어 살고 지내기 때문에 그런 별호를 지은 것이요."
그의 언어와 동작을 보면 전날의 습성과 기풍이 아직도 남아 있는 점이 있다. 그의 젊은 시절을 보지 못하는 것이 섭섭하구나! 하루는 내가 있는 데로 찾아 와서 칭하기를
"내가 지금 늙어서 다 죽게 되었소. 마음은 이미 죽었고 안 죽은 것이라고는 머리털 뿐이요, 그런데 내가 지금 살고 있는 곳에 중의 암자 밖에 없단 말이요. 그대의 글을 빌어서 후세에까지 이름이나 전하게 해 주시오 그려."
나는 그가 늙게까지 그런 생각을 버리지 못하는 것을 슬프게 여기었다. 전날 함께 유람 다니던 친구와 서로 문답한 내용을 적어 보내면서 불경의 계(偈)를 본떠서 끝을 맺는다.

모든 새가 검다고 까마귀는 믿고 있네.
다른 새는 희지 않다, 백로는 의심하네.
검둥이, 흰둥이가 제마다 저 옳다니

하늘도 그런 송사 싫증을 느끼오리!
사람의 얼굴에는 두 눈이 박혔으나
한 눈 먼 애꾸로도 보기는 마찬가지.
두 눈을 갖추어서 더 보는게 무엇인가?
일목[5]으로 살고 있는 나라도 잊지 않나?
세상의 어떤 이는 두 눈도 모자란다.
이마 위에 또 두 눈 있네.
관세음[6] 부처님 상
천개의 눈망울이 이리 굴리고 저리 도네.
천개의 눈망울을 무엇에 쓰려는가?
앞 못 보는 소경도 검은건 볼 수 있네.

김군은 신병으로 폐인이 된 사람
부처님께 의탁해서 여생을 보내누나.
산더미로 쌓일 돈도 잘 쓰지 못한다면
구걸하는 거지나 다를 것 없지 않나?
제 생긴 제 대로들 다 각각 살 것이요
배우라고, 배우자고 굳이 애쓸 필요 없네.

대심(大深)[7]이 애초부터 남과는 다른 사람,
그러니 남의 의심 면하지 못하오리!

---

5) 중국의 고대 전설에 의하면 그 서북방에 눈 하나만 가진 종족들이 살고 있었다고 한다.
6) 불교 전설에 의하면 관세음보살(觀世音菩薩)은 천 개의 눈과 천 개의 손을 가지고 있다고 한다.
7) 대심(大深)은 김홍연 즉 승발암의 자이다.

8. 髮僧菴記

余東遊楓嶽, 入其洞門, 已見古今人題名, 大書深刻, 殆無片隙, 如觀場疊肩, 郊阡叢墳。舊刻纔沒苔蘚, 新題又煥丹硃。至崩崖裂石削立千仞, 上絕飛鳥之影, 而獨有金弘淵三字。余固心異之, 曰, 古來觀察使之威, 足以死生人, 楊蓬萊之耽奇, 足跡無所不到, 猶未能置名此間。彼題名者誰耶, 乃能令工與題猱爭性命也。其後余遊歷方內名山, 南登俗離, 伽倻, 西登天摩, 妙香。所至僻奧, 自謂能窮世人之所不能到, 然常得金所題, 輒發憤罵曰, 何物弘淵, 敢爾唐突耶, 大凡好遊名山者, 非犯至危, 排衆難亦不得, 搜奇探勝。余平居追思往躅, 未嘗不慄然自悔也。然而復當登臨, 猶忽宿戒。履巇巖, 俯幽深, 側身于朽棧枯悌往往默禱神明, 惴惴然尙恐其不能自還, 而大字硃塡, 如鹿脛之大, 隱約盤挐於老槎壽藤之間者, 必金弘淵也。乃反欣然如逢舊識於險阨危困之際, 爲之出力而扳援先後之也。或有素知金行跡爲道金乃潤者, 蓋閭里間浪蕩迂濶之稱, 如所謂釼士俠客之流。方其少年時, 善騎射, 中武科。能力扼虎, 挾兩妓, 超越數仞牆。不肯碌碌求仕進。家本富厚, 用財如糞土, 傍蓄古今法書, 名畫, 劍, 琴, 彝器, 奇花, 異卉。遇一可意, 不惜千金。駿馬, 名鷹動在左右。今旣老白首, 則囊置錐鑿, 遍遊名山。已一入漢挐, 再登長白。輒手自刻, 石使後世知有是人云。余問是人爲誰, 曰, 金弘淵。所謂金弘淵爲誰, 曰, 字大深。曰, 大深者誰歟, 曰, 是自號髮僧菴。所謂髮僧菴誰歟, 談者無以應。則余笑曰, 昔長卿設無是公, 烏有先生以相難, 今吾與子偶, 然相遇於古壁流水之間, 相答問焉, 他日相思, 皆烏有先生也。安有所謂髥僧菴者乎, 客勃然怒於色曰, 吾豈謊辭而假設哉, 果眞有是人也。余大笑曰, 君太執拗。昔王介甫辨劇秦美新必谷子雲所著, 非楊子雲。蘇子瞻曰, 未知西京果有楊子雲否也。夫二子之文章, 炳蔚當世流。名史傳而後之尙論者, 猶有此疑而況寄空名於深山窮壑之中, 而風消雨泐, 不百年而磨滅者乎, 客亦大笑而去。其後九年, 余遇金平壤, 有背指者, 此金弘淵也, 余字呼曰, 大深君, 豈非髥僧菴耶, 金君回顧熟視曰, 子何以知我, 余應之曰, 舊已識君於萬瀑洞中矣。君家何在, 頗存舊時所蓄否, 金君憮然曰, 家貧賣之盡矣。何謂髥僧菴, 曰, 不幸殘疾形毀, 年老無妻, 居止常依佛舍, 故稱焉。察其言談擧止, 舊日習氣猶有存者。惜乎, 吾未見其少壯時也。一日詣余寓邸而請曰, 吾今老且死心則先死。特髥存耳, 所居皆僧菴也。願托子文而傳焉。余悲其志, 老猶不忘者存, 遂書其舊與遊客答問者以歸之。且爲之說偈曰,

　　烏信百鳥黑, 鷺訝他不白, 白黑各自是, 天應厭訟獄,
　　人皆兩目俱, 瞎一目亦覩, 何必雙後明, 亦有一目國,
　　兩目猶嫌小, 還有眼添額, 復有觀音佛, 變相目千隻,
　　千目更何有, 瞽者亦觀黑, 金君廢疾人, 依佛以存身,
　　積錢若不用, 何異丐者貧, 衆生各自得, 不必强相學,
　　大深旣異衆, 以茲相訝惑。

9. 여름 밤 놀며 노래하던 기문

(18세기 조선조의 질식할듯한 부조리에서 몸부림 치던 엘리트들의 폭발음이 천둥소리 같이 술마시고 막 부르고 두드려 대는 모습)

22일 날 국옹(麴翁)과 함께 걸어서 담헌(湛軒)에게 갔더니 풍무(風舞)도 밤에 왔다. 담헌은 가야금을 타고 풍무는 거문고로 맞추고 국옹은 갓까지 벗어던지고 노래를 불렀다.

밤이 깊은 다음 구름장이 사방으로 몰리여 들고 더위도 약간 물러 가니 뜯는 현금의 풍류 소리는 더욱 맑아지고 있었다. 좌우에 있는 사람은 아무 소리도 안 하고 고요하게 앉았는 것이 마치 신선을 배우는 이가 금방 도를 깨달으려는 듯 하고 승려가 문득 전생을 깨닫게 된 때와도 같았다. 제 앞이 떳떳하면 무서울 것이 무엇이랴? 국옹이 노래를 부를 적에는 의관을 벗어던지고 열중하여 불러서 그 옆에 어떤 사람이 있거나 조금도 구애받지 않는 것 같았다.

매탕(梅宕)은 처마 사이에서 늙은 거미[1]가 줄을 치고 있는 것을 보고 있다가 기뻐서 나에게 말하기를

"그거 참 묘하군! 어느 때 머뭇머뭇 하는 것은 마치 무엇을 생각하는듯 하고 어느 때 이리 치고 저리 치고 하는 것은 그 어떤 계산이 들어 맞기나 한듯 하군. 보리씨를 뿌리는 발뒤꿈치와도 같고 거문고를 누르는 손가락과도 같단 말일세. 담헌과 풍무가 음악으로 화답하는데서 나는 늙은 거미를 이해할 수 있게 되었

---

1) 원문의 포강(布綱)의 綱은 망(網)의 오자일 것이다.

네그려."

지난 해 여름에 내가 일찍이 담헌에게를 갔더니 담헌이 음악[2]을 전문하는 연씨(延氏)와 막 거문고에 대해서 이야기하고 있었다. 그 때 비가 쏟아지려고 해서 동쪽 하늘가의 구름이 먹빛 같았는데 그저 우뢰 한번이면 용이 비를 퍼붓지 않을가 하는 판에 우두두하고 긴 우뢰 소리가 하늘로 지나갔다. 담헌이 연씨더러 말하기를

"이게 어느 성음(聲音)에 속할가?"

그러고는 거문고로 그 소리를 맞추기에 내가 거기서 천뢰조(天雷操)란 글을 지은 일이 있다.

9. 夏夜讌記

二十二日與麯翁, 步至湛軒, 風舞夜至, 湛軒爲瑟, 風舞琴而和之, 麯翁不冠而歌. 夜深流雲四綴, 暑氣乍退, 絃聲益淸. 左右靜默, 如丹家之內觀臟神, 定僧之頓悟前生. 夫自反而直, 三軍必往. 麯翁當其歌時, 解衣磅礴, 旁若無人者. 梅宕嘗見, 簷間老蛛布網, 喜而謂, 余曰, 妙哉, 有時遲疑, 若有思也, 有時揮霍, 若有得也. 如蒔麥之踵, 如按琴之指. 今湛軒與風舞相和也, 吾得老蛛之解矣. 去年夏, 余嘗至湛軒, 湛軒方與師延論琴. 時天欲雨, 東方天際雲色如墨, 一雷則可以龍矣. 旣而長雷去天, 湛軒謂延曰, 此屬何聲, 遂援琴而諧之. 余遂作天雷操.

---

2) 원문의 사연(師延)이란 중국 고전에서 광(曠)이란 음악가가 사광(師曠)이라고 불려지고 있는 예를 본 뜬 것.

10. 소완정의 여름 밤에 친구를 찾아서에 대답하는 기문

(이서구의 기문에 대답하여 주는 기문으로 연암이 몹시 곤궁하게 살 때의 기개를 역설적으로 썼다.)

6월 어느 날 밤에 낙서(洛瑞)[1]가 나를 찾아 왔다 가더니 기문 한 편을 지었다. 그 기문 가운데는 이런 말이 있었다.
"내가 연암 선생을 찾아 간즉 선생은 끼니를 거른 지 벌써 사흘째였다. 망건도 벗고 버선도 안 신고 문턱에 발을 걸치고 누워서 행랑 사람들과 말을 서로 주고 받고 있는 것이었다.
소위 연암이란 것은 우리 시골 집이 있는 금천(金川)의 동네 이름이다. 사람들은 그만 그 이름을 내 별호로 부르고 있는 것이다.
이 때 우리 식구들은 광릉에 있었다. 내 본래 비대해서 더위를 몹시 타는데다가 풀과 나무가 울창해서 여름 밤의 모기와 파리도 견디기 어렵고 무논의 개구리가 밤낮 없이 울어대는 것도 시끄러워서 여름 한철은 언제나 서울 집으로 피서를 왔다. 서울 집이 비록 몹시 습하고 좁기는 하더라도 모기, 개구리, 풀과 나무 등으로 인해서 괴로움을 받는 일은 없었다. 계집 종 하나가 서울 집을 지켜주고 있더니 갑자기 눈을 앓다가 미친증이 일어나서 주인을 버리고 달아났다. 밥을 지어 줄 사람이 없으므로 행랑 사람에게 붙여 놓고 먹자니까 자연히 친근해져서 저희들도

---
[1] 낙서(洛瑞)는 이서구(李書九:1751~1825)의 자이고 호는 척재, 또는 강산이다. 소완정은 낙서의 서재이름.

내 종이나 다름없이 심부름해 주기를 꺼리지 않았다. 혼자 조용히 있어서 마음속에 아무런 딴 생각이 없으며 가끔 시골 집의 편지를 받더라도 단지 평안하다는 글자나 훑어 보고 말았다.

차츰 게으른 것이 버릇으로 되어 남의 좋은 일에나 궂은 일에나 일체의 인사를 전폐하였다. 혹은 며칠씩 낯을 씻지 않기도 하고 혹은 열흘이 넘도록 망건을 쓰지 않기도 하였다. 어떤 때에는 손님을 맞아 들여다 놓고도 아무 말없이 가만히 앉았기만 하기도 하고 어느 때에는 나무 장사나 오이 장수를 불러 들여서 효도, 우애, 충성, 신용, 예의, 체면 등을 친절하게 몇백 마디고 설명해 들리었다. 남들은 다들 주책이 없고 수다를 떤다고 나무라지만은 종시 고치지를 못하였다. 또 어떤 사람은 내가 집을 가지고도 혼자 나와서 살고 아내가 있는데도 중처럼 지낸다고 비웃건만 나는 더욱 마음이 편안해져서 아무 일도 할 것이 없는 것만 만족하게 여기었다.

까치새끼 한 마리가 분질러진 다리를 끌면서 절룩거리고 다니는 것이 보기에 우스웠다. 밥풀을 던져 주어 길이 들고 보니 날마다 찾아들어 아주 친한 사이가 되었다. 그래서 내가 웃음의 말로 이르기를

"맹상군(孟嘗君)[2]은 아무 것도 없으나 평원군(平原君)의 손님만은 있구나."

우리나라에서 돈의 단위를 문(文)이라고 하기 때문에 돈을 맹상군이라고 말한 것이다.

---

2) 맹상군(孟嘗君)의 성은 전(田)이요, 이름은 문(文)이라. 우리 말의 전문(錢文)과 같은 음으로 되었기 때문에 돈을 은유해 하는 말이고, 평원군(平原君)은 손님을 좋아하던 사람임으로 까치 새끼를 그의 손님으로 비교한 것이다.

자다 깨서 책을 보고 책을 보다 또 자나 아무도 깨울 사람이 없어서 하루 종일토록 자버리기도 한다. 때로 혹 글을 지어 자기의 생각한 바를 나타내기도 하다가 피로를 느끼게 될 때에는 갓 배운 양금을 두어가락 치기도 한다. 어떤 친구가 술을 보내 주게 되면 아주 기뻐서 마시는바 얼근히 취한 뒤에 내 스스로 나를 찬양하기를

"제 몸만 알기는 양자(楊子)[3]만 못지 않고 남을 위하기는 묵자(墨子)만 못지 않고, 끼니가 간데 없기는 안자(顔子)만 못지 않고, 꼼짝 않고 앉았기는 노자(老子)만 못지 않고, 속이 탁 트이기는 장자(莊子)만 못지 않고, 도를 깨닫기 위해서 참선하기는 석가(釋迦)만 못지 않고, 공손치 않기는 유하혜(柳下惠)만 못지 않고, 술을 마시기는 유령(劉伶)만 못지 않고, 남에게 밥을 얻어 먹기는 한신(韓信)만 못지 않고, 잠을 잘 자기는 진단(陳摶)만 못지 않고, 거문고를 타기는 자상호(子桑戶)만 못지 않고, 책을 저술하기는 양웅(揚雄)만 못지 않고 제 스스로 옛날의 유명한 사람만 못지 않다고 자부하기는 제갈량(諸葛亮)만 못지 않으니 내 거의 성인(聖人)인 게로구나! 단지 꾸준한 것이 조교(曹交)보다 떨어지고 염치를 차리는 것이 오릉중자(於陵仲子)에 미치지 못하니 그게 부끄럽구나. 그게 부끄럽구나."

---

3) 양자(楊子) 이하의 열거된 많은 사람은 중국의 유명한 인물들이니 양자는 양주(楊朱), 묵자는 묵적(墨翟), 안자는 안회(顔回), 노자는 노담(老聃), 장자는 장주(莊周)니 유하혜(柳下惠)와 함께 춘추(春秋)시대 내지 전국시대의 인물들이다. 진단(陳摶)의 자는 도남(圖南)이니 10세기경의 인물이요, 자상호(子桑戶)는 장자(莊子)에서 나오는 인물이다. 어릉중자(於陵仲子)는 제나라 사람 진중자(陳仲子)를 말하며 맹자에서 염치를 지나치게 보는 사람으로 소개되었고 조교(曹交)는 맹자에서 "사람은 모두 누구나 요순이 될 수 있는가" 하고 물은 인물.

그러고는 혼자서 껄껄 웃었다. 그때 내가 과연 사흘째 끼니를 거르고 있었는데 행랑 머슴이 남의 지붕을 이어 주고 품삯을 받아다가 겨우 그 날의 저녁 밥을 지었다. 어린 애놈이 밥투정을 하느라고 울면서 밥을 잘 먹지 않으니 행랑 아범은 밥을 쏟아서 개를 주면서 죽으라고 소리를 질렀다. 내가 막 밥을 먹고 곤해서 드러누웠다가 장괴애(張乖崖)[4]이 촉(蜀)의 지방관으로 있을 때 어린애를 목 베여 죽인 일을 들어서 이야기한 다음 또 평시에 가르치지는 않고 욕질만 하면 커서 더 삐뚤게 나간다고 타일렀다.

고개를 쳐들고 보니 은하수가 지붕 위에 드리웠고 별똥이 서쪽으로 흘러가면서 공중에는 흰 금이 그어지고 있었다.

내 이야기가 아직 끝나지 않아서 낙서가 오더니 혼자 누워서 누구와 이야기하느냐고 물었다. 그가 행랑 사람과 묻거니 대답커니 한다는 것이 바로 이런 대목이었다. 낙서의 기문에는 눈오는 날 떡을 구워 먹던 때의 일이 기록되고 있다. 그것은 나의 옛집과 낙서의 집이 마주 있어서 어려서부터 나를 찾아오는 손들이 많고 나도 세상에 대해서 의욕이 높았던 것을 잘 아는 터인데 이제 내 나이 40도 못되여 벌써 머리털이 하얘진 것을 보고 감개무량한 뜻을 표시한 것이다. 그러나 나는 이미 병들고 피로해서 기개가 꺾이고 의욕도 사라져 버리였으니 그 때의 내가 아니다.

나도 기문 한 편을 지어 그에게 대답한다.

---

4) 중국 송나라 장영(張詠)의 호, 정치가로서 엄격하고 날카로운 행정으로 이름이 있던 사람이다.

10. 酬素玩亭夏夜訪友記

六月某日, 洛瑞夜訪不佞, 歸而有記云, 余訪燕岩丈人, 丈人不食三朝, 脫巾跣足, 加股房櫳。而臥與廊曲賤隷相問答。所謂燕巖者, 卽不佞金川峽居, 而人因以號之也, 不佞眷屬時在廣陵, 不佞素肥苦暑且患草樹蒸鬱, 夏夜蚊蠅, 水田蛙鳴, 晝夜不息。以故, 每當夏月常避暑京舍。京舍雖甚湫隘, 而無蚊蛙草樹之苦。獨有一婢守舍, 忽病眼狂呼, 棄主去, 無供飯者。遂寄食廊曲, 自然款狎, 彼亦不憚使役如奴婢。靜居無一念在意, 時得鄕書, 但閱其平安字。益習疎懶, 廢絕慶吊。或數日不洗面, 或一旬不裹巾。客至, 或默然清坐。或販薪賣瓜者過, 呼與語孝悌忠信禮義廉恥款款語屢數百言。人或譏其迂濶無當, 支離可厭, 而亦不知止也。又有譏其在家爲客, 有妻如僧者, 益晏然方以無一事爲自得。有雛鵲折一脚, 蹣跚可笑, 投飯粒益馴, 日來相親。遂與之戲曰, 全無孟嘗君, 獨有平原客。東方俗謂錢爲文故稱孟嘗君。睡餘看書, 看書又睡, 無人醒覺, 或熟睡盡日。時或著書見意。新學鐵絃小琴, 倦至, 爲弄數操。或故人有餉酒者, 輒欣然命酌。旣醉, 乃自贊, 曰, 吾爲我似楊氏, 兼愛似墨氏, 屢空似顏氏, 尸居似老氏, 曠達似莊氏, 參禪似釋氏, 不恭似柳下惠, 飮酒似劉伶, 寄食似韓信, 善睡似陳搏, 鼓琴似子桑戶, 著書似揚雄, 自比似孔明, 吾殆其聖矣乎, 但長遜曹交, 廉讓於陵, 慚愧慚愧。因獨自大笑。時余果不食三朝, 廊隷爲人葢屋, 得雇直, 始夜炊。小兒妬飯, 啼不肯食, 廊隷怒, 覆盂與狗, 惡言罵死。時不佞纔飯, 旣困臥, 爲擧張乖崖, 守蜀時斬小兒事。以譬曉之。且曰, 不素敎, 反罵爲, 長益賊恩。而仰視天河垂屋, 飛星西流, 委白痕空。語未卒而洛瑞至問丈人, 獨臥誰語也, 所謂與廊曲問答者, 此也。洛瑞又記雪天燒餠時事, 時不佞舊居與洛瑞對門, 自其童子時見不佞賓客日盛, 有意當世, 而今年未四十, 已白頭。頗爲道其感慨, 然不佞已病困, 氣魄衰落, 泊然無意, 不復向時也。玆爲之記以酬。

11. 불이당(不移堂)의 기문

(이 기문에서는 잣나무가 겨울을 이기는 기상에 빗대어 절개인의 강직함을 기술했다.)

사함(士涵)이 스스로 죽원(竹園)이라고 별호를 짓고 또 자기가 거처하는 당에다가는 불이(不移)라고 써 붙인 후 나더러 글을 지어 달라고 청하였다. 내가 일찍이 그의 집에도 들리고 그의 후원에도 거닐었건만 한 뿌리의 대를 본 적이 없었다. 내가 그를 돌아 보고 웃으면서 말하기를

"이야말로 '허탕 고을' '있지도 않는 선생'의 댁이 아닌가? 이름이란 것은 실상의 빈 껍질이니 나더러 빈 껍질을 놓고 글을 쓰란 말인가?"

사함이 한참 무색해 하다가 말하기를

"그건 그저 내 뜻을 보이려는 것이지."

내가 웃으면서 말하기를

"상관없네. 내가 장차 자네를 위해서 그 속 알맹이를 채워 주

겠네. 그 전에 이공보(李功甫)¹⁾ 학사가 벼슬을 쉬고 있을 때에 매화를 두고 시를 짓고는 심동현(沈董玄)의 묵매(墨梅) 한 폭을 얻어서 그 위에 화제(畵題)를 썼고 그러고는 나를 보고 웃으면서 '할 수가 없어. 심씨의 그림은 그저 본 물건과 같을 뿐이거든'이라고 말하였는데 내가 의아해서 '그림이 본물건과 같으면 훌륭한 화가인데 학사는 왜 웃으시는 것입니까?'라고 물었더니 그는 '까닭이 있지'라고 전제하면서 이런 이야기를 하였네.

"내가 본래 이원령(李元靈)²⁾과 친했기 때문에 언제인가 비단 한 폭을 그에게 보내고 제갈량의 사당 앞에 있는 잣나무를 그려 달라고 하였지. 얼마 지나서 그가 눈에 대한 글을 전자(篆字)로 써서 보냈기에 나는 아주 좋아 하면서 그림을 빨리 보내라고 다시 독촉을 하였네. 원령이 웃으면서 '자네가 모르나? 나는 벌써 보냈네.'라고 하기에 나는 놀라서 전날 보낸 것은 눈에 대한 글을 쓴 전자 글씨인데 자네가 혹시 잊어버린 것이 아니냐고 하였지. 원령은 다시 웃으면서 '잣나무가 그 가운데 있단 말일세. 바람과 서리가 극성스럽게 무서울 적에 변하지 않을 것이 무엇인가? 자네가 잣나무를 보려거든 눈 가운데서 찾겠나그려'라고 하였지. 그래서 나도 웃으면서 대꾸하기를 '그림을 청하다가 전자 글씨를 얻으며 눈을 보고 변치않는 것을 생각하라니 잣나무와는 너무나 동떨어지네. 자네의 생각이 아무래도 허황하지 않은가?'라고 하였네.

그 뒤 내가 임금에게 바른 말을 하다가 죄를 얻어서 흑산도

---

1) 이공보(李功甫)는 조선 영조, 정조 때 문신 이양천(李亮天)의 자, 호는 영목당(榮木堂).

2) 이원령(李元靈)은 별호를 능호자(稜壺子)라고 하는 이인상(李麟祥:1710~1760)이니 원령은 그의 자다.

(黑山島)로 귀양을 가는데 하루 낮, 하루 밤에 7백 리를 달리었네. 전해오는 소문으로는 금부도사(禁府都事)³⁾가 사형 명령을 가지고 뒤좇아 온다고 떠드니 종과 하인들은 놀라고 겁이 나서 울고 불고 하였네. 그때 날은 춥고 눈은 퍼부어 성근 나무와 무너진 벼랑이 함박 눈에 덮이고 천지가 아득하니 갓이 보이지 않는데 바위 앞의 늙은 나무가 가지를 축 늘어뜨리고 있는 것이 마치 마른 대나무와 같게 보이였네. 내가 말을 세우고 도롱이를 벗은 다음 멀리 손가락으로 가리키면서 '저게 바로 이원령의 전자 글씨로 보여 준 나무가 아니냐'라고 찬탄하였네. 섬에 들어가서 또 안개와 열대풍인 장기(瘴氣)로 언제나 어두컴컴하고 독사와 지네가 베개와 이부자리에 줄줄이 맺혀 있어서 위험하기 짝이 없을뿐 아니라 하루밤 큰 바람이 온 바다를 뒤흔들면 마치 벼락이나 치는 듯하여 따라 온 아랫 사람은 넋이 빠지고 구역질과 현기증을 금치 못했었네. 내가 노래를 짓기를

남쪽 바다의 산호가지 꺾이여진들 그 어떠리!
오늘밤 행여 백옥루(白玉樓)⁴⁾도 춥지 않은가 걱정되네."

원령이 나에게 편지를 쓰기를

"요사이 자네의 산호가를 얻어 본즉 사염이 간절하고도 연약하지 않아서 조금도 원망하거나 후회하는 뜻이 없으니 어려운 고비를 잘 참아 나간다고 보겠네. 전날 자네가 잣나무를 그려 달라고 하더니 자네도 또한 그림을 곧잘 그리고 있는 셈일세. 자네

---

3) 금부는 의금부(義禁府) 도사(都事)는 의금부의 관리니 범인을 체포, 압송, 내지 그에게 사약(賜藥)을 전달하는 등의 일을 맡아 하고 있는 법집행자.
4) 백옥루(白玉樓)는 하늘 위에 있는 누각의 이름이라고 전설에서 전해 오고 있는데 이 시에서는 임금이 있는 왕궁에다가 비유하고 있다.

가 떠난 후 잣나무 그림 수십 폭이 서울 안에 남아 있는데 모두 다 관리(官吏)의 무리가 모자라진 붓으로 그린 것이라고는 해도 굳은 줄기의 곧은 기운이 늠름해서 만만히 보기가 어려운데다가 가지와 잎새가 한데 어울린 것이 어쩌면 그렇게 무심한가?"

"내가 그만 웃음이 터져서 원령이야 말로 뼈 없는 그림[5]을 그리고 있다고 말하였단 말이야. 이로 본다면 잘 그리는 그림은 반드시 본물건과 같은 데만 있는 것도 아니지."

"이 학사의 이러한 이야기를 듣고 나도 또한 웃지 않을 수 없었네. 그가 세상을 떠난 후 나는 그의 저작집을 편찬하다가 귀양 갔을 때 자기 형님에게 보낸 편지를 보았네. 거기는 '최근 아무한테서 편지를 받았는데 나를 위해서 집권하고 있는 사람에게 양해를 구하겠다고 하였습니다. 이 사람이 어째 나를 이렇게 박대하는 것입니까? 제가 비록 바다 속에서 썩어 죽을망정 그런 일은 않겠습니다.' 라고 하였네그려. 내가 그 편지를 들고서 '이 학사야 말로 참으로 눈 속의 잣나무다. 선비가 곤궁해진 뒤에야 그 진심을 알게 되는 것이다. 위험한 형편에 처하고 곤란한 처지에 빠져서도 그 지조를 고치지 않으며 높고 외로이 우뚝하게 솟아서 그 뜻을 굽히지 않는 것이 추운 철을 당해서만 드러나는 것이 아니냐?

이제 우리 사함이 대나무를 사랑하네그려.

아아! 사함이야 말로 참으로 대나무를 아는 사람인가? 추운 철을 당하거든 내 장차 자네네 댁을 찾아 가서 자네네 후원에서 거닐며 눈 가운데서 대나무를 보면 좋지 않겠는가?"

---

5) 뼈없는 그림은 그림 그리는 법 중에 몰골도(沒骨圖) 즉 뼈 없는 그림이라는 것이 있다. 이런 명칭을 빌어서 그림 밖에서 그림을 찾는 이 원령의 태도를 설명한 것이다.

11. 不移堂記

　士涵自號竹園翁, 而扁其所居之堂曰, 不移, 請余序之. 余嘗登其軒而涉其園則, 不見一挺之竹. 余顧而笑曰, 是所謂無何鄕烏有先生之家耶, 名者實之賓, 吾將爲賓乎, 士涵憮然爲間曰, 聊自寓意耳. 余笑曰, 無傷也, 吾將爲子實之也, 囊李學士功甫閒居爲梅花詩, 得沈董玄墨梅以弁軸. 因笑謂余曰, 甚矣沈之爲畫也, 能肖物而已矣. 余惑之曰, 爲畫而肖, 良工也. 學士何笑爲, 曰, 有之矣. 吾初與李元靈遊, 嘗遺綃一本, 請畫孔明廟柏, 元靈良久以古篆書雪賦以還, 吾得篆且喜, 益促其畫, 元靈笑曰, 子未喻耶, 昔已往矣. 余驚曰, 昔者來乃篆書雪賦耳, 子豈忘之耶, 元靈笑曰, 柏在其中矣. 夫風霜刻厲, 而其有能不變者耶, 子欲見柏則, 求之於雪矣. 余乃笑應曰, 求畫而爲篆, 見雪而思不變則, 於柏遠矣. 子之爲道也, 不已離乎旣而, 余言事得罪, 圍籬黑山島中嘗一日 一夜, 疾馳七百里. 道路傳言金吾郞且至, 有後命, 僮僕驚怖啼泣. 時天寒雨雪, 其落木崩崖嵯砑虧蔽, 一望無垠, 而岩前老樹, 倒垂枝若枯竹. 余方立馬披簑, 遙指稱奇曰, 此豈元靈古篆樹耶, 旣在籬中, 瘴霧昏昏, 蝮蛇蜈蚣糾結枕茵, 爲害不測. 一夜大風振海, 如作霹靂. 從人皆奪魄嘔眩. 余作歌曰, 南海珊瑚折奈何, 秪恐今宵玉樓寒. 元靈書報, 近得珊瑚曲, 婉而不傷, 無怨悔之意, 庶幾其能處患也. 曩時足下嘗求畫柏, 而足下亦可謂善爲畫耳. 足下去後, 柏數十本留在京師, 皆曹吏輩禿筆傳寫然其勁榦直氣凛, 然不可犯, 而枝葉扶踈何其盛也, 余不覺失笑曰, 元靈可謂沒骨圖。由是觀之, 善畫不在肖其物而已, 余亦笑。旣而學士歿, 余爲編其詩文。得其在謫中所與兄書以爲, 近接某人書, 欲爲吾求解於當塗者, 何待我薄也, 雖腐死海中吾不爲也。吾持書傷歎曰, 李學士眞雪中柏耳。士窮然後見素志, 患害慇厄, 而不改其操。高孤特立, 而不屈其志者, 豈非可見於歲寒者耶, 今吾士涵性愛竹, 嗚呼, 士涵其眞知竹者耶, 歲寒然後, 吾且登君之軒, 而涉君之園, 看竹於雪中可乎。

12. 소완정(素玩亭)의 기문

(이서구 서재에 책은 눈으로 살피고, 입으로 맛보고, 귀로 소리를 듣고, 마음으로 정신을 읽는 것이라고 써 붙였다.)

완산(完山) 이씨(李氏)의 낙서[1]가 책을 쌓아 놓는 방에다가 소완정(素玩亭)이라고 써 붙여 놓고 나에게 기문을 지어 달라고 청하였다.

내가 캐여 묻기를

"저 물고기가 물 속에서 놀면서 물을 보지 못하는 것은 그 무슨 까닭인가? 뵈는 것이 모두 물이라 물이 없는 것이나 마찬가지란 말일세. 이제 낙서의 책이 방에 가득하고 시렁에 듬뿍 얹혀 앞이나 뒤나 바른 쪽이나 왼쪽이나 전체가 책이고 보니 마치 물고기가 물 속에서 노는 것과 같은 것일세. 비록 동중서(董仲

---

1) 낙서(洛瑞)는 이서구의 자이고 소완정은 그의 서재 이름이다.

舒)²⁾처럼 공부에만 전심하고 장화(張華)더러 기록을 도와 달라고 하고 동방삭(東方朔)의 의는 시가를 빌려 온다고 하더라도 장차 될 일이 없네. 그래도 좋은가?"

낙서가 놀라서 묻기를

"그렇다면 어째야 합니까?"

내가 말하기를

"자네 무엇을 찾으러 다니는 사람을 본 일이 있는가? 그 사람은 앞을 보려면 뒤는 못보고 바른 쪽을 살피려면 왼쪽은 놓치네 그려! 왜 그런가? 방 가운데 앉아 있어서 몸과 물건은 서로 가리게 되고 눈과 공간은 맞닿아 버리기 때문이네. 차라리 몸이 방 밖에 나가서 창구멍을 뚫고 들여다 보는 것만도 못하게 되네. 그렇게 하면 단 한번 눈을 들어서도 방 속의 물건을 다 훑어볼 수 있네."

낙서가 사례하여 말하기를

"이것은 선생님이 요약할 줄을 알도록 나를 이끌어 주시는 것입니다그려."

내가 또 말하기를

"자네가 이미 요약할 줄을 알았다면 내가 또 자네에게 눈으로 보지 않고 마음으로 비치게 해 주는 것이 있는줄 아는 것이 좋지 않겠는가? 저 해란 태양³⁾인데 천하를 내려 덮고 온갖 물건을 길러내어 젖은 데가 쪼이면 바짝 말라버리고 어두운 데가 비치

---

2) 동중서(董仲舒)는 중국 한대(漢代)의 학자로 공부를 독실하게 한 것으로 유명하고 장화(張華)는 진대(晋代)의 학자니 무엇이나 기록하기를 좋아해서 박물지(博物志)란 책을 지었고 동방삭(東方朔)은 역시 한대의 사람이니 우수운 소리를 잘 하기로 유명하다.

3) 여기서 태양(太陽)이란 한자로서 『큰 별』이란 뜻을 취해서 쓴 것이다.

면 환해지네. 그러나 나무를 사르거나 쇠를 녹이지 못하는 것은 무슨 까닭인가? 빛이 퍼져서 그 정기가 흩어지는 것일세. 만약 만리에 두루 비치던 것을 거두어 들여서 조그만 틈으로 들어 갈 만한 빛이 되도록 둥근 유리 알로 받아서 그 정기를 콩만큼 만들면 맨처음에는 조그맣게 어른거리다가 갑자기 불꽃이 일어 훨훨 타버리는 것은 무슨 까닭인가? 빛이 한데 모여서 흩어지지 않고 정기가 뭉쳐서 한 덩이로 되는 것일세."

낙서가 사례하여 말하기를

"이것은 선생님이 나를 깨우쳐 주시는 것입니다그려."

내가 또 말하기를

"대체 이 천지간에 흩어져 있는 것이 책의 정기가 아닌 것이 없은즉 바짝 눈앞에 들이대고 보아야만 할 것도 아니요 몇 간방 속에서만 찾아야 할 것도 아닐세. 복희씨(伏羲氏)[4]가 글을 보는 데는 우러러 하늘을 고찰하고 굽어 땅을 살피였다고 했는데 공자가 그것을 굉장히 평가하면서 거기 잇대어 가만히 있을 때면 그 글을 완상(玩賞)한다고 썼네. 완상한다는 말이 어찌 눈으로 보아서만 살핀다는 뜻이겠는가? 입으로 맛보아서는 그 맛을 알고 귀로 들어서는 그 소리를 알고 마음 속으로 요량해서는 그 정신을 알게 되는 것일세. 이제 자네가 창 구멍을 뚫고 한꺼번에 훑어보며 유리알로 받아서 마음속에 깨달은 바가 있다고 하게. 그렇지만 방과 창이 비어있지 않으면 밝아질 수 없고 유리알도 비어 있지 않으면 정기가 모여지지 않느니. 대체 뜻을 환

---

4) 중국의 전설에서 복희씨(伏羲氏)가 처음 주역(周易)을 만들었다고 하는데 이 대목은 주역에 관한 이야기요 공자가 주역에 관해서 계사(繫辭)란 글을 썼는데 이것이 바로 계사를 인용한 것이다.

하게 하는 묘리는 나를 비게 해서 남을 받아 들이고 마음을 맑게 해서 사사로운 생각이 없는 그곳에 있는 것이네. 이러하므로 애초부터 완상한다고 하는 소완정이 아닌 것인가?"

낙서가 말하기를

"내가 바람벽에 붙이려고 하니 글로 만들어 주십시오."

그래서 내가 글로 적는다.

12. 素玩亭記

完山李洛瑞, 扁其貯書之室曰, 素玩而請記於余。余詰之曰, 夫魚游水中, 目不見水者何也, 所見者皆水, 則猶無水也。今洛瑞之書, 盈棟而充架, 前後左右無非書也, 猶魚之游水。雖效專於董生, 助記於張君, 借誦於東方, 將無以自得矣其可乎, 洛瑞驚曰, 然則將奈何, 余曰, 子未見夫索物者乎, 瞻前則失後, 顧左則遺右。何則, 坐在室中身與物相掩, 眼與空相逼故爾, 莫若身處室外, 穴牖而窺之。一目之專, 盡擧室中之物矣。洛瑞謝曰, 是夫子挈我以約也。余又曰, 子旣已知約之道矣, 又吾敎子以不以目視之, 以心照之可乎, 夫日者太陽也, 衣被四海, 化育萬物, 濕照之而成燥, 闇受之而生明。然而不能爇木而鎔金者何也, 光遍而精散故爾。若夫收萬里之遍照, 聚片隙之容光, 承玻璃之圓珠, 規精光以如豆, 初亭毒而晶晶, 倐騰焰而熊熊者何也, 光專而不散, 精聚而爲一故爾。洛瑞謝曰, 是夫子警我以悟也。余又曰, 夫散在天地之間者, 皆此書之精則, 固非逼礙之觀, 而所可求之於一室之中也。故包犧氏之觀文也, 曰,仰而觀乎天, 俯而察乎地。孔子大其觀文而係之曰, 屈則玩其辭。夫玩者豈目視而審之哉, 口以味之則, 得其旨矣。耳而聽之則, 得其音矣, 心以會之則, 得其精矣。今子穴牖, 而專之於目, 承珠而悟之於心矣。雖然室牖非虛則, 不能受明。晶珠非虛則, 不能聚精。夫明志之道, 固在於虛而受物澹而無私, 此其所以素玩也歟, 洛瑞曰, 吾將付諸壁, 子其書之。遂爲之書。

13. 금학동(琴鶴洞) 빌린 별장에서 작은 잔치하던 기문

(금학동 셋방에서 유 훈련도감과 격의없이 만나 흉금을 털어 놓고 이야기 하던 기문)

연암(燕岩)에 있는 내 시골집은 개성서 겨우 30리 밖에 떨어지지 않았기 때문에 흔히 개성 가서 묵으면서 놀았다. 올 겨울에 규장각(奎章閣) 직제학(直提學) 유사경(俞士京)[1]이 개성 유수(留守)로 온 뒤 객지에서 서로 만나서 벼슬없이 살 때나 마찬가지로 친하게 대해 주는 것이 세속의 소위 득세하고 불우하고 영달하고 빈궁한 둥은 전연 마음 속에 두지 않았다.

하루는 사경이 하인들을 물리치고 다만 간편하게 그의 아들만을 데리고 금학동(琴鶴洞)으로 나를 보러 왔다. 그때 나는 양씨의 별장을 빌려서 살고 있었는데 곧 술을 데워 내다 놓고 다

---

[1] 유사경(俞士京)은 유언호(俞彦鎬:1730~1796)니 사경은 그의 자다. 연암이 시골서 곤궁하게 지내는 것을 딱하게 생각하고 연암의 집과 가까운 거리인 개성의 유수(留守)를 자원해서 간 사람이다.

각각 그동안 저작한 글을 보이면서 서로 비평하였다. 그러다가 서로 보고 웃으면서 말하기를

"마하연(魔詞衍)²⁾에서 밤을 함께 지낼 때와 어떠한가? 단지 백화암(白華庵)의 중 치준(緇俊)이 참선(參禪)하고 앉았는 것을 보지 못할 뿐일세. 이렇게 모여서 노는 것이 관천(灌泉)과 같건만 어느 틈에 우리들의 머리털은 모두 허옇게 되였네 그려."

관천이란 것은 바로 서울에 있는 나의 옛집이다. 금강산을 구경하고 돌아와서 거기서 모여 놀았던 것이다. 그때 내 나이 스물아홉으로 사경보다 일곱살이 적었지만 양편 귀밑머리에는 흰 털이 벌써 대여섯 개나 나고 있어서 나는 시를 지을 때 쓰기에 좋다고 스스로 기뻐하였다. 그로부터 지금 13년이 지나고 보니 시를 지을 때 쓰기에 좋다던 그것이 빈틈없이 어수선하게 희어지고 있거니와 사경은 정치 방면으로 문화 행정의 권리를 장악하고 있고 군사 방면으로 군대를 통솔하는 자리에 앉아서 지금 큰 도읍에 주둔하고 있는 처지라 위 아래 수염이 하얗게 되고 말았다.

사경이 자기 귀밑머리 뒤의 금관자(金圈子)³⁾를 슬쩍 만지면서 말하기를

"제 눈으로 본대로 그리 대단할 것은 못 되지만 더구나 귀밑 머리 뒤야 제 눈으로 볼 수나 있는가?"

지난번 내가 연암이 개성으로 들어 오다가 마침 유수가 군사

---

2) 마하연(魔詞衍)은 금강산에 있는 명소인데 전년에 함께 갔었다.

3) 옛날 상투를 틀 때에는 이마로부터 뒤통수에 이르기까지 망건을 썼는데 귀밑머리 뒤에 고리를 달고 그 고리에 망건 줄을 꿰어 바짝 조이게 되었다. 관자(貫子)란 곧 망건줄을 꿰는 고리로서 혹은 금, 혹은 옥과 같이 그 관직의 등급을 따라 다 다르니 그 당시의 관자란 관직의 등급을 의미하는 것.

훈련을 마치고 돌아가는 길과 마주쳤다. 그때 날이 어두워 깜깜한 가운데 나도 말에서 내려서 다른 사람들과 함께 길 옆에 엎드렸는데 횃불이 휘황한 속에 깃발들이 펄럭이였다. 내가 길 옆에서 군대 행렬을 보았노라고 이야기하니 사경은 크게 웃으면서 말하기를

"왜 내[4] 자를 부르지 않았는가?"
"이곳 사람들이 깜짝 놀랄까봐 부르지 못했네."

그렇게 말하고 나서 두 사람이 함께 껄껄 웃었다. 사경이 말하기를

"군대 행렬이 그래 어떻던가?"

"쌍쌍이 대렬을 지어 세 줄로 서고 열 걸음씩 떨어진 것이 훈련도감(訓鍊都監)[5]보다는 조금 못하고 평양보다는 훨씬 낫네. 그런데 뒷부대의 입은 군복은 앞뒤로 두 치쯤 짧아야 훤칠한 것이 더 씩씩해 보일 것일세."

사경이 또 묻기를
"나는 그래 어떻던가?"
"나는 장군의 화상만 보았지 장군은 보지 못했네."
"그 무슨 소린가?"
"왼쪽에도 신장(神將)[6]과 같은 장수 바른 쪽에도 신장과 같은 장수 더구나 앞에는 검은 호랑이를 타고 다니는 그런 신장과 같

---

4) 옛날에는 친한 친구간에 반드시 자를 불렀고 또 대등한 친구간이 아니고는 자를 부르지 못했다.
5) 훈련도감(訓鍊都監)은 평상시의 군대 훈련을 맡았던 관청이다.
6) 원문의 온원수(溫元帥), 마원수(馬元帥), 조현단(趙泫壇) 등은 모두 귀신 장수의 이름으로 전해오는 것이다.

은 장수네그려. 초헌 뒤 말위에서 가지고 있는 깃발을 보니 검은 바탕에 별 그림이 그 바로 구진기(句陳旗)⁷⁾와 같더군. 내가 일찍이 환쟁이를 불러다가 초상화를 그리는 사람을 보면 반드시 입을 꽉 다물고 정색한 모습이 보통 때와는 아주 딴판이거든. 그때의 장군께서도 기침을 참아야 했고 재채기를 참아야 했고 가려워도 감히 긁지조차 못했겠지."

사경이 껄껄 웃으면서 말하기를

"과연 내가 하나 더 있어서 길 옆에서 나를 보았네."

나도 껄껄 웃으면서 말하기를

"옛날에 조조가 스스로 일어나서 칼을 짚고 상 앞에 섰으니 그것이 자기를 보는 법일세, 그런데 장군이 말을 잘 타지 않는 것은 두예(杜預)⁸⁾와 같건만 좌전의 주석을 내고 있단 말은 듣지 못했거니와 띠를 느지막히 매여서 선비다와 보이는 것이 양호(羊祜)⁹⁾와 같으니 이 다음날 누가 빗돌을 바라보고 눈물을 흘릴는지 알겠는가?"

이렇게 말하니 또 껄껄 웃고 일어나서 가는데 문 밖에는 둥근 달이 비치고 있었다. 내가 문밖까지 전송하다가 말고 말하기를

"내일 밤은 달빛이 더 좋을 것일세. 내가 남쪽 문루(門樓)에서 달을 구경하고 있을 것이니 장군이 거기까지 능히 걸어올 수 있

---

7) 구진(句陳)은 북극성을 가리키는 말인데 곧 통솔자를 표시하는 깃발.
8) 두예(杜預)는 중국의 고대의 유명한 학자요, 장수다. 그는 군대를 지휘하는 통솔에 좌전(左傳)의 주석을 썼다.
9) 양호(羊祜)는 두예를 천거해서 자기 후임에 앉힌 장수로 그가 죽은 뒤 사람들이 그를 추모해서 돌비를 세웠다. 이 돌비는 여러해 지난 다음 자연히 부서지고 쓰러졌는바 후대의 시인들은 많이 이 사실을 인용해서 생전의 부귀영화가 사후까지 미치지 못함을 표현하였다.

겠나?"

"그렇게 하세."

관청에서 모였을 때도 기를 지었는데 또 사경이 개성서 모인 것을 기로 지어서 보이기에 나도 이 기를 지어서 그에게 대답한다.

13. 琴鶴洞別墅小集記

不佞燕岩峽居, 距中京才三十里, 以故常客遊中京。今年冬, 奎章閣直提學俞士京方留守中京, 間嘗旅邸相遇, 歡然道舊如布衣, 蓋世俗所謂升沉榮枯不相有也。一日士京簡其趨導, 携其子, 來視琴鶴洞。時不佞寓梁氏別墅。促煖酒, 各出所爲文, 兩相考評, 相視而笑, 曰, 何如夜宿摩訶衍時, 獨無白華菴比邱緇俊參禪。小集似灌泉, 而吾輩幾時俱白頭。灌泉不佞漢陽白門舊宅, 而歸自楓嶽, 小集於此, 不佞時年二十九, 少士京七歲。兩鬢已有五六莖白, 自喜得詩料。今已十三年, 所謂詩料不禁撩亂, 而士京帶文權, 擁兵柄, 鎭大府城, 今其髭鬚盡白乃爾也。士京自循其鬢後金圈曰, 自視缺然矣, 況鬢後不自視乎, 曩日不佞自燕岩適入城, 路値留守講武還府。時方昏黑, 下馬雜士女伏道左。炬燭輝輝, 旗旆勿勿, 不佞爲言, 曩日道左觀軍容。士京大笑曰, 何不字呼, 曰, 恐駭都人士。遂相與大笑。士京曰, 軍容何如, 曰, 鴛鴦作隊, 三行十步, 小異於訓局大逾於平壤。且欄後兵, 不淅巾衣前後短二寸, 方軒然益健。士京問我何如, 曰, 我見將軍畫像, 不見將軍。士京問。何謂也, 曰, 左溫元帥, 右馬元帥, 前趙玄壇, 鞜後獨馬上持幟, 黑質繪星似勾陳. 吾嘗見招工寫眞者, 必默然整色, 類非常度. 將軍曩時必忍咳耐嚏, 痒不敢搔爾. 士京大笑曰, 果有一我觀我道旁. 不佞大笑曰, 昔曹公自起握刀, 立牀前, 此觀我法也. 然將軍身不跨馬, 似杜元凱, 而未聞註左氏, 緩帶儒雅似羊叔子, 而未知他日誰墮望碑之淚也, 因大笑起去. 門外月色正圓, 余送之門曰, 來夜月益明, 吾且賞月南樓, 將軍復能步來, 乎曰, 諾. 灌泉舊有小集記, 士京先有中京小集記. 以示乃作此以酬.

14. 만휴당(晩休堂)의 기문

(벼슬에서 물러남이 자유롭고 즐겁다는 연암의 처세관이 담긴 기문이다.)

벌써 오랜 이전에 눈이 내리던 어느 날 나는 이미 작고한 고관(高官) 대부였던 김술부씨(金述夫氏)와 함께 화로를 놓고 소고기를 볶아 식사한 일이 있으니 이것을 세속에서는 전골이라고 하는 것이다. 방안이 후끈후끈하고 고기 냄새가 자욱한데 김공은 먼저 일어나서 나를 끌고 북쪽 창 아래로 갔다. 그는 부채를 흔들면서 말하기를

"이렇게 맑고 시원한 데가 있군! 이런 데는 과연 신선 부럽지 않네."

조금 있다가 밖을 내다 본즉 여러 하인들은 심부름을 하느라고 마루 아래 섰는데 추위가 너무 심해서 발을 동동 구르고 있고 그 집의 젊은 자제들은 끓는 국을 엎질러서 손을 데였다고

하면서 떠들고 시끄러웠다. 김공이 껄껄 웃으면서 말하기를
 "뜨거운 데서 일찍 물러 나오니까 우리는 시원한 재미를 보네만은 고기 한 점 못 얻어 먹고 눈 속에서 발만 구르는 사람들이 가엾네 그려!"
 나도 또한 젊은 분들이 끓는 국을 엎질러 손을 덴 것을 들어서 그에게 은근히 암시를 주면서 인하여 오늘이나 옛날이나 사람들이 어떻게 해서 세상에 들날리고 정치에서 물러나고 또 어떻게 해서 영예롭기도 하고 욕되기도 한 둥을 곡진하게 말하였다. 김공은 언짢아 하면서 말하기를
 "실컷 부하고 귀하게 지내다가 비로소 과분한 것을 안다거나 다 늘그막에 이르러서야 쉬려고 생각한다면 그 벌써 때가 늦었네. 무엇이 즐겁게 되겠나?"
 대개 김공이 일찍이 정치에서 물러 설 것을 용감하게 단행하지는 못했을망정 이렇게 말한 데는 역시 자기 대로 느낀 바가 있던 것이다.
 내가 개성에 와서 돌아 다니다가 양씨(梁氏) 집의 젊은이 정맹(廷孟)과 친해졌기 때문에 그 부친의 학동(鶴洞) 별장에도 가서 논 일이 있다. 꽃과 나무가 줄지어 서고 집과 뜰도 깨끗이 거두어 놓았으며 그 큰 마루에는 만휴(晚休)라고 이름을 지었다. 양 노인은 순박한 것이 옛날 어른의 기풍이 보이는데 날마다 같은 동네 노인네와 모여서 활 쏘거나 장기 두는 것으로 일과를 삼고 거문고와 술로 소일을 하고 있었다. 대개 명예, 잇속, 권리와 같은 길에서 일찍이 벗어져 나와서 늘그막을 편안하게 누리고 있는 것이었다. 이야말로 늦게 휴식하는 즐거움이 아니겠는가?
 내 글을 받아서 기문으로 삼겠다고 한다.

아아! 김공은 일찍이 이 도성의 장관으로 있었으며 그가 갈려 간 후로도 이 도성 사람들은 그를 생각하고 있다. 그래서 전골 을 먹던 옛일을 이야기하는 동시에 양 노인이 늦게 휴식하던 즐 거움을 치하한다. 또 이 글을 써서 시끄럽게 굴다가 손을 불에 데는 세상 사람들에게 경계하려는 것이다.

14. 晚休堂記

余昔與故大夫金公述夫氏, 雪天對爐燒肉, 作煖會, 俗號 鐵笠圍. 室中燻烘, 葷臊襲人. 公先起相携退就北軒下, 搖 扇, 曰, 猶有淸涼地, 可謂去神仙不遠. 俄見群隷供役立廡 下, 寒甚頓足, 而子弟群鬨潑羹爛手, 喧戲不止. 公大笑, 曰, 熱處早退, 立見其效, 而雪中頓足者, 未沾一瀝, 是可 念也. 余亦以少年潑羹諷公, 因極論古今人進退榮辱. 公 愀然曰, 知足於富貴之餘, 思休於遲暮之境, 則亦已晚矣, 何樂之有, 蓋公未必能勇決於早退而其爲此言, 亦有所感 於中也. 及余西遊松京, 與梁氏子廷孟相厚善. 嘗遊其大 人鶴洞別墅, 花樹整列庭宇汎洽, 而名其堂曰, 晚休. 梁翁 休休然有古長者風, 日與里中諸老射奕爲事, 琴酒自娛. 蓋能蚤息於聲名利勢之塗, 而久享於衰晚之際也. 豈非眞 得晚休之樂者哉, 嘗請余文爲之記. 噫, 金公嘗尹玆都, 有 去思. 爲道其圍爐故事, 以賀翁晚休之樂, 且書此, 以警夫 世之群鬨爛手者.

15. 염재(念齋) 기문

(18세기 엘리트들의 부조리에 항거하는 자기 상실을 송욱의 미친 짓을 빙자하여 초현실주의 입장에서 기술했다.)

송욱(宋旭)이 술이 취해서 쓰러져 자다가 아침 나절에야 겨우 잠이 깨였다. 드러누워 들으니 솔개가 소리치고 까치가 짖고 수레와 말이 시끄럽게 오고 가고 울타리 아래서는 방아를 찧고 부엌 속에서는 그릇을 씻고 있다. 늙은이의 부르는 소리, 아이들의 웃는 소리, 남녀 하인들을 꾸짖는 소리, 기침하는 소리 등 방 밖에서 벌어지는 일들을 고스란이 모를 것이 없다. 그런데 오직 자기의 목소리만이 들리지 않아서 정신이 흐리멍덩한 중 혼자서 중얼거리기를

"집안 식구들이 모두 다 있는데 나만 어디로 가고 없단 말인가?"

눈을 들어 둘러 보니 저고리는 옷걸이 장대에 걸렸고 바지는 횃대에 걸렸고 갓은 벽에 달렸고 띠는 횃대 모서리에 걸쳐 있고 책상 위에는 책이 쌓이고 거문고는 뉘어 놓은 채로 있고 가야금은 세워 둔 채로 있다. 들보에 얼기설기한 거미줄이나 창문에 붙은 파리나 방안에 있는 물건은 하나도 축난 것이 없다. 그런데 오직 자기만을 발견하지 못하여 급히 소스라쳐 일어나서 자던 자리를 보니 남쪽으로 베개를 놓고 자리를 폈으며 이불은 들쳐져서 속이 들여다 보이는 것이었다.

아마 송욱이가 미친증을 일으키어 벌거벗은 채로 나가 버렸나보다고 생각하니 몹시 슬프고 가엾었다. 푸념도 하며 어이없는 웃음도 웃으면서 그를 찾아 입히려고 옷과 갓을 안고 암만

길거리로 돌아다녔건만 마침내 찾아내지 못하였다. 그래서 동쪽 성밖에 사는 장님에게 가서 점을 쳐 달라고 한즉 그 장님이 돈을 굴려서 점을 치면서 말하기를

"서산대사(西山大師)가 갓끈을 끊고 구슬을 흩어서 저 올빼미를 불러다가 길한가 흉한가를 알아 내랍신다." 하니

둥근 돈이 잘 굴러가다가 문지방에 부딪치어 그만 멈춰 버리었는데 돈을 도로 주머니 속에 넣으면서 치하하기를

"주인은 어디로 멀리 나갔고 손님은 몸을 쉴 곳이 없도다. 열에서 아홉을 잃었을망정 하나가 남았으니 7일이면 돌아오리로다."

"이 점괘(占卦)가 아주 좋소. 응당 과거에 높이 붙을 것이요."

송욱이 크게 기뻐서 과거가 열릴 때마다 반드시 유건(儒巾)을 뒤집어 쓰고 과거를 보러 갔다. 그리고는 제가 쓴 답안지에다가 제가 고등급이라고 큰 글씨로 등수를 매기어 놓았다. 그렇기 때문에 서울 속담으로 성사되지 못할 일을 두고 송욱이 과거보듯 한다고 말하고 있다.

점잖은 사람이 이 이야기를 듣고 말하기를

"미치광이는 미치광이라고 하더라도 선비다운 사람이구나! 이것은 과거를 보러 다니더라도 과거에는 뜻이 없다는 행위이다."

계우(季雨)는 성격이 허술한데다가 술을 마시고 호방하게 노래 부르기를 좋아해서 술에 있어서는 제 스스로 성인이라고 하였다. 그와 함께 겉으로는 장엄한 척 속은 물러서 어지러운 곳에 이르면 음란하였다.

내가 조롱하기를

"술에 취해서 성인이라도 말하는 것은 미치광이를 숨기려고 하는 것일세. 자네가 술을 취하지 않고서도 아무런 생각을 하지 않는다면 좀더 큰 미치광이로 될 것이 아니겠는가?"

계우가 한참 동안 언짢은 기색을 보이다가 말하기를

"자네 말이 옳네."

그래서 자기가 거처하는 방을 염재라고 이름짓고 나에게 기문을 부탁하였다. 드디어 송욱의 이야기를 써서 주어 그로하여금 노력하도록 하거니와 대개 송욱이란 미치광이니 나도 또한 노력코자 하는 바이다.

15. 念齋記

宋旭醉宿, 朝日乃醒. 臥而聽之, 鳶嘶, 鵲吠, 車馬喧囂, 杵鳴籬下滌器厨中, 老幼叫笑, 婢僕叱咳. 凡戶外之事莫不辨之, 獨無其聲, 乃語曚曨, 曰, 家人俱在, 我何獨無, 周目而視, 上衣在楎, 下衣在椸, 笠掛其壁, 帶懸椸頭, 書帙在案, 琴橫瑟立, 蛛絲縈樑, 蒼蠅附牖, 凡室中之物莫不俱在, 獨不自見. 急起而立, 視其寢處, 南枕而席, 衾見其裡. 於是謂旭發狂, 裸體而去, 甚悲憐之, 且罵且笑. 遂抱其衣冠, 欲往衣之. 遍求諸道, 不見宋旭. 遂占之東郭之瞽者. 瞽者占之曰, 西山大師斷纓散珠, 招彼訓狐, 爰計算之. 圓者善走, 遇閾則止, 囊錢而賀曰, 主人出遊客無旅依, 遺九存一, 七日乃歸. 此辭大吉, 當占上科. 旭大喜, 每設科試士, 旭必儒巾而赴之, 輒自批其券, 大書高等. 故漢陽諺, 事之必無成者, 稱宋旭應試. 君子聞之曰, 狂則狂矣, 士乎哉, 是赴擧而不志乎擧者也。季雨性疎宕嗜飮豪歌, 自號酒聖。視世之色莊而內荏者, 若浼而哇之。余戲之曰, 醉而稱聖, 諱狂也。若乃不醉而罔念, 則不幾近於大狂乎, 季雨愀然爲間, 曰, 子之言是也, 遂名其堂曰, 念齋。屬余記之。遂書宋旭之事以勉之, 夫旭狂者也, 亦以自勉焉。

16. 선귤당(蟬橘堂)의 기문

(이덕무의 서재에 사람의 이름이란 허상임을 어느 대사의 말을 빌어 말했다. 결국 매미 허물껍데기도 빈 소리요, 귤껍질도 향기없는 것이다.)

영처자(嬰處子)가 방 하나를 꾸리고 이름을 선귤당(蟬橘堂)이라고 지으니 그의 친구 하나가 웃으며 말하기를

"자네는 어째 그렇게 어수선스럽게 이름이 많은가? 옛날에 열경(悅卿)[1]이 부처 앞에서 참회(懺悔)를 하고 불법을 배우겠다는 큰 염원을 표시하면서 세속 이름을 버리고 중의 이름을 가지겠다고 하니 손뼉을 치고 웃으면서 열경에게 이렇게 말을 하였다네.

"심하구나 너의 미혹함이여! 네가 아직 이름을 좋아하는 것이 아니냐? 형체가 마른 나무처럼 되니까 나무 같은 중이라고 하고, 마음이 죽은 재처럼 되니까 재 같은 중이라고도 한다. 산은 높고 물은 깊거니 이름은 해서 무엇에 쓰겠느냐? 네가 네 형체

---

1) 조선조 세종조 때 김시습(金時習:1435~1493)의 자가 열경(悅卿)이요 또 그가 중으로 되기도 하였으나 여기서 열경이란 가상의 인물인지 김시습을 가리키는 것인지 모르겠다.

를 돌아보아라. 어디 이름이 있느냐? 네게 형체가 있으므로 곧 그림자가 생기거니와 이름은 본래 그림자가 없는 것이니 장차 무엇을 버리려하느냐? 네가 네 이마를 만져서 머리털이 기니까 참빗으로 빗는 것이지 이미 머리를 박박 깎았는데 참빗은 무슨 소용이겠느냐?"

네가 이름을 버리려고 한다지만 이름은 옥이나 비단이 아니요 이름은 밭이나 집이 아니요, 금이나 구슬이나 돈도 아니요, 먹는 곡식도 아니요, 식기도 아니요, 솥도 아니요, 세발가마도 아니요, 가마도 아니요 광주리, 소쿠리, 바구니, 술잔, 보시기, 병, 항아리 및 제기 등속도 아니다. 차고 다니는 주머니나 칼이나 향낭(香囊)처럼 끌러버릴 수도 없고 비단 관복(官服)[2]이나 흉배(胸褙)나 물소 띠나 병부, 인장처럼 벗어 버리거나 빼어 버릴 수도 없고 양쪽 머리에 원앙새를 수놓은 베개나 각색 헝겊으로 띠를 늘인 비단장처럼 누구에게 팔아버릴 수도 없고, 때가 아니요 먼지가 아니니 물로 씻어 버릴 수도 없고 솜[3]조각이 목구멍을 막고 있는 것 아니니 새것으로 끌어 내면서 토해 볼 수도 없고 부스럼이나 헌데에 딱지 앉은 것이 아니니 손톱으로 뜯어 볼 수도 없다.

바로 네 이름이란 것은 네 몸에 달린 것이 아니라 남의 입에 달린 것이다. 그들의 입에 따라서 좋을 수도 있고 나쁠 수도 있고 영예로울 수도 있고 욕될 수도 있고 귀할 수도 있고 천할 수

---

2) 원문의 원령(圓領)은 단령(團領)과 같은 말인데 관복(官服)이다. 수학보자(繡鶴輔子)는 흉배(胸褙)라고 하던 것이니 관복 앞에 붙이는 장식품이요 대서(帶犀)는 서띠 또는 물소뿔띠라고도 하던 것이니 최고급의 관리가 띠던 띠다. 단지 어과(魚果)의 魚는 병부(兵符)를 가리키는 것이요, 果는 인장을 가리키는 것이다.
3) 주역의 팔괘(八卦)는 반드시 두 패씩이 포개져서 八八은 六四패를 이루고 있다.

도 있어서 대중 없는 기쁨과 미움이 생기게 된다. 기쁨과 미움이 있으므로 해서 그로써 유혹되고 그로써 홀리고 그로써 떨리게 하고 또 그로써 겁나게 하고 있다. 주둥이와 이빨은 네게 있지만 먹느냐 뱉느냐는 남에게 달렸구나! 언제나 그것을 네 마음대로 할 수 있을지 누가 아느냐? 마치 저 바람 소리와 흡사한 것이다. 소리는 본래 비어있는 것으로 나무에 부딪쳐서야 소리가 나건만 도리어 나무를 흔들어 움직인단 말이다. 네가 일어나서 나무를 좀 보아라. 나무가 고요할 때야 바람이 어디 있느냐? 네 몸에는 본래 아무 것도 없었고 이런 것, 저런 것과 함께 비로소 그 이름도 가지게 되었다는 것을 몰라서는 안될 것이다. 그런 이름이 도리어 네 몸을 얽어 매고 동여 매고 가두어 놓고 파수까지 보는 것이다.

마치 저 북을 치는 것과 마찬가지다. 북을 치던 방망이는 멈춘 지 오래건만 소리는 사방으로 울리어 바야흐로 한창이다. 몸은 비록 백 번 바뀌더라도 이름은 언제나 그대로 있어 변하지도 않고 없어지지도 않는다. 매미의 껍질과 이름은 언제나 그대로 있어 변하지도 않고 없어지지도 않는다. 매미의 껍질과도 같고 귤의 껍데기와도 같은바 그 껍질과 껍데기에서 소리와 향내를 찾는 이외 애초부터 그런 것이 모두 빈 것이요, 없는 것이라는 것을 알지 못하고 있다.

가령 네가 처음 나서 포대기 속에서 응아응아 울고 있을 적에 이름은 있지 않았다. 너의 아버지 어머니가 너를 귀여워하고 사랑해서 좋은 글자를 골라 이름을 지었고 일부러 더럽고 천한 이름을 지었다고 한대도 그 역시 너를 축복하는 의미에 지나지 않았다. 그때의 너는 부모께 의지하고 살아서 네 몸도 네 마음대로 하지 못했을 것이다. 네가 다 자란 뒤에야 비로소 네 몸을 네 마음대로 했겠지만 '나'란 것이 있는 이상 그런 것도 없을 수 없은즉 그가 나에게 와서 짝을 채워 드디어 한 쌍을 이루는 것이다. 두 몸이 잘 만나서 남녀와 한 쌍씩 이루고 보니 쌍쌍으로 맞는 것이 주역(周易)의 팔괘(八卦)와 같다. 물론 여러 몸이 한데 겹치어 거치적거리고 거치장스러운 것이 경쾌하게 다니기는 어렵다. 경치 좋은 강산에 놀러 다니고 싶어도 홀몸이 아닌 까닭에 슬픔, 가엾음, 걱정 등이 길을 막는다. 좋은 친구 벗님네가 술을 놓고 서로 청할 적에 한 때를 즐겁게 보내려고 부채를 들고 문을 나서다가도 홀몸이 아닌 까닭에 가지 못하고 만다. 네 몸이 얽매이고 붙들리는 것은 결국 여러 몸이 한데 겹친 관계인데 바로 네 이름도 그처럼 겹치고 있는 것이다. 어려서는 아명(兒名)[4]이 있고 커서는 관명(冠名)이 있고 덕을 표시함에는 자(字)가 있고 거처하는 방에는 당호(堂號)가 있고 만약에 인격과 학문이 높으면 선생으로 받들고 살아서는 관직명으로 부르고 죽어서는 시호(諡號)를 부르는 것이다. 이름이 이렇게 많고 보니 자연히 그 책임이 무거울 수밖에 없다. 네 몸이 장차 이름을 이겨 내지 못할는지 모른다.

 이상은 대각무경(大覺無經)[5]에서 나온 것일세. 대개 열경(悅

---

4) 옛날에는 어려서 부르는 이름이 따로 있었으니 그것을 아명(兒名), 장가들 때 비로서 원 이름을 지으니 그것을 관명(冠名)이라고 했다. 단지 친구간에 서로 부르는 것은 자(字)인데 그것은 관례 때 지으며 덕을 표시한다고 해서 관명과 관계있는 의미를 취해서 짓는다. 당호는 무슨 재(齋), 무슨 당(堂) 등의 별호요, 시호(諡號)는 무슨 공(公)이라고 하는 등의 죽은 뒤 나라에서 내려주는 이름이다.

5) 대각무경(大覺無經)은 현실적으로 있는 책이 아니요 임의로 지어 넣은 것이다.

經)이란 세상에서 숨어 사는 사람인데 이름이 아주 많아서 다섯 살 때부터 별호를 지었기 때문에 대사가 이렇게 타일렀네. 대개 갓난 아이는 이름이 없어서 영아(嬰兒)라고 말하고 여자는 시집 가기 전에 처자(處子)라고 말하네. 영처(嬰處)[6]란 것은 세상에 숨어 사는 사람으로서 이름을 가지지 않으려는 뜻일세. 그런데 지금 갑자기 선귤(蟬橘)로 별호를 지으면 이제부터 자네가 이름을 이겨 내지 못하네. 왜 그런가? 대개 영아는 아주 약한 것이요 처자는 아주 부드러운 것이라 사람들이 약하고 부드러운 것을 보고 그러지 않아도 많이 덤빌 것일세. 더구나 매미는 소리가 있고 귤은 향기가 있은즉 이제부터 자네 집이 시장거리처럼 되겠네."

영처자는 대답하기를

"만약 그 대사의 말과 같을 것이라면 매미는 허물을 벗어 껍질이 말랐고 귤은 묵어서 껍데기가 빈탕이 되였으니 무슨 소리고 빛이고 냄새고 맛이고 할 것이 있겠소? 이미 소리고 빛이고 냄새고 맛이고 사람들의 비위에 들만한 것이 없다면 장차 나를 그 허물과 껍데기 밖에서 찾을 것이 아니겠소?" 하였다.

16. 蟬橘堂記

嬰處子爲堂, 而名之曰, 蟬橘。其友有笑之者曰, 子之何紛然多號也, 昔悅卿懺悔佛前, 發大證誓, 願棄俗名, 而從

---

[6] 영처(嬰處)는 이덕무(李德懋:1741~1793)의 별호이며 이 「선귤당」은 그의 서재 이름이라 했다.

法號。大師, 撫掌, 笑謂悅卿, 甚矣, 汝惑, 爾猶好名。形如枯木, 呼木比邱, 心如死灰, 呼灰頭陀。山高水深, 安用名爲, 汝顧爾形, 名在何處, 緣汝有形, 卽有是影, 名本無影, 將欲何棄, 汝摩爾頂, 卽有髮故, 而用櫛梳。髮之旣剃, 安施櫛梳, 汝將棄名, 名匪玉帛, 名匪田宅, 匪金珠錢, 匪食穀物, 匪鼎, 匪錡, 匪鬵, 匪鬴, 匪筐, 筥棬杯牟瓶盎, 及俎豆物。卽匪佩囊, 劍刀, 茞香, 可以解去。匪錦圓領, 繡鶴補子, 帶犀, 魚果, 可以脫去。卽匪鼓枕兩頭鴛鴦流蘇寶帳, 可賣與人。匪垢, 匪塵, 非水可洗。匪綉梗喉, 非水鴟羽可引, 嘔欷。匪瘤乾痂, 可爪剔除。卽此汝名, 匪在汝身, 在他人口, 隨口呼謂, 卽有善惡。卽有榮辱, 卽有貴賤, 妄生悅惡。以悅惡故, 從而誘之, 從而悅之, 從而懼之, 又從恐動。寄身齒吻, 茹吐在人。不知汝身, 何時可還, 譬彼風聲, 聲本是虛, 着樹爲聲, 反搖動樹。汝起視樹, 樹之靜時, 風在何處, 不知汝身, 本無有是, 卽有是事, 迺有是名。而纏縛身, 劫守把留, 譬彼鼓鍾, 桴止響騰。身雖百化, 名則自在, 以其虛故不受變滅。如蟬有殼, 如橘存皮, 尋聲逐香。皮殼之外, 不知皮殼, 空空如彼。如汝初生, 喤喤在裸無有是名, 父母愛悅, 選字吉祥, 復喚穢辱, 無不祝汝。汝方是時隨父母身, 不能自有, 及汝壯大, 迺有汝身。旣得立我, 不得無彼, 彼來偶我, 遂忽爲雙。雙身好會, 有男女身。兩兩相配, 如彼八卦。身之旣多, 臃腫關茸, 重不可行。雖有名山, 欲遊佳水, 爲此艮兌, 生悲憐憂。有好友朋, 選酒相邀, 樂彼名辰, 持扇出門, 還復入室, 念此卦身, 不能去赴。凡爲汝身, 牽掛拘攣, 以多身故。亦如汝名。幼有乳名,長有冠名, 表德爲字, 所居有號, 若有賢德, 加以先生, 生呼尊爵, 死稱美謚. 名之旣多, 如是以重. 不知汝身, 將不勝名, 此出大覺無經. 盖悅卿隱者也, 最多名自五歲有號, 故大師以是戒之. 夫孺子無名故稱嬰, 女子未字曰, 處子, 嬰處者盖隱士之不欲有名者也. 今忽以蟬橘自號則, 子將從此而不勝其名矣. 何則, 夫嬰兒至弱, 處女至柔, 人見其柔弱也, 猶以此呼之, 夫蟬聲而橘香則, 子之堂其將從此而如市矣. 嬰處子曰, 夫若如大師之言, 蟬蛻而殼枯, 橘老而皮空, 夫何聲色臭味之有, 旣無聲色臭味之可悅則, 人將求我於皮殼之外耶.

17. 말머리에서 무지개 섰던 기문

(강화도에서 말 타고 가다가 무지개를 맞았던 자연 현상)

봉상(鳳翔)이라는 마을에서 하루 밤을 자고 새벽에 강화읍(江華邑)으로 들어가는데 5리쯤 와서야 날이 훤히 밝기 시작하였다. 애당초 해가 올라올 때에는 한 점의 기운이나 한 개의 가리움도 보이지 않더니 겨우 한 자쯤 올라 오면서부터 갑자기 까마귀 머리만한 검은 구름이 햇가에 떠 돌았다.

잠간 동안에 그 검은 구름은 해의 반쪽을 가리워서 서운하고 허전한 것이 마음 상한 듯도 하고 근심스러운 듯도 하여 상이 찡그려지고 마음이 불안해졌다. 옆으로 쏠리며 나오는 햇발이 모두 꼬리별을 이루어 성난 폭포와도 같이 그 꼬리를 아래로 뻗쳤는데 바다 저편의 여러 산에서는 조그만 구름장들이 울룩불룩하니 독을 풍기고 있고 이따금 번개를 치면서 해 밑으로부터 우루루 하고 소리를 내였다. 사면이 자욱하게 깜깜해 들어와서 틈새도 없이 꽉덮힌 그 사이로부터 번개가 번쩍하고 지나 가는 바람에 비로소 주위가 보이였다. 천 떨기, 만 쪼각의 구름장이 쌓이고 접히고 주름이 잡히듯 한 중에도 옷에 선을 두른 것 같고 꽃에 테를 이룬 것 같이 그 빛깔이 짙고 엷고 다 달랐다.

  우뢰 소리가 찢어지는듯 해서 검은 용이라도 뛰어 나오지 않나 하였지만 비는 그렇게 대단한 것도 아니었다. 멀리 연안(延安) 배천(白川) 사이를 바라다 본즉 거기는 빗발이 마치 비단필처럼 드리워 있는 것이다. 말을 몰아 10여 리를 더 온 때에는 해가 구름에서 벗기어져 나와 더욱 밝고 고왔다. 아까 그렇게 흉악해 보이던 구름도 모두 경사스럽고 상서로운 모양으로 변해져서 오색이 찬란하였다.

  말머리에서 한 길이나 넘는 무슨 기운이 뻗치는데 누르고 흐리고 끈끈하기가 기름같았다. 눈 깜짝할 동안에 그 기운이 어느덧 붉고 푸르게 변하면서 높다랗게 하늘에까지 닿으니 문을 통해서 들어갈 수도 있을 듯하고 다리를 건너 넘어갈 수도 있을 듯하였다. 처음에는 말머리와 바짝 가까와서 손으로 만질 수도 있더니 더 앞으로 나갈수록 더 멀어만졌다. 한참 뒤 문수산성(文殊山城)에 이르러서 산 기슭을 돌아 나올 때는 강화읍 외성벽이 강을 끼고 백 리 어간이나 햇빛에 비치고 있고 무지개 줄기는 아직도 강 한중간에 꽂히어 있었다.

17. 馬首虹飛記

夜宿鳳翔邨, 曉入沁都。行五里許天始明。無纖氛點翳, 日纔上天一尺, 忽有黑雲點日, 如烏頭。須臾掩日半輪, 慘憺窅冥, 如恨如愁頻蹙不寧。光氣旁溢, 皆成彗字。下射天際, 如怒瀑。海外諸山各出小雲, 遙相應蓬蓬有毒, 或出電耀威, 日下殷殷有聲矣。少焉四面迨遝正黑。無縫罅, 電出其間, 始見雲之積疊襞褶者, 千朶萬葉。如衣之有緣, 如花之有暈, 皆有淺深。雷聲若裂, 疑有黑龍跳出, 然雨不甚猛。遙望延白之間, 雨脚如垂疋練。促馬行十餘里, 日光忽透漸益明麗。向之頑雲盡化慶霱祥曇, 五彩絪縕。馬首有氣丈餘, 黃濁如凝油。指顧之間忽變紅碧, 矯矯冲天, 可門而由也, 橋而度也。初在馬首, 可手摸也, 益前益遠, 已而行至文殊山城, 轉出山足。望見沁府外城, 緣江百里粉堞照日, 而虹脚猶挿江中也。

18. 유사경에게 보낸 답장

(유사경은 개성 유수요, 연암의 후원자다. 개성 유수가 된 것도 연암을 돕기 위한 일인데 그러나 연암은 너무 위세부리지 말라고 쓴 소리를 한다.)

어저께는 수레를 타고 하인들을 거느리고 위의 있게 행차하셨는데 마침 더위를 피해 밖에 나갔다가 헛걸음 하시게 했습니다. 섭섭한 마음이 다른 때보다도 갑절 더하던 차에 또 곧 편지를 주시니 위로되는 마음이 실로 큽니다.

창 밖으로 지나가는 수레와 말이 매일 수십 차례입니다. 따라다니는 사람들의 발자국 소리가 우뢰 같아서 집의 한 모퉁이가 곧 무너지는 듯합니다. 처음 이사왔을 때에는 집의 어린 놈이 글을 읽다가 책을 내던지고 밥을 먹다가 입에 든 것을 뱉고 엎드러지며 자빠지며 좇아 나가더니 차차 얼마를 지나자 나가 보지를 않습니다. 비단 저의 집 어린 놈만이 그런 것이 아니라 이 동네의 아이들이 모두 대수롭지 않게 여깁니다. 이것은 다른 까닭이 아닙니다. 어질고 어리석은 짓을 가리는 것이 아니라 눈이 시도록 보아 오기 때문입니다.

이렇게 본다면 두어 자 높이의 외바퀴 수레[1]나 하인들의 길잡는 소리[2]만 가지고는 거리의 아이놈들도 부러워서 엎드려지고 자빠지게 하지 못합니다. 그런데도 갑자기 거드림을 부리면서 목을 석 자나 길게 빼 올리고 기세가 산처럼 높다면 과연 어떻다고 할 것입니까.

지난 날 안성(安城)의 유응교(俞應敎)[3]가 좀 먹은 안장에 비쩍

---

1) 원문의 독륜지차(獨輪之車)는 조선시대 2품 이상의 관리들이 초헌(軺軒)이란 것을 탔는데 한 가운데 바퀴 하나를 달고 앞에서 사람이 끌었다고 해서 외바퀴 수레다.
2) 원문의 조례(皂隸)의 가도지성(呵導之聲)은 조선시대 관리들이 길을 가려면 그 앞에 누가 섰거나 누가 가는 것을 금지하였다. 앞에 한 하인이 서서 일정한 소리를 질러서 관리의 행차를 일반에게 알리는 것을 「길잡이」라 한다.
3) 유응교(俞應敎)도 바로 이 편지를 받는 유사경(俞士京)이요, 송도의 새 유수도 또한 유사경이다. 응교는 서울서 연암과 친하게 상종할 때의 관직이요, 송도 유수는 현재의 관직이다. 유사경은 곧 유언호(俞彦鎬:1730~1796)다. 그의 고향이 안성이요, 연암의 후원자이다.

마른 말을 타고 다닌다고 하더라도 본바탕에는 축날 것이 없으며 송도(松都)의 새 유수(留守)가 큰 기 작은 기를 늘여 세우고 나선다고 하더라도 참다운 행적에는 더할 것이 없습니다. 개성의 호수가 9천을 내리지 않을 것이니 충성스럽고 믿음직한 사람이나 뛰어나 잘난 사내도 없지 않을 것입니다. 또 더구나 그 지혜가 충분히 자기 유수의 어질고 어리석은 것쯤 분간할 수 있는 정도이겠습니까?

농담입니다. 농담입니다.

18. 答兪士京書

昨日車衆儼臨, 而適避暑出郊有失迎晤, 瞻悵倍至。卽又書至慰荷殊深。牕外車騎過者, 日數十輩。從者足聲如雷, 屋角欲摧。初移家時, 小兒輒撤書吐哺, 顚倒出看, 及其稍久, 亦不出看。非但家兒如此, 此洞街童, 視皆尋常。此無他, 不辨賢愚, 而但日閱故耳。由是觀之, 憑數尺獨輪之車, 假皁隸呵導之聲, 其慕悅不足以顚倒街童, 而遽作熊色, 項長三尺, 氣湧如山, 果以爲何如哉, 前日安城兪應敎, 雖盡鞍羸駒, 固無損於所性今日松都新留守, 雖建牙擁纛, 固無加乎素行。西京戶不下九千, 不無忠信豪傑, 則又況其智足以辨其大夫之賢愚乎, 好呵, 好呵。

19. 홍덕보에게 보낸 답장(1)

(홍대용 한테서 연암이 너무 객기(客氣)를 부리지 않느냐는 편지에 객기와 정기(正氣)를 논하면서 이제는 그 객기도 늙었다 하니 연암의 사회비판 정신은 객기이다.)

낭정(朗亭)[1], 문헌(汶軒)과 함께 천리 밖에서 이렇게 편지를 보내 주시니 얼음과 눈이 천지를 뒤덮은 가운데서 편지를 받아든 제가 어찌 기뻐 날뛰지를 않을 것입니까? 잠간 동안 맑은 거동을 맞았다가 곧 도로 헤여지는 심회보다는 차라리 이렇게 편지를 받아 읽는 편이 더 나을 것입니다. 더구나 요사이 같은 극한에도 어버이를 받드면서 또 정치에 바쁘면서 별일 없으시고 아드님도 잘 있다는 소식을 듣게 되니 기쁩니다. 우리가 서로 헤어진 지 어느덧 벌써 3년이 지났는데 용모며 모발이며 나를 미루어 남을 추측할 수 있습니다. 알지 못하거니와 그래, 형이 스스로 생각하기에 늘 정력과 의기의 늘고 준 정도가 전과 비교해서 과연 어떠합니까?

성인(聖人)의 많은 말씀이 모두 사람들더러 객기(客氣)를 씻어버리라는 것인데 객기는 정기(正氣)로 더불어 음(陰)과 양(陽)이 줄어들고 늘듯 하는 것입니다. 비유컨대 마치 큰 풀무로써 쇠를 녹여서 단련하는 것 같으니 객기가 겨우 한 푼만 없어진데도 정기가 제대로 설 것입니다. 그러나 정기란 것은 형체가 없

---

1) 낭정(朗亭), 문헌(汶軒)은 이 편지를 받는 홍덕보(洪德保) 즉 담헌(湛軒)이 중국 갔을 때 사귄 친구들이다. 먼저 담헌 편지에서 그들의 편지를 받고 반가웠다고 말한 까닭에 연암은 자기가 담헌의 편지를 받고도 마찬가지로 반가웠다고 말한 것이다.

는 것이라 손으로 만질 수는 없습니다. 오직 우러러 보나 굽어 보나 아무데도 부끄러움이 없는 거기서만 비로소 찾아집니다.

성인이 자기 한 몸을 다스리는 데서 어쩌자고 무서운 도적이나 큰 악한을 다루듯이 굳세게[2] 이기어(克) 내라고 말을 한 것입니까? 이긴다는 그 말은 적군의 성을 공격해서 그들을 격파했을 때 쓰는 것입니다. 그렇기 때문에 「목야(牧野)[3]의 서약」에서는 군사로써 상(商)을 반드시 이긴다고 했고 주역(周易)에서는 고종(高宗)이 귀방(鬼方)을 정벌해서 3년만에 이기었다고 하였습니다. 이러한 사례를 보아서는 이 편과 저 편이 서로 함께 서서 살 수 없는 형편에 대해서 쓰는 말입니다.

저는 평생에 언제나 객기로 인해서 큰 병해를 당해왔습니다. 그것을 이기는 공부로서는 군자의 몸가짐인 구용[4]도 익히지 못하고 또 예의[5]에 어긋나거든 보지도, 움직이고, 말하고, 듣지도 말라고 하는 등의 경계로써 튼튼한 무기도 갖추지 못하였습니다. 그러고 보니 귀, 눈, 입, 코의 어느 하나가 도적의 소굴로 들지 않은 곳이 없으며 심성, 언어, 행동의 전부가 모조리 객기의 성안이 되고 있었습니다. 그러나 최근 몇 해 이래로 평생의 병의 근원이던 그 증세가 어느 사이에 싹 없어졌는데 아울러 정기

---

2) 논어(論語)에는 공자의 말로서 "제 몸을 이기고 예의로 돌아가라(克己復禮)"고 한 구절이 있다.
3) 목야의 서약(牧野之誓)의 목야는 주무왕이 은나라 주(紂)를 정벌한 곳이다.
4) 구용(九容)은 「예기」(禮記〈玉藻〉)에서 나온 말로 그 내용은 손을 공손하게 가지며(手容恭) 발을 무겁게 가지라는(足容重) 등 몸가짐 아홉가지를 말한 것.
5) 원문의 사물(四勿)은 「논어」에 나오는 말이니 그 내용은 예의가 아니면 보지 말며(非禮勿視), 예가 아니면 듣지 말며(非禮勿聽), 예가 아니면 말하지 말며, 예가 아니면 움직이지 말라는 등이다. 「논어」(論語〈顔淵〉)

(正氣)까지도 함께 자취없이 사라져 버리였습니다.

　마치 궁지에 빠진 도적이 험준한 지형을 믿고 강폭하게 덤비다가 드디어는 군사는 다 흩어지고 양식도 떨어지는 날 맥을 추지 못하는 것과 비슷합니다. 생각하는 것이나 일하는 것이 도리어 객기를 병통으로 여길 그때만도 못 하니 어떻게 수양을 하고 어떻게 연구를 하고 어떻게 스승에게 배우고 어떻게 벗의 충고를 받아야 정기를 배양하고 객기만 쓸어버려서 예의 근본으로 돌아갈 수 있을지 모르겠습니다.

　예의란 것도 별것 아니요 본래부터 내가 가지고 있는 천성으로서 오직 객기에 억눌리어 있었을 뿐일 것입니다. 객기가 이미 없어졌다고 한다면 사사건건이 타당하게 되어 정기가 서지 못하는 것을 걱정하지 말아야 할 것입니다.

　그런데 몸이 나른해서 기운을 차리지 못하고 속은 싸늘해서 모든 일이 그저 범상하게만 보이니 지난 날의 지기는 다시 찾지 못하고 그만 기가 꺾인 일개 늙은 농군으로 되여 버리고 말았습니다.

　이제 별지로서 타이르신 말씀을 듣고 나니 부끄러워 땀이 얼굴에 가득함을 깨닫지 못하고 공연히 이렇게 운운합니다. 아마 이 편지를 보시고는 웃으면서 생각하시기를

　"이 사람이 점점 더 썩고 궁해빠진 게로군. 만약에 능히 객기를 쓸어버렸다면 하늘을 이고 땅을 짚고 당당히 설 수 있을 것인데 왜 이렇게 기진맥진하게 될가? 기진맥진하다는 것도 역시 객기인가."

　대개 그전부터 내가 정중하게 수양을 하기 위해서 노략한 일도 없지만은 지금 내가 말한 그런 일면도 없는 것이 아닙니다.

사람이 공부를 하는 것도 원기가 왕성하고 그렇지 못한데 달렸기 때문에 형의 정력이 형의 생각에는 어떠하냐고 물어본 것입니다. 상세한 회답을 해 주십시오. 또 긴요한 말을 몇 마디 적어 보내서 나를 좀 깨우치고 기운을 회복하도록 해 주십시오.

19. 答洪德保書 (一)

千里傳書, 如朗亭汶軒之爲。獲此於氷崖雪壑之中者, 寧不慰踊欣躍反有勝於乍接淸儀, 旋惹別緖也。況審至寒, 侍餘政履神相, 令胤無恙。吾輩爲別條已三載, 顔容髭髮憑我準他。第未知自檢精力, 志氣衰旺何似, 聖人千語使人消除客氣, 客氣與正氣, 如陰陽消長, 譬如大冶鎔鍛。客氣纔除一分則, 正氣自立, 而正氣無形可摸, 惟俯仰無怍處可以尋覓。聖人治其一已, 何苦如大盜巨姦, 而猛下一克字, 克之爲言, 如百道攻城, 刻日必勝。故牧野之誓曰, 戎商必克。易曰, 高宗伐鬼方三年, 克之。所謂漢賊不兩立。弟之平生, 常以客氣爲病。所以克治之工, 旣無九容之閑衛, 四勿之兵甲則, 耳目口鼻無非羣盜之淵藪, 志意言動, 俱是客氣之城社。比年以來, 平生病源不攻自除, 倂與所謂正氣而消落無餘。譬如窮寇恃險, 强梁自肆, 及其兵散食盡坐受困弊。志業反不如客氣用事時不知如, 何涵養, 如何集義, 如何師資, 如何友益, 乃得復禮, 禮非別事, 乃吾固有之天常。常爲客氣所乘, 客氣旣除, 則事事當理, 不患正氣之不立, 而苶然疲憊, 漸頓摩耗。情不內炎, 澹泊相遭。非復舊日志氣, 頹然成一老農夫。今承別幅垂勉, 不覺愧汗被面。

聊此云云想必發函一笑，曰，是必枵落困窮者日甚耳。若能除得客氣，頂天立地，緣何漸茶乃爾，所以漸茶，乃是客氣云耳。蓋吾平居雖乏莊敬日强之工，亦有然者。人生學殖，隨氣衰旺。所以問兄精力志氣自檢如何，幸賜詳覆。且錄切着數語，以爲開發振作之也。

20. 홍덕보에게 보낸 답장(2)

(이 답장에서는 징정한 벗이란 어떤 사람이어야 하는가에 대하여 연암의 생각을 피력했다.)

제가 평생 사귀며 다닌 범위가 넓지 않은 것 아니라 그의 인격과 처지를 살피여 그저 웬만한 사람은 모두 친구로 삼았습니다. 그러나 그런 분들은 명예를 따르고 세력에 붙는 사람이 없지 않기 때문에 눈에 뵈는 것도 친구가 아니라 오직 명예, 잇속, 세력 뿐입니다. 이제 나는 거칠은 풀숲 속에서 숨어 살고 있으니 그야말로 머리를 깎지 않은 중이요 아내를 가진 승려입니다. 산이 높고 물이 깊은 이 가운데서 명예란 다 무엇에 쓸 것입니까? 옛사람의 말이 남의 구설에 오르내리면 그래도 명예가 뒤따라 온다고 하였으나 그 역시 헛소리에 가깝습니다. "겨우 한 치만한 명예를 얻었을 때 벌써 한 자 만한 비방이 따라 오는 것입니다." 명예를 좋아하는 사람들도 늙은 뒤에 이르러는 그런 줄을 자연히 알게 될 것입니다.

젊어서는 뜬 명예에 집착하여 옛사람의 글줄을 훔쳐 가지고, 칭찬을 듣고자 애쓴 결과 명예는 겨우 송곳 끝만큼도 안 되나 흉과 비방은 쌓여서 산을 이루었습니다. 한밤중에 조용히 생각할 때 그 명예란 것을 내 손으로 깎아버리지 못해서 한이지만 왜 다시 그 근처에를 가까이 가려고 들 것입니까? 명예를 위한 친구가 내 눈에서 없어진 지 오랩니다. 또 잇속이나 세도에도 좀 섭쓸려 보았거니와 모두들 남의 것을 빼앗아 제게로 가져 갈 궁리요 제 것을 덜어서 남에게 줄 작정이 아니었습니다. 이름이야 본래 값을 드리지 않는 공짜라고 해서 혹 쉽사리 서로 줄 수 있지만 실제의 잇속이나 실제의 세도는 누가 얼른 그렇게 드러내 준답니까? 덤벼 들어서 한 몫 보려다가는 앞으로 넘어지고 뒤로 자빠져서 결국 기름 그릇에 가까이 갔다 옷만 버리고 말 뿐입니다. 이 역시 이 해를 가져 따지는 비루한 소리라고 하더라도 사실이 확실히 이렇습니다. 또 내가 일찍이 형에게서 훈계를 들은 적도 있는만큼 이 두 길로부터 비키어 선 지는 벌써 10년이나 됩니다. 내가 이제 세 종류의 친구를 다 버린 다음 비로소 눈을 크게 뜨고 친구를 찾아 보아야 한 사람도 없습니다.

  이치대로 갖추어 따진다면 친구란 본래가 어렵습니다. 그렇다고 어찌 사실로 한 사람도 없기야 할 수 있습니까? 무슨 일에서나 바른 길로 인도해 준다면 돼지를 치는 종놈도 나의 어진 벗이요 의리를 가지고 충고해 준다면 나무하는 머슴도 나의 좋은 친구인 것입니다. 내가 이 세상에서 친구나 벗을 아주 못 가진 것은 아닙니다. 그러나 돼지 치는 종놈이 옛글을 토론하는 마당에는 참여하기 어렵고 나무하는 머슴이 예의범절을 차리는 자리에는 나올 수 없으니 옛 사람의 사적과 내 처지를 비교해 보면서 왜 울적한 생각이 없겠습니까?

  이 산 속으로 들어 온 이후는 그런 생각조차 끊어 버리었건만 사마휘(司馬徽)[1]가 조밥을 빨리 지으라고 재촉하고 장저(長沮)와 걸익(桀溺)이 나란이 서서 밭갈이하던 일을 생각하면 그네들의 참다운 즐거움이 눈에 뵈는 듯해서 산에 오르거나 물가에 나갔을 때 혼자서 그 광경을 그리어 보지 않은 적이 없습니다.

친구와 벗의 일에 대해서는 형이 특별한 천품을 가지실 줄 알거니와 구봉(九峰)[2] 등 많은 사람이 하늘 저 끝에서 이 곳으로 멀리 편지를 부치어 보낸 것은 과연 천고의 기이한 일입니다. 그러나 이 시대, 이 세상에서 다시 만나지는 못할 것이라 꿈속이나 다름이 없어서 실지의 취향은 적을 것입니다. 혹시나 우리나라 안에서 그런 친구를 발견한다면 서로 숨기고 이야기하지 못할 것도 없으며 천리를 머다 않고 서로 찾아 다니기도 어렵지 않을 것입니다. 내가 알지 못하거나와 형이 그런 친구를 이미 발견한 일은 없습니까? 아니, 그만 마음 속으로 단념해 버리지나 않았습니까?

지난 날 담화에서도 이 점에까지는 언급하지 못했었습니다. 지금 마침 울적한 생각이 떠오르기에 이렇게 묻는 것입니다.

20. 答洪德保書(二)

弟之平生交遊不爲不廣, 挈德量地, 皆許以友。然其所與者, 不無馳名涉勢之嫌, 則目不見友, 所見者唯名利勢也。今吾自逃於蓬藋之間, 可謂不剃之比邱, 有妻之頭陀, 山高

---

1) 원문의 덕조(德操)는 사마휘(司馬徽)의 자(字)요 사마휘는 중국 고대 삼국시대 촉나라 사람. 장저(長沮) 걸익(桀溺)은 이미 앞에서 설명하였다.
2) 구봉(九峰)은 역시 담헌의 친구인 중국 사람.

水深, 安用名爲, 古人所謂動輒得謗, 名亦隨之, 殆亦虛語。纔得寸名, 已招尺謗。好名者老當自知。年少果慕浮名, 剽飾詞華, 借藉獎譽。所得名字僅如錐末, 而積謗如山。每中夜自檢, 齒出酸次。名實之際, 自削之不暇。況敢復近耶, 名之友已去吾自中久矣, 所謂利與勢, 亦嘗涉此塗, 蓋人皆思取諸人, 而歸諸己。未嘗見損諸己, 而益於人。名兮本虛, 人不費價, 或易以相予。至於實利實勢, 豈肯推以與人, 奔趨者多見其前蹎後蹈, 徒自近油點衣而已。此亦利害卑鄙之論, 而其實嚼然如此。亦嘗受戒於吾兄, 避此兩塗者, 亦已十年之久。吾旣去此三友, 始乃明目求見所謂友者, 蓋無一人焉。欲盡其道友固難矣。亦豈眞果無一人耶, 當事善規則, 雖牧猪之奴, 固我之良朋見義忠告, 則雖采薪之僮, 亦吾之勝友以此思之, 吾果不乏友朋於世矣。然而牧猪之朋, 難與參詩書之席, 而采薪之僮, 非可實揖讓之列則, 俛仰今古, 安得不鬱鬱於心耶。入山以來, 亦絕此念, 而每思德操趣黍, 佳趣悠然, 沮溺耦耕, 眞樂依依。登山臨水, 未嘗不髣髴懷想也。念兄於友朋一事, 知有血性, 而至於九峰諸人, 天涯地角間關寄書, 可謂千古奇事。然此生此世不可復逢則, 無異夢境, 實鮮眞趣。庶幾一見於方域之中, 無相閡諱, 亦不難千里命駕。未知吾兄亦未之有見耶, 抑斷此念於胷中否也。往日談屑之際, 未嘗及此, 今適因一段悠鬱, 聊以奉質焉。

〈서간문〉

21. 경지에게 보낸 답장 (3)

(어린 소년이 나비잡는 광경을 보고 글읽는 사람, 글짓는 사람의 심리를 관찰할 수 있다는 관조의 세계)

그대가 사마천(司馬遷)의 사기를 읽으면서 그 글만 읽고 그 마음은 읽지 못합니다. 왜 그런가하니

항우본기(項羽本紀)[1]를 읽거든 각국의 군사들이 초(楚)나라 군사의 싸움을 구경하는 장면을 생각하라거나 자객열전(刺客列傳)을 읽거든 고점리(高漸離)[2]가 줄악기를 타는 마디를 생각하라거나 그런 이야기는 늙은 서생의 진부한 말입니다. 또 찬장 밑에서 숟가락을 줍는 그것과 무엇이 다르겠습니까?

어떤 아이가 나비를 잡는 광경을 보면 사마천의 마음을 알아 낼 수가 있습니다. 앞다리는 반쯤 꿇고 뒷다리는 비스듬히 뻗치면서 두 손가락으로 집게를 삼고 살살 들어 가다가 잡을듯 말듯 할 때 나비는 벌써 날아 갔습니다. 사방을 돌아 보나 사람이 없으니까 씩 한번 웃고 나서 부끄러운 듯도 하고 속이 상하는 듯도 합니다.

이것이 사마천이 글을 짓고 앉았는 때의 모습입니다.

---

1) 원문의 '항우사벽상관전'(項羽思壁上觀戰)은 항우가 해하성에서 한나라 고조에게 패하던 때를 생각하라는 것.
2) 원문의 '자객사점리격축'(刺客思漸離擊筑)이니 전국시대 연나라 고점리(高漸離)가 비파 종류인 축악기의 명수로 진(秦) 나라에 진황을 찔렀는데 간사한 진 시황은 나중에 고점리의 눈알을 빼어 죽였다.

21. 答京之 (三)

足下讀太史公, 讀其書, 未嘗讀其心耳。何也, 讀項羽思壁上觀戰, 讀刺客思漸離擊筑, 此老生陳談。亦何異於廚下拾匙, 見小兒捕蝶, 可以得馬遷之心矣。前股半跽, 後脚斜翹, 丫指以前, 手猶然疑, 蝶則去矣。四顧無人, 哦然而笑, 將羞將怒, 此馬遷著書時也。

22. 중일에게 보낸 편지(3)

(정승을 사귀는 것보다 자신을 삼가는 것이 더 중요하다는 마음가짐)

어린 아이들의 동요에는 도끼를 휘둘러서 공중을 치기보다는 바늘을 가지고 눈동자를 겨누니만 못하다고 했습니다. 또 속담에도 있거니와 삼정승(三政丞) 시귀지 말고 제 몸을 조심하라고 했습니다.

그대는 명심하시오. 차라리 약하게 단단할지언정 결코 용감하면서 물러서서는 안 될 것입니다. 더구나 바깥 세력이란 것은 본래 믿을 수 없는 것이니 그러합니다.

22. 與中一 (三)

孺子謠曰, 揮斧擊空, 不如持鍼擬瞳。且里諺有之, 无交三公, 淑愼爾躬。足下其志之, 寧爲弱固, 不可勇脆, 而况外勢之不可恃者乎。

23. 창애에게 보낸 답장 (1)

(저술은 고증이 중요하고 문자는 공유적인 것이나 문장은 개성적이라는 이론이다.)

보내 주신 글은 입 부시고 손 씻고 무릎 꿇고 앉아서 정중하게 읽었습니다. 이에 내 소견은 문장이 모두 기이합니다만 사물의 명칭을 많이 빌어 쓴 중 그 인증이 꼭 들어 맞지 않으니 그것이 옥의 티로 보입니다.

청컨대 형을 위해서 다시 말씀드리겠습니다. 문장에는 묘리가 있으니 그 마치 송사하는 사람이 증거품을 제시하듯 해야 하고 거리로 돌아 다니는 장사치들이 물건 이름을 외치듯 해야 합니다. 아무리 그의 진술이 명쾌하고 정직한들 다른 증거품이 없이야 어떻게 승소할 수 있겠습니까? 그렇기 때문에 여기 저기 고전 문헌들을 인용해서 내 의사를 밝히는 것입니다.

성인이 지으셨고 어진이가 저술했으니 그보다 더 미더운 일이 없건만 그래도 고전을 인용해서 "강고(康誥)에서 이르기를 맑은 덕(德)을 밝힌다고 하였다."고 하고 또 그래도 고전을 인용해서 "제전(帝典)에서 이르기를 능히 큰 덕(德)을 밝힌다고 하였다."고 하였습니다. 벼슬 이름, 땅 이름은 서로 빌어쓰지 못합니다. 나무를 지고 다니면서 소금을 사라고 외친다면 종일 가도 나무 한 짐 팔지 못할 것입니다.

만약에 임금이 사는 곳을 모조리 장안(長安)[1]이라고 일컫고

---

[1] 장안(長安)이 원래 중국 한대(漢代)의 수도였으나 세속에서는 대부분 수도란 말과 같은 뜻으로 쓰고 있다.

역대의 최고한 직위를 모조리 승상(丞相)[2]이라고 부른다면 이름
과 실지가 뒤범벅이 되어 도리어 속되고 비루하게 됩니다. 이
곧 이름만 놀라운 진공(陳公)[3]이요 남의 찡그린 얼굴을 흉내내
는 동시(東施)의 흉내입니다.

 그러므로 글을 짓는 사람은 아무리 비루해도 이름을 숨기지
는 않고 아무리 속되어도 실지의 사실을 파묻어 버리지는 않습
니다. 맹자가 말하기를 성은 공통적인 것이나 이름은 개별적인
것이라고 했는데 같은 이치로 글자는 공통적인 것이나 글은 개
별적인 것이라고 할 것입니다.

23. 答蒼厓 (一)

 寄示文編, 漱口洗手, 莊讀以脆曰, 文章儘奇矣, 然名物
多借, 引據未襯, 是爲圭瑕。請爲老兄復之也。文章有道,
如訟者之有證, 如販夫之唱貨。雖辭理明直, 若無他證, 何
以取勝, 故爲文者, 雜引經傳以明已意。聖作而賢述, 信莫
信焉其猶曰, 康誥曰, 明明德, 其猶曰, 帝典曰, 克明峻德。
官號地名不可相借, 擔柴而唱鹽, 雖終日行道, 不販一薪。
苟使皇居帝都皆稱長安, 歷代三公盡號丞相, 名實混淆, 還
爲俚穢。是卽驚座之陳公, 效顰之西施, 故爲文者, 穢不諱

 [2) 승상(丞相)도 한대의 최고 직위를 부르던 이름이나 세속에서는 최고 직위를
  가리키는 일반적 용어로 사용하고 있다.
 3) 중국 한대에 진준(陳遵)이란 사람이 명망이 높아서 많은 사람들로부터 존경을
  받았는데 그 당시 그와 똑같은 성명을 가진 사람이 있어서 가는 곳마다 정말
  진준으로 오해되어 혼란을 일으켰다는 고사가 있었다.

名, 俚不沒迹, 孟子曰, 姓所同也, 名所獨也。亦唯曰, 字所同, 而文所獨也。

24. 창애에게 보낸 답장 (2)

(색상의 전도와 희비의 실제에 대한 맹아의 비유에서 본질과 허상을 보여준 편지글)

자기의 본바탕으로 돌아가라는 것이 어찌 문장뿐이겠습니까? 각종 온갖 일이 다 그러합니다.

서화담(徐花潭)이 길에 나갔다가 길을 잃고 우는 아이를 만나서 묻기를

"너 왜 우느냐?"

그 아이가 대답하기를

"제가 다섯 살부터 앞을 보지 못한 것이 지금 20년째입니다. 아침나절에 집을 나왔다가 갑자기 눈이 떠져서 천지 만물을 환하게 볼 수 있게 되었습니다. 기뻐서 집으로 돌아 가려 한즉 골목은 여러 갈래요 대문도 비슷비슷해서 우리 집이 어딘지 알 수가 없습니다. 그 때문에 웁니다."

선생이 말하기를

"내가 너의 집을 잘 찾아 가도록 네게 일러 주마.

네가 다시 눈을 감으면 너의 집으로 곧 돌아 갈 수 있을 것이다."

그래서 눈을 감고 지팡이를 두들기며 평소 걷는 대로 곧 저의 집을 찾아 갔답니다.

이것은 다름이 아니라 빛과 형체가 거꾸로 되고 슬픔과 기쁨이 이용되는 까닭입니다. 이것을 망상이라고 합니다. 지팡이를 뚜닥거리며 걸음을 걷는 대로 가는 것은 우리들이 분수를 지키는 요체요 집을 찾아 가는 비결입니다.

24. 答蒼厓 (二)

還他本分, 豈惟文章, 一切種種萬事摠然。花潭出遇失家, 而泣於塗者曰, 爾奚泣, 對曰, 我五歲而瞽, 今二十年矣。朝日出往, 忽見天地萬物淸明。喜而欲歸, 阡陌多岐, 門戶相同, 不辨我家, 是以泣耳。先生曰, 我誨若歸, 還閉汝眼, 卽便爾家。於是, 閉眼扣相, 信步卽到此無他。色相顚倒, 悲喜爲用, 是爲妄想。扣相信步, 乃爲吾輩守分之詮諦, 歸家之證印。

〈묘지명〉

25. 맏누님 정부인 박씨의 묘지명

(박연암의 묘지명은 「연암집」에 몇 편 실려 전하는데 부인의 묘지명은 누님과 형수의 두 편뿐이다. 두 편 모두가 없는 살림에 부녀자로서 고충과 불행이 사실적으로 진솔하게 묘사 되고 있어 명문장이라 할 것이다.)

유인(孺人)[1]의 이름이 모요 반남(潘南) 박씨다. 그 손아래 동생 지원(趾源) 중미(仲美)가 다음과 같이 묘지를 쓴다.
유인이 열 여섯살 때 덕수(德水) 이택모(李宅摸) 백규(伯揆)에게로 시집을 가서 딸 하나와 아들 둘을 낳았다. 신묘[2] 9월 1일에 세상을 떠나니 연세가 43세였다. 남편의 선산(先山)이 아곡(鵶谷)이란 곳에 있으므로 그 서향 언덕에 모셔다가 장사 지냈다. 백규가 이미 어진 아내를 잃고 나니 가난한 살림을 꾸려 가기 어려운 일이고 보니 이왕 관을 모시고 가는 길에 어린 것들과 계집종 한 명과 솥, 탕관, 상자, 고리 등속을 끌고 물길을 따라 산골로 들어 가려 하였다. 새벽녘에 중미가 두포(斗浦) 배 속에까지 따라 갔다가 통곡을 하고 돌아 왔다.
아아! 누님이 갓 시집을 가서 새벽 단장을 하던 일이 어제 같이 생각난다. 그 때 나는 겨우 여덟 살이었다. 응석으로 드러누

---

1) 유인(孺人)은 선비의 아내를 통칭하는 말이다.
2) 신묘(辛卯)년은 1771년 즉 연암이 36세 때이다.

워서 발버둥질을 치다가 새 신랑을 흉내내어 말을 더듬더듬 하였더니 누님이 부끄러운 바람에 내 이마에 빗을 떨어뜨렸다. 내가 골이 나서 울면서 분에다 먹칠을 하고 침으로 거울을 문지르는데 누님이 옥으로 만든 오리와 금으로 만든 꿀벌을 꺼내서 나에게 뇌물로 주고 울지 말도록 달래었다. 지금으로부터 스물 여덟 해 전이다.

강 위에 말을 세워 놓고 배가 가는 것을 멀리 바라보며 있었다. 붉은 명정(銘旌)이 바람에 펄럭이고 돛대 그림자가 길게 구불거리다가 산모퉁이를 돌아 나무에 가려지면서 다시는 더 보이지 않았다. 그런데 강 위에 멀리 섰는 산은 퍼런 것이 머리채 같고 강물은 거울 같고 새벽달은 눈썹과 같다. 빗을 떨어뜨리던 때를 울면서 생각하니 외롭고 어릴 때 일이 가장 똑똑히 기억되고 또 기쁘고 즐거웠던 일이 사무쳐 오른다. 세월이 길다마는 그동안 언제나 이별, 우환, 가난 등으로 인하여 총총하기 꿈결인 듯하다. 형제로 지내던 날이 어찌 그렇게 빨랐던고?

(명사가 있으니 시 항목에 수록했다.)

25. 伯姉 贈貞夫人朴氏墓誌銘

孺人諱某, 潘南朴氏。其弟趾源仲美誌之, 曰, 孺人十六, 歸德水李宅摸伯揆, 有一女二男。辛卯九月一日歿, 得年四十三。夫之先山曰, 鵄谷, 將葬于庚坐之兆。伯揆旣喪其賢室, 貧無以爲生, 挈其穉弱婢指十, 鼎鎗箱簏浮江入峽, 與喪俱發。仲美曉送之, 斗浦舟中, 慟哭而返。嗟乎, 姉氏新嫁曉粧, 如昨日。余時方八歲, 嬌臥馬驪, 效婿語口吃鄭重, 姉氏羞墮梳觸額。余怒啼, 以墨和粉, 以唾漫鏡, 姉氏出玉鴨金蜂賂我止啼。至今二十八年矣。立馬江上, 遙見丹旐翩然, 檣影逶迤至岸轉樹隱, 不可復見。而江上遙山, 黛綠如鬟, 江光如鏡, 曉月如眉。泣念墮梳, 獨幼時事歷歷, 又多歡樂。歲月長, 中間常苦, 離患憂貧困, 忽忽如夢中。爲兄弟之日, 又何甚促也。

去者丁寧留後期, 猶令送者淚沾衣, 扁舟從此何時返, 送者徒然岸上歸。

26. 맏형수 공인 이씨의 묘지명

공인(恭人)[1]의 이름은 모요, 완산 이동필의 따님이고 왕자 덕양군의 후손이다.

16세에 반남 박희원(朴喜源)에게 시집와서 3남을 낳았으나 모두 잃고 기르지 못했다.

공인은 본래가 영약하고 몸에 많은 병을 지니고 있었다.

남편 희원의 할아버지[2]는 나라 위한 이름난 문신으로 선왕(영조) 때 늘 천거되니 저 한(漢)나라의 탁무[3]와 같은 청빈으로써 승진하셨으나 벼슬에 있으면서 한자 한치 만큼도 자손을 위하여

---

1) 공인(恭人) : 문무관 정·종 5품 품계의 죽은 부인 칭호.
2) 할아버지 : 장간공(章簡公) 박필균(朴弼均;1685~1760) 당시 경기 감사로 재임했다.
3) 한나라 탁무고사 : 후한(後漢) 때 학자요 청빈한 수절 관리 탁무(卓茂)와 한고조(漢高祖) 때 청렴하던 무한구(武漢球)인 듯하다.

살림을 늘리지 않고 오히려 청빈한 정신이 뼛속에 들게 자손을 가르쳤고 돌아가신 날에 집안이 가난하기가 열푼[4]의 재산도 없었다.

해를 걸러서 이어지는 집안 초상[5]에 형수(공인)는 온 힘을 다 써서 식구들의 살아가는 일과 봉제사와 손님 접대에 큰 가문의 규범과 법도에 부끄러움 없도록 미리 준비하고 보충하여 나갔다.

20년을 살면서 가난에 창자가 뒤집어져도 참으며 너그러워[6] 순서는 안차려도 좋은 일만 골라하고 항아리를 뒤집어도 내놓을 것 없으니 굴욕과 좌절에 속은 녹아서 늘 한 가을이 되어도 나뭇잎만 떨어지고 하늘은 써늘했다. 그럴수록 의지는 더욱 넓고 텅 비었는데 병에 걸려 더욱 퍼지고 번져 나가기 몇 년에 드디어 정종 2년 무술[7] 7월 25일에 세상을 떠났다.

아아! 가난한 선비의 아내로 옛사람의 힘없는 나라 대부에 비긴다면 그 지팡이로 넘어지는 종묘사직을 뻣치어 기울이고 아침저녁으로 보전하되 더욱이 말씀은 규범과 분간하여 스스로 세우고, 골짜기의 맑은 샘이 흙탕 늪 풀에 이어지게 하며, 그 귀신을 굶기지 않고, 부엌의 음식을 잘 차려서 넉넉히 아름다운 모임을

---

4) 열푼 : 원문의 십금(十金)이니 아주 미미한 재산을 불과 십금이라고 했다.
5) 해를 걸러 이어지는 초상 : 연암 일가에서는 박필균상(1760) 이후만 하더라도 박연암의 형수는 총부로서 6~7건의 대상을 치뤘다.
6) 원문의 '구장탁수'(嘔腸擢髓)라든가 '굴억좌소'(屈抑挫銷) 등은 연암 특유의 조어(造語)이니 '구장'(嘔腸)만 해도 창자가 뒤집어진다와 너그러운 마음을 복합시켜 글자를 묶어 놓고 있다.
  다른 조어들도 그러한 복합적, 함축적 의미의 문자로 쓰고 있으므로 그렇게 번역한다.
7) 무술년은 1778년이며 연암이 42세 때이다.

만들었으니 어찌 저 제갈량의 "몸과 마음 다 바쳐 나라 위해 진력했노라"[8]하는 것이 아니겠는가.

시동생 지원이 아들을 낳아 겨우 품 밖으로 나갈 때 공인이 그 애를 아들로 보았으니[9] 드디어 13세가 되었나이다.

지원이 새로 집을 화장산 중 연암골에 마련하고, 그 수석을 즐기며 손수 굴싸리와 개암나무 등 잡목을 베어다가 집 울타리를 두르고는 일찍이 형수에게 말하기를 "형님이 늙으시니 의례히 저 동생과 더불어 함께 숨어서 살면서 담장을 두르고 천그루 뽕나무는 집 뒤에 심고, 천그루 밤나무는 문 앞에 심고, 천그루 배나무는 개울 위 아래에다 접붙이고, 천그루 복숭아 살구나무를 세 고랑 넓이 땅에 기르고, 연못에는 한 말 가량의 치어를 놓아 기르고, 바위 낭떠러지에 백 개의 물 고랑과 울타리 아래에는 여섯 뿌리[10] 소를 매어 기르고, 처는 베를 짜고 형수씨는 삼을 삼고, 단지 여종은 기름 짜기를 일과로 삼고, 밤에는 형님 모시고 옛사람의 글을 읽으면 좋겠다" 하니 형수는 그때 비록 질환이 심했으나 저도 모르게 벌떡 일어나 머리를 부여잡고 웃으면서 사양하는 말이

"이것은 내가 예전부터 뜻했던 것으로 밤낮으로 그 함께 할 사람을 바랐는데 곡식이 몹시 번성했으나 아직 익지 않았다."고 하고는 형수는 다시 일어 나지 못하였다.

드디어 공인의 관은 그 해 9월 10일 집 뒤 북쪽 수풀 속 해좌(북

---

8) 제갈량의 말은 「후출사표」(後出師表)에 있는 말.
9) 연암의 형인 박희원과 형수 사이에 후사가 없으므로 박지원의 장자인 박종의(朴宗儀)를 양자로 들여 보낸 사실을 말한다.
10) 본문의 육각(六角) : 여기서 육각은 악기가 아니고 육각우(六角牛)를 말함.

북서를 등짐)에 장사 지내니 이는 공인의 뜻이 이루어진 것이다.

땅은 해서 금천에 속해 있고 지원이 친구인 규장각 직제학 유언호[11] 언호는 지금 개성 유수로 땅이 연암과 근접해 있으므로 장례에 도와주고 또 명을 썼다.

(명은 생략함)

26. 伯嫂恭人李氏墓誌銘

恭人, 諱某, 完山李東馝之女, 王子德陽君之後也。十六歸潘南朴喜源, 生三男, 皆不育。恭人素羸弱身嬰百疾, 喜源大父, 爲世名卿, 先王時, 每擧漢卓武故事, 以增秩, 其居官, 不長尺寸爲子孫遺業, 淸寒入骨, 捐舘之日, 家乏無十金之産, 歲且荐喪, 恭人力能存活其十口, 奉祭, 接賓, 恥失大家規度, 綢繆補苴。且卄載, 嘔腸擢髓, 甁罋垂倒, 屈抑挫銷, 無所展施, 每値高秋木落天寒, 意盆廓然, 贊沮疾益發, 綿延數歲。竟以, 上之二年, 戊戌, 七月廿五日歿。嗟乎, 貧士之妻, 昔人比之弱國之大夫, 其扶傾支覆, 莫保朝夕, 猶能自立於辭令制度之間, 而澗繫沼毛, 不餕其鬼神, 不腆之厨疱, 足以嘉會, 豈非所謂鞠躬盡瘁死而後已者耶。夫弟趾源, 生子纔脫胞, 恭人視其男也, 遂子之今十三歲。趾源新卜居華藏山中燕岩洞。樂其水石, 手剪荊蓁因樹爲屋。嘗對恭人言, 我伯氏老矣, 行當與弟偕隱, 繞墻千

---

[11] 유언호(俞彦鎬 ; 1730~1796) 조선 문신. 자는 사경(士京), 호 즉지헌(則止軒) 시호는 충문(忠文) 연암의 선배요, 진실된 친구며 후원자. 일생을 물심양면으로 도와주었다.

樹種桑屋後，千樹栽栗門前，千樹接梨溪上下，千樹桃杏三畝，陂塘一斗魚苗，巖崖百筒罅，籬落之間繫牛六角，妻績麻嫂氏，但課婢趣榨油，夜佐叔讀古人書。恭人時雖疾甚，不覺蹶然，起扶頭一笑謝曰，是吾宿昔之志所以，日夜望其同來者，甚殷禾稼未熟。而恭人已不可起矣。竟以柩歸以其年九月十日葬于舍北園中亥坐之兆所以成，恭人之志也。地系海西之金川，趾源求銘於其友人，奎章閣直提學俞彥鎬。彥鎬方留守中京，地接燕岩，爲助葬，且銘之。其銘曰(略)

색 인(索引)

> **참고: 색인분류 내용**
>
> ① 인명(人名)은 (인)으로 표시. 전설적인 인명, 자, 호 포함
> ② 지명(地名)은 (지)로 표시. 고적과 명소 포함.
> ③ 안건(案件)은 (건)으로 표시. 저작, 제명, 역사적 사건, 특수용어 등

[ㄱ]

가상루(歌商樓) (건) ·················· 441
가생(賈生) (인) ·················· 404, 638
가야산(伽倻山) (지) ··············· 89
가오리(哥吾里) (건) ··············· 127
가자문(架子門) (지) ··············· 334
가정(嘉靖) (건) ··············· 353
가출장경(加出章京) (건) ········· 326
가태부(賈太傅) (인) ············· 654
감라(甘羅) (지) ················ 170
감생(監生) (건) ················ 492
감영지(鑑影池) (지) ············ 111
강감찬(姜邯贊) (인) ············ 119
강거(江居) (건) ················ 121

강거만음(江居謾吟) (건) ········· 131
강세작(康世爵) (인) ············· 311
강영태(康永太) (인) ············· 356
강장(康莊) (건) ················ 104
강철(罡鐵) (건) ················ 488
강홍립(姜弘立) (인) ············· 312
강화읍(江華邑) (지) ············· 849
강희(康熙) (건) ················· 422
개마대산(蓋馬大山) (지) ········· 354
개평현(盖平縣) (지) ············· 351
개휴연(介休然) (인) ············· 626
갱장(羹墻) (건) ················· 139
거간꾼들의 배꼽 빼던 이야기 (건) ··· 151
거인(擧人) (건) ················· 484
거지가 거부되던 이야기 (건) ········ 201

건륭(乾隆) (건) ·············· 187, 285
건문(建文) (인) ···················· 657
건염(建炎) (인) ···················· 631
걸익(桀溺) (인) ·············· 793, 860
검각(劍閣) (지) ···················· 455
결맹(結盟) (건) ···················· 102
경(鯨) (건) ···························· 72
경개록(傾盖錄) (건) ············· 282
경번당(景樊堂) (인) ············· 510
경수(涇水) (지) ···················· 103
경이위탁(涇以渭濁) (건) ······· 103
경주인(京主人) (건) ············· 800
계동(桂洞) (지) ···················· 193
계륵(鷄肋) (건) ···················· 134
계림류사(鷄林類事) (건) ······· 535
계우(季雨) (인) ···················· 841
계원필경(桂苑筆耕) (건) ······· 797
계주주(薊州酒) (건) ············· 456
고공(古公) (인) ···················· 660
고려지(高麗志) (건) ············· 536
고려총(高麗叢) (지) ············· 405
고변(高騈) (인) ···················· 797
고역생(高棫生) (인) ············· 786
고자(告子) (인) ···················· 660
고점리(高漸離) (인) ······· 222, 862
고죽국(孤竹國) (건) ············· 353
곡정필담(鵠汀筆談) (건) ·· 282, 602
곤(鯤) (건) ···························· 72

골다(骨多) (건) ···················· 101
공가(空駕) (건) ···················· 355
공명선(公明宣) (인) ············· 712
공방형(孔方兄) (건) ············· 263
공봉(供奉) (건) ···················· 221
공생(貢生) (건) ···················· 492
공손교(公孫僑) (인) ············· 627
공손도(公孫度) (인) ············· 410
공작관(孔雀舘) (지) ············· 784
공작관기(孔雀舘記) (건) ······· 774
공작관문고(孔雀舘文庫) (건) ·· 706
공정위(孔定魏) (인) ············· 623
공포(空包) (건) ···················· 295
공형(公兄) (건) ···················· 187
과보(夸父) (인) ······················ 76
과정록(過庭錄) (건) ··············· 60
과정집(蘦亭集) (건) ············· 452
곽거병(藿去病) (인) ············· 170
곽집환(郭執桓) (인) ············· 111
관내정사(關內程史) (건) ······· 282
관도(官道) (건) ···················· 118
관모(冠帽) (건) ···················· 102
관백(關白) (건) ···················· 213
관숙(管叔) (인) ···················· 659
관영(寬永) (건) ···················· 590
관옥(冠玉) (건) ···················· 453
관우(關羽) (인) ·············· 84, 419
관운장(關雲長) (인) ············· 752

관장(觀場) (건) ……………… 106
관제묘(關帝廟) (지) ……………… 368
관제묘기(關帝廟記) (건) ……… 282, 419
관중(管仲) (인) ……………… 151
관지(款識) (건) ……………… 464
광녕현(廣寧縣) (지) ……………… 353
광목천왕(廣目天王) (건) ……………… 92
광문의 이야기 (건) ……………… 149
광문자전(廣文者傳) (건) ……………… 201
광문전(廣文傳) (건) ……………… 149
광우사기(廣祐寺記) (건) ……… 282, 421
구련성(九連城) (지) ……………… 123
구리재(銅峴) (지) ……………… 194
구문제독(九門提督) (건) ……………… 566
구부(九府) (건) ……………… 591
구산(龜山) (인) ……………… 632
구선(口癬) (건) ……………… 529
구여(九如) (건) ……………… 144
구외(口外) (건) ……………… 453
구요동기(舊遼東記) (건) …… 282, 409, 415
구요양(舊遼陽) (지) ……………… 405
구일등맹원차두운(九日登孟園次杜韻) (건)…136
구조망포(九爪蟒袍) (건) ……………… 383
구진(句陳) (건) ……………… 835
국내성(國內城) (지) ……………… 301
군뇌(軍牢) (건) ……………… 298
굴원(屈原) (인) ……………… 752, 793
굴원구가(屈原九歌) (건) ……………… 129

궁가(窮可) (인) ……………… 107
궁혜(弓鞋) (건) ……………… 408
권마성(勸馬聲) (건) ……………… 408
권주(圈朱) (건) ……………… 459
귀비(貴妃) (건) ……………… 520
규장각(奎章閣) (건) ……………… 142
금가하(金家河) (지) ……………… 368
금구무결(金甌無缺) (건) ……………… 665
금사(金史) (건) ……………… 353
금옥(金屋) (건) ……………… 129
금잠(金簪) (건) ……………… 257
금학동(琴鶴洞) (지) ……… 115, 832
금학동별장소집기(琴鶴洞別墅小集記) (건) … 774
금화(金華) (건) ……………… 101
기궐씨(剞劂氏) (건) ……………… 761
기량(杞梁) (인) ……………… 734
기자(箕子) (인) ……………… 351
기자묘(箕子墓) (건) ……………… 351
기풍액(奇豊額) (인) ……………… 502
김간(金簡) (인) ……………… 520
김경방(金擎方) (인) ……………… 209
김경서(金景瑞) (인) ……………… 312
김류(金瑬) (인) ……………… 248
김륜(金崙) (인) ……………… 352
김석문(金錫文) (인) ……… 574, 619
김성립(金誠立) (인) ……………… 510
김시습(金時習) (인) ……………… 843
김신선 이야기 (건) ……………… 149

김신선전(金神仙傳) (건) ········ 149, 192
김양허(金養虛) (인) ················ 485
김유(金鍒) (인) ···················· 722
김진하(金震夏) (인) ················ 289
김창업(金昌業) (인) ················ 674
김택영(金澤榮) (인) ················· 55
김홍기(金弘基) (인) ················ 192
김홍연(金弘淵) (인) ················ 808

[ㄴ]

나부산(羅浮山) (지) ················ 111
나함(羅含) (인) ···················· 219
낙하굉(洛下宏) (인) ················ 622
난니보(爛泥堡) (지) ················ 407
난야(蘭若) (건) ····················· 78
난의사(鸞儀司) (건) ················ 566
남명(南溟) (인) ···················· 804
납장한(拉藏汗) (인) ················ 557
낭관(郎官) (건) ···················· 344
낭환집(蜋丸集) (건) ················ 706
내옹관(內饔官) (건) ················ 519
내원(來源) (인) ···················· 293
내청각(來靑閣) (지) ················ 111
냉재(冷齋) (인) ···················· 100
냉재집(冷齋集) (건) ················ 706
노가재(老稼齋) (인) ········· 349, 674
노구효월(蘆溝曉月) (지) ············ 129

노군교(勞軍橋) (지) ················ 119
노룡현(盧龍縣) (지) ················ 452
노숙구연성(露宿九連城) (건) ······· 123
노식(盧植) (인) ···················· 651
노옥계(盧玉溪) (인) ················ 805
노자(老子) (인) ···················· 707
노전(老錢) (건) ···················· 544
노진(盧禛) (인) ···················· 805
녹로(轆轤) (건) ···················· 331
녹천관집(綠天館集) (건) ············ 706
뇌(誄) (건) ························ 137
뇌화상(癩和尙) (건) ················ 579
누통(漏筒) (건) ···················· 117
산행(山行) (건) ···················· 118
늠생(廩生) (건) ···················· 492
능양시집(菱洋詩集) (건) ············ 706

[ㄷ]

다문천왕(多聞天王) (건) ············· 92
단목씨(端木氏) (인) ················ 490
달가(達可) (인) ···················· 107
담원팔영(澹園八詠) (건) ············ 111
담헌(湛軒) (인) ···················· 137
담헌홍덕보뇌(湛軒洪德保誄) (건) ··· 137
답동(畓洞) (지) ···················· 397
당서(唐書) (건) ···················· 286
대구어(大口魚) (건) ················ 326

대기(戴記) (건) ················· 638
대릉(大陵) (지) ················· 194
대무예(大武藝) (인) ············· 352
대방신(大方身) (지) ············· 368
대성전(大成殿) (건) ············· 593
대진국(大秦國) (건) ············· 624
대택뇌공(大澤疊空) (건) ········ 621
도강록(渡江錄) (건) ······· 282, 283
도압록강회망용만성(渡鴨綠江回望龍灣城) (건) ····················· 122
도이노음 (건) ···················· 394
도주(陶朱) (인) ··················· 489
독락재(獨樂齋) (건) ·············· 792
독락재기(獨樂齋記) (건) ········· 774
동공(東公) (건) ···················· 75
동관(潼關) (지) ············ 125, 194
동국중보(東國重寶) (건) ········· 593
동국통보(東國通寶) (건) ········· 593
동래박의(東萊博義) (건) ········· 187
동명왕(東明王) (인) ·············· 123
동방삭(東方朔) (인) ·············· 829
동보(東堡) (지) ··················· 359
동시(東施) (인) ··················· 865
동유전보(董由錢譜) (건) ········· 593
동중서(董仲舒) (인) ······· 643, 828
두라금탕(兜羅錦湯) (건) ········· 610
두려이판(頭顱已判) (건) ········· 110
두예(杜預) (인) ··················· 835

등금거사(藤琴居士) (건) ········· 520
등림(鄧林) (지) ···················· 75
등문공(騰文公) (인) ·············· 646

[ㅁ]

마귀(麻貴) (인) ··················· 221
마두(馬頭) (건) ············ 124, 295
마상구호(馬上口號) (건) ········· 127
마외역(馬嵬驛) (지) ·············· 636
마운령(摩雲嶺) (지) ·············· 401
마원수(馬元帥) (인) ·············· 834
마장전(馬駔傳) (건) ······ 148, 151
마천령(摩天嶺) (지) ·············· 402
막길렬(邈佶烈) (인) ·············· 632
막북행정록(漠北行程錄) (건) ···· 282
막수(莫愁) (인) ··················· 291
만교(灣校) (건) ··················· 298
만력(萬曆) (건) ··················· 311
만보교(萬寶橋) (지) ·············· 408
만석(曼碩) (건) ··················· 204
만세덕(萬世德) (건) ·············· 221
만한진신영안(滿漢搢紳榮案) (건) ··· 483
만휴당(晩休堂) (인·건) ········· 837
만휴당기(晩休堂記) (건) ········· 774
말 거간꾼 이야기 (건) ············ 148
말갈(靺鞨) (건) ············ 214, 352
망주석(望柱石) (건) ················ 84

매남노사(梅南老師) (인) ………… 226
맹공작(孟公綽) (인) ………… 637
맹상군(孟嘗君) (인) ………… 819
맹용(猛㺄) (건) ………… 256
맹원(孟園) (지) ………… 66, 136
명사(明史) (건) ………… 413
명성당(鳴盛堂) (건) ………… 387
명시종(明詩綜) (건) ………… 504
명신(命新) (인) ………… 293
명회(明會) (인) ………… 300
모기령(毛奇齡) (인) ………… 661
모돈(冒頓) (건) ………… 521
모문룡(毛文龍) (인) ………… 301
모수(毛隧) (인) ………… 509
목은(牧隱) (인) ………… 349
목춘(穆春) (인) ………… 452, 480
몰골도(沒骨圖) (건) ………… 826
무령왕(武靈王) (인) ………… 249
무양(武陽) (인) ………… 551
무한구(武漢球) (인) ………… 870
묵도(墨塗) (건) ………… 109
묵적(墨翟) (인) ………… 707, 820
문수산성(文殊山城) (지) ………… 850
문영(文塋) (인) ………… 630
문창후(文昌侯) (인) ………… 98
문헌통고(文獻通考) (건) ………… 353
미불(米芾) (인) ………… 63
미원동(美垣洞) (지) ………… 193

민병수(閔丙秀) (인) ………… 59
민영감이 도통했던 이야기 (건) …… 169
민옹의 이야기 (건) ………… 149
민옹전(閔翁傳) (건) ………… 149, 169

[ㅂ]

박고도(博古圖) (건) ………… 468
박두(䗚頭) (건) ………… 105
박명원(朴明源) (인) ………… 287
박문수(朴文秀) (인) ………… 209
박사유(朴師愈) (인) ………… 14
박영범(朴泳範) (인) ………… 55
박영철(朴榮喆) (인) ………… 55
박인량(朴寅亮) (인) ………… 502
박제가(朴齊家) (인) … 63, 714, 743, 746
박종간(朴宗侃) (인) ………… 59
박종의(朴宗儀) (인) ………… 872
박종채(朴宗采) (인) ………… 14
박지원(朴趾源) (인) ………… 5
박필균(朴弼均) (인) ………… 14, 97, 870
박희(薄姬) (인) ………… 670
박희원(朴喜源) (인) … 14, 97, 131, 398, 870
반고(班固) (인) ………… 80
반당(伴當) (건) ………… 127, 423
반선(班禪) (인) ………… 521
반선시말(班禪始末) (건) ………… 282
반선액이덕니(班禪額爾德尼) (인) … 557

반좌(半挫) (건) ……… 106	백청오동각(百尺梧桐閣) (지) …… 781
반향조(潘香祖) (인) ……… 463, 485	백탑보(白塔堡) (지) ……… 427
발승암(髮僧菴) (인) ……… 808	백호[剃髮] (건) ……… 433
발승암기(髮僧菴記) (건) ……… 774	밴댕이 (건) ……… 127
발해(勃海) (건·지) ……… 352	번어기(樊於期) (인) ……… 249
방경각외전(放璚閣外傳) (건) …… 150	번희(樊姬) (인) ……… 741
방물(方物) (건) ……… 285	범가대(范家臺) (지) ……… 368
방원(旁圓) (건) ……… 101	범경문(范景文) (인) ……… 658
방전(旁甸) (건) ……… 216	범려(范蠡) (인) ……… 506
방죽(方竹) (건) ……… 571	범문정(范文正) (인) ……… 638
방현령(房玄齡) (인) ……… 667	범에게 꾸중 듣던 이야기 (건) …… 255
방효유(方孝孺) (인) ……… 525	범중암(范仲菴) (인) ……… 641, 655
배거전(裵矩傳) (건) ……… 353	범증(范增) (인) ……… 171
배고개(梨峴) (지) ……… 194	벽양(辟陽) (지) ……… 670
배관(裵寬) (인) ……… 452, 479	변계함(卞季涵) (인) ……… 327
배도(裵道) (인) ……… 640	변관해(卞觀海) (인) ……… 310
배찬(裵瓚) (인) ……… 797	보씨(甫氏) (인) ……… 105
백금(伯禽) (인) ……… 652	보장왕(寶藏王) (인) ……… 354
백동파(百東坡) (건) ……… 111	복건(服虔) (인) ……… 550
백방(白方) (건) ……… 101	복령(茯笭) (건) ……… 177
백벽흠집[白璧微瑕] (건) ……… 129	복희씨(伏羲氏) (인) ……… 733
백이(伯夷) (인) ……… 616, 659	봉산학자의 이야기 (건) ……… 150
백자증정부인박씨묘지명사(伯姉贈貞夫人朴氏墓誌銘詞) (건)……… 138	봉산학자전(鳳山學者傳) (건) …… 150
백정향(白丁香) (건) ……… 164	봉성장군(鳳城將軍) (인) ……… 323
백제성(白帝城) (지) ……… 455	봉황과(鳳凰過) (건) ……… 579
백주장(栢舟章) (건) ……… 270	봉황성(鳳凰城) (지) ……… 313
백척오동각기(百尺梧桐閣記) (건) … 774	부열(傅說) (인) ……… 637
	부용국(附庸國) (건) ……… 660

부정공(富鄭公)(인) ·················· 385
부필(富弼)(인) ···················· 653
북곽선생(北郭先生)(인) ············ 258
북리제해(北里齊諧)(건) ············ 626
북산이문(北山移文)(건) ············ 133
북학의(北學議)(건) ········· 706, 746
분서갱유(焚書坑儒)(건) ············ 631
불이당(不移堂)(건) ················ 823
불이당기(不移堂記)(건) ············ 774
비간(比干)(인) ···················· 793
비구(比邱)(건) ···················· 105
비위(沸胃)(건) ···················· 255
비자통(枇子通)(건) ················ 214
비치(費穉)(인) ············· 452, 479
비하루(飛霞樓)(지) ················ 112
빙잠(氷蠶)(건) ···················· 573

[ㅅ]

사공도(司空圖)(인) ················ 674
사국공(史國公)(건) ················ 441
사동(社洞)(지) ···················· 194
사마광(司馬光)(인) ················ 350
사마상여(司馬相如)(인) ············ 810
사마중달(司馬仲達)(인) ············ 636
사마천(司馬遷)(인) ················· 80
사마휘(司馬徽)(인) ················ 860
사방제(沙方濟)(인) ················ 624

사성원(四聲猿)(건) ················ 374
사자학(獅子瘧)(건) ················ 579
사중(四重)(건) ···················· 144
사중빈(史仲彬)(인) ················ 669
사하보(沙河堡)(지) ················ 427
산경(山耕)(건) ···················· 118
산요포(山腰鋪)(지) ················ 408
산중지일서시이생(山中至日書示李生)(건) ··· 115
산해경(山海經)(건) ········· 286, 616
살꽂이다리(지) ···················· 164
살위봉법(殺威棒法)(건) ············ 325
삼가하(三家河)(지) ········· 124, 367
삼강(三江)(지) ···················· 299
삼공(三公)(건) ···················· 203
삼군(三君)(건) ···················· 628
삼남(三南)(지) ···················· 237
삼대환부공설(三大丸浮空說)(건) ··· 619
삼도파(三道巴)(지) ················ 407
삼배구고두(三拜九叩頭)(건) ········ 519
삼백(三白)(건) ····················· 68
삼사술(三駟術)(건) ················ 647
삼연(三淵)(인) ···················· 349
삼정(三政)의 폐단(건) ············· 704
삼족오(三足烏)(건) ················· 73
삼차하(三叉河)(지) ················ 434
삼청(三清)(지) ···················· 136
삼청동(三淸洞)(지) ················ 193
삼한중보(三韓重寶)(건) ············ 593

삼한통보(三韓通寶) (건) …… 593	설류점(薛劉店) (지) …… 359
삼환부공설(三丸浮空說) (건) …… 574	설리점(雪裏店) (지) …… 359
상루필담 (건) …… 282	설전(薛箋) (건) …… 789
상루필담(商樓筆談) (건) …… 477	섬월(纖月) (건) …… 75
상산야록(湘山野錄) (건) …… 630	성경잡지(盛京雜識) (건) …… 282, 427
상신일(上辛日) (건) …… 142	성당(盛唐) (건) …… 77
상앙(商鞅) (인) …… 667	성운(成運) (인) …… 723
상정(觴政) (건) …… 493	성제원(成悌元) (인) …… 723
상판사(上判事) (건) …… 311	세성(歲星) (건) …… 618
상평(常平) (건) …… 590	세폐(歲幣) (건) …… 554
서간(鼠肝) (건) …… 134	소골관(蘇骨冠) (건) …… 101
서국전(徐國全) (인) …… 413	소공(召公) (인) …… 484
서산대사(西山大師) (인) …… 841	소단적치(騷壇赤幟) (건) …… 706
서상기(西廂記) (건) …… 420	소릉(小陵) (지) …… 194
서시(西施) (인) …… 79	소방신(小方身) (지) …… 368
서장(西藏) (건) …… 521	소봉(素封) (건) …… 166
서청고감(西淸古鑑) (건) …… 468	소식(蘇軾) (인) …… 811
서학동(西學洞) (지) …… 193	소심거(素心居) (지) …… 111
서화담(徐花潭) (인) …… 866	소열(昭烈) (인) …… 650
서희(徐熙) (인) …… 130	소완정(素玩亭) (인·건) …… 818, 828
석교(石郊) (지) …… 164	소완정기(素玩亭記) (건) …… 774
석세룡(石世龍) (인) …… 632	소요수(小遼水) (지) …… 434
선귤당(蟬橘堂) (인·건) …… 843	소월대(嘯月臺) (지) …… 112
선귤당기(蟬橘堂記) (건) …… 774	소의(昭儀) (인) …… 550
선귤자(蟬橘子) (건) …… 161	소자용(蘇子容) (인) …… 623
선기옥형(璿璣玉衡) (건) …… 622	소자첨(蘇子瞻) (인) …… 662
선춘령(先春嶺) (지) …… 355	소작(小酌) (건) …… 135
설고(雪糕) (건) …… 519	소진(蘇秦) (인) …… 151

소천암(小川菴) (인·건) ……………… 763
소하(蕭何) (인) ………………………… 667
속수(涑水) (인) ………………………… 719
속재필담(粟齋筆談) (건) … 282, 451, 470
손권(孫權) (인) ………………………… 650
손목(孫穆) (인) ………………………… 535
손무(孫武) (인) ………………………… 81
손무자(孫武子) (인) …………………… 647
송동(宋洞) (지) ………………………… 136
송욱(宋旭) (인) …………………… 152, 840
송음정(松陰亭) (지) …………………… 112
송점(松店) (지) ………………………… 359
수구(繡毬) (건) ………………………… 333
수미산(須彌山) (지) …………………… 92
수산해도가(搜山海圖歌) (건) ………… 84
수암하(秀岩河) (지) …………………… 351
수역(首譯) (건) ………………………… 478
수재(秀才) (건) ………………………… 383
수직장경(守直章京) (건) ……………… 439
수호전(水滸傳) (건) …………………… 420
숙제(叔齊) (인) ………………………… 659
순치(順治) 시대 (건) ………………… 502
순패(旬稗) (건) ………………………… 706
술삭(戌削) (건) ………………………… 114
슬슬(瑟瑟) (건) ………………………… 214
승규(繩糾) (건) ………………………… 109
승덕지현(承德知縣) (건) ……………… 438
승본해(勝本海) (지) …………………… 225

시무십조(時務十條) (건) ……………… 798
신락관(神樂觀) (지) …………………… 527
신릉군 (인) ……………………………… 68
신불해(申不害) (인) …………………… 648
신선되려고 벽곡했다는 이야기(건) … 192
심양(瀋陽) (지) ………………………… 408

[ㅇ]

아골(雅骨) (건) ………………………… 217
아골관(鴉鶻關) (지) …………………… 399
아란(阿難) (인) ………………………… 113
아리강(阿利江) (지) …………………… 434
아미장(阿彌庄) (지) …………………… 405
악경(樂經) (건) ………………………… 418
안동도호부(安東都護府) (지) ………… 354
안사고(顔師古) (인) …………………… 550
안창(安昌) (인) ………………………… 551
안현(鞍峴) (지) ………………………… 398
안회(顔回) (인) ………………………… 820
애자하(愛刺河) (지) …………………… 299
액궁(額穹) (건) ………………………… 108
앵가(鸚哥) (건) ………………………… 113
앵무장(鸚鵡瘴) (건) …………………… 579
양각원(羊角源) (건) …………………… 626
양귀비(楊貴妃) (인) …………………… 741
양람기(鑲藍旗) (건) …………………… 386
양만춘(楊萬春) (인) …………………… 349

양매차(楊梅茶) (건) ⋯⋯⋯⋯⋯⋯⋯ 433	여측이심(如廁二心) (건) ⋯⋯⋯⋯⋯ 104
양반을 사고 팔던 이야기 (건) ⋯ 149, 184	역상가(歷象家) (건) ⋯⋯⋯⋯⋯⋯ 622
양반전(兩班傳) (건) ⋯⋯⋯⋯⋯ 149, 184	역생(酈生) (인) ⋯⋯⋯⋯⋯⋯⋯ 219
양사언(楊士彦) (인) ⋯⋯⋯⋯⋯⋯⋯ 808	역학대도전(易學大盜傳) (건) ⋯⋯ 150
양산묵담(兩山墨談) (건) ⋯⋯⋯⋯⋯ 286	연대하(烟臺河) (지) ⋯⋯⋯⋯⋯⋯ 408
양승암집(楊昇菴集) (건) ⋯⋯⋯⋯⋯ 374	연산관(漣山關) (지) ⋯⋯⋯⋯⋯⋯ 399
양웅(揚雄) (인) ⋯⋯⋯⋯⋯⋯⋯⋯⋯ 738	연상(燕商) (건) ⋯⋯⋯⋯⋯⋯ 320, 553
양원(楊元) (인) ⋯⋯⋯⋯⋯⋯⋯⋯⋯ 221	연안(延安) (지) ⋯⋯⋯⋯⋯⋯⋯⋯ 850
양자(楊子) (인) ⋯⋯⋯⋯⋯⋯⋯⋯⋯ 820	연암산중억선형(燕岩山中憶先兄) (건) ⋯ 131
양자운(楊子雲) (인) ⋯⋯⋯⋯⋯ 762, 811	연죽(烟竹) (건) ⋯⋯⋯⋯⋯⋯⋯⋯ 326
양주(楊朱) (인) ⋯⋯⋯⋯⋯⋯⋯⋯⋯ 707	연화(燕貨) (건) ⋯⋯⋯⋯⋯⋯⋯⋯ 320
양평(襄平) (지) ⋯⋯⋯⋯⋯⋯⋯⋯⋯ 409	연희궁(延禧宮) (지) ⋯⋯⋯⋯⋯⋯ 164
양호(楊鎬) (인) ⋯⋯⋯⋯⋯⋯ 221, 414	열녀의 고독과 고뇌 (건) ⋯⋯⋯⋯ 270
양호(羊祜) (인) ⋯⋯⋯⋯⋯⋯⋯⋯⋯ 835	열녀함양박씨전(烈女咸陽朴氏傳) (건)⋯ 270
양화(陽貨) (인) ⋯⋯⋯⋯⋯⋯⋯⋯⋯ 712	열상외사(洌上外史) (건) ⋯⋯⋯⋯ 284
양황기(鑲黃旗) (건) ⋯⋯⋯⋯⋯⋯⋯ 411	열하(熱河) (지) ⋯⋯⋯⋯⋯⋯⋯⋯ 126
어릉(於陵) (지) ⋯⋯⋯⋯⋯⋯⋯⋯⋯ 616	열하도중시(熱河途中詩) (건) ⋯⋯ 126
어릉중자(於陵仲子) (인) ⋯⋯⋯⋯⋯ 820	염재(念齋) (인·건) ⋯⋯⋯⋯⋯⋯ 840
어저귀 (건) ⋯⋯⋯⋯⋯⋯⋯⋯⋯⋯ 347	염재기(念齋記) (건) ⋯⋯⋯⋯ 704, 774
어화헌(語花軒) (지) ⋯⋯⋯⋯⋯⋯⋯ 113	염파(廉頗) (인) ⋯⋯⋯⋯⋯⋯⋯⋯ 767
엄안(嚴顔) (인) ⋯⋯⋯⋯⋯⋯⋯⋯⋯ 420	영고탑(寧古塔) (지) ⋯⋯⋯⋯⋯⋯ 351
엄철교(嚴鐵橋) (인) ⋯⋯⋯⋯⋯⋯⋯ 463	영대정잡영(映帶亭雜咏) (건) ⋯⋯⋯ 59
엄행수가 환경 미화하던 이야기 (건) ⋯ 161	영락대전(永樂大全) (건) ⋯⋯⋯⋯ 629
업후(鄴侯) (인) ⋯⋯⋯⋯⋯⋯⋯⋯⋯ 221	영수사(映水寺) (지) ⋯⋯⋯⋯⋯⋯ 425
여무(禹汝楙) (인) ⋯⋯⋯⋯⋯⋯⋯⋯ 719	영처고(嬰處稿) (건) ⋯⋯⋯⋯⋯⋯ 706
여불위(呂不韋) (인) ⋯⋯⋯⋯⋯⋯⋯ 631	영처자(嬰處子) (인) ⋯⋯⋯⋯⋯⋯ 843
여상(呂尙) (인) ⋯⋯⋯⋯⋯⋯ 171, 484	영파역(迎波驛) (지) ⋯⋯⋯⋯⋯⋯ 119
여진(呂臻) (인) ⋯⋯⋯⋯⋯⋯⋯⋯⋯ 638	예단(禮單) (건) ⋯⋯⋯⋯⋯⋯⋯⋯ 324

예덕선생 이야기 (건) ·················· 148	왕요신(王堯臣) (인) ·················· 638
예덕선생전(穢德先生傳) (건) ··· 149, 161	왕적(王迪) (인) ····················· 88
예속재(藝粟齋) (건) ·················· 441	왕종성(王宗盛) (인) ·················· 413
오광(吳廣) (인) ····················· 165	왕진(王縉) (인) ····················· 552
오금(五金) (건) ····················· 95	왕희지(王羲之) (인) ·················· 755
오기(吳起) (인) ····················· 81	외황아(外黃兒) (인) ·················· 170
오복(吳復) (인) ················· 452, 480	요동백탑기 (건) ····················· 282
오색사자(五色獅子) (건) ·············· 255	요사(遼史) (건) ····················· 354
오영방(吳潁芳) (인) ·················· 463	요야효행(遼野曉行) (건) ·············· 125
오주전(五鑄錢) (건) ·················· 592	요양(遼陽) (지) ····················· 409
옥로(玉鷺) (건) ····················· 108	요양현(遼陽縣) (지) ·················· 354
온백고(溫伯高) (인) ············· 452, 479	요하(遼河) (지) ····················· 434
온원수(溫元帥) (인) ·················· 834	용만성(龍灣城) (지) ·················· 122
옹백담수(翁伯談藪) (건) ·············· 626	용사(龍蛇) (건) ····················· 143
옹정(雍正) (건) ····················· 440	용연(龍涎) (건) ····················· 217
옹치(雍齒) (인) ····················· 653	우관(雩冠) (건) ····················· 353
와룡선생(臥龍先生) (인) ·············· 247	우담화(優曇華) (건) ·················· 63
완월사(玩月砂) (건) ·················· 164	우림아(羽林兒) (건) ·················· 205
완적(阮籍) (인) ················· 772, 794	우모(雨冒) (건) ····················· 102
왕개보(王介甫) (인) ·················· 641	우상의 이야기 (건) ·················· 150
왕거인민호(王擧人民皡) (인) ········ 602	우상전(虞裳傳) (건) ············· 150, 213
왕기(王圻) (인) ····················· 104	우예질정(虞芮質正) (건) ·············· 663
왕기(王紀) (인) ····················· 413	우유요(牛維曜) (인) ·················· 412
왕망(王莽) (인) ············· 712, 641, 811	우파(優婆) (건) ····················· 106
왕민호(王民皡) (인) ·················· 503	우허(虞詡) (인) ····················· 769
왕번(王蕃) (인) ····················· 623	운간(雲間) (지) ····················· 374
왕안석(王安石) (인) ············· 641, 811	웅정필(熊廷弼) (인) ·················· 410
왕어양(王漁洋) (인) ·················· 502	원숭환(袁崇煥) (인) ·················· 414

원앙(袁盎) (인) ································ 639
원앙와(鴛鴦瓦) (건) ····························· 348
원우(元祐) (건) ································· 145
원응태(袁應泰) (인) ····························· 410
원자재(袁子才) (인) ····························· 130
원조대경(元朝對鏡) (건) ······················· 113
원종(元宗) (인) ································· 657
원포(原包) (건) ································· 295
월나상(越羅裳) (건) ····························· 128
월령(月令) (건) ································· 586
월산대군(月山大君) (인) ······················· 509
위구(委裘) (건) ································· 75
위만조선(衛滿朝鮮) (건) ······················· 351
위수(渭水) (지) ································· 103
위씨(尉氏) (인) ································· 105
위앙(衛鞅) (인) ································· 647
위학지방도(爲學之方圖) (건) ·················· 706
유가하(劉家河) (지) ····························· 368
유계외전(留溪外傳) (건) ······················· 524
유계재(庾季才) (인) ····························· 622
유공권(柳公權) (인) ····························· 350
유단(油單) (건) ································· 326
유득공(柳得恭) (인) ····························· 762
유령(劉伶) (인) ···················· 778, 794
유리창(琉璃廠) (건) ····························· 457
유방(劉邦) (인) ································· 753
유백륜(劉伯倫) (인) ····························· 778
유사경(俞士京) (인) ····························· 832

유숙동관(留宿潼關) (건) ······················· 125
유씨도서보(柳氏圖書譜) (건) ················· 706
유언호(俞彦鎬) (인) ·········· 832, 852, 873
유완(劉阮) (인) ································· 112
유응교(俞應敎) (인) ····························· 852
유장(劉璋) (인) ································· 649
유정(劉綎) (인) ································· 221
유종(劉琮) (인) ································· 650
유춘동(留春洞) (지) ····························· 112
유표(劉表) (인) ································· 649
유하혜(柳下惠) (인) ···················· 713, 820
유함(儒頷) (건) ································· 103
유해(劉海) (인) ································· 302
유형원(柳馨遠) (인) ····························· 245
육기(六氣) (건) ································· 258
육노망(陸魯望) (인) ···················· 424, 765
육방옹(陸放翁) (인) ····························· 456
육비(陸飛) (인) ································· 463
육수부(陸秀夫) (인) ····························· 525
육해원(陸解元) (인) ····························· 463
육혼(鬻渾) (건) ································· 256
윤가전(尹嘉銓) (인) ···················· 501, 602
윤공광석(尹公光碩) (인) ············· 796, 804
은식(銀飾) (건) ································· 109
은인(銀印) (건) ································· 144
은화운월(銀花雲月) (건) ······················· 288
음여화(陰麗華) (인) ····························· 670
의돈(猗頓) (인) ································· 489

의종열황제(毅宗烈皇帝) (인) ········· 284
이거(移居) (건) ·················· 118
이공보(李功甫) (인) ·············· 824
이광(李廣) (인) ·················· 764
이광지(李光地) (인) ·············· 674
이기(二紀) (건) ·················· 139
이달(李達) (인) ·················· 505
이덕무(李德懋) (인) ··· 63, 748, 751, 847
이락와피(籬落臥被) (건) ············ 668
이립(離立) (건) ·················· 103
이마두(利馬竇) (인) ·············· 220
이면재(李勉齋) (인) ·············· 275
이문안(里門內) (지) ·············· 193
이보국(李輔國) (인) ·············· 657
이사(李斯) (인) ············· 667, 759
이상(李箱) (인) ·················· 704
이상의(李尙義) (인) ·············· 413
이서구(李書九) (인) ········ 757, 818, 828
이세민(李世民) (인) ·············· 349
이여송(李如松) (인) ·············· 221
이올(彝兀) (건) ·················· 256
이용촌(李榕村) (인) ·············· 674
이원령(李元靈) (인) ·············· 824
이유(二酉) (건) ·················· 454
이윤(伊尹) (인) ·················· 734
이이(李珥) (인) ·················· 509
이인상(李麟祥) (인) ·············· 824
이인재(李麟齋) (인) ·············· 479

이재성(李在誠) (인) ·············· 766
이적(李勣) (인) ·················· 123
이정간(李廷幹) (인) ·············· 413
이존당(以存堂) (인·건) ············ 776
이존당기(以存堂記) (건) ············ 774
이징(李澄) (인) ·················· 756
이채(李采) (인) ·················· 722
이태영(李泰永) (인) ·············· 722
이탁오(李卓五) (인) ·············· 655
이태인(李泰仁) (지) ·············· 164
이택모(李宅摸) (인) ·············· 868
이학령(李鶴齡) (인) ·············· 405
이항복(李恒福) (인) ·············· 378
이홍재(李弘載) (인) ·············· 729
이회신(李懷信) (인) ·············· 411
인체(人彘) (건) ·················· 670
일소태(一所台) (지) ·············· 427
일신수필(馹迅隨筆) (건) ············ 282
일로(一鷺) (건) ···················· 83
임가대(林家臺) (지) ·············· 368
임둔(臨屯) (건) ·················· 352
임백호(林白湖) (인) ·············· 737
임상헌집(臨湘軒集) (건) ············ 452
임장군전(林將軍傳) (건) ············ 420
입연구(笠聯句) (건) ·············· 100
입옹소사(笠翁笑史) (건) ············ 493
입정(入定) (건) ·················· 115
입희령(笠豨䝯) (건) ·············· 164

[ㅈ]

자로(子路) (인) ……………… 793
자무(子務) (인) ……………… 736
자백(茲白) (건) ……………… 255
자비령(慈悲嶺) (지) ………… 355
자소집(自笑集) (건) ………… 706
자수교(慈壽橋) (지) ………… 194
자유(子游) (인) ……………… 803
자패(子佩) (인) ……………… 751
자형(紫荊) (건) ……………… 121
자혜(子惠) (인) ……………… 736
작변(爵弁) (건) ……………… 103
작협(爵頰) (건) ……………… 103
장가대(張家臺) (지) ………… 407
장거(章擧) (건) ……………… 216
장괴애(張乖崖) (인) ………… 821
장덕홍(張德弘) (인) ………… 152
장도(錫粧刀) (건) …………… 326
장동(壯洞) (지) ……………… 194
장량(張良) (인) ……………… 493
장량제(張良娣) (인) ………… 657
장맹(張孟) (인) ……………… 622
장비(張飛) (인) ……………… 420
장석지(張釋之) (인) ………… 638
장성점(長盛店) (지) ………… 427
장세걸(張世傑) (인) ………… 525
장승무(張繩武) (인) ………… 413
장용영(壯勇營) (건) ………… 142
장유(張維) (인) ……………… 248
장저(長沮) (인) …………… 793, 860
장전(張詮) (인) ……………… 413
장정옥(張廷玉) (인) ………… 413
장주(莊周) (인) ……………… 764
장중거(張仲擧) (인) ………… 776
장중경(張仲景) (인) ………… 644
장지(壯紙) (건) ……………… 326
장평자(張平子) (인) ………… 622
장화(張華) (인) ……………… 829
재거(齋居) (건) ……………… 134
재선(在先) (인) ……………… 746
저화(楮貨) (건) ……………… 592
전가(田家) (건) ……………… 83
전사가(田仕可) (인) ……… 451, 479
전운시(全韻詩) (건) ………… 413
전주(田疇) (인) ……………… 451
절강(浙江) (지) ……………… 217
절구사수(絕句四首) (건) …… 128
절풍(折風) (건) ……………… 102
점장포(毡匠舖) (지) ………… 427
점필재(佔畢齋) (인) ………… 804
정강성(鄭康成) (인) ………… 651
정령위(丁令威) (인) ……… 417, 738
정미(廷美) (인) ……………… 631
정석치(鄭石癡) (인) ………… 580
정원시(鄭元始) (인) ………… 293

정유집(貞蕤集) (건)	61	조응(照應) (건)	767
정이(程頤) (인)	638	조정진(趙鼎鎭) (인)	294
정재육(鄭載堉) (인)	656	조조(鼂錯) (인)	493
정종대왕(正宗大王) (인)	139	조주부학동(趙主簿學東) (인)	370
정종대왕향문(正宗大王進香文) (건)	139	조참(曹參) (인)	667
정중동(靜中動) (건)	83	조탑타(趙闒拖) (인)	152
정호(程顥) (인)	638	조현단(趙泫壇) (건)	834
정황기(正黃旗) (건)	411	조현명(趙顯命) (인)	209
제갈무후(諸葛武侯) (인)	648	조희건(趙希乾) (인)	524
제능령(齊陵令) (건)	134	족한(極寒) (건)	114
제생(諸生) (건)	492	종북소선(鍾北小選) (건)	706
제호탕(醍醐湯) (건)	434	종선(宗善)(朴) (인)	742
제환공(齊桓公) (인)	635	좌반룡(左盤龍) (건)	164
조괄(趙括) (인)	767	좌소산인(左蘇山人) (인)	77
조광윤(趙匡胤) (인)	504, 629	주강(周姜) (건)	145
조교(曹交) (인)	820	주공(周公) (인)	459, 483, 734
조남성(趙南星) (인)	374	주돈이(周敦頤) (인)	638
조두(刁斗) (건)	510	주례(周禮) (건)	174
조력가(造歷家) (건)	622	주만량(朱萬良) (인)	413
조맹덕(曺孟德) (인)	635	주선(朱線) (건)	106
조방(朝房) (건)	518	주응추(周應秋) (인)	413
조방군(助房軍) (건)	211	주죽타(朱竹坨) (인)	502
조선통보(朝鮮通寶) (건)	592	죽관(竹冠) (건)	101
조성기(趙聖期) (인)	245	중양절 떡 (건)	136
조숭(眺崇) (인)	623	중옹(仲雍) (인)	659
조식(曹植) (인)	723	중유(仲由) (인)	617
조연구(趙衍龜) (인)	771	증자(曾子) (인)	712, 777
조운(趙雲) (인)	420	증장천왕(增長天王) (건)	92

색인(索引) • 891

증좌소산인(贈左蘇山人) (건) ………… 77
지국천왕(持國天王) (건) ……………… 92
지문(止門) (건) ………………………… 102
진강부(鎭江府) (건) …………………… 301
진경(陳木經) (인) ……………………… 630
진단(陳摶) (인) ………………………… 820
진린(陳璘) (인) ………………………… 221
진림(陳琳) (인) ………………………… 454
진무양(秦舞陽) (인) …………………… 291
진번(眞蕃) (건) ………………………… 352
진사도(陳師道) (인) …………………… 633
진상(陳相) (인) ………………………… 646
진쇄(塵刷) (건) ………………………… 102
진승(陳勝) (인) ………………………… 165
진원루(鎭遠樓) (지) …………………… 412
진원방(陳元方) (인) …………………… 651
진이보(鎭夷堡) (지) …………………… 124
진작(晉灼) (인) ………………………… 550
진준(陳遵) (인) ………………………… 865
진중자(陳仲子) (인) …………………… 820
진향문(進香文) (건) …………………… 139
진혜전(秦惠田) (인) …………………… 586
진회(秦檜) (인) ………………………… 636

[ㅊ]

차용주(車溶柱) (인) …………………… 59
차홍태화비성아집운(次洪太和秘省雅集韻)… 132

참좌(參座) (건) ………………………… 106
창골(倉洞) (지) ………………………… 194
창공(倉公) (인) ………………………… 644
창귀(倀鬼) (건) ………………………… 256
창힐씨(蒼頡氏) (인) …………………… 733
채백해(蔡佰諧) (인) …………………… 623
채숙(蔡叔) (인) ………………………… 659
책(柵) (건) ……………………………… 318
책망아라포원(策妄阿喇布垣) (인) … 557
책문어사(柵門御史) (건) ……………… 323
천계(天啓) (건) ………………………… 410
천측무후(天厠武候) (인) ……………… 588
천황씨(天皇氏) (인) …………………… 176
천흉(穿胷) (건) ………………………… 96
철괴(鐵拐) (건) ………………………… 204
철령(鐵嶺) (지) ………………………… 355
철여의(鐵如意) (건) …………………… 374
청매시화(靑梅詩話) (건) ……………… 452
청비록(淸脾錄) (건) …………………… 61
청석령(靑石嶺) (지) …………………… 401
청약(靑蒻) (건) ………………………… 101
청장관(靑莊館) (인) …………… 100, 138
청청다래[靑靑月乃] (건) ……………… 326
청파(靑坡) (지) ………………………… 164
청허선생(聽虛先生) (인) ……………… 736
체부동(體府洞) (지) …………………… 193
체우통원보(滯雨通遠堡) (건) ………… 124
초정집(楚亭集) (건) …………………… 706

촉도(蜀道) (지) ……………………… 455
총석정관일출(叢石亭觀日出) (건) …… 72
총수(葱秀) (지) ……………………… 311
최유수(崔儒秀) (인) ………………… 413
최진겸(崔鎭謙) (인) ………………… 794
최치원(崔致遠) (인) ………………… 796
최호(崔浩) (인) ……………………… 628
최흥효(崔興孝) (인) ………………… 755
추원표(鄒元標) (인) ………………… 413
추이(酋耳) (건) ……………………… 256
추장(秋場) (건) ……………………… 107
춘관(春官) (건) ……………………… 174
측영(仄影) (건) ……………………… 104
친벽(襯壁) (건) ……………………… 105
칠원옹(漆園翁) (인) ………………… 574
침계(枕鷄) (건) ……………………… 581

[ㅋ]

카뮈 (인) ……………………………… 704
쾌활림(快活林) (건) ………………… 490

[ㅌ]

탁무(卓茂) (인) ……………………… 870
탄노전(綻魯錢) (건) ………………… 789
탑포(塔鋪) (지) ……………………… 430
태박(太博) (건) ……………………… 106

태백(太白) (건) ……………………… 75
태백(泰伯) (인) ……………………… 659
태의관(太醫官) (건) ………………… 328
태학유관록(太學留館錄) (건) …… 282, 500
태현경(太玄經) (건) ………………… 738
통개중문(洞開重門) (건) …………… 346
통원보(通遠堡) (지) …………… 124, 425

[ㅍ]

파사(波斯) (지) ……………………… 217
판교보(板橋堡) (지) ………………… 427
팔고(八顧) (건) ……………………… 628
팔도하(八渡河) (지) ………………… 368
팔만게(八萬偈) (건) ………………… 97
팔미탕(八味湯) (건) ………………… 644
팔주(八廚) (건) ……………………… 628
패륵(貝勒) (인) ……………………… 412
패수(浿水) (지) ……………………… 351
팽조(彭祖) (인) ……………………… 176
평정립(平頂笠) (건) ………………… 108
폐양갓[蔽陽笠] (건) ………………… 102
포개(鋪盖) (건) ……………………… 359
포교와자(暴交蛙子) (지) …………… 427
포룡도(包龍圖) (건) ………………… 63
포선(鮑宣) (인) ……………………… 332
표견(豹犬) (건) ……………………… 255
표자문(表咨文) (건) ………………… 295

표철주(表鐵柱) (건) ………… 209
풍모(風帽) (건) ……………… 136
풍사(風傻) (건) ………………… 79
필운대(弼雲臺) (지) …………… 120
필운대강행화(弼雲臺看杏花) (건) … 121
필운대상화(弼雲臺賞花) (건) …… 120

[ㅎ]

하간헌왕(河間獻王) (인) ……… 656
하고(河鼓) (건) ………………… 571
하세현(賀世賢) (인) …………… 411
하우씨(夏禹氏) (인) …………… 793
하정괴(河廷魁) (인) …………… 412
하풍죽로당(荷風竹露堂) (지) …… 788
하풍죽로당기(荷風竹露堂記) (건) … 774
학명(鶴鳴) (건) ………………… 114
학사대(學士臺) (지) ……………… 98
학사루(學士樓) (지) …………… 796
한기(韓綺) (인) ……… 641, 653, 655
한단(邯鄲) (인·건) ……………… 79
한림(翰林) (건) ………………… 323
한비자(韓非子) (건) …………… 648
한사군(漢四郡) (건) …………… 351
한신(韓信) (인) …………… 81, 712
함평(咸平) (지) ………………… 353
항성(恒星) (건) ………………… 618
항우(項羽) (인) ………………… 493

항적(項籍) (인) ………………… 165
항탁(項橐) (인) ………………… 170
해곡(海曲) (건) ………………… 245
해인사(海印寺) (지) ……………… 89
행도(行都) (건) ………………… 458
향공(鄕貢) (건) ………………… 492
향소(鄕所) (건) ………………… 187
허봉(許篈) (인) ………………… 510
허생이 천명의 도적을 잠재웠다 (건) … 234
허생전(許生傳) (건) …………… 234
허유(許由) (인) ………………… 493
허행(許行) (인) ………………… 646
헌원(軒轅) (인) ………………… 99
혁장니(革障泥) (건) …………… 326
현덕부(顯德府) (건) …………… 354
현빈(玄牝) (건) ………………… 82
현토(玄菟) (건) ………………… 352
형가(荊軻) (인) ………………… 222
형개(邢玠) (인) ………………… 221
형산(亨山) (인) ………………… 602
형언도필첩(炯言挑筆帖) (건) …… 706
호련(瑚璉) (건) ………………… 223
호일계(胡一桂) (인) …………… 630
호좌건(虎座巾) (건) …………… 528
호질(虎叱) (건) ………………… 255
호행통관(護行通官) (건) ……… 328
혼하(渾河) (지) ………………… 427
홍계희(洪啓禧) (인) …………… 140

홍기(紅旗) (건) ………… 411	화표주(華表柱) (건) ………… 84, 417
홍대용(洪大容) (인) ………… 574, 619	환룡(豢龍) (건) ………… 84
홍덕보(洪德保) (인) ………… 322, 708, 854	환연도중록(還燕道中錄) (건) ………… 282
홍로(紅露) (건) ………… 210	활(猾) (건) ………… 256
홍범(洪範) (건) ………… 369, 716	황교(黃敎) (건) ………… 557
홍범우익(洪範羽翼) (건) ………… 706	황교문답(黃敎問答) (건) ………… 282
홍원섭(洪元燮) (인) ………… 64, 132	황로(黃老) (건) ………… 558
홍인한(洪麟漢) (인) ………… 140	황봉주(黃封酒) (건) ………… 569
홍제전서(弘齋全書) (건) ………… 143	황소(黃巢) (인) ………… 797
홍태시(洪台時) (인) ………… 411	황요(黃要) (건) ………… 255
홍태화(洪太和) (인) ………… 132	황정견(黃庭堅) (인) ………… 633
홍화포(紅火鋪) (지) ………… 427	황정승(黃政丞) (인) ………… 737
화개(華蓋) (건) ………… 103	황제헌원씨(黃帝軒轅氏) (인) ……… 749
화도(火刀) (건) ………… 326	황하장(黃河庄) (지) ………… 368
화룡(和龍) (지) ………… 86	회령령(會寧嶺) (지) ………… 402
화림(花林) (지) ………… 719	회우록(會友錄) (건) ………… 706
화서(火鼠) (건) ………… 573	회현방(會賢坊) (지) ………… 194
화소교(火燒橋) (지) ………… 427	효행(曉行) (건) ………… 114
화씨(和氏) (인) ………… 75	홀관(鶡冠) (건) ………… 106
화예부인(花蘂夫人) (인) ………… 112	흑룡강(和龍江) (지) ………… 430
화장사(華藏寺) (지) ………… 115	흥학재(興學齋) (지) ………… 800
화제(火齊) (건) ………… 214	희씨(羲氏) (인) ………… 75
화제(化齊) (건) ………… 393	희화(羲和) (건) ………… 75
화제탕(火齊湯) (건) ………… 644	힐리(頡利) (인) ………… 671
화주(華胄) (건) ………… 102	

燕巖 朴趾源의 理想과 그 文學
연암 박지원의 이상과 그 문학

初版 印刷 : 2005年　9月　21日
初版 發行 : 2005年　9月　28日
著　者 : 金　智　勇
發行者 : 金　東　求
發行處 : 明　文　堂

서울특별시 종로구 안국동 17~8
대체 010041-31-001194
Tel　(영) 733-3039, 734-4798
　　(편) 733-4748
Fax　734-9209
Homepage　www.myungmundang.net
E-mail　mmdbook1@myungmundang.net
등록 1977. 11. 19. 제1~148호

• 낙장 및 파본은 교환해 드립니다.
• 불허복제

값 30,000원
ISBN 89-7270-791-0　94810

명문당 신간 우수학술도서

- 改訂增補版 新完譯 **論語**
  張基槿 譯著 신국판 값 15,000원

- 新完譯 **孟子**
  金學主 譯著 신국판 값 20,000원

- 改訂增補版 新完譯 **孟子**(上·下)
  車柱環 譯著 신국판 값 각 15,000원

- 新完譯 **蒙求**(上·下)
  李民樹 譯 신국판 값 각 15,000원

- 新完譯 한글판 **孟子**
  車柱環 譯著 신국판 값 15,000원

- 新完譯 **大學章句大全**
  張基槿 譯註 신국판 값 20,000원 양장 값 25,000원

- 改訂增補版 新完譯 **詩經**
  金學主 譯著 신국판 값 18,000원

- 新譯 **唐詩選**
  金學主 譯著 신국판 양장 값 25,000원

- 改訂增補版 新完譯 **書經**
  金學主 譯著 신국판 값 15,000원

- 新譯 **宋詩選**
  金學主 譯著 신국판 양장 값 25,000원

- 改訂增補版 新完譯 **禮記**(上·中·下)
  李相玉 譯著 신국판 값 각 15,000원

- 新譯 **詩經選**
  金學主 譯著 신국판 양장 값 20,000원

- 新譯 **東洋三國의 名漢詩選**
  安吉煥 編著 신국판 값 15,000원

- **論語新講義**
  金星元 譯著 신국판 양장 값 10,000원

- 新完譯 **墨子**(上·下) (사)한국출판인회의 제29차 이달의 책 인문분야 선정도서
  金學主 譯著 신국판 값 각 15,000원

- **東洋古典解說**
  李民樹 著 신국판 양장 값 10,000원

- 改訂版 新完譯 **近思錄**
  朱熹·呂祖謙 編 成元慶 譯 신국판 값 20,000원

- **공자와 맹자의 철학사상**
  安吉煥 編著 신국판 값 10,000원

- 新譯 **歐陽修散文選**
  魯長時 譯註 신국판 값 20,000원

- **노자와 장자의 철학사상**
  金星元 安吉煥 編著 신국판 값 10,000원

- 新完譯 **大學** - 경제학자가 본 알기 쉬운 대학
  姜秉昌 譯註 신국판 값 7,000원 양장 값 9,000원

- **三國志故事名言三百選**
  陳起煥 編 신국판 값 7,500원

- 新完譯 **中庸** - 경제학자가 본 알기 쉬운 중용
  姜秉昌 譯註 신국판 값 10,000원 양장 값 12,000원

- **中國現代詩硏究**
  許世旭 著 신국판 양장 값 9,000원

- 新完譯 **論語** - 경제학자가 본 알기 쉬운 논어
  姜秉昌 譯註 신국판 값 18,000원

- **白樂天詩硏究**
  金在乘 著 신국판 값 5,000원

- 新譯 **明心寶鑑**
  張基槿 譯著 신국판 값 15,000원

- **당대전기소설의 여인상**
  張基槿 編譯 신국판 값 12,000원